Daliah Brock

W0390969

DAS MARCEL PROUST LEXIKON

von

Philippe Michel-Thiriet

Aus dem Französischen
von Rolf Wintermeyer

Suhrkamp

Titel der Originalausgabe:
Quid de Marcel Proust
imaginé et dirigé par Dominique Frémy
auteur: Philippe Michel-Thiriet
(erschienen innerhalb des Bandes
À la recherche du temps perdu, tome 1)
Die vorliegende Ausgabe folgt der revidierten
geplanten 2. Auflage des französischen
Originals

Erste Auflage 1992
© der deutschsprachigen Ausgabe
Suhrkamp Verlag Frankfurt am Main 1992
Alle Rechte vorbehalten
© Éditions Robert Laffont, S. A., Paris, 1987
Druck: Wagner GmbH, Nördlingen
Printed in Germany

INHALT

DIE PERSON

DAS WERK

PROUST ... UND DANACH

BIBLIOGRAPHIE

ANHANG

DIE PERSON

I
BIOGRAPHIE VON MARCEL PROUST

PERSONENSTAND

• **Geboren am 10. Juli 1871 in Paris** (16. Arrondissement)
• **Gestorben am 18. November 1922 in Paris** (16. Arrondissement)

• **Vornamen:** Valentin, Louis, Georges, *Eugène, Marcel*: Die Namen Valentin und Louis hat er von seinem Großvater väterlicherseits Louis François Valentin Proust und Georges von seinem Onkel mütterlicherseits Georges-Baruch Denis Weil.

• **Beinamen:** Als Kind wird er von seiner Mutter *mein kleines Goldstück*, *mein kleiner Zeisig*, *mein Dummerchen*, *mein kleiner Tölpel* genannt. Sie beginnt ihre Briefe mit: *Kleiner Liebling*, *Wolf*, *mein armer Wolf*. Sein Bruder Robert, der seine Vorlieben kennt, nennt ihn *den großen Propheten des Theaters*.

Reynaldo Hahn nennt ihn vor allem *Buncht*, *Buls*, *Bunibuls*, *Bunchtnibuls*, *Genstil* und auch *Pony* (in Erinnerung an eine Episode aus »La mort de Baldassare Silvande, vicomte de Sylvanie« [»Der Tod des Baldassare Silvande, Freiherrn von Sylvanien«], erschienen 1895); bevor Proust diesen Namen schließlich annimmt, mißfällt er ihm zunächst außerordentlich. In der chiffrierten Sprache ihres geheimen Freundschaftsbundes wird er von den Brüdern Bibesco und von Bertrand de Salignac-Fénelon mit dem Namen *Lecram* angeredet, dem Anagramm und Palindrom von Marcel (Salignac-Fénelon ist Nonelef, die Bibesco Ocsebib). Antoine Bibesco nennt ihn auch den *Lobhudler* und Salignac-Fénelon den *Saturnischen* (was in ihrem Vokabular homosexuell bedeutet).

Anfang der neunziger Jahre geben ihm die Gäste des Salons der Princesse Mathilde (sie hatte damals gerade ihren letzten Liebhaber, den in Emaille arbeitenden Künstler Claudius Popelin, verlassen) den Beinamen *Popelin der Jüngere*. Wie alle anderen nennt auch Laure Hayman ihn *mein kleiner Marcel* und insbesondere *mein kleiner psychologischer Saxe* [»saxe« bedeutet sächsisches, d. h. Meißner Porzellan]. Paul Bourget, der Liebhaber von Laure, schreibt ihr: »Ihr psychologischer Saxe, der kleine Marcel, wie Sie ihn nennen, ist ganz einfach köstlich, wenn ich nach dem Brief gehe, den mir zu schicken Sie den liebenswürdigen Einfall hatten« (Sammlung Daniel Halévy). Der Abbé Mugnier, der berühmte Beichtvater des Faubourg Saint-Germain, gibt ihm den Spitznamen *die Biene der heraldischen Blüten*.

Die larmoyanten Attitüden, die Proust bisweilen annimmt, werden als »Proustifizierung« betitelt. Seine denkwürdigen Diners in dem Pariser Grand Hôtel Ritz tragen ihm in seiner Umgebung auch den Beinamen *der Proust vom Ritz* ein. Dies ist das letzte Bild, das er von sich vermittelt.

• **Pseudonyme:** Von seinen ersten Veröffentlichungen in Zeitungen oder Zeitschriften an bedient sich Proust zahlreicher Decknamen. Dabei sind keine politischen Befürchtungen im Spiel noch Reiz der Anonymität oder Geheimniskrämerei. Ist es Ironie? Seine Vorliebe für die mondänen Pastiches könnte die Vermutung nahelegen. Die Decknamen bekunden vor allem die zahlreichen Facetten seiner Persönlichkeit.

Im August des Jahres 1893, als er beabsichtigt, mit drei ehemaligen Mitschülern vom Lycée Condorcet einen Briefroman zu schreiben, schickt er an den »Abbé« (der niemand anderer ist als Daniel Halévy) Briefe, die er mit dem Namen der Romanheldin *Pauline Gouvres-Dives* unterschreibt. Am 31. Mai 1894 zeichnet er seinen Artikel im *Gaulois* mit *Tout-Paris* [ein Ausdruck für das Paris von Rang und Namen]. Am 19. und 20. September und am 12. Oktober 1899 schreibt er als *Bernard d'Algouvres* fiktive Briefe, die in *La Presse* erscheinen. Robert de Flers, der an dem Unternehmen beteiligt ist, unterschreibt mit »Françoise de Breyves«, dem Namen der angeblichen Mätresse des Weltmannes. Am 27. Januar 1900, zum Tod Ruskins, veröffentlicht Proust einen Nachruf in der *Chronique des arts et de la curiosité*, nur mit seinen Initialen gezeichnet. Die meisten Schriftstellernamen verwendet er jedoch im *Figaro*. Der Artikel »Un salon historique: le Salon de S.A.I. la princesse Mathilde« (Ein historischer Salon: der Salon Ihrer Kaiserlichen Hoheit Prinzessin Mathilde), der dort am 25. Februar 1903 erscheint, ist mit *Dominique* unterzeichnet, einem Vornamen, den er einer Gestalt aus seiner Erzählung »L'étranger« (»Der Fremde«) in *Les plaisirs et les jours* (*Freuden und Tage*) entlehnt. Für die Artikel »Le salon de la princesse de Polignac« vom 6. September 1903, »Le salon de la comtesse d'Haussonville« vom 4. Januar 1904 und »Une fête chez Montesquiou à Neuilly« (Ein Fest bei Montesquiou in Neuilly) vom 18. Januar wählt er *Horatio*. Am 14. Dezember 1904 erscheint in *Gil Blas* eine mit *Marc-Antoine* signierte Rezension des Buches von Fernand Gregh: »Étude sur Victor Hugo« (Studie über Victor Hugo). Am 7. Mai 1905 bringt *Le Figaro* unter dem Pseudonym *Echo* seinen Artikel »La vie à Paris: la comtesse de Guerne« (Das Pariser Leben: die Gräfin von Guerne). Am 26. Dezember 1907 zeichnet er den Nachruf auf Gustave de Borda mit der Initiale *D.* Manchmal bedient er sich des Vornamens *Laurence*.

SEIN ÄUSSERES

In seinem am 11. November 1889 ausgestellten Wehrpaß ist vermerkt: »Haare: braun; Augenbrauen: dunkelbraun; Augen: braun; Stirn: tief; Nase: mittel; Mund: mittel; Kinn: rund; Gesicht: oval; Größe: 1,68 m«. Seine Nase, die er sich achtjährig bei einem Sturz gebrochen hat, blieb ganz leicht verbogen (vielleicht war dieser Bruch die Ursache für sein Asthma).

Die Blässe seines Teints wird zusätzlich betont durch die Farbe seines dichten Haares – eine widerspenstige Locke bildet sich immer wieder neu und fällt ihm in die Stirn – sowie durch seinen Schnurrbart. Er trug zuerst einen Bart und dann einen recht langen, mit der Brennschere gelockten Schnurrbart, der seine Oberlippe verdeckte (ein einziges Mal, nach dem Krieg, veränderte er die Form und ließ ihn viel kürzer schneiden, à la Charlie Chaplin). Mit dem Alter nimmt die Blässe seines abgezehrten Gesichts noch zu, da die großen, dunklen, tief in den Höhlen liegenden Augen wegen der zahlreichen durchwachten Nächte von Rändern umgeben sind.

Die Photographien

Die erste erhaltene Photographie zeigt ihn im Alter von fünf Jahren. Er trägt ein Kleid und hält mit Beschützermiene seinen Bruder Robert umfangen. Céleste Albaret vertraute er an, er sei ganz blond gewesen und habe bereits ein Gesicht in Form eines vollkommenen Ovals gehabt. »Seine großen dunklen Augen, die unter den langen Wimpern wie dunkler, spiegelnder Lack anmuten, sind die Augen seiner Mutter. Sein üppiges Haar ist wohlfrisiert« (E. de Gramont, *Marcel Proust*, S. 28). Diese Photographie wurde am 1. März 1876 aufgenommen. Zwei Jahre später werden die beiden nochmals aufgenommen, zusammen mit ihrer Großmutter väterlicherseits, geborene Virginie Torcheux. Prousts Gesicht hat sich noch nicht gewandelt. Wird es endgültig dem der Mutter ähnlich sehen? Die Photographie mit seinem Bruder aus dem Jahr 1885 bestätigt dies. Robert drückt den Arm des Bruders in der gleichen ehrerbietigen Haltung wie auf der älteren Aufnahme. Proust hat da bereits die Erfahrung der Krankheit gemacht. George D. Painter zufolge »steht nun ein erstarrter, irrer Ausdruck auf Marcels Gesicht, der an den jungen Rimbaud erinnert, eine Schüchternheit, die sich hinter Anmaßung und Zorn verbirgt. Wir sind ungefähr in der Zeit seines ersten Asthmaanfalls im Bois de Boulogne« (Painter I, S. 74). Vielleicht ist es aber auch die Photographie eines nervösen Kindes, das für die Aufnahme stillhalten will.

Céleste Albaret besaß aus derselben Zeit ein Bild von Proust als »kleiner Prinz«, die Lieblingsphotographie seiner Großmutter Weil. Sie war es auch, welche die Aufnahme mit den »Lilienblüten des Ruhms« einrahmen ließ. Sein volles und oft rebellisches Haar ist glatt und fällt

Robert und Marcel

ihm in die Stirn. Eine Gerte auf den Knien, sitzt er mit einem Ausdruck poetischer Intelligenz und schmerzlicher Wehmut auf der Brüstung des Photographen. Von einigen Biographen wird die Aussagekraft dieser retuschierten Aufnahme in Zweifel gezogen. Er hat denselben ängstlichen Ausdruck auf einer Photographie mit flachem Strohhut, im Parc Monceau, zusammen mit Antoinette Faure. Das Leben seines Helden in *Jean Santeuil* wird um dieselbe Zeit angesiedelt. Proust legt diesem darin eine große Selbstgefälligkeit in der Bewunderung seiner eigenen Schönheit bei. Nachdem er das Gemälde von A. van Dyck gesehen hat, hält er sich selbst für »einen kleinen Herzog von Richmond, genauso nachdenklich und schön; und einst wird er sich duellieren«. Und weiter unten spricht er von »seinem Stolz, jung zu sein und schön, stark und reich«. Sein Bild im Spiegel erscheint ihm »schöner als sonst«, und er spricht auch später noch von seiner »Schönheitspflege«.

Im Lycée Condorcet gibt es eine Photographie von ihm in der Philosophieklasse von Alphonse Darlu im Jahre 1888. Er ist links, in der zweiten Reihe. Seine Züge lassen deutlich das Erbe seiner Mutter und seiner jüdischen Abstammung erkennen. Mit nachdenklicher Miene neigt er den Kopf leicht zur Seite, wie Céleste Albaret es auch später noch beobachtet.

Aus der Zeit seines Militärdienstes zeigt ihn eine recht kümmerliche Aufnahme von 1890 vor einer Gartenlaube »mit wehendem Umhang und blumentopfartigem Käppi, dessen Schirm die schönen persischen Prinzenaugen völlig überschattet« (A. Maurois, *Auf den Spuren von Marcel Proust*, Frankfurt am Main ^{3}1982, S. 53). Er hat immer noch dieselben großen, fragenden Augen, und er läßt sich allmählich einen Schnurrbart wachsen.

1892 ist er auf dem Boulevard Bineau zu Füßen von Jeanne Pouquet zu sehen. Er lächelt und sieht Paul Desjardins zufolge wie »ein persischer Prinz mit großen Gazellenaugen« aus. Er hat die matte Gesichtsfarbe, das schwarze Haar, die schlanke Figur und die schwarzen, ausdrucksvollen Augen seiner Mutter. Am 29. August zeichnet Paul Baignères in Les Frémonts ein Porträt von ihm in ein Album. Mit träumerischer Miene, das Haar in der Mitte gescheitelt, die linke Wange mit der Hand abgestützt, sitzt er in einem Schaukelstuhl. Einen Monat zuvor hatte Jacques-Émile Blanche sein berühmtes Porträt fertiggestellt. Es sind darauf deutlich das vollkommene Oval seines Gesichts und sein »assyrischer« Blick zu erkennen, »die etwas zu rosigen Wangen (er war blaß), der leicht karminrote Mund unter dem feinen Sarazenerschnurrbart« (E. de Gramont, *Marcel Proust*, Flammarion, 1948, S. 28).

Es ist auch die Zeit seiner Freundschaft mit Lucien Daudet und Robert de Flers, neben denen er mit zynischem Blick und struppigem, provokantem Schnurrbart aufgenom-

Die Philosophie-Klasse

men wird. Mme Proust verbot ihrem Sohn, diese etwas zu offensichtliche Photographie vorzuzeigen. Elisabeth de Gramont sagte von ihm zuvor: »Zu schön, von der Schönheit eines schwächlichen Epheben, blaß, mit großen, allzu glänzenden orientalischen Augen« (E. de Gramont, a.a.O., S. 30). Dieses Porträt läßt sich durch das von Léon Pierre-Quint vervollständigen: »Marcel Proust im Alter von 20 Jahren: Weite, schwarze, glänzende Augen mit schweren, etwas zur Seite hängenden Lidern; ein Blick von äußerster Sanftheit, der lange auf dem Gegenstand, den er fixiert, haftenbleibt, eine noch sanftere Stimme, ein wenig atemlos, ein wenig schleppend, fast affektiert und doch die Affektiertheit immer vermeidend. Langes, dichtes, schwarzes Haar, das manchmal die Stirn bedeckt, und nie ein einziges weißes Haar. Aber diese Augen, zumal mit ihren großen violetten Ringen, lassen einen nicht los, matte, wehmütige, äußerst rege Augen, die sich fortzubewegen und dem geheimen Gedanken des Sprechenden zu folgen scheinen. Ein stetes amüsiertes, entgegenkommendes Lächeln zögert etwas und bleibt dann unbeweglich auf seinen Lippen liegen. Von im Grunde matter Gesichtsfarbe, die damals jedoch von rosiger Frische getönt war, erinnert er trotz seines feinen schwarzen Schnurrbarts an ein großes, gleichgültiges und hellsichtiges Kind« (L. Pierre-Quint, *Marcel Proust*, Le Sagittaire, 1976, S. 40).

Auf einer Louis-XVI-Bank sitzend und auf seinen linken Ellbogen gestützt, hat er auch auf einer Aufnahme von 1896 die gleiche elegante Haltung. Damals veröffentlicht er *Freuden und Tage*. Zum selben Zeitpunkt läßt er sich aufrecht neben seiner zwischen ihren beiden Söhnen sitzenden Mutter photographieren. Es ist der Ausdruck des Porträts von Jacques-Émile Blanche, und Fernand Gregh zufolge sieht er aus wie ein »neapolitanischer Prinz für Romane von Paul Bourget.« Die Photographie von 1905 zeigt ihn sitzend im Garten von Reynaldo Hahn mit dem »Möwenauge« des Weltmannes, von dem Elisabeth de Gramont spricht.

Céleste Albaret gibt weitere Einzelheiten über das Äußere Prousts im Jahre 1914: »Wegen seiner Anmut haben viele Leute ihn sich ziemlich klein vorgestellt; aber er war so groß wie ich, und ich bin nicht klein – fast einen Meter zweiundsiebzig« (C. Albaret, a.a.O., S. 14).

An späterer Stelle präzisiert sie noch: »Ich habe schon erwähnt, daß er groß war. Dabei war er aber schlank und hielt sich sehr aufrecht, den Kopf ganz ungezwungen und voller Würde, was ihn noch größer erscheinen ließ. Nicht, daß er sich willkürlich und affektiert in die Brust geworfen hätte. Diese Haltung ist gang und gäbe bei Asthmatikern, als ob sie sich dadurch von der Beklemmung beim Atmen befreien wollten« (C. Albaret, a.a.O., S. 94). Prousts Haushälterin betont auch die durch sein Haar, seinen Schnurrbart und die schwarzen Augen zur Geltung gebrachte Schönheit des Teints, selbst wenn er müde war. Seine Zähne sind sehr weiß und alle unversehrt, was bei seinem Freund Montesquiou nicht der Fall ist, der sie beim Lachen verbirgt. Proust ahmte ihn zu Unrecht nach. Er färbte sich niemals die Haare und schminkte sich auch nicht, wie manche es behaupten. Mugnier verglich ihn während des Krieges mit Carnot.

Die letzten Photographien, die wir von ihm besitzen, wurden 1921 auf der Terrasse des Jeu de Paume aufgenommen. Er ist dicker geworden. Sein Gesicht ist aufgedunsen wie das von Jean Lorrain. Sein Blick ist immer noch voller Sanftheit, sprühend vor Amüsement, aber stets aufmerksam, als werde er alsbald das Beobachtete in Text verwandeln. Auf einer anderen Aufnahme zeigt sich auch eine von Paul Morand bemerkte Haltung: Er schließt die Augen, hält aber zugleich immer eins leicht offen, um sein Gegenüber zu beobachten. Selbst diejenigen, die 1922 seiner Agonie beiwohnen, erwähnen noch jenes leichte Heben des Augenlides.

Dunoyer de Segonzacs Zeichnung

Robert de Flers, Marcel Proust und Lucien Daudet um 1893

von dem Toten läßt auf ein weißes und abgezehrtes Gesicht schließen. Der schwarze Bart, der jetzt wieder gewachsen ist, gibt ihm erneut jenen »deutlich assyrischen« Gesichtsausdruck bzw. jenes Antlitz eines »arabischen Märchenerzählers« (Maurice Barrès) oder eines »jüdischen Propheten« (Edmund Wilson).

Proust im Zeugnis seiner Freunde

• **Der Jüngling. Colette:** »Er war ein junger Mann, als ich eine junge Frau war, und in dieser ersten Zeit habe ich ihn nicht richtig kennengelernt. Ich begegnete Marcel Proust mittwochs bei Mme Arman de Caillavet, und ich fand kaum Geschmack an seiner allzu großen Höflichkeit, an der übertriebenen Aufmerksamkeit, die er seinen Gesprächspartnern und zumal seinen Gesprächspartnerinnen zuteil werden ließ, einer Aufmerksamkeit, die den Altersunterschied zwischen ihnen und ihm zu sehr hervorkehrte. Denn er wirkte eigentümlich jung, jünger als alle anderen Männer, jünger als alle Frauen. Er hatte große, bräunliche, melancholische Augenhöhlen, einen manchmal rosigen und manchmal blassen Teint, angstvolle Augen; sein Mund war, wenn er schwieg, zusammengepreßt und wie zum Kuß geschlossen ... Feierliche Kleidung und eine eigenwillige Haarlocke.«

Fernand Gregh: »Proust war damals ein sehr hübscher zwanzigjähriger junger Mann mit einem Antlitz von regelmäßigem Oval und blühenden Wangen. Wegen der flach über den Augen liegenden Lider schienen seine schwarzen Augen nur mit den Rändern zu sehen. Er beklagte sich kokett über einen leichten Buckel in der Nasenmitte, und ich sah ihn wieder, als ich mich seitlich über seinen beeindruckenden Leichnam mit seinem dichten schwarzen Haar beugte, von dem kein einziges weiß geworden war. [...] Ich sagte, daß Marcel Proust mit dreiundzwanzig Jahren schön war; von einer etwas orientalischen oder, wenn man so will, etwas italienischen Schönheit: er lachte sogar selbstgefällig, als ich ihm sagte, er sehe wie ein neapolitanischer Prinz für Romane von Paul Bourget aus. [...] Wenn er sich eine Zeitlang den Bart wachsen ließ, blickte auf einmal der urväterliche Rabbiner hinter dem charmanten Marcel hervor, den wir kannten« (*L'Âge d'or*, Grasset, 1947, S. 156 und 161).

Ramon Fernandez: »Diese wundersame Stimme, vorsichtig, zerstreut, abstrakt, akzentuiert und gedämpft zugleich, die ihre Laute jenseits der Zähne und der Lippen zu bilden schien, jenseits der Kehle, in den eigentlichen Gefilden der Intelligenz« (»À la gloire de Proust«, in: *Nouvelle Revue critique*, 1944).

• **Der Erwachsene. Edmond Jaloux:** 1917: »Er schien immer gerade aus einem Alptraum erwacht zu sein, und auch aus einer anderen Zeit, und vielleicht aus einer anderen Welt zu kommen: aber aus welcher? Er hatte sich nie dazu entschließen können, auf die Mode seiner Jugend zu verzichten: sehr hoher, steifer Kragen, gestärktes Vorhemd, weit ausgeschnittene Weste, Matrosenschlips. Er bewegte sich mit einer Art verlegener Langsamkeit fort, mit einer verschüchterten Bestürzung – oder vielmehr: er kam nicht eigentlich auf einen zu, sondern tauchte plötzlich auf. Es war unmöglich, sich nicht nach ihm umzudrehen, nicht von dieser außergewöhnlichen Physiognomie beeindruckt zu sein, die eine Art natürlichen Übermaßes in sich trug.

Er war etwas stark, hatte ein volles Gesicht, und als allererstes fielen einem seine Augen auf: wundervolle weibliche Augen, die Augen eines Orientalen, deren zarter, glühender, liebkosender, aber passiver Ausdruck an ein Reh oder eine Antilope erinnerte. Die oberen Augenlider waren leicht gewölbt (wie bei Jean Lorrain), und das ganze Auge war von bräunlichen und so stark ausgeprägten Ringen umgeben, daß sie seiner Physiognomie einen zugleich leidenschaftlichen und kränklichen Charakter verliehen. Sein buschiges, schwarzes und immer zu langes Haar bildete um seinen Kopf herum eine dichte Haube. Man war auch erstaunt über die Weite seines nach vorn gewölbten Oberkörpers, den Léon Daudet mit dem Brustbein eines Huhnes verglich, wobei er zugleich darauf hinwies, daß er auch diesen Zug noch mit Jean Lorrain gemein hatte« (*Avec Marcel Proust*, Palatine, 1953).

Paul Morand: »Ein sehr blasser Mann, eingesackt in einen alten Gehpelz [...], dichtes schwarzes Haar, das nach der Mode von 1905 im Nacken abgeschnitten war, hob am Hinterkopf seine graue Melone an; in seiner mit einem schieferfarbenen Glacéhandschuh aus Chevreauleder bekleideten Hand hielt er den Stock; seine Wangen aus mattem Elfenbein erschimmerten nach dem Kinn zu in sanftem Blau [...]; seine Zähne waren groß und wohlgeformt; sein Schnurrbart gab seinen schweren Lippen Relief, seine bräunlichen Lider lasteten auf einem samtenen, tiefen Blick und verschleierten dessen Magnetismus« (*Le visiteur du soir*, Palatine, 1949, S. 9).

André Gide: 1921: »Er ist dick oder vielmehr aufgedunsen; er erinnert mich ein wenig an Jean Lorrain [...]. Dann und wann streicht er mit der Kante der Hand, die wie leblos ist, die Finger bizarr steif gespreizt, an den Nasenflügeln entlang, und nichts ist beeindruckender als diese manische und linkische Geste, die von einem Tier oder einem Irren zu kommen scheint« (*Journal 1889-1939*, Gallimard, 1951, S. 692 und 694 [dt. in: André Gide, *Aus den Tagebüchern 1889-1939*, Stuttgart 1961, S. 207 und 209]).

• **Der Verstorbene. Elisabeth de Gramont:** »Er liegt da, das Gesicht weiß und abgezehrt, der Mund etwas verzogen in einem letzten sarkastischen Lächeln, und in seinem reichen Haarschopf, der nicht weniger schwarz ist als sein Bart, ist kein einziges weißes Haar, trotz seiner einundfünfzig Jahre. Zwischen dem schönen Jüngling und dem von seinem Lebenswerk gemarterten ruhenden Christus liegt die ganze *Suche nach der verlorenen Zeit*« (*Marcel Proust*, Flammarion, 1948, S. 282).

Lucien Daudet: »Marcel Proust ruhte nun; die Spuren der Abnutzung und die Ringe unter den Augen waren verschwunden. Im Schein der Kerze erkannte man sein weder bitteres noch hochmütiges Lächeln, ein Lächeln, wie es auf einen mühsam errungenen Sieg folgt: an seinen verjüngten Zügen ließ sich ablesen, daß Marcel Proust nach so viel Leiden und Resignation endlich die Ewigkeit erfahren – und die wahre Zeit wiedergefunden hatte« (*Autour de soixante lettres de Marcel Proust*, Gallimard, 1929, S. 242).

GESUNDHEITSZUSTAND

• **Die hauptsächlichen Krankheiten.** ASTHMA. Seinen ersten schweren Erstickungsanfall erleidet er – zur großen Bestürzung seiner Eltern – mit 10 Jahren im Frühjahr 1881 im Bois de Boulogne. Sein Vater, der ihn zu heilen sucht, verschreibt ihm kalte Bäder und empfiehlt den Aufenthalt an der frischen Luft. Sowie er gewahr wird, daß die Ferien in Illiers der Gesundheit seines Sohnes abträglich sind, verzichtet er endgültig auf den Aufenthalt dort. Proust verbringt seine Sommerferien von da an in Le Tréport, Dieppe, Houlgate und später in Cabourg. Das Asthma ist der Grund für Prousts häufiges Fehlen während seiner Schulzeit im Lycée Condorcet.

Jedes Jahr im Frühling leidet er unter Heuschnupfen. Die Entzündung der Augen, der Schnupfen sowie Atembeschwerden, die durch die Hitze, das Licht und die Blüten noch verstärkt werden, erschöpfen ihn und verbieten es ihm, seinen Großonkel Louis in Auteuil zu besuchen, der einen 1500m^2 großen Garten voll der schönsten Bäume besitzt. Zum Glück tritt einige Jahre lang, von 1885 bis 1894, eine Linderung ein. Dann aber bricht sein Asthma erneut aus und läßt ihn bis zu seinem Tod nicht mehr los. Es verstärkt darüber hinaus seine Vorliebe für die Dunkelheit und für das zurückgezogene Leben.

Am 31. August 1901 schreibt Proust an seine Mutter: »Nachdem ich Dir gestern geschrieben hatte, bekam ich einen Asthmaanfall und pausenlosen Schleimfluß, was mich zwang, ganz gebückt zu gehen, bei jedem Tabakladen eine Zigarette anzuzünden usw. Und was noch schlimmer ist, ich ging, nach langem Räuchern, um Mitternacht zu Bett, und drei oder vier Stunden später die richtige Sommerkrise, ein einmaliges Ereignis für mich ...« [dt. in: *BM*, S. 87]. Manche haben dieses Leiden im Zusammenhang mit einem morbiden Bedürfnis nach Zärtlichkeit sehen wollen. Der Psychoanalytiker Milton L. Miller z. B. spricht von einem »Appell an die Mutter« (*Psychanalyse de Proust*, Fayard, 1977, S. V). Ihm zufolge muß er mit seinem Vater und seinem jüngeren Bruder um die Zuneigung der Mutter rivalisieren. Und diese Krankheit komme gerade zur rechten Zeit, um sie ihm wieder näherzubringen.

Behandlung: Prousts hauptsächliches Heilmittel ist das Räuchern. Gleich beim Aufwachen, wo er kaum Luft bekommt, entzündet er Legras-Pulver in einer Untertasse. Da der Schwefelgeruch eines Streichholzes einen Erstickungsanfall hätte hervorrufen können, »zündete er es [das Pulver] mit einem Stückchen weißen Papier an, das er an der Kerze in Brand gesetzt hatte« (C. Albaret, a.a.O., S. 75). Aus diesem Grund braucht er einen Tag und Nacht brennenden Leuchter in der Nähe seines Zimmers. Nach jeder Krise ist er erschöpft und schweißgebadet. Da ihn anschließend ein Kältegefühl überkommt, müssen seine Wärmflaschen, die er seine »Bälle« nennt, wieder erneuert werden. Er kümmert sich wenig um die ärztlichen Anweisungen. Wichtig ist ihm jedoch, seine Veronal- und Koffeintabletten in Reichweite zu haben. Die einen bedingen die anderen. Da sein Herz nach einer Krise erschöpft ist und er viel arbeiten möchte, nimmt er Koffein; am Morgen dagegen, wenn er Ruhe braucht, nimmt er sein Veronal. Immer jedoch in kleinen Dosen. Den Aussagen Célestes zufolge verwandte er nie Adrenalin.

KLAUSTROPHILIE. Er lebt in einem Zimmer mit ständig geschlossenen Fenstern, dessen Wände zur Geräuschdämpfung mit Korkplatten ausgeschlagen sind. Der Comtesse de Noailles zufolge hat er die Idee mit dem Kork von Henry Bernstein übernommen.

• **Proust und die Medizin:** Proust glaubt nicht an die Medizin; er machte sich sogar über sie lustig und definierte sie als »ein Kompendium der aufeinanderfolgenden und sich widersprechenden Irrtümer der Ärzte«. Dennoch macht er dank der Beziehungen seines Vaters die Bekanntschaft mehrerer Ärzte: des Dr. Cazalis, des Dr. Pozzi, des Professor Dieulafoy, des Dr. Cotard und des Dr. Chambon in Cabourg.

PROUSTS ÄRZTE

• **Die am häufigsten konsultierten Ärzte. Dr. Henry Cazalis** (1840-1909): Der Bewegung des Symbolismus angehörender Dichter und Freund von Mallarmé; er schreibt unter dem Namen Jean Lahore.

Dr. Samuel Pozzi (1846-1918, von einem seiner geisteskranken Patienten getötet): Freund von Montesquiou, der gesuchteste praktische Arzt des wohlhabenden Bürgertums. Mme Aubernon nennt ihn »die Liebe als Arzt«, wegen seiner zahlreichen notorischen Seitensprünge. Bei ihm nimmt Proust an seinem ersten »Diner in der Stadt« teil. Robert Proust war sein Assistenzarzt im Hôpital Broca. Hauptsächliches Vorbild für Cottard in der *Recherche*.

Professor Georges Dieulafoy (1839-1911): Leiter der Abteilung für innere Medizin am Hôtel-Dieu. Wie Pozzi ist auch er Arzt und Gast der Princesse Mathilde. Eines der Vorbilder für Cottard. In *Guermantes* spielt er seine eigene Rolle, als er den eingetretenen Tod der Großmutter des Erzählers bescheinigt.

• **Weitere Ärzte. Jules Cottet** (1871-1959): Als Assistenzarzt der Pariser Krankenhäuser läßt er sich 1899 in seiner Heimatstadt Evian nieder. Proust sucht ihn in diesem Jahr wegen einer Entzündung des Handgelenks auf.

Dr. Pierre Merklen (1852-1906): Arzt am Hôpital Laënnec. Er ist Facharzt für Lungen- und Herzerkrankungen und behauptet, das Asthma sei nervlich bedingt. 1904 empfiehlt er Proust die Klinik von Dr. Paul Dubois in Bern. Er wohnt der Agonie von Prousts Mutter bei.

Dr. Georges Linossier (1857-1923): Arzt in Vichy. Proust schreibt ihm im September 1904 einen langen Brief über seinen Gesundheitszustand.

Dr. Nicolas Vaschide (1874-1907): Rumänischer Arzt, Leiter des Fachbereichs für experimentale Psychologie an der École pratique des hautes études. Am 17. Juli 1904, während eines Diners bei Mme de Noailles, berichtet Proust ihm von seinem Asthma; er findet Vaschides Theorien jedoch absurd.

Professor Henri Vaquez (1860-1936): Facharzt für Herzerkrankungen. Proust sucht Prof. Vaquez zum ersten Mal im Jahre 1902 auf. Nach seiner Diagnose ist das Herzjagen nicht organisch bedingt, sondern auf die Angstzustände zurückzuführen.

Dr. Widmer: 1905 entschließt sich Proust zu einer Erholungskur, die er bei ihm in Valmont, in der Nähe von Montreux, durchführen will.

Dr. Edouard Brissaud (1852-1909): Proust sucht ihn im Sommer des Jahres 1905 auf. Vorbild für den Professor E. in der *Recherche*. Lucien Daudet gegenüber gesteht Proust 1921, daß auch in du Boulbon »ein Hauch von Brissaud enthalten ist, jener Art Ärzte, die eher gewandte Redner und Skeptiker sind als eigentliche Kliniker«.

Dr. Jules Déjerine (1849-1917): Leiter der Heilanstalt der »Schwestern zur Heiligen Familie«, in der Proust nach dem Tod seiner Mutter eine Erholungskur zu machen gedenkt. Déjerine verspricht ihm Heilung nach drei Monaten vollständiger Isolierung. Proust bestellt bei ihm im Dezember 1905 ein Zimmer, läßt ihn aber sehr schnell wieder fallen.

Dr. Paul Sollier (1861-1938): Direktor einer Klinik in Boulogne. Proust nimmt am 6. Dezember 1905 mit ihm Kontakt auf. Auf sein Versprechen einer möglichen Heilung innerhalb von sechs Wochen hin sucht er die Klinik noch am gleichen Abend auf; als er sie wieder verläßt, ist er jedoch nicht weniger krank als zuvor.

Dr. Maurice Bize (1870?-1962): Ein ausgezeichneter Allgemeinarzt, den Robert Proust, sein ehemaliger Studienkollege, schon 1906 seinem Bruder empfiehlt. Dr. Bize besucht ihn jeden Freitag, und Céleste sollte später über ihn schreiben: »[...] er (zog) Dr. Bize allen anderen (vor), der ein angegrauter kleiner Mann war, sehr ruhig, sehr seriös, sehr nett, sehr höflich – er sagte ›Meister‹ zu Monsieur Proust. [...] Wenn er ihn kommen ließ – und Dr. Bize eilte immer sofort herbei –, geschah es meist wegen einer solchen Kleinigkeit, daß ich mir lange Zeit die Frage vorlegte, was der wahre Grund sei. [...] bin ich zu dem Schluß gekommen, daß er ihn hauptsächlich kommen ließ, um mit ihm zu reden, meist zu einem ganz bestimmten Zweck, nämlich seines Buches wegen, und weil er bei ihm wußte, daß die Auskünfte, die er ihm zu entlocken versuchte, zuverlässig waren« (C. Albaret, a.a.O., S. 73 f.).

Dr. Bize behandelt auch die Dienstboten von Proust: Nicolas Cottin und Odilon Albaret. Er wohnt der Agonie Prousts bei, zusammen mit dessen Bruder Robert. Er verschreibt ihm Medikamente, die Proust sich jedoch einzunehmen weigert. Um der Kongestion entgegenzuwirken, empfiehlt er dann Kampferspritzen, doch Proust lehnt sie gleichfalls ab – allerdings zum letzten Mal, denn am 18. November 1922, als Bize ihm eine Spritze ins Bein gibt, hat Proust nicht mehr die Kraft, sich dem zu widersetzen.

Dr. Joseph Babinski: Eine große medizinische Kapazität, die Proust nach Sprachstörungen und einem Ansatz von Gesichtslähmung im Juni 1918 aufsucht. Er möchte sich einer Trepanotomie unterziehen, doch Babinski beschwichtigt ihn und vermeidet den Eingriff. Robert Proust läßt ihn am 18. November 1922 kommen, um den eingetretenen Tod Prousts zu bestätigen.

PSYCHOLOGISCHES PORTRÄT

Persönlichkeit Prousts

• **Die Hypersensibilität:** Proust leidet unter einem fortwährenden Mangel an Zuneigung und Schutz. In *Jean Santeuil* und in der *Recherche* bezeugt das wiederkehrende Motiv des »Gutenachtkusses« ein krankhaft empfindliches Kind. Seine Mutter bleibt unentbehrlich, so daß der Sohn bis zu ihrem Tod mit ihr zusammenlebt; er ist damals fast 35 Jahre alt. In *Jean Santeuil* hat sich Proust selbst als Jüngling im Lycée Condorcet porträtiert: »Er begriff nicht, daß dieses Bedürfnis nach

Sympathie, diese krankhaft gesteigerte Gefühlsbereitschaft, die ihn geneigt machte, bei der geringsten Freundlichkeit von Liebe überzuströmen, den drei Jungen, bei denen die Gleichgültigkeit einer kühleren Veranlagung durch jugendliche Härte noch verdoppelt wurde, als eine künstliche Pose erschien und sie als solche reizte.« In demselben Roman wendet sich der Jüngling jedoch in heftigen Worten gegen seine Eltern, die nicht wissen, wie sie sich ihm gegenüber verhalten sollen, und die einmal äußerste Strenge und ein andermal ungemeine Nachsicht an den Tag legen. Dieser junge Despot versteht es zugleich, sich durch seine Freundlichkeit in seiner Umgebung beliebt zu machen. Die Dienstboten des Hotels in Beg-Meil sind eifrig um ihn bemüht. In *Swann* und in der übrigen *Recherche* ist der Erzähler sanfter geworden. Wie er, so scheint auch Proust von natürlicher Güte zu sein. So sehen ihn seine Freunde. Seine Trinkgelder sind legendär, seine Geschenke zahlreich, seine Briefe strömen über von Zärtlichkeit, trotz seiner krankhaften Empfindlichkeit. Seine unverbrüchliche Treue und Ergebenheit verlangt den anderen eine durch nichts zu erschütternde Freundschaft ab.

Proust ist sich dieser Hypersensibilität bewußt, die im übrigen die Kraft seines Genies ausmacht: »Und für eine nervlich anfällige Natur, wie es die meine war (das heißt, bei der die Zwischenträger, die Nerven, ihre Funktion schlecht erfüllen und die Klage der bescheidensten, schnell vergehenden Elemente des Ich auf ihrem Weg zum Bewußtsein nicht aufhalten, sondern sie im Gegenteil deutlich vernehmbar, ermüdend, schmerzhaft und in unabsehbarer Zahl bis an ihr Ziel gelangen lassen), war der angstvolle Aufruhr, den ich unter dieser unbekannten und zu hohen Zimmerdecke empfand [...], nichts weiter als die Beteuerung einer in mir weiterlebenden Freundschaft zu einer vertrauten und niedrigen Decke« (*Im Schatten junger Mädchenblüte*).

Folgen dieser Hypersensibilität: Sie verleiht ihm eine außergewöhnliche Fähigkeit, gleichermaßen zu genießen wie zu leiden. Proust vermag eine Sinfonie angenehmer Empfindungen zum Erklingen zu bringen, indem er alle Sinne mitschwingen läßt und durch diese sinnliche Wollust zugleich die erlesensten Regungen des Intellekts mit aufruft. Reynaldo Hahn schildert den Proust des Jahres 1894, versunken in die Betrachtung der Rosenstöcke von Réveillon: »Er blinzelte mit den Augen, gesenkten Kopfes, mit ernstem Gesicht, die Stirn leicht gerunzelt wie in einer Anstrengung leidenschaftlichen Aufmerkens, und mit der linken Hand schob er sich immer wieder die Spitze seines kleinen schwarzen Schnurrbarts zwischen die Lippen und knabberte darauf herum« (Reynaldo Hahn, *Hommage à Marcel Proust, N.R.F.*, 1923, S. 39-40). Diese Kontemplation aus dem tiefsten Grund seines Wesens läßt ihn zugleich außerordentlich unter seiner Verschiedenheit leiden, unter seiner femininen Sensibilität, seiner latenten Homosexualität. Sein Leben ist eine einzige Abfolge von Reuegefühlen und fruchtbaren Kompensationen, die seinen Snobismus erklären und die Entstehung der *Recherche* bedingen.

• **Graphologische Analyse:** Der erste Eindruck von der Schrift Prousts ist der eines »bei lebendigem Leibe Geschundenen«. Seine Hypersensibilität läßt sich an den zahlreichen Ausbuchtungen der Buchstaben ablesen, die in seinem Fall mehr Verletzlichkeit als Gefühlswärme zum Ausdruck bringen.

Nach der Typologie von C. G. Jung ist sie der graphische Niederschlag der Intuition. Der Eindruck wird bestätigt durch die rhythmisierte, nuancenreiche, leichte, luftige, nebeneinandergedrängte und doch zugleich verhältnismäßig weit ausschwingende Schrift. Sie ist zugleich unregelmäßig wie die von Bonaparte, Marx oder Mauriac. Charakteristisch für seine Schriftzüge sind die Unterschiede in der Form, in der Neigung, in der Dimension und Ausrichtung, ohne daß sie dadurch jedoch unharmonisch würde.

Bei Proust ist das graphische Gesamtbild positiv, denn seine Schrift hat nichts Überflüssiges, sie ist aufgelockert, unregelmäßig, nuanciert, beweglich, gehaltvoll. Sie bringt seine Sensibilität und Gefühlsbetontheit zum Ausdruck, seine erfinderische, geistreiche, intuitive, einfallsreiche, scharfsinnige Intelligenz und zeigt somit seine Treffsicherheit, seine reiche Einbildungskraft und seine Neigung zu intellektuellen Spekulationen.

Sein »ätherisches« Wesen, dem es an Gewicht und Festigkeit zu fehlen scheint, ist in Wirklichkeit anpassungsfähig und wendig. Es bekundet eine den neuen und erneuerten Eindrücken zugewandte lebendige Persönlichkeit. Aufgrund seiner künstlerischen und psychologischen Gaben, seiner Begeisterungsfähigkeit und seiner anziehenden Wesensart ist sein soziales Verhalten gefällig, liebenswürdig, charmant. Er hat zugleich etwas Dandyhaftes, Erlesenes, Brillantes. Seine Schrift offenbart demnach insgesamt eine geschmeidige Persönlichkeit voller mannigfaltiger Triebfedern und Möglichkeiten, gewandt und lebhaft.

Von Proust beantwortete Fragebögen

• **Um 1886.** Mit 15 Jahren antwortet Proust in einem englischen Album auf einen Fragebogen, den ihm Antoinette Faure vorgelegt hat [vgl. Painter I, S. 90 ff.]. Er bekundet darin bereits eine hochentwickelte Sensibilität. Die Handschrift ist noch kindlich, manche Antworten jedoch zeigen einen in voller Bildung begriffenen Intellekt:

Welche Tugend schätzen Sie am meisten: Alle, die nicht einer Sekte eigen sind, die universalen.

Welche Eigenschaften schätzen

Sie bei einem Mann am meisten: Intelligenz, moralisches Empfinden.

Welche bei einer Frau: Sanftheit, Natürlichkeit, Intelligenz.

Ihre Lieblingsbeschäftigung: Lesen, Träumen, Gedichte, Geschichte, Theater.

Ihre charakteristischste Eigenschaft: (Proust hat diese Frage nicht beantwortet.)

Ihre Vorstellung von Glück: All die um mich zu haben, die ich liebe, dazu den Zauber der Natur, eine Menge von Büchern und Partituren, und in der Nähe ein französisches Theater.

Ihre Vorstellung von Unglück: Von Mama getrennt zu sein.

Ihre Lieblingsfarbe und Lieblingsblume: Ich mag sie alle, und bei den Blumen weiß ich nicht.

Außer Sie selbst, wer möchten Sie gern sein? Da ich mir die Frage nicht zu stellen brauche, ziehe ich es vor, sie auch nicht zu beantworten. Ich wäre allerdings gern Plinius der Jüngere gewesen.

Wo hätten Sie gern leben wollen? Im Lande des Ideals, oder vielmehr meines Ideals.

Ihre liebsten Prosaschriftsteller: George Sand, Augustin Thierry.

Ihre Lieblingsdichter: Musset.

Ihre Lieblingsmaler und -komponisten: Meissonnier, Mozart, Gounod.

Ihre Lieblingshelden im wirklichen Leben: Ein Mittel zwischen Sokrates, Perikles, Mohammed, Musset, Plinius dem Jüngeren, Augustin Thierry.

Ihre Lieblingsheldinnen im wirklichken Leben: Eine geniale Frau, die das Leben einer gewöhnlichen Frau führt.

Ihre liebsten erdichteten Helden: Die romanhaften, poetischen Helden, diejenigen, die eher ein Ideal als ein Vorbild sind.

Ihre liebsten erdichteten Heldinnen: Jene, die mehr sind als Frauen, ohne ihr Geschlecht zu verlassen, alles Zärtliche, Poetische, Reine, Schöne aller Art.

Ihre Lieblingsspeise und Ihr Lieblingsgetränk: (nicht beantwortet)

Ihre Lieblingsnamen: (nicht beantwortet)

Ihre tiefste Abneigung: Gegenüber Leuten, die nicht spüren, was gut ist, die von der Süße der Zuneigung nichts wissen.

Welche historischen Gestalten verabscheuen Sie am meisten? (keine Antwort)

Ihr gegenwärtiger Geisteszustand: (keine Antwort)

Welchem Fehler bringen Sie die meiste Nachsicht entgegen? Dem Privatleben der Genies.

Ihr Motto: Eines, das sich nicht zusammenfassen läßt, weil sein einfachster Ausdruck das ist, was es Schönes, Gutes, Großes in der Natur gibt.

• **Um 1892.** Mit 21 Jahren, nach seinem Militärdienst als Einjährigfreiwilliger, beantwortet Proust erneut den Fragebogen. Wohl bezeugt dieser noch immer seine Sensibilität und sein unstillbares Bedürfnis nach Zärtlichkeit, doch läßt er zugleich seine verborgenen Gefühle der Reue und des Bedauerns, seine Befürchtungen und gebieterischen Instinkte erkennen. Seine Intelligenz und sein kritischer Verstand haben sich entwickelt. Wenn er Pierre Loti und Anatole France nennt, wird darin der Einfluß deutlich, den zu dieser Zeit der Salon von Mme Caillavet auf ihn ausübt. Aber er sieht voraus, daß sein Geschmack sich ändern wird; daher die Einschränkung »heute«:

Mein Hauptcharakterzug: Das Bedürfnis, geliebt zu werden, und, um genau zu sein, mehr das Bedürfnis, liebkost und verwöhnt als bewundert zu werden.

Die Eigenschaft, die ich mir bei einem Mann wünsche: Femininen Charme.

Die Eigenschaft, die ich bei einer Frau bevorzuge: Männliche Tugenden und Ehrlichkeit in der Kameradschaft.

Was ich bei meinen Freunden am meisten schätze: Die Zärtlichkeit, die sie erweisen, sofern diese Zärtlichkeit durch die Vortrefflichkeit ihrer Person Wert erhält.

Mein größter Fehler: Nicht zu wissen; nicht »wollen« zu können.

Meine Lieblingsbeschäftigung: Lieben.

Mein Traum vom Glück: Ich fürchte, er ist nicht erhaben genug, ich wage ihn nicht zu nennen und habe Angst, ihn zu zerstören, wenn ich ihn ausspreche.

Was wäre mein größtes Unglück: Weder meine Mutter noch meine Großmutter gekannt zu haben.

Was wäre ich am liebsten: Ich, so wie die Menschen, die ich bewundere, mich möchten.

Das Land, in dem ich leben möchte: Jenes, in dem gewisse Dinge, die ich mir wünsche, sich wie durch ein Wunder erfüllen und *wo die Zärtlichkeit immer auf Gegenseitigkeit beruht.*

Meine Lieblingsfarbe: Die Schönheit liegt nicht in den Farben selbst, sondern in ihrer Harmonie.

Meine Lieblingsblume: Die Seine, die Ihre* – und dann alle anderen.

Mein Lieblingsvogel: Die Schwalbe.

Meine Lieblingsschriftsteller: Zur Zeit Anatole France und Pierre Loti.

Meine Lieblingsdichter: Baudelaire und Alfred de Vigny.

Meine Helden in der Dichtung: Hamlet.

Meine Heldinnen in der Dichtung: Bérénice (Phèdre wurde wieder ausgestrichen).

Meine Lieblingskomponisten: Beethoven, Wagner, Schumann.

Meine Lieblingsmaler: Leonardo da Vinci, Rembrandt.

Meine Helden im wirklichen Leben: Monsieur Darlu, Monsieur Boutroux.

Meine Heldinnen in der Geschichte: Kleopatra.

Meine Lieblingsnamen: Ich habe jeweils nur einen.

Was ich am meisten verabscheue: Das Böse in mir.

* *La Sienne.* Im Französischen ist der Doppelsinn (die Seine, die Ihre) unauflösbar und demnach im Deutschen nicht adäquat wiederzugeben. (A. d. Ü.)

Historische Charaktere, die ich am meisten verachte: Ich weiß dafür nicht genug.

Die militärische Leistung, die ich am meisten bewundere: Mein freiwilliger Wehrdienst!

Die Reform, die ich am meisten schätze: (Proust hat diese Frage nicht beantwortet.)

Die natürliche Gabe, die ich haben möchte: Willenskraft und Verführungskraft.

Wie ich sterben möchte: Besser – und geliebt.

Gegenwärtige Geistesverfassung: Verdruß darüber, an mich gedacht zu haben, um alle diese Fragen zu beantworten.

Fehler, die ich am ehesten entschuldige: Diejenigen, die ich verstehe.

Mein Motto: Ich hätte zu große Angst, daß es mir Unglück brächte.

DIE WICHTIGSTEN LEBENSDATEN

Geburt. Mme Adrien Proust, die nach der Belagerung von Paris vor der Pariser Kommune ausweicht, verbringt das Ende ihrer Schwangerschaft in Auteuil, in der Rue La Fontaine Nr. 96, bei ihrem Onkel Louis Weil. Nach einer sehr schwierigen Entbindung wird Marcel Proust am Montag, dem 10. Juli 1871, am Namenstag der heiligen Felicitas um 11 Uhr abends in diesem stillen Hause geboren. Die Geburtsurkunde ist auf dem Bürgermeisteramt des 16. Arrondissements am 13. Juli um 2 Uhr nachmittags ausgestellt und von Adrien Proust, Nathé Weil und Louis Weil unterzeichnet.

Proust ist bei der Geburt äußerst anfällig und wäre fast nicht am Leben geblieben (er schreibt übrigens sein ganzes Leben lang seine schwächliche Konstitution den Ängsten und Entbehrungen seiner Mutter während der Pariser Kommune zu, die einige Monate vorher, am 18. März, begann und am 28. Mai 1871 ihr Ende fand). Dank der Fürsorge seines Vaters ist er jedoch nach vierzehn Tagen außer Gefahr.

Taufe. Am 5. August 1871 wird er in der Kirche Saint-Louis in Antin, der Gemeinde des elterlichen Wohnsitzes (seine Eltern wohnen in der Rue Roy), getauft. Mme Proust hat zwar ihre jüdische Religion beibehalten, doch haben die Eltern beschlossen, daß ihre Kinder wie der Vater katholisch getauft werden sollen. Prousts Patentante ist Mme Houette. Sie stirbt im Dezember 1892.

1872: Gustave, der einzige Sohn von Adolphe Crémieux, stirbt in der Schweiz. *5. August:* Hélène Weil heiratet Casimir Bessière.

1873, *24. Mai:* Geburt seines Bruders Robert in Auteuil. *1. August:* Seine Eltern ziehen in das Haus Boulevard Malesherbes Nr. 9. *19. Dezember:* Sein Vater wird Chefarzt des Hospizes Sainte-Perrine in Auteuil.

1874, *Juli:* Sein Vater wird zur Teilnahme an der Weltgesundheitskonferenz nach Wien entsandt. *26. September:* Sein Onkel, der Architekt Moïse-Baruch Weil, stirbt in Beauvais.

1875, *11. Januar:* Geburt von Jacques Bessière. *15. Dezember:* Adolphe Crémieux wird zum Senator auf Lebenszeit ernannt.

1876: Valentine Peigné-Crémieux heiratet den Maler Lecomte de Noüy, stirbt jedoch zwei Monate später an Typhus.

1877, *6. Februar:* Geburt von Amélie Bessière. *Juni:* Sein Vater übernimmt die medizinische Betreuung im Hôpital Lariboisière.

1878, *Ostern und September* (?): Die Familie Proust verbringt ihre Ferien in Illiers (Philip Kolb datiert die in *Contre Sainte-Beuve* [*Gegen Sainte-Beuve*] erzählte Geschichte von Robert und dem Geißlein in diese Zeit).

1879, *17. Juni:* Sein Vater wird in die Académie de médecine gewählt.

1880, *10. Februar:* Tod von Adolphe Crémieux. *1. Mai:* Bei einem Sturz in den Anlagen der Champs-Elysées bricht Proust sich die Nase. *5. September:* Datum des ersten Briefes, der von ihm erhalten ist. *6. September:* Abreise nach Dieppe. *26. September:* Geburt seines Vetters Jules Louis Émile Amiot. Mme Beauvais beginnt mit dem Ölgemälde von Mme Adrien Proust.

1881, *Frühlingsanfang:* Der erste Asthmaanfall nach einem Spaziergang im Bois de Boulogne. Er besucht zu dieser Zeit, zusammen mit seinem Freund Jacques Bizet, die private Grundschule Pape-Carpentier. *Im Herbst* geht er zum ersten Mal ins Theater. Die amerikanische Sängerin an der Opéra-Comique, Marie Van Zandt, eignet seinem Vater eine ihrer Photographien als männlicher Transvestit zu, sicher das Vorbild für Miss Sacripant in der *Recherche*. *Im November* nimmt er an der Hochzeit des Vetters seiner Mutter, Daniel Mayer, mit Marguérite Lévy in der Synagoge Rue de la Victoire teil.

1882, *27. Februar:* Mme André Hamart, die einzige Tochter der Tante Amiot, stirbt mit dreiunddreißig Jahren. *April:* Er ist, zusammen mit seinem Bruder, Brautführer bei der Hochzeit von Jean Cruppi (Abgeordneter und künftiger Handelsminister) mit Louise Crémieux. Mit seinem Bruder verbringt er den *Anfang des Herbstes* bei ihrem Großonkel Louis Weil in Auteuil. *2. Oktober:* Er wird am Lycée Fontanes (Name des Lycée Condorcet bis Januar 1883) in die Quinta aufgenommen.

1883, *3. August:* Er erhält den 2. Preis in Naturwissenschaften, den 4. Accessit* in Übersetzung aus dem

* lateinisch: »er hat sich angenähert«: Auszeichnung für diejenigen, die, ohne einen

Lateinischen und den 5. in Französisch. Er empfängt die Erstkommunion.

1884, *30. März:* Sein Vater wird zum Generalinspektor des Gesundheitswesens ernannt. *1. August:* Preisverleihung. *8. August:* Er erhält sein »Studienzertifikat Grammatik« [ein Grundstufenabschluß – nach der alten Einteilung der Unterrichtsstufen am sprachlichen Gynmasium in *Grammatik, Rhetorik* und *Philosophie*]. Er fährt anschließend nach Houlgate, wo er Griechischunterricht nimmt. *Oktober:* Er wird in die Tertia, Sektion A, aufgenommen.

1885, *14. Februar:* Trotz seiner häufigen Krankheiten steht sein Name auf der Ehrenliste der Schule. Er verläßt dann jedoch das Gymnasium und fehlt das ganze dritte Quartal über. *Mai:* Sein Vater wird zur Weltgesundheitskonferenz nach Rom entsandt und erhält *am 14. Juli* von der Stadt Toulon eine Ehrenmedaille für sein aufopferndes Verhalten bei der Epidemie von 1884. *September:* Er verbringt seine Ferien in Salies-de-Béarn. *Oktober:* Er kommt in die Sekunda. Sein Vater erhält den Lehrstuhl für Hygiene an der medizinischen Fakultät. *Am 31. Dezember* geht er zum letzten Mal in die Schule und betritt sie bis zum Ende des Schuljahres nicht wieder.

1886: Er beantwortet einen Fragebogen in dem englischen Album von Antoinette Faure (vgl. S. 24). *März:* Da er die Schule nicht besucht, erhält er Privatstunden, und seine Mutter hilft ihm bei den Aufgaben. Er verfaßt »Les nuages« (Die Wolken). *1. Juni:* Tod von Mme Jules Amiot, dem Vorbild für die »Tante Léonie«. *Herbst:* Letzter Aufenthalt in Illiers, wo seine Eltern sich mit der Hinterlassenschaft seiner Tante befassen. Er liest dort *L'histoire de la conquête d'Angleterre par les Normands* (*Geschichte der Eroberung Englands durch die Normannen*) von Augustin Thierry. *Oktober:* Er wiederholt die Sekunda.

1887, *Juli*: Er spielt fast jeden Tag in den Anlagen der Champs-Elysées mit Marie Bénardaky. *13. Juli:* Er nimmt am »Concours général d'histoire«, dem nationalen Leistungswettbewerb in Geschichte, teil. *14. Juli:* Er sieht in Auteuil die Militärparade, bei der dem General Boulanger zugejubelt wird. Er hält ihn jedoch für »sehr gewöhnlich und für einen vulgären Paukenschläger«. *22. Juli:* Im Rahmen des Leistungswettbewerbs schreibt er, allerdings ohne Erfolg, eine Klausur in Übersetzung aus dem Griechischen. *2. August:* Preisverleihung am Gymnasium. Sein Name wird viermal genannt (er bekommt den 4. Accessit im französischen Aufsatz). *3. Oktober:* Wird in die Rhetorikklasse [Unterprima] aufgenommen. Häufiges Fehlen. Er befreundet sich mit Pierre Lavallée.

1888, *31. Juli:* Preisverleihung. Er bekommt den Ehrenpreis im franzö-

Schulpreis erhalten zu haben, sich diesem doch angenähert haben. (A. d. Ü.)

sischen Aufsatz. Die Briefe an seine Kameraden Jacques Bizet und Daniel Halévy machen zum ersten Mal seine Homosexualität deutlich. Er verbringt seine Ferien mit der Lektüre von Leconte de Lisle und Pierre Loti. *7. September:* Er fährt nach L'Isle-Adam zu seinem Kameraden Edouard Joyant. *1. Oktober:* Er wird in die Philosophieklasse [Abschlußklasse, Oberprima] aufgenommen. Er beteiligt sich an *La Revue verte* und anschließend an *La Revue lilas*. *Dezember:* Er macht Laure Hayman den Hof, dem Vorbild für die »Gladys Harvey« von Paul Bourget.

1889, *17. Januar:* Nach einem Diner bei den Proust widmet ihm Ernest Renan *La vie de Jésus* (*Das Leben Jesu*). *19. März:* Tod von Mme François-Valentin Proust, seiner Großmutter väterlicherseits. *15. Juli:* Er wird Bachelier ès lettres, d. h., er legt das sprachliche Abitur ab. *30. Juli:* Er erhält den Ehrenpreis im französischen Aufsatz. *September:* Aufenthalt in Ostende bei den Finaly. Bei seiner Rückkehr wird er Mme Arman de Caillavet und Anatole France vorgestellt. Er macht die Bekanntschaft von Gaston Arman de Caillavet. *11. November:* Er meldet sich freiwillig für ein Jahr zum Militärdienst und wird am *15. November* zum 76. Infanterieregiment nach Orléans eingezogen. Er mietet ein Zimmer in der Stadt, denn seine Asthmaanfälle stören seine Kameraden. *Dezember:* Mme Nathé Weil, seine Großmutter mütterlicherseits, wird schwer krank.

1890, *3. Januar:* Sie stirbt an Urämie. *Februar:* Diner bei Monsieur Bœgner, dem Präfekten des Département Loiret, bei dem er die Bekanntschaft von Robert de Billy macht. *September:* Er verbringt seine Urlaubstage in Paris oder in Cabourg. *14. November:* Er geht in die Verfügung des aktiven Heeres über [d. h., er wird Reservist]. Wieder in Paris, schreibt er sich an der juristischen Fakultät und an der École libre des sciences politiques ein, wo er die Vorlesungen von Albert Sorel, Anatole Leroy-Beaulieu und Albert Vandal besucht. *Gegen Ende dieses Jahres* sieht man ihn oft im Salon von Mme Straus, wo er Maupassant begegnet.

1891, *21. März:* In Begleitung von Jacquez Bizet, Jacques Baignères und den Straus' im Odéon-Theater, wo ihn Réjane als »Germinie Lacerteux« im gleichnamigen Stück von Edmond de Goncourt ergreift. *1. Mai* (?): Erste Begegnung mit André Gide. *Sommer:* Auf dem Tennisplatz des Boulevard Bineau mit Jeanne Pouquet und seinem Freund Gaston de Caillavet. *September:* Er schreibt aus Cabourg an seine Mutter. Er ruft »jene Jahre am Meer« in Erinnerung, »als Großmutter und ich, in eins zusammengeschmolzen, plaudernd gegen den Wind angingen«. *Oktober:* Er ist in Trouville bei der Familie von Arthur Baignères. Jacques-Émile Blanche zeichnet sein erstes Bleistiftporträt. *5. November:* Reimmatrikulation an der juristischen Fakultät und an der École libre des sciences politiques. *Gegen Ende des Jahres* begegnet er Oscar Wilde, der sich vorübergehend in Paris aufhält, und er wird höchstwahrscheinlich Maurice Barrès vorgestellt.

1892, *7. Januar:* Er ist Brautführer bei der Hochzeit von Henri Bergson mit seiner Cousine Louise Neuburger. In diesem Monat befreundet er sich mit Fernand Gregh, der mit ihm, Robert Dreyfus, Louis de la Salle, Daniel Halévy, Horace Finaly und Jacques Bizet die Monatszeitschrift *Le Banquet* begründet, in der Proust vom März 1892 bis Februar 1893 mehrere Artikel veröffentlicht. *Im Frühjahr* besucht er den Salon der Heredia, wo er Henri Barbusse begegnet, und den Salon der Princesse Mathilde. Er schließt Freundschaft mit Robert de Flers. *25. Mai:* Der Comte de Cholet, sein ehemaliger Regimentsleutnant, veröffentlicht in *Littérature et critique* Prousts Besprechung seines Buches *Voyage en Turquie d'Asie* (Reise in die asiatische Türkei). *Juni:* Er legt erfolgreich drei mündliche Prüfungen an der École libre des sciences politiques ab. Jeden Samstag geht er zu J.-É. Blanche, der sein Porträt in Öl fertigstellt. *August:* Er fährt nach Saint-Gratien zur Princesse Mathilde, wo er Graf Benedetti vorgestellt wird. Anschließend verbringt er eine Zeit in Trouville bei den Finaly, in deren Villa Les Frémonts, dem künftigen Modell für La Raspelière. Paul Baignères zeichnet dort sein Porträt in ein Album. *Am Jahresende* beantwortet er in einem Heft einen weiteren Fragebogen. Titel: Marcel Proust, von ihm selbst gesehen.

1893, *7. Februar*: *Le Banquet* veröffentlicht »Violante ou la mondanité« (»Violante oder die mondäne Welt«) und »La Conférence Parlementaire de la rue Serpente« (Die Parlamentskonferenz in der Rue Serpente). Am *13. April* wird er bei Madeleine Lemaire dem Comte Robert de Montesquiou vorgestellt. *Mai:* J.-É. Blanche stellt sein Porträt im »Salon du Champ de Mars« aus. *Juli: Gratis-Journal* bringt seine Besprechung des Buches *Le nez de Cléopatre* (Kleopatras Nase) von Henri de Saussine. Zu dieser Zeit sieht er zum ersten Mal die Comtesse Greffulhe bei der Prinzessin von Wagram. *Juli-August: La Revue blanche*, an der er mitarbeitet, veröffentlicht mehrere Studien, darunter eins seiner ersten Pastiches: »Mondanité de Bouvard et Pécuchet« (»Bouvard und Pécuchet: Gespräche über die mondäne Welt«). *Im Sommer* hat er vor, mit Daniel Halévy, Fernand Gregh, Louis de la Salle einen »Roman zu viert« zu schreiben, und er verfaßt eine Novelle: *L'indifférent* (*Der Gleichgültige*). In Sankt-Moritz, wo er in Begleitung von Mme Meredith Howland drei Wochen verbringt, verfaßt er »Mélancolique Villégiature de Mme de Breyves« (»Melancholische Sommertage in Trouville«), eine am 15. September in der *Revue blanche* veröffentlichte Novelle. *Anfang September* schreibt er in Évian einen Artikel über Montesquiou. Er fährt anschließend mit seiner Mutter nach Trouville und wohnt dort im Hôtel des Roches-Noires. Wieder in Paris, erhält er die schmerzliche Nachricht von dem Tod seines Freundes Willie Heath am 3. Oktober. *10. Oktober:* Er erlangt eine Lizentiatenwürde in Jura und macht ein zweiwöchiges Praktikum bei dem Rechtsanwalt Gustave Brunet. Er beginnt einen lang andauernden Briefwechsel mit Charles Grandjean im Hinblick auf eine eventuelle Berufswahl. *1. Dezember:* In der *Revue blanche* erscheinen sechs Studien, darunter »Avant la nuit« (»Vor der Nacht«).

1894, *Januar:* Er übersendet Huldigungsgedichte an Madeleine Lemaire: »Sie bewirken mehr als Gott: einen ewigen Frühling ...« *Februar:* Er gründet mit Marie de Heredia die »Académie des canaques« (Kanaken-Akademie, vgl. Painter I, S. 222 f.). *März: La Revue blanche* und *La Revue de Paris* lehnen seinen Artikel »De la simplicité de Robert de Montesquiou« (Von der Einfachheit des Robert de Montesquiou) ab. *April:* Sein Gedicht »Mensonges« (Lügen) erscheint bei Heugel. *22. Mai:* Er begegnet wahrscheinlich zum ersten Mal Reynaldo Hahn auf einer Soiree bei Madeleine Lemaire. *30. Mai:* Montesquiou gibt in Versailles ein großes Fest zu Ehren seines Protegés, des Pianisten Léon Delafosse, den Proust ihm vorgestellt hat. *31. Mai:* Proust schreibt für *Le Gaulois* einen Bericht darüber mit dem Titel »Une fête littéraire à Versailles« (Ein literarisches Fest in Versailles). *August:* Das Porträt des Herzogs von Richmond von Van Dyck regt ihn zu einer Reihe von Gedichten an. *18. August:* Auf Einladung von Madeleine Lemaire fährt er zum Schloß von Réveillon, wohin Reynaldo Hahn ihm nachfolgt. Dort spielt sich auch die in *Jean Santeuil* und in *Gegen Sainte-Beuve* wiedergegebene Episode mit dem Rosenstock ab. Er schreibt eine Widerlegung zum Text Tolstois *Der christliche Geist und der Patriotismus* und verfaßt »Mondanité et Mélomanie de Bouvard et Pécuchet« (»Bouvard und Pécuchet: Gespräche über die mondäne und über die musikalische Welt«). *8. September:* Sein Bruder Robert verunglückt in Ruel schwer mit dem Fahrrad. Kurz darauf reist Proust mit seiner Mutter nach Trouville, wo er mit der Niederschrift von »La mort de Baldassare Silvande, vicomte de Sylvanie« (»Der Tod des Baldassare Silvande, Freiherrn von Sylvanien«) beginnt. *Oktober:* Wieder in Paris, arbeitet er an drei Novellen sowie an Gedichten für die künftigen *Les plaisirs et les jours* (*Freuden und Tage*). Nachdem er die c-Moll-Sinfonie von Beethoven gehört hat, schreibt er »Un dimanche au Conservatoire« (Ein Sonntag im Konservatorium), einen Text, der dann in *Le Gaulois* erscheint.

1895, *Januar:* Er widmet Reynaldo Hahn Gedichte und legt sie Suzette Lemaire zur Begutachtung vor. *Gegen Ende des Winters* besucht er die Salons von Montesquiou, von den Daudet, von Mme Aubernon, der Princesse de Polignac, von Mme Lemaire, der Princesse Mathilde sowie der Comtesse Louis Cahen d'Anvers. Er geht oft in die Comédie Française, wo er *Hernani* sieht, und in die »Concerts Lamoureux«. *27. März:* Er erlangt an der philosophischen Fakultät seinen Lizentiatengrad in Philologie und fährt zur Erholung auf das Schloß Segrez zu Pierre Lavallée. *23. April:* Er hört *Dardanus* von Rameau bei der Princesse de Polignac und am *13. Mai Tannhäuser* in der Oper. Er macht kein Hehl aus seiner Vorliebe für Wagner, dem ganz anders gearteten musikalischen Geschmack von Reynaldo Hahn zum Trotz. In diesem Jahr vertieft er sein musikalisches Denken und wird sicherer in seinem kritischen Wahlvermögen. Er besucht weiter die Konzerte der Salle Érard und die »Concerts Colonne«. *29. Mai:* Er beteiligt sich an dem Einstellungswettbewerb für den unbezahlten Posten eines Bibliotheksbeigeordneten in der Bibliothèque Mazarine. Er wird als drittplazierter der drei Bewerber angenommen und beginnt im Juni mit der Arbeit. *21. Juni:* In *Le Gaulois* erscheinen seine »Portraits de peintres« (»Porträts von Malern«). *Juli:* Er wird zum Dépôt légal versetzt [der Dienststelle im Volksbildungsministerium, die sich mit der Hinterlegung aller Publikationen bei der Bibliothèque nationale befaßt] und erhält einen ersten zweimonatigen Urlaub. Er verbringt mit seiner Mutter einen Teil des Sommers in Bad Kreuznach, wo er an *Jean Santeuil* arbeitet. *10. August:* Er begibt sich zusammen mit Reynaldo Hahn nach Dieppe zu Madeleine Lemaire, die ihn Saint-Saëns vorstellt. Zu dieser Zeit schreibt er »Sous-Bois« (»Unterholz«). *September:* Er fährt mit Reynaldo Hahn in die Bretagne, zunächst nach Belle-Ile, dann nach Beg-Meil, wo sie im Hôtel Fermont wohnen (ein Aufenthalt, den man in *Jean Santeuil* wiederfindet). Er liest *Splendeurs et misères des courtisanes* (*Glanz und Elend der Kurtisanen*) von Balzac und die *Heroes* von Carlyle, ein für seine Studien über Ruskin hilfreiches Buch. Er arbeitet intensiv an seinem Roman. *29. Oktober:* Nach seiner Rückkehr nach Paris veröffentlicht *La Revue hebdomadaire* »Der Tod des Baldassare Silvande«. *Ende November*, nach einem Besuch des Louvre, schreibt er den Essai »Chardin et Rembrandt« (Chardin und Rembrandt). *8. Dezember:* Er hört in den Konservatoriumskonzerten Saint-Saëns, der ein Klavierkonzert von Mozart spielt. Er legt seine Eindrücke am folgenden Tag in dem Aufsatz »Camille Saint-Saëns, pianiste« nieder. *Am 14. Dezember* veröffentlicht er in *Le Gaulois* den Artikel »Figures parisiennes: Camille Saint-Saëns« (Pariser Gestalten: Camille Saint-Saëns). Zur gleichen Zeit wird in der Oper *Frédégonde* gegeben, deren Aufführung er beiwohnt. *24.*

Dezember: Das Ministerium bewilligt ihm einen Urlaub von einem Jahr. *31. Dezember:* Er veröffentlicht in *Année des poètes* drei Porträts von Malern.

1896, *31. Januar:* Premiere der *Bonne-Hélène* von Jules Lemaitre. Er schreibt eine Besprechung davon: »Eros et Vénus«. *März:* Er veröffentlicht »L'indifférent« (»Der Gleichgültige«) in *La Vie contemporaine*. Er verfaßt mehrere Betrachtungen nach der Lektüre der *Histoires naturelles* (Naturgeschichten) von Jules Renard. *28. März:* Er erhält die Fahnenabzüge von »Château de Réveillon« (Das Schloß von Réveillon), ein Titel, der im *April* in *Les Plaisirs et les Jours* (*Freuden und Tage*) abgewandelt wird. *10. Mai:* Sein Großonkel mütterlicherseits Louis Weil stirbt an Lungenentzündung. Seine Freundschaft mit Lucien Daudet wird immer enger. *12. Juni:* Bei Calmann-Lévy erscheinen *Freuden und Tage*. *15. Juli:* Er veröffentlicht in der *Revue blanche* »Contre l'obscurité« (Wider das Dunkel). *Anfang August:* Abreise nach Le Mont-Dore zusammen mit seiner Mutter. *16. September:* Wieder in Paris, schreibt er seiner Mutter, sein Roman zähle schon »110 große Seiten« in einem soeben beendeten Heft. *September:* Er arbeitet beharrlich an *Jean Santeuil*. *Oktober:* Zur Arbeit an dem Roman zieht er sich nach Fontainebleau zurück, wo er die Abschnitte »Jean à Beg-Meil I« und »Le téléphonage à sa mère« (»Jean in Beg-meil: Telefongespräch mit seiner Mutter«) schreibt. Er liest Balzac, Shakespeare, Goethe und George Elliot. *3. November:* Er hört in der Abgeordnetenkammer die Anfrage von Jean Jaurès zugunsten der von den Türken niedergemetzelten Armenier. Er beschreibt die Rede in seinem Roman. *Dezember:* Bei Reynaldo Hahn trifft er zum ersten Mal dessen Cousine Marie Nordlinger.

1897, *Januar:* Er veröffentlicht »Silhouette d'artiste« (Künstlersilhouette) in *La Revue d'art dramatique*. *3. Februar:* Er duelliert sich mit Jean Lorrain, der in einem Artikel des *Journal* auf seine Homosexualität angespielt hatte [vgl. Painter I, S. 322 ff.]. *Ende März:* Der Besitz seines Großonkels Louis Weil in Auteuil wird verkauft. *Juli:* Durch Reynaldo Hahn macht er die Bekanntschaft des Malers Alexander Harrison, des Vorbilds für Bergotte (in *Jean Santeuil*) und für Elstir (in der *Recherche*). *11. August:* Er veröffentlicht in *La Presse* einen Artikel »Sur M. Alphonse Daudet« (Über Alphonse Daudet) und fährt anschließend mit seiner Mutter nach Bad Kreuznach. Er erkundigt sich bei Lucien Daudet nach ihm noch unbekannten Romanen und Texten von Balzac, Michelet und Dickens, nach *Die Brüder Karamasow* und *Dr. Samuel Johnson, Leben und Meinungen* von Boswell. *Im Herbst* ist er mit Léon Yeatman in Dieppe. *Oktober:* Dr. Proust und Gilbert Ballet veröffentlichen »L'hygiène du neurasthénique« (Die Gesundheitspflege des Neurasthenikers). *16. De-*

zember: Tod von Alphonse Daudet. *19. Dezember: La Presse* druckt Prousts »Adieux« (Abschiede).

1898, *Januar:* Esterhazy, der in der Dreyfus-Affäre angeklagt ist, wird freigesprochen. Fernand Gregh, Daniel Halévy, Robert Dreyfus verfassen ein Manifest zugunsten von Colonel Picquart und versuchen Unterschriften von Schriftstellern zu sammeln. Proust gelingt es, die von Anatole France zu erhalten. *14. Januar:* Der Protest erscheint in *L'Aurore. 20. Januar:* Er veröffentlicht in *La Revue d'art dramatique* den Artikel »Robert de Flers«, der das Problem der Berufung aufwirft. *Vom 7. bis zum 23. Februar* wohnt er dem Zola-Prozeß bei. Er greift bei einigen im April und Mai verfaßten Passagen von *Jean Santeuil* darauf zurück. *Anfang Juli* unterzieht Mme Proust sich einer Krebsoperation und bleibt fast drei Monate in der Klinik der Rue Bizet. Er begleitet sie anschließend nach Trouville. *Oktober:* Er macht eine Reise nach Holland und besucht in Amsterdam die Rembrandt-Ausstellung, auf die er in einer nachgelassenen Studie über diesen Maler Bezug nimmt. *Im November* besichtigt er das Haus von Gustave Moreau, das nach dessen Tod als Museum in Staatsbesitz überging, und er verfaßt »Notes sur le monde mystérieux de Gustave Moreau« (Anmerkungen über die geheimnisvolle Welt des Gustave Moreau). *Ende November* erscheint in *L'Aurore* die Protesterklärung zugunsten von Colonel Picquart mit Prousts Unterschrift. *31. Dezember:* Er kommt beim Ministerium um eine weitere Beurlaubung von einem Jahr ein.

1899, *9. Februar:* Er erhält den vierten Urlaub in seinem Amt als Bibliothekar bewilligt. *Im Mai* wahrscheinlich leiht ihm Billy *L'Art religieux du XIII*e *siècle en France* (*Die kirchliche Kunst des 13. Jahrhunderts in Frankreich*) von Émile Mâle, das er für seine Arbeit über Ruskin braucht. *Im Juni* macht er bei der Princesse Alexandre Bibesco die Bekanntschaft seines künftigen großen Freundes Antoine Bibesco. Durch Louis de Robert lernt er den Colonel Picquart kennen. *Am Ende des Sommers* ist er mit seinen Eltern im Hotel Splendide in Evian, danach in Genf und in Thonon, zusammen mit den Brancovan und mit Abel Hermant. Die Schweiz regt ihn zu dem Kapitel »Souvenirs de la mer devant le lac de Genève« (»Wiedergefundene Impressionen«) in *Jean Santeuil* und zu Landschaftsbeschreibungen in der *Recherche* an. *19. September und 12. Oktober:* In *La Presse* veröffentlicht er »Lettres de Perse et d'ailleurs« (Briefe aus Persien und anderswo). Er übernimmt davon später Teile für seinen Roman, namentlich »Le jet d'eau d'Hubert Robert« (Der Springbrunnen des Hubert Robert). *Oktober:* Wieder in Paris, schreibt er eine Besprechung der *Perles rouges* (*Rote Perlen*) von Montesquiou für *La Presse*. Mit François d'Oncieu liest er in der Bibliothèque nationale *The seven*

Lamps of Architecture (*Die sieben Leuchter der Baukunst*) von Ruskin. Ganderax, der Direktor der *Revue de Paris*, gibt bei ihm eine Studie über diesen Kunstkritiker in Auftrag, die er auch zu schreiben beschließt. *Dezember:* Unterstützt von seiner Mutter, macht er sich an die Übersetzung von *The Bible of Amiens* (Die Bibel von Amiens), und er beginnt eine Studie über die Kathedrale von Reims.

1900, *Januar:* Er besichtigt die Kathedrale von Rouen. *27. Januar:* In der *Chronique des arts* veröffentlicht er einen Nachruf auf den am 20. in London verstorbenen Ruskin. *13. Februar: Le Figaro* bringt »Pèlerinages ruskiniens en France« (»Tage der Wallfahrt. Ruskin und Notre-Dame von Amiens, Ruskin in Rouen« usw.), und Proust kündigt eine Reihe von Artikeln und Übersetzungen an, deren erste dann die *Bibel von Amiens* darstellt. *Am 14. Februar* wird er aufgefordert, seinen Posten bei der gesetzlichen Hinterlegungsstelle wieder anzutreten. *1. März:* Sein Fernbleiben wird als Amtsniederlegung aufgefaßt. *1. April:* Er veröffentlicht eine weitere Studie über Ruskin in der *Gazette des beaux-arts* sowie »Ruskin und Notre-Dame von Amiens« in der Aprilnummer des *Mercure de France*. Beide Studien werden später im Vorwort zur *Bibel von Amiens* wiederaufgenommen. *Anfang Mai:* Er reist mit seiner Mutter nach Venedig, wo er Reynaldo Hahn und Marie Nordlinger trifft. Er liest Ruskins *Saint Mark's Rest* (*Die Rast des Heiligen Markus*) und besichtigt die Giotto-Fresken in Padua (er erwähnt sie in der *Recherche*). *1. August:* Die *Gazette des beaux-arts* bringt den anderen Teil der Studie über Ruskin, deren Fahnenabzüge Marie Nordlinger in Italien korrigiert hatte. *Am 13. Oktober* fährt er ohne seine Mutter wieder nach Venedig. Während seiner Abwesenheit ziehen seine Eltern von dem Haus Boulevard Malesherbes Nr. 96 in die Rue de Courcelles Nr. 45 um. Wieder in Paris, besucht er die Ausstellung der »Seerosen« von Monet in der Galerie Durand-Ruel. *7. Dezember:* Er wohnt der Antrittsvorlesung Bergsons im Collège de France bei.

1901, *5. Januar:* In der *Chronique des arts et de la curiosité* erscheint seine Besprechung des Buchs von Robert de Montesquiou *Le pays des aromates* (Das Land der Gewürze). Obwohl seine Asthmaanfälle stärker werden, geht er immer häufiger zu mondänen Diners. *Am 19. Juni* gibt er ein Diner zu Ehren der Comtesse de Noailles. *10. Juli:* Zu Besuch bei Léon Yeatman, ruft er aus: »Ich werde heute dreißig, und ich habe nichts geleistet!« Er fährt nicht in Ferien, sondern macht weitere Besuche bei der Princesse de Polignac, oder er geht in die Oper (wo er *Wilhelm Tell* von Rossini hört). *7. September:* Zusammen mit Léon Yeatman fährt er nach Amiens und dann nach Abbeville, wo er vor der Kirche arbeitet. *Im Herbst* sieht er oft Antoine Bibesco und bietet Sarah Bernhardt erfolglos dessen Stück *La lutte* (Der Kampf) an. *Dezember:* Er unterbreitet dem Verlag Ollendorff seine Übersetzung der *Bibel von Amiens.*

1902: *Zu Beginn des Jahres* entwirft er für seinen Roman *Jean Santeuil*, den er vernachlässigt hat, ein Porträt der Baronin Deslandes, welcher er die Züge der Mme de Réveillon verleiht. *15. März:* Reynaldo Hahn eignet ihm »Les Muses pleurant la mort de Ruskin« (Die Musen beweinen den Tod Ruskins) zu. *30. April:* Premiere von *Pelléas et Mélisande* von Debussy, der in der Folge einen starken Einfluß auf seinen musikalischen Geschmack ausübt. *7. Juni:* Mit Bertrand de Fénelon und Antoine Bibesco hört er *Tristan und Isolde*. *Sommer:* Er verfaßt einen letzten Abschnitt für *Jean Santeuil*: »Mme Martial« (der er die Züge der Frau des Malers Hébert gibt). *14. Juli:* Tod von Charles Haas (dem hauptsächlichen Vorbild für Charles Swann in der *Recherche*). *Ende Juli und August:* Diners bei Larue oder bei Weber in Begleitung seiner Freunde vom Faubourg St. Germain. *September:* Er verbringt einen Tag in Pray bei den Daudet, und dann in Chartres. Er schreibt einen für den *New York Herald* bestimmten Artikel über den Salon der Comtesse Greffulhe. *3. Oktober:* Er reist mit Bertrand de Fénelon nach Brügge und besucht die Ausstellung früher flämischer Maler. Er setzt seine Reise über Antwerpen, Dordrecht, Rotterdam, Delft, Amsterdam, Haarlem (wo er die Gemälde von Frans Hals besichtigt) und schließlich Den Haag fort, wo er die »Ansicht von Delft« von Vermeer bewundert. Er liest *Les Maîtres d'autrefois* (Die alten Meister) von Eugène Fromentin. *11. November:* Er wird der Reserve der Landwehr zugeordnet. Seiner Mutter zum Trotz, die sich darüber beklagt, er vernachlässige sein Werk, verbringt er den Rest des Monats mit mondänen Diners. *Am Ende des Herbstes* legt er seine Übersetzung der *Bibel von Amiens* Vallette, dem Direktor des Mercure de France, vor. Er verpflichtet sich, sie bis zum 1. Februar zu beenden und einen Auswahlband mit Texten von Ruskin zusammenzustellen. *3. Dezember:* Er sucht den Glasbläser Gallé (1846-1904) auf, der seine Berühmtheit Montesquiou verdankt, und bestellt bei ihm eine Vase, die er Fernand Gregh als Hochzeitsgeschenk überreichen will. *6. Dezember:* Er überwirft sich mit Fénelon und zertrampelt dessen Hut. Zum großen Leidwesen Prousts tritt Fénelon am Ende des Jahres eine Stelle in Konstantinopel an. *20. Dezember:* In einem Brief an Bibesco spricht er von dem Erwachen seiner Berufung als Schriftsteller.

1903: Robert d'Humières hilft ihm zu *Beginn des Jahres* bei seiner Ruskin-Übersetzung. *2. Februar:* Proust ist Brautführer bei der Hochzeit seines Bruders Robert mit Marthe Dubois-Amiot. *15. Februar:* Er veröffentlicht in *La Renaissance latine* einen Teil der *Bibel von Amiens.*

25. Februar: Der *Figaro* bringt unter dem Namen »Dominique« seinen ersten Artikel über die Salons: »Un salon historique. Le Salon de S.A.I. la princesse Mathilde« (Ein historischer Salon. Der Salon Ihrer Kaiserlichen Hoheit, der Prinzessin Mathilde). *7. März:* Er publiziert in der *Chronique des arts et de la curiosité* seine Besprechung einer Studie über Ruskin von Marie von Bunsen. *2. April:* Nach einer Vorstellung der »Folies-Bergères«, die er mit Georges de Lauris besucht, schreibt er einen Artikel für *Le Figaro*, der jedoch nicht erscheint. *21. April:* Ausflug mit dem Automobil, zusammen mit Lauris und den Brüdern Bibesco, nach Laon, Senlis und Coucy-le-Château. *11. Mai:* Er veröffentlicht unter dem Pseudonym »Dominique« im *Figaro*: »Le salon de Mme Lemaire«. Am *Ende des Frühjahrs* und das ganze Jahr über sieht er oft den Marquis d'Albufera und dessen Geliebte, die Schauspielerin Louisa de Mornand. *27. Juli:* Bei der Schulpreisverleihung in Illiers hält sein Vater eine Rede. *16. August:* Er verbringt einen Tag in Trouville bei Mme Straus. *Ende August* folgt er seinen Eltern nach Evian, macht unterwegs jedoch halt in Avallon, Vézelay und Dijon. *6. September:* Er veröffentlicht unter dem Namen »Horatio« im *Figaro*: »Le Salon de la princesse de Polignac«. Constantin de Brancovan bietet ihm die Spalte der Theaterkritik in der *Renaissance latine* an, er fährt jedoch noch im selben Monat nach Chamonix und wandert in Begleitung von Louisa de Mornand und d'Albufera über den Gletscher. *10. Oktober:* Er besichtigt die Kirche von Brou und das Hospiz von Beaune, bevor er nach Paris zurückkehrt. *2. und 14. November:* In der *Chronique des arts et de la curiosité* publiziert er »Dante Gabriel Rossetti et Elizabeth Siddal«, seine Besprechung einer im *Burlington Magazine* erschienenen Studie. *Am 26. November* stirbt Dr. Proust an den Folgen einer am Vorabend eingetretenen Gehirnblutung. *28. November:* Er wird auf dem Friedhof Père-Lachaise beigesetzt. *Anfang Dezember:* Von seiner Mutter gedrängt, macht Proust sich wieder an die Arbeit und korrigiert die Fahnen der *Bibel von Amiens*.

1904, *2. Januar:* Die *Chronique des arts* bringt eine weitere Besprechung von Proust, diesmal über das Buch von Charlotte Broicher: *John Ruskin und sein Werk*. *4. Januar:* Im *Figaro* erscheint »Le Salon de la comtesse d'Haussonville«, ein Text, der auf den Salon der Guermantes vorausweist. *8. Januar:* Im *Figaro* erscheint »Fête chez Montesquiou à Neuilly« (Fest bei Montesquiou in Neuilly), im Grunde ein Pastiche im Stil von Balzac. *Februar:* Mit Hilfe von Marie Nordlinger beginnt er seine Arbeit an *Sesame and Lilies* (*Sesam und Lilien*) von Ruskin, während zugleich seine Übersetzung der *Bibel von Amiens* bei Mercure de France herauskommt. *März:* Er versöhnt sich mit Brancovan. *8. April:* Im *Figaro* veröffentlicht er »Antoine Bibesco«, einen Text über dessen Theaterstück *Le jaloux* (Der Eifersüchtige). *Am 23.* erscheint in der *Chronique des arts*: »Une miniaturiste du second Empire: Mme Herbelin« (Eine Miniaturmalerin des Zweiten Kaiserreichs: Mme Herbelin), ein Nachruf auf die Tante von Madeleine Lemaire. *Am 13. Mai* veröffentlicht er im *Figaro*: »Le Salon de la comtesse Potocka« unter dem Namen »Horatio«. Er bittet Marie Nordlinger, eine Porträtbüste für das Grabmal seines Vaters anzufertigen. *Juni:* Er liest *Le double jardin* (*Der doppelte Garten*) von Maeterlinck, den er später in *Sesam und Lilien* und in seinem Artikel über *Les Éblouissements* (Die Blendungen) zitiert. *1. Juli:* Er diniert mit seinem Freund, dem Duc de Guiche, bei der Comtesse de Noailles, wo er eine Statuette aus Tanagra zerbricht. *8. August:* Marie Nordlinger bringt ihm das Rundbild seines Vaters. *9. August:* Auf der Yacht »Hélène« beginnt er eine Kreuzfahrt entlang der bretonischen Küste. Die Yacht gehört Paul Mirabaud, dem Schwiegervater von Robert de Billy. Proust kommt auf diese Weise nach Ouistreham, Cherbourg, Guernesey, Saint-Malo und Dinard (Rückkehr nach Paris am 15. August). *13. August:* Er veröffentlicht in der *Chronique des arts* eine Besprechung mit dem Titel »L'île et l'Empire de Grande-Bretagne: Angleterre, Égypte, Inde par Robert d'Humières« (Die Insel und das Weltreich Großbritannien: England, Ägypten, Indien; von Robert d'Humières). *16. August:* Im *Figaro* erscheint »La Mort des cathédrales« (»Der Tod der Kathedralen«), ein Text, der später in die *Pastiches et Mélanges* (*Nachgemachtes und Vermischtes*) aufgenommen wird. Zu derselben Zeit verfaßt er seine Antwort auf die Umfrage der Zeitschrift *Les Arts de la vie* über die Trennung von Kunst und Literatur vom Staat. Er versucht weiter, mit seinem Trost den Liebeskummer von Louisa de Mornand zu besänftigen. Er sieht sie häufig. Wegen seines schlechten Gesundheitszustandes konsultiert er bis zum Ende des Jahres zahlreiche Ärzte. *Oktober:* Aufgrund seiner Krankheit kann er an der Hochzeit seines Freundes d'Albufera nicht teilnehmen. Bibesco gegenüber beklagt er sich, er sei »im Augenblick sehr unglücklich, auf jede Weise, seelisch, körperlich, geistig« (*Correspondance* IV – 1904, S. 310). *14. Dezember:* Unter dem Namen Marc-Antoine veröffentlicht er in *Gil Blas* eine Kritik der *Étude sur Victor Hugo* (Studie über Victor Hugo) von Fernand Gregh. *Gegen Ende des Jahres* schreibt er einen Brief an Gabriel de la Rochefoucauld, in dem er von seinem Bruch mit »der Geliebten, die ich am meisten liebte«, spricht (*Correspondance* IV, S. 333).

1905, *5. Februar:* Er gibt ein Diner zu Ehren von Bertrand de Fénelon. Er verfaßt ein Vorwort zu *Sesam und Lilien*, das auf *Contre Sainte-Beuve* (*Gegen Sainte-Beuve*) und *Du côté de chez Swann* (*In Swanns Welt*) vorausweist. *1. März, 15. April und 15. Mai:* Er veröffentlicht in *Les arts de* *la vie* den ersten Teil des Vortrags von Ruskin: »Of Kings' Treasuries« (Die Schätze der Könige). *Gegen Ende des Winters* wird sein Beitrittsantrag zum »Cercle de l'Union« [vgl. S. 353] abschlägig beschieden. *März:* Er leidet sehr unter seinem Asthma, besucht jedoch weiter die »Salons«. *7. Mai:* Er veröffentlicht im *Figaro* unter dem Namen »Echo«: »La vie à Paris: la comtesse de Guerne« (Das Pariser Leben: die Gräfin von Guerne). *8. Juni:* Er hört den jungen virtuosen Pianisten Arthur Rubinstein (1886-1982) bei der Comtesse Jean de Castellane. Zur selben Zeit verfaßt er eine bedeutende Notiz für das Vorwort zu *Sesam und Lilien*, in der vielleicht die Struktur seines künftigen Werkes andeutungsweise sichtbar wird. *15. Juni:* In *La Renaissance latine* veröffentlicht er »Sur la lecture« (»Tage des Lesens«), das Vorwort zu seiner neuen Ruskin-Übersetzung. Er besucht die Ausstellung des Malers Whistler (1834-1903), eines Freundes von Montesquiou. Er ist das zukünftige Modell für Elstir. *9. Juli:* Er schickt seine Mutter nach Neuilly, damit sie sich nach dem Gesundheitszustand des Sekretärs von Montesquiou, Gabriel d'Yturri, erkundigt; dieser ist jedoch schon vor drei Tagen gestorben. Er liest erneut Homer, von dem er in seinem Pastiche von Ernest Renan spricht. *August:* In *Les Arts de la vie* erscheint »Un professeur de beauté« (Ein Lehrer des Schönen), eine Analyse des Stils von Montesquiou. In diesem Sommer schreibt er an Bibesco einen langen Brief, der bereits auf die Bedeutung hinweist, die er der Anthroponymie beimißt. *Anfang September* fährt er mit seiner Mutter nach Évian. Sie wird schwer krank und leidet unter Urämie-Anfällen. Mme Catusse bringt sie zum Zug nach Paris. Sie stirbt dort am *26. September.* »Sie trägt mein Leben mit sich hinweg«, schreibt Proust an Mme de Noailles. Ihre Bestattung findet am *28. September* statt. *30. September:* Tod von Charles Ephrussi, einem weiteren Vorbild für Swann. *9. November:* Hochzeit von Germaine-Jeanne Aron, genannt de Faucompré, mit dem Comte de Rafélis de Saint-Sauveur. Proust ruft sich dieses Fest für die Heirat von Gilberte und Saint-Loup wieder in Erinnerung. *Anfang Dezember* begibt er sich in das Sanatorium des Dr. Sollier in Boulogne-Billancourt (er stellt diesen Aufenthalt später in *Le temps retrouvé* [*Die wiedergefundene Zeit*] dar).

1906: Er entfernt sich von Paris, um seinen Schmerz zu vergessen, und er schreibt wenig. *Etwa am 24. Januar* verläßt er das Sanatorium und kehrt nach Paris zurück, wo er in der Rue de Courcelles Nr. 45 wohnt; aber er sucht den Umgang mit seinen Freunden erst wieder ab Ende des folgenden Monats. Er ist immer noch sehr krank und niedergeschlagen, und er hütet das Bett. *März:* Besuch des schönen Illan de Casa-Fuerte. *Mai:* Er interessiert sich sehr für die Gustave-Moreau-Ausstellung in der Galerie Georges-Petit, kann sie jedoch nicht besuchen. *5. Mai:* Er veröffentlicht in der *Chronique des arts* eine Besprechung von *Les Pierres de Venise* (Die Steine Venedigs, französische Version des Ruskinschen Werks *The Stones of Venice*], in der Übersetzung von Mme Crémieux, seiner Verwandten. Der Artikel erscheint auch in der *Revue générale de critique et de bibliographie* vom 25. Juli. *12. Mai:* Druckabschluß der Übersetzung von *Sesam und Lilien*. Er kümmert sich selbst um die Versendung der Rezensionsexemplare. *Juni:* Er nimmt den Lebensrhythmus wieder auf, den er bis ans Lebensende beibehält (er lebt nachts und schläft am Tag). *Juli:* Er liest Francis Jammes, der ihn »entzückt«, und Gide, der ihn »irritiert«. *6. August:* Nach folgenlosen Reiseplänen zieht er in das Hôtel des Réservoirs in Versailles. Als er nach Paris kommt, um seinen kranken Onkel Georges-Denis Weil zu besuchen, hat er am Bahnhof Saint-Lazare einen Schwächeanfall. *7. August:* Sein Onkel stirbt an Urämie. Proust ist zu krank, um an der Beisetzung teilzunehmen. *September:* René Peter sucht ihn in Versailles auf. Proust schlägt ihm ein Sujet für ein Theaterstück vor, das auf die »Confession d'une jeune fille« (»Das Bekenntnis eines jungen Mädchens«) und auf die Szene mit Mademoiselle Vinteuil in Montjouvain vorausweist. Er beschließt, die Wohnung seines Großonkels Louis Weil (Boulevard Haussmann 102) zu mieten. *5. November:* Erschüttert erfährt er von der Diphtherieerkrankung seiner Nichte Adrienne. Er schreibt zusammen mit René Peter ein »kleines Märchendrama« und schickt es Reynaldo Hahn. Er befaßt sich zum ersten Mal mit Dickens und liest *David Copperfield*, findet diesen kleinen Waisen jedoch »gräßlich«. *Im Dezember* schickt er Reynaldo Hahn ein Gedicht, wahrscheinlich ein Pastiche von *Hoffmanns Erzählungen*. *27. Dezember:* Er verläßt Versailles und richtet sich in der Wohnung am Boulevard Haussmann Nr. 102 ein.

1907: Er beginnt wieder Texte zu schreiben, die *Gegen Sainte-Beuve* und die *Recherche* ankündigen. Er liest eine Studie über den italienischen Maler Carpaccio (1460-1525), der in seinem Werk später eine Rolle spielt. *24. Januar:* Henri von Blarenberghe, ein Bekannter von Proust, tötet seine Mutter und begeht anschließend Selbstmord. *1. Februar:* Auf den Wunsch von Calmette hin veröffentlicht Proust im *Figaro*: »Sentiments filiaux d'un parricide« (»Sohnesgefühle eines Muttermörders«), aber ohne das Ende, das Cardane für »unmoralisch« hält und auf das Proust besonders großen Wert legte (er spielte darin auf Orest und auf Ödipus an, wie Freud zur selben Zeit in Wien). *März:* Er stellt Nicolas Cottin als Kammerdiener an. Seine Asthmaanfälle setzen wieder ein. *9. März:* Die *Chronique des arts et de la curiosité* bringt seine Besprechung (signiert: M. P.) des Buches *Gainsborourgh* von Gabriel Mourey. Sie enthält zahlreiche Hinweise auf Ruskin. *Mitte März:* Er verfaßt in drei Stunden seinen Artikel über *Les Éblouissements* (Die Blendungen) von Mme de Noailles, der am 15. Juni im *Figaro* erscheint. Er unterdrückt eine Seite davon, die dann in *Im Schatten junger Mädchenblüte* aufgenommen wird. *20. März:* Er veröffentlicht im *Figaro*: »Journées de lecture« (»Tage des Lesens«) über die Memoiren der Comtesse de Boigne, deren Anfang gerade bei Émile-Paul erschienen ist; er übernimmt zahlreiche Stellen daraus für die *Recherche*, wie z. B. die Telephonszene in *Die Welt der Guermantes. Im April* befürwortet er die Kandidatur von Illan de Casa-Fuerte für den »Cercle de l'Union«. Er empfindet ihm gegenüber eine »in lebhaftem und zartem Fortschritt begriffene Zuneigung«. *11. April:* Tod des Barons Doäzan, eines der Vorbilder für Charlus. Er wohnt bei der Princesse de Polignac der Aufführung des von Reynaldo Hahn dirigierten Balletts *Bal de Béatrice d'Este* bei; seine Eindrücke verwertet er später in *Die wiedergefundene Zeit*: »Wie alt doch die ganzen Leute geworden sind, die ich gekannt habe« (*Correspondance* VII, S. 139, Brief vom 11. April an Reynaldo Hahn). *Anfang Mai:* Er nimmt Céline Cottin in seinen Dienst auf. *1. Juli:* Félicie Fitau und Ulrich (Kammerdiener und Sekretär) scheiden aus seinem Dienst aus. Am Abend desselben Tages gibt Proust als Dank für die Publikation seiner Artikel sein erstes großes Diner im Ritz für Gaston Calmette. *7. Juli: Le Figaro* bringt einen Artikel von Paul Bourget: »Charles de Spoelberch de Lovenjoul«, der Proust zu Anmerkungen über die Methode Sainte-Beuves anregt. *23. Juli:* Nach dem Tod der Großmutter von Robert de Flers veröffentlicht er im *Figaro:* »Une grand-mère« (Eine Großmutter). *Anfang August:* Abreise nach Cabourg. Er fährt mit Lauris über Houlgate nach Trouville. In Bénerville besucht er die Guiche. Mit Helleu besichtigt er im Automobil Bayeux, Caen, Balleroy und Dives. Nachts verlangt er von dem Chauffeur Alfred Agostinelli, daß er zur besseren Beleuchtung die Scheinwerfer auf die Rosenstöcke von Balleroy und auf die Kirchen richtet. *15. August:* Auf einen Artikel in der *Revue des Deux-Mondes* über Tolstoj und Shakespeare hin verfaßt er eine Erwiderung, in der er erneut von Sainte-Beuve spricht. *Ende August* besucht er Vuillard, ein weiteres Vorbild für Elstir. *Im September* begegnet er bei den Straus in Trouville Robert Dreyfus; er spricht mit ihm über die Eulenburg-Affäre [Philipp Fürst zu Eulenburg, Vertrauter Wilhelms II., von dem Journalisten Maximilian Harden der Homosexualität bezichtigt]. Er besichtigt Évreux (dessen Kirchenfenster ihn zu der Beschreibung der Fenster von Combray anregen) und die Kirche von Conches. Vor der Rückkehr nach Paris verbringt er einen Abend bei den Clermont-Tonnerre in Glisolles. *7. Oktober:* Er geht in ein Konzert des Sängers Mayol, den man in der *Recherche* wiederfindet. *19. Novem-*

ber: Der *Figaro* bringt seine »Impressions de route en automobile« (»Tage im Automobil«). Ein Abschnitt daraus über die Glockentürme von Martinville wird in »Combray« wiederaufgenommen, ein weiterer über Wagner in *Die Gefangene.* Alfred Agostinelli, dessen Tod er eigentümlicherweise vorausahnt, erscheint darin in der Gestalt der »heiligen Cäcilie«. *26. Dezember:* Er veröffentlicht im *Figaro* einen mit »D« unterzeichneten Nachruf auf Gustave de Borda (der bei dem Duell mit Jean Lorrain sein Zeuge war).

1908: Er beginnt einen Essay »Contre la Méthode de Sainte-Beuve« (Gegen die Methode von Sainte-Beuve), dessen endgültige Gestalt ihm noch unklar ist und der erst 1954 unter dem Titel *Contre Sainte-Beuve* (Gegen Sainte-Beuve) erscheint. *Anfang Januar* verfaßt er »Robert et le chevreau, maman part en voyage« (Robert und das Zicklein, Mama geht auf Reisen), einen Text, der in die von Bernard de Fallois herausgegebene Ausgabe von *Contre Sainte-Beuve* aufgenommen ist und in der *Recherche* für den »Abschied von den Weißdornbüschen« umgearbeitet wird. *9. Januar:* Beginn der Lemoine-Affäre, des Themas künftiger Pastiches. Er erhält von Mme Straus fünf kostbare längliche Hefte, die er mit bedeutenden Eintragungen zu seinem in Entstehung begriffenen Werk füllt. Er bedankt sich bei ihr am 2. *Februar* und vertraut ihr dabei an: »Ich möchte eine ziemlich lange Arbeit in Angriff nehmen« (*Correspondance* VIII, S. 39). *21. Januar:* Er veröffentlicht in der Literaturbeilage des *Figaro* die erste Folge seiner »Pastiches« (Balzac, Goncourt, Michelet und Faguet). *Ende Februar:* Er besucht Helleu, der ihm ein Gemälde schickt: »Herbst in Versailles«. *Am 14. März* erscheinen im *Figaro* die Pastiches von Flaubert und Sainte-Beuve und *am 21.* das von Renan. *21. April:* Er kündigt Albufera an, er beginne bald »mit einer sehr umfangreichen Arbeit« (*Correspondance* VIII, S. 99). *Anfang Mai* teilt er ihm Genaueres mit. Er habe folgendes »in Arbeit: eine Studie über den Adel / einen Pariser Roman / einen Essay über Sainte-Beuve und Flaubert / einen Essay über die Frauen / einen Essay über die Knabenliebe / (schwer zu veröffentlichen) / eine Studie über die Kirchenfenster / eine Studie über die Grabsteine / eine Studie über den Roman ...« (*Correspondance* VIII, S. 112-113). Dank des Duc de Guiche wird er *im Frühjahr* als ständiges Mitglied in den Pariser Polo-Club aufgenommen. Er bietet dem Verlag Calmann-Lévy die Veröffentlichung seiner Pastiches an. *1. Juli:* Er verlängert den Mietvertrag für seine Wohnung. *18. Juli:* Er fährt nach Cabourg, wo er sein mondänes Leben weiterführt. In einem seiner Hefte notiert er unter der Überschrift »Geschriebenes« die Titel der einzelnen Kapitel seines Romans. *Im August* trifft er in Bénerville Gaston Gallimard, den er zusammen mit Louisa de Mornand und Robert Gangnat zum Diner ins Grand-Hôtel von Cabourg einlädt. *September:* Er wohnt in seinem Hotel einer Kinovorstellung bei. Er spricht zu seinem neuen Freund Marcel Plantevignes von dem »kinematographischen Kasperltheater« eines »düsteren und magischen Apparates« (*Correspondance* VIII, S. 222). *8. September:* Er veröffentlicht in *L'Intransigeant* unter dem Pseudonym »Marcel Dante« die Besprechung des ersten Buches von Lucien Daudet: *Le chemin mort* (Der tote Weg). *Ende September* zieht er in das Hôtel des Réservoirs in Versailles. Agostinelli steht in seinem Dienst. In einem Brief an Lauris, der damals eine Beinverletzung hat, spielt er auf seine unglücklichen Lieben an: »Man ist leider so grausam und immer so verständnislos zu mir gewesen« (*Correspondance* VIII, S. 239). Er vertraut Mme Straus seine gesundheitlichen Probleme an sowie seine Unfähigkeit, sich an die Arbeit zu machen: »In meinen am wenigsten schlechten Stunden begann ich (zweimal zwanzig Minuten) zu arbeiten« (ebd., S. 259). Seine finanziellen Transaktionen bereiten ihm Sorgen. *Anfang November* kehrt er nach Paris zurück. *Mitte Dezember* will er die Redaktion seiner Studie über Sainte-Beuve in Angriff nehmen. Er bittet Mme de Noailles und Lauris um Rat über die beste Form für diese Studie. Er schreibt ein Pastiche von Chateaubriand und vertieft sich in die *Memoiren* von Saint-Simon.

1909: Das Jahr beginnt schlecht. Proust ist sehr krank. Er arbeitet die ersten Fassungen der *Recherche* aus. Für seine Arbeit leiht er sich von Lauris die sieben Bände von Sainte-Beuves *Port Royal* aus. *6. März:* Im *Figaro* erscheint das letzte Pastiche, das später in *Pastiches et Mélanges* (*Nachgeahmtes und Vermischtes*) aufgenommen wird: »L'affaire Lemoine, par Henri de Régnier« (»Die Lemoine-Affäre. Von Henri de Régnier«). Er liest ein Kapitel von *Jean-Christophe* von Romain Rolland und macht in einem Notizbuch Anmerkungen über dessen »Banalität«. *Mai:* Er wohnt einer der Vorstellungen der »Russischen Ballettsaison« im Châtelet-Theater bei. *23. Mai:* Er erkundigt sich bei Lauris, ob der Name »Guermantes« erloschen sei. *Um den 23. Juni* schreibt er ihm: »Die Arbeit an Sainte-Beuve erschöpft mich (ich bin mittendrin)« (*Correspondance* IX, S. 116), aber es handelt sich hier mehr um den Essay als um den Roman. *Gegen Ende Juni* schreibt er das Pastiche von Ruskin zu Ende: »La Bénédiction du sanglier« (»Die Segnung des Ebers«), zu spät jedoch, um es noch mit im *Figaro* veröffentlichen zu können. *Juli:* Der Comtesse Greffulhe gesteht er, daß er im Augenblick darauf verzichtet, irgendeinen Artikel zu schreiben. Er arbeitet beharrlich an seinem Roman, und er befürchtet, dieser werde Mme Lemaire nicht gefallen, die, Philip Kolb zufolge, allmählich zum Vorbild für Mme Verdurin wird. *Mitte August* erzählt er Lauris von den Ausflügen in den Bois de Boulogne, die er so sehr liebt (und von denen in *Swann* oft die Rede ist). Er schreibt an Alfred Vallette, damit dieser seinen Roman dem Mercure de France anbietet: »Ich schreibe ein Buch fertig, das trotz seines vorläufigen Titels ›Contre Sainte-Beuve. Souvenirs d'une matinée‹ ein wirklicher Roman ist, und zwar an manchen Stellen ein äußerst schamloser Roman« (*Correspondance* IX, S. 155). Dem Vorstoß ist kein Erfolg beschieden. Gaston Calmette macht ihm jedoch das Angebot, ihn als Fortsetzung im *Figaro* zu bringen. *15. August:* Abreise nach Cabourg. In Villers-sur-mer hört er einen Akt des *Werther* von Massenet. Die Musik gefällt ihm. Von den Umbauarbeiten im Grand Hôtel gestört, verläßt er Cabourg früher als vorgesehen *gegen Ende September. Anfang Oktober* ist er krank und läßt den ersten Teil seines Romans auf der Maschine abschreiben. *Mitte November:* Er veranschlagt sein Werk auf drei Bände. Er liest die ersten zweihundert Seiten Reynaldo Hahn vor, der ermutigend reagiert, sowie Lauris, der begeistert ist (Proust gibt ihm *Port- Royal* zurück). Er leiht von ihm jetzt *L'Art religieux de la fin du Moyen Age* (Die religiöse Kunst des ausgehenden Mittelalters) von Émile Mâle aus, denn er braucht es für seine Kirchenbeschreibungen in »Combray«. *Anfang Dezember* läßt er die ersten drei mit der Maschine abgeschriebenen Hefte der *Verlorenen Zeit* zum *Figaro* bringen.

1910: Er erhält keinerlei Antwort vom *Figaro. 13. Januar:* Erschüttert über den Tod von Mme Arman de Caillavet, schreibt er an ihren Sohn Gaston und an Anatole France, den er durch sie kennengelernt hatte. Ein paar Tage später bittet er Simone de Caillavet, die Tochter von Gaston und von Jeanne Pouquet, um ein Photo ihrer Mutter für seine Sammlung: »[...] mein durch Betäubungsmittel geschwächtes Gedächtnis ist dermaßen vergeßlich, daß Photographien mir unschätzbare Dienste leisten. [...] Als ich in Ihre Mutter verliebt war, habe ich ganz Außergewöhnliches unternommen, um in den Besitz ihrer Photographie zu kommen« (*Correspondance* X, 1910-1911, S. 40 [dt. in: *BZL,* S. 329 f.]). Er arbeitet immer noch an einem »langen Roman« und befaßt sich, mit Hilfe von Lionel Hauser, eingehend mit seinen finanziellen Angelegenheiten. *28. Januar:* Die Seine ist über die Ufer getreten, und das Wasser dringt bis zum Bahnhof Saint-Lazare und zum Boulevard Haussmann vor. »Ich werde schließlich sicher noch ertrinken«, scherzt er. Die Arbeiten zur Trockenlegung lösen heftige Asthmaanfälle bei ihm aus. *13. Februar:* Er wohnt der Generalprobe von *La Fête chez Thérèse* (Das Fest bei Therese) von Reynaldo Hahn in der Oper bei. Robert de Billy gegenüber bekundet er seine Vorliebe für die angelsächsische Literatur (er hat gerade *Tess of the d'Urbervilles* [*Eine reine Frau*] von Thomas Hardy gelesen). Er vertieft sich auch in *Matière et mémoire*

(*Materie und Gedächtnis*) von Bergson. Es dient ihm für die Schlafpassage in *Sodom und Gomorra.* Auf eine Kritik Beauniers vom *Figaro* hin, dem er im vorigen Jahr die drei Hefte von »Combray« anvertraut hatte, überarbeitet er den Anfang seines Romans. *18. März:* Auf einer Soirée bei den Straus begegnet er zum ersten Mal Cocteau. *Anfang Juni:* Er sieht sich in der Oper eine Vorstellung der »Russischen Ballette« an, wo Nijinski in *Scheherazade* von Fokin sich selbst übertrifft. *11. Juni:* Er nimmt die Einladung der Comtesse Greffulhe zu *Cléopatre und Les Sylphides* an. *11. Juli:* Um ein Uhr nachts holt er beim *Figaro* sein Manuskript wieder ab. *17. Juli:* Infolge von Umbauarbeiten am Boulevard Haussmann reist er überstürzt nach Cabourg ab, wobei ihm sein Gepäck abhanden kommt. *18. August:* An Jean-Louis Vaudoyer schreibt er, daß er seinen Roman abzuschließen gedenkt, sobald es ihm besser geht, und daß er ihn in der *Grande Revue* veröffentlichen möchte. Im Grand-Hôtel sieht er oft den Vicomte d'Alton (dessen beide Töchter zu Vorbildern für Albertine werden). *21. September:* Er veröffentlicht in *L'Intransigeant* seinen einzigen Artikel des Jahres: »Autour d'un livre: le Prince des cravates« (Zu einem Buch: der Prinz der Krawatten), die Besprechung eines Sammelbandes mit vier Novellen von Lucien Daudet. Er spricht darin von Whistler, Balzac und Cocteau. *Ende September* kehrt er mit dem Taxi nach Paris zurück. Den Ratschlägen von Anna de Noailles folgend, läßt er als Schutz gegen den Lärm die Wände seines Schlafzimmers mit Kork ausschlagen. *November:* Er arbeitet an »Un amour de Swann« (»Eine Liebe von Swann«) (für das er auf eine Novelle zurückgreift, die er 1893 geschrieben hatte: *L'indifférent* [*Der Gleichgültige*]), und an der »Matinee bei der Prinzessin von Guermantes«. In *Le Journal des débats* liest er *Les yeux bleus* (*Die Heimkehr*) von Thomas Hardy; er spricht von dem Buch später in *Die Gefangene.* 1910 tauchen drei Namen der *Recherche* in seinen Notizbüchern auf: »Albertine«, »Elstir« und »Bergotte«.

1911: Sehr mitgenommen von seinem Asthma, veröffentlicht er nichts, arbeitet jedoch intensiv an seinem Roman, den er in zwei Teile aufzuspalten gedenkt: »Die verlorene Zeit« und »Die wiedergefundene Zeit«. *10. Januar:* Nach der Lektüre von *Barbara* schreibt er an Lucien Daudet: »Ich bin nun endgültig von Thomas Hardy abgekommen« (*Correspondance* X, S. 240). Er läßt sich ein Theatrophon in seinem Zimmer aufstellen (dieser Apparat ermöglichte mit Hilfe eines Telefons die akustische Übertragung einer Oper). *20. Februar:* Er hört auf diese Weise einen Akt der *Meistersinger* und in den folgenden Tagen, übertragen von der Opéra-Comique, *Pelléas et Mélisande*, eine »bezaubernde Entdeckung«. Am Ende des Monats verfaßt er ein kleines Pastiche darüber, und er erwähnt das

Werk sehr oft in der *Recherche*. *Im Februar* abonniert Antoine Bibesco für ihn die *Nouvelle Revue Française*, »eine Zeitschrift Gides«, von dem er ohne große Begeisterung die Novelle *Isabelle* liest. Sein Zustand wird nicht besser. An Lauris schreibt er: »Ich schlafe nicht mehr, esse nicht mehr, arbeite nicht mehr; noch viele andere Dinge tue ich auch nicht mehr, aber das schon lange« (*Correspondance* X, S. 254) [dt. in: *BZL*, S. 346 f.]). *März:* Er schickt Cocteau fünfzig Francs für das Verlaine-Denkmal. Er knüpft die Verbindung mit Louis de Robert wieder an, der ihm seinen *Roman du malade* (Roman des Kranken) zuschickt. *21. Mai:* Zusammen mit Montesquiou sieht er im Châtelet-Theater *Le martyre de Saint Sébastien* (Das Martyrium des hl. Sebastian), ein Mysterienspiel von D'Annunzio mit der Musik von Debussy. Reynaldo Hahn vertraut er an: »Aber ich fand das Stück sehr langweilig, trotz einiger gelungener Momente, und die Musik zwar gefällig, aber recht dünn« (*Correspondance* X, S. 289). *11. Juli:* Er fährt mit Robert Nahmias, den er als Sekretär beschäftigt, nach Cabourg. Er läßt die folgenden Teile seines Manuskripts, das eine »irrwitzige Länge« erreicht, von Miss Caecilia Hayward mit der Maschine abschreiben. Auf dem Umschlag steht: »Les intermittences du cœur, le temps perdu, 1ère partie« (»Anfälligkeiten des Herzens. Die verlorene Zeit, erster Teil«). Es ist die zweite Fassung von »Combray«, und es taucht zum ersten Mal der berühmte Satz auf: »Longtemps je me suis couché de bonne heure« (»Lange Zeit bin ich früh schlafen gegangen«). Er interessiert sich für das kleine japanische Spiel, das in *Swann* bei der Wiedererweckung von Combray aus der Teetasse eine Rolle spielt. *16. September:* Die Militärverwaltung teilt ihm mit, daß sein Name aus den Kaderlisten der Landwehr gelöscht wurde. *Ende September* verläßt er Cabourg. Der erste der beiden vorgesehenen Bände ist abgetippt. Er hat in diesem Jahr darüber hinaus intensiv an der »Adoration perpétuelle« (Ewige Anbetung [einer der Arbeitstitel der *Recherche*]) gearbeitet. *15. November:* Seine Großmutter mütterlicherseits, Mme Baruch Weil, stirbt in Beauvais. *5. Dezember:* Er besucht eine Ausstellung chinesischer Malerei bei Durand-Ruel. Er trifft dort auf Georges Rocher, einen »begüterten Dilettanten«, der zum Modell für die Gestalt des Legrandin wird. *Am Jahresende* trägt ihm eine »großangelegte Spekulation« an der Börse beträchtliche Verluste ein.

1912: *Anfang Januar* vertraut er Miss Hayward die Fortsetzung der *Verlorenen Zeit* zur Abschrift an. *19. Januar:* Tod von Mme Peigné-Crémieux. *Gegen Ende des Winters:* Durch neuerliche unglückliche Spekulationen verliert er 40 000 Francs. Im Laufe des Jahres läßt er durch Nahmias Miss Hayward die Fortsetzung des abzutippenden Manuskriptes überbringen. *21. März:* Er veröffentlicht im *Figaro* einen Auszug aus

»Combray« unter dem Titel: »Au seuil du printemps: Épines blanches, épines roses« (An der Schwelle zum Frühling: weiße und rosa Dornensträucher [vgl. dazu *BZW*, S. 203]). Calmette verspricht ihm, sein Buch zu Fasquelle zu bringen. Proust nimmt zu dieser Zeit an, daß sein Roman etwa 800 bis 900 Seiten lang wird. *Ende März* zieht er für sein Buch den Verlag Fayard in Erwägung, schickt das Manuskript aber an andere Verleger. *April:* Mit dem Taxi von Odilon Albaret macht er in Rueil Station, um sich die blühenden Apfelbäume anzusehen. Seine Eindrücke legt er dann in *Sodom und Gomorra* nieder. *24. Mai:* Die Garderoben der Comtesse Greffulhe und von Mme Standish im Vaudevilletheater dienen ihm als Modell für die der Herzogin und der Prinzessin Guermantes. *4. Juni:* Er veröffentlicht im *Figaro* weitere Auszüge aus »Combray«, einen davon unter dem Titel »Rayon de soleil sur le balcon« (Sonnenstrahl auf dem Balkon). An diesem Tag verläßt er sein Krankenlager, um zu einer Monet-Ausstellung zu gehen. *Ende Juni:* Er verbringt einen Abend mit Cocteau, der ihm »La Danse de Sophocle« (Der Tanz des Sophokles) vorliest. *Anfang Juli* überlegt er, seinen Roman dem Mercure de France anzubieten. *7. August:* Abreise nach Cabourg, wo er Philippe Soupault begegnet. Er trifft im Casino seine Freunde Calmette und Mme Straus. *3. September:* Er veröffentlicht im *Figaro* »L'Église de village« (Die Dorfkirche). Zwei Tage vor seiner Rückkehr nach Paris trifft er sich mit Mme Straus noch einmal in Trouville und begleitet sie nach Honfleur. *1. Oktober:* Er besucht eine Aufführung der *Hérodiade* (Herodias) von Massenet in der Gaîté-Lyrique. Im Oktober überlegt er, seinen Roman beim Verlag der *Nouvelle Revue Française* herauszubringen, und er beginnt Mme Straus gegenüber seine Ungeduld über das Schweigen von Calmette und Fasquelle zum Ausdruck zu bringen. *28. Oktober:* Auf die Empfehlung von Calmette hin schickt er Fasquelle das maschinenschriftliche Exemplar der *Verlorenen Zeit.* Er ist zugleich damit einverstanden, sich von Louis de Robert empfehlen zu lassen. *Anfang November* vertraut er das zweite Manuskript der *Verlorenen Zeit* Gallimard an, nachdem er ihm zuvor dreimal geschrieben hat. Aus dieser Zeit stammt der Untertitel »À l'ombre des jeunes filles en fleurs« (»Im Schatten junger Mädchenblüte«) für den 2. Band; er plant einen dritten mit dem Titel: »Le temps retrouvé« (»Die wiedergefundene Zeit«), der Obertitel des Werkes bleibt noch: »Les Intermittences du cœur« (»Anfälligkeiten des Herzens«). Parallel dazu schickt er zur Veröffentlichung in der *Nouvelle Revue Française* einen Auszug seines Werks an Copeau (der es ablehnt). Er hofft zugleich, daß *La Revue de Paris* eine Auswahl publiziert. *Um den 23. Dezember* teilt ihm Gallimard seine Ablehnung mit. Céleste Albaret zufolge ist das Manuskript, das durch Antoine Bibesco an Gide gekommen war, nie geöffnet worden; das Paket sei unberührt gewesen. Gide hält den Schriftsteller Proust damals für »einen Snob, einen mondänen Amateur«. Fasquelle schickt seinerseits das Manuskript am *24. Dezember* zurück, ohne es anzunehmen (*Le Figaro littéraire* vom 8. Dezember 1966 hat das Gutachten des damaligen Lektors von Fasquelle, Jacques Madeleine, veröffentlicht, welches die Ablehnung zur Folge hatte). Proust schreibt sofort an Louis de Robert, damit dieser es zur Veröffentlichung auf Prousts Kosten Ollendorff anbietet.

1913, *Anfang Januar:* Er schickt sein Manuskript an Humblot, den Direktor von Ollendorff. *14. Januar:* Er geht zum *Figaro* und macht Calmette ein kostbares Zigarettenetui zum Geschenk, um sich für dessen Bemühungen erkenntlich zu zeigen. Dieser bedankt sich nicht einmal. *Ende Januar* wirft er einen Gehpelz über sein Nachthemd, geht aus und betrachtet stundenlang das Sainte-Anne-Portal der Kathedrale Notre-Dame. *Etwa Mitte Februar* versucht er, eine Artikelserie zusammenzustellen, die er bei Fasquelle herausbringen will. Da teilt ihm Humblot seine Ablehnung mit: »Ich bin vielleicht hochgradig vernagelt, aber mir will es einfach nicht einleuchten, daß ein Herr dreißig Seiten darauf verwendet, uns mitzuteilen, wie er sich vor dem Einschlafen in seinem Bett hin und her wälzt« (Louis de Robert, *Comment débuta Marcel Proust*, Gallimard, 1969, S. 13). *Um den 20. Februar* bittet Proust René Blum, den Redaktionssekretär des *Gil Blas*, um Vermittlung bei Bernard Grasset: Proust möchte sein Buch auf eigene Kosten bei ihm verlegen. *24. Februar:* Proust kündigt Grasset die Absendung des Manuskriptes an. *Am Ende des Winters* hat er vor, zur Erholung in die Schweiz und nach Florenz zu fahren. Eines Abends besucht er den halb gelähmten und halb blinden Grafen Joachim Clary. *11. März:* Unterzeichnung des Vertrags mit Grasset. *25. März:* Er veröffentlicht im *Figaro* »Vacances de Pâques« (Osterferien), Auszüge aus dem kommenden *Swann* und aus *Le côté de Guermantes* (*Die Welt der Guermantes*). *31. März:* Die ersten Abzüge von *Swann* verlassen die Druckerei in Mayenne. Er korrigiert sie im April. *19. April:* Er hört die A-Dur-Sonate für Violine und Klavier von César Franck, gespielt von Enesco und Goldschmidt. Sie stellt eine Anregung für die Sonate von Vinteuil dar (einer Gestalt, die er gerade geschaffen hat). *Ende April:* Er verliert durch seine Börsenspekulationen eine Menge Geld. *Die verschiedenen Fahnenabzüge:* Den ersten Abzug schickt Proust Mitte Mai an Grasset zurück: »Von 20 Zeilen des ursprünglichen Textes (auch der ist übrigens schon durch einen anderen ersetzt) bleibt kaum eine unverändert stehen« (*Correspondance* XII, 1913, Brief vom 12. April an J. L. Vaudoyer, S. 132; dt. in: *BZW*, S. 264). Der zweite Abzug ist datiert vom 30. Mai bis zum 1. September; der dritte vom 31. Juli bis zum 28. August; der vierte und fünfte vom 13. bis zum 27. Oktober. *Am 15. Mai*, bei einer Vorstellung der »Russischen Ballette«, bemerkt er Mme Scheikévitch. Sie erinnert ihn an eine »erdolchte Taube«. Für kurze Zeit denkt er daran, dem letzten Teil seines Romans den Titel »Erdolchte Tauben« zu geben. *Am 17. Mai* sieht er den Tänzer Nijinski in *L'après-midi d'un faune* und diniert anschließend mit ihm und Maurice Rostand. *22. Mai:* Bei der Premiere des *Boris Godunow* im Théâtre des Champs-Elysées begegnet er der Comtesse Anne de Noailles und Copeau. *29. Mai:* Nach der Premiere des *Sacre du printemps* soupiert er mit Strawinsky und Cocteau bei Larue. *30. Mai:* Sein ehemaliger Chauffeur Alfred Agostinelli, der gerade seine Stellung verloren hat, bittet ihn um eine Anstellung. Zusammen mit seiner Geliebten Anna nimmt er ihn bei sich auf und betraut ihn mit der Fortsetzung der Maschinenabschrift. Im Frühjahr verfaßt er eine Besprechung von *La Colline inspirée* (Der beseelte Hügel) von Barrès. Er schickt den Text an Hébrard, den Direktor von *Le Temps*, der ihn jedoch nicht publiziert. *26. Juli:* Mit Alfred Agostinelli reist er unvermittelt nach Cabourg ab. *4. August:* Infolge eines Liebeszerwürfnisses zwischen den beiden kehrt er nach einem Zwischenhalt in Houlgate genauso schnell wieder nach Paris zurück (dieses Zerwürfnis findet seinen Niederschlag am Ende von *Sodom und Gomorra* in der Krise zwischen dem Erzähler und Albertine). *Gegen Ende August* legt er Lucien Daudet die Fahnenabzüge von *Swann* vor, die er zuvor schon Louis de Robert gegeben hatte. *Anfang September:* Er ist sehr geschwächt und behauptet, dreißig Kilo an Gewicht verloren zu haben. Seine finanziellen Sorgen dauern an: er muß einen Teil seiner Aktien verkaufen, um im Oktober seine Miete zu bezahlen. *Anfang November* verspricht er für den *Gil Blas* einen Auszug aus seinem Roman in Form einer Novelle. *8. November: Swann* muß um zwei Kapitel gekürzt werden: »Autour de Mme Swann« (»Mme Swann und ihre Welt«) und »Noms de pays: le pays« (»Ortsnamen. Die Landschaft«). *13. November:* In *Le Temps* erscheint ein Interview von Élie-Joseph Bois mit ihm, dessen Text er zum Großteil selbst redigiert hat. *14. November: Swann* im Buchhandel. Als Werbung bemüht er sich, kurze Beiträge in die Zeitungen zu setzen. *16. November:* Robert Dreyfus verfaßt eine Notiz für den *Figaro*. *18. November:* Die Zeitschrift *Gil Blas*, die schon am 9. »einen Roman von Marcel Proust« angekündigt hatte, publiziert einen Auszug: »Une soirée de musique« (»Ein musikalischer Abend«). *Le Temps am 21. November* und *Les Annales am 23. November* bringen einen Auszug aus *Swann* über Gilberte. *Am 23. November* erscheint ein Artikel von Cocteau in *Excelsior* und *am 27.* ein Artikel von Lucien Daudet im *Figaro*. Da Céline Cottin von Prousts Bruder im Hôpital operiert werden muß, beginnt Proust, die Dienste von Céleste Albaret in Anspruch zu nehmen, um die Exemplare des Buchs zu überbringen. *1. Dezember:* Angostinelli, der Pilotenunterricht in Buc (in der Nähe von Paris) genommen hatte, fährt zur Abrundung seiner Ausbildung nach Antibes. Proust schickt Nahmias nach Nizza, um der Familie seines Chauffeurs Geld anzubieten, damit diese ihn zur Rückkehr bewegt, doch Nahmias kehrt ohne Agostinelli wieder nach Paris zurück. *9. Dezember:* Paul Souday schreibt einen »abscheulichen« Artikel in *Le Temps*, auf den Proust mit einem persönlichen Brief antwortet. *21. Dezember: Le miroir* veröffentlicht das Interview André Arnyveldes mit Proust und begrüßt »das aufsehenerregende Erscheinen dieses neuen Romans«.

1914, *1. Januar:* Unzufrieden mit den Kritiken von *Swann* und gekränkt von der Flucht Agostinellis, schreibt Proust an Jacques Copeau: »Ich bin so krank und so unglücklich, daß ich nicht den Mut zum Aufstehen habe« (*Correspondance* XIII, 1914, Brief an J. Copeau vom 1. Januar, S. 21). Die *Nouvelle Revue Française*, der er sich sehr verbunden fühlt, veröffentlicht einen ironischen Artikel von Ghéon über *Swann*. Er verfaßt schon am nächsten Tag Punkt für Punkt eine Antwort darauf. *11. Januar:* Gide schreibt einen Entschuldigungsbrief: »Die Ablehnung dieses Buches wird der schwerwiegendste Irrtum der *N.R.F.* bleiben.« Bald darauf folgt die lobende Zuschrift von Jacques Rivière. *Ende Januar:* Nach der Vermittlung von Maurice Rostand erklärt Fasquelle sich bereit, die Fortsetzung der *Recherche* zu publizieren. *20. März:* Durch Gide teilt die *Nouvelle Revue Française* ihm mit, daß sie das gleiche zu tun bereit ist. Es folgen lange Verhandlungen zwischen Proust und Grasset, der darin einwilligt, ihn seiner Verpflichtungen zu entbinden. *Anfang April:* Proust bleibt bei Grasset, schickt aber Teile seines Buches an die *Nouvelle Revue Française*. *Um den 14. April* trifft er zum ersten Mal Jacques de Lacretelle, der ihn nach den Schlüsseln zu seinem Roman fragt. *15. April:* J.-É. Blanche schreibt in *L'Echo de Paris* einen lobenden Artikel über *Swann*. Befriedigt verfaßt Proust Pressenotizen darüber für den *Figaro* und den *Gil Blas* vom *18.* und für *Le Journal des débats* vom *24. Mai*. *Mai:* Aufgrund erneuter unglücklicher Börsenspekulationen glaubt Proust sich in Geldnöten und bietet Robert de Flers seine Dienste an: Er möchte beim *Figaro* eine Spalte übernehmen. Er nimmt seinen neuen Freund, den Comte Hubert de Ganay, mit in die Oper, zu einer Vorstellung der »Russischen Ballette«. *30. Mai:* Alfred Agostinelli, der sich an der Pilotenschule der Brüder Garbero in der Nähe von Antibes eingeschrieben hatte, stürzt mit seiner Maschine mitten im Meer ab und ertrinkt. *7. Juni:* Fischer finden die Leiche von Agostinelli. Prousts Schmerz ist grenzenlos. Im ersten Halbjahr arbeitet er weiter an

Sodom und Gomorra und an dem Text, aus dem später *La Fugitive* (*Die Entflohene*) wird. Er befaßt sich auch mit einem Quartett von Vinteuil, das dann zu dem Septett von *Die Gefangene* wird. *6. Juni:* Er erhält die ersten Fahnenabzüge der Fortsetzung seines Romans, fühlt sich jedoch außerstande, sie zu korrigieren. *1. Juni* und *1. Juli:* Die *Nouvelle Revue Française* bringt Auszüge aus *Die Welt der Guermantes*, die in Wirklichkeit dann in *Im Schatten junger Mädchenblüte* stehen. Aber der Krieg unterbricht die Veröffentlichung. *2. August:* Er begleitet seinen Bruder Robert, der als assistierender Stabsarzt nach Verdun eingezogen wird, zum Gare de l'Est. Da Odilon Albaret und Nicolas Cottin gleichfalls einberufen werden, bittet er Céleste, zu ihm zu ziehen. Sie verläßt ihn bis zum Ende nicht mehr. Ausgemustert infolge seines schlechten Gesundheitszustandes, bleibt er in Paris. *Anfang September:* Er spricht in einem Brief von einem Spaziergang im Mondschein, der dann in der *Wiedergefundenen Zeit* eine Rolle spielt. *3. September:* Begleitet von einem neuen schwedischen Kammerdiener, Ernst Forssgren, fährt er mit Céleste nach Cabourg. Es ist sein letzter Aufenthalt. Er erfährt dort »die erste Phase der Ablösung von meinem Schmerz« (*Correspondance* XIII, S. 311). Im Grand-Hôtel teilt er Kartenspiele an die verwundeten Soldaten aus. Er arbeitet weiter an seinen Heften. Da er kein Geld mehr bei sich hat, kehrt er *etwa am 13. Oktober* nach Paris zurück. Er trennt sich von Ernst und läßt als Auftakt zu seinem Einsiedlerleben sein Telefon abstellen. *November:* Aus Angst, mobilisiert zu werden, bittet er mehrere Ärzte um Atteste. Er sucht Arbeit für den Bruder von Alfred Agostinelli. *17. Dezember:* Bertrand de Fénelon fällt an der Front (die Nachricht von seinem Tod wird offiziell erst im März 1915 bekannt). *31. Dezember:* Proust spricht Mme Catusse gegenüber von »diesem entsetzlichen Jahr«.

1915, *14. Januar:* Tod von Gaston de Caillavet. Proust schreibt dessen Frau: »Für mich leben die Toten. Das gilt für mich in der Liebe, aber auch in der Freundschaft. Ich kann das nicht in einem Brief erklären. Sobald mein ganzer *Swann* erschienen sein wird, werden Sie mich verstehen, falls Sie ihn jemals lesen sollten.« (*Correspondance* XIV, 1915, S. 111; dt. in: *BZL*, S. 436.) Er arbeitet weiter an seinem Werk. Die Herausgabe von *Die Welt der Guermantes* wird unterbrochen (Grasset ist an der Front). Einzelne Abschnitte aus diesem Band finden dann später in *Sodom und Gomorra*, in *Die Gefangene* sowie in *Die Entflohene* Verwendung. *Januar:* Er wohnt einer Soiree bei Misia Edwards bei. *März:* Er unterhält sich mit Lucien Daudet über den Krieg: »Das Wort ›Boche‹ [ein Schimpfwort für Deutsche] gibt es tatsächlich nicht in meinem Wortschatz, und die Dinge wollen mir nicht so klar erscheinen wie manch einem anderen.« Schon am 1. November 1914 hatte er ihm anvertraut: »Hätten wir, anstatt mit Deutschland, mit Rußland Krieg, was würde man heute gegen Tolstoi und Dostojewski nicht alles vorbringen?« (*Correspondance* XIII, S. 333 [dt. in: *BZW*, S. 308]). *15. März:* Die Nachricht vom Tod Fénelons erscheint offiziell im *Figaro. 13. Mai:* Robert d'Humières fällt an der Front. *Im Frühjahr* vertieft Proust sich wieder in das *Journal des Goncourt* (*Tagebuch der Brüder Goncourt*). Ein Pastiche von ihnen ist in die *Wiedergefundene Zeit* eingefügt. *Juni:* Er schickt an Lucien Daudet einen Brief, der manche Seiten der *Entflohenen* vorwegnimmt. Er ist sehr empfänglich für die neuen künstlerischen Strömungen und bringt seine Wertschätzung für die Zeitung von Jean Cocteau und Paul Iribe *Le Mot* zum Ausdruck, an deren künstlerischer Gestaltung Maler wie Léon Bakst und Dufy mitwirken. In einem Brief an Léon Daudet stehen ein paar Zeilen eines Pastiches von Wagner, das er in dieser Zeit geschrieben hat, das jedoch nicht wiederaufgefunden wurde. Von der damaligen Kriegsliteratur hält er nicht viel: »Ich habe ein Buch von Léon Daudet erhalten ›Hors du Joug allemand‹ [Frei vom deutschen Joch] und eins von Montesquiou: ›Les Offrandes blessées‹ [Die wunden Weihegaben] (188 Elegien über den Krieg). Er muß wohl schon am ersten Tag der Mobilmachung damit begonnen haben. Welche Fruchtbarkeit! Gestatten Sie, daß ich ihn bewundere, doch dem Beispiel nicht folge« (*Correspondance* XIV, S. 151; dt. in: *BZL*, S. 458). *Im Juli* vertraut er Montesquiou an: »Ich spare das bißchen Kraft, das mir bleibt, für das Werk auf, das ich gerade zu Ende schreibe, so es Gott gefällt.« *September:* Nach zahlreichen Untersuchungen durch Stabsärzte wird er erneut für sechs Monate zurückgestellt. *November:* Die wesentlichen Bestandteile von *Sodom und Gomorra*, von der *Gefangenen* und der *Entflohenen* haben nun ihre endgültige Stelle im Gesamtwerk gefunden. Beweis dafür ist ein Widmungsbrief, den er in ein Exemplar von *Swann* an Mme Scheikévitch schreibt; er enthält die Zusammenfassung der Geschichte Albertines. *Am Ende dieses Jahres* fühlt Proust sich vereinsamter denn je: »Diese traurigen Tage rufen uns in Erinnerung, daß die Jahre wiederkehren, und mit ihnen die gleichen Naturschönheiten, doch bringen sie die Menschen nicht wieder zurück. Ach, 1916 wird es auch Veilchen geben und Apfelblüten, aber Bertrand de Fénelon ist nicht mehr« (*Lettres de Marcel Proust à Antoine Bibesco*, Editions Clairefontaine, 1949, S. 149-150).

1916: Er wechselt den Verleger. *25. Februar:* Nachdem er, »um Frieden zu schließen«, an Gide geschrieben hat, kommt dieser zu ihm und ersucht ihn, die *Recherche* im Verlag der *Nouvelle Revue Française* herauszubringen, wie deren Redaktionskomitee es ihm dann am *14. April* auch anbietet. *Im Frühjahr* hört er in Versailles die neue Oper von Reynaldo Hahn. An Lucien Daudet schreibt er, er lese wieder Tallemant des Réaux, den er in der *Gefangenen* zitiert, und er wolle sich auch noch einmal in *Tausend-undeine Nacht* vertiefen, auf das er in den nächtlichen Spaziergängen der *Wiedergefundenen Zeit* anspielt. Nach einem Besuch bei Francis Jammes kehrt er ungeachtet der ringsum einschlagenden Geschosse nachts zu Fuß nach Hause zurück. Die Ausarbeitung der *Wiedergefundenen Zeit* geht nun ihrem Ende zu (er soll fünf- oder sechsmal ein Freudenhaus in der Rue de l'Arcade aufgesucht haben, das 1915 oder 1916 von Albert Le Cuziat ins Leben gerufen worden war; dieser soll ihm nützliche Auskünfte gegeben haben, deren er sich für die Episode des Bordells von Jupien bediente). Er arbeitet gleichzeitig an mehreren Heften und ergänzt sie durch Details. Um die Beschreibung der Toilette der Herzogin von Guermantes und Albertines zu vervollkommnen, schreibt er an Marie de Madrazo, die Schwester von Reynaldo Hahn und Tante des Damenschneiders Fortuny: »Wissen Sie, ob Fortuny je bei den Morgenmänteln als Motive jene Vogelpärchen verwendet hat, die z. B. aus einer Vase trinken und die im Markusdom oder an den byzantinischen Kapitellen so häufig vorkommen?« René Blum dient als Mittelsperson für den Bruch mit Grasset. *27. Mai:* Walter Berry schickt ihm ein Buch, das er gerade in der Buchhandlung Belin gefunden hat. Es stammt aus dem Jahre 1709 und trägt auf dem Einband das Wappen von Pauline Prondre de Guermantes. *31. Mai:* Proust gibt vor, »ruiniert« zu sein, und beklagt sich, trotz der fünf Auflagen seit April 1914 keinen Centime für *Swann* erhalten zu haben. *Juni:* Er begibt sich nach Auteuil zu Jacques-Émile Blanche, um an den Fahnen der *Cahiers d'un artiste* (Notizbücher eines Künstlers [die Memoiren von Blanche]) zu arbeiten. Er legt ihm bis zum frühen Morgen den »architektonischen Aufbau« seines Romans auseinander.

Juli: René Blum entdeckt Grasset, der lange unauffindbar gewesen war, in einer Klinik in Neuchâtel. Proust rechtfertigt seine Hartnäckigkeit: »Ich habe für alles, was mein Buch betrifft, eine bienenartige Fürsorge, die selbst über meinen wahrscheinlich nicht sehr fernen Tod hinausreicht.« *29. August:* Nach mancherlei Verhandlungen antwortet Grasset selbst: »Es war nur natürlich, daß ich einen Autor, von dem ich viel halte, nicht aufgebe, ohne ihm mein Bedauern auszudrücken. Dies war gewiß nicht dazu angetan, Sie zu verletzen, doch möchte ich nicht durch mein Verhalten Ihre Sorgen und Ihren Gram vermehren. Und wie schwer es mir auch fällt, so verzichte ich doch darauf, den zweiten Band von ›Auf der Suche nach der verlorenen Zeit‹ zu veröffentlichen.« Prousts Wunsch, sein Werk bei Gallimard verlegen zu lassen, steht künftig nichts mehr im Weg. Er besucht die Comtesse de Chévigné sowie Jean Cocteau in der

Rue d'Anjou Nr. 10. Mit Paul Morand, den er im Frühjahr bei Bardac wiedergesehen hat, beginnt er einen langen, freundschaftlichen Briefwechsel. *August:* Er diniert bei Larue, wo er Saint-Saëns und Tristan Bernard sieht. *September:* Er besucht Mme de La Béraudière, die Geliebte des alten Comte Greffulhe (Vorbilder für Odette und für den Herzog von Guermantes). *November:* Er lädt das Poulet-Quartett, das ihm César Franck vorspielt, zu sich nach Hause ein. *Gegen Ende des Jahres* besucht er die von ihm bewunderte Princesse Lucien Murat. In diesem Jahr stirbt Nicolas Cottin an der Front an einer Rippenfellentzündung. *Ende des Jahres 1916* ist eine wesentliche Phase in der Ausarbeitung des Manuskripts von *Sodom und Gomorra* bis zur *Wiedergefundenen Zeit* abgeschlossen.

1917: Außer ein paar Briefen gibt es kaum Dokumente, die es erlauben würden, das Leben Prousts in diesem Jahr zu verfolgen. Er arbeitet vor allem an der *Wiedergefundenen Zeit*, in die die militärischen Ereignisse einfließen. Er beginnt das Jahr damit, daß er sich für die Glückwünsche Paul Morands bedankt: »Sie hatten die ›Güte‹, mir dieses Briefchen zu schicken, und haben dadurch in diesen traurigen ersten Januar etwas ›Seelenruhe‹ gebracht« (P. Morand, *Le visiteur du soir*, La Palatine, 1949, S. 40). Er schreibt auch an Lucien Daudet, dem er sich an diesem Neujahr als eine »seltsame Figur von Wells« darstellt, die »seit fünfzig Stunden nicht ins Bett gekommen ist«. Er führt ein mondäneres Leben als zuvor, als ließe sein fast beendetes Werk ihm nun mehr Ruhe und als bedürfe er nur noch zusätzlicher Informationen. *Januar:* Er geht zu den Rothschild, wo er »von dem alten Hausdiener wiedererkannt wird wie von Eurydike« (P. Morand, a.a.O., S. 41). Morand besucht ihn oft; er bringt Neuigkeiten vom Krieg und von der Diplomatie, und Proust spricht mit ihm über sein Werk und sein Leben. Er befreundet sich mit der Princesse Soutzo, die später Morand heiratet. *4. März:* Er diniert mit ihr bei Larue. Er studiert »den Hermelinmuff der Prinzessin mit derselben Hingabe wie ein Insektenforscher die Äderungen der Flügel eines Leuchtkäfers« (P. Morand, *Journal d'un attaché d'ambassade*, La Table ronde, 1949, S. 185 f.). Am selben Abend macht er sich – allerdings erfolglos – auf die Suche nach dem Poulet-Streichquartett, um seinen Freunden César Franck vorspielen zu lassen. Er diniert in der Folge mehrmals wöchentlich im Ritz, wo die Princesse Soutzo ihr Appartement hat. *30. März:* Morand gegenüber bringt er seine Besorgnis über das Schicksal der Kathedrale von Laon zum Ausdruck. Vielleicht siedelt er Tansonville und Combray zu diesem Zeitpunkt in der Nähe jener Stadt an. Das ganze Frühjahr über besucht ihn der junge Emmanuel Berl, ein angeheirateter Verwandter von Bergson wie Proust selbst. *12. April:* In einem Fiaker begegnet er zum letzten Mal Emmanuel Bibesco, dessen Gesicht von der Lähmung entstellt ist. *22. April:* Er diniert im Ritz mit Morand, der Princesse Soutzo und Mme de Chevigné, die ihre Eifersucht über die besonders enge Beziehung der Prinzessin zu Proust bekundet. In einem Brief an sie schreibt er sehr schroff: »Wenn einem das, was man einst liebte, nun töricht scheinen will ...« *Mai:* Er schreibt einen Text über Dostojewski, der in *Die Gefangene* aufgenommen wird. *27. Juli:* Von einem Balkon des Hotel Ritz aus beobachtet er den großen Luftangriff der deutschen Kampfflugzeuge auf Paris. Er erwähnt ihn in einem Brief an Mme Straus: »[...] ich stellte mich auf den Balkon und blieb dort länger als eine Stunde, um diese wunderbare Apokalypse zu sehen, bei der die auf- und niedersteigenden Flugzeuge die Sternbilder ergänzten oder zerstörten.« (M. Proust, *Choix de lettres*, Plon, 1965, S. 331 [dt. in: *BZW*, S. 349].) Diese Szene findet sich auch in der *Wiedergefundenen Zeit*. *22. August:* Emmanuel Bibesco begeht in London Selbstmord. Zu dieser Zeit rührt Proust sich zwei Tage lang nicht mehr und gibt kein Lebenszeichen von sich. Hat er durch die Einnahme von Veronal zu erfahren gesucht, wie weit er gehen konnte? *13. Oktober:* Morand wird zum Botschaftssekretär in Rom ernannt. Die ersten Fahnen von *Im Schatten junger Mädchenblüte* werden Proust von der Druckerei der *Nouvelle Revue Française*, La Semeuse in Étampes, zugestellt; aber die Drucker müssen an die Front. *November:* Louis de Talleyrand-Périgord heiratet eine reiche Witwe, Cecilia Blumenthal. Diese Hochzeit dient Proust als Modell für die des Prinzen von Guermantes mit Mme Verdurin. *Mitte November:* Robert Proust wird zu der sehr gefährlichen italienischen Front abgestellt. Montesquiou beginnt seine Autobiographie zu schreiben, entschlossen, niemand zu schonen. Da Proust seinen Ausmusterungsbescheid verlegt hat, befürchtet er jede Nacht, als Deserteur verhaftet zu werden. Um die Zinsen eines Kredits aus dem Jahre 1911 bezahlen zu können, bittet er seine Freunde, wertvolle Möbel und zwei sehr schöne Teppiche für ihn zu verkaufen. *24. Dezember:* Zusammen mit Jacques de Lacretelle wohnt er einem Mitternachtsessen zu Ehren des Infanten von Spanien bei der Princesse Marie Murat bei. Wie er Walter Berry schreibt, geleitet er in der *Nacht vom 31. Dezember auf den 1. Januar* zwei junge amerikanische Soldaten »auf der Suche nach dem Hôtel Bedford«. Dieser lange nächtliche Spaziergang findet sich in der *Recherche* wieder. 1917 soll Céleste zweiunddreißig »schwarze Hefte« im Küchenherd verbrannt haben. Henri Bonnet zufolge handelt es sich wahrscheinlich um den Entwurf des ersten Bandes: »Le temps perdu« (Die verlorene Zeit), den er Fasquelle angeboten hatte.

1918: Proust bringt gemeinsam mit Walter Berry Neujahrswünsche auf einen »siegreichen Frieden« dar. Er vertraut der Princesse Soutzo an, wie er über den Krieg empfindet: »Er ist für mich weniger ein Objekt (im philosophischen Sinn des Wortes) als eine zwischen mich und die Objekte gesetzte Substanz. Wie man *in* Gott liebte, so sehe ich *im* Krieg [...] Ich gestehe Ihnen offen, daß ich an die Kanonen und Kampfflugzeuge nie auch nur eine Sekunde gedacht habe; ich fürchte mich vor viel weniger gefährlichen Dingen – vor Mäusen zum Beispiel« (Paul Morand, a.a.O., S. 81 f.). *30. Januar:* Nach einer Soiree beim Duc de la Rochefoucauld geht er sorglos spazieren, als plötzlich ein deutscher Fliegerangriff erfolgt, von dem er in der *Wiedergefundenen Zeit* spricht. *Jahresbeginn:* Er stellt einen neuen Sekretär ein, einen jungen Schweizer und ehemaligen Angestellten des Ritz, Henri Rochat. Er behält ihn zwei Jahre lang. *3. Februar:* Erste Begegnung mit François Mauriac bei einem Empfang zu Ehren von Francis Jammes. Zu dieser Zeit sieht er oft den Beichtvater des Faubourg Saint-Germain, den Abbé Mugnier, mit dem er einen langen mystischen Briefwechsel beginnt.

Anfang April führen ihn neue, auf sein Ende vorausweisende Symptome, eine Art Gesichtslähmung und eine Sprachstörung, dazu, wegen einer eventuellen Trepanotomie Dr. Babinski aufzusuchen. Dieser lehnt den Eingriff ab. Proust spricht in der *Wiedergefundenen Zeit* davon, um die Dringlichkeit des Schreibens für den Erzähler zu betonen. *10. April:* Jacques-Émile Blanche, sein Jugendfreund, trägt ihm die Widmung von *De David à Degas* (Von David bis Degas) an, wofür Proust ihm ein Vorwort schreiben soll. Proust nimmt an und macht sich im Mai an die Arbeit, wobei er seinen Heften über »Sainte-Beuve« manche Elemente entnimmt. *Mitte April:* Nach einer Unterbrechung von vier Monaten erhält er die restlichen Fahnenabzüge der *Mädchenblüte.* Er rechnet damals mit fünf Bänden für die *Recherche.* Die Korrekturen ziehen sich bis zum Herbst hin. Gallimard kommt aus Amerika zurück und ist *im Juni* in Paris. Er besucht Proust und schlägt ihm vor, ein früheres Projekt wiederaufzugreifen, das dann zur Veröffentlichung von *Pastiches et Mélanges* (*Nachgeahmtes und Vermischtes*) führt. Er verhandelt gleichzeitig mit Grasset über den Rückkauf von *Swann* zu einem »recht hohen Preis«. Doch Grasset fordert eine Entschädigung für die Urheberrechte, die Proust zurückfordert. *20. April:* In ein Exemplar von *Swann* schreibt Proust einen langen Brief an Jacques de Lacretelle: »Lieber Freund, es gibt keine Schlüssel für die Personen dieses Buches; oder aber, es gibt acht oder zehn für eine einzige [...]. Ohne Frage reproduziert sich die Wirklichkeit durch Teilung wie die Aufgußtierchen, ebenso wie durch Verschmelzung [...]«. *18. Juli:* In einem langen Brief an Grasset klagt Proust über dessen Verhalten. Er erwähnt darin zugleich seine Absicht, seine Pastiches über die Lemoine-Affäre sowie eine Auswahl von Artikeln und Vorworten, die von 1900 bis 1908 erschienen sind, in einem Band zusammenzustellen. Da er keine Kopien mehr davon hat, bittet er Robert Dreyfus, der seine leitende Funktion beim *Figaro* wieder übernommen hat, sowie Lucien Daudet um die Originale. Dieser Brief erwähnt das Kapitel der *Wiedergefundenen Zeit* über den Krieg, das er zu Beginn des Jahres weiter ausgearbeitet hat. Obwohl Mme Straus nach Trouville aufbricht, fährt Proust nicht nach Cabourg, sondern bleibt in Paris, wo er oft im Ritz diniert. Er wird dort Mme Ritz vorgestellt und macht die Bekanntschaft des Bruders der Princesse Soutzo: »[...] ein junger orientalischer Prinz inmitten all der Schönheiten von Tausendundeine Nacht« (P. Morand, a.a.O., S. 92). Sein mondäner Bekanntenkreis erweitert sich. Er sieht oft die Comtesse de Pourtalès, die in zweiter Ehe mit dem Grafen Rehbinder verheiratet ist, die Comtesse Jean de Lubersac, Mme Thérèse d'Hinnisdal und die Duchesse de Clermont-Tonnerre, die später zwei Studien über ihn verfassen sollte. *September:* Sein Bruder Robert, der an der Front einen schweren Autounfall erlitten hat, kommt in seiner Rekonvaleszenzzeit nach Paris. Sie sehen sich jeden Tag. Auf den Rat von Bardac hin sucht Proust Mme de Thèbes auf, eine berühmte Hellseherin, von der Saint-Loup in *Guermantes* spricht. Als der – wie er sich ausdrückt – »wundergleiche und schwindelerregende Frieden« geschlossen wird, schickt er einen langen prophetischen Brief an Mme Straus: »Ich ziehe allen vorstellbaren Friedensschlüssen diejenigen vor, die in keinem Menschen Groll zurücklassen. Da es sich aber offensichtlich nicht um einen solchen Frieden handelt, vom Augenblick an, wo er das Verlangen nach Rache hinterläßt, wäre es vielleicht gut, dafür zu sorgen, daß es keine Möglichkeit findet, sich zu entfalten.« (Dt. in: *BZL*, S. 557.) Er versucht ein weiteres Mal durch Vermittlung der Straus und durch Walter Berry sein Mobiliar zu verkaufen. *30. November:* Die Druckerei La Semeuse stellt *À l'ombre des jeunes filles en fleurs* (*Im Schatten junger Mädchenblüte*) in einem Band fertig. *Dezember:* Proust veranschlagt jetzt sechs Bände und plant ein »Sodom und Gomorra III«. Er erhält zugleich die ersten sechs Abzüge von *Guermantes.* Aber Gallimard wechselt die Druckerei und beauftragt jetzt Louis Bellenand in Fontenay-aux-Roses. *Pastiches et Mélanges* (*Nachgeahmtes und Vermischtes*) wird sofort der Druckerei übergeben. Proust hält noch immer das Pastiche von Saint-Simon zurück, das zwar noch nicht abgeschlossen, aber in bezug auf die Fassung von 1904 beträchtlich erweitert ist. Er hat den Sommer über viel daran gearbeitet und das Pastiche durch die Erwähnung der Familie Murat um das Motiv des Empireadels bereichert. In der Absicht, eine umfassende Satire der Pariser Gesellschaft gegen Ende des Jahres 1918 zu entwerfen, finden auch diese neuen Freunde darin Verwendung.

1919: *Mitte Januar* muß er umziehen, weil seine Tante das Haus am Boulevard Haussmann Nr. 102 der Varin-Bernier-Bank verkauft hat, die ab Februar mit dem Umbau beginnt. Dank der Vermittlung von Guiche erhält er von der Bank eine beträchtliche Abfindung. Anschließend versetzt er einen Teil seines Mobiliars und bittet seine Freunde, ihm eine neue Wohnung zu suchen. *Anfang März:* Er hat Angstzustände und neuerliche, mit seinem Asthma in Verbindung stehende Sprachstörungen. In diese Zeit fällt der letzte, zweistündige Besuch Montesquious, mitten in der Nacht. *März: Propos de peintre* (Malerworte) von Jacques-Émile Blanche erscheint mit dem Vorwort von Proust, einer Art Abschied an die Malerei: »Ich werde sicher nie mehr in meinem Leben Gelegenheit haben, von Malerei zu sprechen.« *25. April:* Er erklärt sich damit einverstanden, daß seine drei Bücher nicht Anfang Mai erscheinen, wie Gallimard es ihm versprochen hatte, sondern erst Anfang Juni, was es Jacques Rivière, der erst kürzlich aus der deutschen Kriegsgefangenschaft zurückgekehrt ist, ermöglicht, einen Auszug aus *Mädchenblüte* am 1. Juni in der *Nouvelle Revue Française* zu bringen. Sein Text soll ganz am Anfang dieser neuen Folge stehen, nachdem die Zeitschrift fünf Jahre lang nicht erschienen war. Er bittet Rivière zugleich um die Angabe, daß »die anderen Bände von ›Auf der Suche nach der verlorenen Zeit‹ (›Die Welt der Guermantes‹, ›Sodom und Gomorra‹, ›Die wiedergefundene Zeit‹) schon in wenigen Monaten nachfolgen« (*Correspondance Proust–Rivière*, Gallimard, 1976, S. 48). Bis zum Ende seines Lebens glaubt er an die mögliche gleichzeitige und baldige Veröffentlichung seines Werkes. *Mai:* Er verteidigt Gallimard gegenüber mit aller Entschiedenheit seine Autorenkorrekturen: »Aber als Sie mich baten, von Grasset wegzugehen, um zu Ihnen zu kommen, da kannten Sie es [mein Korrektursystem] ja, denn Sie kamen zusammen mit Copeau, der beim Anblick der ausgebesserten Grassetschen Druckfahnen ausrief: ›Aber das ist ja ein neues Buch!‹ [...] Da Sie die Güte haben, in meinen Büchern einen gewissen Reichtum zu finden, der Ihnen gefällt, sagen Sie sich bitte, daß dies genau jener Überernährung verdankt wird, die ich ihnen immer wieder am lebendigen Leibe einflöße, was sich materiell in jenen Hinzufügungen ausdrückt.« (»Lettres à la N.R.F.«, *Cahiers Marcel Proust* 6, Gallimard, 1932, S. 115 [dt. in: *BZW*, S. 385]). Er sucht eine neue Wohnung, faßt zugleich aber auch ins Auge, nach Perugia, Siena oder Pisa zu reisen, die Villa von Mme Catusse in Nizza zu mieten oder in London bei Antoine Bibesco zu wohnen, der dort am 30. April Elizabeth Asquith geheiratet hat. *30. Mai:* Einen Tag vor Ablauf seines Mietvertrags zieht er in die Rue Laurent-Pichat Nr. 8 um, in den vierten Stock des Privathauses der Schauspielerin Réjane. Jacques Porel, der Sohn von Réjane, der dabei den Vermittler gespielt hatte, wird in der Folge zu einem seiner engsten Vertrauten. *1. Juni:* Die *Nouvelle Revue Française* veröffentlicht Auszüge aus *Mädchenblüte*, während Proust die Fahnen von *Guermantes* korrigiert. *Am 27. Juni* kommen zur gleichen Zeit in den Buchhandel: *Pastiches et Mélanges* (*Nachgeahmtes und Vermischtes*) (Druckabschluß 23. März), die Neuauflage von *Du côté de chez Swann* (*In Swanns Welt*) (Druckabschluß 14. Juni) und *À l'ombre des jeunes filles en fleurs* (*Im Schatten junger Mädchenblüte*), dessen Drucklegung schon seit dem 30. November abgeschlossen ist. Dieses letztere Werk hat keinen unmittelbaren Erfolg. Proust läßt seinen Roman seinen Weg allein gehen, ohne seine Freunde um Besprechungen zu bitten. *1. Juli:* Die *Nouvelle Revue Française* bringt Auszüge aus *Guermantes. 7. Juli:* Unter dem Pseudonym »Bartolo« verfaßt Robert Dreyfus einen Artikel über *Mädchenblüte*, der im *Figaro* erscheint. *19. Juli:* Die Literaturbeilage des *Figaro* veröffentlicht: »Pour un parti de l'intelligence« (Für eine Partei der Intelligenz), ein der Action française nahestehendes nationalistisches Manifest, das von Freunden Prousts wie Halévy oder Vaudoyer unterzeichnet wird. Proust bekundet Rivière gegenüber sein Mißfallen an dieser Vorstellung eines Frankreich als Hüter der Kultur und als literarisches Führungsland. *15. August:* Er beabsichtigt, nach Cabourg zu fahren, verzichtet aber dann endgültig darauf. *Den Sommer über* sieht er den nunmehr ruinierten Boni de Castellane wieder (eines der Vorbilder für Saint-Loup). *September:* Er kündigt Louis de Robert an, daß er sich um den Prix Goncourt bewerben will. *1. Oktober:* Er zieht »vorübergehend« in die Nähe der Wohnung vom Mme Standish, in die Rue Hamelin Nr. 44, in ein möbliertes Appartement im 5. Stock. Es ist seine letzte Wohnung. *10. Dezember:* Léon Daudet teilt ihm mit, daß ihm der Prix Goncourt zuerkannt wurde, mit 6 Stimmen zu 4 für *Croix de bois* (*Die hölzernen Kreuze*) von Roland Dorgelès. Dieser Ruhm erschöpft Proust aufgrund der zunehmenden Korrespondenz und der zahlreichen mondänen Empfänge, die er nach sich zieht. Die 5 000 Francs des Preises sind schnell für »Dankesdiners« ausgegeben. An Paul Souday schreibt er: »Es kümmert mich nicht, wenn der Preis mich ein wenig herabsetzt; solange er mir Leser einbringt, ziehe ich ihn sofort allen Ehrungen vor!« und an Jacques-Émile Blanche: »Am Tag vor der Preisverleihung (deren Datum mir völlig unbekannt war) meldeten sie (ich weiß das nur durch einen Ausschnitt), er stünde mir nicht zu, weil ich siebenundvierzig Jahre alt sei. Am Tag darauf war ich seiner unwürdig, weil ich schon fünfzig sei. Jetzt aber sind sie bei achtundfünfzig angelangt, resigniert warte ich darauf, daß sie mich demnächst zum Hundertjährigen machen. [...] Einigen zufolge bekam ich den Preis, weil ich mit Léon Daudet das Collège Stanislas besucht habe. Aber ich bin nie dort gewesen und habe Léon Daudet erst kennengelernt, als er seine erste Frau verlassen hatte. Anderen zufolge haben Daudet und Élémir Bourges (den ich nie gesehen habe) meine Antidreyfus-Haltung belohnen wollen. In Wahrheit aber bin ich der glühendste Dreyfus-Anhänger gewesen.« (Brief von Ende Dezember 1919; dt. in: *BZW*, S. 408 f.)

1920, *1. Januar:* In der *Nouvelle Revue Française* veröffentlicht er: »À propos du style de Flaubert« (»Über den ›Stil‹ Flauberts«), einen kritischen Essay, den er im Jahre 1909 verfaßt und im Januar 1913 Antoine Bibesco gegenüber erwähnt hat. *20. Januar:* Von dem Journalisten der Zeitschrift *Comoedia*, Louis Handler, anläßlich einer »Hommage für Mme Réjane, Ritter der Ehrenlegion« interviewt, kritisiert er die Unterwerfung unter den Publikumsgeschmack: »Wie beruhigend wäre es, wenn man weniger ans Publikum dächte, wenn man sich nicht das eine Mal bemüßigt fühlte, Opern zu schreiben, die anzuhören man mindestens drei Tage braucht, und ein anderes Mal, wenn die Mode umgeschlagen ist, wieder andere Opern, die auf keinen Fall länger als zehn Minuten sein dürfen.« *22. Februar:* Jacques Rivière möchte einen Artikel über Sainte-Beuve für die Aprilnummer der *Nouvelle Revue Française* von ihm haben, aber Proust, der unter Zeitdruck steht, läßt das Projekt fallen. Müde und an Schlaflosigkeit leidend, gerät er mit den Fahnenkorrekturen zu *Guermantes* in Verzug. Er spielt Dame mit Henri Rochat, wie der Erzähler mit Albertine in *Die Gefangene. Februar:* Die *Nouvelle Revue Française* betraut den Poeten André Breton mit der Korrektur der Druckfahnen von *Guermantes*, dieser legt dabei jedoch wenig Eifer an den Tag. *28. Februar:* Proust antwortet auf die von *L'Opinion* in »Une tribune française au Louvre?« (Eine französische Tribüne im Louvre? [Es handelt sich um die geplante Einrichtung eines Saales mit besonders repräsentativen französischen Gemälden]) gestellten Fragen: »[...] Grundsätzlich bin ich kein großer Anhänger einer Kunst, die den Bequemlichkeiten ihrer Liebhaber schmeichelt und ihnen entgegenkommt, anstatt zu verlangen, daß diese vielmehr der Kunst entgegengehen.« *März:* Er schreibt einen Artikel: »Un esprit et un génie innombrables: Léon Daudet« (Léon Daudet, unerschöpflich an Geist und Genie) aus Anlaß der Veröffentlichung des fünften Bandes von dessen Memoiren. *19. März:* Der Comte Pierre de Polignac heiratet die Duchesse de Valentinois, die Adoptivtochter des Prinzen von Monaco. (Er wird in »Guermantes« zu dem wenig glorreichen Grafen von Nassau, dem Erben des Großherzogs von Luxemburg.) *Ende März:* Wegen des Verzugs in der Fahnenkorrektur von *Guermantes* bittet Gallimard Rivière, er möge Proust dazu bewegen, den ersten Teil von *Guermantes* separat veröffentlichen zu lassen. Proust ist einverstanden, hält es jedoch für nötig, sein Buch entsprechend zu überarbeiten: »Ich habe das Material zu diesem Band noch einmal vollständig umgebaut. Es waren nämlich ›Ansätze‹ darin, für die man in den gleichzeitig erscheinenden Bänden die Erklärung gefunden hätte und die jeden Sinn verlieren, wenn der erste Teil der ›Welt der Guermantes‹ allein erscheint« (Marcel Proust et Jacques Rivière, *Correspondance 1914-1922*, Gallimard, 1976, S. 97).

Anfang April erscheint die Luxusausgabe von *Mädchenblüte.* Trotz des sehr hohen Preises erwirbt Berry drei Exemplare und die Princesse Soutzo eins. *4. Mai:* Proust wohnt einer Vorstellung der »Russischen Ballette« in der Oper bei. Er wird dort des alten Comte d'Haussonville gewahr, der am Ende der *Recherche* als Vorbild für den Herzog von Guermantes dient. *Etwa am 23. Mai* gibt er die letzten Druckfahnen des ersten Teils von *Guermantes* zurück. *14. Juni:* Er wohnt der Generalprobe von *Antonius und Cleopatra* (in der Gideschen Übersetzung) bei. In der Pause erfährt er vom Tod der Schauspielerin Réjane und eilt sofort zu ihr in die Rue Laurent-Pichat. *16. Juni:* Er schreibt an Porel: »Diese Worte sind im Augenblick ohne Bedeutung für Sie, vielleicht stehen sie im Widerspruch zu bitteren Gedanken. Aber wenn erst jener lange Weg der Ablösung von der Erinnerung zu Ende gegangen ist, dessen schreckliche Mäander man Ihnen leider nicht zu ersparen vermag, dann werden Sie sie wahr und tröstlich und stärkend finden« (J. Porel, *Fils de Réjane*, Bd. 1, Plon, 1951, S. 332). Er erklärt sich bereit, für die *Nouvelle Revue Française* eine Hommage für Réjane zu schreiben, hat jedoch nicht die Kraft dazu. Vom Duc de Valentinois im *Sommer* nach Monaco eingeladen, hat Proust vor, sich dorthin zu begeben, läßt den Plan dann aber fallen. *3. August: L'Intransigeant* veröffentlicht seine Antwort auf »Eine kleine Umfrage: Wenn Sie gezwungen wären, einen handwerklichen Beruf auszuüben?«: »Sie stellen zwischen handwerklichen und geistigen Berufen eine Unterscheidung her, die ich nicht unterschreiben kann. Der Geist leitet die Hand [...] ich (würde) als handwerklichen Beruf genau den ergreifen, den ich gegenwärtig ausübe: Schriftsteller.« *28. August: L'Intransigeant* veröffentlicht seine Antwort auf die »Kleine Umfrage der Dreizehn« über die Leihbüchereien: »Beiden, den Personen, die wenig Geld haben, und jenen, die viel haben, ist es verwehrt, Bücher zu kaufen; den ersteren durch Armut, den letzteren durch Geiz. Also leihen sie sie aus [...] da die Befriedigung eines Geschmacks eher zum Gebrauch als zur Einschränkung führt, [...] (wird) man [...] aufgrund des Entleihens von Büchern vielleicht schließlich welche kaufen, wenn nicht gar lesen [...]« *25. September:* Er wird am selben Tag wie die Comtesse Anna de Noailles und Colette zum Ritter der Ehrenlegion ernannt. Aus den Händen seines Bruders Robert nimmt er das mit Brillanten eingefaßte und von dem Maler Jean Béraud gestiftete Kreuz entgegen. *30. September:* Er ist Mitglied der Blumenthal-Jury und erreicht es, daß sein Freund Jacques Rivière den Preis erhält. *Um den 21. Oktober* erscheint *Le Côté de Guermantes I* (*Die Welt der Guermantes I*) (Druckabschluß 17. August). Proust verfaßt das Vorwort zu einem Album mit humoristischen Zeichnungen: »Au royaume du bistouri« (Im Reich des Skalpells) von Rita de Maugny, der Gemahlin eines seiner Jugendfreunde. Er ruft bezaubernde Erinnerungen an einen Aufenthalt am Ufer des Genfer Sees mit Clément de Maugny wach, und er beschreibt darin auch »einen schönen, kleinen Zug« von Genf nach Évian, der an den von Balbec in *Sodom und Gomorra* erinnert. *15. November:* Er veröffentlicht in *La Revue de Paris*: »Pour un ami: remarques sur le style« (Für einen Freund: Anmerkungen über den Stil), einen Text, der dann im März 1921 als Vorwort zu *Tendres Stocks* (*Zarte Bestände. Erzählungen*) von Paul Morand dient (Morand seinerseits hatte zu Beginn des Jahres einen Gedichtband in freiem Versmaß, *Lampes à arc* [Bogenlampen], veröffentlicht, in dem eine maliziöse Ode »An Marcel Proust« enthalten ist). Proust spricht darin von dem Gedanken, der ihn damals beherrscht, dem Tod: »Ein Fremder hat sich in mein Gehirn eingenistet«, ein Satz, der auf jenen anderen am Ende der *Recherche* verweist: »Die Idee des Todes nistete sich endgültig in mir ein wie eine Liebe.« *Am Jahresende* leidet er an einer Ohrenentzündung und wird von Dr. Wicart geheilt. In diesem Jahr hat er einen Augenarzt aufgesucht und eine Brille gekauft.

1921, *1. Januar:* In der *Nouvelle Revue Française* veröffentlicht er »Une agonie« (»Eine Agonie«), einen Textauszug über den Tod der Großmutter. *8. Januar: La Renaissance politique, littéraire, artistique* bringt eine »Umfrage über die Romantik und die Klassik«. Als Antwort schreibt Proust einen Brief an Henriot: »Ich denke, daß jede wirkliche Kunst klassisch ist, doch die Gesetze des Geistes erlauben es selten, daß sie bei ihrem Erscheinen als solche erkannt wird. Es steht in dieser Hinsicht mit der Kunst wie mit dem Leben.« *Im Januar* kommt *Dates* (Daten), der zweite Band der *Propos de peintre*, von Jacques-Émile Blanche in den Buchhandel. In einer langen Widmung spricht Blanche von der Ähnlichkeit von Montesquiou und Charlus. Er prophezeit darin außerdem, daß man Proust in die Académie française aufnehmen werde, einen Wunsch, den Proust selbst im Mai 1920 Rivière gegenüber geäußert hatte. Mit Barrès spricht er im Juni wieder davon. *11. Januar:* In einem Brief an Gallimard schlägt er die Veröffentlichung der beiden Bände *Die Welt der Guermantes II* und *Sodom und Gomorra I* vor. Er plant im übrigen »Sodom II«, »Sodom III«, »Sodom IV« und »Die wiedergefundene Zeit«, das heißt vier umfangreiche

Bände, die in ziemlich langen Abständen aufeinanderfolgen sollen. Zum ersten Mal verzichtet er auf das gleichzeitige Erscheinen, das ihm so sehr am Herzen lag. *20. Januar:* Er schickt das Manuskript von »Sodom I« ab. *1. Februar:* Die *Nouvelle Revue Française* bringt »Un baiser« (»Ein Kuß«), die Episode des ersten Besuchs von Albertine. *26. Februar: La Revue hebdomadaire* veröffentlicht »Une soirée de brouillard« (»Ein nebliger Abend«) über das Diner von Saint-Loup mit dem Erzähler. *März:* Mit einem Vorwort von Proust erscheint *Tendres Stocks* (*Zarte Bestände*) von Paul Morand im Verlag der *N.R.F. 2. Mai:* »Die Welt der Guermantes II« und »Sodom und Gomorra I« erscheinen in einem einzigen Band (Druckabschluß 30. April). *13. und 14. Mai:* Mit dem Taxi von Odilon Albaret stattet Gide ihm einen Besuch ab. *Um den 24. Mai* besucht er in Begleitung Vaudoyers morgens die Ausstellung holländischer Malerei im Jeu de Paume-Museum. Als er die *Ansicht von Delft* von Vermeer betrachten will, erleidet er einen Schwächeanfall. Dieser Vorfall regt ihn zu dem Text über den Tod von Bergotte an. Albufera, der sich in Saint-Loup in dessen Liaison mit Rachel wiedererkennt, bricht jeden Verkehr mit Proust ab. Die Duchesse de Chevigné, das bisweilen wenig geschönte Vorbild für die Herzogin von Guermantes, überwirft sich gleichfalls mit ihm. Fitz-James gegenüber meint er: »Indem ich einen mächtigen Geier aus ihr mache, verhindere ich wenigstens, daß man sie für eine alte Schnepfe hält« (vgl. *BZL*, S. 635). Cocteau tröstet ihn: »Fabre hat ein Buch über die Insekten geschrieben, aber er hat die Insekten nicht darum gebeten, es zu lesen.« *1. Juni:* Die *Nouvelle Revue Française* veröffentlicht »À propos de Baudelaire« (»Über Baudelaire«), eine kritische Studie, die sich durch ihre Neuheit auszeichnet, obwohl sie verschiedene Elemente aus *Gegen Sainte-Beuve* wiederaufgreift. Rivière möchte einen Artikel über Dostojewskij von ihm. Proust behält sich eine Analyse dieses Schriftstellers jedoch für *Die Gefangene* vor. *4. Juni:* Sein Sekretär Henri Rochat verläßt ihn und geht nach Argentinien, wo er eine Anstellung bei einer Bank gefunden hat. *16. Juni:* Proust diniert bei Mme Hennessy, welche die Verlobung des Herzogs von Marlborough mit einer Amerikanerin, Miss Gladys Deacon, einer begeisterten Leserin seines Werks, bei sich feiert. Proust wird anschließend nach Blenheim eingeladen, kann jedoch, da er krank ist, nicht hinfahren. Wie immer *im Herbst* ist sein Gesundheitszustand kritisch. *September:* Er stürzt in seinem Zimmer. Anzeichen von Urämie treten auf. *Anfang Oktober:* Er vergiftet sich aus Versehen, da er sieben Veronal-Tabletten von jeweils einem Gramm einnimmt (anstatt Tabletten von 0,10 g, die der Apotheker ihm statt dessen hätte geben müssen). *1. Oktober:* Er veröffentlicht in der *Nouvelle Revue Française* »Les Intermittences du cœur« (»Anfälligkeiten des Herzens«). Montesquiou schickt ihm sein letztes Buch: *Élus et appelés* (Auserlesene und Berufene) mit der Widmung: »Für Marcel Proust, Autor, den ich zu Recht gewürdigt, und Freund, den ich zu Recht geliebt glaube.« Die *Œuvres libres* bringen »Jalousie« (»Eifersucht«), die Geschichte der qualvollen Liebe des Erzählers zu Albertine. Proust übergibt Gallimard das Manuskript von »Sodom und Gomorra II«, das er auf zwei Bände veranschlagt; in Wirklichkeit werden es drei (er beginnt sogleich mit der Arbeit an »Sodom und Gomorra III«). Zufrieden mit dem Ende, vertraut er seinem Verleger an, es sei »das Beste, was ich je geschrieben habe (der Tod von Albertine, das Vergessen)«. Besuch bei Miss Barney; die Begegnung steht unter keinem guten Stern. *1. Dezember:* Die *Nouvelle Revue Française* bringt »En tram jusqu'à La Raspelière« (»Mit der Bahn bis nach Raspelière«). *11. Dezember:* Einsam und vergessen stirbt Montesquiou in Menton. *31. Dezember:* Proust geht zum Neujahrsball der Beaumont.

1922, *15. Januar:* Er besucht den Ball des Ritz mit Mme Hinnisdal und Paul Morand. Er wird der berühmten polnischen Cembalospielerin Wanda Landowska (1879-1959) vorgestellt. *7. Februar:* Er begegnet bei der Princesse Soutzo Maurice Martin du Gard, damals Direktor der *Écrits nouveaux*, der in seinen *Mémorables* (Denkwürdigkeiten) ein Porträt von Proust entwirft. *26. Februar:* In seiner Antwort auf eine Umfrage der *Annales politiques et littéraires:* »Zickzackreise durch die Belletristik« spricht er vom »Abenteuerroman« und vom »analytischen Roman«, den er lieber »introspektiven Roman« nennen möchte. Yvonne Albaret, die Nichte von Céleste, zieht in die Rue Hamelin, um das Manuskript von »Sodom III«, aus dem später *Die Gefangene* wird, auf der Maschine abzuschreiben. Wegen der fortlaufenden Veränderungen sind drei Abschriften vonnöten. *März:* Er schreibt einen langen Brief an Philippe Berthelot, Generalsekretär am Quai d'Orsay [Außenministerium], der für zehn Jahre beurlaubt ist. Er beginnt auch einen glanzvollen Briefwechsel mit dem deutschen Kritiker und Romanisten Ernst Robert Curtius, der als einer der ersten ein fundiertes Urteil über sein Werk abgibt. *Beginn des Frühjahrs*: Die *Recherche* ist abgeschlossen. Er ruft Céleste: »[...] eine große Neuigkeit. Heute nacht habe ich das Wort ›Ende‹ geschrieben. [...] Jetzt kann ich sterben« (Céleste Albaret, a.a.O., S. 359). *2. Mai:* Erscheinungsdatum von *Sodom und Gomorra II* (Druckabschluß 3. April). An diesem Tag, an dem er sich mit dem englischen Mäzenatenehepaar Schiff treffen möchte, nimmt er eine zu starke Dosis Adrenalin ein und verbrennt sich den Magen. *18. Mai:* Nach der Premiere des Renard von Strawinsky nimmt er an dem Souper teil, das seine englischen Freunde zu Ehren von Diaghilew, Picasso, Strawinsky, Joyce und ihm selbst im Ritz geben. *12. Juni:* Auf einer Soiree bei Mme Hennessy verwechselt man ihn mit dem »berühmten Marcel Prévost, dem Verfasser der *Don Juannes* (Weibliche Don Juans)«. Er begegnet dort Jeanne Pouquet, seiner einstigen Liebe. Auf ihr »Auf Wiedersehen« entgegnet er vorausahnend: »Nein, Madame, Adieu! Ich sehe Sie nicht wieder!« Kurz darauf besucht ihn sein Freund Lucien Daudet zum letzten Mal. Die beiden Prinzessinnen Bibesco, Marthe und Elisabeth, die Gemahlin des Prinzen Antoine, suchen ihn gleichfalls auf, aber nur Antoine darf das Zimmer betreten. Céleste erklärt ihnen, daß »Monsieur das Parfum der Prinzessinnen sehr fürchtet«. *13. Juli:* Mit Paul Brach und Edmond Jaloux geht er in »Le Bœuf sur le toit« [ein berühmtes Konzert-Café der Zeit]. Auf einen Streit hin will Proust sich ein zweites Mal duellieren. Zur gleichen Zeit hat die Voranzeige einer Übersetzung des Hindu-Dichters Rabindranath Tagore (1861-1941) mit dem Titel *La Fugitive* (*Die Entflohene*) zur Folge, daß er für sein eigenes Buch auf diesen Titel verzichtet. Er wird jedoch nach seinem Tod wiederaufgegriffen. Ein weiteres Projekt über Flaubert wird nicht ausgeführt. *22. Juli: La Renaissance politique, littéraire, artistique* veröffentlicht seine Antwort auf die »Umfrage über die Erneuerung des Stils«. *14. August:* Er antwortet auch auf *L'Intransigeant*: »Eine kleine Frage: Und wenn die Welt unterginge ... Was würden Sie tun?« *August:* Die »Dekade von Pontigny« hat sein Werk zum Thema. *September: Swann's way*, der erste Band von *Remembrance of Things past*, erscheint in England. Proust ist unzufrieden mit dem Übersetzer Charles K. Scott-Moncrieff, der die Subtilität des französischen Titels unterschlage. Er schreibt an Gallimard: »Mir liegt an meinem Werk, das ich mir nicht von den Engländern zerstören lasse« (Brief von Mitte September 1922; dt. in: *BZW*, S. 491-493). Aber sein Gesundheitszustand verschlechtert sich schnell. *Am 2. und 3. September* werfen ihn heftige Asthmaanfälle nieder. *4. September:* Von Schwindel gepackt, stürzt er wiederholt in seinem Zimmer. Er schreibt seine letzten Notizen in das Heft Nr. 59 und auf die maschinenschriftliche Fassung von *Die Gefangene*. Er stellt zahlreiche Auszüge aus seinem Werk zusammen, die 1923 in der *Nouvelle Revue Française* und in *Les Œuvres libres* erscheinen.

Anfang Oktober: Ohnehin schon an Grippe erkrankt, erkältet er sich vollends auf dem Heimweg von einer Soiree bei Étienne de Beaumont und zieht sich eine Bronchitis zu. Er läßt Dr. Bize kommen, der ihm Kampferölspritzen verschreibt. Proust jedoch lehnt die Spritzen ab. Er ernährt sich kaum noch und nimmt nur noch warme Milch, Kaffee, Kompott oder eisgekühltes Bier zu sich. Das Fieber steigt. Dr. Bize sucht Professor Robert Proust auf, damit dieser die Behandlung seines Bruders übernimmt. Aber Robert, der möchte, daß sein Bruder für einige Zeit die Klinik in der Rue Piccini aufsucht, gelingt es nicht, ihn von der Notwendigkeit dieser Maßnahme zu überzeugen. Proust schickt ihn aufgebracht wieder weg und nimmt Céleste das Versprechen ab, nie zuzulassen, daß man ihm Spritzen gibt (C. Albaret, a.a.O., S. 371). *19. Oktober:* Proust geht aus, kommt jedoch fast sofort erschöpft wieder. *24. Oktober:* Er stellt *Die Gefangene* fertig und beginnt mit der Überarbeitung von *Die Entflohene. 1. November:* Die *Nouvelle Revue Française* veröffentlicht »La regarder dormir. Ses réveils« (Sie im Schlaf beobachten. Ihr Erwachen). In dieser Nummer der *N.R.F.*, von der ihm ein Belegexemplar zugeschickt wird, sind seine Texte mit Artikeln von Thibaudet über »die Komposition des Romans« sowie von Léautaud und Rivière untermischt. Zusammen mit dem gerade erschienenen Roman Rivières *Aimée* (Geliebte) ist das sicher seine letzte Lektüre. *2. November:* Er schreibt seinen letzten Brief an Gallimard: »Ich glaube, im Augenblick wäre es das Dringlichste, Ihnen all meine Bücher zu übergeben.« *Ungefähr am 8. November* bekommt er eine Lungenentzündung. Jacques Rivière besucht ihn ein letztes Mal, um das Manuskript von *Die Gefangene* entgegenzunehmen. Proust ist erschöpft und spricht sowenig wie möglich. Er verständigt sich mit Céleste mittels kleiner Zettel. Dennoch steht er auf, als er erfährt, daß sein ehemaliger schwedischer Kammerdiener Ernst Forssgren vorübergehend in Paris ist, und er wartet bis drei Uhr morgens vergeblich im Hôtel Riviera auf ihn. Da er weiß, daß sein Ende naht, kommt er verschiedenen Pflichten nach, die ihm unabdingbar erscheinen. Er bittet Céleste, Marie Scheikévitch nach seinem Tod einen aus zwei kleinen englischen Pennymünzen gefertigten Zigarettenanzünder zurückzuschicken, den sie ihm 1917 geschenkt hatte. Er hinterläßt Reynaldo Hahn ein Aquarell von Senlis, das Marie Nordlinger 1898 gemalt hatte und das immer neben seinem Bett hing. Er sorgt zugleich für sein Seelenheil. »[...] wenn ich tot bin«, bestimmt er mit einer Mischung aus Ehrerbietung und Ironie, »dann bitten Sie ihn [Abbé Mugnier], herzukommen und an meinem Bett zu beten.« (C. Albaret, a.a.O., S. 142.) Ein weiterer Wunsch: daß Céleste ihm »den Rosenkranz um die Finger« wickelt, jenen Rosenkranz, den Mme Félix-Faure-Goyau ihm aus Jerusalem mitgebracht hatte (ebd., S. 221). *Ab dem 15. November* ist sein Bruder Robert ständig bei ihm. *Am 16.* erleidet er einen furchtbaren Anfall. *Am 17.* fühlt er sich besser und will eine gebackene Scholle essen. In der *Nacht vom 17. zum 18.* läßt er Céleste kommen: »[...] setzen Sie sich dort auf diesen Sessel, und wir beide werden schön arbeiten.« Er fügt hinzu: »Wenn ich diese Nacht überstehe, werde ich den Ärzten beweisen, daß ich stärker bin als sie« (C. Albaret, a.a.O., S. 357). Um halb vier hält er erschöpft inne; das Geschwür an der Lunge ist aufgebrochen. Gegen sieben Uhr morgens verlangt er Kaffee. Zu Céleste spricht er von einer »dicken, furchterregenden Dame in Schwarz«, die ihn im Zimmer bedrohe. Er hält sich an den Laken fest und macht die bei Sterbenden häufige Geste, als wolle er seine Papiere zusammensuchen. Trotz ihres Versprechens läßt Céleste durch Odilon Dr. Bize holen. Sie geht zum Bäcker und telefoniert dort mit Robert Proust. Um 10 Uhr morgens kommt Dr. Bize und gibt ihm eine Spritze in den Schenkel. Proust greift nach dem Handgelenk seiner Haushälterin, kneift ihr in den Arm und murmelt: »Ach, Céleste ... Ach, Céleste!« Ergebnislos zudem, hatte man doch gerade das mit ihm gemacht, was er am meisten befürchtete. Dr. Bize ablösend, bleibt sein Bruder Robert bis Mittag an seinem Bett und kommt um ein Uhr wieder zurück. Er läßt Saugnäpfe ansetzen, die jedoch nicht haftenbleiben. Prousts Atmung wird immer schwerer, und Robert verwendet Sauerstoffbehälter, die ihm ein wenig Erleichterung verschaffen: »Tut dir das gut, mein kleiner Marcel?« – »Ja, Robert.« Dies sind seine letzten Worte. Er sagte nie »Mama«, wie man es behauptet hat. Um halb drei kommt Dr. Bize zurück und läßt im Einverständnis mit Robert den berühmten Professor Babinski holen. Aber es ist nichts mehr zu tun, und Babinski geht wieder, wie zuvor schon Dr. Bize. Robert bleibt mit Céleste allein am Bett seines Bruders, der sie unverwandt anschaut. Proust entschläft lautlos um halb fünf Uhr nachmittags, am Samstag, dem 18. November 1922, dem Jahrestag des heiligen Eudes, im Alter von 51 Jahren.

SEIN TOD

• **Letzte Verfügungen:** Auf die Bitte von Robert Proust hin schneidet Céleste für ihn und für sich selbst eine Haarlocke ab. In ihrem Erinnerungsbuch hat sie das folgende Zeugnis hinterlassen: »Mit dem Professor zusammen habe ich weggeräumt, was auf dem Bett lag, leise, als ob wir fürchteten, ihn aufzuwekken. Es war seltsam für mich: Es war das erste Mal, daß ich in seiner Gegenwart etwas wegnahm und aufräumte. Da lagen Zeitungen, Zettel, eine Nummer der N.R.F. mit einer darauf gekritzelten Notiz. Dann hat Professor Robert Proust zu mir gesagt: ›Céleste, Sie werden ihm jetzt zusammen mit mir einen letzten Dienst erweisen. Wir werden ihn herrichten.‹ Ich kam mit Wäsche zurück. Der Professor hat ihm ein sauberes Nachthemd angezogen, wir haben die Laken gewechselt und die Kopfkissen frisch bezogen. Ich wollte Monsieur Proust die Hände so zusammenlegen, wie ich es bei Verstorbenen auf ihrem Totenbett in meinem Dorf gesehen hatte. Ich war so verwirrt, daß ich in diesem Augenblick den Wunsch vergessen habe, den er ausgesprochen hatte: daß ich ihm den von Lucie Faure aus Jerusalem mitgebrachten Rosenkranz um die Finger legen sollte. Hätte ich das nicht vergessen, hätte der Professor es mich sicher tun lassen und nicht gesagt: ›Nein, Céleste. Er ist bei der Arbeit gestorben. Lassen wir ihn mit ausgestreckten Händen.‹ Daraufhin hat er die Arme entsprechend hingelegt. [...] Der Professor fragte mich dann, ob Monsieur Proust einen Wunsch bezüglich seiner Beerdigung geäußert habe. Ich antwortete, daß er nie mit mir darüber gesprochen habe. ›Gut‹, sagte der Professor. ›Dann werde ich es so halten, wie wir beide es bei unseren Eltern gehalten haben.‹ Ich habe nur Monsieur Prousts Wunsch erwähnt, Abbé Mugnier möge verständigt werden, damit er an seinem Totenbett bete. Der Professor hat das übernommen. Ich habe schon erzählt, daß Abbé Mugnier bettlägerig war und nicht kommen konnte.« (C. Albaret, a.a.O., S. 383 f.)

Dieser letztere notiert am nächsten Tag (19.11.) in sein *Tagebuch:* »Gestern Besuch von der entzückenden Nichte. Sie war in Violett gekleidet. Ich gab ihr den Brief zu lesen, den Reynaldo mir am Morgen geschickt hatte. Marcel Proust gestorben, Samstag abend. Und sein Freund entsprach darin dessen Wunsch, als er mich darum bat, einige Augenblicke bei seinen sterblichen Resten zu verweilen. Die Nichte hat die Prinzessin Lucien Murat in die Rue Hamelin begleitet. Sie fand ihn auf seinem Totenbett sehr schön. Schwarzer Bart, tiefe Ringe unter den Augen, arabischer Typ. Sie hat Veilchen mitgebracht. Zu seinen Lebzeiten hat sie ihn nie gesehen.«

Reynaldo Hahn, der kurz nach dem Tod eingetroffen ist, telefoniert den engen Freunden Prousts oder schickt ihnen Rohrpostbriefe. Dann hält er, zusammen mit Céleste, die ganze Nacht über die Totenwache. Am 18. kommen auch Fernand Gregh und Léon Daudet. Robert setzt die Beisetzung auf den 22. fest. Am 19. begeben sich in die Rue Hamelin: Suzy Proust und ihre Mutter, Robert Dreyfus (der zu bewegt ist, um das Zimmer zu betreten), Mme de Noailles, begleitet von Henri Gans, Lucien Daudet, Georges de Lauris, Robert de Billy, die Cousinen von Proust, Valentine und Marguerite Thomson, Edmond Jaloux, Paul Morand, Jacques Porel, der dem Finger des Verstorbenen eine Gemme ansteckt, die Anatole France bei der Premiere seines *Lys rouge* (*Rote Lilie* [die von Gaston de Caillavet besorgte Bühnenfassung des Romans von France]) der Schauspielerin Réjane geschenkt hatte, sowie Jean Cocteau. Céline Cottin, die noch immer genauso maliziös ist, merkt an: »Mager und fahl wie immer, Beine wie zwei Streichhölzer, daran hat sich nicht viel geändert.«

• **Letzte Porträts:** Von Robert bestellt, erscheint gegen zwei Uhr nachmittags der Maler Helleu und fertigt eine Radierung an (er beklagt sich später, daß er bei der Ausführung seines Werkes durch den Widerschein einer Glühbirne auf der Kupferplatte behindert worden sei). Er macht zwei Abzüge für Robert, der einen davon Céleste gibt. Dunoyer de Segonzac, der Proust nicht kannte, kommt auf gut Glück in die

Rue Hamelin, in der Hoffnung, man werde ihn Skizzen machen lassen. In den zwei Tagen, die er dort ist, fertigt er mehrere Zeichnungen aus verschiedenen Blickwinkeln an. Der amerikanische Maler und Photograph Man Ray macht eine Photographie. Man läßt auch den Bildhauer Wlérick kommen. Bis zur Aufbahrung, die am Nachmittag des 21. Novembers stattfindet, halten Céleste, Reynaldo Hahn, Robert Proust und zwei Nonnen die Totenwache.

• **Beisetzung:** Sie findet am Mittwoch, den 22. November, dem Jahrestag der heiligen Cäcilie, in der Kapelle Saint-Pierre-de-Chaillot statt. Als Ritter der Ehrenlegion hat Proust Anrecht auf militärische Ehren. Unter den zahlreichen Anwesenden befinden sich Marie Nordlinger, Serge Diaghilew, Antoinette Faure-Berge, der Comte Greffulhe, Pierre Lavallée und die Princesse Marie Murat. Der Abbé Delepouve hält die Grabrede und erteilt die Absolution. Es wird die *Pavane pour une infante défunte* [Ravel] gespielt.

Maurice Martin du Gard hat das Leichenbegräbnis in *Les Mémorables* beschrieben: »[Es] fand in der Kapelle Saint-Pierre-de-Chaillot statt. Barrès, der seine Melone leicht in die Augen gedrückt hatte, schaute sich die hereinkommenden Leute an ... ›Ich hatte ihn immer für einen Juden gehalten, den kleinen Marcel Proust. Was für eine stattliche Beerdigung!‹ Und in der Tat, wie viele Zylinder! Herzöge, Prinzen, Botschafter, der Jockey-Club, der Cercle de l'Union in Schnürstiefeln, Monokel, sauber gezogene Scheitel teilten die glänzenden Locken ... In der Menge das vornehme russische Judentum und die ganze in die Jahre kommende Pariser Päderastie, geschminkt, mit lackierten Fingernägeln und umherschweifenden Blikken. Die vorderen Ränge, beherrscht von dem Comte Étienne de Beaumont, dem Mäzen der Ballette und Feste des Paris nach dem Sieg, ganz in Tränen aufgelöst. Schriftsteller, all jene, die einst maßgebend waren oder dereinst maßgebend werden sollten, die zu dem Proustschen Bluff gehörten, wie Paul Bourget es ausdrückte, der jetzt ein genauso schlechter Kritiker ist, wie er im reifen Alter ein ausgezeichneter war. Die Abwesenheit Gides blieb nicht unbemerkt. Man hörte eine himmlische Musik. Und ein paar Kritiker, die Proust gegenüber leichte Bedenken geäußert hatten, fühlten sich nun im Strom der Orgel und der Geigen ganz verzweifelt.«

Auf dem Weg zum Friedhof nehmen Gabriel Astruc [Direktor des Théâtre des Champs-Élysées und »Erfinder« der »Russischen Ballette«] und Léon Daudet – zwei geschworene Feinde – dasselbe Taxi und versöhnen sich. Barrès, den Regenschirm über den Arm gehängt, begegnet François Mauriac und sagt zu ihm: »Tja, Teufel auch ..., das war unser junger Mann« (André Maurois, *Auf den Spuren von Marcel Proust*, a.a.O., S. 343).

• **Grab:** Marcel Proust wird auf dem Friedhof Père-Lachaise (85. Division) beigesetzt, in der Familiengruft, über der das von Marie Nordlinger angefertigte Rundbild von Adrien Proust angebracht ist (dieses Rundbild wird am 11. April 1966 von der Stele entfernt und am Geburtshaus von Prousts Vater in der Rue du Cheval-Blanc in Illiers angebracht). Mehrere Jahre lang liest der Abbé Mugnier am Todestag eine Gedenkmesse in der Kapelle Saint-Pierre-de-Chaillot.

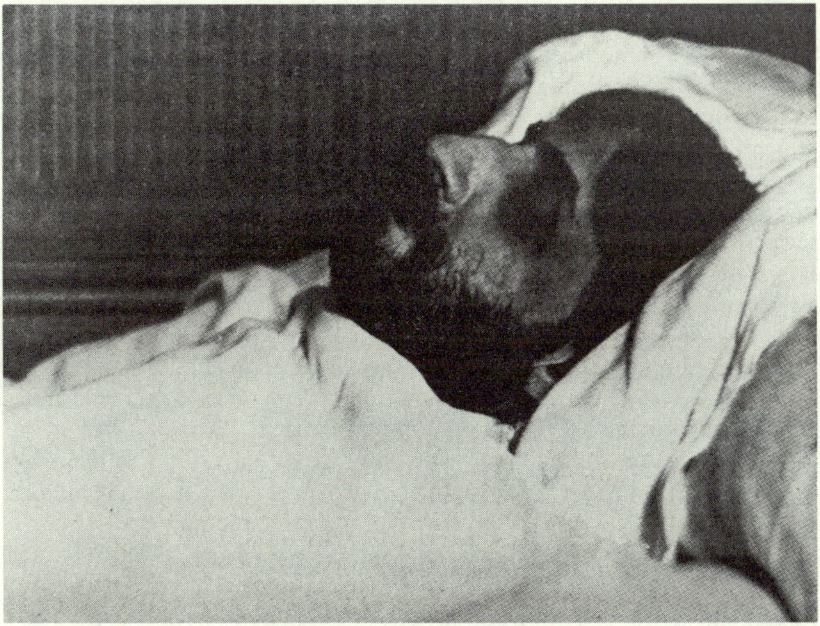

Marcel Proust auf dem Totenbett

II

KINDHEIT

FRÜHE KINDHEIT

Er verbringt sie in einer gefühlswarmen Familienatmosphäre. Seine Eltern wohnen damals in der Nähe der Madeleine, Boulevard Malesherbes Nr. 9. Die Geburt seines Bruders Robert am 24. Mai 1873 gefährdet die ausschließliche Liebe, die er seiner Mutter entgegenbringt. Das Frühjahr und den Anfang des Sommers verbringen seine Eltern in Auteuil, in dem Haus des Großvaters Louis. (Die Szene des Abendkusses, aus der die bekannte Episode in »Combray« hervorgeht, spielt sich in der Rue La Fontaine ab.) In den Oster- und Sommerferien fahren die Proust zu dem Onkel Amiot, der in der Rue du Saint-Esprit Nr. 4 in Illiers wohnt. In seinem Garten oder in dem nahegelegenen Pré Catelan spielt Marcel mit Robert. Sein Werk enthält zahlreiche umgesetzte Anekdoten aus dieser Zeit. In *Contre Sainte-Beuve* etwa erzählt er die Geschichte von dem Zicklein, das sein jüngerer Bruder nach Paris mitnehmen will. In *Swann* findet man die Abende mit der Wunderlaterne oder die Besuche bei »Tante Léonie«.

Im Frühjahr 1881, mit zehn Jahren, bekommt er plötzlich, bei einem Spaziergang im Bois de Boulogne, seinen ersten Asthmaanfall. Von nun an und sein ganzes Leben lang fürchtet er Luftzug und Blütenduft. Sein Vater Adrien Proust hält den Landaufenthalt in Illiers nicht für zuträglich. Proust verbringt dementsprechend von 1880 bis 1890 seine Ferien zusammen mit seiner Mutter oder seiner Großmutter an der normannischen Küste, in Houlgate, Tréport, Dieppe oder Trouville, am häufigsten jedoch in Cabourg. Mit 14 Jahren fährt er mit seiner Mutter auch in die Pyrenäen, nach Salies-de-Béarn.

In Paris spielt er fast den ganzen Nachmittag über in den Anlagen der Champs-Élysées. Am 1. Mai 1880 bricht er sich in einer Parkallee beim Barlaufspiel [vgl. Painter I, S. 81, Anm. 6] die Nase. Dank der Princesse Bibesco erhält diese Allee später den Namen »Marcel-Proust-Allee«. Robert Dreyfus erinnert sich: »Im Garten der Champs-Elysées, in der Nähe des ›Restaurant des Ambassadeurs‹, geht der von der Avenue Gabriel kommende Passant zunächst um eine ziemlich große Grünfläche mit einem Springbrunnen in der Mitte herum, auf dem die Statue einer sich die Haare flechtenden Badenden steht. Dann kommt er an einer Allee vorbei, die an dem ehemaligen Sommer-Alcazar entlangführt, und stößt auf zwei Karusselle mit Holzpferden [...] Dort sah ich Marcel Proust als Kind Barlauf spielen; aber lieber noch redete er mit den kleinen Jungen seiner Zeit, und er trug uns bereits allen Verse vor, aber sowie er eine seiner Lieblingsfreundinnen auftauchen sah, verließ er uns schnell« (R. Dreyfus, *Souvenirs sur Marcel Proust*, Grasset, 1926, S. 11 f.).

Er sieht seiner Mutter am ähnlichsten. Sein Gesicht bekundet bereits »die blendenden Gaben seines wunderbaren künstlerischen Verstandes und seiner berückenden Sensibilität. Als Ausnahmewesen und als Kind von authentischer und überwältigender Frühreife bezauberte er seine kleinen Kameraden« (R. Dreyfus, a.a.O., S. 13 f.).

Seine legendäre Großzügigkeit kündigt sich bereits an. Im Alter von sieben Jahren, als er von seiner Mutter damit beauftragt wird, der Köchin einer Verwandten zu Neujahr ein Fünffrancsstück zu bringen, schenkt er es unterwegs einem armen Schuhputzerjungen. An einem anderen Tag macht er sich die Abwesenheit seiner Eltern zunutze und setzt, zusammen mit seinem Bruder, dem Austräger des Kaufhauses Belle-Jardinière eine üppige Vesper vor. Am liebenswürdigsten ist er jedoch zu den alten Leuten. Er findet immer das richtige Wort, um mit ihnen über ihr Befinden oder über ihre Sorgen zu sprechen. Die Comtesse de Martel, bekannt unter ihrem Pseudonym Gyp, berichtet, daß sie ihm mit Vergnügen zusah, wie er an den kindlichen Spielen der Champs-Élysées Gefallen fand, und daß sie ihn dann ein paar Tage später in der Buchhandlung Calmann-Lévy in der Rue de Gramont wiedersah – damals dem bevorzugten Treffpunkt von Charles Haas (Modell für Swann) und von Anatole France (Modell für Bergotte), wo er sich die gesammelten Werke von Molière oder von Lamartine kaufte.

• **Lektüre:** Er liest ohne Unterlaß (George Sand, Dickens, Théophile Gautier und Balzac), beraten von seiner Mutter und seiner Großmutter. *The Mill on the Floss* [*Die Mühle am Fluß*] von George Eliot bringt ihn zum Weinen. Vom *Capitaine Fracasse*, dem Roman von Théophile Gautier, oder von *Tausendundeiner Nacht* kommt er nicht wieder los. »Es gibt vielleicht keine Tage unserer Kindheit, die wir so voll erlebt haben wie jene, die wir glaubten verstreichen zu lassen, ohne sie zu erleben, jene nämlich, die wir mit einem Lieblingsbuch verbracht haben.« (*Nachgeahmtes und Vermischtes*)

Er verblüfft seine Kameraden in den Anlagen der Champs-Élysées: »Racine, Hugo, Musset, Lamartine, Baudelaire lebten und erklangen bereits in seinem erstaunlichen poetischen Gedächtnis, und ich erinnere mich, durch ihn von Leconte de Lisle gehört zu haben. Wenn ich nicht befürchtete, mich eines Anachronismus von mehreren Jahren schuldig zu machen, würde ich behaupten, daß er auch schon entzückt von *Anna Karenina* und den Romanen von George Eliot sprach. Und ich bin mir seiner kindlichen Begeisterung für Mounet-Sully und für Sarah Bernhardt ganz gewiß, deren

Genie in seine Gestalt der Tragödin Berma eingegangen ist [...]« (R. Dreyfus, a.a.O., S. 16).

• **Theater:** Im Herbst 1881 geht er zum ersten Mal ins Theater. Es sollte eine der großen Leidenschaften seines Lebens werden. Seine Lieblingshelden sind Hamlet und Berenike. Seine Großmutter erzählt ihm stundenlang von Rachel, die sie aus dem Salon der Crémieux gut kannte.

SCHULE UND UNIVERSITÄT

Besuchte Schulen

• **Grundschule:** Als kleines Kind besucht er zunächst ein oder zwei Jahre lang eine private Grundschule, den **Cours Pape-Carpentier**, in die auch sein Bruder Robert geht.

• **Höhere Schulen:** Er ist Externer in einer **staatlichen Oberschule** in der Rue Caumartin, die zu Fuß zehn Minuten von der Wohnung seiner Eltern am Boulevard Malesherbes entfernt ist.

Vom 2. Oktober 1882 bis zum 30. Juli 1889: Mit elf Jahren wird er in die Quinta des Lycée Fontanes aufgenommen, das den Namen des einstigen Erziehungsministers im Ersten Kaiserreich trägt. (Das Gymnasium wechselte allerdings mehrmals den Namen: 1804 Lycée Bonaparte, dann Lycée Impérial Bonaparte; 1814 Collège Royal de Bourbon; im März 1815 Lycée Impérial Bonaparte; im Juli Collège Royal de Bourbon; 1848 Lycée Bonaparte; 1853 Lycée Impérial Bonaparte; 1870 Lycée Condorcet; 1874 hieß es erneut Lycée Fontanes und nahm dann am 27. Januar 1883 endgültig den Namen Lycée Condorcet wieder an.) Die Schüler konnten »[sich] im spärlichen Schatten der Bäume, die die Cour de Havre schmückten, treffen und diskutieren, bis ein Trommelwirbel uns eher empfahl als befahl, wieder die Klassenzimmer aufzusuchen. Die Disziplin war nicht sehr streng, sie schien unseren Familien sogar ein wenig zu locker« (R. Dreyfus, a.a.O., S. 20).

Das Gymnasium befindet sich in dem ehemaligen Kapuzinerkloster, das 1779 von Brongniard entworfen wurde. 1864 veränderte die Beseitigung des Gartens, an dessen Stelle die Rue du Havre gebaut wurde, den ehemaligen Grundriß. Obgleich mönchisch und streng, unterscheidet sich die Atmosphäre in dieser Schule doch von den Kasernen-Gymnasien des linken Seineufers. Im Gegensatz zu den Lycées Saint-Louis, Louis-le-Grand oder Henri IV bereitet Condorcet nicht auf die Grandes Écoles [Elitehochschulen] vor, und Proust erfährt nie die geistige Erschöpfung solcher Vorbereitungsklassen. Die Schüler sind nicht die gleichen. Die Gymnasien auf dem linken Seineufer werden von einer großen Anzahl von Schülern aus der Provinz besucht, die sich auf dem Weg über die École Polytechnique oder die École normale [Lehrerseminar] die Hauptstadt Paris erobern wollen. Im Lycée Condorcet dagegen, auf dem rechten Seineufer, stammen die Schüler aus der mondänen und erlesenen Pariser Gesellschaft, zu der viele Juden oder, wie Marcel, Halbjuden zählen. Die Schulbildung ist kein Unterpfand sozialen Aufstiegs oder einer glänzenden beruflichen Zukunft, sondern Bestätigung eines bereits recht solide verankerten geistigen Erbes. Das Verzeichnis der Preisträger vom Lycée Condorcet beim Concours général [Staatlicher Studienwettbewerb] beweist es zur Genüge. Zahlreiche spätere Berühmtheiten sind auf dieses Gymnasium gegangen: Literaten (die Brüder Goncourt, Labiche, Théodore de Banville, Abel Hermant...); Philosophen (Taine, Sainte-Beuve, Bergson...); Naturwissenschaftler (Ampère, Becquerel ...); ein Gesellschaftsmaler (Jacques-Émile Blanche) und sogar drei Präsidenten der Republik (Sadi Carnot, Casimir-Périer und Paul Deschanel). 1882 ist Julien Girard der Oberstudiendirektor (er bleibt es von 1878 bis 1892). »Die Direktion des Gymnasiums war geneigt, unsere Vorlieben zu berücksichtigen« (R. Dreyfus, a.a.O., S. 22).

Die ersten Bände der *Recherche* geben kaum Auskünfte über das schulische und studentische Leben von Proust. Der Erzähler spielt zwar auf »all meine Gespräche mit meinen Kameraden« (*In Swanns Welt*) an, präzisiert jedoch nicht die Schule, die er besucht. In *Mädchenblüte* fragt ihn Monsieur de Norpois danach. Er »stellte mir eine Reihe von Fragen über mein Leben, meine Studien, meine Neigungen«. Die Fragen bleiben in dem Roman unbeantwortet.

Jean Santeuil dagegen gibt mehr Auskünfte. Der junge Romanheld ist kein glänzender Schüler. Obwohl er ein kenntnisreicher Liebhaber der französischen Dramendichter wie Hugo oder Musset ist, von denen er lange Verstiraden auswendig hersagt, bleibt er doch ein großer Faulenzer. Wie Proust ist auch Jean ein redseliger Schüler und fällt dem Lehrer unangenehm auf. Dieser läßt ihn eine Stunde nachsitzen und erhält die Strafe trotz der wärmsten Fürsprache seiner Mitschüler aufrecht. Häufig bestraft, steht Jeans Name nie auf der Bestenliste seiner Klasse.

In *Jean Santeuil* stellt Proust seinen Lehrer Alphonse Darlu als Monsieur Beulier dar. Anders als in der Wirklichkeit ist der Romanheld enttäuscht über dessen erste Unterrichtsstunde. Er spiegelt jedoch eindeutig das Denken Darlus wider: »In diesem Augenblick hatten die spiritualistischen Lehrmeinungen, die er mit der großen Intelligenz von M. Beulier in eins setzte, im Geiste Jeans die Sophismen des Materialismus und des Skeptizismus widerlegt, so daß eine skeptische oder materialistische Beweisführung ihm kein Interesse abzulocken vermochte.«

• **Hochschulstudium:** *1890-1893*, nach seinem Militärdienst, schreibt sich Proust an der **Faculté de droit** [juristische Fakultät] ein (am 20. November), dann auch an der **École libre des sciences politiques** [»Freie Hochschule für politische Wissenschaften«, Pariser Hochschule für Politik und Volkswirtschaft] (1874 gegründet und seit 1881 in der Rue Saint-Guillaume). Er besucht diese beiden Lehranstalten bis zum Ende des Jahres 1893. *Bis 1895* besucht er auch die **Sorbonne**, um dort an der philosophischen Fakultät die licence ès lettres [den Lizentiatengrad in Philologie] zu erlangen.

Zur Teilnahme am Concours général des Jahres 1887 begibt er sich am 13., 18. und 22. Juli zu den schriftlichen Prüfungen in die Sorbonne. *1893* läßt er den Plan fallen, die École des Chartes [Hochschule für zukünftige Archivare und Historiker] zu absolvieren, und verzichtet »nicht ohne Bedauern« [vgl. *BZL*, S. 47] auf die École de Rome [École française d'Archéologie et d'Histoire de Rome; gegr. 1874 (Palazzo Farnese, Rom): Studium der lat. Antike und der päpstlichen Archive]; *im Jahre 1900* hört er am 7. *Dezember* im Collège de France die Antrittsvorlesung von Bergson.

Die wichtigsten Lehrer

• **Vor seiner Schulzeit im Lycée Condorcet:** Der *Abbé Marquis* in Illiers vermittelt ihm die ersten rudimentären Kenntnisse in Latein. Höchstwahrscheinlich hat er noch weitere Hauslehrer gehabt, wie das in dem wohlhabenden und gebildeten Bürgertum, dem seine Mutter angehörte, häufig der Fall war. Einige Stellen in *Jean Santeuil* spielen auf Privatstunden eines gewissen M. Jacomier an.

• **Im Lycée Condorcet. In der Quinta:** Die Schularchive enthalten keine Auskünfte über diese Zeit.

In der Quarta (1883-1884): **Deutsch:** *Monsieur Schmitt.* **Geographie:** *M. Launay.* **Geschichte:** *M. Gazeau.* **Literatur und alte Sprachen** (Französisch, Latein und Griechisch): *M. Legouëz*, der seit 1852 im Gymnasium unterrichtet. 1883 ist er 64 Jahre alt und steht kurz vor der Pensionierung. 1869 wurde ihm das Kreuz der Ehrenlegion verliehen, und er ist Mitglied des Prüfungsausschusses der Agrégation [höchste staatliche Lehramtsprüfung] in Grammatik. Er ist ein wohlwollender Mann, dessen Geselligkeit von den Kollegen geschätzt wird. Trotz seines häufigen Fehlens nimmt Proust begeistert und mit Gewinn an seinem Unterricht teil, aber M. Legouëz ist sich in seinen Beurteilungen des künftigen Talents seines Schülers noch nicht bewußt. **Naturwissenschaften:** *Georges Colomb* (1865-1945), humanistisch gesinnter Absolvent der École normale [Lehrerseminar]. Am Ende seiner Karriere ist er Vizedirektor des botanischen Laboratoriums an der École des hautes études und unterrichtet bis zum Jahre 1936 zugleich weiter am Collège Sévigné. Bekannt ist er jedoch vor allem durch seinen Humor, seinen Schalkscharakter und durch drei Bücher: *La Famille Fenouillard* (Die Familie Fenschelkraut) (1895), *Le Sapeur Camember* (Feuerwehrmann Camember) (1896) und *L'Idée fixe du savant Cosinus* (Die fixe Idee des Professor Cosinus) (1899), die er unter dem Pseudonym »Christophe« nach seinem Abgang vom Lycée Condorcet veröffentlichte. Er ist aufgeschlossen und voller Verve, und sein anziehender und präziser Unterricht kommt bei Marcel an, der sich in seinen Beobachtungen bereits stark zur Botanik und zu den Naturwissenschaften hingezogen fühlt.

In der Tertia (1884-1885). **Physik:** *M. Merlier.* **Deutsch:** *M. Sigwalt.* **Mathematik:** *M. Sestre.* **Geschichte:** *M. Régis Jallifer* (mit 38 Jahren der jüngste Lehrer im Condorcet-Gymnasium). Wie ihr Briefwechsel es bezeugt, bewahren Proust und er freundschaftliche Beziehungen. **Literatur und alte Sprachen:** *M. Guillemot* (54 Jahre, Absolvent der École normale supérieure [Schule für die höhere Laufbahn im Unterrichtswesen]). Er unterrichtet seit 1861 in Paris und hat die Agrégation in Grammatik, Literatur und alten Sprachen abgelegt. Obwohl er ein brillanter Grammatiker ist, sind seine Unterrichtsstunden etwas trokken und kühl, und es gelingt ihm nicht, seine Klasse mitzureißen.

In der Sekunda (1885): **Deutsch:** *M. Sigwalt.* **Geschichte und Geographie:** *M. Vast.* **Mathematik:** *M. Henet.* **Physik:** *M. Merlin.* **Literatur und alte Sprachen:** *M. Claude Corbaud* (53 Jahre, aus dem Jura gebürtig, Absolvent der École normale supérieure, erster Platz bei der Agrégation in Grammatik, außerdem Agrégation in Literatur und alten Sprachen). Ihm wurde 1886, zu der Zeit, als Proust seinen Unterricht besuchte, die Ehrenlegion verliehen. Allen Lehrplänen zum Trotz und gegen den Widerstand der Schulinspektoren läßt er als Klassenarbeiten »Stilübungen« schreiben, die es dem Schüler erlauben, in einem Aufsatz ohne Formzwang und bestimmte Gliederung seine literarische Persönlichkeit frei zu entfalten. Seinem gediegenen Unterricht fehlt es indessen an Lebhaftigkeit und Glanz. Dennoch erinnert sich Marcel an ihn, als er in der *Recherche* dem Hauslehrer von Palamède, dem künftigen Baron de Charlus, und von dessen Bruder Basin in Guermantes einen Namen gibt. Es ist »der alte Papa Courveau« (*Sodom und Gomorra*). Glanzlos, mit pedantischem Tonfall und ohne großen Ehrgeiz, steht Courbaud in manchen seiner Züge auch Modell für Monsieur Brichot, dessen Name von Brichet abgeleitet ist, dem Mathematiklehrer (als Proust seine Sekunda wiederholt).

Proust wiederholt die Sekunda (1886): **Physik:** *Monsieur Seignette*, der vielleicht den Namen des Archivars Saniette stellt, des Stammgastes im Salon der Verdurin. **Geschichte:** *M. Alexandre Gazeau*, Absolvent der École normale supérieure, Erster bei der Agrégation 1874, im Gymnasium seit 1880; 1885, mit 36 Jahren, Ritter der Ehrenlegion. Gazeau ist ein brillanter und tätiger Lehrer; er wird 1893 Oberstudiendirektor und leitet das Gymnasium von 1907 bis 1915. Er bringt der Geographie wenig Begeisterung entgegen, fesselt seine Schüler aber mit seinen spannenden Geschichtsstunden. Er ist bei seinen Schülern beliebt und schätzt Marcel ganz besonders, den er 1887 zum Concours général anmeldet.

In Rhetorik B [Unterprima] (1887-1888): **Latein:** *Victor Cucheval.* 1830 in Rennes geboren und ab 1860 im Gymnasium, seit 1878 hält er zudem Lateinvorlesungen an der Sorbonne. 1888, in dem Jahr, in dem Proust in seiner Klasse ist, wird er mit dem Kreuz der Ehrenlegion ausgezeichnet. Sein Name eignet sich offenbar zu Kalauern genau wie der von Cambremer in der *Recherche* [le cul: der Arsch; le cheval: das Pferd]. In einem mit »Horatio« gezeichneten Artikel läßt sein ehemaliger Schüler dies durchblicken: »[...] währenddem hörte man, wie der Türsteher jeden Besuch ansagte.

›Ihr Name, mein Herr?‹

›Herr Pferdearsch.‹

›Aber nein, mein Herr, ich frage nach Ihrem Namen.‹

›Unverschämter! Herr Pferdearsch.‹

Und der Türsteher, der sich an den Hausherrn wendet [...]« (»Le salon de la princesse Edmond de Polignac«, *Le Figaro* vom 6. September 1903.)

Als Cartesianer mit sehr striktem Unterrichtsstil bleibt bei ihm kein Platz für die Phantasie. Für Proust ist er »ungehobelt, von wortreicher Vehemenz. Ein schreckenerregender Schulmeister, grob und barsch, ich versichere Dir aber, daß er im ganzen sehr angenehm ist. Diesem Brunetière, drastisch, so ›geradezu‹, fehlt nicht die Würze. [...] Selbst wenn Du zwei sehr gegensätzlichen Einflüssen ausgesetzt bist, wäre es nicht Dein Schaden« (Brief an Robert Dreyfus vom August 1888, in: R. Dreyfus, a.a.O., S. 27-28 [dt. in: *BZL*, S. 12 f.]).

Französisch und Griechisch: *Maxime Gaucher*, geboren 1829, Absolvent der École normale supérieure. Er beginnt seinen Unterricht am Gymnasium 1860, in demselben Jahre wie Cucheval. Seine feinsinnigen, ironischen und eleganten Kritiken werden von *La Revue littéraire* und *La Revue bleue* geschätzt. Wie Robert Dreyfus und André Maurois berichten, ließ Gaucher bei einer Schulinspektion Proust in Gegenwart von Eugène Manuel einen Aufsatz vorlesen. Dieser kümmerliche Poet wollte jedoch empört wissen: »Haben Sie nicht vielleicht unter den Letzten Ihrer Klasse einen Schüler, der ein reineres, korrekteres Französisch schreibt?« – »Herr Generalinspektor«, antwortete Gaucher,

»keiner meiner Schüler schreibt trockenes Lehrbuchfranzösisch« [manuel = Lehrbuch] (André Maurois, *À la recherche de Marcel Proust*, Hachette, 1970, S. 27; dt. vgl. André Maurois, *Auf den Spuren von Marcel Proust*, a.a.O., S. 36).

Leider zweifelt André Ferré, der in seiner Studie »Années de collège de Marcel Proust« (Schulzeit von Marcel Proust) die Daten miteinander vergleicht, an der Echtheit dieser Anekdote. Als nonkonformistischer, feiner und geistvoller Kopf hat Gaucher einen starken Einfluß auf Proust, dessen vielversprechende und zu entwickelnde literarische Fähigkeiten er aufzudecken weiß. Er schätzt ihn und läßt ihn seine herausragenden Arbeiten laut vorlesen, um dadurch das Talent seiner Kameraden anzuregen. Die erhaltenen Unterrichtsnotizen Prousts zeugen von einem brillanten, gediegenen und bestens strukturierten Unterricht. Gaucher erweckt die in seinen Schülern schlummernden Fähigkeiten. Er läßt sie zu diesem Zweck eine große Zahl von Aufsätzen schreiben. Proust hält ihn für den »weitaus beste(n) Rhetoriklehrer« (R. Dreyfus, a.a.O., S. 27 [dt. in: *BZL*, S. 12]). Im dritten Quartal erkrankt Gaucher schwer und wird von *M. Dupré* vertreten: »Er ist eine sehr liebevolle und zartfühlende Menschenseele, deren Charme unter der Hülle eines alten Knasterbarts ich schätzengelernt habe. Er ist aber langweilig. Zwar kennt er Dierx und Leconte de Lisle (die Werke). Was wird es Dir aber nützen, daß ein Mann Dir von modernen Autoren spricht, der sie nur unter vielen Vorbehalten schätzt« (R. Dreyfus, a.a.O., S. 28 [dt. in: *BZL*, S. 13]). Gaucher stirbt an seiner Krankheit am 24. Juli 1888. Zu Beginn des neuen Schuljahres wird er durch einen jüngeren Lehrer, *M. Dauphiné*, ersetzt. Dieser verwundert durch seine »sonderbare Aussprache, bei der die ›r‹ stumpf und weich wurden wie im Kreolischen. Er sagte ›Monsieur Duouand‹ [statt Durand], ›Monsieur Gouegh‹ [statt Gregh]. Und vor allem sagte er ›Monsieur Halévy, Monsieur Bizet, vous passeouez à la pôte‹ [Sie gehen zua Tüa]« (F. Gregh, *L'Age d'or*, Grasset, 1947, S. 136). Proust kennt ihn gut, denn sein Freund Dreyfus bittet ihn um Auskünfte über ihn. Hat Dauphiné Dupré bei der Vertretung der Unterrichtsstunden von Gaucher gegen Ende des Schuljahres 1887 geholfen? Hat Proust Privatstunden bei ihm genommen? In jenem Brief von Ende August beurteilt er ihn scharfsinnig und mit großer Einfühlung: »[...] der bewußte Herr ist klein, mager, hager und förmlich. Außerordentlich intelligent und gelehrt. Ein Geist von einer geradezu wunderbaren Beweglichkeit und Schärfe. Fast spitzfindig durch seinen Scharfsinn. Unterricht wirklich tadellos, sehr gedankenreich, sehr lebendig. Strenger, tugendhafter Geist. Äußerst intelligent und vor allem eher intellektuell als künstlerisch. [...] Kurz gesagt: Bei Dauphiné erwartet Dich eine Vorlesung, bei Cucheval eine Unterrichtsstunde, bei

Dupré oft eine Unterhaltung. Die Vorlesung ist aber recht beachtlich, der Unterricht sehr gut und die Unterhaltung langweilig.« [Dt. in: *BZL*, S. 13.]

Geschichte: *M. Choublier.* Erster bei der Agrégation 1860. Er hinkt sehr. Es fehlt ihm an Witz und Dynamik. **Deutsch:** *M. Catala.*

In der Philosophieklasse [Oberprima] (1888-1889): **Philosophielehrer:** *Alphonse Darlu*, geboren am 20. März 1849 in Libourne. Er behält den dortigen Akzent sein Leben lang bei. Abitur in Philologie und Naturwissenschaften mit 16 Jahren, Lehrer und Aufseher der Sexta im Gymnasium von Bergerac, Lizentiat 1868, Erster bei der Agrégation in Philosophie, ohne daß er jemals einen Kurs besucht hätte. Nach Anstellungen in Périgueux, Angoulême und Bordeaux wird er nach Paris berufen und unterrichtet seit Januar 1885 am Lycée Condorcet. Er gibt gleichzeitig Kurse an den Écoles normales supérieures in Fontenay-aux-Roses und in Sèvres. Er wird 1891 zum Ritter der Ehrenlegion ernannt, dann zum Generalinspektor für Volksbildung im Jahre 1900; 1919 tritt er in den Ruhestand. Am 5. Mai 1921 stirbt er. 1893 war er Mitbegründer der *Revue de métaphysique et de morale.* Seine Philosophie läßt sich als ein spiritualistischer Rationalismus umreißen, der in seinem Wesen jedoch laizistisch bleibt. Seine Auffassung begegnet sich mit derjenigen Prousts in der *Recherche* und beeinflußt sie. Der Erzähler erkennt, daß »einzig eine grobe und irrige Art der Wahrnehmung alles in das Objekt verlegt, während es doch im Geiste ist« (*Die wiedergefundene Zeit*).

Oberstudiendirektor Girard zufolge übt Darlu »einen regelrechten Zauber« aus, und er hat einen greifbaren und fruchtbaren Einfluß auf Marcel, der ihm gleich am Abend seiner ersten Unterrichtsstunde einen langen Brief voller Erwartungen in bezug auf seinen künftigen Unterricht schreibt, unterzeichnet mit »Ihr Schüler und aufrichtiger Bewunderer« (H. Bonnet, *Alphonse Darlu: maître de philosophie de Marcel Proust*, Nizet, 1961, S. 63). 1896, in seiner Widmung der *Freuden und Tage*, schreibt Proust: »Monsieur Darlu, der große Philosoph, dessen inspiriertes Wort, sicherer zu dauern als Geschriebenes, in mir wie in so vielen anderen das Denken befruchtet hat.« 1908, in einem Brief an Mme Straus, sieht er in ihm sogar einen Anwärter auf die Académie française. Fernand Gregh, der gleichfalls sein Schüler war, hat noch »das Bild Darlus vor Augen, wie er vor sich auf den Katheder seinen Zylinder stellte, den er immer als Beispiel nahm, wenn er für seine Beweisführung eines Objektes bedurfte, und aus dem er wie ein Zauberkünstler die ganze Philosophie heraus entwickelte« (F. Gregh, a.a.O., S. 142 f.). Robert Proust, der ihn im darauffolgenden Jahr als Lehrer hat, spricht von seiner lebendigen und bildhaften Sprache: »Darlu (legte) eine persönliche und intuitive Art, eine fast poetische Erklärungsweise an den Tag, die Marcel unendlich gut gefiel« (R. Proust, »Marcel Proust intime«, in: *Hommage à Marcel Proust, N. R. F.*, Januar 1925). Marcel nimmt bei ihm Privatstunden. Sie gefallen ihm so sehr, daß er sie noch verlängert, indem er Darlu bis zu seiner Wohnung in der Rue de la Terrasse begleitet. Da er ihn sogar noch auf der Türschwelle aufhält, kommt Darlu nur mit Verspätung zum Essen, zur großen Belustigung der Familie des Meisters. Darlu bewahrt seine aufrichtige Wertschätzung für Proust, dessen literarische Laufbahn er mit Interesse verfolgt. So enthält z. B. eine Rede zur Preisverleihung des Jahres 1907 im Lycée Condorcet die lobende Erwähnung seiner im Vorjahr erschienenen Übersetzung von *Sesam und die Lilien*. Trotzdem schrieb Proust 1909: »Niemand anderes als Darlu hat je einen Einfluß auf mich gehabt, und es ist mir klargeworden, daß dies kein guter Einfluß war.«

Naturwissenschaften: *M. Seignette*. **Geschichte und Geographie:** *M. Chamblis*. **Mathematik:** *M. Ducatel*. **Physik und Chemie:** *M. Aubert*. **Französisch:** *M. Cucheval*.

• **An der École libre des sciences politiques** hört Proust mit großem Interesse die Vorlesungen von *Albert Sorel*, *Anatole Leroy-Beaulieu* und von *Paul Desjardins*. Die des allzu spirituellen *Albert Vandal* schätzt er weniger. Ein von Robert de Billy wiedergegebener Vierzeiler bezeugt dies:

Der vorzügliche Vandal versprüht seinen Geist,
Doch wem ist das egal? Gabriel Robert, Jean und sogar Marcel,
Der doch sonst so beflissen ist.

(R. de Billy, *Marcel Proust*, Éd. des Portiques, 1930, S. 24.)

Vandal hat im übrigen ein Nervenzucken und blinzelt wie Dr. Cottard ständig mit den Augen. Während der Dreyfus-Affäre schließt er sich der von Charles Maurras gegründeten »Ligue de la Patrie française« [Liga für das französische Vaterland] an.

• **An der juristischen Fakultät:** Proust ist wenig begeistert und verläßt sich auf die Privatstunden von *M. Monnot*.

• **An der Sorbonne:** Er hört 1894-1895 mit Interesse die Philosophievorlesungen von *M. Egger*. Er nimmt wieder Privatstunden bei *Alphonse Darlu* und nimmt auch an dem Heimunterricht eines Rhetoriklehrers vom Lycée Condorcet, *M. Mossot*, teil. Manchmal besucht er auch gern die philosophischen Vorträge von *Charles Secrétan*, was jedenfalls für den 6. Januar 1893 gesichert ist. Dagegen war er nie Schüler von Bergson, der bis 1897 in der Oberschule unterrichtete und erst ab 1900 am Collège de France lehrte (wo Proust der Antrittsvorlesung vom 7. Dezember beiwohnte).

Auf dem Fragebogen, der wahrscheinlich 1892 ausgefüllt wurde, antwortet er auf die Frage »Wer sind Ihre Helden im wirklichen Leben?«: »Monsieur Darlu, Monsieur Boutroux.« Es handelt sich noch immer nicht um Bergson, dessen 1889 erschienener *Essai sur les données immédiates de la conscience* (*Zeit und Freiheit*) noch keinen Widerhall bei ihm gefunden hat.

ZEUGNISSE UND BEURTEILUNGEN IN DEN EINZELNEN ZEITABSCHNITTEN

Schulzeit

• **In der Quinta:** Proust ist 1882 ein intelligenter Schüler, der schnell und gut arbeitet. Seine Familie und seine Privatstunden helfen ihm dabei nicht wenig. Er interessiert sich vor allem für die geisteswissenschaftlichen Fächer und liest außergewöhnlich viel. Dem einzigen noch existierenden Preisträgerverzeichnis dieser Klasse zufolge hat er am 3. August 1883 in **Französisch** das *5.* (das heißt das letzte, das niedrigste) *Accessit* [vgl. S. 28] *in französischer Sprache* erhalten. **Griechisch:** *4. Accessit in Übersetzung ins Griechische.* **Naturwissenschaften:** ein *2. Preis.* Der beste Schüler der Klasse ist Pierre Leroy-Beaulieu.

• **In der Quarta, Sektion A:** Auf der Preisträgerliste vom 1. August 1884 hat er in **Naturwissenschaften** das *3. Accessit.* Es ist dies seine einzige Auszeichnung. Er hat den Unterricht nur in den ersten beiden Trimestern besucht, während deren er die besten Beurteilungen dieser Klasse von 25 Schülern erhält. Im ersten Trimester gibt M. Colomb, sein Lehrer, die folgenden Noten: »Betragen: sehr gut; Fleiß: sehr gut; Fortschritte: gut«, im zweiten: »Betragen: sehr gut; Fleiß: gut; Fortschritte: genügend«. **Geschichte:** M. Gazeau benotet »gut« in diesen drei Sparten und für alle drei Trimester. **Französisch:** Die geistige Beweglichkeit Prousts läßt sich zu dieser Zeit an den nachgelassenen Notizen und Aufzeichnungen ablesen, die sehr klar und fast ohne Durchstreichungen sind. In seinen Arbeiten, die in einem Fluß geschrieben sind, gibt er sich rückhaltlos der Sache hin. Aber er macht nur das, was ihm gefällt. Seine erste Französischarbeit, die eilig auf sieben Seiten hingeworfen ist, beginnt poetisch mit dem Satz: »Die Luft ist voll der Düfte des frischen Flieders...« Die Neigung zu Zitaten, zu literarischen Kommentaren, Abschweifungen und typischen Wendungen, die seinen Stil später auszeichnet, ist hier bereits spürbar. Eine andere Arbeit, die in demselben Schuljahr abgegeben wurde, trägt den Titel »Der Prozeß des Pison vor dem römischen Senat« und ist eine perfekte Übertragung des Stils von Tacitus. Sein Lehrer, M. Legouëz, benotet im 1. Trimester: »sehr gut, guter Schüler, viel guter Wille« (ein Ausdruck, den er auf fleißige, aber wenig begabte Schüler anwendet). Im 2. Trimester: »gut«, und im dritten: »genügend, Fleiß ungenügend«. Trotzdem folgt Proust aufmerksam und mit Interesse seinem Unterricht. Sein Betragen verdient im übrigen die Note »sehr gut« in den ersten beiden Trimestern und »gut« im dritten. **Latein:** »gut« und »genügend« für alle drei Trimester. **Griechisch:** »gut« und »genügend« für die ersten beiden Trimester und »ausreichend« für das dritte. **Deutsch:** M. Schmitt gibt immer die Note »gut« in Betragen, aber »ausreichend« in Fleiß und Fortschritt im 1. Trimester, »mittelmäßig« im zweiten und dritten. **Geographie:** M. Launay benotet sein Betragen im 2. Trimester mit »mittelmäßig« und im 3. mit »ausreichend«. Fleiß und Fortschritte sinken von »gut« auf »ausreichend« ab. **Mathematik:** Marcel mag dieses Fach nicht. »Als er auf dem Gymnasium war, machte mein Vater die Mathematikaufgaben für Marcel. Da er jedoch ein geborener Pädagoge war, wollte er ihm zwar helfen, aber zugleich legte er Wert darauf, daß er etwas verstand; aber Marcel sagte zu ihm: ›Hör auf, hör auf, mir wird ganz wirr im Kopf‹« (Claude Francis, *Marcel Proust et les siens*, Plon, 1981, S. 146). In Betragen hat er das ganze Jahr über »genügend«; Fleiß »genügend« im 1. Trimester, »ausreichend« im zweiten und dritten; Fortschritte »ausreichend« in den drei Trimestern.

Am 8. August erhält Marcel sein *certificat d'aptitude de grammaire* [vgl. S. 29] in den im Programm der Quarta unterrichteten Fächern wie Französisch, Latein, Deutsch, römische Geschichte, Geographie Frankreichs, Arithmetik (die einfachsten Lehrsätze), ebene Geometrie (die Grundelemente), Geologie, Botanik.

• **In der Tertia:** 1884 fehlt Marcel oft. Im 3. Trimester hat er keine einzige Note. Sein Name steht nicht auf der Liste der Auszeichnungen, auf der sich immer noch Pierre Leroy-Beaulieu und Benjamin Küss hervortun. Trotz seiner Krankheit sind die Bewertungen für die beiden anderen Trimester jedoch gut. In **Mathematik** (M. Sestre) und in **Deutsch** (M. Sigwalt) hat er überall »gut«, in **Geschichte** »sehr gut«; in **Literatur und alten Sprachen** (M. Guillemot) lautet die Gesamtbeurteilung für das 1. Trimester: »Guter Schüler mit viel gutem Willen; aufgeweckt, aber wenig mit der griechischen Sprache vertraut«; für das 2. Trimester: »Guter Schüler«. Aus diesem Jahr sind noch mehrere Schularbeiten erhalten, darunter ein »französischer Aufsatz« mit dem Titel »Le gladiateur mourant« (Der sterbende Gladiator). Das an vielen Stellen durchgestrichene Schmierblatt trägt das Datum »1er X^{bre} 84« [1. Oktober 84]. Der zweite »französische Aufsatz« hat die Plünderung Korinths durch die römischen Soldaten zum Gegenstand und kündigt bereits durch seinen bündigen und genauen Stil den angehenden, damals dreizehnjährigen Autor an.

• **In der Sekunda:** 1885 wirkt sich sein Fehlen immer hinderlicher auf sein Fortkommen in der Schule aus. Er steht nicht auf der Preisträgerliste, alle Preise fallen an Gaston Haas, der vielleicht ein Verwandter von Charles Haas ist (dem Vorbild für Swann). Es ist allerdings aus dieser Zeit – datiert vom März 1886 – eine schöne Nacherzählung über Christoph Kolumbus mit dem Titel »L'Éclipse« (Die Eklipse) erhalten geblieben.

• **In der Sekunda:** 1886 muß Marcel ein Schuljahr wiederholen. Er ist damals 15 Jahre alt. Zwei Arbeiten machen deutlich, daß er die verlorene Zeit aufholt. Die erste ist eine Übersetzung aus Cicero über die Entdeckung des Grabmals des Archimedes, deren genauer und konziser Stil einen merklichen Fortschritt erkennen läßt. Die zweite Arbeit, die genausowenig benotet ist wie die erste, ist eine »Stilübung«. Obwohl diese Art von Aufgabe auf zwanzig Zeilen beschränkt ist, schreibt Marcel vier Seiten über »Les nuages« (Die Wolken). **Mathematik:** M. Brichet merkt für das erste Trimester an: »Könnte bessere Leistungen erbringen«; für das zweite: »arbeitet nicht«; am Ende des Schuljahres: »schwach«. **Geschichte:** M. Gazeau gibt das ganze Jahr über »sehr gut« in Betragen und »gut« in Fleiß und Fortschritten.

Am 13. Juli darf er als einer der 12 Condorcet-Schüler am Concours général an der Sorbonne teilnehmen; Proust ist der achte auf der Liste. 120 oder 130 Schüler treten zu dem Wettbewerb an. THEMEN: 1.) Philipp II. und der Niedergang Spaniens; 2.) Das russische Asien, mit Karte. Joseph Hermann vom Lycée Louis-le-Grand erhält den 1. Preis. Die Schüler des Condorcet erhalten: den 2. Preis (Louis Boulle); das 4. Accessit (Dufourcq) und das 6. Accessit (Manheimer). Proust wird zum »Ersatzmann« ernannt, für den Fall, daß bei den Klausuren im französischen Aufsatz am 18. Juli und in der Übersetzung aus dem Griechischen am 22. jemand ausfällt. Er braucht am 18. nicht einzuspringen, vertritt aber am 22. einen Kameraden namens Lazard. Sein Name wird auf dem Preisträgerverzeichnis dieses Concours nicht erwähnt.

Bei der Schulpreisverleihung zum Jahresabschluß, die in diesem Jahr am 2. August stattfindet, erhält Proust in **Geschichte** den 2. Preis, und in **Geographie** zum ersten Mal das 2. *Accessit mit Auszeichnung*. In **Latein** das *1. Accessit*; in **Französisch** das *4. Accessit im französischen Aufsatz*.

• **In der Rhetorikklasse B** [Unterprima] 1887-1888: **Latein:** M. Cucheval beurteilt ihn im 2. Trimester als »unbeständig und versponnen«, und im 3. merkt er an: »Aufgaben oft nicht abgegeben, fehlender Wille«. Sein Nonkonformismus, sein bereits sehr persönlicher und von seinen Kameraden nachgeahmter Stil entsprechen nicht immer dem Geschmack des strikten Cucheval: »Die Folge davon war, daß nach zwei Monaten ein Dutzend Dummköpfe in dekadentem Stil schrieb, daß Cucheval mich als Verderber betrachtet hat, daß ich Zwietracht in der Klasse gesät habe, daß ich durch mein Verhalten in den Augen von einigen als Zierliese galt. Zum Glück war das alles nach zwei Monaten vorüber, aber noch vor einem Monat sagte Cucheval: ›Er wird bestehen, weil er nur ein Schalk war, aber seinetwegen werden fünfzehn durchfallen‹« (Brief von Marcel Proust an Robert Dreyfus, August 1888, a.a.O., S. 30 [dt. in: *BZL*, S. 14]). **Französisch und Griechisch:** Sein Lehrer (M. Gaucher) läßt ihn seine Aufgaben laut vorlesen. Proust weiß auch den wohlstrukturierten Unterricht seines Lehrers zu schätzen, wie es aus dem Schmierblatt eines Aufsatzes mit dem Titel »Les comiques de second ordre au XVIIIème siècle« (Die zweitrangigen Komiker im 18. Jahrhundert) hervorgeht. Beurteilungen im 1. Trimester: »sehr guter Schüler«, mit »gut« überall in Französisch und Griechisch; im 2.: »etwas zu lebhafte Einbildungskraft«, das »gut« bleibt aber, außer für die Fortschritte im Griechischen, die als »genügend« beurteilt werden. Der kranke Gaucher wird im 3. Trimester durch M. Dupré vertreten, der den Fleiß und die Fortschritte im Französischen mit »genügend« bewertet. Er schreibt außerdem: »unbeständig, aber nicht ohne Talent«. Die anderen Fächer dagegen werden zugunsten der philologischen Fächer ein wenig vernachlässigt. **Geschichte:** M. Choublier gibt im 1. Trimester für Fleiß und Fortschritte die Note »genügend« und »ausreichend« im 2. Trimester, das Betragen wird allerdings mit »gut« bewertet. **Mathematik:** M. Brichet gibt die Note »ausreichend« für das Betragen im 1. Trimester und »gut« für die beiden anderen. Mit »schlecht« bewertet er den Fleiß und die Fortschritte, und die Gesamtbewertungen vom 1. bis zum 3. Trimester lauten: »sehr schwacher Schüler«, »ungenügend«, »sehr schwach«.

Er tut sich genausowenig in Deutsch hervor, wie übrigens auch in den anderen Jahren. Prousts Name steht infolgedessen am Jahresende nicht auf der Ehrenliste. Dank M. Gaucher erhält er jedoch den *1. Preis der Neuen im französischen Aufsatz* [»neu« bezieht sich hier auf die in diesem Schuljahr neue Aufsatzform der »composition«, eine Art Abhandlung]. Er erhält zugleich das *8. Accessit der Neuen in lateinischer Sprache* und das *7. in Griechisch*. In diesem Jahr besteht er mühelos, obwohl ohne Auszeichnung, den ersten Teil des Abiturs.

• **In der Philosophieklasse** [Abschlußklasse, Oberprima]: 1888 ist er in einer kleinen Klasse mit 20 Schülern. Es ist von ihm ein vielfach durchgestrichener sechsseitiger Aufsatz mit dem Titel »La Spiritualité de l'âme« (Die Spiritualität der Seele) erhalten, in dem der Einfluß seines Lehrers Darlu zu spüren ist, der vor allen Dingen ein Moralphilosoph ist. Darlu ist kein einfacher Lehrer. Er kommentiert oft die Arbeiten seiner Schüler mit Ausdrücken wie »Ausgeburt eines kranken Gehirns« oder »Sganarelle-Philosophie« (F. Gregh, a.a.O., S. 142). Er erkennt jedoch die Fähigkeiten Prousts. Im 1. Trimester gibt er die Note »gut« für Betragen, Fleiß und Fortschritte. Im 2. Trimester dann lautet die Gesamtbewertung: »Große Leichtigkeit und viel Stilgefühl. Kann nicht sehr viel arbeiten«. Das Betragen verdient die Note »sehr gut«, Fleiß und Fortschritte »gut«. Im 3. Trimester erhält er die Bewertung »Gute Arbeit. Gesicherter Erfolg« und als Noten überall »gut«. In **Naturwissenschaften** benotet M. Seignette in den drei Trimestern alles mit »sehr gut«. M. Chamblis in **Geschichte und Geographie** erkennt ihm in Betragen »sehr gut« und in Fleiß und Fortschritte »gut« zu. Aber die **Mathematik** ist nicht immer seine Stärke. Im 1. Trimester hat er zwar »gut« in Betragen, aber nur »genügend« in Fleiß und Fortschritten. Im 2. Trimester ist sein Betragen nur »genügend«, während Fleiß und Fortschritte auf »ausreichend« abfallen, genau wie im 3. Trimester, wo nur das Betragen wieder »gut« verdient. M. Aubert in **Physik und Chemie** hat noch mehr Schwierigkeiten mit diesem Schüler. Im ersten Trimester ist das Betragen »gut«, der Fleiß und die Fortschritte jedoch sind »schlecht« und bleiben es auch im 2. Trimester, bei Betragen »genügend«. Proust strengt sich danach im 3. Trimester an und erhält in Betragen »gut« und sonst überall »genügend«. In den Schularchiven fehlen für dieses Jahr die Noten von M. Cucheval in **Französisch.** *Preisträgerliste* (30. Juli 1889): **Literatur und alte Sprachen:** *1. Ehrenpreis im französischen Aufsatz, 3. Accessit mit Auszeichnung.* Er legt erfolgreich den zweiten Teil der Abiturprüfungen ab und erhält am 15. Juli den Titel des *bachelier ès lettres* (Absolvent des sprachlichen Abiturs) und am 26. Oktober das Diplom.

Studium

• **École libre des sciences politiques** (1890-1892): Am 22. Juni 1892 legt er eine mündliche Prüfung über die Vorlesung von Albert Sorel ab: »Geschichte der Diplomatie von 1818 bis 1878«. Er erhält 4 3/4 von 6 möglichen Punkten und die Bewertung »sehr intelligent«. Am 23. mündliche Prüfung über die Vorlesung von Albert Vandal: »Die Orient-Frage«. Er erhält 5 von 6 Punkten und die Bewertung: »Im allgemeinen gute Antworten«. Am 25. mündliche Prüfung über die Vorlesung von Anatole Leroy-Beaulieu: »Überblick über das zeitgenössische Europa«: 4 1/4 von 6 Punkten.

• **Faculté de droit** (1890-1893): Am 4. und 5. August 1892 legt Proust Prüfungen ab, nach denen er zum Abschlußexamen zugelassen wird. Bei diesem fällt er jedoch durch. Am 1. März 1893 erhält er seinen Bacheliergrad [vgl. engl.: Bachelor] in Jura. Am 29. und 31. Juli besteht er erneut glänzend seine Prüfungen und erhält am 10. Oktober sein Diplom als Lizentiat in Jura.

Zu dieser Zeit wird er mehr von seinen Artikeln für *Le Banquet* in Anspruch genommen, und er erinnert sich wehmütig an seine Schulzeit im Lycée Condorcet. Er schreibt damals an seinen Vater: »Ich hoffte immer, ich dürfte schließlich doch die literarischen und philosophischen Studien, für die ich mich geschaffen glaube, mit Deiner Zustimmung fortsetzen« (Marcel Proust, *Correspondance avec sa mère*, a.a.O., S. 53 [dt. in: *BZW*, S. 7]).

Sorbonne (1894): Obwohl die Sorge um seine Karriere seine Eltern verstärkt beschäftigt, immatrikuliert Proust sich 1894 in Philosophie an der Sorbonne. Nachdem er den Plan aufgegeben hat, schon im Oktober die Prüfungen zur Erlangung des Lizentiatengrades in Philosophie abzulegen, besucht er die Vorlesungen von Egger. In dem Heft, in dem dieser die Noten und Beurteilungen seiner Schüler verzeichnet, steht für den Dezember 1894 in bezug auf eine Arbeit, die Proust wahrscheinlich zu spät abgegeben hatte (»erst 17.12. abg«) und die die Philosophie des Sokrates behandelte: »Schwer lesbar, zu englische Schreibweise, hauptsächlich mangels Unterteilung. Ein einziger Block, kaum ein Spalt, um zwei unterschiedene Teile auszumachen.« Er fügt allerdings hinzu: »Im übr int« (sicher: intelligent), »hat sich Boutr (Boutroux') bedient, aber auch anderer, und hat alles verstanden.« Diese Arbeit wird mit 11 von 20 Punkten benotet, ein achtbares Ergebnis. In dem Heft ist auch die Lizentiatenprüfung der ersten Examenssession im »März 1895« aufgeführt. Im Schriftlichen sind zwei Themen zu behandeln; das erste wurde von Janet gestellt: »Einheit und Identität des Ich«, das zweite von Boutroux: »Ansichten Descartes' über einige alte Autoren«. Für die beiden Prüfungen finden sich zusammen vier Noten in dem Heft, die vielleicht auf eine doppelte Korrektur schließen lassen: »6, 12 und 10, 14«. Proust wird zum Mündlichen zugelassen, bei dem er mit 15 und mit 10 von 20 abschneidet. Nach der Zusatzprüfung in Deutsch erhält er Ende März mit 118 Punkten als Dreiundzwanzigster seinen *Lizentiatengrad in Philosophie*. Er kann mit Reynaldo Hahn in die Bretagne fahren.

Zwischenfälle

Sein Gesundheitszustand erschwert sein Fortkommen in der Schule. Wie der Held von *Jean Santeuil* leidet Proust unter Schlaflosigkeit und Fieber. Er ist sehr verfroren und steckt sich die Taschen mit heißen Kartoffeln oder Kastanien voll, um sich die Hände zu wärmen.

Er fehlt oft. *In der Quarta* vermerkt M. Legouëz (der Französischlehrer) für das 2. Trimester: »Fehlt seit drei Wochen«, für das 3.: »Fehlt seit Mai«. Der Mathematiklehrer weist ebenfalls darauf hin: »Fehlt seit langem«. *In der Tertia* notiert M. Guillemot (der Philologielehrer) für das 3. Trimester: »Die Krankheit hat der Leistung geschadet; mit der

Gesundung wird sich auch der Erfolg wieder einstellen.« Sein Zustand verschlimmert sich, und er scheint im 3. Trimester nicht wieder in der Schule gewesen zu sein (keine Noten der Lehrer). *In der Sekunda* fehlt er noch häufiger. Er muß Privatstunden nehmen. Im 1. Trimester geht er fast überhaupt nicht ins Lycée Condorcet. M. Courbaud (Lehrer für Literatur und alte Sprachen) bezeugt Prousts ungenügenden Unterrichtsbesuch, indem er ihm in allen Fächern nur Nullen gibt. M. Vast (in Geschichte und Geographie) schreibt überhaupt nichts in die Notenspalten, aber genau wie M. Henet und M. Sigwalt merkt er an: »fehlt immer«. Im 2. Trimester desgleichen. Am Ende des Schuljahres steht sein Name nicht einmal mehr auf den Listen der Lehrer. Proust muß folglich das Jahr wiederholen.

In der Rhetorikklasse: Cucheval notiert für das 1. Trimester: »oft krank«.

Nicht nur wegen seiner Krankheit, die sein Zurückbleiben erklärt, sondern auch aufgrund einer bereits stark ausgeprägten Persönlichkeit und Geisteshaltung geht Proust nicht in dem schulischen Einerlei auf. Auf dem Heimweg von der Schule pflegt er unterwegs zu bummeln, sich den Bauch mit Kuchen vollzuschlagen und stundenlang mit der Concierge zu plaudern.

In der Philosophieklasse notiert M. Aubert (Physik- und Chemielehrer): »Tut überhaupt nichts«; Darlu dagegen, der von der schlimmen Behinderung Prousts, dem Asthma, weiß, merkt an: »Arbeitet so gut, wie sein Gesundheitszustand es ihm erlaubt.«

An der *École libre des sciences politiques* tut sich Proust nicht durch besonderen Eifer hervor. Dem Vierzeiler über Vandal zufolge, den er zu dieser Zeit verfaßt, ist es ihm »egal«. Die mondäne Geselligkeit interessiert ihn mehr. Durch Unbedachtsamkeit verliert er am 26. Januar 1893 das Verzeichnis mit den vier Juraprüfungen, die er ablegen soll. Neben mannigfachen mondänen Auskünften fragt er beiläufig in einem Brief an seinen Kameraden Robert de Billy danach.

DIE SCHULKAMERADEN

Im Cours Pape-Carpentier: *Jacques Bizet, Daniel Halévy* (Sohn von Ludovic), *Robert Dreyfus, Henri de Rothschild.*

Lycée: Dieselben. Da der Unterricht um drei Uhr zu Ende ist, spielen sie am Nachmittag in den Parks der Champs-Élysées. Diese Freunde aus dem gehobenen jüdischen Bürgertum, in dem die Familie von Prousts Mutter verkehrt, erleichtern ihm später die Eroberung der Pariser Salons. Von diesem kleinen Kreis treten im späteren Leben besonders hervor: ein Philosoph: *Léon Brunschwicg*, der Robert Proust Nachhilfestunden gibt; ein Abgeordneter: *Paul Bénazet*; ein Botschafter: *Maurice Herbette*; Literaten: *Louis de la Salle, Jean de Tinan* und *Paul Leclercq*.

Proust ist ein treuer Freund. **In der Sexta** schon ist *Daniel Halévy* sein Mitschüler. **In der Quinta:** *Maurice Brunschwicg* (der Bruder von Léon), *Horace Finaly* (Sohn von Hugo Finaly, bei dem Proust in Ostende wohnt), *Charles Gans* (der Sohn des Bankiers) und *Élie Halévy*. **In den oberen Klassen**; 1883: *Édouard de Rothschild, Léon Brunschwicg, Gaston Arman*. Dieser kleine Clan bleibt auch weiter mit ihm verbunden. Es kommen dann noch die Brüder *Jacques* und *Paul Baignères* hinzu, *Fernand Gregh, Robert Dreyfus* und *Robert de Flers, Henri Rabaud, Marcel Boulenger, Gabriel Trarieux, Alfred Athis*. **In der Sekunda** geht der nunmehr sechzehnjährige Proust weiter in die Parkanlagen der Champs-Élysées, wo er sich mit *Marie Bénardaky, Lucie Faure* und deren jüngerer Schwester *Antoinette*, den Töchtern des Abgeordneten von Le Havre und künftigen Staatspräsidenten Félix Faure, trifft. Eines Tages schreibt er an Antoinette Faure: »Was soll ich Ihnen schon von den Champs-Élysées berichten? Blanche ist immer noch so sanft mit ihrem schalkhaften und resignierten Engelsgesicht. Marie Bénardaky ist sehr hübsch und wird immer ausgelassener. Sie ist auf Blanche mit den Fäusten losgegangen, und Blanche mußte sich geschlagen geben [...] Soll ich Ihren Freundinnen irgend etwas von Ihnen ausrichten? Ich gehe fast jeden Tag zu den Champs-Élysées« (*Correspondance* I, 1880-1895, S. 99).

1886, als er **die Sekunda wiederholt**, schließt Proust Freundschaft mit Daniel Halévy, den er in der Sexta kennengelernt hat. **In der Rhetorikklasse**, im Oktober 1887, freundet er sich mit *Pierre Lavallée, Édouard Joyant* und *Jacques Bizet* an, der gerade erst ins Condorcet übergewechselt ist. Dieser letztere gibt ihm seine Photographie mit der Widmung: »Meinem liebsten Freund (zusammen mit Daniel Halévy), 18. Februar 1889, Jacques Bizet.« Ihr gemeinsamer Großvater, der Komponist Jacques Fromental Halévy (1799-1862), verkehrte im Salon der Crémieux. Die beiden Vettern und Robert Dreyfus sind die »drei intelligentesten Jungen der Klasse« (*Jean Santeuil*), aber auch, Fernand Gregh zufolge, die disziplinlosesten: »Die beiden Vettern übertrafen sich gegenseitig im ›Radaumachen‹. Der naive Oberaufseher mit der blauen Brille, M. Martin, hatte eines Tages zu ihnen gesagt: Sie wissen genau, daß man Sie bei Ihren Namen nie von der Schule verweisen wird... Die Feiglinge nutzten das allzu sehr aus!« (F. Gregh, a.a.O., S. 136.)

SEINE BEZIEHUNG ZU DEN FREUNDEN

Schon im **Gymnasium** ist Proust schwierig und auf Ausschließlichkeit aus. Seine Freunde schätzen ihn und erkennen seine unzweifelhafte Originalität an, seine feminine Zartheit jedoch regt sie schnell auf. »Wir mochten ihn gern, wir bewunderten ihn, und doch waren wir immer wieder verwundert und verlegen über eine Differenz, eine Distanz, die wir spürten, eine unsichtbare und doch reale Unvereinbarkeit zwischen uns. Wir standen im Schulhof zusammen, drei oder vier kräftige Jungs, Jacques Bizet, Fernand Gregh, Robert de Flers, und auf einmal spürten wir eine Gegenwart, wir fühlten einen Hauch in unserer Nähe, eine leichte Berührung an der Schulter. Es war Marcel Proust, der lautlos wie ein Geist herbeigekommen war, es waren seine großen orientalischen Augen, sein großer, weißer Kragen, seine flatternde Krawatte. Irgend etwas gefiel uns daran nicht, und wir machten eine barsche Bemerkung, wir taten, als wollten wir ihm einen Stoß in die Rippen versetzen. Den Rippenstoß selbst versetzten wir freilich nie: bei Proust war so etwas nicht möglich; aber wir deuteten ihn immerhin an, und das genügte, um ihn zu betrüben. Er war entschieden zu wenig Junge für uns, und unfähig, wie wir waren, ein so tief verwundetes Herz zu verstehen, bezeichneten wir seine Liebenswürdigkeiten, seine zärtliche Sorgfalt, seine Liebkosungen oft als Getue, als Posen, und es kam vor, daß wir ihm das ins Gesicht sagten. Seine Augen wurden dann noch trauriger. Aber nie gab er deshalb seine Liebenswürdigkeit auf« (Daniel Halévy, a.a.O., S. 121-123).

Proust bleibt unter allen Umständen »liebenswürdig«, und Halévy zitiert auch das Sonett, in dem Proust sein Selbstporträt entwirft und das folgendermaßen beginnt: »Seine Augen sind wie die schwarzen, glänzenden Nächte [...]«. Doch die Stürme der Freundschaft überschatten bereits seine Beziehungen. Robert Dreyfus gegenüber beklagt sich Proust über Halévy: »[...] was will er denn eigentlich von mir? Warum läßt er mich jetzt, nachdem er doch erst eigentlich sehr nett zu mir war, vollkommen fallen und läßt es mich auch ganz deutlich spüren, und warum sagt er mir dann einen Monat später wieder guten Tag, wo er doch überhaupt nicht mehr mit mir sprach? Und sein Vetter Bizet? Warum sagt er, daß er Freundschaft für mich empfindet, und läßt mich doch noch mehr sitzen? Was wollen sie von mir? Wollen sie mich loswerden, mich ärgern, sich über mich lustig machen? Ich fand sie so nett!« (*Correspondance* I, 1880-1895, S. 107.)

Proust fährt anschließend nach L'Isle-Adam zu seinem Freund Édouard Joyant, dem zweiten Sohn von Mme Joyant, geborene Duchauffour. Er macht die ersten Erfahrungen der Freundschaft, der Grausamkeit und vielleicht der Liebe, all dies durchgängige Themen der *Recherche*. An Daniel Halévy schreibt er: »Wenn Du so reizend bist, wenn Du derart hübsche, helle Augen hast, die so rein die feine Anmut Deines Geistes widerspiegeln, daß es mir scheinen will, ich könnte Deinen Geist nicht zur Gänze lieben, wenn ich nicht Deine Augen mit umfange, wenn Dein Körper und Deine Augen so zierlich und so geschmeidig sind, daß es mir scheint, ich würde mich leichter in Dein Denken hineinversetzen, wenn ich mich auf Deine Knie setzte, und wenn ich schließlich den Eindruck habe, daß die Anmut Deines Ich, jenes Ich, dessen lebhaften Geist ich nicht von dem leichten Körper zu trennen vermag, die ›edlen Freuden der Liebe‹ verfeinert und sie steigert, so ist dabei nichts, was mir jene verächtlichen Bemerkungen eintragen könnte, die sich eher an einen richten würden, welcher – der Frauen überdrüssig – neue Wollust in der Päderastie suchte« (*Correspondance* I, 1880-1895, S. 123-124).

Im Frühjahr 1888 schreibt Proust an Jacques Bizet, der vielleicht seine Annäherungsversuche zurückgewiesen hat: »Ich akzeptiere also [...] das großartige und grausame Joch, das Du mir auferlegst. Vielleicht hast Du recht. Und doch finde ich es immer traurig, nicht die köstliche Blume zu pflücken, die wir bald nicht mehr werden pflücken können. Denn es wäre dann bereits die verbotene Frucht« (*Correspondance* I, 1880-1895, S. 104).

Proust liebt es, seine Freunde zu kritisieren, wie z. B. Robert Dreyfus: »[...] das Porträt, das ich mir von Dir, das ich mir nach Dir mache, Du, in Deine Verachtung des Vulgären gehüllt und ihm das Schauspiel eines imaginären, sehr ironischen Dreyfus gebend«; dieses Porträt bekundet die Genauigkeit seiner Analyse und seine fehlende Nachsicht. »Ein anderes Vergnügen wäre es, von unseren Freunden schlecht zu reden«, schreibt er (*Correspondance* I, 1880-1895, S. 118).

In der Philosophieklasse: Er lernt hier zwei künftige Philosophen kennen: Élie Halévy (1870-1937), den Bruder von Daniel, und Xavier Léon, einen der späteren Mitbegründer der *Revue de métaphysique et de morale*.

Nach dem Gymnasium: Proust bewahrt seine Freunde vom Lycée Condorcet. Er befreundet sich zudem mit Robert de Billy, mit dem zusammen er später Vorlesungen in politischer Wissenschaft belegt. Gabriel Trarieux (geboren 1870), der künftige symbolistische Dichter, und Jean Boissonnas, der die diplomatische Laufbahn einschlägt, studieren mit ihnen zusammen. 1895 besteht er die Licence in Philosophie, aber seine Freunde Bazaine und Léon Yeatman fallen durch. Am 9. Mai 1892 lädt Yeatman ihn und Fernand Gregh nach Neuilly zu einer Veranstaltung ein, die zu Ehren von Maurice Barrès, dem damaligen jungen Abgeordneten von Nancy, gegeben wird.

École des sciences politiques: Zu Beginn des Jahres 1893 lädt Proust Yeatman zu einem Ball bei den Finaly ein und stellt ihn Anatole France vor. Im Frühjahr 1893 gibt er für seine Kameraden ein Diner, bei dem seine Eltern den Vorsitz führen.

Im Sommer hat er vor, einen »Roman zu viert« zu schreiben, mit Louis de la Salle, Fernand Gregh und Daniel Halévy. Er sieht auch oft Pierre Lavallée (1872-1948) und verbringt seine Ferien in dessen Schloß von Segrez. Durch die École des sciences politiques nehmen die Gelegenheiten zu mondänen Diners und Veranstaltungen zu, an denen Proust und seine Freunde gern teilnehmen. Dem Brauch der Zeit gemäß tauschen sie gegenseitig ihre Photographien aus (Robert de Billy gibt Marcel die seine am 7. Januar 1895).

Proust beginnt, sich in den verschiedenen Salons der Mütter seiner Freunde blicken zu lassen.

III
MILITÄRDIENST

MILITÄRISCHES LEBEN

Das Einrücken: Proust kommt der Einberufung zuvor, indem er sich das System des freiwilligen Dienstes zunutze macht, das 1889 im letzten Jahr gültig ist. Seit 1872 beträgt die Dauer der Wehrpflicht fünf Jahre. Sie wird jedoch für die Freiwilligen auf ein Jahr reduziert [vgl. Painter I, S. 121].

Proust verpflichtet sich am 11. November 1889 und rückt am 15. nach Orléans zum 76. Infanterieregiment, 1. Bataillon, 2. Kompanie in die Coligny-Kaserne ein (sie hieß zuvor Bannier-Kaserne und wurde 1887 von General Boulanger umbenannt).

Unterbringung: Die Freiwilligen haben in der Kaserne zu wohnen. Trotzdem mietet Proust wie viele seiner Kameraden ein Zimmer in der Stadt, bei Mme Renvoizé, Faubourg Bannier Nr. 92, in 300 Meter Entfernung von der Kaserne, nicht weit von der Kathedrale und der Kirche Saint-Euverte (deren Namen er einer der Personen der *Recherche* gibt).

Kasernenleben: Dank der Vermittlung von Prousts Vater wird er vom morgendlichen Appell sowie von den anstrengendsten und gewaltsamsten Übungen freigestellt. Er nimmt jedoch an den Reit- und Fechtübungen und an den Fußmärschen teil. Er schätzt das militärische Leben und schließt Freundschaften. Bei einem Diner, das der Präfekt des Département Loiret, Paul Boegner, gibt (der Vater des späteren Pfarrers Boegner, des Vorsitzenden der Protestantischen Föderation), begegnet er Robert de Billy, der ebenfalls seinen einjährigen Militärdienst in Orléans beim 30. Artillerieregiment ableistet. In den kurzen Augenblicken der Entmutigung richten ihn die Briefe seiner Mutter wieder auf (der er selbst fast jeden Tag schreibt): »Ein Monat ist schon vorüber, mein Liebling, Du brauchst nur noch 11 Stücke von dem Kuchen aufzuessen, und eine oder zwei Schnitten werden als Urlaub verspeist. Ich habe mir etwas ausgedacht, um Dir die Zeit zu verkürzen. Besorge Dir 11 Tafeln Deiner Lieblingsschokolade und nimm Dir vor, immer nur am letzten Tag eines jeden Monats eine zu essen – Du wirst Dich wundern, wie schnell sie wegschwinden – und mit ihnen Dein Exil.« (Brief vom 14. Dezember 1889, in: *Correspondance* I, 1880-1895, S. 135-136 [dt. in: *BM*, S. 17].)

Er verbringt seine Urlaubstage in Cabourg und fast jeden Sonntag in Paris bei Mme Arman de Caillavet (er ist mit deren Sohn Gaston eng befreundet). Oft bringt dieser ihn mit der Droschke zum Zug nach

Proust als Soldat in Orléans

Orléans um 19.40 Uhr. Am 13. Dezember 1889 besucht ihn Horace Finaly.

Er schätzt seine Kameraden, die oft aus bescheidenen Verhältnissen stammen; er beneidet sie um ihre geistige und körperliche Gesundheit: »[...] die Einfachheit einiger meiner bäuerlichen Kameraden, deren Körper schöner, beweglicher geblieben war, der Geist origineller, das Herz spontaner und der Charakter natürlicher als bei den jungen Leuten, die ich vorher gekannt hatte [...], dies alles trägt dazu bei, aus jener Epoche meines Lebens so etwas wie eine von Lücken zwar unterbrochene Folge von kleinen Bildern zu machen, voll glücklichen Lebens und voller Zauber« (*Freuden und Tage*, S. 179). Von seiner Militärzeit spricht er in *Jean Santeuil.*

Sein ganzes Leben lang bewahrt er in einem Schrank die maßgeschneiderte Uniform auf, die seine Mutter in einem Karton verstaut hatte.

Rang: Am 16. Dezember 1889 erhält er die Zulassung zur *Offiziersausbildung* (er wird bei der Schulung als 63. von 64 eingestuft). Am 3. März 1890 wird er in die Kompanieschule aufgenommen und zum *Verwaltungsoffizier zweiten Grades* des Heeres ernannt. Im Sommer 1890 wird er *Sekretär im Stabsquartier* der Division, aber nicht lange, denn der Stabschef kann seine Handschrift nicht ausstehen.

SEINE VORGESETZTEN

Colonel [Oberst] **Arvers,** der Regimentskommandeur. Auf die Empfehlungen des Vaters von Proust hin (dessen politische Beziehungen nicht unbeträchtlich sind) erleichtert er Prousts militärischen Alltag, und im Juni 1890 wird er zum Vizedirektor der Infanterie beim Ministerium ernannt, wonach Colonel Delbos an seine Stelle tritt.

Capitaine [Hauptmann] **Charles Walewski** (4. Juni 1848 - 2. Oktober 1916). Enkel von Napoleon (seine Großmutter, Marie Walewska, war die Geliebte des Kaisers; seine Mutter, Gräfin Walewska, die von Napoleon III.). Proust macht sie in *Die Welt der Guermantes* zur Prinzessin von Borodino und ihren Sohn zum Capitaine de Borodino in Doncières. 1914 ist Walewski Colonel und befehligt die Garnison von Versailles.

Capitaine Saivrin ist mit Freunden von Mme Proust gut bekannt und übermittelt ihr auf diesem Weg Nachrichten von ihrem Sohn.

Lieutenant Pierre Arman de Cholet (26. April 1864 - 9. Mai 1924), damals 25 Jahre alt und Junggeselle. Proust untersteht seinem unmittelbaren Befehl. Cholet wird zu einem der Vorbilder für Saint-Loup in der *Recherche* sowie für den Leutnant de Brucourt und den Grafen de Saintré in *Jean Santeuil.* Cholet gibt ihm seine Photographie mit der Widmung: »Für Marcel Proust, Einjährigfreiwilligen, von einem seiner Folterknechte.« Am 25. Mai 1892 veröffentlicht Proust in *Littérature et Critique* die Besprechung von Cholets *Reise ins türkische Asien*, die zu Beginn des Jahres 1892 erschienen ist.

RÜCKKEHR INS ZIVILLEBEN

Im November 1890 will Proust noch ein paar Monate beim Militär bleiben, aber Colonel Delbos läßt dies nicht zu. Am 14. geht er in die Verfügung des aktiven Heeres über [d. h., er wird Reservist] und kehrt nach Paris zurück. Dank des Freundes seines Vaters, Dr. Simon Duplay, der ihm ein ärztliches Attest ausstellt, gelingt es ihm in der Folge offenbar jedes Jahr, seine Wehrübungen zu umgehen. So wird er am 11. Mai 1894 zu den »28 Tagen« (einer vierwöchigen Schulungszeit) einberufen, aber auf diese Weise freigestellt. Als er im August 1896 erneut einberufen wird, schickt er dem Regiment als Entschuldigung seinen Wehrpaß zu und läßt mitteilen, daß er »einen kleinen Asthmaanfall« hat. Am 11. November 1902 wird er zur Reserve der Landwehr abgestellt. Am 13. Juni 1904 ersucht er um eine Zurückstellung für seine Schulungszeit und bekommt sie am 4. Juni bewilligt. Am 31. Juli 1908 wird ihm eine weitere Zurückstellung bewilligt.

Am 6. September 1911, nach einer Intervention des Direktors des *Figaro*, Gaston Calmette (dessen Bruder Émile Leiter der Dienststelle für das Sanitätswesen beim Militärgouvernement von Paris ist), wird er aus gesundheitlichen Gründen endgültig aus den Kaderlisten der Landwehr gelöscht, und es wird ihm der Rang eines *Verwaltungsoffiziers im Sanitätswesen* zuerkannt. Ausgemustert im Jahre 1914, befürchtet er einen eventuellen Revisionsmusterungsausschuß im November 1914 und holt sich von mehreren Ärzten Atteste.

Im Verlauf des Krieges muß er sich am 25. August 1915 einer ärztlichen Untersuchung unterziehen und wird von den Stabsärzten für sechs Monate zurückgestellt. 1917 verliert er seinen Ausmusterungsbescheid und befürchtet, bei einer Kontrolle als Deserteur arretiert zu werden.

IV

SEINE LITERARISCHEN ANFÄNGE

Schon im Gymnasium greift Proust zur Feder. Sein Stil ist bisweilen manieriert, beeinflußt von den Meistern der damaligen Zeit, Paul Bourget und Jules Lemaitre. Er bezeichnet sich selbst als »dekadent«: »Ich möchte sagen [...] und das zu X oder Y, daß ich ein Décadent bin« (Brief an R. Dreyfus vom 10. September 1888, in: *Correspondance* I, 1880-1895, S. 117). Für Daniel Halévy bleibt Proust »unser Meister, unser Lehrer im Geschmack in diesem mit Beamten übervollen Gymnasium« (Daniel Halévy, *Pays parisiens*, Grasset, 1932, S. 118). Proust korrigierte im übrigen seine ersten Gedichte.

Proust beteiligt sich an der Gründung mehrerer kleiner hektographierter und kurzlebiger Blätter.

ERSTE ZEITSCHRIFTEN

Lundi: revue artistique et littéraire (Montag: Künstlerische und literarische Zeitschrift): Zu Beginn des Jahres 1887 gegründet. Ihren weißen Umschlag zieren zwei Amorfiguren, die einen Folianten mit der stolzen, von Verlaine inspirierten Devise tragen: »Der triumphierende Eklektizismus des Schönen.«

La Revue de seconde (Die Zeitschrift der Sekunda) (Februar 1887 bis März 1888). Sie sollte das Sprachrohr der »literarischen Schule« von Halévy, d. h. des »Subtilismus« sein. Proust steuert ein paar preziöse Verse bei, von denen einige (über Albert Cuyp) in den *Porträts von Malern* Verwendung finden.

La Revue lilas (Die lila Zeitschrift). Kleine, 1888 im Condorcet-Gymnasium redigierte Zeitschrift. Ihren Namen verdankt sie dem »hellvioletten Umschlag dieser dünnen Hefte, die zwei oder drei Sous kosteten und die wir für die Zeitschrift bei dem Papierwarenhändler der Passage du Havre erstanden hatten« (R. Dreyfus, *Souvenirs sur Marcel Proust*, Grasset, 1926, S. 56). Robert Dreyfus besaß das Manuskript »Notizen zum Theater« – ein Pastiche von Jules Lemaitre –, das ihm zugeeignet war. Proust ist an der Redaktion dieses Blattes beteiligt; im Oktober verfaßt er ein Porträt des »charmanten Glaukos« [legendärer König von Korinth, Sohn des Sisyphus], das seine Kameraden unterdrücken, weil sie es zu skandalös finden.

La Revue verte (Die grüne Zeitschrift). Sie wurde auf grünes Papier geschrieben – dasselbe, das auch der Lehrer in der Sekunda Eugène Lintilhac von seinen Schülern verlangte, um seine Augen zu schonen –, und es wurde nur ein einziges Exemplar hergestellt. Es sollte bei den Lesern vom Lycée Condorcet schnell die Runde machen. Halévy, der die Redaktionsleitung innehatte, wollte das Blatt behalten. Proust, der Redaktionssekretär war, legte sein Veto ein: »Der Herr Sekretär widersetzt sich in aller Form dem Ansinnen des Herrn D. Halévy, von dem er keine Kenntnis hatte. Primo: Sein Einwand steht nicht im Widerspruch zu den Statuten. Er verfolgt das Ziel, den schlechten Eindruck zu verhindern, den man später davon haben könnte, wenn man ihnen eine Bedeutung beilegte, die sie – als eilig hingeworfene Tagesnotizen – niemals beanspruchten« (R. Dreyfus, a.a.O., S. 70). Erschien die Zeitschrift überhaupt? Es ist nichts als dieser auf dem grünen Papier geschriebene Protest erhalten. Halévy revanchierte sich später, indem er 1920 bei Grasset die Reihe der »Grünen Hefte« begründete, deren 68. Nummer, erschienen 1926, den Titel trägt: *Souvenirs de Marcel Proust* (Erinnerungen an Marcel Proust) von Robert Dreyfus.

LE BANQUET

Gründung der Zeitschrift

Le Banquet* wurde 1892 von Fernand Gregh (der damals im dritten Jahr seines Literaturstudiums an der Sorbonne war) zusammen mit Proust (der an der juristischen Fakultät und an der École libre des sciences politiques immatrikuliert war), Louis de la Salle, Jacques Bizet (Externer am Krankenhaus Hôtel-Dieu), Daniel Halévy (der an der École des langues orientales Arabisch studierte), Robert Dreyfus, Henri Rabaud (der bei Massenet am Konservatorium hörte) und Robert de Flers gegründet. Zu ihnen gesellten sich Gabriel Trarieux, Léon Blum, Henri Barbusse, Amédée Rouquès und Gaston Arman de Caillavet. Jeder steuerte monatlich 10 Francs bei, womit jeweils ein Heft finanziert wurde. Die Zeitschrift wurde von einem Freund von Jacques Bizet, Eugène Reiter, in der Druckerei von *Le Temps* gedruckt. Das Redaktionsbüro befand sich im Zwischenstock der Buchhandlung Rouquette (71, passage Choiseul, Paris 11ème). Ursprünglich sollte die Zeitschrift *Das Chaos* heißen, und es wurden noch mehrere andere Titel in Erwägung gezogen: *Die Divergenzen*, *Meinungen und Varietäten*, *Die literarische Anarchie*, *Varia*, *Schüchterne Zeitschrift*, *Zeitschrift der Meinungen*, *Die Unabhängigkeit*, *Wiederholte Dreistigkeit*, *Zeitschrift für Futurum und Conditionalis*, *Notizen zur Literatur und Kunst*, *Wege im Nebel*, *Erste Versuche*, *Der Lichtung zu*, *Die Gitarren* usw. Im Gedanken an Platon entschieden sie sich für *Das Bankett*. Daniel Halévy, Robert Dreyfus und Marcel Proust wurden mit der Entgegennahme der

* Ein vollständiges Verzeichnis der Zeitschrift *Le Banquet* ist in der Nr. 4 (1976) des *Bulletin d'Informations proustiennes* (Presses de l'École Normale Supérieure) enthalten.

Artikel betraut. Fernand Gregh setzte sich schnell durch und wurde »Direktor«.

Umschlag: bläulich mit rotem Titel. **Erscheinen:** monatlich; von März 1892 bis März 1893 kamen allerdings nur acht Nummern heraus. Zu diesem Zeitpunkt war die Kasse leer, und ein jeder hatte die ersten Schritte seiner literarischen Laufbahn getan. Von der ersten Nummer wurden 400 Exemplare gedruckt, von den folgenden 200.

Beteiligung Prousts

1. Nummer (März 1892): »Un conte de Noël« (Eine Weihnachtserzählung), Reflexionen über »Les Petits Souliers« (Die kleinen Schuhe) von Louis Ganderax im Januarheft der *Revue des Deux Mondes*.

2. Nummer (April 1892). Vier »Études« (Studien), die in *Freuden und Tage* wiederaufgenommen werden: »I. Les maîtresses de Fabrice (Die Geliebten des Fabrice), II. Cydalise [aus dem Text wird der erste Abschnitt von »Cires perdues« (Verlorene Formen)], III. Les amies de la comtesse Myrto (Die Freundinnen der Gräfin Myrto), IV. Heldémone, Adelgise, Ercole« und »Un livre contre l'élégance: Sens dessus dessous« (Ein Buch wider die Eleganz: Drunter und Drüber), Reflexionen über ein anonym erschienenes Buch über die Eleganz und die Mode. Im Gegensatz zu dem Autor des Werkes (Édouard Delessert) verteidigt Proust darin das Wohltuende der weiblichen Mode.

3. Nummer (Mai 1892). Fünf Studien, die in *Freuden und Tage* wiederaufgenommen werden. Allein die dritte trägt einen Titel: »Esquisse d'après Madame***« (Skizze nach Madame***) [die Texte befinden sich in den Abschnitten V. bis VII. der »Fragmente einer italienischen Komödie«]. Es sind darin unter anderem Porträts von Mme Straus und der Comtesse de Chevigné enthalten (alle beide Modelle für die Herzogin von Guermantes) sowie eine mit »Laurence« gezeichnete Attacke gegen *L'Irreligion d'État* (Der staatliche Unglaube) und gegen den Sozialismus.

5. Nummer (Juli 1892): Drei Studien, die in *Freuden und Tage* wiederaufgenommen werden. Robert Dreyfus bringt einen ehrgeizigen und ungeschickten Artikel über »Die Lage der Literatur«. Proust schreibt ihm im selben Monat: »Ich habe Deinen geistreichen Artikel im *Banquet* gelesen und mir dabei gedacht, daß Du Dich beim Schreiben etwas über uns lustig machen wolltest. Da ich mir aber dessen nicht sicher bin, will ich mich dennoch ein wenig darüber auslassen. [...] Es sei denn, es wäre eine reine Eugenspiegelei, ich kann mir auf all das keinen Vers machen« (*Correspondance* I, 1880-1895, S. 173 [dt. in: *BZL*, S. 29 f.]). Dreyfus akzeptiert die Belehrung durch einen alten Freund, der bereits ein Meister in seinem Fach ist.

Proust schickt ihm im selben Jahr auch ein Briefchen: »Ich möchte in Zusammenarbeit mit Gregh oder Halévy etwas machen, in ziemlich weit gespannter Zusammenarbeit: jeder zum Beispiel eine akademische Rede, Halévy (Daniel) nimmt mich in die Akademie auf [...]« (Robert Dreyfus, a.a.O., S. 112).

6. Nummer (November 1892). Zwei Studien, von denen lediglich die erste in *Freuden und Tage* wiederaufgenommen wird: »La Mer« (»Das Meer«) (Louis de la Salle gewidmet) und »Portrait de Mme***« (»Porträt von Madame***«) (in Wirklichkeit Mme Guillaume Beer). Außerdem eine mit M. P. signierte Notiz über *Tel qu'en songe* (So wie im Traum) von Henri de Régnier.

7. Nummer (Februar 1893). »Violante ou la Mondanité« (»Violante oder die mondäne Welt«), eine Erzählung, die er im September 1892 geschrieben und Anatole France zugeeignet hat (wiederaufgenommen in *Freuden und Tage*); sowie ein Robert de Flers gewidmeter Bericht: »La Conférence parlementaire de la rue Serpente« (Die Parlamentskonferenz in der Rue Serpente) – Überlegungen über die »Welt« und über die Politik.

Seine Freunde beunruhigt die Wendung, welche die von Proust verfaßten mondänen Porträts nehmen. Seine Komplimente stören sie. Die Redaktion setzt unter den nächsten Artikel: »Es versteht sich, daß die in einem Artikel zum Ausdruck gebrachten Ansichten nur den Verfasser binden.«

Wahrscheinlich beleidigt, veröffentlicht Proust keinen einzigen Beitrag in der **8.** und letzten **Nummer**, in der Robert de Flers ihm *La Comtesse de Tripoli* (Die Gräfin von Tripolis) zueignet.

V
EINTRITT INS LEBEN (1893)

• **Unschlüssigkeit.** Wie alle Besitzbürger ihrer Zeit legen Prousts Eltern Wert darauf, daß ihr Sohn Karriere macht.

1893 hat er seinen Militärdienst und sein Jurastudium beendet. Sein Vater drängt ihn dazu, eine bestimmte Laufbahn einzuschlagen. Proust antwortet ihm im September: »Ich hoffte immer, ich dürfte schließlich doch die literarischen und philosophischen Studien, für die ich mich geschaffen glaube, mit Deiner Zustimmung fortsetzen. Aber da ich sehe, daß jedes Jahr mir nur eine immer mehr auf das praktische Leben bezogene Disziplin beschert, ziehe ich es heute vor, sofort einen jener praktischen Berufe zu wählen, die Du mir vorschlägst. Ich werde mich also nunmehr ernsthaft auf die Aufnahmeprüfung für den Auswärtigen Dienst oder für die ›École des Chartes‹ vorbereiten und überlasse Dir die Wahl. Tausendmal lieber, als mich auf den Anwaltsberuf vorzubereiten, würde ich noch bei einem Wechselmakler eintreten. Im übrigen muß ich Dir leider versichern, daß ich es da keine drei Tage aushielte! – Es ist nicht so, daß ich immer noch glaube, alles andere außer Literatur und Philosophie sei für mich verlorene Zeit. Aber unter mehreren Übeln gibt es doch kleinere und größere. Etwas Grauenvolleres als den Anwaltsberuf habe ich mir selbst in den Tagen meiner größten Verzweiflung nicht vorstellen können. Die diplomatische Laufbahn, die mir jenen ersparen würde, erscheint mir zwar nicht gerade als meine Berufung, aber immerhin als ein Ausweg« (Brief vom 28. September(?) 1893, in: *Correspondance* I, 1880-1895, S. 238 [dt. in: *BZW*, S. 8]).

Proust Anwalt? Im Oktober 1893 macht Proust ein zweiwöchiges Praktikum bei dem Rechtsanwalt Gustave Brunet (1861-1935) (dieser hatte sich 1890 in Paris niedergelassen und ein Anwaltsbüro in der Rue des Petits-Champs Nr. 95 eröffnet). Es ist damals die Rede davon, eine Anwaltspraxis für ihn zu kaufen.

Neuerliche Unschlüssigkeit. Proust führt einen längeren Briefwechsel mit Charles Grandjean, der Bibliothekar beim Senat ist. Die Museumslaufbahn scheint ihn einen Augenblick zu interessieren: »Ich sehe mich bereits als Museumsdirektor in Versailles.« Aber er traut seinem Ratgeber nicht ganz, der all diese Karrieren immer in den schönsten Farben ausmalt: »[...] Sie sind das genaue Gegenteil jener Fee, welche die Edelsteine in Kröten verwandelte. Die Wahl einer garstigen, tödlich langweiligen Karriere machen Sie zu etwas Wunderbarem [...]«

(Brief vom 12. November [in der dt. Ausgabe 7. November] 1893, in: *Correspondance* I, 1880-1895, S. 250-251 [dt. in: *BZL*, S. 46].) Auf die École des Chartes verzichtet er sehr schnell; Grandjean gibt ihm »fürchterliche, d. h. ausgezeichnete Argumente« gegen sie.

1891 hegte sein Vater wie Professor Surlende in *Jean Santeuil* die Absicht, ihm eine Stelle im Außenministerium zu verschaffen. Proust jedoch, der keine Lust hat, Paris zu verlassen, bittet 1893 Robert de Billy um Rat, der die diplomatische Laufbahn einschlagen möchte: »Ich bin in der allergrößten Bedrängnis, denn ich muß mich, Papa wünscht es, hinsichtlich meiner Berufswahl entscheiden. Der Rechnungshof verlockt mich mehr und mehr. Ich stelle folgende Überlegung an: Wenn ich nicht willens bin, meine Karriere im Ausland zu machen, werde ich im Auswärtigen Amt in Paris eine ebenso unerträglich langweilige Laufbahn vor mir haben wie die am Rechnungshof. [...] Genießt die Verwaltungslaufbahn nicht zu wenig Ansehen? Was bleibt mir sonst noch, da ich fest entschlossen bin, weder Advokat noch Arzt noch Geistlicher noch... zu werden?« (Brief an Robert de Billy zwischen dem 6. und dem 16. September 1893, in: *Correspondance* I, 1880-1895, S. 236 [dt. in: *BZL*, S. 44].)

Letzten Endes entscheidet Proust sich für die Literatur und für die Freiheit. Das Los Mallarmés, der an seinen tristen Broterwerb als Lehrer im Condorcet-Gymnasium gefesselt ist, verlockt ihn wenig. Da er sich nicht in die gleiche Abhängigkeit begeben möchte, spricht er mit seinem Vater darüber. Dieser läßt ihn dar-

In *Jean Santeuil* (einer weitgehend autobiographischen Erzählung) legt Proust Mme Santeuil die folgenden Worte in den Mund: »Nicht daß wir den Wünschen unseres Sohnes auch nur irgend etwas in den Weg legen wollten; solange er sich nur für eine richtige Karriere entscheidet, für den Staatsdienst, die diplomatische Laufbahn oder den Anwaltsstand, kann er sich hier ganz frei entscheiden.«

In *Mädchenblüte* wird der Vater des Erzählers von dem Marquis de Norpois umgestimmt, wie sein eigener Vater von Gabriel Hanotaux: »Aber mein Vater hatte sich zäh gegen den Gedanken gewehrt, daß ich mich einer literarischen Laufbahn weihen könnte, die er für weit weniger ansehnlich hielt als die Diplomatie, ja nicht einmal als eine Laufbahn anerkennen wollte bis zu dem Tage, da Monsieur de Norpois, der die Vertreter der Diplomatie neueren Schlages nicht sehr liebte, ihm versicherte, man könne sich als Schriftsteller ein ebenso großes Ansehen erringen und bei größerer Unabhängigkeit den gleichen Einfluß ausüben, als wenn man einer Botschaft attachiert sei.«

aufhin sein Literaturstudium zu Ende führen (1894), sichert ihm eine finanzielle Unterstützung zu und widersetzt sich nicht weiter seiner literarischen Laufbahn.

Proust als Bibliothekar

• **Im Juni des Jahres 1895**, wahrscheinlich auf den Rat von Gabriel Hanotaux hin, der damals Außenminister war, ergreift Proust den Beruf des Bibliothekars. Schon Anatole France war von 1876 bis 1890 Bibliothekar beim Senat gewesen, genau wie Sainte-Beuve fünfzig Jahre zuvor in der Bibliothèque Mazarine. **Am 29. Mai** beteiligt Proust sich an einem Wettbewerb für eine Anstellung als unbezahlter Assistent an der Bibliothèque Mazarine, wo drei Stellen ausgeschrieben sind. **Am 8. Juni** wird er angenommen (er ist dritter). Er soll mit Paul Marais zusammenarbeiten, einem großen Inkunabeln-Experten, sowie mit Alfred Franklin, dem damaligen Chefbibliothekar. Seine Kollegen schätzen seine Liebenswürdigkeit, halten aber wenig von seinem Arbeitseifer. André Maurois sagt später von ihm: »Er war der am wenigsten ›mitarbeitende‹ Mitarbeiter und nahm einen Urlaub nach dem andern« (A. Maurois, a.a.O., S. 82). Wenn er einmal weder krank noch beurlaubt ist, taucht er hin und wieder kurz auf und schlägt in ein paar kostbaren Bänden nach. Da er den Staub nicht erträgt, hat er einen Eukalyptus-Zerstäuber bei sich. **Am 25. Oktober 1895** wird er dem Amt im Volksbildungsministerium zugeordnet, das für die gesetzliche Hinterlegung der Publikationen zuständig ist. Dank der Unterstützung von Hanotaux erhält er **am 24. Dezember** vom Minister für Volksbildung Raymond Poincaré einen einjährigen Urlaub bewilligt.

• **1896** läßt er sich nur einmal in der Bibliothèque Mazarine blicken, um seinen Kollegen *Freuden und Tage* zu übergeben. In der Folge erneuert er sorgsam jedes Jahr im Dezember seinen einjährigen Urlaub, ohne je um seine Entlassung einzukommen, denn so konnte sein Vater sich weiter der Illusion hingeben, sein Sohn habe eine Anstellung.

1899 wundert sich eine Inspektion über die mehrere Jahre währende Abwesenheit Prousts. Nach scharfen Kommentaren von Alfred Franklin wird er schließlich **am 14. Februar 1900** aufgefordert, unverzüglich seinen Posten wieder anzutreten. Er leistet der Aufforderung nicht Folge. **Am 1. März** erklärt ihn das Ministerium als aus dem Dienst ausgeschieden und setzt auf diese Weise seiner Geisterlaufbahn als Bibliothekar ein Ende.

☛ **Im September des Jahres 1903** bietet ihm Constantin de Brancovan, der Bruder der Comtesse Anna de Noailles, einen Posten als Theaterkritiker bei der Zeitschrift *Renaissance latine* an, besinnt sich im Dezember jedoch eines Besseren und nimmt an seiner Statt Gaston Rageot. Denn trotz seiner Hochachtung für das Genie Prousts mißtraut er dessen Pünktlichkeit in einer Stellung als Lohnempfänger sowie den überschwenglichen Lobeshymnen, die er hätte schreiben können und die dem Geschmack der Abonnenten vielleicht nicht immer entsprochen hätten. Dies führt am 11. Januar 1904 zu einem Zerwürfnis zwischen den beiden Freunden.

VI
ALLTAGSLEBEN

WOHNUNGEN PROUSTS

• **Vor der Geburt Marcel Prousts:** Während der Schwangerschaft von Mme Proust wohnen die Eltern in der *Rue Roy Nr. 8*, in einer für monatlich 2500 Francs – eine für die damalige Zeit sehr hohe Summe – gemieteten Wohnung.

• **Geburtshaus:** *Rue La Fontaine Nr. 96 in Auteuil*, in dem Haus, das sein Großonkel mütterlicherseits Louis Weil vollständig möbliert von der Schauspielerin Eugénie de Plunkett (bekannter unter dem Namen Mme Doche) gekauft hatte. Fünfundzwanzig Jahre lang sind Proust und seine Eltern oft im Frühjahr und zu Beginn des Sommers dort. Das Haus hat drei Stockwerke, das letzte in Mansardenform. Imitationen von Tapisserien mit Motiven nach Téniers zieren das Eßzimmer dieses geschmacklos eingerichteten Hauses. »Der Park der Weil ist ein Garten im englischen Stil mit gut geharkten Wegen; ein Springbrunnen speist ein moosbewachsenes Becken, in dem Fische schwimmen. Das große Haus ist im Louis-Philippe-Stil möbliert und steht voller Polstersessel, Bronze- und Porzellanfiguren; die Fenster sind mit schweren Stoffen verhängt« (C. Francis, *Marcel Proust et les siens*, Plon, 1981, S. 13). Die Szene des Abendkusses ist in diesem Haus anzusiedeln. 1881 wird der Garten durch den Bau der mitten hindurch führenden Avenue Mozart von Passy nach Auteuil endgültig verdorben. Nach seinem Verkauf im Jahre 1897 wird das Haus abgerissen. An seiner Stelle steht heute ein gutbürgerliches Gebäude mit einer Proust-Gedenktafel.

• **Vom August 1871 bis Oktober 1909:** Am *Boulevard Malesherbes Nr. 9* (vgl. den Plan im Anhang, S. 462) beziehen die Proust ein modernes, von Haussmann erbautes siebenstöckiges Gebäude mit Gasbeleuchtung, fließendem Wasser, Kohlezentralheizung und sogar einem Aufzug. Das Haus ist auf der Seite zur Rue de Surène mit Balkonen versehen. Die Familie Proust bewohnt im hinteren Teil des Hofes eine großräumige Wohnung im 1. Stock mit einem 15 Meter langen Flur zwischen Küche und Speisezimmer. Sie hat (was für die damalige Zeit selten ist) ein Badezimmer und eine Toilette. Um das Mobiliar zusammenzubekommen, läuft Frau Proust von einem Antiquitätenhändler zum anderen, das Zimmer ihrer Söhne jedoch stattet sie mit schlichten Maple-Möbeln aus. Fernand Gregh erinnert sich: »Ein ziemlich dunkles Interieur, vollgestellt mit schweren Möbeln, zugehängt mit Vorhängen, erstickt von Teppichen, alles in

Schwarz und Rot gehalten, das typische Appartement von damals, das sich weniger von dem düsteren Balzacschen Durcheinander unterschied, als wir glaubten« (F. Gregh, a.a.O., S. 154). Diese Wohnung existiert noch. Sie beherbergt heute die Geschäftsräume eines Reisebüros.

Die Ferien. Bis 1881: *Rue du Saint-Esprit in Illiers* bei der Tante Amiot (vgl. den Plan im Anhang, S. 461). Bis zu seinem ersten Asthmaanfall im Alter von zehn Jahren sind Proust und seine Eltern an Ostern und in den Sommerferien dort. Die Einrichtung des Hauses wurde den Beschreibungen des Romans entsprechend nachgebildet: Das Bett des Erzählers ist mit hohen weißen Vorhängen umgeben und mit gestickten Tagesdecken, mit Fußdecken aus Marzellinstoff, einer geblümten Steppdecke und mit Kopfkissenbezügen aus Batist bedeckt. Auf dem Nachttisch stehen das Glas mit den blauen Mustern, die Zuckerdose und die Wasserkaraffe, auf dem Kamin die Pendeluhr unter ihrem Glassturz; an der Wand hängen ein Bild des Heilands und ein Porträt des Prinzen Eugen (das Werbegeschenk einer Keksmarke). Das Haus hat zwei Eingänge. Den einen an der Vorderseite in der Rue du Saint-Esprit, der andere befindet sich an der Place Lemoine, von wo aus eine Gittertür sich auf einen kleinen Hof hin öffnet. Die Gestalt der Tante Léonie lebt völlig abgeschlossen in ihrem Zimmer: »Auf der einen Seite ihres Bettes befand sich eine große gelbe Kommode aus Zitronenholz und ein Tisch, der gleichzeitig als Anrichte und als Hausaltar diente; unter einer Statuette der Heiligen Jungfrau und einer Flasche Vichy-Célestins lagen dort die Meßbücher neben den Rezepten [...]« (*In Swanns Welt*). Ihre Haushälterin, Ernestine Gallou, hält sich in der Küche auf: »Man sah von draußen schon den roten, wie Porphyr glänzenden Fußbodenbelag. Er sah weniger wie eine Wohngrotte für Françoise als vielmehr wie ein kleiner Venustempel aus.« Von diesem Raum aus gelangt man in den kleinen, zum Teil gepflasterten und mit einem winzigen Rasen und einem Stiefmütterchenbeet versehenen Garten. Vor der Küche befand sich als Anbau ein einstöckiger Pavillon mit farbigen Scheiben. Es ist der Zufluchtsort des Onkels Amiot. In wehmütiger Erinnerung an Algerien (wo er gelebt hatte) hat er ihn mit beschnitzten Kokosnüssen, mit Aufnahmen von Moscheen und mit über die Fliesen gelegten Fußmatten ausgeschmückt. In *Swann* stellt Proust oft die Ausstattung von Illiers und diejenige von Auteuil nebeneinander. Dank der Initiative von P.-L. Archer wurde das Haus in ein Museum umgewandelt.

• **Im September 1886** begleitet Proust seine Eltern zu einem letzten Besuch nach Illiers. Es geht darum, die Hinterlassenschaft seiner Tante Françoise Elizabeth Amiot, der Schwester von Adrien Proust, zu ordnen. Seine Großmutter väterlicherseits lebt immer noch in Illiers, in Gesellschaft der alten Ernestine Gallou. Während dieses Aufenthalts liest der junge Marcel ein Buch, das für seine Berufung als Schriftsteller bestimmend werden sollte: *L'Histoire de la conquête de l'Angleterre par les Normands* (*Geschichte der Eroberung Englands durch die Normannen*) von Augustin Thierry.

• **Von Oktober 1900 bis August 1906:** *Rue de Courcelles Nr. 45* (vgl. den Plan im Anhang, S. 463). Dieses ruhige Viertel der Monceau-Ebene spiegelt den gesellschaftlichen und beruflichen Aufstieg des Dr. Proust wider. In derselben Straße wohnen die Princesse Mathilde (die dort ein Privathaus besitzt) und in der Nr. 69 die Familie Bibesco. Die Proust haben sich in ein siebenstökkiges Haus mit Balkonen, Gesimsen und Brüstungen eingemietet. Es wurde 1881 erbaut und gehört der Firma Phénix (die Proust einige Schwierigkeiten bereitet, als er 1905 seinen Mietvertrag aufkündigen will). Die Familie zieht etwa am 15. Oktober um, als Proust noch in Venedig ist. Die Wohnung umfaßt etwa dreihundert Quadratmeter; die Räume sind groß und reich möbliert, geschmückt mit Bronzefiguren (gegossen von Ferdinand Barbedienne) und Grünpflanzen. Die Mahagoni- und Plüschmöbel vom Boulevard Malesherbes stehen jetzt im Salon. Proust arbeitet in dem Speisezimmer »mit seiner schlichten Holztäfelung in Mahagonitönen« auf dem gewaltigen ovalen Tisch mit der roten Decke. Als Beleuchtung dient ihm eine Carcel-Öllampe, deren »blonde und sanfte Helligkeit« er schätzt. Im Arbeitszimmer seines Vaters thront dessen Porträt im roten Universitätstalar, gemalt 1885 von Lecomte de Noüy. Nach dem Tod von Dr. Proust im Jahre 1903 behalten Marcel und seine Mutter die Wohnung, lassen jedoch einen Teil davon für den Gebrauch sperren. Nach dem Tod seiner Mutter im Jahre 1905 ist Proust die Wohnung zu groß, und er möchte ausziehen. Da der Mietvertrag am 30. September 1906 ausläuft, kümmert sein Bruder sich um den Umzug, und seine Freunde, Lauris z. B., bemühen sich, ein neues Appartement für ihn zu finden.

• **Vom 6. August bis zum 27. Dezember 1906** zieht Proust vorübergehend in das *Hôtel des Réservoirs* in *Versailles*. Es wurde im 18. Jahrhundert für die Marquise de Pompadour gebaut und ist vom Nordflügel des Schlosses nur durch die Sammelbekken (Réservoirs) getrennt, aus denen die Springbrunnen des Parks gespeist werden. Proust sieht von dort aus das Neptunbecken.

• **Vom 27. Dezember 1906 bis zum 27. September 1908:** In der Wohnung am *Boulevard Haussmann Nr. 102* ist Proust Untermieter in dem Appartement seines Großonkels Louis Weil, obwohl er als dessen Erbe einer der Mitbesitzer des Hauses geworden ist. Proust hätte schon am 8. Oktober in diese Wohnung im 1. Stock einziehen können. Die Instandsetzungsarbeiten jedoch, die er ausführen läßt, zögern seinen Umzug bis Ende Dezember hinaus. Er kennt diese Wohnung sehr gut, denn er hat oft mit seiner Mutter dort zu Abend gegessen: »Es ist eine sehr häßliche Wohnung – der Staub, die Bäume, all das, was ich hasse –, die ich genommen habe, weil ich sonst nichts fand, was Mama gekannt hat« (Brief an Mme Gaston de Caillavet, dt. in: *Proust-Album*, Suhrkamp, 1975, S. 224). Nach seinem Umzug muß er den Lärm der Umbauarbeiten in einer angrenzenden, von Mme Katz gemieteten Wohnung über sich ergehen lassen: »Die zwölf Arbeiter, die hier seit langen Monaten Tag für Tag so frenetisch dreinhauen, müssen inzwischen etwas genauso Majestätisches errichtet haben wie die Cheopspyramide, welche die Leute, die aus ihren Häusern treten, mit Verwunderung zwischen dem Kaufhaus Le Printemps und der Kirche Saint-Augustin erblicken müssen. Ich selbst sehe es nicht, aber ich höre es« (Brief an Mme Straus vom April 1907, in: *Correspondance* VII, 1907, S. 131). Bei der Versteigerung am 8. November 1907 erwirbt Mme Georges Weil das ganze Haus.

• **27. September bis zum 3. November 1908:** Neuerlicher Aufenthalt Prousts im *Hôtel des Réservoirs*.

• **4. November 1908 bis Juni 1919:** Er kehrt in die Wohnung am *Boulevard Haussmann Nr. 102* zurück.

Prousts Schlafzimmer: Es liegt direkt am Boulevard, aber Proust hält die Läden und die Fenster mit den blauen Vorhängen verschlossen. Das Zimmer ist geräumig mit hoher Decke. Er läßt die Wände im September 1910 mit Kork ausschlagen. Diese Korkplatten, die nie mit Tapeten oder mit Stoff überzogen wurden (wie es ursprünglich beabsichtigt war), wurden in unterschiedlichem Maße schwarz vor Staub und sahen auf die Dauer dreckig aus. Auf dem Kamin aus geschwungenem weißem Marmor thronen eine bronzene Pendeluhr und zwei Kandelaber mit aufeinander abgestimmten blauen Glasglocken. Das Licht kommt ausschließlich von der Nachttischlampe mit dem dunklen Schirm. Proust macht den Kronleuchter niemals an. Wie die ganze übrige Wohnung ist auch das Zimmer voller Möbel. Zwischen den beiden Fenstern steht ein mächtiger Spiegelschrank aus Palisanderholz mit Bronzeleisten und mit einem Zierstück an der Stirnseite. Aber der Schrank ist durch einen Flügel verstellt. Ein eichener Tisch links, der auch als Schreibtisch dient, liegt voller Bücher. Zwei doppelflügelige Türen führen zum Salon, eine davon ist von zwei drehbaren Bücherregalen zugestellt. Vor diesen steht ein Nähtisch, Modell Boulle, mit den Initialen seiner Mutter J. P. Links von der Tür, die sich öffnen läßt (und die dem Fenster am nächsten ist), verwahrt Proust in einem kleinen chinesischen Schreibschrank, auf dem mehrere Photographien stehen, sein Geld.

Prousts Schlafzimmer

Auf einer breiten Palisanderkommode, die mit einer weißen Marmorplatte bedeckt ist, stehen zwei weiße Schalen und in ihrer Mitte ein mit Weintrauben umrahmtes Jesuskind und die berühmten Hefte mit den Deckeln aus schwarzem Moleskin. In den Schubladen sind Andenken und Photographien. Eine dritte Tür führt zur Toilette. Das Bett mit seinen von den Räucherungen matt gewordenen Kupferstäben steht parallel zu den Fenstern. Auf dem Bett liegen zwei Decken und ein Fußdeckchen aus Pikee mit Apfelblütenmuster, gelb auf rotem Grund, das Proust aufgrund seiner Ähnlichkeit mit dem der Tante Amiot Céline Cottin abgekauft hat. Hinter dem Bett befindet sich ein schöner chinesischer Wandschirm. In Reichweite neben dem Bett stehen nebeneinander drei Nachttische. Der eine aus geschnitztem Bambus mit zwei Platten ist für die Wärmflaschen, für Taschentücher und für Bücher bestimmt. Der zweite – ein alter Palisandernachttisch – enthält Federhalter, Schul-Tintenfaß, Manuskripte, Notizbücher, Uhr, Nachttischlampe und später seine verschiedenen Brillen. Der dritte Tisch aus Nußbaum bleibt dem Tablett für den Kaffee oder für das Évian-Mineralwasser vorbehalten. Die einzigen Sitzgelegenheiten sind der Klavierschemel und in der Nähe des Bettes ein Sessel aus Genueser Samt, der aus dem Arbeitszimmer seines Vaters stammt. Ein Orientteppich dient als Bettvorleger. Wegen des Geruchs wird das Eichenparkett nie gewachst.

Um die Räucherdämpfe zu beseitigen, wird die Wohnung jeden Tag des Jahres mit Holzfeuer geheizt, niemals mit Kohlen; die Zentralheizung wird nicht benutzt. Proust hält sich in seinem Schlafzimmer oder in dem kleinen Salon auf. Dieser enthält einen großen schwarzen Bücherschrank, in dem die Werke von Ruskin, von Mme de Sévigné sowie die ihm gewidmeten Bücher stehen. An der Wand hängt das Porträt, das Jacques-Émile Blanche (1861-1942) in dem Haus des Onkels Weil in Auteuil von Proust machte. Das Gemälde stellt Proust im Alter von zwanzig Jahren dar, im Frack, mit einer Orchidee im Knopfloch.

In dem mit Teppichboden ausgelegten Empfangsraum befindet sich eine Kommode mit einem Silbertablett für die Post und für die Taschentücher und Handschuhe, ohne die Proust nie ausgeht. Das Speisezimmer dient nur noch als Möbelspeicher.

Die anderen Mieter des Hauses: Im Parterre wohnt Dr. Gagey. Im zweiten Stock hat Dr. Williams, der Zahnarzt von Proust und von Mme Straus, seine Praxis.

Mitte Januar 1919 kündigt Prousts Tante Émilie Weil ihm an, daß sie das Haus am Boulevard Haussmann ihrem Bankier Varin-Bernier verkauft hat. Im Februar beginnt die Bank mit den Umbauarbeiten, und Proust, der nicht mehr schlafen kann, gedenkt nach Italien zu fahren oder die Villa von Mme Catusse in Nizza zu mieten. Im Mai findet Proust in der *Rue de Rivoli*, nicht weit vom Hotel Ritz, eine Wohnung im 5. Stock, nimmt sie dann aber doch nicht.

• **30. Juni bis 1. Oktober 1919:** *Rue Laurent-Pichat Nr. 8 B*, ein Privathaus der Schauspielerin Réjane, die im 2. Stock wohnt. Ihr Sohn Jacques Porel bewohnt mit seiner Frau den 3. Stock. Proust zieht in den vierten, den Réjane ihrer Tochter vorbehält, die sich zu dieser Zeit in Amerika aufhält. Die Wohnung ist möbliert, doch läßt Proust die Möbel seines Schlafzimmers in die Rue Laurent-Pichat bringen. Das Haus ist nichts für ihn: der Lärm verstimmt ihn. Der im Nachbarhaus wohnende Schauspieler Le Bargy stört ihn durch die Wassergeräusche seiner Toilette. Die Nähe des Bois de Boulogne verstärkt seine Asthmaanfälle. Ab Juli hat Proust die Absicht umzuziehen, und er wendet sich an einen Immobilienmakler an der Place Victor Hugo. Allerdings hat er sich mit dem alten Concierge Charmel angefreundet (dessen Namen Proust für einen der Diener von Charlus verwendet). Am Ende der *Wiedergefundenen Zeit* (als der Tod der Berma näher rückt) beschreibt Proust die Atmosphäre dieses Hauses.

Nach ihm übernimmt Maurice Martin du Gard die Wohnung. In einem Brief an Porel bringt Proust sein Bedauern darüber zum Ausdruck, daß er in Zukunft die schwarzen und weißen Blumen auf rotem Grund in seinem Badezimmer nicht mehr sehen wird. Er hat sie allerdings in dem Badezimmer des Erzählers in Doncières beschrieben.

• **1. Oktober 1919 bis zu seinem Tod am 18. November 1922:** In der *Rue Hamelin Nr. 44* bewohnt Proust ein kleines möbliertes Appartement im 5. Stock mit Aufzug. Er mietet die Wohnung für 16 000 Francs jährlich von der Hausbesitzerin Mme Boulet. Nicht weit davon, in der Rue de Belloy, wohnt Mme Standish. Einem Brief an Montesquiou zufolge ist Proust der Ansicht, daß er ein »widerliches Loch« bewohnt, »in dem gerade mein elendes Lager Platz findet« (Marcel Proust, *Correspondance générale* I, Plon, 1930, S. 290). Im Parterre befindet sich die Bäckerei, von der aus Céleste dann Dr. Robert Proust anruft.

Prousts Zimmer. Es hat zwei Türen, die eine, durch die man den Raum betritt, hat zwei Flügel, die andere mit nur einem Flügel führt in das Badezimmer. Mit Ausnahme des Klaviers findet man hier das Bett mit seinen reichgemusterten Decken und dahinter den Wandschirm, den kleinen chinesischen Schreibschrank, den Sessel für die Besucher und die drei kleinen Nachttische wieder. Der Kamin liegt voller Bücher. An den Fenstern hängen große blaue Atlasvorhänge. Gegenüber, neben dem Badezimmer, liegt ein vom Flur aus zu erreichendes Zimmer voller Bücher und Silberbestecke. Das Zimmer Célestes liegt rechts neben dem Empfangsraum.

Céleste Albaret

In dem kleinen Salon steht wieder der mit Glastüren versehene Bücherschrank, auf dem zwei chinesische Bronzeelefanten stehen, aber die Sessel sind durch weiche Lehnstühle ersetzt worden. Die Gemälde sind dieselben geblieben: das hübsche Porträt einer Infantin, die Porträts von Mme Proust und von Professor Proust, sein eigenes von Jacques-Émile Blanche und die Landschaft von Paul Helleu. Da die Kamine der Wohnung klein sind und sehr schlecht ziehen, darf Céleste nie Feuer anmachen. Das Gebäude wurde später zu einem Hotel umgebaut; die Wohnung wurde in kleine Zimmer aufgeteilt und existiert nicht mehr.

DIE BEDIENSTETEN

Bedienstete der Eltern Prousts

• **Köchinnen. Ernestine Gallou:** Sie ist vor allem die treue Haushälterin der Großmutter Prousts und der Tante Amiot in Illiers. Sie bleibt dreiunddreißig Jahre in ihrem Dienst. Sie taucht bereits in dem Vorwort zu *Sésame et les Lys*, »Sur la lecture« (»Über das Lesen«), unter dem Namen Félicie auf. Sie ist vor allem ein Vorbild für Françoise in *Swann*. **Félicie Fitau:** Eine alte Dienerin mit weißer Haube. Proust beschäftigt sie bis 1907. Sie ist eine ausgezeichnete Köchin und versteht sich bestens auf die Zubereitung des garnierten Rinderbratens wie Françoise in der *Recherche*. **Marie:** Zimmermädchen der Proust und Köchin in Abwesenheit von Félicie. Sie war sehr schön und soll in Proust verliebt gewesen sein, wurde jedoch von Mme Proust, die davon erfuhr, im März 1905 entlassen. Sie diente gleichfalls als Vorbild für Françoise.

• **Kammerdiener. Arthur:** Der Briefwechsel zwischen Mme Proust und ihrem Sohn bezeugt seine Treue und seinen schlechten Gesundheitszustand. **Auguste:** Ehemaliger Kammerdiener des Onkels Louis Weil. Im November 1906 schenkt ihm Proust einen Teil von dessen Mobiliar. **Baptiste:** Einer der Bediensteten von Mme Proust. Er wird in den Briefen des Jahres 1904 erwähnt. **Antoine Bertholhomme:** Bretone; Hausmeister des Boulevard Haussmann Nr. 102. Gemeinsam mit Jean Blanc kümmert er sich sehr aktiv um den Umzug von Proust. Er ist ihm sehr ergeben, und wenn Proust auf einen Wagen wartet, kommt er sofort aus seiner Loge und bietet ihm eine Sitzgelegenheit an. Die Böswilligkeit von Céline Cottin bewirkt, daß sich während des Krieges ihre Beziehung verschlechtert. **Jean Blanc:** Kammerdiener von Prousts Vater. Proust behält ihn bis 1908. Im Februar 1900 weckt er Léon Yeatman: »Monsieur Proust schickt mich und läßt bei Monsieur anfragen, was mit dem Herz von Shelley geschehen ist.« In *Jean Santeuil* dient er als Modell für Augustin, der Zeuge des Streits zwischen dem Romanhelden und dessen Eltern wird.

Bedienstete von Proust

Nach dem Tod seiner Eltern beschäftigt Proust eine Zeitlang **Félicie Fitau** und **Jean Blanc** weiter, beschließt jedoch bald, einen neuen Diener einzustellen: **Nicolas Cottin.**

Nicolas Cottin (1873-1916): Kammerdiener bei den Eltern Prousts und anschließend Croupier im Cercle Interallié. Mme Proust riet ihrem Sohn davon ab, ihn wieder zu nehmen, denn er sei Alkoholiker und Spieler. Proust stellt ihn dennoch zusammen mit seiner Frau im Jahre 1907 ein, unter der Bedingung, daß er keinen Urlaub nimmt. Der übliche Lohn für ein Ehepaar beträgt damals 150 Francs im Monat. Proust gibt ihnen das Doppelte, aber die Arbeit ist auch nicht leicht. Cottin steht bis vier Uhr früh im Dienst, denn er muß die nächtlichen Gewohnheiten seines Herrn übernehmen. Seine Bronchien werden durch die erstikkende Hitze des Zimmers in Mitleidenschaft gezogen. Dennoch versteht er es, gefällig, ergeben, stilvoll und umsichtig zu bleiben. Er spielt mit Proust Domino und legt die Blätter des Romans in einem Ordner ab. Zu Beginn des Krieges wird er Koch bei General Joffre. Er stirbt 1916 an einer Rippenfellentzündung. Um ihn zu ersetzen, empfiehlt Frédéric de Madrazo Proust einen jungen Mann voll guten Willens, der allerdings sehr schüchtern ist. Von dessen Ankunft bei ihm schreibt Proust: »Ich sah hereintreten: die galoppierende Schwindsucht. Er hat mich mit großem Bedauern verlassen, denn er wurde einberufen.«

Ernst Forssgren: Vgl. die Rubrik »Liebesbeziehungen zu Männern«.

Céline Cottin (1879-19 ?): Gattin von Nicolas Cottin. Ihr Dienst ist gleichfalls nicht leicht. Sie steht in aller Frühe auf, um Kaffee zu machen, und kommt abends nicht vor 21.30 Uhr ins Bett. Proust gibt ihr den Beinamen »die Kriegstreiberin«, weil sie ihm gegenüber eines Tages erklärt hat: »Ich möchte mal sehen, wie das ist, der Krieg.« Im November 1913 erkrankt sie und wird von Robert Proust im Hôpital Broca operiert. Ihr Herr schickt ihr ein Exemplar von *Swann* ins Krankenhaus mit der Widmung: »Ein Gruß an die bald zu entlassende Kranke von dem Kranken auf Lebenszeit.« Nach ihrer Rückkehr bekundet sie ihre Eifersucht gegenüber Céleste Albaret, welche sie in ihrer Abwesenheit vertreten hat, und sie nennt sie »die Einschmeichlerin« oder »die kleine Intrigantin«. Proust muß sie schließlich entlassen. Als ihr Gatte Nicolas 1916 stirbt, macht sie Proust für dessen schwache Brust verantwortlich. Da sie Witwe ist und ohne alles dasteht, möchte Proust ihr zu Hilfe kommen.

Man findet manche ihrer Züge in der *Recherche* wieder (sie wußte zumal den garnierten Rinderbraten genauso gut zuzubereiten wie Félicie Fitau). George D. Painter zufolge [vgl. II, S. 203] servierte sie Proust im Januar 1909 eine Tasse Tee mit Toastbrot, die zum Erwachen seiner unbewußten Erinnerung (*mémoire involontaire*) führte.

Jossien: Chauffeur bei der Taxametergesellschaft von Monaco. Proust beschäftigt ihn von Oktober 1907 bis April 1908. Seine Schwägerin ist die Hausgehilfin von Jacques Bizet. Sein Name regt Proust zu dem Namen Jupien in der *Recherche* an, und er dient als Vorbild für den Kutscher Théodore, den Bruder eines Kammermädchens von Mme Putbus.

Odilon Albaret (1881-1960): Chauffeur bei der Taxametergesellschaft von Monaco. 1907 tritt er gemeinsam mit Jossien und Agostinelli in Prousts Dienst, und er wird regelmäßig in Paris beschäftigt. Mitte August 1914 wird Odilon eingezogen. Er rät Proust, seinen älteren Bruder Edmond einzustellen, der wegen einer leichten Taubheit ausgemustert wurde. Demobilisiert im November 1918, kehrt Odilon krank zurück (er hat einen erhöhten Albuminspiegel). Proust schickt ihn drei Monate in das Lazarett in Le Vésinet. Erst Ende 1919 fährt er wieder seinen alten roten Renault. Proust sieht darauf, daß er seine äußerst strenge Diät einhält. Odilon, den er wegen seines gesunden Börsenverstandes schätzt, bleibt sein Vertrauter. Er weigert sich nie, mitten in der Nacht aufzustehen, um eine Besorgung zu machen. Denn sein Herr ist sehr anspruchsvoll: »Wenn er den Wagen bestellt hatte, mußte mein Mann unten sein, ehe er aus dem Haus ging, und wenn er ihn einmal in Beschlag genommen hatte, ließ er ihn nicht wieder los. Manchmal bat er ihn, wenn sie nach Hause gekommen waren, zu warten, falls er noch einmal ausgehen wollte. Oder aber er verspürte um 2 Uhr morgens Appetit auf ein Glas kaltes Bier, das ihm aus dem geschlossenen Ritz geholt werden mußte« (C. Albaret, a.a.O., S. 224). (Der Schriftsteller Ramon Fernandez hatte ihn damit bekannt gemacht, als er in dem Bierlokal Lipp welches für ihn bestellte, und das Bier, das Odilon in einer kleinen Karaffe holte, löschte seinen Durst. Die Küchen des Ritz waren zu dieser späten Stunde geschlossen, doch hatte Odilon das Einverständnis des Oberkellners Olivier Dabescat.) Odilon gibt Proust auch die Rufe der kleinen Straßenhändler wieder, die er in *Die Gefangene* notiert hat.

Céleste Albaret, geborene Gineste (1891-1984): Aus dem Département Corrèze gebürtig, heiratet sie Odilon Albaret am 27. März 1913 in Auxillac (das zur Gemeinde La Canourgue im Département Lozère gehört). Proust schickt ihnen ein Telegramm: »Meine besten Glückwünsche. Ich schreibe Ihnen nicht ausführlich, weil ich eine Grippe habe, doch wünsche ich Ihnen und den Ihren von ganzem Herzen viel Glück« (*Correspondance* XII, 1913, S. 117). Im April 1913 ziehen die Albaret nach Levallois [Vorstadt von Paris]; Céleste verläßt damit zum ersten Mal ihre heimatliche Provinz. Sie begegnet Proust und sieht ihn im September wieder, als er sich gerade den schwarzen Bart abnehmen ließ: »Madame, ich stelle Ihnen Marcel Proust vor, im Negligé, ungekämmt und ohne Bart« (C. Albaret, a.a.O., S. 14). Mitte November, zur Zeit der Krankheit von Céline Cottin, beauftragt er sie damit, die Widmungsexemplare von *Swann* zu überbringen. Nach den Büchern holt sie dann auch jeden Tag die Briefe am Boulevard Haussmann ab. Bevor sie Françoise verkörpert, ist sie die »Briefbotin« der *Recherche*. Da die Krankheit Célines länger währt, nimmt sie schließlich deren Stellung ein. Am Morgen kümmert sie sich um den Milchkaffee und die Croissants, dann, von 2 bis 5 Uhr nachmittags, muß sie in der Küche warten. Als Céline zurückkommt, wird die Situation jedoch unerträglich, und Proust muß Céline entlassen. Durch den Krieg verliert Proust Nicolas Cottin, und Odilon Albaret ist an der Front. Céleste zieht in die Wohnung am Boulevard Haussmann in das Zimmer von Nicolas, und bis zu Prousts Tod 1922 bleibt sie in seinen Diensten. Zurückhaltend, aber umsichtig und Proust lange Jahre über treu ergeben, äußert sie ihre Meinung über die Romane Prousts sowie über die Werke, die ihm zugeschickt werden, und sieht zu, daß die Besuche nicht zu lang und ermüdend werden. Aufmerksam den Erzählungen Prousts lauschend, nimmt sie sogar die Gewohnheit an, genauso spät zu Bett zu gehen wie er, was die Blässe ihres Teints noch verstärkt. Nach dem Tod Prousts behauptete Antoine Bibesco, die zwei einzigen Wesen auf der Welt, die Proust wirklich geliebt habe, seien seine eigene Mutter und Céleste gewesen, und ohne jede Anmaßung stellte sie dies in ihren Erinnerungen nicht in Abrede. Im April 1923 verläßt das Ehepaar Albaret die Rue Hamelin. Da Proust kein Testament hinterlassen hat, bieten sein Bruder Robert, Horace Finaly und Mme Straus – allerdings vergeblich – Céleste ihre Hilfe an. 1924 kauft sie mit ihrem Mann in der Rue des Cannettes ein Hotel mit etwa fünfzig Zimmern, das sie später wieder verkaufen. 1960 stirbt Odilon, und einige Jahre lang kümmert Céleste sich um das Ravel-Museum in Montfort-l'Amaury. Als ihre Tochter Odile Gévaudan erkrankt, muß sie mehrere Erinnerungsstücke verkaufen, die sie von Proust noch besaß. Sie hatte den Wandschirm, die drei kleinen Nachttische, die kleine grüne Lampe, die Sessel, die weichen Lehnstühle und den Toilettentisch aufbewahrt. Allerdings behält sie weiter die schöne Opalnadel, die er ihr geschenkt hatte. Mit 82 Jahren entschließt sie sich endlich, ihre Memoiren zu veröffentlichen, denn sie sieht es als ihre Pflicht an und fühlt sich dazu in der Lage, denen gegenüber, die sich ohne genaue Anhaltspunkte bereits erlaubt hatten, über sein Leben zu schreiben, das Bild Prousts zurechtzurücken. Ihr Erinnerungsbuch trägt den Titel *Monsieur Proust* – Erinnerungen, aufgezeichnet von Georges Belmont. Das Buch erschien 1973 im Verlag Laffont (ihm ging zwei Jahre zuvor ein Werk von Jean Plumyène voraus, das unter dem Titel *Céleste* im Verlag der Table ronde erschienen war).

Ende 1981 überreicht ihr der Kulturminister Jean-Philippe Lecat die Kommandeurs-Insignien für Kunst und Literatur. Am 25. April 1984 stirbt sie in Méré in der Nähe von Montfort-l'Amaury.

Léontine: Schwägerin von Céleste. Im April 1915 nimmt sie bei dem Tod von deren Mutter kurz Célestes Stelle ein. Proust, der an seine Haushälterin gewöhnt ist und Léontines Geschwätz über sich ergehen lassen muß, schätzt sie wenig.

Marie Gineste: Schwester Célestes, unverheiratet. Proust stellt sie im

Oktober 1918 zeitweilig ein, damit sie Céleste bei den Besorgungen hilft. 1922 zieht sie ganz in die Rue Hamelin. Sie kommt um die Mittagessenszeit und geht abends wieder. Sie putzt und besorgt die Einkäufe. Sie holt auch das Kreuz der Ehrenlegion ab, das der Maler Béraud für Proust bei Cartier anfertigen ließ.

Yvonne Albaret: Nichte von Céleste. Im Frühjahr 1922 zieht sie in die Rue Hamelin, wo sie damit beauftragt ist, das Typoskript von *Die Gefangene* und *Die Entflohene* zu vervollständigen. In der *Recherche* finden sich ihre Züge bei der Tochter Françoises wieder, deren Argotsprache den Erzähler verblüfft.

DIE MAHLZEITEN

Frühstück: Proust trinkt zwei Tassen sehr starken Kaffees und ißt zu jeder Tasse ein Croissant. Der Kaffee wird auf einem großen Silbertablett serviert, auf dem eine kleine silberne Kaffeekanne mit seinen Initialen, eine Schale mit vergoldetem Rand und den Initialen der Familie, eine Milchkanne aus Porzellan und eine Untertasse für das Croissant stehen. Er nimmt nur Kaffee Marke Corcellet und läßt ihn in einem Laden im 17. Arrondissement, in der Rue Lévis, rösten. »Der sehr fein gemahlene Kaffee wurde in den Filter gefüllt und festgedrückt; damit der Kaffee so stark wurde, wie Monsieur Proust ihn wünschte, mußte das Wasser sehr lange und langsam, Tropfen für Tropfen, durchlaufen, während der Filter natürlich im Wasserbad warmgehalten wurde« (C. Albaret, a.a.O., S. 32 f.). Damit immer ganz frische Milch da ist, wird sie von einem Milchgeschäft des Viertels jeden Morgen neu angeliefert. Céleste macht sie auch nie ein zweites Mal warm, sondern kocht regelmäßig frische Milch für den Kaffee. Die Croissants sind von einer Bäckerei und Konditorei in der Rue de la Pépinière.

Nachts: Das Silbertablett wird durch ein lackiertes Tablett mit einer Flasche Évian-Mineralwasser, Lindenblüten, einer kleinen Tasse und einer Zuckerdose ersetzt, für den Fall, daß Proust sich mit seinem elektrischen Wasserkocher einen Tee machen will. In Wirklichkeit macht er sich nie welchen, und er trinkt auch nie einen Tropfen Évian-Wasser. Dagegen stellt er oft aus Versehen seinen elektrischen Kocher an, der dann bei Morse in der Rue de la Bienfaisance wieder repariert wird.

Hauptmahlzeit: Proust ißt sehr wenig. Wie er Dr. Linossier schreibt, nimmt er 1904 nur eine Mahlzeit am Tag ein. Sie besteht aus »[...] (2 Eiern à la crême 1 ganzen gebratenen Hühnerflügel, 3 Croissants, 1 Teller Bratkartoffeln, Weintrauben, Kaffee, 1 Flasche Bier) und in der Zwischenzeit nehme ich in den 24 Stunden nur noch ein Viertel Glas Vichy-Wasser vor dem Schlafengehen zu mir« (*Correspondance* IV, 1904,

S. 250 [dt. in: *BZL*, S. 158]). Vor dem Krieg backen Nicolas oder Céline ihm des öfteren eine Seezunge, oder – da Proust die Küchengerüche nicht verträgt – sie lassen ein Gericht von Larue kommen (einem Restaurant an der Ecke der Rue Royale und der Place de la Madeleine). Er bestellt dort manchmal den »kleinen Topf« (ausgesuchte Stücke Rindfleisch und Hühnermägen, die langsam auf kleiner Flamme gar gekocht sind): er ißt nur ein paar Bissen direkt aus dem Topf und läßt gleich wieder abservieren. 1913 begnügt er sich manchmal mit zwei Schalen Milchkaffee und mit zwei Croissants am Tag. Während des Krieges läßt er auch die Croissants weg, und Céleste versucht vergeblich, sie durch Sandplätzchen zu ersetzen. Dann trinkt er nur noch Kaffee. Bis zu einem Liter an manchen Tagen. Am Ende seines Lebens greift er auf die Küche des Ritz zurück.

Seine kulinarischen Neigungen

Als großer Schlemmer hat Proust Lust auf bestimmte Gerichte, befürchtet jedoch immer, enttäuscht zu werden. Dem Fleisch, das er wenig schätzt (außer dem Hühnerfleisch), zieht er gebratene Seezunge vor, die Céleste bei *Félix Potin* an der Place Saint-Augustin kauft. Dies ist übrigens das einzige Gericht, das er ganz aufißt. Céleste erlebt es nur ein einziges Mal, daß er Rötlinge aus dem Restaurant *Prunier* ißt. Zweimal verzehrt er mit mäßigem Appetit gebratenen Stint. Er mag auch den russischen Salat von *Larue* und gut abgetropfte Pommes frites, die auf einem doppelt gelegten Tuch serviert werden. Manchmal ißt er gern Rühreier.

Nachtisch: Jedes Gelüst ist an eine bestimmte Lieferfirma gebunden, die ihn an seine Jugend und an seine Eltern erinnert. Das Teegebäck muß von *Rebattet* sein (dem Lieferanten seiner Mutter) und die Brioches von *Bourbonneux* in der Rue de Rome. Wenn er Appetit auf Schokolade hat, holt Céleste eine Süßspeise von *Latinville* in der Rue de la Boétie oder eine Bourdaloue-Birne bei *Larue*. Die Früchte (in der Regel eine Birne und Weintrauben) kauft sie bei *Auger* am Boulevard Haussmann. In den späteren Jahren zieht Proust den frischen Früchten wenig gezuckerte Kompotte und Himbeer- oder Erdbeereis vor, das Odilon aus dem *Ritz* holt. Ein- oder zweimal will er Konfitüre oder Johannisbeersirup von *Tanrade* in der Rue de Sèze haben, aber er rührt es kaum an.

Getränke: Proust trinkt weder Wein noch Schnäpse, sondern eisgekühltes, vom Faß gezapftes Bier, das Marie Gineste in einer Flasche aus dem Bierlokal *Lipp* holt. Nach dem Krieg wird Odilon damit beauftragt, mitten in der Nacht welches aus dem *Ritz* zu holen, wo er sich dank des Oberkellners Olivier Dabescat selbst in der geschlossenen Küche bedienen kann. Von Zeit zu Zeit trinkt Proust Apfelwein zu den Pommes frites.

Proust-Porträt von J.-E. Blanche

Proust und seine Gäste

Die Gäste: Wenn er empfängt, setzt Proust seinen Gast – in der Regel nur eine Person – an den kleinen Tisch neben dem Bett, und er nimmt selbst nichts zu sich. Das immergleiche Menü besteht aus Schollenfilets, Huhn, Eis von Poire-Blanche und zu jedem Gang guten Weiß- oder Rotwein. Außerhalb der Mahlzeiten läßt Proust Champagner Veuve Cliquot oder Portwein mit Teegebäck von Rebattet servieren. Er selbst rührt nie etwas an. Er wolle einen klaren Kopf behalten, sagt er.

Große Diners: Am Anfang gab er sie bei seiner Mutter. Er führte den Vorsitz und rührte selbst kein einziges Gericht an. Es wurde Fruchteis serviert. Später gab er seine Diners bei Larue, im Hotel Crillon oder im Ritz.

Proust ist demnach eher ein Feinschmecker als ein Schlemmer. Die Mahlzeit scheint ein mehr intellektuelles denn sinnliches Ereignis zu sein. Er zieht die Erinnerung an die Speisen den Speisen selbst vor. Dies gilt etwa für den garnierten Rinderbraten oder für die gebackene Seezunge. Die Mahlzeit wird zu einem Ritual, das ihm durch Gedanken- und Geruchsassoziationen dabei hilft, die Vergangenheit wiederzufinden.

KLEIDUNG

Kleidungsgewohnheiten: Proust interessiert sich nur wegen seines Romans für die Mode. Ihm selbst genügen bequeme und warmhaltende Kleider. Wenn er ausgeht, ist sein Kragen oft mit Watte vollgestopft. Auf Empfängen behält er immer seinen Pelzmantel an. Lord Derby, der englische Gesandte, der ihm nach dem Krieg bei einem Diner im Ritz begegnet, schreibt: »Von allen Eindrücken, die meine Frau und ich aus Paris mitgenommen haben, war Monsieur Proust der unauslöschlichste. Ja, er war der erste Kerl, den wir jemals in einem Pelz dinieren sahen« (vgl. Painter II, S. 447). Anna de Noailles behielt gleichfalls ihren Mantel an, und man nannte sie die »beiden pelzgefütterten Lappländer«.

Wenn Proust nach Cabourg fährt, stapelt Céleste in einen Reisekoffer mit Rädern eine Unzahl von Wäschestücken, Unterwäsche und Oberbekleidung. Denn er trägt immer viel auf dem Körper, sogar im Sommer, und er zieht sich fortwährend um. Er hat sich zwei Überzieher aus Vikunjawolle anfertigen lassen, »um ans Meer zu gehen«: der eine grauweiß mit violettem Futter, sehr leicht, der andere braun. Er trägt sie mit dem dazu passenden runden Hut.

Er geht nie ohne seine Handschuhe aus, läßt sie aber, aus Angst vor dem Benzingeruch, nicht reinigen. Er erträgt auch keine neuen Taschentücher, sondern nur sehr abgenutzte (das gleiche gilt für die Schuhe). Nach dem Krieg behält er seine frühere Garderobe bei: Oberbekleidung von altmodischem Schnitt und hohe, steife Hemdkragen, was allerdings seiner Eleganz keinen Abbruch tut. Proust hat mehrere Mäntel: seinen nerzgefütterten Gehpelz mit dem schwarzen Fischotterkragen, einen schwarzen, mit schwarz und weiß gewürfeltem Stoff gefütterten Überzieher und noch einen weiteren für zu Hause. Er läßt seine Anzüge im »Carnaval de Venise« in der Nähe der Oper anfertigen. Der alte englische Zuschneider kommt zur Anprobe ins Haus. »Abgesehen von Frack und Smoking besaß er mehrere Cutaways, die er mit gestreiften Hosen trug, und dazu kam noch eine schwarze, paspelierte Jacke, natürlich alles maßgeschneidert« (C. Albaret, a.a.O., S. 97). Proust hat eine ganze Sammlung einfarbiger Westen; eine davon ist aus roter Seide. Da er sie jedoch für zu auffällig hält, zieht er sie nie an. Seine Querbinder sind schlicht: schwarz für den Smoking, weiß für den Frack, sowie ein granatfarbener, den er selten trägt. Als junger Mann trug Proust Krawatten von »Liberty«. Er zieht immer dasselbe Paar schwarzer, gelackter und geknöpfter Halbstiefel von »Old England« an. Céleste kauft ihm später in einem anderen Geschäft ein Paar Schaftstiefel aus beigem Leinen, die ihm außerordentlich gut gefallen.

Proust mag die Kleider, die er lange getragen hat, und er nutzt sie wenig ab. Kaufen und Anprobieren sind für ihn Zeitverlust. Da im übrigen die Geschäfte geschlossen sind, wenn er ausgeht, muß er alles kommen lassen.

Ausgehkleidung: Wenn er ausgeht, zieht Proust sich vollständig um. Da er sehr kälteempfindlich ist, zieht er ein Unterhemd und eine lange Unterhose aus Rasurelwolle an; sie kommen direkt aus dem Backofen, in dem sie – in ein Frotteehandtuch gewickelt – angewärmt wurden. Er bindet seine Querbinder selbst, läßt sich allenfalls von Céleste beim Zuknöpfen seiner Hemdbrust und seiner Stiefel helfen. Sie hält die Handschuhe und die Taschentücher bereit, hilft ihm in den Gehpelz und reicht ihm dann den Stock (ein Geschenk von Albufera) und den zu seinem Anzug passenden Hut (Melone, Klappzylinder oder Filzhut).

Die Hausangestellten waschen nichts selbst, sondern geben alles in die Wäscherei Lavigne – vormals Firma Bleue –, bei der auch Prousts Mutter waschen ließ.

EIN TAG PROUSTS GEGEN ENDE SEINES LEBENS

Frühstück: Proust beginnt seinen Tagesablauf gegen 4 oder 5 Uhr nachmittags. Am Vortag hat er die Zeit für seinen Kaffee festgesetzt; er läutet dann zweimal, um bedient zu werden. Céleste kommt ohne anzuklopfen mit dem Silbertablett herein. Proust läutet erneut für das zweite Croissant, liest dann seine Post und überfliegt die Zeitungen.

Toilette: In Erinnerung an seinen Vater (den Professor für Hygiene) ist sie äußerst gründlich und vor allem rituell. Proust duldet in seiner Gegenwart niemand im Badezimmer. Wegen seiner Unverträglichkeit gegenüber dem Parfum nimmt er weder Kölnisch Wasser noch Salbe, sondern nur ein Desinfektionsmittel. Er verwendet auch keine Seife, sondern, wegen seiner empfindlichen Haut, nasse Handtücher. Er beginnt mit dem Fußbad (in einem weißen Emailbecken mit einem vergoldeten Streifen), wozu er zwei Kannen Wasser braucht, die auf dem großen Küchenherd im Wasserbad auf 50° erhitzt wurden. Zum Abtrocknen benutzt er etwa zwanzig dünne Handtücher mit Gerstenkornmuster aus Leinen, die von Céleste bereitgelegt wurden. Er tupft sich mit jedem nur einmal ab, wirft es beiseite und nimmt das nächste, denn er befürchtet, daß von der Feuchtigkeit seine Haut aufspringt. Wenn er dann angekleidet ist, putzt er sich lange die Zähne mit einem feinen weißen Pulver, das ihm sein Vater einst verschrieben hatte und das er in großen Arzneiflaschen aus der Leclerc-Apotheke bezieht. Er spritzt seine Krawatte, den Spiegel und den Toilettentisch damit voll. Monsieur François, ein Friseur vom Boulevard Malesherbes, kommt jeden Tag ins Haus und rasiert ihn.

Proust geht aus: Nachdem er allein zu Abend gegessen hat, ist Proust zum Ausgehen bereit. Céleste läßt den Aufzug kommen. Er lächelt ihr zu: »Auf Wiedersehen, Céleste. Danke. Ich bin ziemlich müde; hoffen wir, daß das vergeht. Ich weiß nicht, ob ich früh oder spät nach Hause komme. Denken Sie bitte daran, die Leute anzurufen, die ich Ihnen genannt habe, und meine Papiere wegzuräumen« (C. Albaret, a.a.O., S. 133). Sein Chauffeur Odilon wartet unten auf ihn. Es ist ungefähr elf Uhr abends.

Soireen und Diners: Er kommt oft zu spät, weil der Zeitpunkt der Diners in der Stadt (acht oder neun Uhr) seinem Tagesablauf nicht entspricht. Er ergeht sich in Entschuldigungen, ißt aber nichts, denn er ist zu sehr damit beschäftigt, Gespräche zu führen oder die Gäste zu beobachten. Zu Empfängen kommt er nicht vor Mitternacht. Manche Gäste gehen ihm aus dem Weg, denn sie befürchten, daß er sie bis zwei Uhr morgens aufhält; außerdem sind, wenn er kommt, schon viele wieder gegangen. Bevor er die Gastgeberin begrüßt, läßt er von einem Diener anfragen, ob er seinen Gehpelz anbehalten kann (da er wenig Nahrung zu sich nimmt, ist ihm immer kalt), und verweilt dann unterwegs noch, um nochmals eine Entschuldigung vorzubringen oder ein Gemälde zu bewundern. Bezaubert von seiner Unterhaltung, stehen die übriggebliebenen Gäste im Kreis um ihn herum. Proust ist sehr gesprächig und ein glänzender Unterhalter: nichts entgeht seiner Neugierde, und er erkundigt sich nach einem Diner, einer genealogischen Einzelheit, einem Bekleidungsdetail, einem Namen, der ihm entfallen ist. »Die Kerzen erloschen eine nach der anderen. Die Diener gähnten und schliefen ein. Die Hausherrin selbst hatte genug. Marcel Proust aber sprach« (Léon Pierre-Quint, *Marcel Proust*, Sagittaire, 1976, S. 44). Manchmal empfängt er sogar mitten in der Nacht Freunde in der menschenleeren Vorhalle des Ritz (er betätigt dann selbst die Lichtschalter), oder er macht unvermutete Besuche zu ungehöriger Stunde. »Er ist erst zwei Minuten im Salon, da geht er schon wieder. Aber wenn Sie ihn dann zur Tür begleiten, hält er Sie eine halbe Stunde im Vorzimmer auf« (L. de Robert, *Comment débuta Marcel Proust*, Gallimard, 1969, S. 89).

Nach den Soireen: Proust begleitet seine Freunde nach Hause. Läßt das Wetter es zu, begleitet er sie zu Fuß, und der Wagen folgt ihnen nach. Ist er bei dem Freund angekommen, besteht er bisweilen darauf, daß dieser ihn seinerseits nach Hause begleitet; er nimmt ihn in diesem Fall mit zu sich in seine Wohnung hinauf und diskutiert mit ihm bis zum Morgengrauen. Oft jedoch kehrt er allein nach Hause zurück, in der Regel gegen zwei oder drei Uhr nachts. Céleste wartet auf ihn, denn er hat keine Schlüssel. Sobald sie den Aufzug hört, geht sie auf den Treppenabsatz hinaus und macht ihm die Tür auf. Proust lächelt ihr zu, dankt ihr und bittet sie, ihm in sein Zimmer zu folgen, wo er sich hinsetzt. Sie bleibt ihm gegenüber stehen und hört ihm zu: »Wenn er da auf seinem Bett saß, sah er aus wie ein junger Prinz, der gerade von seinem schönsten Ball heimgekehrt war« (C. Albaret, a.a.O., S. 135). Diese Nachtwachen können sich bis sieben, ja halb zehn Uhr morgens hinziehen. Wie viele Asthmatiker, die dann leichter atmen als tagsüber, zieht Proust es demnach vor, nachts zu leben.

Arbeit und Schlafengehen: Nach seiner Rückkehr legt Proust sich oft ins Bett (seine Laken werden jeden Tag gewechselt). Er findet bereits seinen Pyjama, um seine Wärmflaschen gewickelt, und ein sehr dickes Trikot aus Pyrenäenwolle vor. Er arbeitet dann bis sieben Uhr morgens oder auch länger, wenn er vorher Céleste noch seine Eindrücke erzählt hat. In seinem Bett sitzend, wird er von einem Stapel Pullover abgestützt, die nacheinander von seinen Schultern geglitten sind. Seine Knie dienen ihm als Pult. Er bedient sich nie des kombinierten Nacht- und Schreibtisches, den ihm Horace Finaly geschenkt hat. Seine Schreibhaltung ist keineswegs praktisch, aber Proust kümmert sich nicht mehr um seine Bequemlichkeit als um seine Gesundheit. In einem Brief an seinen Freund Louis de Robert beschreibt er, wie er im Bett, auf einen Ellbogen gestützt und das Papier im Leeren haltend, schon nach zehn Zeilen wie gerädert ist. Er schreibt schnell, mit Sergent-Major-Federn. Um ihn herum liegen eine Menge Federhalter, denn wenn ihm einer herunterfällt, hebt er ihn nicht auf. Er verwahrt in seinem Nachttisch etwa 15 Federhalter, zwei gläserne Schultintenfässer, eine billige Uhr, für die Céleste 5 Francs bezahlt hat; sein Räuchermaterial ist gleichermaßen in Reichweite. Etwa ab 1918 bedient er sich mehrerer Brillen. Mit wegen der schlechten Beleuchtung vor Müdigkeit brennenden Augen kann er nicht mehr weiterschreiben und versucht, bei Tagesanbruch Schlaf zu finden. Aber schläft er wirklich? Céleste sollte es immer bezweifeln.

Die Geschichte des Hôtel Ritz

César Ritz, geboren in einem kleinen Dorf des Schweizer Kantons Unterwalden, stammte aus einer Bauernfamilie. Er begann seine Karriere sehr bescheiden als Kellermeisterlehrling in Brig. Anschließend stieg er vom Servierer zum Oberkellner auf und wurde Hotelgeneraldirektor (namentlich des Savoy-Hotels in London). 1896 gründete er zusammen mit dem mondänen Rechtsanwalt Henry V. Higgins in London die Gesellschaft »Ritz Hotel Syndicate Ltd«. Ritz hatte den Ehrgeiz, sein eigenes Hotel zu schaffen, und kaufte an der Place Vendôme das ehemalige Privathaus des Herzogs von Lauzun auf, in dem sich damals eine Darlehensbank, der »Crédit mobilier«, befand, der sich anschickte, das Gebäude zu verlassen. In Zusammenarbeit mit dem Architekten Charles Mewès nahm Ritz die Schaffung seines Idealhotels in Angriff, des ersten Hotels der Welt mit elektrischem Licht auf allen Etagen. Am 1. Juni 1898, unter den Augen des ganzen Paris von Rang und Namen, fand die Einweihung des Palasthotels statt, das schnell zum Sammelpunkt des Gotha wurde. 1902 zog sich César Ritz, der in Depression verfallen war, von der Pariser Szene zurück, und seine sechsunddreißigjährige Gemahlin Marie-Louise Ritz nahm die Dinge in die Hand. Sie leitete das Hotel mit der Hilfe von Olivier Dabescat. Innerhalb von zehn Jahren erweiterte sie es zweimal. Das Ritz wurde nach dem Ersten Weltkrieg zum Aufenthaltsort weiterer Schriftsteller wie F. Scott Fitzgerald (wenn er nach Paris kam) und vor allem Ernest Hemingway. Marie-Louise behielt die Leitung des Hotels bis 1953 inne, dann wurde ihr Sohn Charles bis zu ihrem Tod im Jahre 1976 Vorsitzender des Verwaltungsrates. 1979 kaufte der in England wohnende ägyptische Geschäftsmann Al-Fayed mit seinen beiden Brüdern das Hotel für 30 Millionen Dollar auf. Als Anerkennung für die von ihm durchgeführten Restaurationsarbeiten wurde ihm 1985 von Jacques Chirac die große Medaille der Stadt Paris überreicht und anschließend 1986 die Ehrenlegion verliehen. Herr Al-Fayed verfolgt seit 1985 eine kulturelle Mäzenatenpolitik und stiftete nacheinander den internationalen Literaturpreis Ritz Paris Hemingway (1985) und dotierte 1986 den Marcel-Proust-Preis mit 250 000 Francs.

MONDÄNES LEBEN

Wir haben versucht, die verschiedenen Anlässe (Diners, Theater- und Konzertbesuche, Besuche), chronologisch zusammenzustellen, aber die Listen, die wir anhand von Briefwechseln und veröffentlichten Erinnerungen aufstellen konnten, sind nicht erschöpfend.

Diners und Empfänge

1888, *Dez.*: Bei Laure Hayman.

1891, *Nov.*: Bei Mme Straus.

1892, *März*: Bei den Heredia; bei der Princesse Mathilde. *9. Mai*: Bei Léon Yeatman zu Ehren von Maurice Barrès. *Juli*: Mittagessen bei Dr. Blanche nach den Malsitzungen. *5. Nov.*: Fest des 18. Jahrhunderts bei Laure Hayman. *7. Nov.*: Bergson diniert bei den Proust. *27. Nov.*: Bei der Baronin James de Rothschild.

1893, *22. Jan.*: Ball bei den Finaly mit Léon Yeatman. *13. April*: Bei Mme Lemaire (er begegnet Robert de Montesquiou). *29. April*: Bei dem Comte de Saussine. *Mai-Juni*: Diner für seine Kameraden; den Vorsitz führen seine Eltern. *1. Juli*: Bei der Princesse de Wagram (er sieht Mme Greffulhe). *31. Dez.*: Diner in Chartres mit Pierre Lavallée und Louis de la Salle.

1894, *22. Mai*: Dienstags-Diner bei Mme Lemaire (er begegnet Reynaldo Hahn). *30. Mai*: Fest Montesquious in Versailles. *4. Nov.*: Bei Mme Arman de Caillavet. *27. Dez.?*: Bei den Daudet (Reynaldo Hahn hat ihn dort eingeführt).

1895, *9. Febr.*: Bei den Heredia mit Robert d'Humières. *3. März*: Musikalische Soiree bei der Princesse de Polignac. *20. März*: Ball der Comtesse Dahen d'Anvers mit dem jungen König von Serbien. *23. April*: Er hört Dardanus bei der Princesse de Polignac. *26. Mai*: Bei Mme Lemaire (Le Bargy trägt die »Porträts von Malern« vor). *6. Juni*: Musikalische Soiree bei Mme de Feydeau de Brou. *14. Nov.*: Diner bei den Daudet mit Goncourt, Coppée, Hahn. *14. Dez.?*: Diner bei den Proust mit den Heredia, Gabriel Hanotaux, Robert de Montesquiou, den Régnier, Lucie und Antoinette Faure.

1896, *11. Jan.*: Soiree bei Mme Aubernon. *31. Jan.*: Musikalischer Nachmittag bei Delafosse. *18. April*: Soiree bei Mme Guillaume Beer (Moreno trägt die »Chauves-souris« [von Montesquiou] vor). *10. Juni*: Bei Mme Lemaire (Saint-Saëns spielt Klavier).

1897, *30. März*: Proust empfängt Mme Straus bei sich zu Hause. *20. April*: Bei Mme Lemaire (wo die Chöre von Reynaldo Hahn interpretiert werden). *13. Mai*: Diner bei der Comtesse de Beaulaincourt. *24. Mai*: Bei Proust, eines »der literarischsten und elegantesten« Diners. *17. Juni*: Musikalische Soiree bei Mme Bartholoni.

1898, *13. Jan.*: Diner bei L. Halévy mit Anatole France. *20. Mai*: Musikalische Soiree bei der Princesse de Polignac.

1899, *24. April*: Diner bei Proust (Laparcerie trägt die »Perles rouges« von Robert de Montesquiou vor).

Juni?: Bei der Princesse A. Bibesco (er begegnet Antoine Bibesco). Charpentier-Soiree, wo Louis de Robert ihn dem Oberst Picquart vorstellt.

1900, *20. März*: Bei der Marquise de Brou. *30. Juni*: Diner im Restaurant Weber mit Robert de Montesquiou.

1901, *1. Mai*: Bei Montesquiou in Neuilly. *6. Mai*: Soiree bei Proust (Laparcerie trägt Verse von Anna de Noailles in Gegenwart von Anatole France vor). *30. Mai*: Empfang bei Montesquiou (Sarah Bernhardt trägt Gedichte von Anna de Noailles vor). *19. Juni*: Großes Diner bei Proust zu Ehren von Anna de Noailles. *1. Juli*: Diner bei ihm mit Montesquiou und Yturri. *14. Nov.*: Diner bei ihm mit Coco de Madrazo und Reynaldo Hahn.

1902, *Winter*: Bei ihm zu Hause mit Fernand Gregh, Mary-Sabin, Mme de Noailles. *Mai - Juni?*: Im Restaurant Larue mit Bertrand de Fénelon (der auf den Bänken herumsteigt). Diner bei Mme Léon Fould (er wird Georges de Lauris vorgestellt). *17. Juni*: Festival Fauré bei Mme Lemaire. *Juni*: Musikalische Soiree bei Mme Bénardaky. *30. August*: Diner bei den Noailles. *2. Sept.*: Diner bei Proust für Mme de Noailles, ihre Schwester, ihren Bruder, Hermant, Fénelon und Antoine Bibesco. *23. oder 25. Dez.*: Diner bei Mme de Noailles (er begegnet dem »jungen Guiche«).

1903, *2. Febr.*: Anläßlich der Hochzeit von Robert Proust Lunch bei den Eltern der Braut (Avenue de Messine 6). *14. Febr.*: Diner bei Proust mit Robert d'Humières (der ihm bei seinen Ruskin-Übersetzungen hilft). *1. April*: Diner bei Proust mit den Noailles, Mme de Pierrebourg, den Chimay, Hervieu, Hermant, Constantin de Brancovan und Antoine Bibesco. *9. Juni*: Maskenball bei Mme Lemaire (er macht dort die Bekanntschaft von Mme de Clermont-Tonnerre und Marie Nordlinger). *16. Juni?*: Antoine Bibesco lädt ihn zu einem Diner mit Vuillard, den Montebello und Mme de Noailles ein. *16. Juli*: Diner bei Proust mit Gaston Calmette, Antoine Bibesco, Léon Yeatman, Bertrand de Fénelon, Georges de Lauris, Francis de Croisset, René Blum; seine Eltern sind ebenfalls anwesend.

1904, *Ende Juni - Anfang Juli*: Empfang und Souper bei Proust für Fénelon und für seine Freunde. *13. Juli*: Diner des Duc de Guiche. *14. Juli*: Diner im Schloß von Vallière aus Anlaß der Verlobung von Guiche mit Élaine Greffulhe. *17. Juli*: Diner mit Guiche bei Mme de Noailles (er zerbricht eine Tanagra-Figur). *18. August*: Diner mit Louisa de Mornand.

1905, *5. Januar*: Diner bei Proust zu Ehren von Fénelon, mit R. Hahn, A. Bibesco, F. Gregh, G. de La Rochefoucauld, R. Péter, A. Flament und L. Daudet. *6. März*: Tee bei Proust für seine Freunde vom Faubourg Saint-Germain. *2. Juni*: Diner bei Proust (Montesquiou liest ein satirisches Porträt von Mme Aubernon). *8. Juni*: Soiree bei der Comtesse de Béarn (Reynaldo Hahn dirigiert die Chöre von »Esther«). Er soll am selben Abend zur Comtesse de Castellane gegangen sein und dort Arthur Rubinstein gehört haben. *10. Juni*: Diner bei Larue und anschließend Soiree bei Mme de Noailles (er versöhnt sich dort mit Maurice Barrès). *28. Juni*: Bei der Princesse Murat (er beobachtet Mme Greffulhe, die sich mit dem Prinzen Radolin, dem deutschen Gesandten, unterhält). *23. August?*: Diner bei den Clermont-Tonnerre.

1906, *9. Juli*: Bei der Princesse de Chimay. *13. Sept.?*: Er lädt Robert de Billy zu einem Diner mit T. de Berckheim und G. de Lauris ein. *Zwischen dem 23. und dem 27. Sept.*: Zu Besuch bei der Comtesse d'Arnoux in Versailles.

1907, *11. April*: Musikalische Soiree bei der Princesse de Polignac. *28. Mai*: Soiree bei Mme Lemaire (er sieht Montesquiou wieder). *1. Juli*: Großes Diner, gefolgt von einer musikalischen Soiree im Ritz: er lädt Gaston Calmette ein, die Comtesses de Noailles, de Brantes und d'Haussonville, Jean Béraud, Emmanuel Bibesco und Jacques-Émile Blanche. Zu der musikalischen Soiree finden sich auch die Princesse de Polignac und Gabriel de La Rochefoucauld ein (Risler spielt Beethoven, Chopin, Wagner und Fauré auf dem Klavier). *30. August*: Wohltätigkeitskonzert im Grand-Hôtel von Cabourg. *8. Nov.*: Soiree bei Montesquiou im Musenpavillon.

1908, *12. Juni*: Ball bei der Princesse de Polignac. *22. Juni*: Empfang bei der Princesse Murat (A. de Fouquières stellt ihn Mlle de Goyon vor). *Juli*: Er gibt ein Diner in Cabourg, dem Louisa de Mornand, Léon Radziwill und A. de Neufville beiwohnen. *16. August*: Tee mit Mme Edwards, José-Maria Sert und Mme Forain. *August*: Er lädt Louisa de Mornand, Robert Gangnat und Gaston Gallimard zu einem Diner im Grand-Hôtel von Cabourg ein.

1909, *Febr.?*: Bei den Daudet (er trifft Montesquiou und Jules Lemaitre). *29. Juni*: Soiree mit Emmanuel Bibesco und Lebaudy-Ball. *19. Juli*: Diner bei der Marquise de Ludre.

1910, *Mitte Januar*: Bei Mme Lemaire. *18. März*: Soiree bei den Straus (er macht dort zweifellos die Bekanntschaft von Jean Cocteau). *25. Dez.*: Bei Mme Edwards am Quai Voltaire (er begegnet Arnold Bennett und Jean-Paul Fargue).

1911, *20. Febr.*: Bei Larue (er begegnet Robert de Flers, dessen Frau sowie Gaston Arman de Caillavet). *10. Mai*: Soiree der Zeitschrift *L'Intransigeant* im Hotel Carlton (er begegnet Marthe Bibesco). *16. August*: Ball des Golf-Clubs im Grand-Hôtel von Cabourg.

1912, *19. Juni?*: Soiree mit Cocteau (der ihm Gedichte aus »Der Tanz des Sophokles« vorträgt). *4. Juli*: Letzte Soiree des Jahres bei der Duchesse de Guiche (er sieht die Comtesse Greffulhe und Mme Standish wieder).

1913, *17. Mai*: Souper bei Larue mit Maurice Rostand und Nijinski. *Mai*: Diner bei Mme Scheikévitch. *29. Mai*: Souper bei Larue mit Strawinsky und Cocteau.

1914: Für das Jahr 1914 wurde kein einziges Diner verzeichnet.

1915, *11. Mai*: Soiree bei den Straus. *4. Juni?*: Soiree bei den Lauris. *9. Okt.?*: Besuch bei Mme de Chevigné (bei der er Cocteau trifft). *12. Nov.*: Bei Mme Duglé (Erstaufführung der Walzer von Reynaldo Hahn).

1916, *13. März*: Diner mit Henri Bardac und dessen Diener Charly Hunaphries im Restaurant Ciro. *August*: Bei Larue mit J. Bardac (er sieht Saint-Saëns und Tristan Bernard). *Sept.*: Bei Mme de La Béraudière.

1917, *4. März*: Diner bei Larue (Paul Morand stellt ihn der Princesse Soutzo vor). *22. April*: Diner im Ritz mit Morand, der Princesse Soutzo, Cocteau und Mme de Chevigné. *27. Juli*: Diner im Ritz mit Morand, der Princesse Soutzo, Jacques Porel, den Beaumont, Cocteau, Violette Murat und J. Reinach. *15. Nov.*: Diner im Crillon mit Berry und Guiche, anschließend Soiree bei Mme Hennessy. *1. Dez.*: Soiree im Ritz mit der Princesse Soutzo.

1918, *30. Januar*: Soiree bei G. de La Rochefoucauld (er hört das zweite Streichquartett von Borodin). *5. Febr.*: Nach dem Diner geht er zu Mme Alphonse Daudet (wo er den Abbé Mugnier, Léon Daudet, Mme de Noailles und Francis Jammes trifft). *Sept.*: Diner im Ritz mit Mme de Chevigné. *24. Dez.*: Weihnachtsessen der Princesse Murat im Ritz.

1919, *Januar*: Diner zu Ehren von Lord Derby. *2. März*: Diner im Ritz mit der Princesse Soutzo und H. Nicolson. *März*: Bei Mme Hennessy. *14. August*: Diner im Ritz mit Walter Berry. *Dez.*: »Erkenntlichkeitsdiners« nach dem Prix Goncourt.

1920, *Mai?*: Besuch bei Jacques Porel (Ricardo Vinès spielt auf dem Klavier Debussy). *14. August*: Von Walter Berry zu Prousts Ehren im Ritz gegebenes Diner.

1921, *März*: François Mauriac diniert bei ihm zu Hause. *16. Juni*: Diner bei Mme Hennessy anläßlich der Verlobung des Duke of Marlborough. *31. Dez.*: Ball bei den Beaumont.

1922, *15. Jan.*: Ball im Ritz (er tanzt mit Mlle d'Hinnisdal). *7. Febr.*: Soiree im Ritz, Gastgeberin Princesse Soutzo. *Frühjahr*: Bei der Comtesse de Mun (er sieht Jeanne de Caillavet zum letzten Mal). *18. Mai*: Großes Souper, das die Schiff zu Ehren von Diaghilew, Picasso, Strawinsky, Joyce und Proust geben. *12. Juni*: Soiree bei Mme Hennessy (er begegnet M. Prévost). *15. Juli*: Im Bœuf sur le toit mit Paul Brach und Edmond Jaloux. *Anfang Oktober*: Letzte Soiree bei den Beaumont.

Theater, Oper, Konzert

1881: Erster Theaterbesuch im Herbst.

1888, *26. Sept.*: *Cendrillon*, Märchendrama von Blum im Châtelet-Theater. *Okt.*: *Mignon* von A. Thomas in der Opéra-Comique. *13. Okt.*: *Athalie* von Racine im Odéon-Theater. *14. Okt.*: *Pied de mouton*, Märchendrama von Cogniard im Éden-Théâtre. *17. Okt.*: *Mimi* von Raymond und Boucheron im Vaudeville-Theater. *19. Okt.*: *L'Amante du Christ* von Darzens im Théâtre-Libre.

1891, *21. März*: *Germinie Lacerteux*, Wiederaufnahme mit Réjane im Odéon (er besucht die Vorstellung mit den Straus, Jacques Bizet, Jacques Baignères). *27. März*: *L'Impératrice Faustine* im Théâtre de la Porte-Saint-Martin.

1893, *19. Januar*: Premiere von *L'Invitée* von Curel. *22. Mai*: *L'Autre*, gespielt von Le Bargy in der École des sciences politiques. *Mai-Juni*: *Die Walküre* von Wagner. *1. Nov.*: *Madame Sans-Gêne* von Victorien Sardou im Vaudeville. *8. Nov.*: *Leurs Gigolettes* von Meilhac im Palais-Royal. *16. Dez.*: *Gigolette* im Théâtre de l'Ambigu.

1894, *14. Jan.*: Colonne-Konzert: *Parsifal* von Wagner. *17. Jan.*: Vortrag von Robert de Montesquiou über die Gedichte von Marceline Desbordes-Valmore im Théâtre d'application. *21. Jan.*: Konzert im Konservatorium. *14. März*: *L'Amour marmiton* von H. de Saussine im Théâtre d'application. *April*: Loïe Fuller und Otero in den Folies-Bergère, mit Robert de Montesquiou und Gabriel d'Yturri. *5. Mai*: Konzert von Delafosse in der Salle Érard. *3. Okt.*: *Le Sycomore* von T. Moore und *La Barynia* von J. Gautier im Odéon. *12. Okt.*: *Othello* von Shakespeare in der Oper. *9. Dez*: Die *5. Sinfonie in c-Moll* von Beethoven im Konservatorium, mit seinem Bruder Robert.

1895, *5. Febr.*: Mit Reynaldo Hahn in der Comédie-Française, in der Loge von Mme Lemaire. *10. Febr.*: Lamoureux-Konzert. *25. Febr.*: *Hernani* von Victor Hugo in der Comédie-Française, mit Mme Lemaire. *12. April*: Eine Szene des *Tristan* von Wagner in einem Lamoureux-Konzert, mit Mme Lemaire. *13. Mai*: *Tannhäuser* von

Wagner in der Oper. *26. Mai*: Colonne-Konzert im Châtelet-Theater, mit Mme Lemaire und Reynaldo Hahn. *8. Dez.*: Ein *Klavierkonzert* von Mozart (Pianist: Saint-Saëns) im Konservatorium. *18. Dez.*: Premiere von *Frédégonde* in der Oper, mit Mme Lemaire.

1896, *31. Jan.?*: *La Bonne Hélène* von Jules Lemaitre im Vaudevilletheater. *23. Febr.*: *9. Sinfonie* von Beethoven im Konservatorium, mit L. Daudet. *Nov. - Dez.?*: *Hamlet* von Shakespeare in der Oper, mit L. Daudet.

1897, *5. April*: *Portraits de peintres*, gespielt von Risler [die Gedichtfolge von Proust mit einer Klavierbegleitung von R. Hahn] in der Salle Pleyel. *21. April*: Matineekonzert in der Bodinière (Mlle Moreno rezitiert die *Portraits de peintres*). *3. Juni?*: *La Dame aux camélias* von Alexandre Dumas d. J., gespielt von der Duse im Théâtre de la Renaissance. *24. Okt.*: *La Nuit d'amour bergamasque* von Reynaldo Hahn, Erstaufführung, Colonne-Konzert im Châtelet-Theater. *31. Okt.*: Zweitaufführung. *18. Nov.*: Colonne-Konzert. *21. Dez.?*: *Sapho* von A. Daudet im Vaudeville-Theater.

1898, *23. März*: *L'Ile du rêve* von Reynaldo Hahn, erste Vorstellung in der Opéra-Comique. *27. März*: Lamoureux-Konzert. *11. Dez.*: Im Konservatorium, in der Loge von Mme Félix Faure.

1901, *August*: *Le Tour du monde en quatre-vingts jours* von Jules Verne und J. Dennery im Châtelet-Theater. *21. August*: *Wilhelm Tell* von Rossini in der Oper. *5. Nov.*: *L'Énigme* von P. Hervieu, erste Aufführung in der Comédie-Française, mit L. Daudet.

1902, *7. Juni*: *Tristan und Isolde* von Wagner, mit Antoine Bibesco und Bertrand de Fénelon. *24. Nov.*: Generalprobe von *Joujou* von H. Bernstein im Gymnase-Theater.

1903, *7. Febr.*: Premiere von *Andromaque* von Racine mit Sarah Bernhardt im Théâtre Sarah Bernhardt. *2. April*: *Folies-Bergère* mit Georges de Lauris. *4. April*: Er wohnt dem ersten Auftritt von Aline Clairval im Théâtre des Maturins bei. *15. April*: Robert de Flers und Gaston Arman de Caillavet laden ihn zu den ersten Vorstellungen von *Sire de Vergy* ein. *17. April*: Er möchte den Marquis de Casa-Fuerte ins Maturins-Theater mitnehmen, wo Louisa de Mornand in *Le Coin du feu* spielt. *3. Dez.*: *Le Retour de Jérusalem* (ein antisemitisches Stück von Maurice Donnay).

1904, *8. Nov.*: *Maman Colibri* von Henry Bataille, interpretiert von Louisa de Mornand.

1905, *6. März*: *Le Bon Numéro*, gespielt von Louisa de Mornand im Vaudeville-Theater. *April?*: Konzert im Marineministerium zur Feier der Entente cordiale.

1907, *7. Okt.*: Der Sänger Mayol im Théâtre de la Scala.

1908, *28. Sept.*: Wiederaufnahme des *Roi* im Théâtre des Variétés, zusammen mit Robert de Flers und Marcel Plantevignes.

1909, *18. Mai*: Eine Vorstellung im Rahmen der »Russischen Saison« im Châtelet-Theater. *25. August*: Ein Akt des *Werther* von Massenet in Villers-sur-Mer. *26. August*: *Arsène Lupin* im Casino von Cabourg, mit Francis de Croisset. *27. Nov.*: *Le Circuit* von Feydeau und Croisset im Théâtre des Variétés, mit Freunden.

1910, *13. Febr.*: *La Fête chez Thérèse*, Ballett von Reynaldo Hahn; er wohnt der Generalprobe in der Oper bei. *4. Juni?*: *Scheherazade*, *Carnaval*, *Le Festin* und *Prinz Igor* von Borodin, aufgeführt von den »Russischen Balletten« in der Oper. *11. Juni*: *Cléopatre*, *Les Sylphides* und *Scheherazade*, aufgeführt von den »Russischen Balletten« in der Oper (er wird von der Comtesse Greffulhe eingeladen). *8. August*: Konzert von Litvinne im Casino des Grand-Hôtel von Cabourg. *1. Sept.*: Mayol-Konzert.

1911, *9. Febr.?*: *Le Cadet* von Hermant im Vaudeville-Theater (das Stück bringt ihn zum Weinen). *20. Febr.*: Ein Akt der *Meistersinger* (mit dem Theatrophon gehört). *21. Febr.*: *Pelléas et Mélisande* von Debussy (mit dem Theatrophon gehört). *21. Mai*: *Le martyre de Saint Sébastien* von Debussy im Châtelet-Theater, mit Robert de Montesquiou.

1912, *14. Mai*: *Don Giovanni* von Mozart, dirigiert von Reynaldo Hahn in der Opéra-Comique. *24. Mai*: *Summurum*, Generalprobe im Vaudeville-Theater (die Comtesse Greffulhe lädt ihn zusammen mit Mme Standish ein). *23. Juni*: *Le Devin de Village* von Rousseau in Ermenonville, mit dem Duc de Guiche und dem Prince Radziwill. *1. Okt.*: Hundertste Aufführung der *Hérodiade* von Massenet in der Gaîté-Lyrique. *26. Nov.*: *L'Habit vert* von Robert de Flers und Gaston Arman de Caillavet im Théâtre des Variétés. *17. Dez.*: Generalprobe von *Kismet* (in der Loge von Mme Straus, mit Hervieu, Calmette und Jacques Bizet).

1913, *26. Febr.*: Konzert des Capet-Streichquartetts in der Salle Pleyel; mit Georges de Lauris hört er *Streichquartette* und die *Große Fuge* von Beethoven. *19. April*: *Sonate für Violine und Klavier in A-Dur* von Franck, gespielt von Goldschmidt und Enesco. *15. Mai*: Eine Vorstellung der Russischen Ballette im Théâtre des Champs-Élysées. *17. Mai*: *Prélude à l'après-midi d'un faune*, getanzt von Nijinski. *22. Mai*: *Boris Godunow* von Mussorgski, Erstaufführung im Théâtre des Champs-Élysées. *29. Mai*: Premiere des *Sacre du printemps* von Strawinsky.

1914, *Januar*: *Streichquartette* von Beethoven in der Schola oder im Concert Rouge. *28. Mai*: »Russische Ballette« in der Oper, mit H. de Ganay.

1916: Das *Streichquartett in D-Dur* von Franck, gespielt von dem Poulet-Quartett im Concert Rouge (das Poulet-Quartett kommt anschließend zu ihm nach Hause).

1917, *21. Mai*: *Parade*, Ballett von Cocteau [Musik von Erik Satie] im Châtelet-Theater.

1920, *4. Mai*: Galavorstellung der »Russischen Ballette« in der Oper. *14. Juni*: Premiere von Shakespeares *Antonius und Kleopatra* in der Oper (in der Loge der Princesse Soutzo mit Henri Bardac).

1922: *Le Renard* von Strawinsky.

Museen und Ausstellungen

1893, *8. Mai*: Ausstellungseröffnung des Salon du Champ-de-Mars, wo Jacques-Émile Blanche elf Porträts ausstellt, darunter das von Proust.

1894, *17. April*: Marie-Antoinette-Ausstellung in der Galerie Sedelmeyer.

1895, *Mai*: Im Louvre mit Pierre Lavallée. *27. oder 28. Nov.*: Im Louvre mit Reynaldo Hahn: Pastellbilder von Chardin und La Tour.

1896, *Jan.*: Monet-Ausstellung in der Galerie Durand-Ruel. *24. April*: Eröffnung der Ausstellung von Mlle Lemaire im Salon du Champ-de-Mars (er begegnet dort Montesquiou). *1. oder 2. Sept.*: Im Louvre mit Mme Arman de Caillavet.

1897, *Jan.?*: Im Louvre mit Marie Nordlinger, wo sie sich die Tiara des Saitapharnes ansehen.

1898, *Okt.*: Rembrandt-Ausstellung in Amsterdam. *Nov.*: Das Haus von Gustave Moreau (dem Staat als Museum überlassen).

1900, *23. Nov.*: Ausstellung der Seerosen von Monet bei Durand-Ruel.

1902, *3. Okt.*: Ausstellung der frühen flämischen Maler in Brügge, mit Bertrand de Fénelon. *17. Okt.*: Die Gemälde von Frans Hals in Haarlem. *18. Okt.*: *Die Ansicht von Delft* von Vermeer in Den Haag.

1903, *April*: Ausstellung von Zeichnungen von Maxime Thomas in der Galerie Durand-Ruel.

1904, *6. Febr.*: Ausstellung fernöstlicher Kunst in der Galerie Durand-Ruel. *12. April*: Ausstellung der Maler Clouet und Fouquet im Louvre, mit Marie Nordlinger.

1905, *15. Juni*: Whistler-Ausstellung in der École des beaux-arts.

1911, *5. Dez.*: Chinesische Ausstellung bei Durand-Ruel, mit L. Henraux (er trifft G. Rodier).

1912, *4. Juni*: Monet-Ausstellung. *20. Sept.?*: Er bittet Georges de Lauris, ihm die Rouart-Sammlung zu zeigen, die Gemälde der Impressionisten enthält.

1921, *24. Mai*: Ausstellung holländischer Malerei im Jeu de Paume-Museum, mit Jean-Louis Vaudoyer (er erleidet einen Schwindelanfall).

REISEN

1878, *Sept.?*: Ferien der Familie Proust in Illiers, wo der in *Gegen Sainte-Beuve* wiedergegebene Vorfall mit »Robert und dem Zicklein« sich ereignet. **1880**, *6. Sept.*: Aufenthalt in Dieppe. **1884**, *August*: Ferien in Houlgate. **1885**, *Sept.?*: Aufenthalt in Salies-de-Béarn. **1886**, *Herbst*: Mit seinen Eltern in Illiers wegen der Hinterlassenschaft der Tante Amiot. **1889**, *Sept.*: Aufenthalt in Ostende bei den Finaly. *Vom 15. Nov. 1889 bis zum 14. Nov. 1890*: Militärdienst in Orléans. **1890**, *Sept.*: Auf Regimentsurlaub in Cabourg.

1891, *Sept.*: In Cabourg. *1. Okt.*: In Trouville, in der Villa »Les Frémonts« bei den Baignères. Jacques-Émile Blanche fertigt sein Bleistiftporträt an.

1892, *August: 7.-8.*: In Saint-Gratien bei der Princesse Mathilde. *Am 14.*: Reise nach Trouville, zu den Finaly. *Am 29.*: Paul Baignères zeichnet ein Porträt von Proust in ein Album.

1893, *August*: Dreiwöchiger Aufenthalt in Sankt Moritz. Er fährt mit der Seilbahn auf den Rigi hoch und wandert zu Fuß bis zur Grüm-Alp. *Ende August - Anfang September*: Eine Woche in Évian. *6. Sept.*: In Trouville, im Hôtel des Roches-Noires mit seiner Mutter. Er bleibt *bis zum 28. 31. Dez.*: In Chartres zum Neujahrsessen mit Pierre Lavallée, der dort seinen Militärdienst abgeleistet hat.

1894, *August*: *Am 18.*: Abreise zum Schloß von Réveillon; Mme Lemaire hat ihn für einen Monat eingeladen. Reynaldo Hahn kommt ihm *am 20.* nach und wohnt der Szene mit dem Rosenstock bei. *Sept.*: *14. oder 15.*: In Trouville, Aufenthalt mit seiner Mutter im Hôtel des Roches-Noires. Er verkehrt mit den Straus und den Porto-Riche. *Am 23.* läßt Mme Proust ihn allein in Trouville. Er kehrt *am 25.* nach Paris zurück.

1895, *5. oder 6. April*: Im Schloß von Segrez (Département Seine-et-Oise) bei seinem Freund Pierre Lavallée. *Juli*: Im preußischen Rheinland; erster Aufenthalt in Bad Kreuznach, wohin er seine Mutter begleitet, die dort zur Kur ist. Robert de Billy und seine Frau statten ihnen einen Besuch ab. Einzelheiten von diesem Aufenthalt finden sich in *Jean Santeuil* wieder. *Ende Juli - Anfang August?*: Mit Reynaldo Hahn in Champrosay bei den Daudet. *10. August*: Mit Hahn in Dieppe bei Mme Lemaire. *August*: In Appeville-le-Petit, ein Ausflug, bei dem er die Buchen an der Straße nach Rouen bewundert. Er schreibt danach »Unterholz« für *Freuden und Tage*. *21. August*: Rückkehr nach Dieppe, wo Mme Lemaire ihn Saint-Saëns vorstellt. Rückkehr nach Paris *am 30. August*. *4. Sept.*: Abreise aus Paris nach Belle-Ile-en-Mer zu Sarah Bernhardt, in Begleitung von Reynaldo Hahn. *6. Sept.*: Sie verlassen Belle-Ile und fahren nach Beg-Meil (im Département Finistère), wo sie in dem kleinen Hotel Fermont wohnen. Sie begegnen dem Maler Harrison. *27. Okt.*: Rückkehr nach Paris. *31. Okt.*: Im Schloß von Réveillon schreibt er »Die Kastanienbäume« für *Freuden und Tage*.

1896, *8. August*: Reise mit seiner Mutter nach Mont-Dore, wo er eine Kur macht. Rückkehr nach Paris am Monatsende. *19. Okt.*: Er zieht sich nach Fontainebleau zurück, um an seinem Roman zu arbeiten, und schreibt »Das Telephongespräch mit seiner Mutter« [in: *Jean Santeuil*], das seinen Angstzustand bei der Ankunft im Hotel in Erinnerung ruft. Rückkehr nach Paris *etwa am 25*.

1897, *Etwa Mitte August* begleitet er seine Mutter nach Bad Kreuznach. *Um den 9. Sept.*: Rückkehr nach Paris. *Herbst*: In Dieppe mit Léon Yeatman.

1898, *Okt.*: Erste Reise nach Holland. In Amsterdam zur Rembrandt-Ausstellung.

1899, *Anfang September* fährt er nach Évian, wohin seine Eltern ihm vorausgefahren sind. Sie wohnen im Hôtel Splendide. Er sieht dort Antoine Bibesco und die Brancovan wieder. *Am 10.* in Thonon bei Clément de Maugny und *am 13.* in Genf. *Am 14.* sieht er Pierre de Chevilly in Thonon und begibt sich anschließend nach Coudrée zu den Bartholoni. *Am 21.* macht er einen Ausflug nach Coppet mit Constantin de Brancovan und Abel Hermant. *Am 1. Okt.* fährt er rund um den Genfer See. *Am 4.* bringt er Maugny nach Annemasse. Rückkehr nach Paris *etwa am 8*.

1900, *Um den 28. April*: Abreise nach Venedig mit seiner Mutter; sie wohnen im Hôtel de l'Europe. Er begegnet Reynaldo Hahn, Marie Nordlinger und der Princesse Hélène de Caraman-Chimay, mit der er die Pfeiler von Sankt Johannes von Akko vor dem Markusdom [die beiden Pilastri Acritani vor der Südfassade] untersucht. Er macht Spazierfahrten in der Gondel. *Ende Mai*: Rückkehr nach Paris. *Am 13. Okt.* fährt er allein wieder nach Venedig. Er besucht das Kloster der armenischen Mönche auf der Insel San Lazzaro *am 19*. Rückkehr am Ende des Monats.

1901, *7. Sept.*: In Amiens Mittagessen mit Léon Yeatman und nachmittags in Abbeville, wo er allein vor der Kirche arbeitet. Diner am Bahnhof von Amiens, Rückkehr nach Paris noch am selben Abend.

1902, *28. März*: Besichtigung des Bergfrieds von Coucy mit den Brüdern Bibesco, Bertrand de Fénelon, Robert de Billy und Georges de Lauris. *Sept.*: *Am 6.*: Von Paris aus Zugfahrt nach Pray mit Bertrand de Fénelon, aber nur Proust bleibt bei den Daudet in Pray über Nacht. *Am 7.*: Abreise von Pray im Automobil mit Lucien Daudet. Sie fahren zum Château du Fresne zu Mme Brantes. Rückkehr nach Paris am selben Abend. *Okt.*: *Am 3.*: Begleitet von Fénelon, Reise von Paris nach Brügge zur Ausstellung der frühen flämischen Maler. *Vom 9. bis zum 10.*: In Antwerpen. Fénelon fährt ohne ihn nach Amsterdam. *11. bis 13. Okt.*: Zugfahrt nach Dordrecht (Niederlande). Schiffsreise bis Rotterdam. Besichtigung von Delft. *14. Okt.*: Ankunft in Amsterdam, wo er mit Bertrand de Fénelon, der bereits dort ist, im Hôtel de l'Europe wohnt. *15. Okt.*: Besichtigung von Vollendam mit dem Liniendampfer ohne Fénelon. *17. Okt.*: In Haarlem sieht er die Gemälde von Frans Hals. *18. Okt.*: In Den Haag besichtigt er die *Ansicht von Delft* von Vermeer (vgl. Kasten S. 366). Rückkehr nach Amsterdam am Abend desselben Tages. *19. Okt.*: Rückkehr von Amsterdam nach Paris.

1903, *10. April* (Karfreitag): Ausflug im Automobil mit den Brüdern Bibesco, F. de Pâris, Georges de Lauris und L. Henraux nach Provins, Saint-Loup-de-Naud,Dammarie-les-Lys. *21. April*: Ausflug im Automobil mit den Brüdern Bibesco und Georges de Lauris nach Laon, Senlis, Coucy-le-Château, Saint-Leu-d'Esserent. *16. August*: In Trouville bei Mme Straus. *31. August*: Abreise nach Évian, wo seine Eltern sich bereits aufhalten. Zwischenhalt in Avallon und Besichtigung von Vézelay. *1. Sept.*: Am Morgen Abreise von Avallon nach Dijon. Unterwegs erblickt er Semur. Besichtigung von Dijon. Ankunft in Évian um 11 Uhr abends. *Sept.*: In Chamonix mit Louis d'Albufera und Louisa de Mornand. Sie reiten auf Maultieren bis nach Le Montanvers hinauf und gehen auf dem Gletscher spazieren. *10. Okt.*: Abreise von Évian. Zwischenstation in Bourg-en-Bresse, wo er die Kirche von Brou besichtigt. Zwischenhalt in Beaune zur Besichtigung des Hospizes, dann Weiterfahrt mit dem Zug nach Paris.

1904, *9. August*: Eingeladen von Paul Mirabaud und Robert de Billy, geht er zusammen mit Mme Fortoul und Jacques Faure an Bord der Yacht *Hélène*. Sie fahren nach Ouistreham, Cherbourg, Guernesey, Saint-Malo, wo sie zwei Tage auf der Mole von Dinard vor Anker liegen. *Am 13.* sind sie in Dinan. Rückkehr nach Paris *am 15.*

1905, *Um den 6. Sept.*: Ankunft in Évian mit seiner Mutter, die schwer erkrankt. Robert holt sie ab. Proust jedoch, der krank ist, bleibt noch ein paar Tage. Rückkehr nach Paris *etwa am 13.*

1906, *Ende Juli*: Er gedenkt, zusammen mit Louis d'Albufera und dessen Frau in der Nähe von Trouville eine Villa zu mieten. Aber er bleibt dieses Jahr über in Paris.

1907, *Um den 4. August*: Abreise nach Cabourg. In den ersten beiden Augustwochen unternimmt er mit Lauris einen Ausflug nach Trouville über Houlgate. Sie besuchen die Guiche in der Villa »Mon rêve« in Bénerville sowie Louisa de Mornand und die Straus in Trouville. *Etwa Mitte August*: Reise im Automobil mit Sem oder Helleu nach Bayeux, Caen, Balleroy und Dives. Er besichtigt das Schloß Norrey in Bretteville-l'Orgueilleuse. *Gegen Ende Sept.*: Nach seiner Abreise aus Cabourg verbringt er fünf Tage in Évreux und fährt von da aus nach Conches, wo er die Fenster der Kirche bewundert. Am Vorabend seiner Rückkehr nach Paris besucht er die Clermont-Tonnerre in Glisolles.

1908, *18. Juli*: Ankunft in Cabourg, wo er sich mit Fieber ins Bett legt. Anschließend fährt er nach Trouville zu den Straus und den Finaly. *Im August* besucht er Louisa de Mornand, Robert Gangnat und Gaston Gallimard in Bénerville. *Um den 26. Sept.*: Abreise im Taxi von Cabourg nach dem Hôtel des Réservoirs in Versailles.

1909, *Um den 14. August*: Unvermittelte Abreise nach Cabourg. *Am 25.*: Er fährt nach Villers-sur-Mer und hört dort *Werther*. *Gegen Ende Sept.*: Rückkehr nach Paris.

1910, *3. Juli ?*: Zwischen zwei Zügen verbringt er eine Stunde in Fontainebleau. *17. Juli*: Unvermittelte Abreise nach Cabourg (wegen der Umbauarbeiten in dem Haus am Boulevard Haussmann). Sein aufgegebenes, aber falsch registriertes Gepäck kommt ihm abhanden. *Gegen Ende Sept.*: Rückkehr nach Paris im Taxi.

1911, *11. Juli*: Jähe Abreise nach Cabourg, bis zum *26. ? Sept.* Wegen seiner Krankheit kann er während seines Aufenthalts das Hotel nicht verlassen.

1912, *Die beiden letzten Aprilwochen*: Ausflug aufs Land mit dem Taxi von Odilon Albaret (Halt in Rueil zur Besichtigung der blühenden Apfelbäume). Die Leute, die ihnen begegnen, halten sie für die Banditen Bonnot und Garnier. *7. August*: Unvermittelte Abreise nach Cabourg. *Im Sept.*: Zwei Tage vor seiner Rückreise besucht er Mme Straus in Trouville und begleitet sie im Automobil nach Honfleur.

1913, *Februar*: Er möchte sich in einem Schweizer Sanatorium behandeln lassen und von dort aus nach

Florenz fahren, doch er bleibt in Paris. *26. Juli*: Unvorhergesehene Abreise nach Cabourg, wo er nach einer »schrecklich bewegten« Reise um fünf Uhr früh ankommt, denn Agostinelli, der das Automobil steuert, hat sich verfahren. *4. August*: Nachdem er mit Agostinelli nach Houlgate gefahren ist, beschließt er auf einmal, mit dem Zug nach Paris zurückzukehren. Er schickt Nicolas Cottin einen kurzen Brief und bittet ihn, die Koffer zu packen und ihnen nach Paris nachzukommen. *Ende Okt.*: Er hat die Absicht, ein Anwesen zu mieten und Paris zu verlassen, kann sich jedoch nicht zum Aufbruch entschließen.

1914, *3. Sept.*: Abfahrt nach Cabourg mit Céleste Albaret und Ernst Forssgren. *Um den 13. Okt.*: Rückkehr nach Paris, das er bis zu seinem Tod 1922 nicht mehr verläßt.

FINANZIELLE LAGE

Vermögen und Einkünfte

Familienvermögen: Prousts Eltern waren sehr reich. Seine Mutter hatte von den Weil ein großes Vermögen geerbt, und sein Vater hatte ansehnliche Dienstbezüge. Nach ihrem Tod kam dies Proust reichlich zugute, und sein Schriftstellerleben wurde durch keine wirklichen Geldsorgen behindert.

Anlage seiner Wertpapiere: Proust interessierte sich sehr für die Anlagemöglichkeiten der Börse und zumal für die Aktien der De Beers. Sein ehemaliger Schulkamerad vom Lycée Condorcet, Horace Finaly, der Direktor der »Banque de Paris et des Pays-Bas« war, gab ihm oft sachdienliche Ratschläge. In äußerst präzisen, detaillierten Briefen beauftragte er Albert Nahmias mit seinen Transaktionen. Durch Léon Neuburger wurde er bei den Rothschild eingeführt. Er hatte ein Konto beim »Crédit industriel« und führte mit seinem Anlageberater Lionel Hauser einen umfangreichen Briefwechsel. Er war von dem Gedanken besessen, dem Ruin entgegenzugehen. In der Tat zeitigten seine Spekulationen bisweilen verheerende Resultate.

So hatte Proust *1911* in einem Terminkauf für 300 000 Francs Aktien von Goldminen erworben; im März 1912 mußte er das Aktienpaket mit 40 000 Francs Verlust wieder abstoßen. *Am 30. April 1913* erlitt er einen weiteren bedeutenden Verlust: »Papa behauptete, ich würde als Bettler sterben; ich glaube, er hatte recht« (C. Albaret, a.a.O., S. 226). *Im Mai 1914*, als er erneut wegen seiner glücklosen Spekulationen in Verlegenheit gerät, bietet er Robert de Flers an, eine Rubrik beim *Figaro* zu übernehmen, und wenn es »die überfahrenen Hündchen« sind.

Ausgaben: Sein ganzes Leben lang gab Proust viel Geld aus: für sich, für seine Freunde – denen er kostspielige Geschenke machte – oder für die Bediensteten, denen er hohe Trinkgelder gab. *1902*, auf einer Reise in die Niederlande mit Fénelon, stieg er in den teuersten Hotels ab. Da es ihm schon bald an Geld mangelte, machte er seinen Eltern weis, er sei bestohlen worden. Sein Vater hatte zu dieser Zeit eine bestimmte Unterstützungssumme für ihn festgesetzt, weigerte sich jedoch nie, seine Rechnungen zu begleichen. Die Ausgaben für Diners, Orchideen, Geschenke und Ausflüge in Mietwagen beliefen sich oft auf mehrere hundert Francs pro Woche. *Von 1908 bis 1913* bestellt Proust jeden Sommer bei einem Gärtner von Houlgate namens Lerossignol riesige Sträuße Gladiolen, Phlox oder Rosen für seine Freunde an der Küste. *1914* schenkt er Agostinelli für 27000 Francs ein Flugzeug.

Spiele: Proust war ein großer Bakkaratspieler im Casino von Cabourg. Im Jahre 1911 verlor er dort beträchtliche Summen.

Drohende Schulden: Proust hegte immer wieder einmal die Befürchtung, kein Geld mehr zu haben, doch in Wirklichkeit war seine finanzielle Lage niemals katastrophal. *Im November 1917* verkaufen die Straus für ihn einen Teil seines Mobiliars. Sie schlagen 10000 Francs für ein Louis XVI-Ensemble und für Teppiche heraus. *1919*, als er seiner Tante, der Eigentümerin des Hauses Boulevard Haussmann Nr. 102, auf einmal drei Jahresmieten (d.h. 20000 Francs) begleichen soll, hat er den Eindruck, das Wasser stehe ihm nun bis zum Hals; doch Guiche deckt seine Schulden. In diesem Jahr trägt ihm der Prix Goncourt 5000 Francs ein, die er jedoch sofort für »Erkenntlichkeitsdiners« ausgibt. *Im September 1922* ist er gleichwohl in der Lage, »lästigen Bedürftigen« 5000 Francs zu leihen.

Am Boulevard Haussmann bewahrt Proust sein Geld und seine Wertpapiere in den Schubladen eines chinesischen Schreibschränkchens auf, das in seinem Schlafzimmer neben dem Klavier steht. Céleste gibt ihm das Nötige, wenn er ausgeht. Da es ihn vor Steuererklärungen graut, läßt er sie von Vettern ausfertigen, die davon etwas verstehen.

Einkünfte aus seinen Werken

• **11. März 1913:** *Vertrag mit Grasset.* Es ist ein Vertrag auf Kosten des Autors, was allerdings zu jener Zeit viel geläufiger war als heute. Für junge Autoren war es sogar die Regel (auch André Gide, Roger Martin du Gard, Henri Bergson und andere bestritten die Kosten für die Veröffentlichung ihres ersten Werkes selbst). Grasset bietet Proust die Hälfte des Verkaufspreises an; aber Proust akzeptiert nur 3/7 und überläßt Grasset alle Prozente auf die Luxusausgaben. Grasset möchte für die Übersetzungsrechte 500 Francs zugestehen. Proust will jedoch nur die Hälfte, und so einigen sie sich schließlich auf eine erste Auflage von 1200 Exemplaren (aus denen in Wirklichkeit 1750 werden) zum

Preis von 3,50 Francs (Grasset hatte erst 10 Francs vorgeschlagen), von denen Proust 1,50 Francs pro Band erhält. Proust ist dieser niedrige Preis lieber, weil er eine weitere Verbreitung seines Werkes gewährleistet. 1916 beklagt er sich allerdings, trotz der fünf aufeinanderfolgenden Auflagen von *Swann* seit April 1914 keinen Centime erhalten zu haben. Der Gewinn Grassets (60 Centimes pro Exemplar) beläuft sich lediglich auf 720 Francs für die ganze Ausgabe. Proust bekommt nichts für die Übersetzungsrechte, denn das Werk wird bei Grasset nicht übersetzt. Sein Verleger gesteht Proust überdies einen Anteil von 20% auf den Rest des noch zu publizierenden Werkes zu.

• **14. April 1916:** *Vertrag mit Gallimard.* Proust erhält von seinem neuen Verleger kaum mehr Geld. Céleste: »Seit sein erstes Buch von der ›Nouvelle Revue Française‹ verlegt worden war bis zu seinem Tod erinnere ich mich nur an zwei Überweisungen, eine zu Beginn in Höhe von zehntausend damaligen Francs und eine weitere, sehr viel später, fast gegen Ende, von dreißigtausend Francs. Wären noch andere Beträge eingegangen, so hätte ich Bescheid gewußt« (C. Albaret, a.a.O., S. 310). Sie vergißt indessen die Überweisung von 7500 Francs im Januar 1921 für die Rechte an *Guermantes*.

Auflagen und Verkaufspreise zu Lebzeiten Prousts

Freuden und Tage, *1896*: In-Quarto-Luxusausgabe mit sehr geringer Auflage zum Preis von 13,50 Francs. 30 Exemplare werden auf Chinapapier gedruckt und 20 auf Japanpapier (vgl. »Illustrierte Ausgaben«).

In Swanns Welt, *1913*. November: 1750 Exemplare zu 3,50 Francs; Dezember: 2. Auflage. *1919*, Juni: 3300 Exemplare; November: 8800 Ex., *1920*: keine Nachauflage.

Im Schatten junger Mädchenblüte, *1919*. Juni: 3300 Exemplare; November: 6600 Ex.; *1920*, Januar: 6600 Ex.; April: Luxusausgabe von 50 Exemplaren zu 300 Francs (Oktavausgabe auf Dünndruckpapier); Juli: 6600 Exemplare.

☛ Zur gleichen Zeit erzielt *Croix de bois* von Roland Dorgelès, seinem Konkurrenten für den Prix Goncourt, eine Auflage von 85 000. Langfristig hat sich *In Swanns Welt* besser verkauft als *Im Schatten junger Mädchenblüte* (1 263 400 Ex. gegenüber 837 000 Ex. bis 1980, alle Ausgaben zusammengerechnet).

VII
FAMILIE

☛ Vgl. die Stammbäume im Anhang, S. 446 ff.

AHNEN

Prousts Ahnen gehören zwei sehr verschiedenen gesellschaftlichen Milieus an, die eine Vielzahl von Charakterzügen des Autors wie auch das Gepräge seines Werkes zu erklären vermögen. Seine Mutter stammt aus einer in Paris ansässigen reichen jüdischen Familie, sein Vater aus dem Provinzkleinbürgertum von Illiers im Département Eure-et-Loir.

• **Ahnen väterlicherseits:** Die Familie Proust, deren Name dort noch »prou« [pru] ausgesprochen wird, ist seit Jahrhunderten in Illiers beheimatet, einem kleinen Ort in der Nähe von Chartres, an der Grenze zwischen der Beauce und dem Perche. Die Familie ist alteingesessen, tritt jedoch nicht als »Dorfherr« auf. Ihre soziale Stellung wandelt sich kaum im Lauf der Zeiten. Die Familie hat die Ämter des Steuerpächters, des Vogtes und des Notars inne. Im 16. Jahrhundert gehört **Jehan Proust** dem Rat der Notabeln an, jener alten, im Mittelalter verankerten städtischen Institution. Unter Ludwig XIII. steigt **Gilles Proust** endgültig in das gutsituierte Bürgertum von Illiers auf. 1621 wird er von der Taille, der Steuer der Leibeigenen und Nichtadligen, befreit, und er erwirbt das Amt des Landvogtes. Durch vom König in Meaux verliehenes Patent wird sein Bruder, »Herr Advokat **Robert Proust**«, im August 1633 als Steuereinnehmer der Lehnsherrschaft eingesetzt. Für dieses Amt muß er dem Marquis von Illiers jährlich zehntausendfünfhundert Tourneser Pfund [in Tours geprägte Münzen] entrichten und »an den Tagen und Festen Unserer Lieben Frau von der Lichtmeß in der Liebfrauenkirche von Chartres ein jedes Jahr eine Kerze stiften«. Die Marquise von Illiers ist 1669 die Patentante seines Sohnes Claude. Das Vogtsamt bleibt weiter in der Familie: der Lizentiat **Michel Proust** hat es von 1673 bis zu seinem Tod 1693 inne. Die anderen Ahnen Prousts sind im Handel tätig oder an Grund und Boden gebunden.

• **Ahnen mütterlicherseits:** Die Familie Weil hat wie viele jüdische Familien ihren Namen von ihrer Heimatstadt. Im 18. Jahrhundert ist Weil eine freie Reichsstadt in der Nähe von Stuttgart. Zu dieser Zeit arbeiten die Ahnen Prousts in der Fayenceherstellung, einem damals aufblühenden Gewerbe. Frankreich, wie auch andere Länder Europas, versuchen, sich diese qualifizierten Handwerker gegenseitig abzuwerben. So begibt sich der Urgroßvater des Schriftstellers, **Baruch Weil** (1782 - 8. April 1828) nach Niederwiller in Lothringen und arbeitet in der dortigen Manufaktur, die dem Comte de Custine gehört. Im Gefolge der Französischen Revolution wird allen auf dem nationalen Territorium ansässigen Juden die französische Staatsbürgerschaft zugestanden. Baruch Weil verläßt Lothringen und läßt sich in Paris nieder. Zur Zeit des Konsulats [1799-1804] leitet er eine Porzellanmanufaktur im 10. Arrondissement. Das Geschäft geht glänzend, denn das Pariser Porzellan macht damals dem von Sèvres Konkurrenz. Er wohnt in der Rue du Temple Nr. 55 und anschließend in der Rue Boucherat Nr. 23, aus der zum Teil die spätere Rue de Turenne gebildet wird.

Aus seiner Ehe im Jahre 1800 mit *Hélène Choubach* hat er sieben Kinder, darunter *Godchaux,* geboren am 16. April 1806, *Benjamin,* geboren am 21. November 1807, und *Moïse,* geboren 1809. Er wohnt damals in dem Geschäftsviertel in der Nähe der Börse, mit dessen Errichtung gerade begonnen wird. Hélène stirbt in Paris am 20. November 1811. Baruch heiratet am 2. November 1812 *Marguerite Nathan*, die Tochter von Joseph Nathan (Lunéville, 1754 – Lunéville, 5. Januar 1813), einem mit Rosette Mayer verehelichten fliegenden Händler. Er hat mit ihr sechs Kinder, darunter *Lazard* – der sich Louis nennt –, *Abraham Alphonse* und *Adèle,* deren Enkelin Louise später Henri Bergson heiraten sollte. Nach dem Kaiserreich Napoleons I. befestigt die darauffolgende Restaurationszeit [1814-1830] das Vermögen der Weil.

1827 veröffentlicht Baruch ein Memorandum über das Projekt eines zu bauenden Ausstellungspalastes (Palais des expositions). Mit Titeln überhäuft und als Träger der Ehrenlegion, Mitglied der Schulkommission, Hauptverwalter der Synagoge, stellvertretender Vorsitzender des jüdischen Konsistoriums von Paris stirbt er in Paris am 8. April 1828 im Besitz von soliden Kapitalanlagen. Er ist der erste Weil, der auf dem Père-Lachaise beigesetzt wird.

GROSSELTERN

Großeltern väterlicherseits

• **Der Urgroßvater. René-François Proust** (Nogent-le-Rotrou, 1. Januar 1772 – Illiers, 18. Januar 1829): Sohn von Roch Proust (Nogent-le-Rotrou, 16. August 1750 – Argenvilliers, 25. November 1817, Landmann und Händler), und von Marguerite-Luce Mondeguerre (Argenvilliers, 13. Dezember 1750 – Argenvilliers, 7. Oktober 1808). François heiratet *Louise Lejeune* in Illiers am 17. April 1792. Er läßt sich in Illiers als Krämer, Kolonialwarenhändler und Kerzenmacher nieder und wird Stadtbeigeordneter. Er hat mit seiner Frau sieben Kinder, darunter *Anne-Monique* (Illiers, 25. Januar 1797 – Illiers, 3. November 1863), die am

20. August 1822 in Illiers Jacques-Étienne Cannet heiratet (Saint-Germain le Guillard, 20. November 1798 – Chartres, 29. Januar 1835), Töpferwarenfabrikant in Chartres; *Catherine-Élisabeth* (Illiers, 20. Januar 1798 – Illiers, 27. Oktober 1857), verheiratet in Illiers am 1. Oktober 1816 mit Jacques-André Jacquet (geboren am 29. November 1789 in La Loupe), Strickwarenhändler; *Louis-François-Valentin; Aimée-Thérèse* (geboren in Illiers am 15. Oktober 1806), verheiratet in Illiers am 12. April 1831 mit Arsène-Alexandre Godard (La Ferté-Vidame, 27. November 1807 – Illiers, 7. August 1888), Steuereinnehmer.

• **Urgroßmutter. Louise-Monique Lejeune** (Illiers, 4. Mai 1770 – Illiers, 26. Juni 1845). Tochter von Louis Charles (geboren um 1749), Bäckermeister, und von Françoise-Marie Buisson (Illiers, 1748 – Illiers, 23. Dezember 1827).

• **Großvater. Louis François *Valentin* Proust** (Illiers, 18. April 1801 – Illiers, 2. Oktober 1855). Am 25. Oktober 1825 heiratet er in Cernay, im Département Eure-et-Loir, Catherine Virginie Torcheux. Als Lebensmittel- und Kurzwarenhändler an der Place du Marché [Marktplatz] Nr. 11 ansässig, versorgt er seine Mitbürger mit Wachs, Kerzen und »Gesundheitsschokolade« und stellt in seiner Ladenstube Kerzen für die Pfarrgemeinde her. Er hat drei Kinder: zwei Töchter, *Louise-Virginie* (Illiers, 2. August 1826 – Illiers, 1. September 1832) und *Françoise Élisabeth*, geboren am 9. August 1828, und dann 1834 einen Jungen, *Adrien,* den er für das Priesteramt bestimmt. Sein Wunsch sollte nicht in Erfüllung gehen, und als er am 2. Oktober 1855 in Illiers stirbt, hat sich sein Sohn schon seit langem der Medizin zugewandt. Wie der Vater von Marcel Proust sollte auch er die glänzende Laufbahn seines Sohnes nicht mehr erleben.

• **Großmutter: Catherine *Virginie* Torcheux** (Cernay, 9. Juni 1808 – Illiers, 19. März 1889). Tochter von Pierre Armand Torcheux (St.-Aubin-des-bois, 18. Mai 1772 – Cernay, 9. August 1808), Grundbesitzer und Landwirt, und von Marie Anne Henriette Motte (geboren in Montigny-le-Chartif am 14. August 1778). Nach dem Tod ihres Mannes im Jahre 1855 führt sie das Lebensmittelgeschäft der Familie allein weiter. Als ihr Sohn Adrien 1866 seine Agrégation besteht und selbst für sich aufkommen kann, zieht sie in ein Haus in unmittelbarer Nähe, Place du Marché Nr. 6, wo sie eine Wohnung über einem Laden bewohnt. Hinter ihren Kattunvorhängen kann sie von dort aus das Kommen und Gehen in der kleinen Stadt beobachten.

Die Verwüstungen des Krieges von 1870/71 verschonen auch die Beauce nicht. Die Deutschen kämpfen rund um Illiers gegen die Loire-Armee. Im Oktober 1870 plündern sie Chateaudun und besetzen Chartres, das sich in zwanzig Kilometer

Entfernung von der Geburtsstadt der Familie Proust befindet. Mehrere Monate lang hat Adrien Proust keine Nachricht von seiner Mutter. Im Dezember entschließt er sich, mit Ballon-Post einen sorgenvollen Brief an einen Freund in Tours, den Tuchhändler Esnault, zu schicken: »Hat sie Illiers verlassen? Ist sie bei Ihnen? Geht es ihr gut? Das sind die Fragen, auf die ich sie anflehe, mir durch Taubenpost eine Antwort zukommen zu lassen« (Proust Fund, University of Illinois, Urbana). Doch bald kehrt die Ruhe wieder ein, und die Großmutter Prousts verbringt geruhsam den Rest ihres Lebens damit, an Ostern und in den Sommerferien auf Adrien und seine Familie zu warten. Sie stirbt in dieser heiteren und provinziellen Atmosphäre am 19. März 1889 in Illiers an Urämie.

Großeltern mütterlicherseits

• **Großvater. Nathé Weil** (Paris, 19. April 1814 – Paris, 30. Juni 1896). Am 6. Dezember 1845 heiratet er *Adèle Berncastel*, mit der er einen Sohn hat, *Georges Baruch Denis* (1847-1906), und eine Tochter, *Jeanne Clémence* (1849-1905).

Tätigkeiten: Anhänger Saint-Simons wie sein Bruder Louis, wendet er sich sehr früh schon den Geschäften zu und gründet eine Kommanditgesellschaft. Er finanziert mehrere Projekte, darunter ein Börsenmaklerbüro. Als Konservativer ist er Mitglied der Nationalgarde, des Grundpfeilers des Regimes von Louis-Philippe.

Charakter: Die Photographien zeigen einen autoritären Herrn mit markantem Profil und vorspringenden Lippen. Sein Geiz gilt bei den Weil als legendär. Zu den Mahlzeiten läßt er sehr mäßige Weine auftragen, aber für sich selbst hat er zu seinen Füßen eine wohltemperierte Flasche vom Besten stehen. Er zeichnet sich zudem durch seine unüberwindliche Abneigung vor dem Reisen und durch seine häuslichen Sitten aus. Er verläßt gewissermaßen nie die Wohnung der Familie in der Rue du Faubourg Poisonnière Nr. 40 B. Wenn er einmal einen kurzen Ausflug nach Dieppe unternimmt, sieht er zu, daß er noch am gleichen Abend zurück ist, denn es graut ihm davor, auch nur eine Nacht außer Haus zu verbringen. Sein Kutscher fährt ihn jeden Tag nach Auteuil zu seinem Bruder Louis, doch verfehlt er nie, ihn am Abend wieder nach Hause zurückzubringen: »[...] denn wenn er auch jeden Abend zum Diner dorthin kam, hielt er darauf, zum Schlafen nach Paris zurückzukehren. Er hat die Stadt keinen einzigen Tag während der fünfundachtzig Jahre verlassen, die er lebte [...], außer während der Belagerung von Paris, als er meine Großmutter in Étampes in Sicherheit brachte. [...] Wenn er abends nach Paris zurückkehrte, kam er an dem Viadukt der Eisenbahn vorbei, und der Anblick der Waggons, die die irrwitzigen Sucher des Unbekannten weiter als bis

›Point-du-Jour‹ oder ›Boulogne‹ beförderten, ließ ihn im Fond seines Coupés ein Gefühl von intensivem *Suave mari magno* empfinden. – ›Ist es möglich‹, rief er, indem er den Zug mit einer Mischung aus Staunen, Mitleid und Schrecken betrachtete, ›ist es möglich, daß es Leute gibt, die gerne reisen!‹« (Marcel Proust, *Contre Sainte-Beuve*, Gallimard, 1971, S. 575.)

Politische Themen stehen im Mittelpunkt seiner Streitereien mit seinem Bruder Louis.

Beziehung zu Marcel Proust: Wie Monsieur Sandré, für den er in *Jean Santeuil* als Modell dient, weiß er dem jungen Marcel seine Zärtlichkeit, aber auch seine Strenge zuteil werden zu lassen, zumal wenn es um dessen ungewisse Zukunft geht. Auf die Nachricht von seinem Tode hin, der nach mehreren Komplikationen einer Lungenentzündung am 30. Juni 1896 in seiner Wohnung eintritt, ist Proust zunächst recht teilnahmslos. Sobald aber die Bestattung vorüber ist und er das Zimmer des Verstorbenen betritt, bricht er in Tränen aus. Da er sich zuvor für empfindungslos hielt, ist er von diesem aufrichtigen Schmerz außerordentlich erleichtert. Er bewundert die Standhaftigkeit seiner Mutter, die hinter einem unbeweglichen Äußeren ihr tödlich verwundetes Herz verbirgt.

• **Großmutter. Adèle Berncastel** (Paris, 5. Februar 1824 - Paris, 2. Januar 1890). Sie wird in der Rue de Trévise Nr. 10 als Tochter des Kaufmanns Nathanael Berncastel des Älteren (Trier, 7. Oktober 1791 - Paris, 29. Oktober 1864) und von Rose Silny (Metz, 17. September 1794 - Paris, 23. März 1876) geboren, deren im Handel tätige Eltern aus Metz stammen. Die Familie Berncastel zeichnet sich genau wie die Familie Weil durch ihren großen Einfluß und durch ihren Reichtum aus. Sie wohnt im 7. Arrondissement und gehört dem mit der Advokatenschaft und der Finanz liierten jüdischen Großbürgertum von Paris an. Es ist diese »Welt«, die dem jungen Proust die ersten Türen zur mondänen Gesellschaft öffnet.

Charakter: Sanft und vom Geist der Aufopferung durchdrungen, steht sie dem Egoismus und dem mürrischen Wesen ihres Gatten entgegen. Sie gibt ihr Temperament und ihre Vorlieben an ihre Tochter weiter.

Wie ihre Mutter Rose Silny hat auch sie eine gediegene Ausbildung erhalten. Es ist in dieser jüdischen und saint-simonistischen Bourgeoisie Tradition, der Erziehung der Töchter besondere Sorgfalt zukommen zu lassen, damit diese die geistige Flamme der Salons des Jahrhunderts der Aufklärung weitertragen. Aus diesem Grund besucht sie regelmäßig den Salon ihrer Tante Amélie (verheiratet mit Adolphe Crémieux). Sie begegnet dort Lamartine, Musset, Rossini, Lamennais, Victor Hugo und auch George Sand, deren Werk sie begeistert. Sie schätzt über alles die Literatur des großen Jahrhunderts, die *Memoiren* von Saint-Simon und ganz besonders die Briefe von Mme de Sévigné. Für Proust bleibt sie stets »sevignistischer als Sévigné«. Ihre Bildung erstreckt sich ebenfalls auf das Gebiet der Musik.

Sie verkehrt auch in dem liberalen Salon der Comtesse d'Haussonville und in dem der Princesse Mathilde. Der Einfluß des Saint-Simonismus und des Positivismus, zu denen man sich dort bekennt, bilden ihren wissenschaftlichen Humanismus aus, der sich bei Prousts Mutter wiederfindet. Ihre literarischen Vorlieben beeinflussen ihren Enkel, der in seiner Jugend *François le Champi* [von George Sand] und die Schriften von Augustin Thierry liebt, die sie ebenfalls schätzt.

Sie nimmt ihn zu Leihbüchereien mit, die zu Beginn der 3. Republik Mode waren, um ihn mit den Klassikern vertraut zu machen, ohne Ausmerzungen und Zensuren, denn: »Sie hielt oberflächliche Lektüren für genauso ungesund wie Bonbons und Backwerk. Sie war der Ansicht, daß das große Wehen des Geistes selbst auf den Verstand eines Kindes keinen gefährlicheren und weniger belebenden Einfluß ausüben könnte als die frische Luft und der Wind der offenen See auf ihren eigenen Körper« (*In Swanns Welt*). Sie ist bei den Crémieux oft Rachel begegnet und ruft in Proust die Liebe zum Theater und zumal zur Tragödie wach.

Bedeutung für das Werk: In der *Recherche* liebt die Großmutter des Erzählers die Natur und geht bei Regen und Wind in dem kleinen Garten von Combray spazieren. In der Wirklichkeit ist es kaum anzunehmen, daß die Weil nach Illiers kamen. Wenn diese Szenen sich wirklich abgespielt haben, dann sicher in Auteuil bei dem Onkel Louis. Proust selbst jedenfalls, mit dem sie von 1880 bis 1889 die Ferien an der normannischen Küste verbringt, spricht seiner Mutter gegenüber von »jenen Jahren am Meer, als Großmutter und ich, in eins zusammengeschmolzen, plaudernd gegen den Wind angingen«. Diese Sommertage mit seiner Großmutter bleiben ihm in deutlicher Erinnerung. Er zieht sie für zahlreiche Passagen von *Im Schatten junger Mädchenblüte* heran: Ihre Klopfzeichen an der Zwischenwand, die im Hôtel des Roches-Noires in Trouville ihre beiden Zimmer voneinander trennte, hallen sein ganzes Leben lang in seinem Gedächtnis nach. Die Schrecken der Krankheit verfinstern die letzten beiden Wochen ihres Lebens. Sie wird auf Milchdiät gesetzt, weigert sich jedoch, die Milch zu trinken, und »ist nur dann bereit, sie einzunehmen, wenn sie nicht nach Milch schmeckt«. In der *Recherche* ist die Beschreibung des Endes der Großmutter unmittelbar von dem fünfzehn Jahre später eingetretenen Tod ihrer Tochter angeregt.

Ihr Tod geht Proust und seiner Mutter sehr nahe. Dem Beispiel der Verstorbenen folgend, beginnt diese wieder Mme de Sévigné zu lesen und im Wind und Regen der normannischen Küste spazierenzugehen. In ihren Briefen an ihren Sohn kann sie sich nur an ihre Güte und Großzügigkeit erinnern: »›Ich weiß eine andere Mutter, die sich selbst für gering achtet, die sich ganz an ihre Kinder weitergegeben hat.‹ Ist das nicht ganz Deine Großmutter? Nur, daß sie es nicht ausgesprochen hätte« (*Correspondance* I, 1880-1895, S. 138). Wie früher die Großmutter Prousts, hat sie die schwere Aufgabe, die extreme Empfindlichkeit ihres Sohnes zu beruhigen: »[...] denke an sie – ebenso liebevoll wie ich – aber laß Dich nicht zu tagelangem Weinen hinreißen, denn dadurch wirst Du nur geschwächt, und sie würde es nicht wollen. Im Gegenteil, je mehr Du an sie denkst, desto mehr solltest Du Dich bemühen, so zu sein, wie sie Dich liebte, und Dich so zu verhalten, wie sie es gern mochte« (*Correspondance* I, S. 144 [dt. in: *BM*, S. 19 f.]). Jahrelang trägt die Familie Weil am 2. Januar, dem Jahrestag ihres Todes, und am 5., dem ihrer Beisetzung, Trauer. Jede Fröhlichkeit und jede Geselligkeit waren an diesen Tagen des Jahres für eine Weile verbannt.

VATER

• **Achille *Adrien* Proust** (Illiers, 18. März 1834 – Paris, 26. November 1903).

Schulbildung und Studium: Nach der Volksschule Stipendiat am städtischen Gymnasium von Chartres, wo er mit Erfolg sein sprachliches und sein wissenschaftliches Abitur besteht. Trotz all seiner anderen Ruhmestitel erinnert er sein ganzes Leben lang gern daran: »Mein Name steht auf der Ehrenliste des Gymnasiums von Chartres.« Sein Vater möchte, daß er Priester wird, doch gibt Adrien – ohne seinen Glauben zu verlieren – schon bald das Priesterseminar auf und wendet sich der Medizin zu. Im Juli 1853 erhält er das Befähigungszeugnis für die physikalischen Wissenschaften und studiert anschließend Medizin in Paris. Er ist der erste Proust, der die Beauce verläßt. Er promoviert am 29. Dezember 1862 mit einer Arbeit über den »idiopathischen Pneumothorax«. Alles gelingt ihm: Er ist Preisträger des Hospitals, Preisträger der medizinischen Fakultät, erster Preis der École pratique. Am 14. März 1866 besteht er mit Auszeichnung die Agrégation; seine Habilitation trägt den Titel: *Des différentes formes de ramollissement du cerveau* [Von den verschiedenen Formen der Gehirnerweichung].

Karriere: Er ist nun in der Lage, an den medizinischen Fakultäten zu unterrichten. 1866 bricht in Frankreich die Cholera aus. Adrien Proust zeichnet sich damals durch seine Aufopferung und seine Mißachtung der Gefahr aus. Um der Krankheit den Weg nach Europa zu versperren, übernimmt er von seinen Lehrern Tardieu und Fauvel das wirksame Prinzip des »Sperrgürtels«. Seine Formeln à la Norpois (dem Diplomaten der *Recherche*) wie z. B.: »Die Fragen der internationalen Hygiene überschreiten die von der Politik gesetzten Grenzen«, machen die Politiker auf ihn aufmerksam. Darüber hinaus schneidet er bei dem Ärztewettbewerb des Zentralbüros glänzend ab, und dies verschafft ihm Zugang zu Regierungskreisen. 1869 entsendet ihn der Minister für Handel und Landwirtschaft nach Persien, wo er die Verbreitungswege der Cholera nach Rußland erforschen soll. Er fährt mit der Nord-Eisenbahn in einem luxuriösen Zug nach Moskau, muß dann aber seine Reise nach Sankt Petersburg und Astrachan bei brennender Hitze zu Pferd fortsetzen. Seine robuste Konstitution läßt sich jedoch durch nichts unterkriegen. Der Schah von Persien schenkt ihm prächtige Teppiche, die Marcel Proust später erbt. Der Großwesir Ali Pacha empfängt ihn nach seinem Besuch in Mekka mit großer Pracht in Konstantinopel. Seine breite Bildung und seine vollkommene Kenntnis der Wissenschaften kommen in den Schlußfolgerungen seines vom Institut de France im Jahre 1873 preisgekrönten Werkes *La Défense de l'Europe contre le choléra* [Der Schutz Europas vor der Cholera] zum Ausdruck. Die These, die er auf den Weltgesundheitskonferenzen vertritt und der zufolge die Epidemie aus Indien kommt, trägt ihm den Widerspruch Englands ein, dessen wirtschaftliche Interessen jenen Teil der Welt beherrschen.

1879 wird er als Nachfolger seines Lehrers Ambroise Tardieu in die Académie de médecine aufgenommen (deren Sekretär er von 1883 bis 1888 ist). 1884 erhält er als Nachfolger Fauvels den Posten des Generalinspektors der Gesundheitsämter sowie 1885 die Stellung als Hygieneprofessor an der medizinischen Fakultät. Er befaßt sich vornehmlich mit Sozialmedizin und Berufskrankheiten. Aus diesem Grund interessiert er sich auch für das Gehirn, die Hypnose und für die Neurasthenie, die seiner Ansicht nach eine Folgeerscheinung des mondänen Lebens darstellt. Er kümmert sich zugleich um die Sanierung der französischen Häfen, die er besucht. Als Ehrung überreicht ihm der Bürgermeister von Toulon die Stadtschlüssel. In Marseille gibt er dem Krankenhaus, das für die Quarantäne im Hafen von Frioul bestimmt ist, seinen Namen. Er ist technischer Berater Frankreichs bei den Weltgesundheitskonferenzen und wird 1890 nach Spanien entsandt, als dort die Cholera ausbricht. In brennender Sonnenhitze stellt er einmal mehr seine Ausdauer und seine Tüchtigkeit unter Beweis. Bei seiner Rückkehr sagt er lediglich: »Das Reisen ist etwas Bezauberndes; man ist glücklich fortzukommen und glücklich, wieder heimzukommen.« Man findet ihn auch in Venedig, Rom, Dresden, Wien und in Ägypten. Als Zeitgenosse von Charcot, dessen Arbeiten er gut kennt, wohnt er 1893 dessen Begräbnis bei.

Weltweit berühmt, enthüllt er am 7. Juni 1903 das Pasteur-Denkmal in Chartres: seine Rede bezeugt seine bemerkenswerten Kenntnisse in der Malerei. Am 27. Juli präsidiert er in Illiers der Schulpreisverleihung. Wenige Monate später, am 24. November, erleidet er eine Gehirnblutung und stirbt am 26. in der Rue de Courcelles, ohne wieder zu Bewußtsein gelangt zu sein.

Ehe: Am 3. September 1870, kurz vor dem Untergang des Zweiten Kaiserreichs, heiratet Adrien Proust *Jeanne Weil*. Sie sind sich wahrscheinlich in den Regierungskreisen begegnet, in denen die Weil und die Crémieux verkehren. Diese für den Sohn eines Lebensmittelhändlers aus der Provinz glänzende Heirat stellt die gesellschaftliche Weihe seiner überwältigenden Karriere dar. Das Ehepaar wohnt damals in der Rue Joubert Nr. 35. Um den 15. Januar 1871 zieht es in die Rue Roy Nr. 8 in der Nähe der Place Saint-Augustin (die monatliche Miete von 2500 Francs bezeugt seinen Wohlstand). Nach der schweren Zeit der Belagerung von Paris müssen die Proust auch noch die Unbilden der Pariser Kommune über sich ergehen lassen. Auf dem Weg zum Hospital der Charité wird der Doktor von einer verirrten Kugel gestreift. Vorsichtshalber zieht sich das Ehepaar für ein paar Monate zu dem Onkel Louis nach Auteuil zurück (wo am 10. Juli 1871 Marcel Proust zur Welt kommt). Anschließend geben sie die Wohnung in der Rue Roy auf und ziehen in den Boulevard Malesherbes Nr. 9, wo sie fast dreißig Jahre wohnen bleiben. Dennoch bringt Mme Proust am 24. Mai 1873 auch ihr zweites und letztes Kind Robert in Auteuil zur Welt. Fünfundzwanzig Jahre lang verbringen Doktor Proust und seine Familie im Frühjahr und zu Beginn des Sommers ein paar Wochen in dem erholsamen Anwesen des Onkels Weil. Dieser Ferienaufenthalt hindert ihn nicht daran, sich jeden Morgen zum Hospital der Charité oder zum Hôtel-Dieu zu begeben. Er nimmt den Omnibus von Auteuil zur Madeleine, und sein getreuer Diener Jean Blanc übernimmt es, den Bus aufzuhalten, während er noch seine Kinder umarmt.

Wenn er sich von seinen beruflichen Verpflichtungen freimachen kann, fährt Adrien Proust mit seiner Familie nach Illiers zu seiner Schwester Mme Jules Amiot. Dort, in der Rue du Saint-Esprit, zu Ostern und im Sommer, erholt sich der Doktor in seinen allein von der Abfolge der Mahlzeiten und Siesten bestimmten Ferien von seinem fieberhaften Pariser Leben. 1898 erfüllt ihn die Operation seiner Frau, die an Krebs erkrankt ist, mit Sorge. Als guter Gatte begleitet er sie in ihrer Rekonvaleszenzzeit nach Trouville. Zusammen mit ihrem Sohn Marcel verbringen sie im Jahr darauf ihre Ferien im Hôtel Splendide in Évian. Im September des Jahres 1900 bezieht die Familie Proust eine neue Wohnung in der Rue de Courcelles Nr. 45. Das Viertel, in das sie umziehen, spiegelt den gesellschaftlichen und beruflichen Aufstieg des Professors Proust wider. Was in Paris Rang und Namen hat, gehört zu seinen Klienten. Caran d'Ache schenkt ihm eine Zeichnung, Barbedienne Bronzefiguren. Den Präsidenten der Republik, Félix Faure, zählt er zu seinen Bekannten. Dem brillanten Diplomaten Gabriel Hanotaux und Camille Barrère, dem französischen Botschafter in Italien, bleibt er eng verbunden. Große Ärzte wie Dr. Samuel Pozzi gehören zu seinen Freunden. Diese Elite, mit der sein Vater Umgang pflegt, findet sich in Prousts Werk wieder, in dem die Welt der Medizin einen bedeutenden Platz einnimmt.

Beziehung zu seinem Sohn: Obwohl Marcel Proust der Comtesse Mathieu de Noailles gegenüber eines Tages gestand, für seinen Vater »der dunkle Punkt in seinem Leben« gewesen zu sein, bestand eine gewisse Vertrautheit, verbunden mit einer tiefen Zuneigung, zwischen ihnen, wie der Briefwechsel, den Marcel während seines Militärdienstes mit seinem Vater führt, es beweist. Der Sohn zieht ihn ins Vertrauen: »Stell Dir vor, als mich Dienstmädchen aus Cabourg als traditionellen Infanteristen erblickten, haben sie mir tausend Kußhände zugeworfen – für die Derbanne einfach skandalös« (dt. in: *BZL*, S. 25). Der Vater gibt ihm rührende praktische Ratschläge: der Soldat hat auf die Sauberhaltung seines Schuhwerks zu achten und sich immer wieder zu sagen: »Gamaschen, Gamaschen und nochmals Gamaschen!« Nach seiner Rückkehr macht er durch seine Verschwendungssucht und seine im Jahre 1891 höchst ungewisse Karriere Dr. Proust unablässige Sorgen, was bisweilen zu heftigen Auseinandersetzungen führt, wie sie in *Jean Santeuil* oder in der *Recherche* angedeutet sind. Doch schließt der Vater mehr als die Mutter die Augen und läßt ihn den Weg einschlagen, der ihm gefällt: »Mein Vater hegte für meine Art von Begabung eine so sehr mit zärtlicher Liebe gemischte Nichtachtung, daß seine Gesamtreaktion gegenüber allem, was ich trieb, in blinder Nachsicht bestand« (*Im Schatten junger Mädchenblüte*). Darüber hinaus berührt ihn als Arzt die von immer wiederkehrenden Asthmaanfällen angegriffene Gesundheit seines Sohnes ganz direkt. Ab 1881 versucht er vergeblich, ein Heilverfahren anzuwenden, das auf strengen Hygieneregeln basiert.

Eine Zeitlang steht die Politik zwischen Vater und Sohn. Wenn Adrien Proust auch später die Ansichten seines Sohnes über die Ungerechtigkeit der Combes-Gesetze teilt, so steht er doch 1898, während der Dreyfus-Affäre, auf dem Standpunkt der Regierungsmitglieder, mit denen er verkehrt. Eine Woche lang weigert er sich, mit seinen beiden Söhnen zu sprechen, die glühende Dreyfus-Anhänger sind. Er geht sogar so weit, einen seiner Kollegen vor die Tür zu setzen, der ihn um seine Unterschrift unter das »Manifest der Hundertvier« bittet.

Porträt: 1885 malt der Maler Jules Lecomte de Noüy (1842-1923) – ein entfernter angeheirateter Verwandter seiner Frau – ein gestrenges Porträt in der Manier Holbeins von ihm: »In seinem scharlachroten und wie bei einem Dogen mit Hermelin gefütterten Atlasgewand [...]« wirkt er streng und imposant. Auf seinen letzten Photographien ist er schwarz gekleidet; er hat einen Bart à la Eduard VII. und trägt seinen unvermeidlichen Kneifer.

Bedeutung für das Werk: In der *Recherche* macht der von seiner Frau bewunderte und von seinem Sohn gefürchtete Vater des Erzählers (»denn bei ihm gab es kein ›Recht der Menschen‹«) unvergeßliche Spaziergänge mit ihnen in die beiden »Welten« des Ortes, und dies dank seines untrüglichen Orientierungssinnes und seiner umfassenden meteorologischen Kenntnisse. Diese Ausflüge stehen im Einklang mit den belebenden Aufenthalten an der frischen Luft, die von den Hygienelehrbüchern des Professors Adrien Proust empfohlen werden.

Beisetzung: Die Trauerfeier findet in der Kirche Saint-Philippe du Roule statt. Der Hohe Rat der Universität, die medizinische Fakultät, die Académie de médecine, Fallières und Barthou wohnen ihr bei. Professor Derbove, der Dekan der medizinischen Fakultät, dem er eines Tages anvertraut hatte: »Ich war mein ganzes Leben lang glücklich«, hält die Gedächtnisrede auf dem Friedhof Père-Lachaise. Erst jede Woche, dann jeden Monat gedenkt Mme Proust an den jeweils wiederkehrenden Tagen des Schlaganfalls, des Todes und der Beisetzung ihres Gatten.

Marcel hält diese Gedenktage genauso ein und lehnt am 24. des Monats jede Einladung ab. Im Mai 1904 gibt er bei Marie Nordlinger eine Bronzetafel mit dem Bildnis seines Vaters für das Grabmal auf dem Père-Lachaise in Auftrag (dieses Medaillon schmückt die Familiengruft der Proust bis April 1966 und wird dann in Illiers an dem Geburtshaus von Adrien Proust angebracht). Er widmet ihm seine Übersetzung der *Bible of Amiens*. In Illiers trägt die Rue du Saint-Esprit, in der sich das Haus der Tante Amiot (gegenwärtig Marcel-Proust-Museum) befindet, künftig seinen Namen.

Auszeichnungen: Im August 1870, nach seiner Rückkehr aus Rußland, wird Adrien Proust von der Kaiserin Eugénie zum Ritter der Ehrenlegion ernannt. 1892 wird er zum »Commandeur« der Ehrenlegion befördert. Die Académie des sciences morales et politiques allerdings bleibt ihm verschlossen.

Werk: Er hinterläßt 34 maßgebende medizinische Werke. Sein Buch *Éléments d'hygiène* (Elemente der Hygienelehre) (1883) wird vom Ministerium für Volksbildung als Lehrbuch übernommen, und Albert Camus (1913-1960) liest seine *Défense de l'Europe contre la peste* (Schutz Europas vor der Pest) (1897) bei der Quellensammlung für seinen Roman *Die Pest* (1947).

MUTTER

• **Jeanne Clémence Weil** (Paris, 21. April 1849 – Paris, 26. September 1905). Sie wurde in dem Haus Nr. 40 B in der Rue du Faubourg Poissonnière geboren.

Erziehung: Unter dem Einfluß des Saint-Simonismus erhält sie eine gründliche Ausbildung, die durch ihre wache Intelligenz und die aufgeklärten Neigungen ihrer Mutter noch gefördert wurde. Außer den klassischen Sprachen erlernt sie Englisch und Deutsch.

Ehe: Wie das Gemälde von Landelle bezeugt, ist sie sehr schön, als sie mit 21 Jahren den fünfzehn Jahre älteren Doktor Adrien Proust heiratet. Die Trauung findet im Rathaus des 10. Arrondissements am 3. September 1870 statt, an dem Tag, als in Paris die Nachricht von der Kapitulation Sedans eintrifft. Ihre Mitgift beläuft sich auf 200 000 Francs in Gold; ihr Großonkel Adolphe Crémieux, der zukünftige Justizminister, ist ihr Trauzeuge im Rathaus. Sie tritt nie zum katholischen Glauben über. Ihren Eltern darin die Treue bewahrend, bleibt sie stets, wenn nicht der Religion, so doch der jüdischen Tradition verbunden. Sie ist ein paar Wochen nach ihrer Heirat schwanger und erträgt immer schlechter die durch die Belagerung von Paris auferlegten Entbehrungen. Im Frühjahr 1871 beginnt zudem die Zeit der Pariser Kommune. Sicherheitshalber zieht sie sich zu ihrem Onkel Louis nach Auteuil zurück. Am 10. Juli 1871 bringt sie nach einer schwierigen Entbindung Marcel zur Welt und am 24. Mai 1873 ihren zweiten und letzten Sohn Robert.

Charakter: Wie ihre Mutter, ist auch sie sehr kultiviert. Eine eifrige Leserin der Klassiker, schätzt sie zugleich Loti, George Sand, Tolstoi und Musset. In einem Heft vermerkt sie ihre Lieblingssätze. Sie verfolgt aufmerksam die Lektüren ihres Sohnes. Sie ist eine kenntnisreiche Musikerin und stellt ein raffiniertes Mobiliar für die Wohnung der Familie zusammen. Sie liebt es, von einem Antiquitätenhändler zum anderen zu laufen. Dennoch bleibt sie bescheiden. Proust vertraut Montesquiou an: »Sie kennen Mama nicht. Ihre außerordentliche Bescheidenheit verbirgt fast einem jeden ihre ungewöhnliche Überlegenheit. Und vor den Leuten, die sie bewundert – und Sie bewundert sie grenzenlos –, wird diese übertriebene Bescheidenheit zu einem vollständigen Verhehlen all ihrer Vorzüge, deren Unvergleichlichkeit eigentlich nur ein paar Freunde und ich kennen. Was nun das ununterbrochene Opfer betrifft, das ihr Leben gewesen ist, so stellt es das Ergreifendste auf Erden dar« (*Correspondance* V, 1905, S. 341 [dt. in: *BZW*, S. 119]).

Sie ist es, die durch ihre Liebe zur Literatur, ihre Feinfühligkeit und ihren subtilen Humor den Verstand und den Geschmack von Marcel heranbildet: »Hinsichtlich der Art und Weise, bestimmte Gerichte zuzubereiten, die Beethovensonaten zu spielen oder Gäste liebenswürdig zu empfangen, war sie sicher, eine genaue Vorstellung von der Vollkommenheit zu haben und genau zu wissen, wann die anderen sich dieser Vorstellung mehr oder weniger annäherten: es war eine Art von Einfachheit in den Mitteln, von Schlichtheit und Anmut.«

Bedeutung für das Werk: *Jean Santeuil* und die *Recherche* bezeugen die heftigen Auseinandersetzungen Prousts mit seinen Eltern. Etwa im Jahre 1897 schlug er bei einem Streit im Hinausgehen die Tür zu und zerbrach den Glaseinsatz sowie eine venezianische Glasvase, ein Geschenk seiner Mutter. Sanft und versöhnlich, beendete diese den Zwischenfall: »Wir wollen nicht mehr daran denken und nicht mehr davon sprechen. Das zerbrochene Glas soll nur mehr sein, was es im Tempel ist – das Symbol der unauflöslichen Einheit« (Marcel Proust, *Correspondance avec sa mère*, a.a.O., S. 103 [dt. in: *BM*, S. 50]).

Gesundheitszustand: Im Juli 1898 ist ihre Gesundheit sehr angegriffen. Drei Stunden lang nimmt Dr. Terrier, ein Kollege von Dr. Proust, eine Krebsoperation an ihr vor. Die beiden Tage nach dem Eingriff schwebt sie zwischen Leben und Tod und verbringt anschließend zwei Monate in einem Sanatorium, bevor sie dann zur Rekonvaleszenz mit ihrem Gatten nach Trouville fährt. Den Monat August des Jahres 1900 verbringt sie (wie auch sonst oft) mit ihrem Gatten im Hôtel Splendide in Évian. Sie macht dort eine Kur wegen ihrer Leibesfülle. Die Photographien aus dieser Zeit zeigen eine korpulente Frau, deren Haar zu ergrauen beginnt. 1902, ein paar Wochen nach der Beisetzung seines Großvaters mütterlicherseits (Nathé Weil), begleitet Proust seine Mutter nach Mont-Dore. Vom Asthma geplagt, läßt er sie jedoch dann ihre Ferien in Dieppe allein beenden. Den Anweisungen des Arztes folgend, nimmt sie dort regelmäßig Bäder, und in Erinnerung an ihre Mutter geht sie lange Zeit in Wind und Regen spazieren. Ihr Schmerz hat sie endgültig zermürbt. Proust ist erschüttert: »Und durch das Telephon erreichte mich plötzlich ihre kleine, gesprungene Stimme, für immer anders, als ich sie bisher gekannt hatte, wie verletzt, rissig und schrundig, und als ich aus dem Hörer die blutenden und zerschlagenen Stücke auffing, empfand ich zum ersten Mal qualvoll, was auf immer in ihr zerbrochen war« (*Correspondance* III, 1902-1903, S. 182 [dt. in: *BZL*, S. 106 f.]).

Ihr Zustand verschlechtert sich. Im Februar 1903 wird sie mit dem Krankenwagen zur Hochzeit ihres Sohnes Robert gefahren. Nach dem Tod ihres Mannes am 26. November desselben Jahres wechselt sie für einige Monate das Zimmer, bevor sie wieder in das eheliche Schlafzimmer zieht, dessen vertraute Möbel ihre Erinnerungen an ihren verstorbenen Gatten wachrufen. Unter dem heiteren Äußeren verbirgt sie einen nagenden Schmerz. Dem Andenken ihrer Mutter treu, liest sie noch einmal die Marquise de Sévigné im Salon der Rue de Courcelles. Neben ihr steht auf einer schwarz drapierten Staffelei das Porträt von Adrien Proust, gemalt von Lecomte du Noüy. Im September 1904 fährt sie allein nach Dieppe.

Beziehung zu ihrem Sohn: Sie hat immer ein Faible für dieses empfindliche und nervlich labile Kind. Die leidenschaftliche Liebe, die er ihr entgegenbringt, führt zu der Szene des Abendkusses (die Proust in *In Swanns Welt* wiedergibt). Nach seinem ersten Asthmaanfall 1881 sorgt sich Mme Proust noch hingebungsvoller um ihren Sohn. Bis zum Ende ihres Lebens verfolgt sie aufmerksam die geringsten Einzelheiten seines Tuns und Lassens. Von 1880 bis 1890 begleitet sie (oder ihre Mutter) ihn an die normannische Küste oder in die Pyrenäen, nach Salies-de-Béarn. Zur Zeit des freiwilligen Militärdienstes von Marcel schreibt sie ihm jeden Tag, um ihm Ablenkung zu verschaffen. Ihrer beider Dasein wird von engem stillschweigenden Einverständnis und fortwährender Intimität bestimmt. Während seiner langen schlaflosen Nächte schreibt Marcel ihr Briefchen, die er ins Vorzimmer legt, damit sie sie beim Aufwachen vorfindet: »Allerliebste Mama, während ich schlaflos liege, schreibe ich Dir diese wenigen Worte, um Dir zu sagen, daß ich an Dich denke. Ich würde so gerne und will es so ganz und gar, bald mit Dir zur gleichen Zeit aufstehen und in Deiner Nähe meinen Milchkaffee trinken. In dem Gefühl, daß unser Schlaf und unser Wachen sich auf dieselbe Zeit erstreckt, läge, wird für mich so viel Zauber liegen« (Sammlung Mante-Proust [dt. in: *BM*, S. 121]).

Im Mai des Jahres 1900 begleitet er sie nach Venedig. Sie steigen im Hotel Europa ab und kosten »Granita« im Café Florian auf dem Markusplatz, in Begleitung von Reynaldo Hahn und dessen Cousine Marie Nordlinger. Zu dieser Zeit hilft Mme Proust ihrem Sohn bei der Übersetzung der *Bible of Amiens* von John Ruskin. Sie verfaßt eine über mehrere gelbe, grüne und rote Schulhefte hinlaufende Wort-für-Wort-Übertragung. In Paris wohnt sie den »großen Diners«

bei, die Proust bisweilen gibt, und sie sitzt ihm dabei gegenüber.

Die übermäßigen Ausgaben ihres Sohnes, sein eigentümlicher Tagesrhythmus und seine noch immer ungewisse Zukunft verdüstern jedoch nach und nach ihr Leben, und das zieht ihre große gegenseitige Zuneigung in Mitleidenschaft. Wenn das Ausbleiben der asthmatischen Anfälle Proust eine gewisse Erleichterung verschafft, versucht seine Mutter, ihm seinen sonderbaren Tagesrhythmus durch Einschränkungen abzugewöhnen, die er für kleinlich hält. So verbietet sie ihren Dienstboten, Proust nachts zu bedienen und ihm bei den nächtlichen Besuchen seiner Freunde Feuer anzumachen (bei einem Besuch von Bertrand de Salignac-Fénelon zu später Stunde im Jahre 1902 weigert sich die Dienerin Marie, Holz in den Kamin zu legen: »Ich getraue mich nicht«, gesteht sie, »Madame würde mich wegschicken«).

Proust hält diese Schikanen für Eifersucht auf sein mondänes Treiben: »Die Wahrheit ist: sobald es mir gutgeht, erbittert Dich das Leben, dessentwegen es mir gutgeht, und Du machst alles wieder zunichte, bis es mir wieder schlechtgeht. [...] Es ist traurig, daß man Zuneigung und Gesundheit nicht zur gleichen Zeit haben kann« (Marcel Proust, *Correspondance avec sa mère*, a.a.O., S. 203 f.). Im November 1903, bei dem Tod ihres Mannes, hält sie ihn dazu an, seine Übersetzung der *Bibel von Amiens* fertigzustellen: »Es war der einzige Wunsch Deines Vaters; er wartete von einem Tag zum anderen auf die Veröffentlichung.« Unzufrieden über die allzu kurze Atempause, die ihm sein Asthma gewährt, und angesichts des Eifers seiner Mutter, ihn zur Arbeit anzutreiben, sagt er zu ihr: »Du bist wirklich unmöglich. Anstatt meine wahrhafte Auferstehung zu bewundern und das, was sie mir möglich machte, zu lieben, willst Du unbedingt, daß ich gleich wieder an die Arbeit gehe« (Marcel Proust, *Correspondance avec sa mère*, a.a.O., S. 194).

Mme Proust, die bis zu ihrem Ende aktiv bleibt, bemüht sich indessen, ihrem Sohn die verschiedensten Dienste zu leisten, und sie macht für ihn unablässig Besorgungen in ganz Paris. Sie behauptet, auf diese Weise gegen ihre Korpulenz anzugehen. In Wirklichkeit liegt die Aufopferungsbereitschaft (wie bei ihrer eigenen Mutter) in ihrer Natur. Zwei Monate vor ihrem Tod begibt sie sich bei drückender Hitze für ihn nach Neuilly, um sich nach dem Befinden des im Sterben liegenden Sekretärs von Robert de Montesquiou, Gabriel d'Yturri, zu erkundigen.

Tod: Sobald sie im September 1905 in Évian angekommen ist, wohin sie mit Marcel in Erholung gefahren ist, treten bei ihr die fürchterlichen Symptome der Nierenentzündung (Kopfschmerzen, jäher Appetitverlust, Übelkeit) auf. »Ich kehre nach Paris zurück«, sagt sie zu ihm, »denn ich bin zu nichts mehr imstande, und Dir bin ich zu nichts mehr nütze, wenn es Dir nicht gutgeht.« Ihr Sohn

Robert bittet sie sogleich, so schnell wie möglich zurückzukehren; er telegraphiert auch an Marcel, er solle zurückkommen. In Évian hilft die befreundete Mme Catusse Mme Proust, in den Zug zu steigen. Trotz der Behandlung durch Dr. Merklen ist die Urämie nicht mehr einzudämmen. Mme Proust verweigert jede Nahrung. Mutig verbirgt sie ihr Leiden, indem sie jeden Tag aufsteht und sich ankleidet. Um Proust an ihrem Krankenbett zu beruhigen, macht sie mit ihm ihr altes Spiel der lustigen Zitate. Von der Aphasie behindert, spricht sie ihre letzten Worte: »Wenn Ihr kein Römer seid, so zeigt Euch eines Römers würdig.« Sie stirbt am 26. September 1905.

Reynaldo Hahn bewahrt das Bild von »Marcel an Mme Prousts Totenbett, weinend und durch Tränen auf die Tote herniederlächelnd« (R. Hahn, *Notes. Journal d'un musicien*, Plon, 1933, S. 99).

Beisetzung: Es findet kein Trauergottesdienst statt. Der Leichenzug, an dessen Spitze Proust und sein Bruder Robert gehen, begibt sich am Morgen des 28. September direkt zum Père-Lachaise. Der Sarg ist unter all den Kränzen, deren schönster von Louisa de Mornand stammt, kaum mehr zu sehen.

Von unüberwindlichem Kummer gepackt und von einer hartnäckigen Schlaflosigkeit befallen, hütet Proust einen Monat lang das Bett. Er verspürt eine große Leere. Er ist fünfunddreißig Jahre alt, und seine Mutter, fern von der zu leben er nie vermocht hatte, ist nicht mehr. Montesquiou vertraut er an: »Mein Leben hat künftig sein einziges Ziel verloren, seine einzige Süße, seine einzige Liebe, seinen einzigen Trost. Ich habe sie verloren, deren unaufhörliche Aufmerksamkeit mir in Frieden und Zärtlichkeit den einzigen Honig meines Lebens brachte [...]. Wie die Schwester, die sie pflegte, sagte, war ich in ihren Augen immer vier Jahre alt geblieben« (*Correspondance* V, 1905, S. 348 [dt. in: *BZW*, S. 124 f.]).

Erbe: Robert erhält gemeinsam mit Marcel den Anteil ihrer Mutter an dem Haus Nr. 102, Boulevard Haussmann. Er übernimmt auf seine Kosten die Räumung des Familienwohnsitzes in der Rue de Courcelles. Der schlechten Laune und den Forderungen Marcels gegenüber zeigt er sich versöhnlich, und er läßt ihn das Mobiliar auswählen: »Behalte, was Du willst, tue das übrige in ein Möbellager.« Jedoch ist das Ende der Reibereien zwischen Marcel und seiner Schwägerin Marthe, die ihn am Telefon »mit übertriebener Kürze abfertigt«, noch nicht abzusehen. In der Tat – und Proust gesteht es übrigens selbst ein –: »ohne es gewahr zu werden, bin ich in höchstem Grade unausstehlich« (Mme A. Catusse, *Marcel Proust. Lettres à Mme Catusse*, Janin, 1946, S. 55).

BRUDER

• **Robert Proust** (Paris, 24. Mai 1873 – Paris, 29. Mai 1935).

Schulbildung und Studium: Er besucht zunächst eine private Grundschule, den Cours Pape-Carpentier, und geht dann auf das Lycée Condorcet. Er ist sportlich und liebt das Reiten und Wandern. Im Unterschied zu seinem älteren Bruder begeistert er sich für Mathematik. Mit zwölf Jahren erhält er den *ersten Preis in Geometrie*. Trotz seines erstaunlichen Gedächtnisses und seiner großen intellektuellen Fähigkeiten fällt er beim Abitur jedoch durch. Dank der Nachhilfestunden von Léon Brunschwicg besteht er dann aber im September 1890 das *sprachliche und das wissenschaftliche Abitur*. Darlu, sein Philosophielehrer, meldet ihn zum »Concours général« an, wo er das *1. Accessit in Philosophie* erhält. Er schreibt sich anschließend an der Universität in Medizin und in Literatur ein. 1893 erwirbt er das *Lizentiat in Philologie*. Mit zwanzig Jahren wird er *Assistenzarzt der Pariser Krankenhäuser* (er ist Dritter seines Jahrgangs bei der Assistentenprüfung).

Jugend: Im November 1894 tritt er seinen Militärdienst beim 132. Infanterieregiment in Reims an. Als Frauenliebling hat er ein Abenteuer

Der Krieg: Am 2. August 1914, dem Tag der Generalmobilmachung, steigt Robert am Ostbahnhof in den Zug nach Verdun. Seine Frau und seine Tochter bringen sich einige Zeit lang nach Pau in Sicherheit. Proust, der sich ein wenig als das Familienoberhaupt fühlt, schreibt seiner Schwägerin regelmäßig. Im Oktober 1914 wird das Lazarett Roberts in Étain, in der Nähe von Verdun, bombardiert. Granatsplitter fliegen bis an den Operationstisch. Robert wird zum Hauptmann befördert und mit der Ehrenlegion ausgezeichnet. Er erweist sich als tüchtig und praktisch und erfindet chirurgische Automobile, genannt »autos-chir«, eine Art von beweglichen Ambulanzen, die es erlauben, Operationen unmittelbar hinter den Schußlinien durchzuführen. Mitte November 1917 wird er nach der Katastrophe von Caporetto an die italienische Front abgestellt. Mit Hilfe eines Passierscheines, den sie durch die Vermittlung ihres Schwagers erhalten hat, kommt seine Frau ihm nach und steht ihm als Krankenschwester bei. Im Frühjahr 1918 verlassen sie Italien. Robert wird zum Chirurgen der 10. Armee ernannt, die von seinem Freund, dem General Mangin, befehligt wird. Seine Urlaubstage verbringt er oft bei den Schwiegereltern Dubois-Amiot, wo er seinen Bruder Marcel wiedersieht. Bei einem Autounfall zieht er sich eine Kopfverletzung zu und kehrt zu seiner Rekonvaleszenz im Oktober 1918 endgültig nach Paris zurück.

mit der Geliebten seines Hauptmanns, der ihm anschließend das Leben sauer macht: »Man hat mir schon wieder eine vollkommen unverdiente Zehntagesstrafe aufgebrummt.« Wieder in Paris, erwärmt er sich für die Politik. Schon als Jüngling, zur Zeit des Boulangismus [gegen Deutschland gerichtete Revanchistenbewegung nach dem Krieg 1870/71, benannt nach dem General Boulanger], hatte er die Ereignisse mit Aufmerksamkeit und Ironie verfolgt, wie aus einem Brief aus dem Jahre 1887 hervorgeht: »Die Nachbarschaft des Generals Revanche ›Hoffnung‹ ›Sieg‹ ist nicht allzusehr spürbar gewesen. Wohl wird auf den Straßen gerufen: Er muß wieder her, und die übliche Musikbegleitung des Hanswurstes ist ›En revenant de la revue‹ [»Zurück von der Parade«, das Lied der Boulangisten], aber eigentlich nichts Besonderes, und sogar viel weniger als in Paris, und jetzt langweile ich Dich nicht länger mit ›Seiner‹ Popularität!« Während der Dreyfus-Affäre engagiert er sich dann aktiv an der Seite Marcels, mit dem er sich im ersten Stock des Café des Variétés trifft. Dort arbeiten sie ihre Strategie aus. Als glühender Dreyfus-Anhänger strömt er über vor Tatendrang, und Proust schreibt im September 1899 an seine Mutter: »Gib Robert den Rat, die Ruhe zu bewahren.«

Das Äußere: Er ist das genaue Ebenbild seines Vaters mit seiner hohen Gestalt und seinen vollen Lippen, seinem zugleich strengen und wohlwollenden Gesichtsausdruck. Mit einer angenehmen Stimme begabt, der er sich mit Geschick zu bedienen weiß, schlägt der »schöne Proust«, wie seine Arztkollegen ihn nennen, die Laufbahn des Professors Adrien Proust ein, der seine Gelehrsamkeit und sein wissenschaftliches Denken an ihn weitergegeben hat.

Karriere: Unter der Leitung des Urologen Professor Guyon wird die Chirurgie zu seinem Fachgebiet. 1901 nimmt er als erster Chirurg in Frankreich eine erfolgreiche Ablation der Prostata vor. Bei den Medizinstudenten heißt die Prostatektomie nur noch »Proustatektomie«. 1904 besteht er mit einer Dissertation über *La Chirurgie de l'appareil genital de la femme* (Die Chirurgie des weiblichen Geschlechtsapparates) mit Auszeichnung seine Agrégation. Von 1904 bis 1914 ist er Assistent des Dr. Pozzi im Hôpital Broca, wo ihm 1910 die erste Operation am offenen Herzen gelingt, gefolgt von einer vollständigen Genesung. Wie seinen Chef interessieren auch ihn die Fälle von Hermaphrodismus; er hat Gelegenheit, die eigentümliche Adèle H. zu untersuchen. Zahlreiche Artikel darüber erscheinen im *Journal de chirurgie*, das der zwanzigjährige Robert zusammen mit Cunéo und Hartmann begründet hat.

Nach seiner Ernennung im Sommer 1906 zum Chirurgen der Pariser Krankenhäuser und angespornt von Dr. Pozzi, schifft Robert sich in Cherbourg nach New York ein. In

Amerika begibt er sich nach Rochester (Minnesota), um die dortige Mayo-Klinik zu besichtigen, und anschließend nach Trois-Rivières (Kanada, Provinz Québec), wo er am dritten Kongreß französischsprachiger Ärzte Amerikas teilnimmt. Er verläßt Kanada im Juli und kehrt nach Frankreich zurück.

Robert setzt seine glänzende Karriere fort. Als Krankenhausarzt ist er nacheinander Leiter der chirurgischen Abteilung der Hospitäler Tenon, Beaujon, Laënnec und Broca. Am Hôpital Tenon gründet er die Krebsbehandlungsstation, die nach ihm benannt ist. Er befaßt sich damals mit Röntgenologie und entwirft einen Bestrahlungstisch, dem man den Namen »Prousttisch« gibt. Er führt zahlreiche Gespräche mit Marie Curie (1867-1934), die von ihm sagt: »Proust ist der einzige, der etwas von unseren Arbeiten versteht, weil er mathematische Kenntnisse besitzt« (C. Francis, *Proust et les siens*, Plon, 1981, S. 157).

Ehe: Am 2. Februar 1903 heiratet Robert Proust in der Kirche Saint-Augustin *Marthe Dubois-Amiot* (1878-1953). Unterstützt von seiner Cousine Valentine Thomson, der Tochter des Marineministers, sammelt Marcel, der Zeuge und Brautführer ist, während der Trauung. Das junge Paar ist gerade bei der Einrichtung der neuen Wohnung am Boulevard Saint-Germain Nr. 136, als Robert am 24. November seinen Vater ohne Besinnung in der École de medecine auffindet. Am nächsten Tag, während seine Frau in einer schwierigen Entbindung ihr einziges Kind Adrienne (die sich später Suzy nennen läßt) zur Welt bringt, bemüht er sich um den Sterbenden. Gegen Ende des Krieges gerät ihre Beziehung in eine Krise, die fast zur Scheidung geführt hätte. Die große Zuneigung, die ihr Gatte seinem Bruder Marcel entgegenbringt, verstimmt sie (wie ihre Freunde ist auch sie beim Erscheinen von *Sodom und Gomorra* im Jahre 1921 schokkiert).

Beziehung zu seinem Bruder: Die Geburt Roberts ist ein Schock für Marcel und vermag die ausschließliche und tyrannische Zuneigung zu erklären, die er immer mehr seiner Mutter entgegenbringt. In ihren Briefen geben Proust und seine Mutter Robert die Beinamen »Dick«, »Ihre Majestät« oder »Proustowitch«. Robert seinerseits lebt in äußerst vertraulichem Umgang mit seinem Vater. Marcel legt seinem jüngeren Bruder gegenüber immer eine beschützende Haltung an den Tag, wie es die Photographien bezeugen, auf denen er manchmal den Arm um ihn legt. Als Mme Proust 1888 allein mit Robert nach Salies-de-Béarn in die Ferien fährt, bleibt Marcel nichts anderes übrig, als in Tränen auszubrechen. Obwohl zwischen den beiden keine wirkliche Vertraulichkeit besteht, verbindet sie dennoch eine feste Freundschaft. In ihrer Kindheit pflanzen sie zusammen eine kleine Pappel im Pré-Catelan des Onkels

Amiot in Illiers. In Auteuil spielen sie oft splitternackt vor der verdutzten Familie die Wilden. Ängstlich auf sein Spielzeug bedacht, leiht Marcel es nur Robert aus: »Du bist lieb, du würdest mir nichts Böses tun, da, ich geb' dir meinen Karren!« (C. Francis, a.a.O., S. 138.) Mme Gérard Mante-Proust – die Tochter von Robert – berichtet, daß Robert seinem Bruder eines Tages eine so heftige Ohrfeige gegeben haben soll, daß diesem das Trommelfell platzte. Sie zweifelt allerdings an der Glaubwürdigkeit der Geschichte, denn sie kennt die berühmte Güte ihres Vaters. »Sie können ohne einander nicht auskommen«, schreibt ihre Großmutter an Mme Proust (*Correspondance* I, 1880-1895, S. 103).

Als Marcel noch auf das Lycée Condorcet geht, hilft Robert ihm in seinem schwachen Fach Mathematik. Marcel fürchtet die literarischen Urteile seines Bruders, wie er 1899 in einem Brief an seine Mutter zu verstehen gibt: »Diesen Brief nicht meinem Engel von Bruder zeigen, der zwar ein Engel ist, aber auch ein Richter und ein strenger dazu, und der aus meinen Bemerkungen über den Comte d'Eu vielleicht einen Snobismus oder eine Eitelkeit herauslesen würde, die meinem Herzen fern sind« (*Correspondance* II, 1896-1901 [dt. in: *BM*, S. 61 f.]). Jean Rostand zufolge ergänzen sich die beiden Brüder aufs beste: »Er hatte etwas von einem Künstler, und hatte sein Bruder Marcel nicht auch etwas von einem Kliniker und Gelehrten?« (*Les Nouvelles littéraires*, 8. Juni 1935.)

Als sein Bruder 1903 heiratet, gesteht Marcel seiner Freundin Mme Catusse: »Roberts Heirat hat mich buchstäblich umgebracht« (Mme A. Catusse, a.a.O., S. 20). Als Entschädigung für seinen Kummer schenkt Robert ihm einen schönen Gehpelz. Während des Krieges bangt Marcel um seinen Bruder und vertraut auch dies wieder Mme Catusse an: »Seit über einem Jahr (vorher hatte er ein Bett) schläft mein armer Bruder im Zelt (mit Dissenterie), und über zwanzig Male in der Nacht wird er geweckt, und doch erfüllt er mit Begeisterung seine Aufgabe. Er wurde mit einer weiteren, sehr ehrenvollen Erwähnung bedacht und ist noch einmal befördert worden.«

Im November 1922, bei Prousts Tod, wohnt Robert den letzten Augenblicken seines Bruders bei. Er holt Helleu, Dunoyer de Segonzac und Man Ray an dessen Totenbett, damit sie Zeichnungen und Porträts des Verstorbenen anfertigen. In dem 1923 in der *Nouvelle Revue Française* erschienenen *Hommage à Marcel Proust* schreibt er: »Für mich hatte er immer die wohlwollende und brüderliche Seele eines älteren Geschwisters, doch zusätzlich spürte ich in ihm gleichsam das Weiterleben unserer lieben Verstorbenen. Bis zu seinem letzten Tag blieb er mehr als nur der Hüter dieses geistigen Überlebens; er war all meine Vergangenheit; meine gesamte Jugend war in seiner Individualität eingeschlossen.«

Unterstützt von Jacques Rivière, verwendet er die meisten seiner Nächte darauf, die Herausgabe der nachgelassenen Werke seines Bruders zu besorgen: *La Prisonnière* (*Die Gefangene*), *Albertine disparue* (Die verschwundene Albertine = *Die Entflohene*) und *Le Temps retrouvé* (*Die wiedergefundene Zeit*). (Sein Exemplar von *Swann* trägt die liebenswerte Widmung: »Meinem kleinen Bruder als Erinnerung an die verlorene Zeit, die ich jedesmal, wenn wir zusammen sind, einen Augenblick lang wiederfinde.« Robert hält die ehemaligen Bekannten von Marcel dazu an, ihre Memoiren zu schreiben. Reynaldo Hahn, Anna de Noailles, die Princesse Bibesco besuchen ihn oft, und in dem Vorwort zu seinem Erinnerungsbuch wendet Robert Dreyfus sich in den folgenden Worten an ihn: »Du hast mich ermutigt und mich dazu bewegt, meine Erinnerungen zu sammeln, die Briefe, die ich von Deinem wundervollen Bruder erhielt, zusammenzustellen und zu kommentieren« (R. Dreyfus, *Souvenirs sur Marcel Proust*, Grasset, 1926).

Tod: Nachdem er 1932 Direktor des Hôpital Broca geworden ist, in dem er seine Laufbahn begonnen hatte, arbeitet er sich in seinem Beruf buchstäblich zu Tode. 1935, wenige Wochen nach einem Urlaub auf den Spuren seiner Kindheit, den er zusammen mit seiner Tochter in Illiers verbringt, wirft ihn ein Herzschlag nieder (Infarkt des Herzmuskels). Er bittet um die letzte Ölung und stirbt am 29. Mai 1935. Seine Gattin, die am 21. Januar 1953 stirbt, wird wie er in der Familiengruft auf dem Père-Lachaise beigesetzt.

Zu seinen Ehren wird am 17. Oktober 1972 im Hôpital Tenon ein Robert-Proust-Bau eröffnet.

Werk: Er veröffentlichte 250 Artikel und 27 Bücher. Seine medizinischen Studien sind nicht weniger zahlreich als die seines Vaters, erschließen sich jedoch weniger leicht dem Verständnis als diese. Robert war zugleich Chefredakteur des *Bulletin de la société anatomique de Paris*.

Bedeutung für das Werk: Robert taucht in *Jean Santeuil* auf. In der *Recherche* hat der Erzähler keinen Bruder. Ein Ereignis aus Roberts Jugend klingt bei dem Unfall Gilbertes in *Die Gefangene* an. Im Sommer 1894, in seiner Zeit als Assistenzarzt, fiel er nämlich in Rueil vom Tandem. Ein dreitausend Kilo schwerer Kohlewagen fuhr ihm über den Schenkel, zum Glück ohne daß Robert großen Schaden nahm. Seine Mutter, die sofort herbeigeeilt war, um ihn zu pflegen, fand seine Geliebte an seinem Krankenlager vor. Sie sah darüber hinweg und schickte Robert zur Erholung in das Haus des Onkels Louis nach Auteuil.

NICHTE

• **Suzy Mante-Proust** (Paris, 25. November 1903 – Paris, 22. Februar 1986): Sie wurde in Erinnerung an ihren einen Tag nach ihrer Geburt verstorbenen Großvater auf den Namen Adrienne getauft. Da ihr dieser Name jedoch nicht gefiel, ließ sie sich vom Beginn des Ersten Weltkrieges an Suzy nennen (ein Vorname, den ihre Großmutter mütterlicherseits ihr ursprünglich hatte geben wollen).

Kindheit: Sie verbringt sie in einer Parterrewohnung eines Hauses in der Avenue Hoche. Im Sommer und an manchen Wochenenden fahren die Eltern mit ihr nach Louveciennes, zur Villa Flammette, die sie etwa ab 1908 von der Schauspielerin Léonie Yahn mieten. Außer den unerwarteten und etwas magischen Besuchen ihres Onkels Marcel beschränkt sich Adriennes Umgang dort auf ihre Eltern.

Ihr Großvater Léon Dubois-Amiot verdankt sein Vermögen einem Onkel aus Amerika (der als Schiffsjunge nach New Orleans gelangt war und zweifellos im »Elfenbeinhandel« [d. h. im Sklavenhandel] reich geworden ist. Ihre Großmutter, zu der sie oft geht, Mme Dubois-Amiot (geborene Favier), kümmert sich viel um sie und erzählt ihr köstliche Familiengeschichten. Ein sonderbarer Zufall: In ihrer Kindheit spielte die Großmutter jeden Sonntag in dem ihren Eltern gehörenden Schloß von Guermantes, in der Nähe von Saint-Thibault-des-Vignes.

Erziehung: Die Erziehung der Mädchen bei den Dubois-Amiot und den Favier ist zwar sehr strikt, aber nicht sehr gründlich. Die Mutter sieht streng auf Umgang und Lektüre, aber wenig auf die schulische Ausbildung. Proust ist besorgt darüber; er möchte, daß sie so erzogen wird, wie seine eigenen Eltern es getan hätten. Suzy wird in die Privatschule am Parc Monceau geschickt. Sie zieht die literarischen Fächer der Mathematik vor, die sie nicht versteht. Der Abbé Mugnier, der für seine umfassende Bildung bekannte Beichtvater des Faubourg Saint-Germain, berät sie bei ihrer Lektüre. Sie nimmt Gesangs- und Klavierstunden. Sie liebt Richard Wagner und hört vor allem den *Tristan* sowie *Pelléas et Mélisande* von Claude Debussy. Zu ihrem großen Leidwesen darf sie sich keine Aufführung der »Russischen Ballette« ansehen, die ihre Mutter und ihr Onkel für unschicklich erachten. 1921 erkrankt sie während der Ferien in Cannes an Malaria und führt zwei Jahre lang das Leben einer Kranken.

Ehe: Am 23. Januar 1926 heiratet sie in Paris *Gérard Mante* (1891-1947), den Neffen des Schriftstellers Edmond Rostand (Marseille, 5. März 1868 - Paris, 28. Februar 1918). Zur Hochzeit schenkt die Comtesse de Noailles ihnen drei ihrer Werke, von denen jedes eine charmante Widmung trägt. Eine davon ruft die berühmten Onkel des Paares (Proust und Rostand) in Erinnerung: »Für Gérard Mante und für Sie, mit der ganzen Freundschaft eines Herzens, in dem sich in treuestem Gedenken die glänzenden Strahlen der beiden geliebten Glorien verbinden. Anna de Noailles.«

Suzy hat drei Kinder: einen Jungen, *Patrice* (geboren in Paris am 5. November 1926), der 1952 vom Staatsrat die Erlaubnis erhält, seinem Namen den Familiennamen Proust anzufügen, und zwei Mädchen: *Dominique* (geboren in Paris am 30. November 1929) und *Marie-Claude* (geboren in Paris am 11. Februar 1932). Diese letztere heiratet in Paris am 10. Juli 1951 *Claude Mauriac*, den Sohn von François Mauriac (1885-1970).

Beziehung zu ihrem Onkel: Wenn Proust seinen Bruder besucht, überhäuft er seine Nichte mit Geschenken. Er gibt ihr keine Bücher, sondern all das, was einem jungen Mädchen gefallen mag: Nähzeug, einen englischen Kupferstich oder, im Jahre 1914, eine Gedenkmedaille zu ihrer Erstkommunion. Sehr darum bemüht, ihren persönlichen Geschmack zu treffen, schickt er seine Haushälterin Céleste oder den Lieferanten selbst zu ihr, damit sie ihre Auswahl treffen kann. Eines Tages, als sie einen rosaroten Flamingo von ihm haben möchte, sagt er: »Du sollst ihn haben« (C. Francis, a.a.O., S. 137). Ihre Mutter aber schiebt dem natürlich einen Riegel vor. Proust findet, daß seine Nichte Robert ähnlich sieht, und seinem Freund Paul Morand gegenüber sagt er, sie habe auch dessen Herzensgüte. Er überträgt seine ganze Zuneigung auf sie und macht sich große Sorgen um ihre Gesundheit. Im Alter von drei Jahren erkrankt sie an Diphtherie. Proust schreibt an Mme Catusse: »Es grämt mich sehr, daß dieses Kind, in dem vielleicht – wie ich es mir gern vorstelle – ein wenig von Mama und Papa überlebt, so traurig sein Leben beginnt« (Mme A. Catusse, a.a.O., S. 80). Im darauffolgenden Jahr wird sie am Blinddarm operiert. Sehr besorgt schreibt Proust an seinen Freund Antoine Bibesco: »Wenn ich Ihnen am Telefon etwas nervös vorkam, so liegt das daran, daß meine Nichte sich gerade einer schweren Blinddarmoperation unterziehen mußte und ich einen Anruf von meinem Bruder erwartete.«

Obwohl sie gern liest, schlägt Suzy die *Recherche* erst nach ihrer Heirat auf, denn nach Ansicht ihrer Mutter und von Proust selbst ist das kein Buch für ein junges Mädchen. 1919 beglückwünscht Suzy ihren Onkel zum Prix Goncourt, und sie erhält von ihm die Antwort: »Meine liebste Suzy, ich muß auf achthundertsiebzig Briefe antworten. Das ist meine Entschuldigung dafür, wenn ich Dir in nur zwei Zeilen sage, wie bezaubernd der Deine ist, daß Du genausoviel Verstand wie Herz hast und daß niemand Dich mehr liebt als Dein Onkel Marcel.« Durch seinen Bruder läßt er ihr ein Exemplar der Luxusausgabe von *Im Schatten junger Mädchenblüte* überreichen, mit der Widmung: »Für den Schatz.« 1922 geben ihre Eltern einen Ball zur Feier ihres achtzehnten Geburtstags. Proust macht einen kurzen Besuch zu später Stunde. Er hat ihr Blumen schicken lassen. Verschwenderisch wie immer, wollte er sie zunächst ganz damit bedecken, doch seine Schwägerin bremst wieder einmal seine überströmende Großzügigkeit. Zu dieser Zeit verkehrt Proust mit seinen englischen Freunden, den Schiff. Diese möchten ihren Neffen verheiraten, und sie laden Suzy, der sie große Zuneigung entgegenbringen, nach England ein. Proust aber, der ganz feste Vorstellungen von der Verheiratung seiner Nichte hat und für ein junges Mädchen mit derart anfälliger Gesundheit eine Reise über den Kanal für abträglich hält, legt sein Veto dagegen ein. Im gleichen Jahr lädt Proust, trotz seiner angegriffenen Gesundheit, die Schiff ein letztes Mal in die Rue Hamelin ein und mit ihnen seine Schwägerin und Suzy. Immer wieder bezaubert von den leidenschaftlichen Diskussionen mit ihrem Onkel, erinnert sie sich ihr Leben lang an die Unterhaltung, die sie mit ihm an jenem Abend über die *Ansicht von Delft* von Vermeer führte. Am Tag nach dem Tode Prousts, am 19. November 1922, besucht Suzy, zusammen mit ihrer Mutter, den Verstorbenen. Sie weiß von der ganzen Liebe, die dieser ihr entgegenbrachte: »Meine liebe Suzy«, schrieb er ihr, »Du würdest ohne Zweifel einen dicken Band erhalten, wenn Du all die Briefe bekämst, die ich jeden Abend in Gedanken an Dich richte.« Tief ergriffen von seinem Hinscheiden, wird ihr jedoch der Trost des Abbé Mugnier zuteil, der zu ihr sagt: »Proust? Niemand ist weniger tot als er.« Nach dem Tod ihres Vaters 1935 geht eine umfangreiche Sammlung von Manuskripten, Briefen, Möbeln und Gegenständen, die Robert von Marcel geerbt hatte, in ihre und ihrer Mutter Verfügung über.

Tod: Sie stirbt am Samstag, dem 22. Februar 1986. Trotz der Parkinsonschen Krankheit, an der sie schon seit langen Monaten litt, wohnte sie weiter allen wichtigen Proust betreffenden Veranstaltungen bei. Zwei Tage vor ihrem Tod nahm sie an der Versammlung der Jury des Marcel-Proust-Preises im Hotel Ritz teil. Bei dem Trauergottesdienst am 26. Februar in der Kirche Saint-Philippe-du-Roule würdigte sie der Dominikanerpater Jacques Laval in seiner Gedächtnisrede. Sie war das einzige Kind von Robert Proust, wurde selbst aber mehrfach Großmutter und sogar einmal Urgroßmutter. Gaston Palewski hatte ihr die Offiziersmedaille des Nationalen Verdienstordens [ordre national du Mérite] verliehen.

GROSSONKEL MÜTTERLICHERSEITS

• **Moïse Baruch Weil** (Paris, 9. Mai 1809 – Beauvais, 26. September 1874): Sohn aus der ersten Ehe von

Baruch Weil mit *Hélène Schoubach*. Er war Stadtbauarchitekt von Beauvais. Politisch und gesellschaftlich stand er Adolphe Crémieux (1796-1880) nahe und heiratete 1844 dessen Nichte *Amélie Berncastel* (Paris, 19. September 1821 – Beauvais, 15. November 1911).

Diese gab ihm vier Töchter: *Jenny* (1846-1922), die François Bœuf heiratete, Professor an der juristischen Fakultät Paris, mit dem sie ihrerseits wieder drei Kinder hatte: Marie (1870-1907), Henri (1872-1925) und Jeanne (1877-1950); *Hélène* (1847-1925) heiratete Casimir Bessière (1829-1892), den Großneffen des Marschalls im Kaiserreich (Herzog von Istrien) und Geschäftsführer einer Versicherungsgesellschaft, mit dem sie drei Kinder hatte: Jacques (1875-1906), Amélie (geboren 1877) und Jean-Pierre (1880-1955), der später General wurde; *Claire* (1849-1929) heiratete Léon Neuburger (1840-1932), Prokurist bei der Bank Rothschild, und hatte mit ihm drei Kinder: André, Georges und Noémie; und schließlich *Adèle* (geboren 1850).

• **Louis Weil** (Paris, 16. November 1816 – Paris, 10. Mai 1896): Auf den Namen Lazard getauft und Louis genannt, Kind aus der Ehe von *Baruch Weil* mit *Marguerite Nathan*.

Ehe: Obwohl manche ihn als einen eingefleischten Junggesellen beschrieben haben, heiratet er am 29. Juni 1844 mit 28 Jahren in Hamburg Emilie Oppenheim (Hamburg, 1831 – Paris, 22. November 1870), die Tochter eines reichen Hamburger Bankiers. Die Ehe bleibt kinderlos.

Karriere: Anfänglich Rechtsanwalt und anschließend Präsident des Pariser Appelationsgerichtes, verkauft Louis sein Amt wieder, um sich, wie sein Bruder Nathé, den Finanzen zuzuwenden. Beide sind Saint-Simon-Anhänger und schließen sich politisch dem Zweiten Kaiserreich an, das dem Kapitalismus seine Adelsbriefe verleiht. Louis ist ein erfahrener, vom Glück begünstigter Geschäftsmann und unermüdlich auf Reisen; er hat den begehrten Posten

> Marcel Proust und sein Bruder Robert werden in Auteuil im Haus des Onkels Louis geboren. In ihrer Kindheit verbringen sie dort das Frühjahr und den Anfang des Sommers. Das Haus, von dem Proust später sagte, daß es von nicht zu überbietender Geschmacklosigkeit gewesen sei, steht in der Mitte eines großen Gartens, der durch den Bau einer Straße (heute die Avenue Mozart) entzweigeschnitten wird. Proust überträgt zahlreiche an dieses Haus in Auteuil gebundene Kindheitserinnerungen in sein Werk: die Episode mit der Madeleine, diejenige mit den pittoresken Großtanten und zumal die Szene des Abendkusses (vgl. das *Lexikon der Werke*, S. 264 f.)

eines Mitglieds des Verwaltungsrates der Pariser Diskontbank inne. Seine Knopffabrik hat er in der Rue de Bercy Saint-Antoine Nr. 246; er selbst wohnt zunächst in der Rue d'Hauteville Nr. 33. Sein Unternehmen (von der Gruppe Trelon, Weldon und Weil) gilt mit seiner Verkaufsstelle am Boulevard Poissonnière als das größte von Paris. 1867 beschäftigt er 5000 Arbeiter in seinen Werkstätten und etwa genauso viele im Außendienst. Die prosperierende Firma beschäftigt auch die Familie seiner Frau. Der Bruder von Emilie Oppenheim, Wilhelm (gestorben in London am 28. November 1871), und zwei seiner Neffen, Alphonse und Robert, machen dort Karriere. Arbeitsam und gewandt, verschafften ihm sein Vermögen und sein Handelsgeschäft Zugang zum Pariser Großbürgertum. In seinem Briefwechsel nennt Proust ihn einen »etwas weniger reichen Nucingen« (Mme A. Catusse, a.a.O., S. 64). Louis erwirbt einen Zweitwohnsitz in Auteuil, in der Rue La Fontaine Nr. 96, und ein Mietshaus am Boulevard Haussmann Nr. 102. Er selbst bewohnt von da an ein geräumiges Appartement im ersten Stock in der Rue Bleue Nr. 29. Ställe und Wagenschuppen im Hof bezeugen seinen beeindruckenden Lebensstil.

Nach dem Tod seiner Frau am 22. November 1870 zieht er sich nach Auteuil zurück, wo er ein vergnügtes Leben führt. Robert de Billy zufolge ist er ein »geistreicher und etwas sarkastischer« Weltmann (R. de Billy, *Marcel Proust: Lettres et conversations*, Hachette, 1929, S. 64). Er verkehrt in den Pariser Salons und besucht die durch Napoleon III. in Mode gekommenen Badeorte. Sein ausschweifendes Leben mißfällt dem restlichen Familienclan. Die Episode der »Dame in Rosa« in der *Recherche* legt Zeugnis davon ab. Von diesen leichtherzigen Frauen »kannte (mein Onkel) viele [...], und auch Kokotten, die ich von den Schauspielerinnen nicht ganz klar zu unterscheiden verstand. [...] Oft hörte ich meinen Vater bei der Erwähnung eines Schauspielerinnennamens in der Unterhaltung zu meiner Mutter sagen: ›Eine Freundin deines Onkels‹« (*In Swanns Welt*).

Tod: Am Ende seines Lebens verläßt Louis Weil Auteuil und zieht endgültig in das Haus am Boulevard Haussmann Nr. 102. Am 10. Mai 1896 stirbt er an den Folgen einer Lungenentzündung in demselben Zimmer, in dem später Proust wohnt (dieser stirbt dann in der Rue Hamelin an der gleichen Krankheit). Das Zimmer ist damals in fleischfarbenem Rosa gehalten und hat vergoldete Holztäfelungen, was den Geschmack und das Dasein dieses Lebemannes widerspiegelt.

Beisetzung: Louis Weil wollte ohne Blumen und Todesanzeigen bestattet werden. Seine Geliebte Laure Hayman indessen ließ durch einen Boten mit dem Fahrrad einen prächtigen Kranz überbringen. Um den Zwischenfall zu beenden, ließ Mme Proust den Kranz zusammen mit

Tel D.B. 3037

dem Sarg auf dem Père-Lachaise bestatten. Laure kam nicht zu der Trauerfeier, obwohl Proust ihr geschrieben hatte: »Wie kommen Sie aber auf den verrückten Gedanken, Sie könnten, bei wem es auch sei, Anstoß erregen. Ihre Gegenwart kann nur rühren. Ist es denn schlechterdings möglich, Sie zu kennen, ohne Sie auch gleichzeitig zu bewundern und zu lieben, was mein Onkel ganz besonders tat. [...] Ich fürchte aber, es wird eine Anstrengung für Sie, und es werden wenig Frauen mitgehen« (*Correspondance* II, 1896-1901, S. 63 [dt. in: *BZL*, S. 6]). Als Erinnerung übergab er ihr eine Krawattennadel seines Großonkels. Später fand er im Boulevard Haussmann eine Sammlung mit signierten Photographien von Schauspielerinnen, darunter eine von Marie van Zandt als männlicher Transvestit, die dann als Modell für die »Miss Sacripant« von Elstir, dem Maler der *Recherche*, diente. Neben Jules Amiot stellte er das hauptsächliche Vorbild für den Onkel Adolphe in der *Recherche* dar.

Titel: 1873 wurde ihm die Ehrenlegion verliehen. Er trug zugleich den Offizierstitel der Akademie und war Ehrenmitglied des Valutaausschusses der Zollbehörden.

Testament: In seinem Testament vom 30. Dezember 1886 hatte Louis Weil seinen Neffen, den Anwalt Georges Weil, und seine Nichte, Mme Adrien Proust, als Universalerben eingesetzt. Sie erbten das Haus in Auteuil, welches schon 1896 verkauft wurde, und dasjenige am Boulevard Haussmann Nr. 102.

• **Abraham Alphonse Weil** (29. Juni 1822 – 10. Dezember 1886): Der jüngere Bruder von Louis aus der zweiten Ehe von *Baruch Weil* mit *Marguerite Nathan*. Er war Bataillonschef der Infanterie und Ritter der Ehrenlegion.

ONKEL UND TANTEN

• **Onkel väterlicherseits, Jules Amiot** (Illiers, 6. Juni 1816 – Illiers, 23. Oktober 1912): Sohn des Tuchhändlers René-André Amiot und von Catherine-Charlotte Piton. Zur Zeit der Eroberung geht er nach Algerien und will dort im Tuchhandel und sicher auch im Weinhandel sein Glück machen. Zurück in seinem Heimatort Illiers, lebt er von den Einkünften eines gewinnbringenden Modegeschäftes, in dem ein »Geruch von ungebleichter Leinwand« herrscht. Es befindet sich an der Place du Marché Nr. 14 und ist der größte Laden des Ortes. Am 4. Mai 1847 heiratet er in Chartres *Élisabeth*

> **Bedeutung für das Werk:** Jules war eines der Vorbilder für den Onkel Adolphe in der *Recherche* und für M. Sureau in *Jean Santeuil*. Obwohl eine Nebenfigur, ist die von ihm verkörperte Gestalt doch ausgesprochen pittoresk.

Proust. Das Ehepaar zieht in das Haus, das Jules am unteren Teil des Platzes in der Rue du Saint-Esprit Nr. 4 besitzt (die seitdem in Rue du Dr. Adrien Proust umbenannt wurde; das Haus ist jetzt ein Museum, vgl. S. 413 f.). Aus Algerien, wohin er mehrmals zurückkehrt (sein Bruder und später zwei seiner Kinder haben sich dort niedergelassen), bringt er Photographien und Teppiche mit, mit denen er einen an sein Haus angebauten Pavillon ausschmückt. Er zieht sich gern zum Malen dorthin zurück. Sehr reich und voller nostalgischer Schwärmerei für einen Orient, der ihm ans Herz gewachsen war, richtet er in den Nebengebäuden dieses Hauses ein kleines türkisches Bad ein. Er läßt darüber hinaus außerhalb der Stadt, in der Nähe des Loir, einen englischen Garten, den Pré-Catelan, anlegen, wohin die Amiot und die Proust oft Spaziergänge unternehmen. Jules läßt dort einen achteckigen Sommerpavillon aus roten Backsteinen bauen, der den Namen »Haus der Bogenschützen« erhält. Ein Steinblock aus den Ruinen der während der Revolution niedergerissenen Kirche Saint-Hilaire schmückt das Eingangsportal des Pré-Catelan. In der Rue des Lavoirs bestellt er außerdem einen Gemüsegarten. Proust gibt ihm daher den Beinamen: »Mein Onkel, der Gärtner«. Auch für Politik interessiert er sich. 1903 ist er Abgeordneter und Bürgermeister und zum großen Leidwesen Prousts ein unbeugsamer Antiklerikaler. Er stirbt 1912 und vererbt das Geschäft seinem Sohn Fernand.

• **Tante väterlicherseits, Françoise *Élisabeth* Josephine Proust** (Illiers, 9. August 1828 – Illiers, 1. Juni 1886): Geboren in dem Haus an der Place du Marché Nr. 11, älteste Tochter des Lebensmittelhändlers Louis François Valentin Proust und seiner Frau, geborene Catherine Virginie Torcheux. Mit 19 Jahren heiratet sie den 12 Jahre älteren Jules Amiot. Sie bringt drei Kinder zur Welt: *Mathilde,* die Älteste (Illiers, 16. September 1848 – Mustapha, Algerien, 26. Februar 1882), die in Illiers am 27. September 1869 den Modewarenhändler André Hamart heiratet und ihre Tage in Algerien beschließt;

Bedeutung für das Werk: Die Beschreibungen in »Combray«, dem ersten Teil von *In Swanns Welt,* hat Proust seinen sommerlichen Erinnerungen entnommen. Élisabeth diente als Vorbild für die Gestalt der »Tante Léonie«, und Ernestine Gallou, die Haushälterin, die 33 Jahre lang in ihren Diensten stand, war eins der Vorbilder für »Françoise«, die Köchin von Tante Léonie. Die gediegenen, gutbürgerlichen Familienmahlzeiten, die von Ernestine zubereitet wurden, und die Umstände der Krankheit von Élisabeth Amiot gaben Anlaß zu köstlichen Szenen, die Proust nur unwesentlich transponiert in sein Werk übernahm.

Fernand (Illiers, 24. Februar 1853 – Versailles, 28. Dezember 1931), der den elterlichen Laden übernimmt und in Magny am 6. Oktober 1879 Berthe Ménager (1859-1920) heiratet; *André* (Illiers, 13. April 1860 – Versailles, 19. Februar 1925), der Sonntagsmaler ist wie sein Vater und auch in Algerien lebt, wo er einen Weinhandel betreibt.

Bei ihren Aufenthalten in Illiers wohnt die Familie Proust bei dem Onkel und der Tante Amiot in der Rue du Saint-Esprit. Im Unterschied zu der »Tante Léonie« in der *Recherche* stirbt Elisabeth Amiot mit 58 Jahren, lange vor ihrem Gatten, an Darmkrebs. Die Familie Proust begibt sich nach Illiers, um die Erbschaftsfragen zu regeln.

• **Onkel mütterlicherseits, Georges-Denis Weil** (Paris, 26. Oktober 1847 – Paris, 23. August 1906): Sohn von Nathé Weil und Adèle Berncastel. Am 20. April 1891 heiratet er *Amélie Oulman*, mit der er 1892 eine Tochter hat, *Adèle*. Zunächst Anwalt beim Appellationsgericht und dann Richter am Erstinstanzgericht des Départements Seine, beendet er seine Laufbahn als Richter am Appellationsgericht von Paris. Er veröffentlicht mehrere sehr geschätzte Studien, darunter *Les Élections législatives depuis 1789, histoire de la législation et des mœurs* (Die Parlamentswahlen seit 1789, Geschichte der Gesetzgebung und der Sitten), erschienen 1895. 1896, nach dem Tod seines Onkels Louis Weil, erbt er zusammen mit seiner Schwester das Haus am Boulevard Haussmann Nr. 102.

Seine Neffen Marcel und Robert sowie seine Schwester Jeanne, ihre Mutter, schätzen seine Feinsinnigkeit, seinen Humor und seine außerordentliche Freundlichkeit. Wenn Marcel mit ihm spazierengeht, will er ihn nicht mehr weggehen lassen, und er tut, was er kann, damit er seine Straßenbahn verpaßt: »Zehn Minuten lang habe ich ihn fortgezogen, damit er die Straßenbahn abfahren läßt. Und das hat auch geklappt. Leider bin ich in den letzten Minuten derart zufrieden, als ich sie beim Abfahren beluchse, daß ich mich etwas verrate. Hierauf fing er an loszurennen! Es ist einfach prima, ihn zu sehen« (*Correspondance* I, 1880-1895, S. 110 [dt. in: *BM*, S. 9]).

Seine anfällige Gesundheit jedoch beunruhigt seine Schwester und seinen Neffen. Seinem Freund Fernand Gregh vertraut Marcel an: »Ein Onkel von mir, der seit mehreren Jahren magenkrank ist und äußerst neurasthenisch, möchte es mit Deinem Arzt versuchen. Wenn man aber nicht nur neurasthenisch ist, wenn man zudem sehr magenkrank ist, und dies nicht allein nervlich bedingt, behandelt er einen dann noch?« (in: *Correspondance* III, 1902 - 1903, S. 356.)

Seine Schwester Jeanne stirbt vor ihm im September 1905. Nach diesem Verlust bleibt Georges, dem Proust den Beinamen »Onkel G.« gibt, seinem Neffen sehr verbunden. Er besucht Proust oft abends in der

Rue de Courcelles. Wenige Monate später jedoch muß Georges sich wegen eines Urämieanfalles ins Bett legen. Im Gegensatz zu seiner Schwester steht er Höllenqualen aus. Im August 1906 besucht ihn Proust, der damals in Versailles wohnt, in seiner Wohnung an der Place Malesherbes Nr. 22. Sein Onkel erkennt ihn schon nicht mehr. Er stirbt am 23. August und wird am 26. auf dem jüdischen Friedhof des Père-Lachaise in der Nähe des Tores zur Rue du Repos beigesetzt. Da Proust sehr krank ist, kann er nicht zum Begräbnis seines Onkels kommen.

• **Tante mütterlicherseits, Amélie Oulman** (Paris, 27. Januar 1853 - Paris, 22. Januar 1920): Tochter von Émile und Simonette Cohen. (In erster Ehe mit Wilhelm Jacob Hermann verheiratet.) Nach dem Tod ihres Gatten 1906 erbt sie seinen Anteil an dem Haus am Boulevard Haussmann Nr. 102. Als erfahrener Geschäftsfrau gelingt es ihr, bei der Versteigerung der Anteile aller Mitbesitzer am 8. November 1907 das ganze Haus zu erwerben. Sie hat ihre Neffen zu überbieten gewußt. 1919 beschließt sie zum großen Bedauern Prousts, der damals ihr Mieter ist, das Gebäude zu verkaufen. Sie zieht »den zarten Namen Tante dem der Hausbesitzerin vor«, schreibt sie ihm nicht ohne Humor. »Wir werden zusammen immer nur über Literatur zu reden haben und nicht über das Haus.« Sie stirbt in Paris am 22. Januar 1920.

• **Cousine, Adèle** (Paris, 3. März 1892 – Ravensbrück, 5. Dezember 1944): Wie alle Weil ist sie oft in Auteuil bei dem Onkel Louis. Marcel mag seine junge Cousine sehr, und er verwöhnt sie. 1906 beauftragt er seinen Freund Reynaldo Hahn damit, für sie die englische Walter-Scott-Ausgabe zu kaufen. Am 27. März 1920 heiratet sie in Paris den Ingenieur *Maxime Weil* (Barr, 15. September 1877 – Buchenwald, 30. November 1944). Sie haben eine einzige Tochter, *Annette* (geb. in Paris am 8. Januar 1921). Alle drei werden in Toulouse von der Gestapo verhaftet und am 30. Juli 1944 mit dem Transport Nr. 81 nach Buchenwald deportiert. Allein Annette überlebt.

Sie heiratet am 12. März 1948 Claude Heumann (geb. in Saint-Cloud am 19. März 1917), damals Berichterstatter [über die Bittschriften] beim Staatsrat. Sie hat mit ihm zwei Kinder: Danielle (Mme Dominique Brogly) und Guy.

Die Trauerfälle in der Familie Proust

1855, 2. Oktober: Sein Großvater Louis François Valentin Proust.
1886, 1. Juni (Proust ist 14 Jahre alt): Seine Tante väterlicherseits, Mme Jules Amiot.
1889, 19. März (Proust ist 17): Seine Großmutter väterlicherseits, Mme Valentin Proust.
1890, 2. Januar (Proust ist 18): Seine Großmutter mütterlicherseits, Mme Nathé Weil.
1896, 10. Mai (Proust ist 25): Sein Großonkel mütterlicherseits, Louis Weil.
30. Juni: Sein Großvater mütterlicherseits, Nathé Weil.
1903, 26. November (Proust ist 32): Sein Vater, Prof. Adrien Proust.
1905, 26. September (Proust ist 34): Seine Mutter, Mme Adrien Proust.
1906, 23. August (Proust ist 35): Sein Onkel mütterlicherseits, Georges Weil.
1912, 23. Oktober (Proust ist 40): Sein Onkel väterlicherseits, Jules Amiot.

1922, bei seinem Tod, hinterläßt Proust keine Blutsverwandten, weder in aufsteigender noch in absteigender Linie, außer seinen Bruder Robert (gestorben 1935), Vater einer Tochter, Suzy Mante-Proust (gestorben 1986), sowie Verwandte in der Seitenlinie.

In der Familie Weil: die Tante Amélie Weil (gestorben 1920) und deren Tochter Adèle (bei der Deportation verstorben).

In der Familie Proust: Zwei Vettern, André Amiot (gestorben 1925), Vater einer Tochter (gestorben 1942), und Fernand Amiot (gestorben 1931), Vater von drei Kindern: einem ersten Sohn (in frühester Kindheit verstorben), einem weiteren Sohn (gefallen 1916 in Ermenonville) und von Germaine Amiot (gestorben 1977).

VIII
GEFÜHLSLEBEN

LIEBESBEZIEHUNGEN ZU MÄNNERN*

In Ermangelung von Dokumenten und Briefen, die leider vernichtet wurden, bleibt das Geheimnis hinsichtlich der Homosexualität im Leben Prousts in vollem Umfang bestehen. In seiner Schulzeit im Lycée Condorcet – wo er in früher Eleganz, in den ersten Salons, in denen er verkehrt, bereits Seidenkrawatten und Gehrock zur Schau trägt – würde man besser von verliebten Freundschaften sprechen, mit *Daniel Halévy* oder *Jacques Bizet* zum Beispiel.

Nach diesen etwas besonderen Freundschaften schließt er sich jungen Leuten seines eigenen Milieus an, die oft bekannte Künstler oder Schriftsteller zu Beginn ihrer Laufbahn sind. Dies ist der Fall bei *Willie Heath*, *Robert de Flers*, *Reynaldo Hahn* oder *Lucien Daudet*. Dann setzt er seine Suche nach dem idealen Glück in Gesellschaft von jungen Adligen des Faubourg Saint-Germain fort (die in der *Recherche* als Vorbilder für die Gestalt des Saint-Loup dienen). Dies gilt für den *Prince Antoine Bibesco* und den *Comte Bertrand de Salignac-Fénelon*. Um das Jahr 1902 knüpft Proust aristokratische Freundschaften mit dem *Prinzen Léon Radziwill*, dem *Duc Armand de Guiche*, dem *Marquis Louis d'Albufera* und später mit dem *Marquis Illan de Casa-Fuerte*.

Die Begegnung mit Illan de Casa-Fuerte beschließt die Zeit seiner Freundschaften mit den »jungen Herzögen«. Bis zu seinem Tod verkehrt Proust zukünftig mit jungen Männern von bescheidener Herkunft, die er zu Sekretären und Kammerdienern macht oder die seine Protegés sind. Bereits 1899 macht er die Bekanntschaft eines Dachdeckersohnes, des jungen *Poupetière*, dem er Geld und Protektion zukommen läßt. Von seinen aristokratischen Freundschaften enttäuscht und seit dem Tod seiner Mutter davon entbunden, seine Homosexualität verbergen zu müssen, die er im Prinzip geheimgehalten hatte, wendet er sich neuen Bekanntschaften zu. Schon im August 1906, im Hôtel des Réservoirs in Versailles, wo er damals wohnt, verliebt er sich in einen jungen Bediensteten und Schützling von Reynaldo Hahn mit Namen *Léon*, dessen Ergebenheit er großzügig entlohnt. Im November 1906 bittet er Robert de Billy darum, in der Bank seines Schwiegervaters »eine Anstellung zu finden für einen jungen Mann von fünfundzwanzig Jahren, sehr tüchtig und gut aussehend, mit schöner Schrift, geeignet für die Buchhaltung, mit sehr guten Manieren, sehr gewissenhaft, aber ohne gründliche Fachkenntnisse« (*Correspondance* VI, 1906, S. 268 [dt. in: *BZL*, S. 248]).

Er verkehrt auch mit *Robert Ulrich*, der als Sekretär für ihn arbeitet, mit *Marcel Plantevignes* sowie mit *Albert Nahmias*, einem weiteren Sekretär, der ihm auch bei seinen Börsenspekulationen behilflich ist. Sodann nimmt *Alfred Agostinelli*, der 1913 als Chauffeur und als Sekretär bei ihm angestellt ist, einen bedeutenden Platz in seinem Leben ein, bis ihre Verbindung im Mai 1914 durch den jähen Absturz Agostinellis mitten über dem Meer tragisch auseinandergerissen wird. Es folgt ihm der schwedische Kammerdiener *Ernst Forssgren*, den Proust in dem Monat seines Todes wiedersieht.

Henri Rochat ist der letzte Sekretär, mit dem Proust im Jahre 1919 eine verliebte Freundschaft unterhält. Am 4. Juni 1921 allerdings schifft er sich nach Argentinien ein. Obwohl *Comte Louis Gautier-Vignal* immer die größte Diskretion bewahrte über die Art von Beziehung, die er zu Proust unterhielt, gestand er schließlich gegen Ende seines Lebens, einer seiner letzten »Freunde« gewesen zu sein.

* Die Biographien der nebenstehend erwähnten Personen sind alphabetisch geordnet in dem Kapitel »Lexikon der Bekanntschaften Prousts« zu finden.

LIEBESBEZIEHUNGEN ZU FRAUEN*

Sie sind nicht leicht zu definieren, wenn man das Urteil von André Gide in Betracht zieht. Als dieser ihn im Mai 1921 aufsuchte, vertraute Proust ihm an, »Frauen immer nur geistig geliebt und die Liebe stets nur mit Männern erfahren zu haben«. Gide hielt ihn infolgedessen für einen »Großmeister der Verstellung« (A. Gide, *Journal 1889-1939*, Gallimard, 1951, S. 692 und S. 848).

Die ersten sind Kinderfreundinnen: *Lucie und Antoinette Faure*, die Töchter des künftigen Staatspräsidenten Félix Faure, sowie *Marie* und *Nelly Bénardaky*; Proust spielt mit ihnen in den Parkanlagen der Champs-Elysées. Später lernt er *Jeanne Pouquet* kennen, der er trotz ihrer Verlobung mit Gaston Arman de Caillavet eifrig den Hof macht. Um 1890 befreundet Proust sich dann gern mit Frauen, die älter sind als er und für die er sich mit Geschenken ruiniert: er ist siebzehn Jahre alt, als er der Geliebten seines Großonkels, *Laure Hayman*, begegnet (die siebenunddreißig ist). Die Mutter seines Freundes Jacques Bizet, *Mme Émile Straus* (geborene Geneviève Halévy), deren Salon er besucht, bleibt sein ganzes Leben lang eine sehr treue Freundin. 1892 bezaubert ihn die *Comtesse de Chevigné*, die er abpaßt, wenn sie am Morgen das Haus verläßt. Auch dies ist der Beginn einer langen Freundschaft, die über fünfundzwanzig Jahre währt. Im Jahr darauf liebt er es, die *Comtesse Greffulhe* in der Oper zu beobachten.

In bezug auf wirkliche Liebschaften Prousts mit Frauen sind die Meinungen geteilt und werden nur mit Vorsicht geäußert. George D. Painter zufolge sind die heterosexuellen Beziehungen authentisch. Henri Bonnet ist der Ansicht, es handle sich eher um Gymnasiastenprahlerei und später um eine Maskierung seiner tatsächlichen Sexualität. Dies ist wahrscheinlich um 1888 der Fall, als er sich in *Laure Hayman*, in *Mme Chirade* oder in die »*hübsche Wienerin*« verliebt – oder dies jedenfalls vorgibt.

In einem Brief vom 25. September 1888 an seinen Freund Robert Dreyfus spricht Proust von dieser letzteren. Er nennt diese Beziehung einen »recht unkomplizierten Flirt, der sehr gewöhnlich sein zwangsläufiges Ende fand und eine stark in Anspruch nehmende Bekanntschaft nach sich zog, die mindestens ein Jahr lang anzudauern droht, zum größten Nutzen der Konzert-Cafés und ähnlicher Etablissements, wohin man solche Bekanntschaften auszuführen pflegt [...]« (R. Dreyfus, *Souvenirs sur Marcel Proust*, Grasset, 1926 [dt. in: *BZL*, S. 22]). Proust hatte dieses Mädchen in der Tanzschule Perrin in der Rue de la Victoire kennengelernt. Philip Kolb zufolge legt der Zynismus dieses Briefes die Vermutung nahe, daß diese Liebschaft Proust (wieder einmal) weniger stark in Anspruch nahm, als er glauben machen wollte.

Die Schauspielerin *Louisa de Mornand* ihrerseits, deren Bekanntschaft Proust 1903, zur gleichen Zeit wie die von Louis d'Albufera, machte, schloß sich ihm enger an, als er es eigentlich wollte. Ihr Briefwechsel bezeugt es (kurze Antworten Prousts auf dringende Schreiben, die sie an ihn richtete) und zumal 1928 die Enthüllungen, die sie der Presse gegenüber machte und welche die »von Zuneigung und Verlangen geprägte große Leidenschaft« Prousts betonten.

HEIRATSPLÄNE

1892, mit einundzwanzig Jahren, in dem Jahr, als er *Marie Finaly* kennenlernt, empfindet Proust »Zärtlichkeit« für seine Cousine *Amélie Bessière*, die er oft in Auteuil bei seinem Großonkel Louis Weil sieht, und er hat vor, sie zu heiraten. Sieben Jahre später, im Herbst 1899, ist er kaum begeistert bei dem Gedanken, *Suzanne Thibault* (1881-1918) zu heiraten, die einzige Tochter von Anatole France. 1908, während eines Aufenthalts in Cabourg, begegnet er einem mysteriösen Mädchen, das er von Zeit zu Zeit in Paris wiedersieht. Antoine Bibesco, der sie kannte, wollte nie ihren Namen preisgeben. Sie war eines der hauptsächlichen Vorbilder für Albertine. Im Jahr darauf, 1909, beabsichtigt Proust, sie zu heiraten, wie er in einem Brief an seinen Freund Lauris zu verstehen gibt: »Georges, wenn ich Paris verlasse, dann vielleicht mit einer Frau« (*Correspondance* IX, 1909, S. 117). Henri Bonnet schreibt: »Es war dies ganz gewiß ein Ausweichen [...] Aber es bekanntzugeben, es seinen Freunden mitzuteilen, die von seinen Neigungen nichts wußten oder die sie nur vermuteten, das war geschickt und überzeugend!« (H. Bonnet, a.a.O., S. 40.)

Der Knabe aus den »Aufzeichnungen von Marcel Jouhandeau«

Ein junger Insasse des Bordells von Albert Le Cuziat, im Hôtel Marigny, Rue de l'Arcade Nr. 11. In einem Notizbuch (das H. Bonnett in *Les amours et la sexualite de Marcel Proust* [Die Liebschaften und die Sexualität von Marcel Proust] erwähnt) hat Jouhandeau dessen vertrauliche Mitteilungen aufgezeichnet. Im Frühjahr 1917 »kam Marcel zu Le Cuziat, schaute durch eine Scheibe in einen Saal, wo wir Karten spielten. Er bezeichnete seinen Partner und ging hinauf. Eine Viertelstunde später, sagte der Knabe, klopfte ich an, trat ein und fand Marcel bereits im Bett, das Laken bis zum Kinn gezogen. Er lächelte mir zu. Ich hatte die Anweisung erhalten, nachdem ich mich vollständig ausgezogen hatte, neben der geschlossenen Tür stehenzubleiben. Dort befriedigte ich mich selbst, unter den ängstlichen Blicken von Marcel, der sich seinerseits auch allein bediente [...] Wenn er das angestrebte Ziel nicht erreichte, gab er mir ein Zeichen, daß ich mich zurückziehen solle, und Albert brachte die Reusen« (zitiert von H. Bonnet, a.a.O., S. 80). Diese »Reusen« enthielten ausgehungerte Ratten, die Le Cuziat, um Prousts Lust anzustacheln, sich gegenseitig zerfleischen ließ. Gide bestätigt diese Episode: »Bei einer denkwürdigen nächtlichen Unterhaltung [...] erläuterte Proust mir sein Anliegen, im Orgasmus die disparatesten Empfindungen und Gefühle in einem Bündel zusammenzufassen. Die Verfolgungsjagd der Ratten unter anderem fand wohl darin ihre Rechtfertigung; jedenfalls lud Proust mich ein, ihn dort zu besuchen. Ich sah darin vor allem das Eingeständnis einer Art von körperlicher Unzulänglichkeit« (A. Gide, *Ainsi soit-il*, Gallimard, 1952, S. 151). Céleste Albaret ist diesen üblen Nachreden entgegengetreten.

IX

LEXIKON DER BEKANNTSCHAFTEN PROUSTS*

AGOSTINELLI, Alfred (Monaco, 11. Oktober 1888 – Antibes, 30. Mai 1914): Chauffeur und Mechaniker aus Monaco, angestellt bei der Taxametergesellschaft Unic (geleitet von Jacques Bizet), zur Zeit, als dieser noch wenig verbreitete Beruf die jungen Sportler anzog. 1907 und 1908 machte er mit Proust zahlreiche Ausflüge, die diesen zu den im *Figaro* erschienenen »Reiseeindrücken im Automobil« anregten. Proust nahm ihn noch nach Versailles mit und entließ ihn anschließend. Ihr eigentliches Verhältnis beginnt 1913, als er ihn als Sekretär wieder einstellt und ihn damit beauftragt, seinen Roman auf der Maschine abzuschreiben. Von der Fliegerei begeistert, verläßt Alfred ihn im Dezember und meldet sich unter dem Pseudonym »Marcel Swann« bei der Pilotenschule der Brüder Garbero in Antibes an. Am 30. Mai 1914, gegen 17 Uhr, als Proust gerade dabei ist, ihm einen Brief zu schreiben und ihm den Kauf eines Flugzeuges (für 27 000 Francs) anzukündigen – ein Geschenk, auf das er das Sonett *Le Cygne* (Der Schwan) von Mallarmé eingravieren läßt (wie der Erzähler dann auf den Rolls-Royce Albertines) –, stürzt der Eindecker Agostinellis vor Biot über dem Mittelmeer ab. Mit 26 Jahren hatte dieser soeben seine Pilotenlizenz erworben und flog zum zweiten Mal allein. Auch er hatte in einem langen Dankesbrief, der zu spät ankam, Proust dies gerade mitgeteilt. Am 2. Juni bittet Agostinellis Bruder Proust darum, »Taucher zu schicken und seinen Bruder, der all sein Erspartes bei sich hatte, aus dem Wasser ziehen zu lassen« (in Wirklichkeit handelt es sich dabei um Geld, das Proust großzügig seinem Chauffeur gegeben hatte). Eine Woche nach dem Unglück, am 7. Juni, fanden Fischer in der Nähe von Cagnes, etwa zehn Kilometer nordöstlich von der Stelle des Absturzes, die Leiche Agostinellis. Bei der Nachricht von seinem Tod verglich Proust seinen Schmerz mit dem, den er bei dem Tod seiner Mutter empfunden hatte. Sein Kummer wurde zudem noch durch die Reue verstärkt, ihn indirekt zu dieser Laufbahn ermutigt zu haben. Er spielte sogar mit dem Gedanken an Selbstmord: »Ich habe es erfahren, was es heißt, mir jedesmal, wenn ich in ein Taxi stieg, aus ganzem Herzen zu wünschen, der entgegenkommende Autobus möge mich überfahren« (*Correspondance* XIII, 1914, S. 354). Er bemühte sich, der Familie des Verstorbenen zu helfen, und nahm Anna, die Gefährtin Agostinellis, in der Wohnung am Boulevard Haussmann auf. Im

* Wenn es sich um sehr bekannte Autoren mit einem umfangreichen Œuvre handelt, werden in den nachstehenden Biographien nicht alle Veröffentlichungen systematisch aufgeführt.

Laufe des Juni berichtet Proust in einem Brief an Gide von seinen Sorgen und seinem Kummer: »[...] ach, ihr Maß ist übervoll geworden durch den Tod eines jungen Freundes, den ich wohl mehr geliebt haben mag als alle anderen, da sein Tod mich so elend zurückläßt« (*Correspondance* XIII, 1914, S. 245 [dt. in: *BZW*, S. 304]). Der kluge und sensible Agostinelli war das hauptsächliche Vorbild für Albertine. Als Huldigung fügte Proust einen Teil seiner letzten Briefe in die Briefe Albertines ein.

ALBUFERA, Louis, Comte Suchet, vierter Duc d' (Paris, 4. Mai 1877 – Ville d'Avray, 14. Juni 1953); genannt »Albu«. Proust lernt ihn im Dezember 1902 kennen, zur gleichen Zeit wie den Duc de Guiche. Albufera ist fünfundzwanzig Jahre alt und liebt die Automobile und das Reisen. Er ist der einzige der »jungen Herzöge«, der kein Intellektueller und kein Dreyfus-Anhänger ist. Am 10. Oktober 1904 heiratet er in Paris Anna Masséna d'Essling (1884-1967). Seine Geliebte (wie die von Saint-Loup in der *Recherche*) ist eine Schauspielerin, Louisa de Mornand. Proust wird bald zum Vertrauten des Paares.

Nach dem Erscheinen von *Sodom und Gomorra* im Jahre 1922 überwirft sich Albufera, der sich in dem in Rahel verliebten Saint-Loup wiederzuerkennen meint, mit Proust, dessen brieflichem Versöhnungsversuch kein Erfolg beschieden ist.

ALTON, Charles, Vicomte d' (Giraumont, 20. September 1857 - Paris, 8. März 1931): Er macht die Bekanntschaft Prousts 1908. Sie führen einen regen Briefwechsel. Er ist der Vater von Colette d'Alton (einem künftigen Vorbild für Albertine), der Proust ein goldenes Nähkästchen schenkt wie der Erzähler seiner Geliebten.

ARMAN DE CAILLAVET, Mme Albert, geborene Léontine Lippmann (1844-1910): 1886 ist sie die neue Egeria von Anatole France. Sie empfängt sonntags in ihren Räumen an der Avenue Hoche Nr. 12. Proust verkehrt in ihrem Salon und befreundet sich 1890 mit ihrem Sohn Gaston. Sie ist eins der Vorbilder für Mme Verdurin. Ihre Tochter Simone, die künftige Mme André Maurois, die Proust im Jahre 1909 eines Abends sehen möchte, ist dasjenige für Mlle de Saint-Loup.

ARMAN DE CAILLAVET, Gaston (Paris, 13. März 1869 – Essendiéras, 14. Januar 1915): Journalist und Bühnenautor. Proust hatte ihn bei seiner Mutter während des Militärdienstes im Jahre 1890 kennengelernt. Am 11. April 1893 heiratete Gaston Jeanne Pouquet (1874-1961) (vgl. S. 171), war ihr jedoch nicht besonders treu. Durch ein Dekret vom 19. Juni 1893 fügte er seinem Familiennamen Arman den Namen Caillavet hinzu; später wurde er durch das Adelsprädikat »de« erweitert, obwohl Gaston darauf keinen rechtlichen Anspruch hatte.

Nach einer Karriere als Redakteur des *Figaro* und als Bühnenautor fiel er 1915 im Krieg. Er ließ eine Tochter zurück, Simone (1894-1968), die in zweiter Ehe André Maurois heiratete.

WERKE: Komödie in Zusammenarbeit mit P. Grünebaum: *Noblesse oblige* (Adel verpflichtet), 1891. Komödien in Zusammenarbeit mit Robert de Flers: *Miquette et sa mère* (Miquette und ihre Mutter), 1906; *L'Amour veille* (Die Liebe wacht), 1907; *Le Roi* (Der König), 1908; *L'âne de Buridan* (Buridans Esel), 1909; *Le Bois sacré* (Der heilige Hain), 1910; *Primerose,* 1911; *L'Habit vert* (Das grüne Gewand), 1913; *La Belle Aventure* (Das schöne Abenteuer), 1913; *Monsieur Bretonneau*, 1914.

AUBERNON, Mme, geborene Lydie Lemercier de Nerville (1825-1899): Obwohl der Faubourg Saint-Germain nicht bei ihr verkehrt, hat ihr literarisch-künstlerischer Salon ein großes Prestige. Lebhaft und mollig, »sah sie aus wie die Königin Pomaré auf dem Abort«, behauptete Montesquiou von ihr. Sie empfängt mittwochs und legt vorher das Gesprächsthema fest. Läßt die Aufmerksamkeit nach, klingelt sie mit ihrer kleinen Schelle. Proust wird gegen 1892 in den Salon aufgenommen. Er kommt oft mit Jacques-Émile Blanche und später mit Reynaldo Hahn. Sie besitzt in Louveciennes auch »la Maison du Cœur Volant« (Das Haus des fliegenden Herzens), wo ihre Gäste im Sommer mit dem Zug hinfahren. Sie ist ein weiteres Vorbild für Mme Verdurin.

BAIGNÈRES, Arthur (1834-1913): Einer der geistreichsten Männer seiner Zeit, Enkel von Jacques Laffitte, dem Finanzmann und berühmten Politiker. In einem antiquierten Stil, den Proust mit dem von Sainte-Beuve vergleicht, veröffentlicht er zwei Bände mit Erzählungen: *Histoires modernes* (Geschichten aus der Gegenwart) und *Histoires anciennes* (Geschichten von einst). Mit seiner Frau, geborene Charlotte Borel, wohnt er in der Rue du Général Foy Nr. 4. Proust befreundet sich mit ihrem Sohn Paul (1869-1936) und verbringt mit ihnen seine Ferien in der Villa Les Frémonts in Trouville, wo Paul Baignères ihn 1892 porträtiert.

BAIGNÈRES, Mme Henri, geborene Laure Boilay (1844-1918): Schwägerin von Arthur Baignères. Sie hat ein Privathaus in der Rue du Général Foy Nr. 40 und verkehrt in dem Salon von Mme Aubernon. Proust besucht auch ihren eigenen Salon. Sie besitzt ein Haus in der Nähe von Genf, die Villa Quatorze, die Proust gut kennt. Er schließt sich ihrem Sohn Jacques an, einem ehemaligen Mitschüler vom Condorcet-Gymnasium, der zuerst für *Le Banquet* und später für *La Revue blanche* schreibt. Vorbild für Mme Leroi.

BARDAC, Henri: Sohn von Noël Bardac. Er ist ein Freund von Reynaldo

Hahn und fährt mit diesem nach Cabourg. Proust lernt ihn 1906 kennen und nennt ihn »dieses korallenrosa Meerschweinchen«. Nach einer schweren Kopfverletzung in der Marneschlacht im September 1914 wird er als Botschaftsattaché nach London geschickt, wo er sich sehr für *Swann* einsetzt. Bei einem Urlaub in Paris im Jahre 1915 besucht er Proust häufig. Seine Narbe an der Stirn ist das Vorbild für die von St. Loup. Er kannte auch Montesquiou und veröffentlichte in *La Revue de Paris* vom September 1948 einen Artikel mit dem Titel »Proust et Montesquiou«.

BARRÈRE, Camille (La Charité-sur-Loire, 23. Oktober 1851 – Paris, 1940): Diplomat und Freund von Dr. Proust, den er, trotz der zögernden Haltung Englands, in seinem Kampf gegen die Verbreitung der Cholera unterstützt. Er kommt jede Woche zum Essen zu den Proust. Von 1897 bis 1924 ist er Botschafter in Italien. Barrère sollte sich in der Gestalt des Norpois wiedererkennen.

BARRÈS, Maurice (Charmes, 19. August 1862 – Neuilly, 4. Dezember 1923): Politiker und Schriftsteller. Aus einer wohlhabenden bürgerlichen Familie stammend und in Nancy aufgewachsen, kommt er 1883 nach Paris, um dort sein Jurastudium fortzusetzen. Er ist neunundzwanzig Jahre alt, als Proust ihm zum ersten Mal begegnet. Er ist ein Freund der Princesse Mathilde und Montesquious sowie seit 1889 Abgeordneter von Nancy, zugleich aber auch ein namhafter Schriftsteller, dem man den Beinamen »der Prinz der Jugend« gibt. Wenn Proust die musikalische Satzführung dieses individualistischen Autors durchaus bewundert und viele seiner Ideen teilt, so gilt dies doch nicht für dessen nationalistische Vorstellungen in der Politik. Barrès, der eines der Vorbilder für Bergotte war, wohnte der Beerdigung Prousts bei und wandte sich mit den Worten an Mauriac: »Tja, Teufel auch..., das war unser junger Mann.«

WERKE: *Huit jours chez M. Renan* (Acht Tage bei Herrn Renan), 1888; *Sous l'œil des barbares* (Unter den Augen der Barbaren), 1888; *Un homme libre* (Ein freier Mann), 1889; *L'Ennemi des lois* (Der Gesetzesfeind), 1893; *Du sang, de la volupté et de la mort* (*Vom Blute, von der Wollust und vom Tode*), 1893-1904; *Les Déracinés* (Die Entwurzelten), 1897; *L'Appel au soldat* (Der Appell an den Soldaten), 1900; *Leurs figures* (Ihre Gestalten), 1901; *Au service de l'Allemagne* (*In deutschen Diensten*), 1905; *Le Voyage de Sparte* (Die Reise nach Sparta), 1905; *Colette Baudoche*, 1909; *Gréco ou le secret de Tolède* (El Greco oder das Geheimnis von Toledo), 1911; *La Colline inspirée* (Der beseelte Hügel), 1913; *La grande pitié des églises de France* (Die große Barmherzigkeit der Kirchen von Frankreich), 1914; *Amori et dolori sacrum*, 1921; *Un jardin sur l'Oronte* (Ein Garten am Orontes), 1922; *Mes Cahiers 1896-1923* (Meine Aufzeichnungen), 1929-1957.

BARTHOLONI, Mme Anatole, geborene Marie Frasier-Frisell: Hofdame der Kaiserin Eugénie, berühmt für ihre Schönheit und für ihren Esprit. Die Bartholoni wohnen im Schloß von Coudrée in der Nähe von Thonon am Genfer See. Im Verlauf seiner Ferien in Évian freundet Proust sich mit ihrer Tochter an, die den Beinamen Kiki trägt. Er korrespondiert mit ihr ab Juli 1897.

BEAULAINCOURT, Comtesse de, geborene Sophie de Castellane (1818-1904): Tochter des Marschalls de Castellane und von Cordélia Greffulhe (die eine der Geliebten von Chateaubriand und von Molé war), Großtante von Boni de Castellane. Gebildet, leichtfertig und mondän, heiratete sie in erster Ehe den Marquis de Contades († 1858) und hatte mehrere Geliebte. Zur Zeit des Zweiten Kaiserreichs war es der Comte de Fleury, der französische Gesandte in Sankt Petersburg (eins der Vorbilder für Norpois), anschließend der Comte de Coislin, mit dem sie einen Sohn hatte. Als sie 1858 Witwe wurde, heiratete sie den Comte de Beaulaincourt. Proust wurde am 13. Mai 1897 zu ihr eingeladen. In einem Brief an Montesquiou vom April 1921 bezeichnet er sie als sein hauptsächliches Vorbild für Mme de Villeparisis. In der *Recherche* erklärt Proust, warum sie, wie seine Romangestalt, nicht den ganzen Faubourg Saint-Germain bei sich empfing, über dessen Rituale sie sich ironisch äußerte. Sie beschließt ihre Tage bescheidener entweder in Paris oder in ihrem Schloß von Acosta im Département Yvelines.

BEAUMONT, Comte Étienne de (Paris, 1883 – Paris, 1936) und Comtesse de, geborene Edith Taisne de Raimonval: Freunde von Paul Morand, die in einem Privathaus in der Rue Masseran im 7. Arrondissement wohnen und oft bei sich Empfänge geben. Sie nehmen an den Diners teil, die Proust im Ritz für die Princesse Soutzo und Paul Morand gibt. Bei dem Diner am 27. Juli 1917 läßt der Graf sich in Gegenwart von Proust von einem Hypnotiseur einschläfern. Das Paar ist auch eng mit dem Abbé Mugnier verbunden. Proust verbringt seinen letzten Sylvesterabend bei ihnen auf dem Ball am 31. Dezember 1921, und er stattet ihnen seinen letzten Gesellschaftsbesuch Anfang Oktober 1922 ab.

BÉNARDAKY, Mme Nicolas, geborene Lebrock: Mit einem polnischen Adligen verheiratet, der, nachdem er als Teehändler ein Vermögen erworben hatte, Zeremonienmeister am Hof des russischen Zaren wurde. Sie wohnt in einem Privathaus in der Rue de Chaillot Nr. 65. Mutter von Marie und Nelly, den Freundinnen Prousts in den Parkanlagen der Champs-Elysées, und von einem sehr schönen Jungen, der nicht älter als 18 Jahre wurde. Ihr einziges Interesse galt dem Champagner und der Liebe, wurde erzählt. Paul Nadar photographierte sie mehrmals in ihren prächtigen Kostümen, zumal als Walküre, einem von dem Modeschöpfer Worth entworfenen Modell, in dem ihre plastische Schönheit stark zur Geltung kam. In *Jean Santeuil* sind ihr Gatte und sie M. und Mme Kossicheff; in der *Recherche* ist sie eines der Vorbilder für Odette de Crécy.

BÉNARDAKY, Marie (geboren in Rußland um 1875): Tochter der Obengenannten und von Nicolas Bénardaky. Proust begegnet ihr und ihrer Schwester Nelly zum ersten Mal im Sommer 1886. Sie wohnen neben den Parkanlagen der Champs-Élysées, wo Proust mit ihnen Barlauf spielt. Am 21. August 1898 heiratet Marie in Sankt Petersburg den Prinzen Radziwill, von dem sie sich 1915 scheiden läßt, nachdem sie ihm eine Tochter geschenkt hat, Léontine. Proust zufolge war sie »eine der beiden großen Lieben meines Lebens«. Diese Kinderfreundin ist eins der hauptsächlichen Vorbilder für Gilberte.

BÉRAUD, Jean (Sankt Petersburg, 12. Januar 1849 – Paris, 1935): Französischer Maler. Freund der Impressionisten, sehr mondän, berühmt für seine zahlreichen bürgerlichen Szenen aus dem Pariser Leben – *Sonntag in der Nähe der Kirche Saint-Philippe-du-Roule* (1877), *Die Oper ist aus* (1883), *Place de la Concorde*, *Spaziergang auf den Champs-Élysées*, *Schulschluß beim Lycée Condorcet in der Rue Caumartin* (um 1890). Er besucht regelmäßig den Salon der Gräfin Potocka und von Mme Lemaire, wo Proust ihn 1896 kennenlernt. Am 6. Februar 1897 war er zusammen mit Gustave de Borda der Zeuge Prousts, als dieser sich mit dem Schriftsteller Jean Lorrain duellierte. 1920 schenkte er Proust das Kreuz der Ehrenlegion [d. h. die von dem Juwelier Cartier angefertigte, mit Edelsteinen besetzte Spezialausführung davon]. Er war eins der Vorbilder für Elstir in der *Recherche*.

BERL, Emmanuel (1892-1976): Schriftsteller. Cousin des Dichters Henri Franck, eines angeheirateten Verwandten des Philosophen Henri Bergson. Während des Krieges hatte Berl aus den Schützengräben einen Brief geschrieben, der Proust tief bewegte. Als Kriegsinvalide besuchte er Proust später häufig. Bei einem seiner Besuche behauptete Berl, daß eine glückliche Liebe möglich sei, worauf Proust ihn hinauswarf und ihm seine Pantoffeln an den Kopf schleuderte. Sie sollten in ihrer Auffassung von der Liebe niemals übereinstimmen, und Berl hat in seinen Werken (*À venir* [Das Kommende], *Regain au pays d'Auge* [Wiederaufblühen in Auge]) dazu Stellung genommen.

BERNHARDT, Henriette Rosine Bernard, genannt Sarah (Paris, 1844 – Paris, 1922): Schauspielerin. Zweiter Schauspielpreis des Conservatoire [d'art dramatique] und ab

1862 an der Comédie-Française. Ihre Persönlichkeit und ihr Talent als Tragödin waren bereits der Gesprächsgegenstand des jungen Proust in den Parkanlagen der Champs-Élysées. Wie er schrieb, war 1895 seine Reise mit Reynaldo Hahn zugleich »eine Pilgerfahrt zu den Orten, die durch Sarah Bernhardt berühmt wurden« (denn Belle-Ile war der Sommerwohnsitz derer, die man die Göttliche Sarah nannte). Sie war das Modell für die Berma in *Phèdre*, einer Rolle, in der Nadar sie photographiert hatte und die sie 1893, in dem Jahr, in dem sie die Leitung des Renaissance-Theaters übernahm, nochmals spielte.

BERRY, Walter V. R. (Paris, 29. Juli 1859 – Paris, 1927): Sachverständiger für internationales Recht, glühender Befürworter des Eintritts der Vereinigten Staaten in den Krieg. Er ist von 1916 bis 1923 der Vorsitzende der amerikanischen Handelskammer in Paris. Paul Morand sieht in ihm »den Amerikaner aus den Romanen von Henry James«. Berry schließt 1916 Freundschaft mit Proust und schickt ihm im Mai ein Buch aus dem Jahre 1709, auf dessen Einband das Wappen von Paulin Prondre de Guermantes zu sehen ist. Im November 1917 und im November 1918 wendet sich Proust wegen des Verkaufs seiner Möbel an ihn. 1920 kauft Berry drei Exemplare der Luxusausgabe von *Mädchenblüte*. Er ist ständiger Gast der Diners im Ritz und bleibt einer der treuesten Freunde Prousts.

BIBESCO, Antoine, Prinz (1878 – Paris, 2. September 1951): Sohn der – Bukarest, 31. Oktober 1902): Tochter von Kostaki Epurano, dem Präsidenten des rumänischen Staatsrates im Jahre 1879. Brillante Pianistin, die Liszt, Wagner und Gounod kannte. In ihrem Salon in der Rue de Courcelles Nr. 69 empfängt sie berühmte Musiker (Fauré, Debussy), Maler (Bonnard, Puvis de Chavannes) und Schriftsteller (Loti, Anatole France, Porto-Riche, Jules Lemaitre). Proust, der damals bei seinen Eltern in der Rue de Courcelles Nr. 45 wohnt und der mit ihren beiden Söhnen Antoine und Emmanuel sehr eng befreundet ist, wechselt oft von dem einen Haus ins andere hinüber. Sie stirbt in Rumänien an den Folgen einer Krankheit auf dem Familienbesitz Corcova.

BIBESCO, Antoine, Prinz (1878 - Paris, 2. September 1951): Sohn der Voraufgehenden und des Prince Alexandre Bibesco. Proust begegnet ihm und seinem Bruder Emmanuel im Juli 1899 dank der Vermittlung von Anna de Noailles, der Nichte ihrer Mutter Hélène. Kurz darauf leistet Antoine in Rumänien seinen Militärdienst ab. Im Herbst 1901 kehrt er nach Paris zurück und nimmt eine intimere Beziehung zu Proust auf. Mit seinem Bruder und mit Bertrand de Salignac-Fénelon schließt er einen Geheimbund, dem Proust beitritt. Antoine hat den Beinamen »Telephas« (griechisch: der aus der Ferne spricht; Proust nennt ihn so, weil Antoine oft am Telefon mit ihm spricht), und Proust heißt »Lecram« (Anagramm von Marcel) oder »der Lobhudler«. Sind beide Brüder zusammen, werden sie »Ocsebib« genannt. Um ihn über den Tod seiner Mutter im Jahre 1902 hinwegzutrösten, schlägt Proust ihm vor, ihn nach Rumänien zu begleiten, unter der Bedingung freilich, daß sich auf dem dortigen Familienanwesen keine Blüten befinden, die bei ihm Asthmaanfälle hervorrufen könnten. Antoine bleibt bis zu Prousts Tod ein loyaler und ergebener Freund. Zu Céleste sagte Proust: »Sie müßten den Roman ›Die Brüder Karamasow‹ von Dostojewski lesen, dann würden Sie sehen: das sind die Brüder Bibesco« (C. Albaret, a.a.O., S. 239). Im März 1919 wohnt Proust seiner Verlobung mit Elizabeth Asquith, der Tochter des englischen Politikers, bei.

WERKE: *Aux enfers avec Marcel Proust* (In der Unterwelt mit Marcel Proust), Genf 1948; *The Heartlessness of Marcel Proust* (Die Herzlosigkeit von Marcel Proust), in: *Cornill Magazine* (Sommer 1950).

BIBESCO, Emmanuel (1875 - 22. August 1917): Bruder des Voraufgehenden. Er nimmt an den Automobilausflügen im Jahre 1903 teil (vgl. S. 134). Er kennt alle gotischen Kirchen Frankreichs und besucht sie regelmäßig. Im Frühjahr 1914 kehrt Emmanuel von einer Reise nach Japan zurück und ist bereits von der Lähmung befallen, die dann seine ganze linke Körperhälfte entstellen sollte. Am 12. April 1917 läßt er sich ein letztes Mal zu Proust fahren, bleibt jedoch tief hinten in seinem Coupé sitzen, damit man seine Verunstaltung nicht sieht. Morand und Proust setzen sich auf die Klappsitze, und Emmanuel ruft: »Kutscher, fahren Sie rückwärts, damit Marcel Proust und Paul Morand denken, sie fahren vorwärts!« Aus Verzweiflung über die Krankheit, die ihn vollständig zu lähmen droht, und nach zwei Selbstmordversuchen nimmt er sich in seinem Landhaus in Ascot in der Nähe von Windsor das Leben. Er war Junggeselle.

BIBESCO, Princesse Georges, geborene Marthe Lahovary (Bukarest, 28. Januar 1886 – Paris, 28. November 1973): Von einer berühmten rumänischen Familie abstammend, war sie die Cousine der Brüder Bibesco und von Anna de Noailles. Sie war zugleich mit den Guiche, den Greffulhe und den Montesquiou verwandt. 1905 heiratete sie ihren Vetter, den Prince Georges Bibesco. Im Mai 1911 begegnete ihr Proust auf dem Ball der Zeitschrift *L'Intransigeant;* sie versuchte jedoch, ihm aus dem Weg zu gehen. Ihr erstes Buch *Les Huit Paradis* (Die acht Paradiese) wurde von Proust gelobt, der an Emmanuel Bibesco schrieb: »Lassen Sie die Prinzessin wissen, daß sie schön und genial ist.« Während des Krieges brachte ihre gemeinsame Freundschaft zu dem Abbé Mugnier sie einander näher. 1920 dinierten sie zusammen mit Walter Berry. Mit ihrem Cousin Antoine Bibesco und dessen Frau Elizabeth besuchte sie Proust ein letztes Mal im Juni 1922 in der Rue Hamelin. Céleste jedoch ließ sie auf Geheiß von Proust nicht in das Zimmer, was dann Anlaß wurde zu jenem kolportierten angeblichen Ausspruch Célestes: »Monsieur hat Angst vor dem Parfum von Fürstinnen.«

WERKE: Sie veröffentlichte über dreißig Werke, darunter sechs historische Romane, ihren Briefwechsel mit dem Abbé Mugnier, erschienen 1951 unter dem Titel *La Vie d'une amitié* (Das Leben einer Freundschaft) (3 Bände), und einige Erinnerungsbücher: *Catherine – Paris*, 1927 [dt. 1928]; *Images d'Épinal* (Bilderbogen), 1937; *Feuilles de calendrier* (Kalenderblätter), 1939; *La Nymphe Europe* (Die Nymphe Europa), 1960. Sie schrieb drei Erinnerungstexte über Proust: *Au bal avec Marcel Proust* (*Begegnung mit Marcel Proust*), 1928; *Le Voyageur voilé* (Der verschleierte Reisende), 1947; und *Le Confesseur et les poètes* (Der Beichtvater und die Dichter), 1970.

BILLY, Robert de (27. Juni 1869 - Mai 1953): Im Februar 1890, im Verlauf eines Diners bei dem Präfekten des Département Loiret, Paul Bœgner, begegnet Proust, der seinen Militärdienst in Orléans ableistet, Billy zum ersten Mal. Dieser ist damals beim 30. Artillerieregiment. Er wird zu einem der besten Freunde Prousts und steht in vertrautem Briefwechsel mit ihm. Im November 1890 sehen sie sich an der École des sciences politiques wieder. Billy rät Proust, sich dem diplomatischen Dienst zuzuwenden. Er selbst wird am 27. Dezember 1892 nach Berlin beordert, anschließend ist er französischer Gesandter in Bulgarien, in Griechenland und in Japan. 1895 besuchen Billy und seine Frau Proust in Bad Kreuznach, wo er mit seiner Mutter in Ferien ist. Sie besichtigen zusammen den Mainzer Dom. Im August 1904 machen Proust und er eine Kreuzfahrt vor der normannischen und bretonischen Küste auf der Dampfjacht »Hélène«, die P. Mirabaud, dem Schwiegervater von Robert de Billy, gehört. Der kluge, gebildete Billy half Proust bei der Ruskin-Übersetzung, und er erhielt als Dank dafür das mit Gold niellierte Stichblatt eines japanischen Degens (die er sammelte). Von Prousts Tod erfuhr er durch einen Brief Reynaldo Hahns. 1930 veröffentlichte Billy: *Marcel Proust. Lettres et conversations* (Marcel Proust. Briefe und Gespräche).

BIZET, Jacques (1872-1922): Cousin von Daniel Halévy, Sohn aus der ersten Ehe von Mme Straus mit dem Komponisten Georges Bizet (1838-1875). Proust gibt ihm den Beinamen »Carmens Sohn«. Beide gehen in die Pape-Carpentier-Grundschule. Später, im Condorcet-Gymnasium, bilden Daniel Halévy, Robert Dreyfus und er das Trio der »drei intelligentesten Jungen der Klasse« (*Jean Santeuil*). Im Oktober 1887, in der Unterprima, schließt er eine intime Freundschaft mit Proust. Wie sein Cousin Halévy reagiert auch er nicht auf den glutvollen Brief, den Proust ihm 1888 schickt. Seine Mutter öffnet ihren Salon dem jungen Proust, der beide am 15. Dezember zur Premiere von *Germinie Lacerteux* im Odéon-Theater einlädt. Nach dem Condorcet-Gymnasium studiert Bizet Medizin. Er ist auch an der Redaktion von *Le Banquet* beteiligt. Vom 18. bis zum 20. März 1897, nachdem Proust *Freuden und Tage* veröffentlicht hat, inszeniert Bizet in seiner Junggesellen-Mansarde am Quai Bourbon »Les lauriers sont coupés« (Der gestutzte Lorbeer), eine satirische Revue, die sich über den mondänen Charakter des Werkes lustig macht. (Das Bühnenbild wurde von Jacques-Émile Blanche, Paul Baignères sowie Amédée und Charles Rouquès entworfen, und Léon Yeatman übernahm es etwas wider Willen, die Stimme Prousts nachzuahmen.) Als glühender Dreyfus-Anhänger unterzeichnet er 1898 das »Manifest der Hundertvier«. Der Salon seiner Mutter wird im übrigen zu einem Hauptquartier des Dreyfusianismus. 1907, als er Direktor einer Leihwagenfirma, der »Taximètres Unic« in Monaco, ist, vermietet er Proust einen Wagen und empfiehlt ihm drei Chauffeure: Jossien, Odilon Albaret und Alfred Agostinelli. Später, nachdem er dem Alkohol und dem Morphium verfallen ist und als seine Geliebte ihm das Leben schwermacht, schießt er sich, zwei Wochen vor Prousts Tod, 1922 eine Kugel in den Kopf. Proust soll zu Céleste gesagt (und ihn dabei gemeint) haben: »Welch ein entsetzlicher Gedanke! Ja, ich hätte ein menschliches Wrack werden können wie einer meiner Freunde, aus dem ein Nichtsnutz geworden ist« (C. Albaret, a.a.O., S. 65).

BLANCHE, Jacques-Émile (Paris, 1. Februar 1861 – Offranville, 1942): Gesellschaftsmaler, Freund von Maurice Barrès, Henry James und Montesquiou. Er ist der Sohn des berühmten Irrenarztes Antoine-Émile Blanche (1820-1893). Seine Eltern unterhielten bereits einen sehr mondänen Salon, in dem Berlioz und George Sand verkehrten. Wie Proust besuchte auch Jacques-Émile das Condorcet-Gymnasium. Die beiden begegnen sich 1891 in den Salons von Mme Straus und von Mme Baignères sowie in dem der Princesse Mathilde. Am 1. Oktober 1891 fertigt Blanche in Les Frémonts das Bleistiftporträt von Proust an; es dient ihm als Vorlage für ein zweites Porträt in Öl, das er im Frühjahr 1892 in Auteuil ausführt und am 8. Mai 1893 im Salon du Champ-de-Mars ausstellt. Proust spricht in *Jean Santeuil* mit großer Befriedigung von diesem Porträt; die im Mai 1920 erschienene Luxusausgabe von *Mädchenblüte* enthält eine Reproduktion davon. Am 15. April 1914 spricht Blanche in *L'Écho de Paris* von *In Swanns Welt*: »Das Buch der Schlaflosigkeit, des in der Stille und im Finsteren wachenden Gedankens«. Im Juni 1916 besucht Proust ihn in seinem Atelier in Auteuil. Blanche setzt ihm eine Tasse Tee vor, eine Anspielung auf die *Re-*

cherche. Am 10. April 1918 trägt Blanche ihm die Widmung des ersten Bandes seiner *Propos de peintres* (Malerworte) an, einer Essaysammlung über die Impressionisten mit dem Titel *De David à Degas* (Von David bis Degas); und er möchte, daß Proust dafür das Vorwort schreibt. Im Mai verfaßt Proust den Text, der monatelange Auseinandersetzungen zwischen den beiden äußerst empfindlichen Freunden zur Folge hat. Der Band mit Prousts Vorwort erscheint im März 1919. Zu Beginn des Jahres 1921 antwortet Blanche in seinem *Dates* (Daten) betitelten zweiten Band in einer langen Widmung auf die im ersten Band in der Schwebe gelassenen Kontroversen. Blanche, der zugleich der Porträtmaler von Mallarmé, Gide, Cocteau, Strawinsky und James Joyce ist, spricht ausführlich von Proust in seinem 1928 erschienenen Buch *Mes modèles* (Meine Modelle).

BLUM, Léon (Paris, 9. April 1872 – Jouy-en-Josas, 30. März 1950): Politiker. Absolvent der École normale supérieure. 1892 bekundete Proust sein heftiges Mißfallen an einem Artikel von Blum, der damals Mitglied des Lektüreausschusses der Zeitschrift *Le Banquet* war: »Seid ihr denn wirklich alle so dumm, daß ihr unbedingt diese ›Meditationen über den Selbstmord eines meiner Freunde‹ von Herrn ich-weiß-nicht-mehr-wie annehmen mußtet!« (Brief an Fernand Gregh vom Juni 1892, in: *Correspondance* I, S. 170.) Wie Proust war Léon Blum anschließend Mitglied der von Marie de Heredia organisierten ›Kanakenakademie‹ und wurde dann, immer noch gegen den Widerstand Prousts, Kritiker bei der *Revue Blanche*. Diese Antipathie dauerte bis 1919, als Proust erfuhr, daß dieser verhaßte Mann alles daransetzte, ihm das Kreuz der Ehrenlegion zu verschaffen. Alle beide erhielten diese Auszeichnung am 23. September 1920. Die politische Karriere von Léon Blum erreichte ihren Höhepunkt nach dem Sieg der Volksfront, während der er vom Juni 1936 bis zum Juni 1937 Ministerpräsident war.

BLUM, René (Paris, 1878 – Auschwitz, 1942): Literat, Bruder des Voraufgehenden. Er hatte den Spitznamen »Le Blumet« [Blümchen] und begann seine Laufbahn als Redaktionssekretär der Zeitschrift *Gil Blas*. Proust, der von seiner engen Freundschaft mit Bernard Grasset wußte, bat ihn in einem Brief vom Februar 1913 darum, diesem seinen Roman anzubieten. Von da an begann ein reger Briefwechsel. Am 18. November veröffentlichte Blum im *Gil Blas* einen langen Auszug aus »Soirée bei Mme de Saint-Euverte«. Während des Krieges, im Jahre 1916, diente er erneut als Vermittler zwischen Proust und Grasset, aber diesmal für die Vertragsauflösung. 1924 wurde er künstlerischer Leiter des Theaters von Monte-Carlo und gründete die Ballettgesellschaft Monte-Carlo. 1930 veröffentlichte er *Comment parut Du côté de chez Swann* (Wie In Swanns Welt erschien). Er starb im Konzentrationslager. Er scheint eins der Vorbilder für Bloch in der *Recherche* gewesen zu sein.

BORDA, Gustave de (gestorben 1907): Freund des Malers Jean Béraud, genannt »Borda coup d'épée« [Borda Degenhieb]. Er war Prousts Sekundant bei dem Duell mit Jean Lorrain im Februar 1897. Am 26. Dezember 1907 veröffentlichte Proust im *Figaro* einen mit »D.« unterzeichneten Nachruf auf ihn.

BOURGET, Paul (Amiens, 2. September 1852 – Paris, 25. Dezember 1935): Schriftsteller. Sohn des Mathematikers Justin Bourget, Absolvent der École des hautes études. Zunächst von der Literaturkritik und von der Poesie angezogen, publizierte er mehrere Gedichtbände: *Vie inquiète* (Besorgtes Leben) (1874), *Edel* (1878), *Les Aveux* (Die Geständnisse) (1882), und wandte sich schließlich dem Roman zu. Er besuchte den Salon von Mme Straus sowie die Salons der Princesse Mathilde und der Comtesse Potocka und verkehrte zugleich regelmäßig in dem von Laure Hayman, deren Liebhaber er war. Im Dezember 1888 machte Proust bei ihr seine Bekanntschaft, und in einem Brief an seine Geliebte vom 26. nannte Bourget Proust sogleich: Ihr »psychologischer Saxe [vgl. S. 9], der kleine Marcel [...] ganz einfach köstlich«. Die ersten Artikel Prousts sowie *Freuden und Tage* lehnen sich an die romanhafte Atmosphäre und den Stil von Paul Bourget und Anatole France an, die beide Vorbilder für Bergotte sind. 1920 erklärte Bourget sich bereit, eine eventuelle Kandidatur Prousts für die Académie Française zu unterstützen, deren Mitglied er selbst seit 1894 war. Er war zugleich der Jury-Vorsitzende des Balzac-Preises, dem Proust 1922 ohne Erfolg die Kandidatur von Jacques Rivière unterbreitete. Als Meister des psychologischen Romans hat Bourget unter anderem veröffentlicht: *Cosmopolis*, 1893; *Le Démon de midi* (Mittagsdämon), 1914; *Le sens de la mort* (*Des Todes Sinn*), 1915; *Nemesis*, 1918.

BRACH, Paul (geboren in Saint-Cloud am 27. Mai 1893): Ein Freund Prousts, der diesem im Juni 1922 eine in *L'Illustration* erschienene Reproduktion des Gemäldes von Tissot zuschickt, das den Club der Rue Royale darstellt und auf dem Charles Haas, das hauptsächliche Vorbild für Swann, zu sehen ist. Am 15. Juli geht Proust mit Paul Brach in den »Bœuf sur le toit« in der Rue Boissy-d'Anglas (das von Cocteau lancierte und im übrigen nach einer seiner Pantomimen benannte Konzert-Café).

BRANCOVAN, Prince Constantin Bassaraba de (geboren in Amphéron am 1. Oktober 1875): Bruder von Anna, der künftigen Comtesse de Noailles, und von Hélène, der künftigen Princesse de Caraman-Chimay. Als er mit seinen Eltern seine Ferien in Évian verbringt, sieht

Proust die Brancovan in Amphion, in ihrer Villa Bassaraba. Vor dem Abendessen nimmt Proust in dem Zimmer von Constantin seine Räucherungen vor. Zusammen mit seinem Freund Abel Hermant wohnt Brancovan dem großen Diner bei, das Proust am 19. Juni 1901 in der Rue de Courcelles gibt. Vielleicht hat Proust durch ihn bei seiner Tante, der Princesse Hélène, die Brüder Bibesco kennengelernt. Nachdem er eine neue Zeitschrift, *La Renaissance latine*, gegründet hat (die Montesquiou als »den von der ganzen Familie benutzten Nachttopf der Brancovan« bezeichnet), veröffentlicht er darin eine Kurzfassung der *Bibel von Amiens* in den Nummern vom 15. Februar und 15. März 1903. Da er als Kritiker jedoch Gaston Rageot anstellt anstatt Proust (den er für gesundheitlich zu anfällig hält), kommt es zwischen beiden zu einem zeitweiligen Zerwürfnis. Anna de Noailles stellt sich auf die Seite ihres Bruders. 1905 versöhnen sie sich wieder, und am 13. Juni bringt Brancovan den Text »Sur la lecture« (»Tage des Lesens«).

BRANCOVAN, Princesse Bassaraba de, geborene Rachel Rallouka Musurus: Sie stammt aus einer gebildeten Familie aus Kreta und ist die Mutter von Constantin, von Hélène (der künftigen Princesse de Caraman-Chimay) und von Anna (künftige Comtesse de Noailles). Sie empfängt Proust ab 1893 in Amphion, in der Villa Bassaraba am Ufer des Genfer Sees. Als kraftvolle Pianistin und brillante Interpretin von Chopin protegiert sie Paderewski, Fauré und Enesco. In ihrem Salon in Paris hört Proust Delafosse, den Pianisten und Schützling von Montesquiou. Sie war das Vorbild für die verwitwete Marquise de Cambremer.

BRANTES, Mme Sauvage de, geborene Louise Lacuée de Cessac (1842-1914): Eine liebenswürdige und maliziöse Hausherrin, der Proust – zu Beginn ihrer Freundschaft im Jahre 1895 – Reynaldo Hahn vorstellt. Ihr Neffe Robert de Montesquiou sagt von ihr: »Mme de Brantes wiegt ganz allein das Konzil von Trient auf.« Proust schätzt sie sehr und lädt sie oft zu seinen großen Diners bei sich zu Hause oder im Ritz ein.

BRUNSCHVICG, Léon (Paris, 10. November 1869 – Paris, 18. Februar 1944): Philosoph. Ehemaliger Schüler des Lycée Condorcet (er war eine Klasse weiter als Proust und hatte wie dieser Alphonse Darlu zum Philosophielehrer). Er absolvierte die École normale supérieure und bestand 1891 die Agrégation in Philosophie. Im Sommer 1889 hatte er Robert Proust Privatstunden gegeben. Er war eins der Vorbilder für Bloch.

CAILLAVET: Vgl. **ARMAN DE CAILLAVET**

CALMETTE, Gaston (Montpellier, 30. Juli 1858 – Paris, 16. März 1914): Redakteur und später Direktor des *Figaro*. Er veröffentlichte zahlreiche Artikel Prousts, der sich zum ersten Mal dafür erkenntlich zeigte, indem er ihn am 1. Juli 1907 zum Diner ins Hôtel Ritz einlud (es war zugleich das erste Diner, das Proust in diesem Hotel gab). In der Folge erneuerte er seine Einladungen und seine kostbaren Geschenke und eignete ihm 1913 *Swann* zu: »Monsieur Gaston Calmette als Zeichen tiefer und herzlicher Dankbarkeit«. Er schrieb ihm zugleich in sein persönliches Exemplar: »Ich spürte oft, daß Ihnen das, was ich schrieb, nicht besonders gefiel. Aber sollten Sie je Zeit haben, ein wenig in diesem Buch zu lesen, zumal im zweiten Teil, so scheint mir, daß Sie mich endlich kennenlernen würden.« Calmette, der im Januar 1914 einen Pressefeldzug gegen Joseph Caillaux (den damaligen Finanzminister) begonnen hatte, wurde am 16. März 1914 von Mme Caillaux mit einem Revolver erschossen.

CAMBON, Jules (Paris, 5. April 1845 – Vevey, 1935): Diplomat. Proust begegnete ihm bei Mme Arnoux, der Tante von Henri Bardac, im Hôtel des Réservoirs in Versailles.

CARAMAN-CHIMAY, Princesse Alexandre de, geborene Hélène de Brancovan (1878-1929): Tochter der Princesse Bassaraba de Brancovan, Schwester von Constantin de Brancovan und von Anna, der künftigen Comtesse de Noailles. Als Proust den beiden Schwestern begegnete, bezauberte ihn zunächst der ruhige Charme von Hélène mehr als die Klugheit von Anna. 1898 heiratete Hélène den Prince Alexandre de Chimay, den Bruder der Comtesse Greffulhe. Dieser war Dreyfus-Gegner und verkehrte mit seiner Frau in der Villa Bassaraba (Besitz der Mutter Hélènes), wo Proust ihnen oft begegnete. Proust, der Hélène eine tiefe Zuneigung entgegenbrachte, eignete ihr 1906 das Vorwort zu *Sésame et les Lys* zu. Le Cuziat zufolge wurde ihre Photographie 1917 in dem Bordell im Hôtel Marigny entweiht.

CARDANE, Jules Cardon, genannt (gestorben am 10. Mai 1908): Sekretär und später Chefredakteur des *Figaro*. Im März 1903 gab Proust ein Diner zu seinen Ehren. 1907 hielt Cardane die Schlußfolgerung des Artikels »Sohnesgefühle eines Muttermörders«, den Proust am 1. Februar im *Figaro* veröffentlicht hatte, für unmoralisch und bezeichnete sie als eine »wahrhafte Apologie des Muttermordes«. Er strich den Schluß folglich aus dem Text heraus.

CASA-FUERTE, Illan, Marquis de: Sohn der betörenden Flavie Lefebvre de Balsorano, der Nichte von Kaiserin Eugénie. André Germain zufolge »war er eine Verkörperung von Dorian Gray«. Proust begegnet ihm an einem Abend des Jahres 1899 im Marionettentheater, wo Lucien Daudet sie miteinander bekannt macht. Das Asthma, an dem sie beide leiden, bringt sie einander näher. 1907 empfindet Proust für ihn eine »in lebhaftem und zartem Fortschritt begriffene Zuneigung«. Der italienische Schriftsteller Gabriele D'Annunzio (1863-1938) nimmt ihn als Vorbild für seinen 1910 erschienenen Roman *Forse che si, forse che no.*

CASTELLANE, Marquis Boni de (Paris, 14. Februar 1867 – Paris, 10. Oktober 1932): Wie Robert de Montesquiou einer der brillantesten Dandys der Belle Époque. Nach einer glücklichen, reichen Jugend und zahlreichen Reisen durch Europa heiratet dieser junge Aristokrat am 4. März 1895 die reichste Erbin der Vereinigten Staaten, Miss Anna Gould, die Tochter des Eisenbahnkönigs. Ihr Vermögen erlaubt es ihm, den Palast aus rotem Marmor (an der Ecke der Avenue Malakoff und der Avenue du Bois) bauen zu lassen, wo er prachtvolle Empfänge gibt, zu denen sich der ganze europäische Gotha einfindet. Bevor ihr Vermögen ganz aufgezehrt ist, erwirkt Anna Gould – der ihr Gatte den Beinamen »die Kehrseite der Medaille« gibt – am 5. November 1906 die Scheidung und heiratet in zweiter Ehe einen Vetter von Boni, Hélie de Talleyrand-Périgord, Prince de Sagan. Der ruinierte Boni erlernt dann im Alter von 39 Jahren einen Beruf. Als Kenner von Kunstgegenständen wird er Antiquitätenhändler und richtet sich in seinem neuen Leben ein. Er stirbt in Paris an den Folgen einer schweren Gehirnentzündung, nachdem er seine Memoiren verfaßt hat, die 1924 und 1925 im Verlag Crès et Cie erscheinen: *Comment j'ai découvert l'Amérique et l'art d'être pauvre* (Wie ich Amerika entdeckte sowie die Kunst, arm zu sein). Seine Eleganz, seine »helle« Haut und sein Haar, das »so golden war, als hätte es alle Strahlen der Sonne aufgesogen«, dienten als Modell für die Gestalt des Saint-Loup in der *Recherche.*

CATUSSE, Mme Anatole, geborene Marie-Marguerite Bertrin (1858-1928): Ehemalige Freundin der Mutter Prousts. Sie bleibt zusammen mit Reynaldo Hahn seine intimste Vertraute. Proust greift unablässig auf ihre Ratschläge zurück, wenn er einen Kauf zu tätigen oder eine Entscheidung im praktischen Leben zu treffen hat. 1906 kümmert sie sich aktiv um seinen Umzug in die Wohnung am Boulevard Haussmann und im November 1917 um den Verkauf seiner Möbel. Proust hat zu wiederholten Malen die Absicht, in ihrem Anwesen in Nizza Ferien zu machen. Sie ist es auch, die beim ersten Todestag Agostinellis am 30. Mai 1915 einen Kranz auf dessen Grab niederlegen läßt. Sie hinterließ einen umfangreichen Briefwechsel, der 1946 veröffentlicht wurde.

CHEVIGNÉ, Comtesse Adhéaume de, geborene Laure de Sade (1860 - 15. Oktober 1936): Sie war sehr stolz auf ihre Verwandtschaft mit dem »göttlichen Marquis«, D. A. F. de Sade (1740-1814). Sie hatte lange in Österreich gelebt, in ihrer Jugend viel gejagt und trug als erste das »Jackenkleid« aus dem Hause

Greed, das sie in Longchamp in Mode brachte. Ihr Salon galt als einer der geschlossensten des Faubourg Saint-Germain. Proust hatte sie schon 1891 bei Mme Straus und bei Mme Lemaire kurz gesehen. »Ich bekam jedesmal einen Herzanfall, wenn ich Ihnen begegnete«, gestand er ihr später und rief jenes Frühjahr 1892 in Erinnerung, als er sie bei ihren morgendlichen Ausgängen abpaßte. Zu dieser Zeit bezauberte ihn ihr Vogelprofil. In einer Erzählung, die er für *Le Banquet* schrieb, verlieh er ihr die Züge der Hippolyta, deren Schönheit an eine Vogelgottheit erinnert. Ihre Freundschaft dauerte achtundzwanzig Jahre, bis zu dem Augenblick, als die beleidigte Laure de Chevigné sich in der Herzogin von Guermantes wiederfand. Cocteau gegenüber beklagte Proust sich darüber: »Als ich zwanzig war, wollte sie mich nicht lieben, jetzt, wo ich vierzig bin und aus ihr das Beste der Herzogin von Guermantes gemacht habe, will sie mich nicht lesen.« Ihre Tochter Marie-Thérèse heiratete Francis de Croisset. Die Comtesse de Chevigné war eines der Vorbilder für die Herzogin von Guermantes.

CHEVILLY, Marie de: Schwester von Pierre de Chevilly, dem Freund Prousts und leidenschaftlichen Dreyfus-Anhänger. Proust machte ihre Bekanntschaft bei einem Ausflug mit dem Automobil, als er zu den Bartholoni zum Schloß von Coudrée fuhr. Er las ihr »La Maison du berger« [Gedicht von Alfred de Vigny] vor (in *Sodom und Gomorra* trägt der Erzähler dieselben Verse Albertine vor).

CHIMAY, Princesse de: Vgl. CARAMAN-CHIMAY

CHIRADE, Mme: »Schöne Milchhändlerin« aus einem Laden in der Rue Fontaine-Saint-Georges. Sie verdrehte dem jungen Daniel Halévy den Kopf. Proust fragte seinen Kameraden: »Glaubst du, ob man wohl mit ihr schlafen kann?« und schenkte ihr dann Blumen: »Ich sah, wie Proust zu Mme Chirade hineinging. Sagte er etwas? Stotterte er einen ganzen Satz zusammen? Ich weiß es nicht. Ich erinnere mich lediglich an das Lächeln auf dem Gesicht der Frau, und zur gleichen Zeit, als dieses schöne Gesicht lächelte, sagte es nein« (D. Halévy, *Paysages parisiens*, Grasset, 1932, S. 127).

CLERMONT-TONNERRE, Marquise, später Duchesse Philibert de, geborene Élisabeth de Gramont (Nancy, 1875-1954): Als Freundin und Verwandte von Robert de Montesquiou wurde sie zur Vertrauten Prousts, den sie 1903 kennenlernte. Als Halbschwester von Armand, dem Duc de Guiche, erfuhr sie alles über die Soireen in der Rue de Courcelles. Sie nahm mit ihrem Gatten an dem großen Diner teil, das Proust am 1. Juli 1907 im Ritz gab. Im September 1907 besuchte Proust sie im Schloß von Glisolles (dort beleuchtete Agostinelli die Rosenbüsche mit den

Scheinwerfern des Taxis). Nach dem Krieg befreundete sie sich mit Nathalie Barney, mit Lucie Delarue-Mardrus und mit Renée Vivien. Sie wohnte der Beisetzung von Montesquiou im Dezember 1921 bei, und die letzten Briefe Prousts über Montesquiou sind an sie gerichtet. Als Vertraute dieser Freundschaft veröffentlichte sie 1925 *Robert de Montesquiou et Marcel Proust* und 1948 *Marcel Proust.*

COCTEAU, Jean (Maisons-Laffitte, 5. Juli 1889 – Milly-la-Forêt, 11. Oktober 1963): Schriftsteller. Ehemaliger Schüler des Lycée Condorcet. Cocteau, der mit neunzehn Jahren bereits berühmt war (seitdem er im Théâtre Fémina im April 1908 seine Gedichte vorgetragen hatte), verkehrte mit Lucien Daudet, Anna de Noailles und Maurice Rostand. Proust lernte ihn 1910 kennen, zur gleichen Zeit, als er die »Russischen Ballette« entdeckte. Cocteau war nämlich an der Ausarbeitung des Ballett-Szenarios von Reynaldo Hahns *Le Diable bleu* beteiligt. Im Verlauf eines Soupers bei Larue in Gesellschaft von Diaghilew und Nijinski turnte er über die Bänke – wie Bertrand de Salignac-Fénelon es schon einmal getan hatte –, um den Gehpelz Prousts zu holen. Am 23. November verfaßte er für den *Excelsior* einen feurigen Artikel über *Swann.* 1916 besuchte Proust ihn in der Rue d'Anjou Nr. 10, wie auch seine Freundin Mme de Chevigné (die ein Appartement im Parterre desselben Hauses bewohnte; Cocteau wohnte im fünften Stock). Cocteau war Stammgast bei den Diners der Princesse Soutzo im Ritz. Ihm gegenüber beklagte Proust sich 1921 über Mme de Chevigné, die sich in der *Recherche* wiedererkannt hatte und sich weigerte, das Buch zu lesen. Cocteau gab ihm zur Antwort: »Fabre hat ein Buch über die Insekten geschrieben, aber er hat die Insekten nicht darum gebeten, es zu lesen!« In Prousts Zimmer, einen Tag nach dessen Tod, als Cocteau die auf dem Kamin aufgestapelten Manuskripte betrachtete, sagte er, diese »werden weiterleben wie die Armbanduhren der toten Soldaten«. Er war das Vorbild für Octave, den jungen Dandy in Balbec, der zum genialen Literaten wird.

COLETTE, Gabrielle Sidonie Colette, genannt (Saint-Sauveur-en-Puisaye, 28. Januar 1873 – Paris, 3. August 1954): Literatin, Tochter des Offiziers Jules Colette und von Sidonie Landoy. Wie Proust verkehrt sie 1896 in dem Salon von Mme Arman de Caillavet, mit der sie und Willy – seit 1893 ihr erster Gatte – sich bald überwerfen. 1913 schlägt Louis de Robert Proust vor, *Swann* an Colette zu schicken. Doch Proust, der sie seit ihrem Zerwürfnis mit Mme Arman de Caillavet nicht mehr gesehen hat, ist nicht dazu bereit. Am 23. September 1920 erhalten beide das Kreuz der Ehrenlegion. Im Jahre 1944 wird Colette in die Académie Goncourt aufgenommen und 1953 zum Grand Officier der Ehrenlegion ernannt. Als sie 1954 stirbt, ordnet die französische Regierung zivile Begräbnisfeierlichkeiten im Palais-Royal an [Colette hatte am Palais-Royal gewohnt].

CROISSET, Francis de, Pseudonym von Franz Wiener (Brüssel, 28. Januar 1877 – Neuilly, 8. November 1937): Französischer Theaterautor belgischer Herkunft und jüdischer Abstammung; sein Vater ist Bankier, die Mutter Engländerin. Von Mirbeau und Clemenceau gefördert und voller Vertrauen in sein Pseudonym, das er dem Namen des Landhauses von Flaubert entlehnt hatte, eroberte der junge Schriftsteller schnell das literarische und das mondäne Paris seiner Zeit. Nach dem Tod von Gaston Arman de Caillavet (14. Januar 1915) trat er an dessen Stelle und schrieb zusammen mit Robert de Flers erfolgreiche leichte Komödien (*Les Vignes du Seigneur* [Der Weinberg des Herrn], 1923; *Les Nouveaux Messieurs* [Die neuen Herren], 1925; *Le Docteur Miracle* [Der Wunderdoktor], 1926). 1921 bezog Proust ihn in sein Zerwürfnis mit Mme de Chevigné ein, deren Schwiegersohn Croisset seit 1910 war. An Guiche schrieb er damals: »Was meine Bücher anbetrifft, so sende ich sie ihr nicht. Da sie bei mir Croisset kennengelernt und sich zum Schwiegersohn genommen hat, glaube ich, daß sie an ihm eine ausreichende Literatur-Fundgrube besitzt« [dt. in: *BZL*, S. 636]. Sicher nahm Proust ihn zu dieser Zeit als Vorbild für Bloch in dessen abschließender Gestalt als Jacques de Rozier. Da er, in Erinnerung an seine Mutter, einer ausgeprägten Anglomanie verfallen war und sich einer distanzierten Reserviertheit befleißigte, hatte er jenen »englischen Schick« angenommen, der Bloch vollständig verwandelt.

DABESCAT, Olivier: Oberkellner des Hôtel Ritz am Vendôme-Platz in Paris. Er war baskischer Herkunft und wurde von César Ritz bei der Eröffnung von dessen Hotel im Juni 1898 vom Hôtel Paillard abgeworben. Von 1902 an leitete Olivier zehn Jahre lang das berühmte Unternehmen an der Seite von Marie-Louise Ritz (welche seit der Depression ihres Mannes die Geschäftsführung übernommen hatte). Wenn Proust dort allein dinierte, kam er nie vor 22 Uhr. Olivier wartete auf ihn und bediente ihn persönlich in einem Nebenzimmer, wo er, aus Rücksicht auf den Gesundheitszustand Prousts, zu jeder Jahreszeit extra ein Feuer angezündet hatte. Nach Beendigung seines Dienstes begleitete er Proust oft nach Hause. Die Duchesse de Clermont-Tonnerre sah ihn oft zwei Stunden hintereinander mit Proust plaudern, oder sie sah ihn im Bois de Boulogne mit ihm spazierengehen. Wie Montesquiou war er einer seiner Informanten über die mondäne Welt. Dabescat kannte in der Tat alles, was in Paris Rang und Namen hatte, und reservierte für die einen wie für die anderen »den besten Tisch«, ja man konnte den gesellschaftlichen Rang einer Person an dem Tisch ablesen, den Dabescat ihr zuerkannte. In einem Brief vom August 1918 an die Princesse Soutzo schrieb Proust, daß das Ritz »ohne Olivier, der in Urlaub gefahren ist, seine Stütze verloren hat«. Vornehm und zurückhaltend, berief er sich nie öffentlich auf seine guten Beziehungen zu Proust, auch nach dessen Tod nicht. Er ist eines der Vorbilder für Aimé, den Oberkellner des Grand Hôtel in Balbec (der von dem Erzähler damit beauftragt wird, eine Untersuchung über die Sittlichkeit Albertines anzustellen), und er tritt auch in Prousts 1918 überarbeitetem Saint-Simon-Pastiche als der »respektvolle, von allen geliebte erste Haushofmeister des Königs« auf.

DAUDET, Alphonse (Nîmes, 13. Mai 1840 – Paris, 15. Dezember 1897): Seit der Veröffenlichung von *Lettres de mon moulin* (*Briefe aus meiner Mühle*) im Jahre 1866 ein berühmter Schriftsteller. Den noch jungen Proust in Illiers bezauberte die Lektüre seiner Werke: »Meine schönsten Träume, als ich noch ein Kind war, hätten mir nichts Unwahrscheinlicheres und nichts Köstlicheres versprechen können, als eines Tages von dem Meister, dem ich bereits eine leidenschaftliche Bewunderung und Hochachtung entgegenbrachte, so gütig empfangen zu werden« (Brief Prousts an Daudet vom 22. Februar 1895, in: *Correspondance* I, S. 369). Proust wurde von Reynaldo Hahn im Winter 1894 bei den Daudet eingeführt. Alphonse Daudet ist eines der Vorbilder für Bergotte in der *Recherche*.

DAUDET, Mme Alphonse, geborene Julia Allard (1847-1940): Gemahlin und Sekretärin des Schriftstellers Alphonse Daudet. Als sie Proust im Dezember 1894 zum ersten Mal in ihrem Salon zum Abendessen empfängt, vertraut sie ihrem Sohn Lucien an, sie habe einen »bezaubernden Jungen von seltener Liebenswürdigkeit« kennengelernt. Proust wurde regelmäßig zu ihren berühmten Donnerstagsempfängen eingeladen. Sie war es auch, die bei einer Teegesellschaft eine unglückliche Bemerkung über Montesquiou machte: »Der hat vielleicht eine Schnatterzunge!« [*Tapette*: Klaps, Schlag, Klatsche, aber auch: Schwätzer, Schwuler], die Proust später Mme Verdurin in den Mund legte.

DAUDET, Léon (Paris, 16. November 1867 – Saint-Remy-de-Provence, 30. Juni 1942): Sohn der Voraufgehenden. Bekannt für seinen Antisemitismus, ab 1904 Freund von Charles Maurras, gemeinsam mit diesem Gründer der Tageszeitung *L'Action française* im März 1908 und sein Leben lang ein treuer Freund Prousts. Im Oktober 1896 verbringen sie zusammen eine Woche in Fontainebleau im Hôtel de France et d'Angleterre, das zur Beschreibung der Atmosphäre in Doncières beiträgt. Proust schätzte seine Artikel außerordentlich, obwohl er bedauerte, daß Léon in allem übersteigert und exzentrisch war. Léon Daudet seinerseits hatte wenig für Prousts Freund Montesquiou übrig, dem er den Beinamen »Hortensiou«

gab. Wahrscheinlich war er es, der Proust im Jahre 1900 Calmette, dem Direktor des *Figaro*, vorstellte. Im April widmete ihm Proust »Ruskin à Notre-Dame d'Amiens« (»Tage der Wallfahrt – Ruskin und Notre-Dame von Amiens«). 1919 verschaffte Daudet ihm den Prix Goncourt und weckte ihn am Nachmittag des 10. Dezember auf, um ihm die Entscheidung der Jury mitzuteilen. Beim Tode Prousts wußte er ihn mit den folgenden Worten zu würdigen: »Er hat die Innenschau vorangetrieben, das Bewußtsein des Menschen von sich selbst erweitert, und dies in einem Maße, das ihn auf eine Stufe stellt mit den größten Moralphilosophen aller Zeiten.«

WERKE: Zahlreiche Bände »Erinnerungen«, darunter: *Fantômes et vivants* (Gespenster und Lebende), 1914; *L'Entre-deux-guerres* (Die Zwischenkriegszeit), 1915; *Salons et Journaux* (Literarisch-politische Salons und französische Zeitungen), 1917; *Au temps de Judas* (Zur Zeit des Judas), 1920; *Vers le Roi* (Dem König entgegen), 1921; *L'Hécatombe* (Das Blutbad), 1923; *Moloch et Minerve* (Moloch und Minerva), 1929; *Vingt-neuf mois d'exil* (Neunundzwanzig Monate im Exil), 1930; *La Pluie de sang* (Der Blutregen), 1932; *Député de Paris* (Abgeordneter von Paris), 1933; *Magistrats et policiers* (Richter und Polizisten), 1935; *Quand vivait mon père* (Als mein Vater noch lebte), 1940; *Sauveteurs et incendiaires* (Retter und Brandstifter), 1941. Romane und Essays: *Les Morticoles* (Die Einwohner von Morticole), 1894; *L'Hérédo*, 1917; *Courrier des Pays-Bas* (Post aus den Niederlanden), 1928; *Paris vécu* (Erlebtes Paris), 1929; *Le Voyage de Shakespeare* (Shakespeares Reise), 1896; *Devant la douleur* (Im Angesicht der Schmerzen), 1932; *Bréviaire du journalisme* (Brevier des Journalismus), 1936; *Panorama de la IIIe République (1870-1936)* [Panorama der Dritten Republik (1870-1936)], 1936.

DAUDET, Lucien (1878-1946): Sohn von Alphonse und Bruder von Léon. Trotz seiner Begabung als Maler und Schriftsteller leidet er sein ganzes Leben lang unter der starken Persönlichkeit seines Vaters und seines Bruders. Proust, der sieben Jahre älter ist als er, trifft ihn zum ersten Mal im Dezember 1894 im Salon von Luciens Eltern, bei denen Reynaldo Hahn ihn eingeführt hatte. In seinem *Tagebuch* beschreibt Jules Renard ihn folgendermaßen: »Ein hübscher Junge, frisiert, pomadig, geschminkt und gepudert, der mit leiser Stimme spricht.« Nach seiner leidenschaftlichen Freundschaft mit Reynaldo Hahn wendet Proust sich Lucien zu. 1895, als Proust zum Bibliothekar der Bibliothèque Mazarine ernannt wird, holt Lucien ihn jeden Tag am Quai Conti ab. Am 31. Dezember desselben Jahres schenkt Proust ihm ein elfenbeinernes Kästchen aus dem 17. Jahrhundert mit einer Allegorie der Freundschaft. Ihnen ist die Spottlust gemeinsam sowie ein sehr ausgeprägter Sinn für das Lächerliche, für Klischees oder Gemeinplätze, welche sie »louchonneries« [etwa: schiefe, schielende Ausdrücke] nennen. Ihre amouröse Freundschaft bleibt nicht verborgen, und am 3. Februar 1897 versäumt Jean Lorrain es nicht, in seinem gegen *Freuden und Tage* gerichteten Artikel in *Le Journal* darauf anzuspielen, woraufhin Proust ihn zum Duell herausfordert. Lucien ist – nach Louis de Robert – der zweite, der den gesamten *Swann* vor seiner Veröffentlichung liest; überwältigt schlägt er Proust vor, eine Rezension des Buches zu verfassen. Dank der Vermittlung der Kaiserin Eugénie (er lernt sie durch Robert de Montesquiou kennen und ist einer ihrer Begleiter im Exil in Farnborough und in Cap-Martin) erscheint seine Rezension am 27. November 1913 im *Figaro*. Im Juni 1922 stattet Lucien Proust einen letzten Besuch ab. »Ich habe ihn heute abend recht sonderbar gefunden, Céleste. Ja, er war ganz komisch. Er war nicht gesprächig; er kam mir eingeschüchtert und traurig vor. Im Augenblick des Aufbruchs fragte er mich, ob er mich küssen dürfe«, sagte Proust zu Céleste. »Monsieur Proust zog ihn seinem Bruder Léon, dem Politiker, vor«, schrieb Céleste auch. »Er besaß eine außerordentliche Sensibilität, bewunderte Monsieur Proust und war ihm ergeben. Er ist vielleicht einer der wenigen, die Monsieur Proust um ihrer selbst willen geschätzt hat, ohne je daran zu denken, ob sie als Figur seines Buches brauchbar seien. Aber vielleicht war Lucien Daudet kein genügend markanter Typ« (C. Albaret, a.a.O., S. 361 und 238). Lucien stirbt am 16. November 1946, am Geburtstag seines Bruders Léon.

WERKE: *Autour de soixante lettres de Marcel Proust* (Zu sechzig Briefen von Marcel Proust), 1929; *Dans l'ombre de l'impératrice Eugénie (Lettres intimes adressées à Mme Alphonse Daudet)* (Im Schatten der Kaiserin Eugénie [Intime Briefe an Mme Alphonse Daudet]), 1935; *Vie d'Alphonse Daudet* (Das Leben von Alphonse Daudet), 1941.

DEACON, Gladys-Mary (Boston 1881-1977): Tochter von Edward Parker Deacon und von Florence Baldwin. Im August 1906 begegnet Proust ihr im Hôtel des Réservoirs in Versailles, wo sie in dem Zimmer über dem seinen wohnt. Montesquiou findet, sie habe »das Aussehen eines Erzengels«, und Mme de Clermont-Tonnerre sieht in ihr »einen jungen griechischen Krieger mit vollkommenen Gesichtszügen«. 1910 versucht die Marquise, sie mit dem damals in Scheidung lebenden Léon Radziwill zu verheiraten, und sie bedient sich dazu der Vermittlung Prousts. Tatsächlich heiratet sie 1921 den Herzog von Marlborough. Am 16. Juni wohnt Proust dem Diner bei, das Mme Hennessy anläßlich ihrer Verlobung gibt. Vorbild für Miss Forster in der *Recherche*.

DELAFOSSE, Léon (1874-1951): Pianist und Komponist. Als sehr junger Virtuose errang er dreizehnjährig den ersten Preis des Konservatoriums. Proust begegnete ihm 1894 bei dem Comte de Saussine. Am 15. März stellte er ihn Montesquiou vor, der von ihm bezaubert war und beschloß, ihn zu seinem Schützling zu machen. Am 30. Mai 1894 gab Montesquiou in Versailles ein Fest zu Ehren dessen, den er fortan »den Engel« nannte. Drei Jahre später jedoch überwarf sich der an Streit gewöhnte Montesquiou mit ihm. Während der Dreyfus-Affäre behauptete Proust, der dem Grafen gefällig sein wollte, in dem »Alexandrine-Brief« [ein mit »Alexandrine« unterzeichneter Brief des deutschen Militärattachés Schwartzkoppen, zu dem angeblichen Belastungsmaterial gegen Dreyfus gehörend] beziehe sich der Ausdruck »dieses Schwein D.« auf niemand anderen als auf den Pianisten. Die Laufbahn von Delafosse war damit keineswegs zu Ende. Er spielte in Paris bei der Princesse Rachel de Brancovan, wo Proust ihn regelmäßig traf, in London und in Wien. Er starb allerdings in der Vergessenheit. In manchen Zügen Vorbild für Charles Morel.

DESJARDINS, Paul (Paris, 1859 – Pontigny, 1940): Philosoph. Sohn des Historikers Ernest Desjardins (1823-1886). Proust besuchte seine Vorlesungen, als er sich auf seine Lizentiatenprüfung in Jura vorbereitete, und Desjardins war es auch, der ihn auf Ruskin aufmerksam machte. 1892 gründete er die »Union pour l'action morale« (Union für ethisches Handeln) und 1906 die »Union pour la vérité« (Union für die Wahrheit). Er rief die »Dekaden« in der Abtei von Pontigny ins Leben, zu denen jedes Jahr (zehn Tage lang) Schriftsteller und Philosophen zusammenkamen, um Fragen der Philosophie und der praktischen Ethik abzuhandeln. Proust beabsichtigte, daran teilzunehmen. Die Dekaden wurden von der Tochter Desjardins', Anne Heurgon, im Schloß von Cérisy fortgeführt. Die Dekade des Jahres 1962 war Proust gewidmet.

WERKE: *Esquisses et impressions* (Skizzen und Eindrücke), 1888; *Le Devoir présent* (*Die Pflicht der Stunde*), 1892; *Catholicisme et critique: réflexions d'un profane sur l'affaire Loisy* (Katholizismus und Kritik. Gedanken eines Laien über die Loisy-Affäre), 1905.

DOÄZAN, Baron Albert Agapit, genannt Jacques (1840-1907): Baron des Kaiserreichs. Ein beleibter Mann mit aufgedunsenem Gesicht und schwarzgefärbtem Schnurrbart. Es wurde erzählt, seine Cousine, Mme Aubernon de Nerville, bezahle für ihn die Schminke und die Parfums. Doäzan hatte sich früher für einen polnischen Geiger ruiniert (die erste Verkörperung von Morel in der *Recherche*). Proust begegnete ihm 1892 im Salon seiner Cousine Aubernon. Der Baron Doäzan verabscheute Montesquiou, der ihm seinen »Sekretär« Gabriel d'Yturri abspenstig gemacht hatte. Nach Aussagen Gides und Prousts selbst war er das hauptsächliche Vorbild für Charlus.

DREYFUS, Robert (Paris, 13. März 1873 - Paris, 17. Juni 1939): Ehemaliger Schüler des Lycée Condorcet und 1892, zusammen mit Proust und Halévy, im Redaktionskomitee der Zeitschrift *Le Banquet.* Als Journalist beim *Figaro* veröffentlichte er mit »Bartolo« gezeichnete lobende Artikel über *Swann* (am 16. November 1913) und am 7. Juli 1919 über *Mädchenblüte* (sein Exemplar trägt die Widmung: »Für Robert Dreyfus, in Erinnerung an die jungen Mädchen der Champs-Élysées und der Bälle ...«). Er stand ab 1888 mit Proust im Briefwechsel und blieb sein intimer Vertrauter, der hauptsächliche Zeuge für die Genese des Werkes. Mme Mante-Proust, die Vermächtnisnehmerin seines Briefwechsels, übergab diesen 1962 der Bibliothèque nationale, dem Wunsch Robert Dreyfus' entsprechend mit einer Mitteilungssperre von fünfzig Jahren. Er selbst veröffentlichte 1926 *Souvenirs sur Marcel Proust* bei Grasset in der Reihe »Cahiers verts«, die Halévy damals herausgab und die in Erinnerung an die *Revue verte* so benannt war. Henri, sein älterer Bruder, der sich auf Monologe spezialisiert hatte, machte sich unter dem Pseudonym »Fursy« einen Namen beim Theater.

EDWARDS, Mme Alfred: Vgl. **GODEBSKA**, Misia

EPHRUSSI, Charles (1849-1905): Jude polnischer Herkunft, Direktor von *La Gazette des beaux-arts.* Der dicke und häßliche Ephrussi hatte den Beinamen »Matame«, wegen seiner fürchterlichen Art, das Wort [Madame] auszusprechen (wie der Fürst von Faffenheim in der *Recherche).* Wie Proust regelmäßiger Gast des Salons der Princesse Mathilde. Geistig ähnelt er Charles Swann, und er verfaßte einen Essay über den deutschen Maler Dürer.

FAURÉ, Gabriel (Pamiers, 12. Mai 1845 – Paris, 4. November 1924): Als Komponist war sein Lehrer der junge Saint-Saëns. Proust begegnete ihm wahrscheinlich 1893 bei dem Comte de Saussine. Der bereits berühmte Fauré war ein Jahr zuvor zum Inspektor der schönen Künste ernannt worden. Prousts Verehrung seiner Musik kam einer Andacht gleich: »Monsieur, ich liebe, bewundere und verehre nicht nur ihre Musik, ich war vielmehr, ich bin noch immer in sie verliebt.« Für bestimmte Themen der Sonate von Vinteuil griff Proust auf Faurés Sonate Nr. 1 in A-Dur für Geige und Klavier zurück.

FAURE, Lucie (1866-1917): Älteste Tochter des Staatspräsidenten Félix Faure und von Mme Faure, die jeden Samstag einen kleinen Kreis von Freunden empfing, zu welchen die von dem jungen Proust begleitete Mme Adrien Proust zählte. Man beabsichtigte, ihn mit Antoinette zu verheiraten, der jüngeren Schwester von Lucie. Obwohl sarkastisch und von beißendem Witz, blieb Lucie ihr Leben lang eine treue Freundin von Proust. Mme Félix Faure-Goyau, die leidenschaftliche Katholikin und eine Dante-Spezialistin war, soll Georges de Lauris zufolge mit Proust ein Gespräch über Gegenstände der Religionsphilosophie geführt haben, als dieser die *Bibel von Amiens* übersetzte. Proust ließ sich mit dem Rosenkranz bestatten, den sie ihm aus Jerusalem mitgebracht hatte.

FÉNELON: Vgl. SALIGNAC-FÉNELON

FINALY, Horace (Budapest, 1871 – New York, 1945). Finanzmann, Sohn eines reichen jüdischen Bankiers. Proust begegnete ihm im Lycée Condorcet (wo sie zusammen in die Philosophieklasse [Oberprima] gingen). 1889 empfingen die Finaly Proust in Ostende, und 1892 vermittelte Proust den Kauf der Villa »Les Frémonts« (des ehemaligen Anwesens der Familie Baignères in der Nähe von Trouville) durch den Onkel von Horace, den Baron von Landau. Proust machte der Schwester von Horace, Mary Finaly, den Hof. Horace war sehr gebildet (er las die griechischen Autoren im Urtext) und machte eine glänzende Karriere als Direktor der Banque de Paris et des Pays-Bas. Bei seinen Börsengeschäften hörte Proust auf seinen Rat, und 1921 bat er ihn, eine Anstellung für seinen Sekretär Henri Rochat zu finden, was Horace auch tat; er verschaffte ihm eine Arbeit in einer Bank in Buenos Aires in Argentinien. Horace Finaly diente als Vorbild für Albert Bloch in der *Recherche*.

FINALY, Mme Hugo, geborene Eugénie Ellenberger (Budapest, 31. Dezember 1850 – Neuilly, 24. Oktober 1938): Mutter des Voraufgehenden. Nach einer Wette erhält sie von ihrem Onkel, dem reichen Baron von Landau, die Villa »Les Frémonts« geschenkt. »Das nenne ich Taquinius Superbus [Wortspiel: *Ta(r)quinius Superbus*, Tarquinius der Herrliche: legendärer römischer König, und *taquiner*: necken, foppen]«, rief Arthur Baignères aus. Proust verwendete die Bemerkung später in der *Recherche* für das Geschenk des Schlosses von Brézé, das Charlus seiner Schwester, Mme de Marsantes, macht. Mme Finaly empfängt Proust in »Les Frémonts« und macht mit ihm – wie Mme de Villeparisis mit dem Erzähler in *Mädchenblüte* – im Break Ausflüge aufs Land.

FINALY, Mary (20. August 1873 - Oktober 1918): Schwester von Horace Finaly, der wie Proust an der Zeitschrift *Le Banquet* mitarbeitete. Bei einem Besuch in »Les Frémonts« verliebte Proust sich in sie. Ihre Zuneigung verband sich mit ihrer gemeinsamen Liebe zur Musik. Proust summte ihr den »Chant d'automne« (»Herbstlied«) von Baudelaire (mit der Musik von Fauré) vor. Er zitiert einen Vers daraus in dem 1921 erschienenen »Für Baudelaire«. Am 21. Juni 1897 heiratete sie Thomas de Barbarin. Sie starb im Oktober 1918 an der spanischen Grippe, an der sie sich als freiwillige Krankenschwester beim Pflegen von Soldaten angesteckt hatte. Sie regte Proust zu dem Text »Mondscheinsonate« in *Freuden und Tage* an, dessen blasse Heldin den Vornamen Assunta trägt. Für die *Recherche* war sie eins der ersten Vorbilder für Albertine.

FITZ-JAMES, Comtesse Robert de, geborene Rosalie von Gutmann (Wien, 19. Februar 1863-1923): Aus einer von Franz-Joseph in den Adelsstand erhobenen jüdischen Bankiersfamilie stammend. In Anspielung auf den Maler Rosa Bonheur [Rosa Glück] gab ihr der Faubourg Saint-Germain wegen der Seitensprünge ihres Gatten den Beinamen »Rosa Malheur« [Rosa Unglück]. Sie bewahrte in ihrem Sekretär die Liste aller von den aristokratischen Familien geschlossenen jüdischen Ehen auf. Sie wohnte am 30. Mai 1894 dem Fest im Pavillon Montesquiou bei, und die Marquise de Brantes stellte ihr Proust vor. In ihrem Salon kann Proust Charles Haas begegnet sein.

FLERS, Robert, Marquis de (Pont-l'Évêque, 25. November 1872 – Vittel, 30. Juli 1927): Schriftsteller. Wie Proust geht er ins Lycée Condorcet, anschließend studiert er Jura und erwirbt den Lizentiatengrad in Philologie. 1892, bei der Gründung der Zeitschrift *Le Banquet*, schließt er eine intime Freundschaft mit Proust, der am 10. Januar 1893 an Robert de Billy schreibt: »In meinen Gefühlen hat sich nicht sonderlich viel geändert, außer daß ich einen Freund gefunden habe, das heißt jemand, der für mich das ist, was ich zum Beispiel für Cachard gewesen wäre [Edward B. Cachard: Sohn eines amerikanischen Anwaltes], wenn dieser nicht so schroff gewesen wäre. Es ist der junge, liebenswürdige und intelligente, der gute und zärtliche Robert de Flers« (*Correspondance* I, S. 199). Um das Jahr 1894 zeigt eine Photographie ihn an der Seite von Lucien Daudet; Proust sitzt vor den beiden. Mme Proust, die der Ansicht war, die Photographie lasse Zweifel über die Reinheit dieser Freundschaft aufkommen, verbot ihrem Sohn, sie vorzuzeigen. 1898 ist Robert de Flers einer der ersten, die das Manifest zugunsten von Dreyfus unterschreiben. In demselben Jahr veröffentlicht Proust in *La Revue d'art dramatique* einen Artikel mit dem Titel »Robert de Flers«. Am 19. September und am 12. Oktober 1899 erscheinen in *La Presse* die »Briefe aus Persien und anderswo«, in denen Françoise de Breyves niemand anderes ist als Robert de Flers. Dieser schlägt eine glänzende journalistische Laufbahn ein, zunächst beim *Soleil*, sodann 1902 beim *Figaro*, wo er zum Leiter des Feuilletons aufsteigt. Am 23. Juli 1907 veröffentlicht *Le Figaro* »La vie de Paris: Une grand-mère« (»Eine Großmutter«), einen Nachruf von Proust auf Mme de Rozières, die Großmutter von Flers. Im 1. Weltkrieg meldet Flers sich freiwillig. 1915, nachdem er seinen Mitarbeiter Arman de Caillavet verloren hat, mit dem er seine Theaterleidenschaft teilte, befreundet er sich mit Francis de Croisset, mit dem er weitere Stücke schreibt. Er wird 1920 in die Académie française aufgenommen.

WERKE: Reiseerzählung: *Vers l'orient* (Dem Orient entgegen). Romane: *La Courtisane Taia et son singe vert* (Die Kurtisane Taia und ihr grüner Affe), 1896. Operetten: *Le Sire de Vergy*, *Monsieur de la Palice*, *Ciboulette* (das Libretto der Operette von Reynaldo Hahn), 1922. Theaterstücke: in Zusammenarbeit mit Gaston Arman de Caillavet (Vaudeville-Komödien): *Miquette et sa mère* (Miquette und ihre Mutter), 1906; *L'Amour veille* (Die Liebe wacht), 1907; *Le Roi* (Der König), 1908; *L'Âne de Buridan* (Buridans Esel), 1909; *Le Bois sacré* (Der heilige Hain), 1910; *Primerose*, 1911; *L'Habit vert* (Das grüne Kleid), 1913; *La Belle Aventure* (Das schöne Abenteuer), 1913; *Monsieur Bretonneau*, 1914; in Zusammenarbeit mit Francis de Croisset: *Les Vignes du Seigneur* (Der Weinberg des Herrn), 1923; *Les Nouveaux Messieurs* (Die neuen Herren), 1925; *Le Docteur Miracle* (Der Wunderdoktor), 1926.

FORAIN, Jean-Louis (Reims, 23. Oktober 1852 – Paris, 12. Juli 1931): Maler von Szenen aus dem Pariser Leben und ab 1887 auf Karikaturen spezialisiert (für *Le Courrier français, L'Écho de Paris, Le Figaro, L'Assiette au beurre* usw.). Dies trug ihm den Beinamen »Juvenal des Zeichenstiftes« ein. Proust begegnete ihm in dem Salon von Mme Straus. Trotz der Bewunderung, die Montesquiou für ihn hegte, nannte er diesen »Grotesquiou«. Im März 1897 nahm er an den von Jacques Bizet organisierten Soireen teil, auf denen *Freuden und Tage* parodiert wurde. Zusammen mit Jacques-Émile Blanche verfertigte er die papierenen Scherenschnitte für die Aufführung. Während der Dreyfus-Affäre gab er den Salon von Mme Straus auf und gründete 1898 mit Caran d'Ache die antisemitische Zeitschrift *Psst'*. Er war Mitglied der von Charles Maurras gegründeten »Liga für das französische Vaterland« und blieb der große Freund von Léon Daudet. Von 1925 bis 1931 hatte er den Vorsitz der Société nationale des beaux-arts inne.

FORSSGREN, Ernst, genannt Ernest: Schwedischer Kammerdiener. Er tritt 1914 in den Dienst Prousts, einen Tag vor dessen Abreise nach Cabourg. Er begleitet ihn und wohnt mit seinem Herrn und mit Céleste im Grand-Hôtel. Viel später behauptete er, Proust habe zu ihm gesagt: »Ernest, in meinem ganzen Leben habe ich niemand gekannt, den ich mehr geliebt hätte als Sie« (*Études proustiennes II*). Im Oktober, nach ihrer Rückreise nach Paris, verläßt er Proust und nimmt eine Arbeit in New York an. Im November 1922 hält er sich kurz in Paris auf. Trotz seiner Agonie sucht Proust ihn im Riviera Hôtel auf und wartet von 11 Uhr abends bis 3 Uhr früh vergeblich auf ihn; wodurch er sein Ende noch beschleunigt. Ernest besucht ihn anschließend, aber Robert Proust verweigert ihm den Zutritt zu Prousts Zimmer.

FRANCE, Anatole, Pseudonym von François-Anatole Thibault (Paris, 16. April 1844 – Saint-Cyr-sur-Loire, 12. Oktober 1924): Schriftsteller. 1889 wurde Proust in den Salon von Mme Arman de Caillavet eingeführt, der neuen Egeria von Anatole France, mit der dieser seit einem Jahr eine Liaison unterhielt. Schon im Lycée Condorcet brachte Proust France eine glühende Verehrung entgegen. Um ihn zu »trösten«, hatte er ihm sogar ein Zeugnis seiner leidenschaftlichen Sympathie zugeschickt, als France in einem Artikel von M. Chantavoine, erschienen in *Le Temps*, einer heftigen Kritik unterzogen worden war. Aus Freundschaft für Proust und obwohl er nicht zu dessen glühendsten Verehrern zählte, schrieb France 1896 das Vorwort zu *Freuden und Tage*, dessen Stil noch seinen und Lotis Einfluß verspüren läßt. Im Herbst 1899 äußerte er den Wunsch, seine einzige Tochter Suzanne mit dem damals siebenundzwanzigjährigen Proust zu verheiraten. Es wurde jedoch nichts aus diesem Projekt. 1921, drei Jahre vor seinem Tod, erhielt Anatole France den Nobelpreis für Literatur. Er ist eines der Vorbilder für Bergotte, in dessen Gestalt man viele seiner Züge wiedererkennt.

GALLIFFET, Gaston, Alexandre Auguste, Marquis de (Paris, 23. Januar 1830 – Paris, 9. Juli 1909): Französischer General. Er gehörte dem Kreis der Greffulhe an und war ein vertrauter Freund von Charles Haas. Er zeichnete sich im mexikanischen Krieg aus (er trug eine Silberplatte im Unterleib, ein Andenken an eine schwere Verwundung in der Schlacht von Puebla). 1870 wurde er zum General befördert, und er befehligte die Einsätze der afrikanischen Jäger in Sedan. Er tat sich darüber hinaus durch sein brutales Vorgehen bei der Niederschlagung der Pariser Kommune hervor. In der Folge der Dreyfus-Affäre wurde er im Kabinett Waldeck-Rousseau 1899 zum Kriegsminister ernannt. Auf dem Gemälde von Tissot *Der Klub der Rue Royale* sieht man ihn neben Charles Haas. Im Jahre 1891 sah Proust auch sehr häufig Mme de Galliffet, nachdem sie sich von ihrem Gatten getrennt hatte. Sie wohnte auf dem Landsitz Des Roches in Trouville. Proust spricht in seinem Roman zweimal von ihr. Proust dachte ohne Zweifel an den General, als er das Monokel von Froberville mit einer »grausigen Wunde« verglich, »auf die jener zwar stolz sein mochte, deren Zurschaustellung aber etwas Indezentes hatte«.

GALLIMARD, Gaston (Paris, 18. Januar 1881 – Paris, 25. Dezember 1975): Verleger. Er ist zunächst der Sekretär von Robert de Flers. Im August 1908 begegnet Proust ihm in der Normandie, wo Gallimard sich auf dem Landsitz seiner Mutter in Bénerville aufhält. Proust ist damals in Gesellschaft von Louisa de Mornand und Robert Gangnat. Sie dinieren alle miteinander im Grand-Hôtel von Cabourg. Von ihrer Gründung im Jahre 1911 an ist er der Geschäftsführer der Verlagsgesellschaft der Nouvelle Revue Française. Am 2. November 1912 wendet sich Proust auf den Rat von Copeau hin direkt an ihn, um seinen Roman bei ihm zu veröffentlichen, und er schickt ihm kurz darauf die zweite Maschinenabschrift der *Verlorenen Zeit.* Gallimard gibt ihm eine zustimmende Antwort und versichert, seinen Roman am 15. Februar des folgenden Jahres herausbringen zu können, falls Proust sich Fasquelle gegenüber lossagen kann. Dann besinnt er sich aber eines anderen und übergibt die Angelegenheit Copeau, der Proust im Dezember seine Ablehnung mitteilt. Proust wird demnach bei Grasset veröffentlicht. 1916 suchen Gallimard und Copeau Proust auf, um über seinen Verlagswechsel von Grasset zur N.R.F. zu verhandeln. Am 10. Dezember 1918 besucht er ihn zusammen mit Tronche, seinem kaufmännischen Leiter, um ihm zum Prix Goncourt zu gratulieren. Nach Aussagen von Céleste Albaret ist dies eine der wenigen Unterredungen, die Proust ihm gewährte, denn er schätzte ihn wenig. Gallimard dagegen bewahrte eine ausgezeichnete Erinnerung an Proust: »Sehr nett, Marcel Proust! Er hat mich nie um einen Vorschuß gebeten. Niemals! Und auch nicht um Werbung!« (Interview von Madeleine Chapsal mit Gaston Gallimard, in: *L'Express*, 5. Januar 1976.)

GANGNAT, Robert (1867 - 29. Oktober 1910): Anwalt, Generalvertreter der Gesellschaft der Bühnenautoren. Ab Februar 1906 wird Louisa de Mornand von ihm ausgehalten. Ohne daß Gangnat davon weiß, bezieht sie allerdings zur gleichen Zeit eine beachtliche Zuwendung von d'Albufera. Wegen ihrer Seitensprünge möchte Gangnat sich ab November von ihr trennen. Proust gibt es nicht auf, auf ein besseres Einvernehmen der beiden hinzuwirken. 1908 mietet Gangnat in Bénerville das russische Haus, wo Proust sie mit Gallimard trifft.

GAUTIER-VIGNAL, Louis, Comte (1888-1982): Schriftsteller. Sohn des Sportsmannes Comte Albert Gautier, des rumänischen Generalkonsuls in Nizza, vom Papst in den Adelsstand erhoben, und der Comtesse Gautier-Vignal, geborene Marie Bouteau. Seine sehr begüterten Eltern besaßen (neben einer Jacht und einem Automobil) das Schloß von Vignal in zwei Kilometern Entfernung von Contes (Département Alpes-Maritimes), das Schloß Cabaracel in Nizza und das Chalet des Traverses in Saint-Martin-Vésubie (Alpes maritimes). Louis Gautier-Vignal begegnete Proust zum ersten Mal durch Lucien Daudet zwischen dem 10. und dem 15. Juni 1914. Als Schüler von Roland Garros war er es ohne Zweifel, der Proust von den jungen Schülern des Fliegers sprach, die sich im Gleitflug versuchen (Proust übernahm dieses Bild in *Die Entflohene* für die Engel der Giottokapelle in Padua). Céleste Albaret zufolge bemühte er sich darum, nach der Einberufung von Nicolas Cottin einen neuen Diener für Proust zu finden. Eng mit den Kreisen der Literatur und der schönen Künste verbunden, sah man ihn in Gesellschaft von André Gide und Jacques de Lacretelle. Er rühmte sich, Proust die Kantsche Philosophie erklärt zu haben. Wie auch die große Mäzenin der Côte d'Azur, Florence Gould, war er sehr großzügig. Er war von vollendeter Ritterlichkeit und bewahrte immer die größte Diskretion hinsichtlich der Art von Beziehung, die er zu Proust unterhielt, gestand jedoch gegen Ende seines Lebens, einer seiner letzten »Freunde« gewesen zu sein. Er war der Vorsitzende der Gesellschaft der Freunde der Mittelmeerhochschule Nizza, gegründet von Paul Valéry. Er war Fachmann unter anderem für italienische Literatur (er hatte lange Zeit in Italien gelebt) und hinterließ zahlreiche Werke, darunter eine Studie über Proust.

WERKE: *Érasme, 1469-1536* (Erasmus), 1936; *Pic de la Mirandole* (Pico della Mirandola), 1937 (Veröffentlichung seiner am 11. Dezember 1937 an der Universität Fribourg vorgelegten Dissertation); *Arion, Orphée, Amphion, La Flûte et la lyre* (Die Flöte und die Leier), 1946; *Lettre aux Italiens* (Brief an die Italiener), 1947; *Le Chemin de Mazargues* (Der Weg nach Mazargues), 1948; *Tyrannie de la parole* (Tyrannei des Wortes), 1949; *L'Enfer des villes. Problèmes d'urbanisme et solutions* (Die Hölle der Städte. Urbanistische Probleme und Lösungen), 1964; *Machiavel,* 1969; *Proust connu et inconnu* (Der bekannte und der unbekannte Proust), 1976.

GIDE, André (Paris, 22. November 1869 – Paris, 19. Februar 1951): Schriftsteller. Proust begegnet ihm wahrscheinlich am 1. Mai 1891 bei Gabriel Trarieux. Zwei Jahre später beginnt Gide für die 1891 begründete literarische Avantgardezeitschrift *La Revue blanche* zu schreiben. Gide ist ein junger Mitarbeiter unter berühmten Schriftstellern wie Verlaine, Mallarmé, Heredia, Barrès und Pierre Louÿs, die ebenfalls in dieser Zeitschrift publizieren. Während der Dreyfus-Affäre unterschreibt Gide das von Proust organisierte »Manifest der Hundertvier«. Ab 1911 leitet er zusammen mit Jacques Copeau und Jean Schlumberger die *Nouvelle Revue Française.* Im Oktober 1912 faßt Proust deren Verlag für die Veröffentlichung seines Romans ins Auge und läßt Gide von den Brüdern Bibesco das Manuskript übergeben. Am 23. Dezember teilt die N.R.F. Proust ihre Publikationsabsage mit. Für Gide gehört Proust damals in der Tat »zur Welt der Verdurin«, und er hält ihn immer noch für einen, der im *Figaro* schreibt, für »einen Snob, einen mondänen, amateurhaften Autor« (Brief Gides vom 11. Januar 1914, in: *Correspondance* XIII, S. 50). Beim Aufschlagen des Manuskripts von *Swann* stieß Gide auf die Stelle, wo von der Stirn der Tante Léonie die Rede ist, »auf der die Knochen [eigentlich *vertèbres*: Wirbel] sich zeigten«, und gab die Lektüre wieder auf. Céleste behauptete sogar, das von Nicolas Cottin säuberlich verschnürte Paket sei nie geöffnet worden, denn der Knoten sei noch intakt gewesen. Um den Schein zu wahren, behauptete Proust dasselbe und griff dabei auf die Stelle aus *Illusions perdues* (*Verlorene Illusionen*, von Balzac) zurück, wo Lucien de Rubempré, ohne daß die Siegel und die Schnüre angetastet worden wären, die Sonette wieder zurückerhält, die er an Dauriat gesandt hatte. Nach der Veröffentlichung von *Swann* bei Grasset im November 1913 hat Gide den Mut, die Verantwortung für seinen Fehlgriff zu übernehmen, und er erkennt seinen Irrtum in dem Brief vom 11. Januar 1914 an: »Die Ablehnung dieses Buches wird der schwerwiegendste Irrtum der N.R.F. bleiben und (da ich zu meiner Schande weitgehend dafür verantwortlich bin) eines der größten Kümmernisse, nein, Gewissensbisse meines ganzen Lebens« (a.a.O., S. 50).

Wie der amerikanische Romancier Frederic Prokosch in seinen Memoiren berichtet, gestand Gide ihm: »Wenn die Leute immer wieder daran erinnern, daß ich *Swann* bei Gallimard abgelehnt habe, dann vergessen sie, wieviel man zu tun hat, daß man unmöglich alles lesen kann, und Proust stand in diesem Ruf des fahlen mondänen Schmetterlings! Nachdem ich mich aber dazu aufgerafft hatte, dieses kleine Meisterwerk zu lesen, hat meine Bewunderung für Proust nie einen einzigen Augenblick nachgelassen. Der Mensch Proust selbst machte mich offen gesagt recht ratlos. Am Anfang glaubte ich, er habe nicht die geringste tiefere Kraft. Ich habe mich geirrt. Er besaß eine große und tiefe Kraft. [...] Man geht fehl, wenn man Proust als einen Neuerer ausgibt. Er begnügte sich damit, das zu tun, was man oft vor ihm schon getan hatte, aber er tat es mit einer unendlichen Sorgfalt und einer unerschöpflichen Findigkeit. Darauf kommt es an, auf die Präzision und die Geschicklichkeit, nicht auf Dreistigkeit und Großtun. Bei Proust erkennt man oft den Nachklang von Benjamin Constant und Saint-Simon, ja sogar eine Spur von den *Bekenntnissen* Rousseaus [...]«

Am 20. März 1914 teilt er Proust mit, die N.R.F. sei bereit, die Verlagskosten für die Fortsetzung von *Swann* zu übernehmen. Die beiden Schriftsteller führen von da an einen regen Briefwechsel, und Proust spricht in seinen Briefen auf ergreifende Weise von Agostinelli. Gide, der Proust seit 1892 nicht wiedergesehen hat, besucht ihn am 25. Februar 1916, um das Angebot der N.R.F. zu erneuern. Proust akzeptiert diesmal. Mit dem Taxi von Odilon Albaret besucht Gide ihn im Jahre 1921 noch mehrere Male, und sie diskutieren über die Art und Weise, wie Proust in seinem Buch die Homosexualität dargestellt hat. Für Gide bleibt Proust ein »Großmeister der Verstellung«. 1922 vermittelt er ihm einen seiner Protegés, Georges Gabory, für die Korrektur der Druckfahnen von *Sodom und Gomorra II*. Nach Auffassung von Céleste Albaret schätzte Proust André Gide im Grunde wenig, und Gide selbst bekundet in seinem *Tagebuch* – je weiter Prousts Tod zurückliegt – seine Vorbehalte ihm gegenüber.

GIRAUDOUX, Jean (Bellac, 19. Oktober 1882 – Paris, 31. Januar 1944): Schriftsteller und Diplomat. Absolvent der École normale supérieure (1903-1904), ab 1910 im Außenministerium tätig. Giraudoux machte die Bekanntschaft von Proust 1919; er war von seinem Freund Paul Morand bei ihm eingeführt worden. Aus demselben Jahr stammt auch die herzliche Widmung von *Elpénor*. Im Juni 1919 brachte Giraudoux eine Zusammenfassung von *Eine Liebe von Swann* in der ersten Nummer der Zeitschrift *Feuillets d'Art*. Proust jedoch, der von dem Artikel wenig hielt, bekannte: »Das war so hinreißend und voller Witz, und das hat mich so maßlos enttäuscht!« Proust fügt ein Pastiche auf seinen Stil in *Die Welt der Guermantes* ein, lobt ihn jedoch in seinem Vorwort zu *Tendres Stocks* von Paul Morand im Jahre 1921.

GODEBSKA, Misia (1872-1950): Sie war von polnischer Abstammung. Ihre Schönheit und ihr Esprit trugen ihr ein mondänes und bewegtes Leben ein. In erster Ehe heiratete sie Thadée Natanson, den Direktor der *Revue blanche*, danach 1904 in zweiter Ehe Alfred Edwards (1857-1914), den Mitbegründer (zusammen mit Bunau-Varilla) und ehemaligen Direktor von *Le Matin*. 1907 beobachtete Proust sie neugierig im Grand-Hôtel von Cabourg. Edwards trat in Gesellschaft seiner Geliebten auf, der lesbischen Schauspielerin Lantelme, die als Vorbild für Lea und Rahel diente. Bald schon von ihrem zweiten Gemahl getrennt, bezog Misia ein Appartement am Quai Voltaire, wo sie zahlreiche Künstler empfing: Maurice Ravel, Strawinsky, Diaghilew und Coco Chanel, die sie dem ganzen Paris von Rang und Namen vorstellte. Im Mai 1913 wohnte Proust in ihrer Loge, in Gesellschaft von Rodin und Renoir, der Aufführung des *Prélude à l'après-midi d'un faune* bei. 1914 heiratete sie den spanischen Maler José-Maria Sert und führte mit ihm ein luxuriöses Leben. Sie war das Vorbild für »die entzückende Fürstin Jurbeletschew«, »mit ihrer ungeheuren zitternden Aigrette«.

GRAMONT, Agénor de Bidache, Duc de (22. September 1851 - 1925): Ständiger Gast im Salon der Princesse Mathilde. Er heiratete in erster Ehe die Princesse Isabelle de Beauveau-Craon, die im Kindbett ihrer Tochter Élisabeth (der späteren Marquise und dann Duchesse de Clermont-Tonnerre) 1875 verstarb. 1878 heiratete er in zweiter Ehe Marguerite de Rothschild, mit der er einen Sohn hatte: Armand, Duc de Guiche, den Freund Prousts.

Dank des Vermögens seiner zweiten Gemahlin ließ er das große Schloß von Vallière in Mortefontaine bauen, wo er Proust am 14. Juli 1904 beim Verlobungsessen seines Sohnes empfing. Als Proust zögernd vor dem Gästebuch stand, rief er aus (wie der Herzog von Guermantes, dessen Vorbild er war): »Ihren Namen, Monsieur Proust, aber keine Betrachtungen!«

GRAMONT, Duchesse Agénor de, geborene Marguerite de Rothschild (1855-1905): Proust ist seit dem Dezember 1893, dem Zeitpunkt, an dem er eine Einladung von ihr erhält, mit ihr bekannt. Sie ist demnach die erste, die – gemeinsam mit ihrer Schwester, der Princesse de Wagram – Proust in die Gesellschaft des Faubourg Saint-Germain aufnimmt. Am 28. Juli 1905 wohnt er dem Trauergottesdienst in der Kirche Saint-Pierre-de-Chaillot bei.

GRASSET, Bernard (Chambéry, 6. März 1881 – Paris, 20. Oktober 1955): Verleger. Er gründete seinen Verlag im Jahre 1907. Etwa am 20. Februar 1913 bittet Proust René Blum, bei diesem jungen Verleger anzufragen, ob er bereit sei, sein Werk auf seine, Prousts, Selbstkosten herauszubringen. Am 24. schreibt er an Grasset, um ihm die Zusendung des Manuskripts des ersten Bandes anzukündigen. Der Vertrag wird am 11. März unterzeichnet. Am 19. April erklärt Proust sich spontan dazu bereit, Grasset die ungewöhnlich zahlreichen Korrekturen in den Fahnen seines Buches zu bezahlen. *Swann* kommt am 14. November heraus, und das Buch verkauft sich gut. Grasset beschließt für Anfang Dezember eine zweite Auflage und hat schon den Prix Goncourt und den Prix Fémina im Auge. Am 20. März 1914 teilt die N.R.F. Proust ihre Bereitschaft mit, Grasset die Rechte abzukaufen. Proust schickt seinen Vertrag an einen Fachmann, Émile Straus, und er beauftragt Reynaldo Hahn damit, Grasset vermittels einer gemeinsamen Freundin, der Princesse de Polignac, auszuhorchen. Am 28. schreibt Proust an Grasset, um ihn von dem Angebot der N.R.F. zu verständigen. Anfang April begeht Grasset die Ungeschicklichkeit, den Schriftsteller an seine Verpflichtungen binden zu wollen, anstatt sich großzügig zu geben. In der Folge ist er geschickter, und er gibt ihm seine volle Freiheit zurück. Entwaffnet von Grassets Wohlwollen, schreibt Proust mit Bedauern am 7. April an Gide, er finde sich damit ab, bei Grasset zu erscheinen, und die N.R.F. könne nur »Auszüge« aus seinem Werk erhalten. Der Krieg bringt die vorübergehende Schließung des Verlags Grasset mit sich, und die für Oktober 1914 vorgesehene Veröffentlichung des zweiten Bandes wird bis zum Ende der Kampfhandlungen verschoben. Am 14. April 1916 erneuert die N.R.F. ihr Angebot. Proust akzeptiert diesmal und beauftragt wieder Blum damit, Grasset gegenüber, der damals fast nicht mehr aufzufinden ist, den

Unterhändler zu spielen. Nachdem Grasset im Sommer 1915 schwer an Typhus erkrankt war, befindet er sich jetzt in einem Sanatorium in Neuchâtel in der Schweiz. Die Verhandlungen sind langwierig und kompliziert. Grasset gibt schließlich nach: »Es war nur natürlich, daß ich einen Autor, von dem ich viel halte, nicht aufgebe, ohne ihm mein Bedauern auszudrücken. Dies war gewiß nicht dazu angetan, Sie zu verletzen, doch möchte ich nicht durch mein Verhalten Ihre Sorgen und Ihren Gram vermehren. Und wie schwer es mir auch fällt, so verzichte ich doch darauf, den zweiten Band von *Auf der Suche nach der verlorenen Zeit* herauszubringen.« Grasset hat sich korrekt verhalten, Proust viel weniger. Er korrespondiert trotzdem weiter mit seinem Verleger, und er bedient sich wieder der gewöhnlichen Formel »Lieber Freund«, anstatt ihn, wie im Verlauf der harten Verhandlungen, mit »werter Herr« anzureden.

GREFFULHE, Henry Charles, Comte (Paris, 25. Dezember 1848 – Paris, 31. März 1932): Als sehr reicher Erbe einer belgischen Bankiersfamilie und Freund des Prinzen von Wales heiratet er 1878 Élisabeth de Caraman-Chimay und führt mit ihr ein mondänes Leben im Stadtpalais der Rue d'Astorg oder im Schloß von Bois-Boudran. Jacques-Émile Blanche vergleicht diesen hochgewachsenen Mann mit blondem Bart mit einem Spielkartenkönig. Als Vorbild für den Herzog von Guermantes ist er (wie dieser) ein untreuer und eifersüchtiger Gatte.

GREFFULHE, Comtesse Henry, geborene Élisabeth Riquet, Comtesse de Caraman-Chimay (1860-1952): Tochter des Prince de Chimay, Gattin des Comte Henry Greffulhe, Cousine von Robert de Montesquiou. In den Kreisen des Faubourg Saint-Germain gilt sie als die größte Schönheit ihrer Zeit. Sie führt ein ausgesprochen mondänes Leben, bringt in Frankreich die Windhundrennen in Mode, hat die Schirmherrschaft über die Ballets russes von Diaghilew, hat den Vorsitz der Gesellschaft der »Grandes Auditions de France« [Große Konzertaufführungen Frankreichs] inne und empfängt regelmäßig in ihrem berühmten Salon in der Rue d'Astorg. Am 1. Juli 1893, als Proust sie zum ersten Mal sieht, schlägt sie ihn sofort in ihren Bann: »Sie trug eine Frisur mit einer polynesischen Anmut, malvenfarbene Orchideen hingen ihr bis in den Nacken [...] Noch nie zuvor habe ich eine so schöne Frau gesehen« (Brief an Robert de Montesquiou vom 2. Juli 1893, in: *Correspondance* I, S. 219 [dt. in: *BZW*, S. 13]). Proust geht in der Folge nur deshalb in die Oper, um das Vergnügen zu haben, sie die große Treppe hinaufschreiten zu sehen. Proust wird ihr schließlich bei dem Fest im Pavillon Montesquiou am 30. Mai 1894 vorgestellt. Seine abgöttische Verehrung von Mme Greffulhe währte lange Jahre, und später beschrieb er ihren Salon für den *Figaro* (die Skizze wurde allerdings nie veröffentlicht). In der *Recherche* sind ihr Lebensstil und ihre Eleganz das Vorbild für die Herzogin von Guermantes, und ihre unvergleichliche Stellung in der mondänen Welt rückt sie in die Nähe der Prinzessin von Guermantes.

GREGH, Fernand (Paris, 14. Oktober 1873 – Paris, 5. Januar 1960): Dichter. Sohn des Komponisten Louis Gregh. Er ging im Lycée Condorcet zur Schule und erhielt 1890 den ersten Preis im französischen Aufsatz beim Concours général. Er war Lizentiat in Philosophie und wurde 1892, nach der Veröffentlichung der zweiten Nummer, zum Direktor der Zeitschrift *Le Banquet*. Zu dieser Zeit erfand er zusammen mit seinen Freunden von der Zeitschrift das Verb »proustifier« [proustifizieren], welches bedeutete: in der Art ihres jungen und graziösen Freundes Proust sich affektiert zu benehmen. Mitglied der »Kanakenakademie«, der Prousts Freundin Marie de Heredia vorstand. 1894 leistete er zur gleichen Zeit wie Robert Proust seinen Militärdienst in Reims ab. Er wurde zu einem regelmäßigen Gast der Salons von Mme Aubernon, Mme Straus und Mme Arman de Caillavet. Bei der Aufführung der Parodie von *Freuden und Tage* bei Jacques Bizet im März 1897 übernahm Gregh die Musikbegleitung. Während der Dreyfus-Affäre gelang es ihm gemeinsam mit Proust, die Unterschrift von Anatole France unter das »Manifest der Intellektuellen« zu erhalten. Als Protest gegen den Symbolismus veröffentlichte er 1902 im *Figaro* ein Manifest über die Dichtung, in dem er den »Humanismus«, eine Art Rückkehr zur Natur, propagierte. Während des Ersten Weltkrieges wurde er mit Reynaldo Hahn und Robert Dreyfus zu einem Truppenausbildungslager nach Albi eingezogen. Am 18. November 1922 hielt er die Totenwache seines Freundes Proust. Während der Bestattungsfeierlichkeiten verlor er seinen kleinen Hund Flipot, der sich unter den Leichenwagen geflüchtet hatte, bevor er dann in der Menge verschwand. Gregh wurde 1953 in die Académie française aufgenommen.

WERKE: Dichtung: *La Maison de l'enfance* (Das Haus der Kindheit), 1896; *La Beauté de vivre* (Die Schönheit des Lebens), 1900; *Les Clartés humaines* (Die menschlichen Klarheiten), 1904; *L'Or des minutes* (Das Gold der Minuten), 1905; *Prélude féerique* (Feenhaftes Präludium), 1908; *La Chaîne éternelle* (Die ewige Kette), 1910; *La Couronne douloureuse* (Die schmerzende Krone), 1917; *Couleur de la vie* (Farbe des Lebens), 1927; *La Gloire du cœur* (Der Ruhm des Herzens), 1932; *Le Mot du monde* (Das Wort der Welt), 1957.

Literaturkritische Arbeiten: *La Fenêtre ouverte* (Das offene Fenster), 1901; *Étude sur Hugo* (Studie über Victor Hugo), 1904; *L'Œuvre de Victor Hugo* (Das Werk Victor Hugos), 1933; *Portrait de la poésie française* (Porträt der französischen Dichtung), 1936-1938.

Erinnerungen: *L'Âge d'or* (Das goldene Zeitalter), 1948; *L'Âge d'airain* (Das erzene Zeitalter), 1951.

GUERNE, Comtesse de, geborene Marie-Thérèse de Ségur (gestorben am 11. März 1933): Diese brillante Gastgeberin des Faubourg Saint-Germain singt auf der Teegesellschaft, die Proust am 6. März 1905 in der Rue de Courcelles gibt, mit Reynaldo Hahn Duette. Proust bedankt sich bei ihr mit einem lobenden Artikel im *Figaro* vom 7. Mai, gezeichnet »Écho«: »Das Pariser Leben: die Comtesse de Guerne«. Hahn spielt bei ihr in der Avenue Bosquet zum ersten Mal seine *Chœurs d'Esther*.

GUICHE, Armand, Duc de (Mortefontaine, 2. August 1879 – Paris, 29. September 1962): Proust machte seine Bekanntschaft am 23. Dezember 1902 bei einem Diner bei Anna de Noailles. Durch seine Mutter, die Duchesse de Gramont, geborene Rothschild, war er Halbjude wie Proust. Die beiden trafen sich oft im Café Weber oder im Restaurant Larue. Der gebildete und für alles aufgeschlossene Armand liebte die Malerei und malte sogar gelegentlich selbst. Er war Polo-Champion und zugleich ein glänzender Physiker: seine aerodynamischen und optischen Forschungen verschafften ihm Weltruhm. Er gründete das Optische Institut von Paris und wurde in die Académie des sciences aufgenommen. Am 14. November 1904 heiratete er Élaine (1882-1958), die Tochter des Comte und der Comtesse Greffulhe. Nach dem Tod seines Vaters im Jahre 1925 wurde er Duc de Gramont.

HAAS, Charles (Paris, 1832 – Paris, 12. Juli 1902): Sohn eines Prokuristen der Bank Rothschild, Jude. Als junger Mann war Charles Haas ein brillanter Dandy und eine der herausragenden Persönlichkeiten des Jockey-Clubs, in den er dank der Fürsprache des Comte de Saint-Priest und des Comte Albéric de Bernis am 21. Januar 1871 aufgenommen wurde (vier Aufnahmegesuche waren zuvor abschlägig beschieden worden). Als Gelehrter und großer Kenner der italienischen Malerei wurde er 1868 zum Generalinspektor der historischen Baudenkmäler ernannt (dank der Vermittlung von Mérimée). Boni de Castellane sagte von ihm, er sei »von wundervoller Einfühlung, Feinheit und Intelligenz«. Er war eine der Hauptfiguren des Kreises der Rue d'Astorg, des exklusivsten Zirkels von Paris. Proust begegnete ihm zum ersten Mal gegen Ende des Jahres 1889 im Salon von Mme Straus. Auch wenn er nie zum Vertrauten Prousts wurde, so ist er doch das hauptsächliche Vorbild für Swann. Mme Straus nennt ihn übrigens später »Swann-Haas«. Im Alter von fünfunddreißig Jahren stand er Modell für das Gemälde, das die Mitglieder des Klubs der Rue Royale bei dem Maler Tissot in Auftrag gegeben hatten: *Le Cercle de la rue Royale* (vgl. S. 352). Proust wendet sich in *Die Gefangene* in bezug auf dieses Gemälde direkt an Charles Haas: »Wenn man bei dem Gemälde von Tissot, das den Balkon des Klubs der Rue Royale darstellt und wo Sie zwischen Galliffet, Edmond de Polignac und Saint-Maurice stehen, so viel von Ihnen spricht, dann deshalb, weil man bemerkt hat, daß einige Züge von Ihnen in die Gestalt des Swann eingegangen sind.« Als Charles Haas starb, kamen die großen Namen der Gesellschaft zu seiner Bestattung: der Marquis du Lau, der Comte d'Haussonville, der Comte Greffulhe, die Ducs de Montmorency und de La Trémoïlle; er wurde am 29. Oktober 1902 auf dem Friedhof Père-Lachaise beigesetzt.

HAHN, Maria (1865-1948): Schwester von Reynaldo Hahn. Proust begegnet ihr 1895 und verbringt mit ihr und ihrem Bruder vierzehn Tage in dem Louis XIV-Pavillon im Wald von Saint-Germain-en-Laye (der Pavillon gehörte Clarita Seminaris, einer weiteren Schwester von Reynaldo). Von Dieppe aus schreibt Proust ihr anschließend eine ganze Folge von flammenden Litaneien: »O meine Schwester Maria, Vertraute der Gedanken, Leuchtfeuer der irrenden Traurigkeiten...« Im Juni 1899 heiratet sie den Maler Raymond de Madrazo, den Vater von »Coco«. Sie bleibt eine treue, ergebene Freundin und wohnt in Begleitung von Diaghilew der Bestattung Prousts bei.

HAHN, Reynaldo (Caracas, 9. August 1875 - Paris, 28. Januar 1947): Jude venezolanischer Herkunft. Er lebt mit seinen Eltern (sein Vater ist Geschäftsmann) und mit seinen zahlreichen Schwestern in Paris. Ab 1886 studiert er am Pariser Konservatorium bei verschiedenen Meistern: Grandjany im Gesang; Decombes: Klavier; Théodore Dubois und Lavignac: Harmonielehre; Massenet (den er sein Leben lang verehrte): Komposition. Als Proust ihn am 22. Mai 1894 kennenlernt, ist Hahn knapp 19 Jahre alt. Die Begegnung findet bei Mme Lemaire statt, auf einem ihrer Dienstagsempfänge, wo Reynaldo Hahn seine *Chansons grises* (Graue Gesänge) nach Gedichten von Verlaine vorzutragen pflegt. Er begleitet sich dabei selbst auf dem Klavier (außer den von ihm selbst komponierten Liedern kennt er Dutzende von Liedern von Schubert, Schumann oder Gounod auswendig). Der empfindsame und feinsinnige Hahn ist ein glänzender Unterhalter. Proust und er erleben eine zwei Jahre währende leidenschaftliche Zuneigung, die sich später in eine enge Freundschaft verwandelt und bis zum Tode Prousts andauert. Dieser nennt ihn »mein Kind«, »Maestro« oder »Buchnibuls«. Er schenkt ihm sein Porträt (gezeichnet am 1. Oktober 1891 von Jacques-Émile Blanche); Reynaldo Hahn bewahrt es sein ganzes Leben lang in seinem Schlafzimmer auf. Im September 1895, nach dem gemeinsamen Aufenthalt in der Bretagne, beginnt Proust mit der Arbeit an sei-

Reynaldo Hahn

nem ersten Roman, *Jean Santeuil*: »Ich möchte, daß Sie die ganze Zeit darin sind, aber wie ein verkleideter Gott, den kein Sterblicher wiedererkennt«, schreibt er an Reynaldo Hahn. In Begleitung von Marie Nordlinger, der englischen Cousine von Hahn, besichtigen sie im Jahre 1900 zusammen Venedig. Proust hält ihn über seine Arbeit auf dem laufenden und liest ihm als erstem *Swann* vor. Der klassisch ausgebildete Hahn versteht Prousts Vorliebe für Wagner oder Debussy nicht, macht ihn jedoch mit der Musik von Camille Saint-Saëns (1835-1921) vertraut, dessen Schüler er ist. Bei Mme Lemaire hört Proust zum ersten Mal die Sonate in d-Moll für Geige und Klavier von Saint-Saëns. Die »kleine Phrase« aus diesem Stück wird zum Leitmotiv ihrer Liebe, wie diejenige der Sonate von Vinteuil für Swann und Odette. Nach dem Tod von Proust setzt Hahn seine Laufbahn als Komponist und als Musikkritiker beim *Figaro* fort. In der Zeit zwischen den beiden Weltkriegen leitet er das Théâtre du Casino in Cannes. Den 1940 ausbrechenden Krieg verbringt er in Monaco, und er kommt 1945 wieder nach Paris, wo er zum Direktor der Oper ernannt wird.

WERKE: *L'Ile au rêve* (Die Trauminsel) (das erste Musikdrama, 1898), *Nuit d'amour bergamasque* (Bergamaskische Liebesnacht) (die erste sinfonische Dichtung), *La Carmélite* (Die Karmeliterin) (Libretto von Catulle Mendès), *Le Bal de Béatrice d'Este* (Der Ball der Beatrice d'Este) (Ballett, 1909), *La Fête chez Thérèse* (Das Fest bei Therese) (Ballett, 1910), *Le Dieu bleu* (Der blaue Gott), (Ballett, 1911), *Nausicaa* (komische Oper, 1919), *La Colombe de Bouddha* (Die Taube Buddhas) (Ballett, 1921), *Ciboulette* (Operette, Libretto von Flers und Croisset, 1923), *Mozart* (Bühnenmusik für ein Theaterstück von Sacha Guitry, 1925), *Le Bois Sacré* (Der heilige Hain) (Bühnenmusik für ein Stück von Flers und Caillavet), *Brummel* (Operette, Text von Rip und Dieudonné, 1931), *Malvina* (Operette, Libretto von Maurice Donnay und Henri Duvernoy, 1939), *Le Marchand de Venise* (Der Kaufmann von Venedig) (Oper, 1936), *Prométhée* (Prometheus) (lyrische Ode für Soli, Chor und Orchester), Lieder (*L'Heure exquise*, *Offrande*, *Cimetière de campagne*, *Paysage*, *Rondels de Charles d'Orléans*, *Études latines*, *La Barcheta*, *Chansons grises*, *Chansons espagnoles*), *Le Oui des jeunes filles* (Das Ja der jungen Mädchen) (unvollendete komische Oper).

VERÖFFENTLICHUNGEN: *La Grande Sarah* (Die große Sarah), 1930: Erinnerungen an seine große Freundin Sarah Bernhardt (1844-1923); *Le Journal d'un musicien* (Das Tagebuch eines Musikers), 1933; *L'Oreille au guet* (Das wache Ohr). 1956 beginnt Philip Kolb mit der Herausgabe seines Briefwechsels mit Proust.

HALÉVY, Daniel (Paris, 12. Dezember 1872 – Paris, 4. Februar 1962):

Sohn von Ludovic Halévy, dem Mitarbeiter von Meilhac; Neffe von Mme Straus. Im Lycée Condorcet schließt er Freundschaft mit Proust, als dieser im Oktober 1886 die Sekunda wiederholt. Sie gründen zusammen verschiedene Zeitschriften, darunter im Jahre 1892 *Le Banquet*. Im August 1893 hat er vor, mit Proust, Fernand Gregh und Louis de La Salle einen »Roman zu viert« in Briefform zu schreiben: Proust soll die Frau sein, La Salle der Liebhaber, Gregh der Dichter, Halévy der Abbé [Priester]. Aber La Salle und er werden zur Ableistung ihres Militärdienstes nach Fontainebleau einberufen (Proust, der sie dort besucht, greift auf die Erinnerung an diesen Aufenthalt zurück, als er 1896 »Une petite ville de province« [»Eine kleine Provinzstadt«] für *Jean Santeuil* schreibt). Im Januar 1898 unterschreibt er mit Proust das »Manifest der Hundertvier« für Dreyfus. In Verbindung mit Péguy (von dem Proust wenig hält) arbeitet er im selben Jahr für die *Cahiers de la Quinzaine*. Bis zu seinem Ende schätzt Proust Halévy als Freund und als Schriftsteller. 1936 gibt er die in seinem Besitz befindlichen Briefe seiner Tante, Mme Straus, heraus.

HANOTAUX, Gabriel (Beaurevoir, 19. November 1853 – Paris, 11. April 1944): Politiker. Attaché im Außenministerium, Kabinettschef in den Regierungen Ferry und Gambetta. Er war mit Dr. Adrien Proust befreundet. Proust verdankte es seiner Empfehlung, wenn er 1895 den Posten als Bibliothekar in der Bibliothèque Mazarine erhielt und ihm später die langen Beurlaubungen bewilligt wurden, um die er einkam. Hanotaux war von Mai 1894 bis Juni 1898 Außenminister und im Jahre 1920 Botschafter in Rom. Er befaßte sich auch mit zahlreichen historischen Arbeiten. Seine Diplomatensprache regte Proust zu der von Norpois an.

HARRISON, Alexander (Philadelphia, 17. Januar 1853 – Paris, 23. Oktober 1930): Amerikanischer Maler. Proust und Reynaldo Hahn machen seine Bekanntschaft während eines Aufenthalts in Beg-Meil im Hôtel Fermont von September bis Oktober 1895. Im Dezember 1896 finden sich Proust und Marie Nordlinger zum Tee in seinem Atelier in der Rue Campagne-Première ein, wie es auch der Erzähler und Albertine bei Elstir tun (in *Mädchenblüte*). Er war eins der ersten Vorbilder für Elstir.

HAUSER, Lionel (1868-1958): Anlageberater. Er trifft Proust zum ersten Mal im September 1882 in Auteuil bei Louis Weil, in Begleitung seines Onkels Gustave Neuburger. Nach besten Referenzen im Ausland läßt Lionel Hauser sich als Vertreter der New Yorker Bankhäuser Warburg und Kuhn-Loeb 1907 in der Nähe des Observatoriums in Paris nieder. Proust macht auch intim seine Bekanntschaft. Er zieht ihn bei seinen finanziellen Transaktionen rückhaltlos ins Vertrauen und führt mit ihm einen umfangreichen Briefwechsel, in dem er ihn duzt.

HAUSSONVILLE, Othenin, Comte d' (Gurcy-le-Châtel, 21. September 1843 – Paris, 1. September 1924): Enkel von Albertine, der Tochter von Mme de Staël. Als Chef der Orleanisten stellte er 1883, nach dem Tod des Comte de Chambord, die Vereinigung mit den Legitimisten her. Er wurde 1888 in die Académie française aufgenommen, veröffentlichte zahlreiche Werke über die Geschichte der Literatur und gefiel sich darin, immer wieder zu sagen: »Ich werde stets ein distinguierter und ein mittelmäßiger Mann bleiben.« Proust begegnete ihm in den Salons von Mme Straus und Mme Lemaire. Haussonville verlor die Bedeutung seiner gesellschaftlichen Stellung nie aus dem Auge. Mit einer »harmonischen Gymnastik« (wie Proust es beschrieb) beehrte er seine Gäste mit der charakteristischen Verbeugung der Guermantes. Während der Dreyfus-Affäre sprach er den Namen von Mme Straus »auf die deutsche Weise« aus (wie der Herzog von Guermantes den Namen von Bloch). Am 4. Mai 1920 sah ihn Proust bei der Galavorstellung der Ballets russes in der Oper wieder, wo er ganz in seiner Nähe saß. Sein Alter machte ihn noch majestätischer (das gleiche gilt für Basin am Ende der *Recherche*). Er war eins der Vorbilder für den Herzog von Guermantes.

HAUSSONVILLE, Comtesse d', geborene Pauline d'Harcourt (Paris, 4. März 1846 – Paris, 6. November 1922): Gattin des Voraufgehenden. Proust verkehrte in ihrem aristokratischen Salon in der Rue Saint-Dominique, wo an der Wand ein Gemälde von Béatrix de Lillebonne hing, einer Vorfahrin ihres Gemahls, die unter Ludwig XIV. Äbtissin von Remiremont war und von der Marquise de Villeparisis Bloch gegenüber erwähnt wird. Recht abfällig nannte Proust diese erbitterte Dreyfus-Gegnerin »Pauline«. Die d'Haussonville verbrachten ihre Ferien in Coppet, wo Proust ihnen begegnete, als er mit seinen Eltern nach Évian fuhr. Im *Figaro* vom 4. Januar 1904 veröffentlichte er: »Der Salon der Gräfin von Haussonville«, gezeichnet »Horatio«.

HAYMAN, Laure (1851-1932): Nachfahrin des Malers Francis Hayman, des Lehrers von Gainsborough. Tochter eines Ingenieurs, geboren auf einer Ranch in den Kordilleren. Sie verlor ihren Vater sehr früh, und ihre Mutter beschloß, eine Kurtisane aus ihr zu machen. Zu ihren Liebhabern zählten der Duc d'Orléans, der König von Griechenland und Karageorgewitch, der serbische Thronfolger, den sie wirklich liebte. Wie Odette de Crécy in der *Recherche* bewohnte sie in der Rue de la Pérouse Nr. 4 ein kleines Privathaus. Proust machte ihre Bekanntschaft zu Beginn des Herbstes 1888; sie war siebenunddreißig Jahre alt und er siebzehn. Er besuchte sie in Auteuil bei seinem Großonkel Louis Weil, dessen Ge-

Laure Hayman

liebte sie war. Blond und schwarzäugig, mollig, aber sehr elegant und geistreich, unterhielt sie einen Salon, in dem ihr großer Bewunderer (und Liebhaber) Paul Bourget verkehrte, der sie als Vorbild für die Titelgestalt seiner Novelle *Gladys Harvey* nahm. Im Oktober 1888 schenkte sie Proust ein Exemplar davon, das sie in die Seide eines ihrer Unterröcke hatte einbinden lassen. Sie besaß eine Porzellansammlung (wie Odette) und gab Proust den Beinamen: »Mein kleiner psychologischer Saxe [sächsisches, Meißner Porzellan]«. Proust ruinierte sich förmlich durch Blumen für sie und schenkte ihr Chrysanthemen, die sie über alles liebte. Jacques-Émile Blanche (der mit beiden befreundet war) äußerte die Vermutung – ohne dies freilich belegen zu können –, es sei zwischen ihnen mehr als Freundschaft gewesen. Robert Dreyfus dagegen sah diese Beziehung anders: »Eine platonische Leidenschaft für eine berühmte Kurtisane, die mit einem Austausch von Photographien und Briefen endete« (a.a.O., S. 50). Nachdem sie einen großen Liebesschmerz überwunden hatte, begann sie um das Jahr 1900 eine Laufbahn als sehr geschätzte Bildhauerin. Ein paar Monate vor seinem Tod hätte Proust sich fast auf immer mit ihr überworfen. Da sie sich in der Gestalt der Odette de Crécy wiedererkannt hatte, für die sie eines der hauptsächlichen Vorbilder darstellte, sandte sie ihm einen erbitterten Brief zu, in dem sie ihn als »Ungeheuer« bezeichnete. Nach einem Besuch Prousts bei ihr versöhnten sie sich jedoch wieder. Sie starb verarmt. Laure Hayman kommt auch in *Jean Santeuil* vor, als Françoise S., in die Jean sich verliebt. In *Freuden und Tage* war sie das Vorbild für die Kurtisane Heldémone.

HEATH, Willie: Engländer protestantischer Herkunft, der im Alter von zwölf Jahren zum Katholizismus übertritt. Er sieht Edgar Aubert, einem jungen Schweizer Freund von Robert de Billy, ähnlich, der im September 1892 an einer Blinddarmentzündung starb. Proust und er begegnen sich im Frühjahr 1893 im Bois de Boulogne und träumen davon, »immer inniger zusammenzuleben, in einem Kreis großherziger und ausgewählter Frauen und Männer, weit genug von Dummheit, Laster und Bosheit entfernt, um uns vor ihren vulgären Pfeilen sicher zu fühlen« (Widmung von *Freuden und Tage*). Am 6. Juni 1893 gibt Proust ein großes Diner für seine zehn besten Freunde: Heath sitzt links von Mme Proust. Am 3. Oktober 1893 stirbt er an Typhus. Im Juli 1894 eignete Proust ihm *Freuden und Tage* zu.

HELLEU, Paul (Vannes, 17. Dezember 1859 – Paris, 23. März 1927): Maler und Kunststecher. Montesquiou, der ihn schätzte und protegierte, stellte ihn in den 1890er Jahren Proust vor. 1907 nahm Helleu Proust zu einer Besichtigung des Schlosses von Balleroy und seiner Tapisserien in der Nähe von Bayeux mit. Sie aßen einige Male in Dives in der Herberge Wilhelms des Eroberers zu Mittag. Proust schätzte sein Talent hoch ein und erhielt als Geschenk von ihm ein Gemälde, das er in Helleus Atelier bewundert hatte: *Automne à Versailles* (Herbst in Versailles). 1922 fertigte er in zweistündiger Sitzung eine Radierung von Proust auf dem Totenbett an (im Laufe seines Lebens machte er 1700 Abzüge davon). Er war das hauptsächliche Vorbild für Elstir. Für Jacques-Émile Blanche sind die Gemälde Elstirs, die der Erzähler bei seinem ersten Besuch im Palais der Guermantes sieht, Bilder von Helleu (wie Elstir malte übrigens auch Helleu Blumen und Seestücke). Degas dagegen, der wenig von ihm hielt, nannte ihn einen »Watteau à vapeur« [einen wattigen (wolkigen, dunstigen) Watteau]. In der *Recherche* greift Saniette diesen Ausspruch auf und bezieht ihn auf Elstir.

HENNESSY, Mme Jean, geborene Marguerite de Mun (1877-1970): Tochter von Albert, dem Führer der katholisch-sozialen Bewegung. Am 16. Juni 1921 wohnt Proust dem Diner bei, das sie anläßlich der Verlobung des Herzogs von Marlborough mit Gladys Deacon gibt. Bei ihr trifft er 1922 zum letzten Mal seine große Freundin Jeanne Pouquet.

HEREDIA, Marie de (1875-1963): Um 1893 besuchte Proust die Samstage des großen Parnasse-Dichters José-Maria de Heredia (1842-1905), der sich bei dem Empfang seiner Gäste mit seinen drei bezaubernden Töchtern umgab. Marie, die Älteste, rief einen Freundeskreis ins Leben, die »Kanakenakademie«, in der Pierre Louÿs, Paul Valéry, Fernand Gregh, Léon Blum und der Dichter Henri de Régnier zusammenkamen. Sie heiratete den letzteren im Jahre 1895. Marie war »Königin der Akademie« und Proust »ständiger Sekretär«. Sie schrieb Romane unter dem Pseudonym Gérard d'Houville.

WERKE: *Le Temps d'aimer* (Die Zeit zu lieben), 1908; *Tant pis pour toi!* (Um so schlimmer für Dich!), 1921; *L'Enfant* (Das Kind), 1925; *Esclave amoureuse* (Liebessklavin), 1927; *Enfantines et amoureuses* (Kinder- und Liebesreime), 1946.

HERMANT, Abel (Paris, 8. Februar 1862 - 22. September 1950): Schriftsteller. Satirischer Chronist und Theaterkritiker des *Gil Blas* und des *Figaro*. Er war eng mit den Kindern der Princesse Rachel de Brancovan befreundet. Proust und er begegneten sich oft in den Pariser Salons und in Amphion am Genfer See, wo die Prinzessin in ihrer Villa Bassaraba empfing.

WERKE: *La Carrière* (Die Karriere), 1894; *Les Transatlantiques* (Die Ozeandampfer), 1897; *Les Souvenirs du vicomte de Courpière* (Die Erinnerungen des Vicomte de Courpière), 1901; *Les Trains de luxe* (Die Luxuszüge), 1908; *Le Caravansérail* (Die Karawanserei), 1917; *Les Épaves* (Die Wracks), 1927; *La Dernière incarnation de M. de Courpière* (Die letzte Inkarnation von Monsieur de Courpière), 1937.

HERVEY DE SAINT-DENYS, Marquise de, geborene Baronne de Ward: Proust begegnet ihr auf einem Fest im Montesquiou-Pavillon am 30. Mai 1894. Ihr Gatte, ein berühmter Sinologe, wird unter seinem richtigen Namen im Zusammenhang mit einer chinesischen Porzellanvase erwähnt, die er Charlus gegeben haben soll. Wie die Prinzessin d'Orvillers ist auch Mme d'Hervey die natürliche Tochter des letzten regierenden Fürsten von Parma. Nach dem Tod ihres Gatten heiratet die reiche Mme d'Hervey den Neffen von Mme de Chevigné, Jacques de Waru, einen der beiden Brüder, mit denen Proust eine Verbindung anzuknüpfen suchte, um ihrer Tante vorgestellt zu werden.

HERVIEU, Paul (Neuilly, 2. September 1857 – Paris, 25. Oktober 1915): Schriftsteller. Freund Prousts. Er veröffentlichte zunächst zahlreiche Romane, bevor er an der Comédie-Française seine Laufbahn als »moderner Tragiker« fortsetzte. Wie Swann trug er in den mondänen Salons seine kühle, reservierte Eleganz, sein trauriges und vornehmes Antlitz zur Schau. Mit Bedauern erinnerte Proust sich daran, daß er ihm nie verziehen hatte, bei der Preisverleihung der Académie française im Juni 1914 gegen seinen Roman gestimmt zu haben. Er war eins der Vorbilder für Bergotte.

WERKE: Romane: *L'Inconnu* (Der Unbekannte), 1886; *Flirt*, 1890; *Peints par eux-mêmes* (Von ihnen selbst gemalt), 1893; *L'armature* (Die Armatur), 1893. Dramen: *Les Paroles restent* (Die Worte bleiben), 1892; *La Loi de l'homme* (Das Gesetz des Mannes), 1897; *La Course du flambeau* (Der Lauf der Fackel), 1901; *Théroigne de Méricourt*, 1902; *Le Dédale* (Das Labyrinth), 1903; *Le Réveil* (Das Erwachen), 1905, *Connais-toi* (Erkenne dich), 1909; *Bagatelles* (Bagatellen), 1912; *Le Destin est maître* (Das Schicksal ist Herr), 1914.

HINNISDAL, Thérèse d', Marquise de Lévis: Auf dem Ball im Ritz am 15. Januar 1922 ließ Proust sich von ihr die neuesten modischen Tanzschritte vorführen. »Auch wenn sie die neuesten Tänze des Jahres 1922 tanzt«, bemerkte er, »ist sie doch immer noch von ideal heraldischer Gestalt und sieht aus wie ein Einhorn auf einem Wappen.« Er sah sie am 12. Juni auf der Soiree von Mme Hennessy wieder.

HOWLAND, Mme Meredith, geborene Torance: Sehr gefragte Persönlichkeit des Faubourg Saint-Germain. Proust begegnete ihr im August 1893 in Sankt Moritz. Er eignete ihr die in der *Revue blanche* vom 15. September 1893 erschienenen »Melancholischen Sommertage in Trouville« zu. Diese besonders treue Freundin von Montesquiou war zugleich mit Charles Haas und Edgar Degas befreundet.

HUMIÈRES, Robert, Vicomte d' (1868-1915): Als Übersetzer von Kipling und Conrad half er Proust bei seinen Arbeiten über Ruskin und veröffentlichte einen Artikel über *Die Bibel von Amiens* in der *Chronique des arts et de la curiosité*. Einem drohenden Skandal entzog er sich durch die Meldung an die Front, wo er sich zu einem Zuaven-Regiment abstellen ließ und 1915 den Tod fand: »[...] ich beweine Tag und Nacht Fénelon und d'Humières, als ob ich mich gestern erst von ihnen getrennt hätte«, schreibt Proust an Mme Catusse am 27. Mai 1915 [dt. in: *BZL*, S. 455]. In seiner letzten Gestalt als Kriegsheld und enttarnter Homosexueller steuerte er einige Züge zur Figur des Saint-Loup während des Ersten Weltkrieges bei.

INDY, Vincent d' (Paris, 27. März 1851 – Paris, 2. Dezember 1931): Wagnerianer und Schüler von César Franck. Proust begegnete ihm bei dem Comte de Saussine. Sein Vorname klingt an den von Vinteuil in der *Recherche* an. Proust wurde stark von d'Indys 1906 erschienenem Werk *César Franck* angeregt, als er die berühmte Musikergestalt seines Romans schuf.

JALOUX, Edmond (Marseille, 19. Juni 1878 – Lutry, Schweiz, 15. August 1949): Als Freund von Vaudoyer und de Lauris begegnete er Proust 1910, zur Zeit der Ballets russes. Wie Proust war er Mitglied des Blumenthal-Komitees. Im September 1920 wohnte er der denkwürdigen Diskussion Prousts mit Bergson über die Schlaflosigkeit und über die Schlafmittel bei. Am 15. Juli 1922 ging Proust in seiner und in Brachs Begleitung ins »Le Bœuf sur le toit«. Sein Briefwechsel bezeugt die besorgte Aufmerksamkeit, die er stets dem Gesundheitszustand Prousts entgegenbrachte. Er hinterließ ein Erinnerungsbuch: *Avec Marcel Proust* (Mit Marcel Proust), 1953.

JONCIÈRES, Léonce de (Dompierre, 14. Februar 1871 – 1952): Genremaler. Proust begegnete ihm im August 1907 in Cabourg. »Der Zufall wollte es, daß ich bei meiner Ankunft hier von jenem liebenswürdigen, aber unter die Tapire geratenen jugendlichen Liebhaber (einem sehr späten Nachfahren von Léandre oder Octave) empfangen wurde, der den Namen Léonce de Joncières trägt« (Brief an Reynaldo Hahn vom 6. August 1907, in: *Correspondance* VII, S. 245). Er diente als Vorbild für Octave.

JOYCE, James (Dublin, 2. Februar 1882 – Zürich, 13. Januar 1941): Irischer Schriftsteller. Proust begegnete ihm am 18. Mai 1922 bei dem Diner, das die Schiff zu ihren Ehren gaben und bei dem auch Diaghilew, Picasso und Strawinsky zugegen waren. Joyce traf ziemlich mitgenommen um Mitternacht ein. Im Oktober 1920 hatte er über Proust geschrieben: »Ich habe ein paar Seiten von ihm gelesen. Ich kann kein besonderes Talent darin entdecken, aber ich bin ein schlechter Kritiker.« Nach dem Diner im Ritz nahmen die beiden Schriftsteller zusammen das Taxi von Odilon Albaret. Joyce klagte über seine Augen, Proust über seinen Magen, und sie tauschten auch weiter nichts als mondäne Banalitäten aus. Joyce bedauerte dies später: »Wenn es uns nur vergönnt gewesen wäre, uns irgendwo noch einmal zu begegnen und miteinander zu sprechen.« Sein 1922 veröffentlichtes Meisterwerk *Ulysses*, das auf über achthundert Seiten einen einzigen Tag des Annoncenakquisiteurs Leopold Bloom in der Form eines riesigen inneren Monologs erzählt, ist in gewissem Sinn mit dem der *Recherche* verwandt (obwohl diese die Grenzen des inneren Monologs weit überschreitet). In dem 1939 veröffentlichten *Finnegans Wake* spielt Joyce auf den Namen Proust sowie auf die Titel seiner Bücher an.

LA BÉRAUDIÈRE, Comtesse de, geborene Marie-Thérèse Trinidad Brocheton (1872-1958): Geliebte des Comte Greffulhe. Proust besuchte das illegitime Paar im Juni 1913 und im Juli 1915. Sie war das Vorbild für Odette, als diese die Geliebte des Herzogs von Guermantes wird.

LACRETELLE, Jacques de (Cormatin, 14. Juli 1888 – Paris, 1985): Schriftsteller. Als Sohn eines Diplomaten ging er im Lycée Jeanson-de-Sailly zur Schule und studierte anschließend in Cambridge. Proust sah ihn oft im Jahre 1917. Von seinem ersten Besuch im Dezember 1914 an hatte Lacretelle ihn nach den Vorbildern für die *Recherche* gefragt. Proust schrieb ihm 1918 eine lange Widmung in Form eines Briefes in ein Exemplar von *Swann*: »Lieber Freund, es gibt keine Schlüssel für die Personen dieses Buches, oder aber es gibt deren acht oder zehn für eine einzige [...]« Lacretelle veröffentlichte zahlreiche Romane, darunter: *La Vie inquiète de Jean Hermelin* (*Die unruhige Jugend des Jean Hermelin*), *Silbermann* (Prix Fémina 1922), *La Bonifas*, 1925; *L'Amour nuptial* (*Kreuzweg der Ehe*) (großer Romanpreis der Académie française 1930), *Le Retour de Silbermann* (Silbermanns Rückkehr), 1930; *Les Hauts Ponts* (Die hohen Brücken), 1932-1935. Nach 1945 wandte er sich der Reiseerzählung zu: *La Grèce que j'aime* (Das Griechenland, das ich liebe), 1960, sowie literaturkritischen und literarhistorischen Arbeiten: *Portraits d'autrefois, figures d'aujourd'hui* (Porträts von gestern, Gestalten von heute), 1973.

LA GANDARA, Antonio de (Paris, 16. Dezember 1862 – Paris, 1917): Gesellschaftsmaler. Er hatte einen spanischen Vater und eine englische Mutter. Er gehörte zu den Künstlern, die von Montesquiou, dessen Porträt er gemalt hatte, zunächst protegiert und dann fallengelassen wurden. Als Freund von Alphonse Daudet fertigte er von diesem im Dezember 1897 eine Skizze auf dem Totenbett an. Er malte Porträts der Princesse de Caraman-Chimay, der Comtesse Greffulhe, des Vicomte Jules de Noailles... In *Jean Santeuil* wird das Porträt des jungen Romanhelden von ihm gemalt.

LAGRENÉE, Edmond Marquis de (16. Februar 1842 – 12. Februar 1909): Ehemaliger Generalkonsul in La Paz. Diplomat im Ruhestand, berühmt für seine Duelle. Im Jahre 1902 rief er im Café Weber einem Freund zu: »Hinaus mit dir, du Dreyfusianer!« Proust bezog das auf sich und schickte Léon Daudet und Robert de Flers zu dem Mann hinüber, um Satisfaktion zu verlangen. Das Duell wurde vermieden: »Verehrte Herren, sagte Monsieur de Lagrenée zu uns, ich gebe Ihnen mein Ehrenwort, daß ich nie im geringsten die Absicht hegte, Herrn Proust zu beleidigen, den ich im übrigen gar nicht kenne« (L. Daudet, *Salons et journaux*, 1917).

LA ROCHEFOUCAULD, Aimery, Comte de (3. September 1843-1928): Cousin von Robert de Montesquiou. Er war berühmt für seinen aristokratischen Dünkel. Der übersteigerten Aufmerksamkeit, die er den Fragen des Vorranges beimaß, verdankte er den Beinamen »Platz-am-Tisch«. Auf dem Weg zu einem Maskenfest erhielt er die Nachricht, daß sein Bruder Gontran im Sterben liege. Er aber schnitt dem Unglücksboten das Wort ab und gab ihm zur Antwort: »Das ist bestimmt übertrieben.« Proust erinnerte sich daran für eine Replik des Herzogs von Guermantes. Er diente als Vorbild für den Prinzen von Guermantes.

LA ROCHEFOUCAULD, Gabriel, Comte de (Paris, 13. September 1875 – Paris, 18. April 1972): Sohn des Voraufgehenden. Jugendfreund von Élisabeth de Gramont. Als er dem Diner beiwohnt, das Proust am 19. Juni 1901 in der Rue de Courcelles gibt, ist er erst seit kurzem mit diesem befreundet. Wie Saint-Loup ist er von der Welt des Geistes angezogen und erweist sich als Dreyfus-Anhänger. Er verschmäht die aristokratischen Vorurteile seines Vaters. Als Frauenliebhaber und Nachtschwärmer gibt man ihm, in Anspielung auf die Maximen seines Vorfahren, den Beinamen »der La Rochefoucauld vom Maxim«. Während Saint-Loup nach Nordafrika geschickt wird, um ihn von Rahel zu entfernen, ist Gabriel im August 1904 mit Pierre Loti in Konstantinopel, um dort von einer unglücklichen Liebe zu einer verheirateten Frau, der Comtesse de Garets, die später Selbstmord begehen sollte, loszukommen. Im darauffolgenden Jahr geht das Gerücht um, Proust sei der Autor des Romans *L'Amant et le médecin* (Der Liebhaber und der Arzt), in dem diese traurige Geschichte wiedergegeben wird. Am 9. Februar 1905 heiratet er ein junges Mädchen halb jüdischer, halb aristokratischer Herkunft, Odile de Richelieu, die Tochter von Alice Heine (1858-1925), welche zunächst den Duc de Richelieu und nach ihrer Verwitwung den Fürsten Albert von Monaco geehelicht hatte. Sie diente als Vorbild für die Prinzessin von Luxemburg.

LA SALLE, Louis-Georges Séguin, Comte de (1872-1915): Dichter.

Ehemaliger Schüler des Lycée Condorcet wie Proust. Er war an der Redaktion von *Le Banquet* beteiligt und leistete 1893, zusammen mit Halévy, seinen Militärdienst in Fontainebleau ab, wo Proust sie besuchte (Doncières erinnert ein wenig an jene Garnisonsstadt). Wie seine alten Freunde vom Gymnasium unterschrieb auch er 1898 das »Manifest der Intellektuellen«. Zum Nationalismus bekehrt, verkehrte er nach der Jahrhundertwende mit Léon Daudet im Café Weber. 1910 heiratete Georges de Lauris ein zweites Mal Madeleine de Pierrebourg. Er fiel im Krieg. Er hatte 1895 seinen ersten Gedichtband veröffentlicht, *Le Joueur de songes* (Der Traumspieler), sowie einen Roman: *Le Réactionnaire*.

LAURENT, Méry, geborene Marie Louviot (1849-1905): 1897 wurde Proust von Reynaldo Hahn in ihren Salon eingeführt. Er besuchte ihn gemeinsam mit Marie Nordlinger. Méry Laurent, eine ehemalige Statistin am Châtelet-Theater, war die Geliebte des großzügigen und wenig eifersüchtigen Dr. Evans, des berühmten amerikanischen Zahnarztes von Napoleon III. Sie empfing Dichter und Künstler in ihrem Salon. Sie war das Modell und die Geliebte von Manet und später, im Jahre 1883, die Geliebte von Mallarmé. In bezug auf ihre Vorliebe für die japanische Kunst in der Ausstattung ihrer Villa »Les Talus« am Boulevard Lannes Nr. 9 in der Nähe des Bois de Boulogne stand sie in einigen Zügen Modell für Odette de Crécy.

LAURIS, Georges, Comte, später Marquis de (1876-1963): Freund von Bertrand de Salignac-Fénelon. Proust lernte ihn etwa im Mai 1902 auf einem Diner bei Mme Léon Fould (1851-1911) kennen, zur Zeit, als er mit den »jungen Herzögen« vertrauten Umgang pflegte. Er nahm an dem Ausflug am Karfreitag (10. April 1903) mit den Brüdern Bibesco, mit Proust, Pâris und Robert de Billy teil. Am 6. Dezember besuchte Georges de Lauris Proust zusammen mit Fénelon. Nach einer sehr unfreundlichen Bemerkung Fénelons stürzte Proust auf diesen los, wurde von Lauris jedoch zurückgehalten. In Gesellschaft der »jungen Herzöge« verbrachte Lauris lange Abende im Schlafzimmer Prousts, wo ihnen Apfelwein oder Bier serviert wurde. Ein umfangreicher Briefwechsel bezeugt, daß er einer der Vertrauten Prousts blieb, und er erfuhr somit von der ganzen Entstehung der *Recherche* (Proust erkundigte sich bei ihm 1909 nach dem Ursprung des Namens Guermantes, vgl. S. 345). Er war eins der Vorbilder für Saint-Loup.

LAVALLÉE, Pierre (Paris, 9. Februar 1872 – Villars Fontaine, 17. Dezember 1946): Konservator der Bibliothek der École des beaux-arts. Als Schulkamerad aus dem Lycée Condorcet begann er zusammen mit Proust die Salons von Mme Daudet, Mme Lemaire, Mme Baignères und

Mme Arman de Caillavet zu besuchen. Seine Mutter, die sich über dieses mondäne Leben ihres Sohnes im Kielwasser Prousts Sorgen machte, schrieb ihm am 2. August 1894: »Marcel Proust hat einmal etwas zu mir gesagt, was mir Angst machte. Er sagte: ›Ich möchte, daß Pierre überall dort hingeht, wo ich auch hingehe!‹ Ich finde ihn sehr nett, aber offen gestanden würde es mich sehr betrüben, wenn ich Dich dasselbe Leben führen sähe wie er.« Bei Pierre Lavallée begegnete Proust dem Abbé Vignot, dessen Predigten er schätzte. Im Frühjahr 1895 beobachtete Proust im Jardin des Plantes [Botanischer Garten], in Begleitung von Reynaldo Hahn und von seinem Freund Pierre, die »erdolchten Tauben« (Tauben mit roter Kehle); Proust war dabei in dem gleichen Zustand der Trance, den Reynaldo an ihm bemerkt hatte, als er in die Betrachtung der bengalischen Rosenstöcke des Schlosses von Réveillon versunken war. (Um 1913 beabsichtigte er übrigens, einem der Bände der *Recherche* den Titel *Die erdolchten Tauben* zu geben.) Im April 1895 besuchte Proust Lavallée in Saint-Sulpice-de-Favières auf dem Schloß von Segrez (das sich seit 1856 im Besitz der Familie Lavallée befand). Wegen eines Asthmaanfalls mußte Proust jedoch am nächsten Tag wieder abreisen, und er kehrte nie wieder dorthin zurück. Er erwähnt Segrez dennoch im »Spaziergang« aus *Freuden und Tage*. 1896 begann Lavallée seine Bibliothekarslaufbahn an der Bibliothek der École des beaux-arts, deren Konservator er 1910 wurde. Am 30. November 1899 schrieb Proust ihm, um *The Queen of the air* von John Ruskin bei ihm auszuleihen. Nach seiner Heirat im Jahre 1900 begann sich seine Beziehung zu Proust zu lockern, bevor sie 1906 ganz einschlief. In Begleitung der Princesse Murat wohnte er den Trauerfeierlichkeiten für Proust bei. 1938 wurde Lavallée zum Vorsitzenden der Société de l'histoire de l'art français [Gesellschaft für die Geschichte der französischen Kunst] und dann zum Aufseher über die Zeichensammlung des Louvre ernannt.

WERKE: *Dessins de maîtres anciens* (Zeichnungen alter Meister), 1927; *Dessins français du XVIIIème siècle à l'École des beaux-arts* (Französische Zeichnungen des 18. Jahrhunderts in der École des beaux-arts), 1928; *Le Dessin français du XIIIème au XVIème siècle* (Die französischen Zeichnungen vom 13. bis zum 16. Jahrhundert), 1930; in der Reihe der *Dessins du Louvre et des musées de France* (Zeichnungen des Louvre und der französischen Museen) Bände über: Fragonard, Delacroix, Watteau, Oudry (nach 1936), *Les Techniques du dessin* (Die Techniken der Zeichnung), 1943; *Le Dessin français* (Die französische Zeichnung) (in Zusammenarbeit mit seiner Tochter Monique Lavallée, Beauftragte bei den staatlichen Museen, 1948).

LE CUZIAT, Albert (geboren in Tréguier am 30. Mai 1881): Bretone. Er wurde erster Diener bei dem für seine Homosexualität bekannten Prinzen Constantin de Radziwill und stand dann nacheinander im Dienst des Prinzen von Essling, der Comtesse Greffulhe, des Comte Orloff und des Duc de Rohan. Proust lernte ihn 1911 bei Comte Orloff kennen. Er lud ihn mehrmals in seine Wohnung am Boulevard Haussmann ein, denn er wußte Le Cuziats profunde Kenntnisse in den Fragen der Etikette und der Genealogie zu schätzen und führte gegen Ende des Nachmittags mit ihm gern kurze Unterhaltungen. Er nannte ihn »mein wandernder Gotha«. Um 1913 machte Le Cuziat sich selbständig und leitete in der Nähe der Börse ein Hotel. Anschließend übernahm er die Geschäftsführung eines Bäderhotels in der Rue Godot-de-Mauroy und machte schließlich im Jahre 1916 im Hôtel Marigny in der Rue de l'Arcade Nr. 11 ein Bordell auf. Proust stattete Le Cuziats Zimmer und die Empfangshalle mit den Möbeln seiner Eltern aus (genau wie der Erzähler in der *Recherche* das große Kanapee seiner Tante Léonie einem von Bloch besuchten Bordell stiftet). Proust ging manchmal um seines eigenen Vergnügens willen zu ihm oder, um gegen Trinkgeld mondäne Informationen sowie Auskünfte über die Sitten des einen oder des anderen zu erhalten. Céleste Albaret ihrerseits sollte ihm im Boulevard Haussmann begegnen (sie bezeichnete ihn später in ihrem Erinnerungsbuch als einen »Bretonen, lang wie eine Bohnenstange, blond, ohne Eleganz, mit eiskalten blauen Augen«). Proust schenkte ihm ein Exemplar von *Sésame et les Lys* mit einer Widmung. Er war das Vorbild für Jupien in der *Recherche.*

LEGRAND, Mme Gaston, geborene Clothilde de Fournès (gestorben 1944): Im Faubourg Saint-Germain bekannt unter dem Namen Cloton. Sie hatte einen reichen Besitzer von Kohlebergwerken geheiratet (die Gestalt der Mme Leroi in der *Recherche* ist die Tochter eines Holzhändlers). Montesquiou besaß ein von Romaine Brooks gezeichnetes Porträt von »Mme Legrand auf dem Heimweg vom Pferderennen«. Sie wurde zu dem Nachmittagstee eingeladen, den Proust am 6. März 1905 in der Rue de Courcelles gab.

LEMAIRE, Mme, geborene Jeanne-Magdeleine Coll (Les Arcs, 24. Mai 1845 – Paris, 1928): Hochgewachsen, energisch und weder schön noch kokett, unterhielt sie einen glanzvollen Salon, in dem sich zahlreiche Künstler und ein Teil des Faubourg Saint-Germain trafen. Sie empfing am Dienstag in dem Atelier ihres winzigen Hauses in der Rue de Monceau. Sie malte unermüdlich Rosen auf Fächer. Proust, der ihren Salon seit 1892 kannte, gab ihm den Beinamen »Fliederhof und Rosenatelier«, und er schrieb über ihn einen Artikel für den *Figaro*. Am 13. April 1893 begegnete er dort Robert de Montesquiou. In Begleitung von Reynaldo Hahn besuchte Proust Mme Lemaire auf ihrem Schloß von Réveillon (Département Marne), das in *Jean Santeuil* vorkommt, sowie in ihrer Villa in Dieppe. Mme Lemaire illustrierte die 1896 erschienenen *Freuden und Tage*. Sie war ein Vorbild für Mme Verdurin und für Mme de Villeparisis. Proust freundete sich auch mit ihrer Tochter Suzette an.

LEMAITRE, Jules (Vennecy, 27. August 1853 – Tavers, 5. August 1914): Schriftsteller. Als Literaturkritiker war er an der Redaktion von *La Revue bleue* und *La Revue des Deux Mondes* beteiligt. Er war ständiger Gast des Salons von Mme Aubernon und verkehrte in dem von Mme Arman de Caillavet, wo Proust ihm möglicherweise begegnet ist. Zur Zeit der Dreyfus-Affäre vertauschte er als erbitterter Nationalist den Salon von Mme Straus mit dem seiner Geliebten Mme de Loynes. Von 1898 bis 1904 leitete er die »Ligue pour la patrie française« [Liga für das französische Vaterland] und machte sich die Doktrinen der Action française zu eigen. Im Februar 1909 bei den Daudet drängte er Proust dazu, Pastiches von Voltaire und Mérimée zu schreiben. Er diente als Vorbild für Bergotte.

WERKE: Gedichte: *Les Médaillons* (Die Medaillons), 1880; *Petites Orientales* (Kleine orientalische Gedichte), 1883. Dramen: *Le Député Leveau* (Der Abgeordnete Leveau), 1890; *Le Mariage blanc* (Die Scheinehe), 1891; *Flipote*, 1893; *La Bonne Hélène* (Die gute Helene), 1896; *La Massière* (Die Beitragssammlerin), 1905; *Le Mariage de Télémaque* (Telemachs Hochzeit), 1910. Erzählungen: *Sérénus, histoire d'un martyre* (Serenus, die Geschichte eines Märtyrers), 1886; *En marge des vieux livres* (Am Rand der alten Bücher), 1907; *La Vieillesse d'Hélène* (Helenes Alter), 1914.

LORRAIN, Jean, Pseudonym von Paul Duval (Fécamp, 9. August 1855 – Paris, 30. Juni 1906): Mondäner Schriftsteller. Er war Mitarbeiter der *Revue blanche* und hatte in *Le Journal* vom 3. Februar 1897 eine mit Raitif de la Bretonne gezeichnete Rezension veröffentlicht, in der er sich auf ironische Weise über *Freuden und Tage* und über die zweideutigen Beziehungen Prousts zu Lucien Daudet ausließ. Proust, der sich für beleidigt erachtete, forderte ihn zum Duell heraus und bat Gustave de Borda und Jean Béraud, ihm als Sekundanten zu dienen. Das Duell fand mit Pistolen am 6. Februar 1897 bei der Tour de Villebon im Wald von Meudon statt. Es wurden zwei Schüsse abgegeben, die niemand verletzten. Lorrain ging in der Folge gegen Montesquiou vor, versöhnte sich dann aber wieder mit ihm. 1921 hatte André Gide den Eindruck, der nunmehr beleibte und aufgedunsene Proust sehe Lorrain ein wenig ähnlich. Dieser ging in Gestalt des Charlus in die *Recherche* ein.

LOYNES, Comtesse de, geborene Jeanne Detourbay (gestorben im Januar 1908): Geliebte von Jules Lemaitre. Zur Zeit der Dreyfus-Affäre stand sie einem nationalistischen

Salon vor. Man sah dort Barrès, Forain, die Comtesse de Martel. Ihr Salon war das Vorbild für den von Mme Swann während der Affäre. Sie glich ihr darin, daß auch sie unter dem Zweiten Kaiserreich eine »Kokotte« gewesen und stets zur Zeit des Nachmittagstees zu Hause anzutreffen war. Als sie 1908 starb, machte Hébrard, der Herausgeber von *Le Temps*, die grausame Bemerkung über Lemaitre und seine Geliebte: »Das arme Ding, er wird sie in einer besseren Halbwelt wiedersehen.«

MADRAZO, Frédéric de (1878-1938): Sohn des Malers Raymond de Madrazo, der 1899 in zweiter Ehe Maria, die älteste Schwester von Reynaldo Hahn, heiratete. Frédéric, den seine Freunde »Coco« nannten, war einer der Stammgäste des Salons von Mme Lemaire. Er war für seine Talente als Maler, Sänger, Komponist und Schriftsteller bekannt. Proust, dessen ergebener Freund er war, erinnerte sich dankbar an die Art, wie Madrazo auf der Venedigreise, die er mit seiner Mutter und Reynaldo Hahn im Jahre 1900 unternahm, mit ihm über Malerei gesprochen hatte. Er war eines der Vorbilder für Ski in der *Recherche*.

MAILLÉ DE LA TOUR LANDRY, Duchesse de, geborene d'Osmond: Verwandte von Robert de Montesquiou und Nichte von Mme de Boigne, der Verfasserin der *Mémoires*. In schon sehr fortgeschrittenem Alter war sie dem jungen Proust in den 1890er Jahren oft auf dessen ersten Bällen begegnet.

MÂLE, Émile (Commentry, 2. Juni 1862 – Chalis, 6. Okober 1954): Historiker. Proust las immer wieder sein Buch *L'Art religieux du XIIIème siècle en France* (Die religiöse Kunst des 13. Jahrhunderts in Frankreich), das Billy ihm 1898 ausgeliehen hatte. Von Cabourg aus korrespondierte er 1907 mit Mâle, um von ihm Angaben über die künstlerischen Sehenswürdigkeiten der Gegend zu erhalten. Seit 1906 war Mâle mit einer Vorlesung über die Geschichte der christlichen Kunst an der Sorbonne betraut.

MARTEL, Sibylle de Riqueti de Mirabeau, Comtesse de (Schloß von Koëtsal, Département Morbihan, 15. August 1850 - Neuilly-sur-Seine, 29. Juni 1932): Eine Ururnichte von Mirabeau und Freundin von Prousts Mutter. Sie war bekannter unter ihrem Schriftstellernamen Gyp. Sie sah Proust in den Parkanlagen der Champs Élysées zu der Zeit, als er dort mit Antoinette Faure spielte. Ein paar Tage nach jener Begegnung sah sie voller Überraschung, wie das frühreife Kind in der Buchhandlung Calmann-Lévy die gesammelten Werke von Molière und Lamartine kaufte.

MARTIN DU GARD, Maurice (Nancy, 7. Dezember 1896-1970): Schriftsteller und Journalist. Als Herausgeber der *Écrits nouveaux* veröffentlichte er im Juli 1921 eine von André Germain verfaßte und für Proust ziemlich ungünstige Rezension von *Die Welt der Guermantes I.* Rivière griff ihn im November heftig an, und Proust wollte ein Duell. Martin du Gard rechtfertigte sich und behauptete, er teile die Ansichten seines Mitarbeiters nicht. Das Duell wurde umgangen, und Proust lud ihn am 7. Februar 1922 zusammen mit der Princesse Soutzo zum Abendessen ein. Martin du Gard wohnte damals in dem Appartement, in dem Proust bei Réjane gewohnt hatte. Von 1923 bis 1936 war er Herausgeber der *Nouvelles littéraires.*

MATHILDE, Princesse (Triest, 1820 – Paris, 1904): Nichte Napoleons I. Außer dem Empireadel empfing sie einige Mitglieder des Faubourg Saint-Germain sowie die Straus, Charles Haas und Porto-Riche. Sie hatte zur Zeit Napoleons III. einem glanzvollen Salon vorgestanden und kleidete sich weiter nach der Mode des Zweiten Kaiserreichs. Proust besuchte ihren Salon seit 1891. Sie schätzte ihn sehr, und ihre Getreuen nannten ihn »Popelin der Jüngere«, in Erinnerung an ihren letzten Liebhaber, Claudius Popelin. Proust beschrieb sie in *Mädchenblüte*, wo der Erzähler ihr im Jardin d'acclimatation durch Swann vorgestellt wird. Manche ihrer Züge sollen für die Fürstin von Parma und für Mme de Villeparisis gedient haben, und vielleicht für Mme Verdurin in dem Pastiche der *Wiedergefundenen Zeit.*

MAUPASSANT, Guy de (Schloß von Miromesnil, 5. August 1850 – Paris, 6. Juli 1893): Schriftsteller. Proust begegnete ihm mehrmals bei der Comtesse Potocka, die seine Geliebte war, und bei Mme Straus. Diese letztere diente ihm als Vorbild für seine Heldin in *Fort comme la mort* (*Stark wie der Tod*). Proust sah ihn auch bei Dr. Blanche, dessen Pensionsgast Maupassant war, während der Malsitzungen in Auteuil im Jahre 1892. Maupassant wurde in *Jean Santeuil* zu dem Romancier C.

MAURIAC, François (Bordeaux, 11. Oktober 1885 – Paris, 1. September 1970): Schriftsteller. Nach der Veröffentlichung von *Mädchenblüte* im Juni 1919 schrieb Mauriac am 25. August eine Rezension für *La Revue des jeunes.* Er dinierte mit Proust im März 1921 in der Rue Hamelin und war überrascht über die Verwandlung von Prousts Äußerem. »Diese wächserne Maske [...], von der allein das Haar lebendig scheint« (F. Mauriac, *Du côté de chez Proust*, La Table ronde, 1947). In Gesellschaft von Barrès wohnte er 1922 dem Leichenbegängnis bei. 1951 heiratete sein Sohn Claude die Tochter von Suzy Mante-Proust, Marie-Claude (vgl. S. 161).

MIRABAUD, Paul (gestorben am 12. Mai 1908): Mitglied des Verwaltungsrates der Banque de France. Er war der Schwiegervater von Robert de Billy, der seine Tochter Jeanne geheiratet hatte. Im August 1904 machte Proust auf seiner Jacht »Hélène« eine Kreuzfahrt entlang der normannischen Küste. »Monsieur Mirabaud ist großartig, ein riesiger, starker Sachsengott« (Brief an seine Mutter vom 11. August, dt. in: *BM*, S. 126). Er litt unter einem schwachen Herzen und war wie Proust Patient von Dr. Merklen. Beim Verkauf seiner Bücher nach seinem Tod erwarb Proust zwei erotische Werke von Verlaine, *Femmes* und *Hombres*.

MONACO, Princesse Albert de, geborene Alice Furtado-Heine (1858-1925): Nach dem Tod ihres Gatten, des Duc de Richelieu, heiratete sie 1889 den Prince Albert de Monaco und trennte sich 1902 wieder von ihm. In der *Recherche* ist sie eines der Vorbilder für die Prinzessin von Luxemburg. Um 1894 begegnete Proust ihr in Cabourg, wo sich auch seine Romanfigur aufhält.

MONTEBELLO, Comtesse Jean Lannes de, geborene Albertine de Briey (geboren 1855): Proust wurde bei ihr im Faubourg Saint-Germain empfangen. Sie gab der Geliebten des Erzählers ihren Vornamen.

MONTESQUIOU-FEZENSAC, Robert, Comte de (Paris, 19. März 1855 – Menton, 11. Dezember 1921): Sohn von Thierry de Montesquiou und von Pauline de Roux (1823-1864), welche noch zwei weitere Söhne hatte: Gontran (1847-1883) und Aimery (1853-1873). Er war eine der außergewöhnlichsten Gestalten seiner Zeit. Von hochadliger Geburt (Ahnen von ihm waren Marschälle und Prälaten), sehr schön (hochgewachsen, dunkelhaarig, mit onduliertem Haar) und von einer etwas auffälligen Eleganz und sprühenden Intelligenz, genauso gebildet wie eingebildet, verkehrte er in den geschlossensten Pariser Zirkeln. Er schrieb zahleiche symbolistische Gedichte und war der Freund von Mallarmé, Verlaine, Fauré, Whistler und Gallé. Proust begegnete ihm zum ersten Mal am 13. April 1893 auf einem Empfang bei Mme Lemaire. Proust war zweiundzwanzig Jahre alt, Montesquiou achtunddreißig. Er bewohnte den sogenannten »Musenpalast«, sein Privathaus in Neuilly (Rue Charles-Laffitte 95), besaß aber auch noch einen Wohnsitz in Paris. Proust war sofort fasziniert von diesem berühmten mondänen Poeten, und ein gewisser Ästhetizismus, den Montesquiou in Mode brachte, sollte nicht ohne Einfluß auf ihn bleiben. Im August 1905 veröffentlichte Proust in *Les Arts de la vie* eine lobende Besprechung des Werkes von Montesquiou: *Professionnelles Beautés* unter dem Titel »Un professeur de beauté« (»Ein Lehrer des Schönen«). Im Verlauf der Jahre empfanden sie füreinander eine mit Antipathie untermischte Bewunderung. Als 1913 die *Recherche* erschien, war Montesquiou nicht gerade geschmeichelt, sich in der Gestalt des Baron Charlus wiederzuerkennen – und ganz Paris blieb es genausowenig verborgen. Proust schrieb ihm scheinheilig, es handle

Robert Comte de Montesquiou

sich nicht um ihn, sondern um den Baron Doäzan. In ihren Beziehungen kam es so im Laufe der Jahre immer wieder zu Zerwürfnissen, doch Montesquiou war daran gewöhnt, mit denen zu brechen, die ihn einst vergöttert hatten. Robert de Montesquiou starb im Alter von 66 Jahren an einem Urämieanfall. Da sich nach seinem Tod ein ebenso dichter Schatten der Vergessenheit über ihn gebreitet hatte, wie sein Leben glanzvoll gewesen war, veröffentlichte Philippe Julien 1965 ein Buch über ihn: *Robert de Montesquiou, un prince 1900* (Robert de Montesquiou, ein Fürst der Jahrhundertwende), das seine Bedeutung ins rechte Licht rückte. Manche, wie François Mauriac und Jacques-Émile Blanche, vertraten die Ansicht, die Person und das Werk Prousts wären ohne Montesquiou niemals zu dem geworden, was sie geworden sind.

WERKE: Gedichtbände: *Les Chauves-souris* (Die Fledermäuse), 1892; *Le Chef des odeurs suaves* (Der Herr der lieblichen Gerüche), 1893; *Le Parcours du rêve au souvenir* (Der Weg vom Traum zur Erinnerung), 1895; *Les Hortensias bleus* (Die blauen Hortensien), 1896; *Les Roseaux pensants* (Die denkenden Schilfrohre), 1897; *Le Pays des aromates* (Das Land der Gewürze), 1900; *Les Paons* (Die Pfauen), 1901; *Professionnelles Beautés* (Schönheit als Beruf), 1905. Essays: *Félicité* (Felicitas) (über Marceline Desbordes-Valmore, 1894), *Le Domaine du choix* (Der Bereich der Wahl). Roman: *La petite Mademoiselle* (Das kleine Fräulein). Memoiren: *Les Pas effacés* (Die ausgelöschten Schritte), 1923.

MORAND, Paul (Paris, 13. März 1888 – Paris, 23. Juli 1976): Schriftsteller und Diplomat. Sohn des Autors und Malers Eugène Morand. Paul Morand hatte 1905 Jean Giraudoux zum Hauslehrer. Im August 1915 besucht Proust den jungen Soldaten auf Urlaub, der ihn mit Flaubert verglichen hat. Im darauffolgenden Jahr verkehrt Paul Morand als junger Botschaftsattaché am Quai d'Orsay [Außenministerium] und Freund von Bardac sehr viel im Boulevard Haussmann. 1917 treffen sich Proust, Morand und dessen künftige Gemahlin, die Princesse Soutzo, häufig zum Diner im Ritz, wo sie ihr Appartement hatte. Zu Beginn des Jahres 1920 veröffentlichte Morand eine Sammlung mit Versen in freien Rhythmen, *Lampes à arc*, in der die »Ode an Marcel Proust« enthalten ist. Morand führte mit Proust einen umfangreichen, zugleich mondänen und vertraulichen Briefwechsel. Er gehörte zu denen, die Schritte unternahmen, damit Proust im September 1920 das Kreuz der Ehrenlegion erhielt. Im März 1921 veröffentlichte er bei Gallimard *Tendres stocks*, mit einem Vorwort von Proust. (Aus diesem Anlaß brachte Crémieux in der *N.R.F.* einen Artikel über das Buch, der nicht einmal das Vorwort erwähnte, während verschiedene französische oder ausländische Besprechungen sich mehr über das Vorwort als über den Text von Morand verbreiteten...) Im November desselben Jahres stellte er Proust Miss Barney vor. 1949 veröffentlichte Morand bei den Éditions Palatine in Genf *Le Visiteur du soir* (Der Besucher am Abend), in dem er viel über Proust berichtet. 1969, nachdem er nacheinander Botschafter in London, Rom, Bukarest und Bern gewesen war und Reisen nach Spanien und Tanger unternommen hatte, wurde er in die Académie française aufgenommen. Charlus in der *Recherche* spielt während des Krieges auf den »charmanten Morand« an, den »wundervollen Autor von Clarisse« (der ersten der drei Novellen von *Tendres stocks*).

MORNAND, Louisa de, Pseudonym von Louise Montaud (Lyon, 24. Dezember 1884 – Paris, März 1963): Schauspielerin. Proust lernte sie 1903 kennen, zur gleichen Zeit wie Louis d'Albufera, dessen Geliebte sie war. Als charmante, aber talentlose Schauspielerin spielte sie von 1903 bis 1910 in etwa zwanzig zweitrangigen Stücken und trat später nur noch gelegentlich auf. 1904 schickte Proust ihr ein Exemplar der *Bibel von Amiens* zu. Das Widmungsschreiben enthielt das folgende Distichon: »À qui ne peut avoir Louisa de Mornand/Il ne peut plus rester que le péché d'Onan« [Wem verwehrt ist Louisa de Mornand, dem bleibt allein das Laster von Onan]. Nach ihrem Bruch mit Albufera im Frühjahr 1906 ging sie andere Beziehungen ein, zumal von 1907 bis 1908 mit Jean Gangnat (gestorben am 29. Oktober 1910), dann mit dem Schauspieler Jean Signoret (gestorben 1923 oder 1924), mit Jean Périer und mit Félix Juvens, dem Herausgeber von *Rire* und *Fantasio*. Louisa blieb praktisch bis zum Ende ihres Lebens mit Proust verbunden. Sie führte mit ihm einen Briefwechsel, den man auf etwa 50 Briefe schätzt, die meisten ohne Bedeutung, einfache Antworten Prousts auf Briefchen und Mitteilungen, die sie ihm regelmäßig zukommen ließ. Nach dem Tod von Proust veröffentlichte sie 1928 *Lettres et vers à Mesdames Laure Hayman et Louisa de Mornand* (gesammelt und mit Anmerkungen versehen von Georges Andrieux, Vorwort von Dr. Robert Proust und Fernand Nozière). Von dem Buch wurden 1190 Exemplare aufgelegt; es enthielt vier Porträtphotographien Louisas von Ph. Reutlinger, das Gemälde von A. de la Gandara und eine von Ph. Manuel angefertigte Porträtaufnahme. Die Exemplare kamen am 20. November 1928 in den Buchhandel. Während der Werbekampagne für das Buch erklärte Louisa der Presse gegenüber: »Es war eine ›amitié amoureuse‹, die weder ein banaler Flirt noch eine exklusive Liaison war, sondern von Proust aus eine große Leidenschaft, die von Liebe und Verlangen erfüllt war, von mir aus eine Zuneigung, die mehr als Freundschaft war und wirklich mein Herz berührte.« Man verdächtigte sie, von der Berühmtheit Prousts profitieren zu wollen, um ihre eigene, viel weniger große zu befördern, indem sie von sich reden machte ... In den dreißiger Jahren flirtete sie eine Zeitlang mit dem Film (sie spielte 1932 in *Violettes Impériales* [Kaiserliche Veilchen] von Henri Roussell, dann in *Fanatisme et chanson de Paris* [Fanatismus und Gesang von Paris]; 1934 in *Le Rosaire* [Der Rosenkranz] von Gaston Ravel und Tony Lekain; 1935 in *Aux portes de Paris* [An den Toren von Paris] von Charles Barois). Damit war ihre bescheidene Laufbahn als Schauspielerin beendet. Trotz der Pension, welche die Familie d'Albufera ihr schließlich regelmäßig auszuzahlen pflegte, verbrachte sie ihr Lebensende arm und vergessen. Sie starb im Krankenhaus an den Folgen eines Oberschenkelhalsbruches. In der *Recherche* diente sie als Vorbild für die Schauspielerin Rahel, die Geliebte von Saint-Loup (Rahel [frz. Rachel] war der Name einer ihrer Dienerinnen).

MUGNIER, Abbé Arthur (Lubersac, 1853 – Paris, 1944): Als Beichtvater des Faubourg Saint-Germain hatte er 1892 den französischen Schriftsteller Huysmans (1848-1907) bekehrt. Als Vikar der Gemeinde Sainte-Clothilde begann er schon 1896 regelmäßig an mondänen Diners teilzunehmen, die er in seinem *Journal* (Tagebuch) aufzeichnete. Er führte einen regen Briefwechsel mit der Princesse Bibesco, mit Cocteau, Montesquiou, Bergson, Barrès, Montherlant, Mauriac und auch mit Proust. 1917 sah er ihn oft im Ritz bei den Diners der Princesse Soutzo. Für ihn war Proust »die Biene der heraldischen Blüten«. Wie Proust Jacques-Émile Blanche anvertraute, hatte der Abbé versucht, ihn an sein Seelenheil zu gemahnen; Proust aber gab ihm zur Antwort: »Erzählen Sie mir lieber von dem Comte Aimery de La Rochefoucauld« (Jacques-Émile Blanche, *Mes modèles*, Stock, 1929, S. 138). Da er krank war, als Proust starb, war es ihm verwehrt, an dessen sterblichen Überresten ein Gebet zu sprechen, wie es dem Wunsch Prousts entsprochen hätte. Aber er las lange Zeit eine alljährliche Gedächtnismesse in der Kirche Saint-Pierre-de-Chaillot.

MURAT, Princesse Lucien de, geborene Marie de Rohan-Chabot (1876-1951): Ihre Mutter gab am 29. Mai 1891 den berühmten »Ball der Princesse de Léon«. Am 22. Juni 1908 besuchte Proust die Soiree der Princesse Murat, auf der er sich an seinem Feind Schlumberger rächte. 1917 nahm er auch an ihrem Weihnachtsessen im Ritz teil. Proust fügte ihre Gestalt damals in das Saint-Simon-Pastiche ein, das er zu jener Zeit überarbeitete.

NAHMIAS, Albert (Paris, 1886-1979): Mit seinem richtigen Namen Ben Nahmias, Sohn eines 1854 in Konstantinopel geborenen Börsenjobbers und Finanzkorrespondenten von *Le Gaulois*. Proust begegnet ihm 1909 bei einem gemeinsamen Bekannten, Constantin Ullmann. Während seines Aufenthalts in Cabourg im Sommer 1911 lädt Proust ihn ein, ihm als Sekretär nachzukommen. Nahmias hilft Proust vor allem bei seinen Börsenspekulationen. Zugleich überwacht er aber auch die Maschinenabschrift der *Recherche*, und er stellt dafür Miss Hayward an. Ihr reger Briefwechsel bezeugt ihre Freundschaft. Proust beginnt seine Briefe mit »Mein kleiner Albert«. Im August 1912 fährt Nahmias mit seinen beiden Schwestern Anita und Estie nach Cabourg. Alexandre Bibesco zufolge dienten die drei als Modell für Albertine. Als man Nahmias fragte, ob er selbst ein Vorbild für Albertine gewesen sei, antwortete er: »Wir waren mehrere.« Am 11. August 1912 überfährt Albert ein Mädchen auf der Straße nach Caen. Proust, der von dem Unfall nichts weiß, wartet umsonst auf dem Deich auf ihn und schreibt ihm einen Trennungsbrief. Wenig später versöhnen sie sich wieder. Albert war sein Vertrauter. Während der Krise mit Agostinelli schreibt Proust ihm am 11. August 1913: »Ich will Ihnen erzählen, wie ich weg bin, und Sie werden mich verstehen [...] Vermeiden Sie es, von meinem Sekretär (dem ehemaligen Autoschlosser) zu sprechen. Die Leute sind so dumm, daß sie darin (wie sie es auch in unserer Freundschaft taten) etwas Päderastisches sehen könnten« (*Correspondance* XIII, 1913, S. 248 f.). Nahmias ist es im übrigen auch, der nach der Flucht des jungen Chauffeurs im Dezember den Versuch unternehmen soll, ihn zur Rückkehr zu bewegen.

NISARD, Armand (13. Mai 1841 - 1925): Angeheirateter Onkel von Maurice Bénardaky. Er war Ressortchef der Staatsangelegenheiten am Quai d'Orsay, dann französischer Botschafter beim Vatikan von 1898 bis 1904. Im Jahre 1900 verbrachte er zur gleichen Zeit wie die Familie Proust seine Ferien in Évian. Obwohl er zu den Bekannten des Professors Adrien Proust zählte, setzte er sich wenig für dessen Aufnahme in die Académie des sciences morales et politiques ein. (In der *Recherche* legt Norpois dem Vater des Erzählers gegenüber die gleiche Lauheit an den Tag.)

NOAILLES, Comtesse Mathieu de, geborene Anna-Élisabeth de Brancovan (Paris, 15. November 1876 – Paris, 30. April 1933): Dichterin. Proust begegnete ihr zweifellos zum ersten Mal 1893 in Amphion, bei ihrer Mutter, der Princesse de Brancovan. Am 18. August 1897 heiratete sie in Publier (Département Haute-Savoie) den Comte Mathieu de Noailles und wurde dadurch zur angeheirateten Cousine von Montesquiou. Am 24. April 1899 gab Proust ein großes Diner für sie sowie für Robert de Montesquiou und Anatole France: Cora Laparcerie rezitierte die ersten Gedichte der Comtesse. Proust, der sie sein Leben lang sehr bewunderte, veröffentlichte am 15. Juni 1907 in der Literaturbeilage des *Figaro* eine lobende Besprechung von *Les Éblouissements*, einem Gedichtband, den sie gerade bei Calmann-Lévy veröffentlicht hatte.

Proust war übrigens der einzige, dem sie erlaubte, einen Vers oder eine Strophe ihrer Gedichte zu verändern; sie gab ihm in allen Fällen recht. Sie standen miteinander im Briefwechsel, und Anna wurde somit zur Zeugin der Entstehung von *Gegen Sainte-Beuve* und der *Recherche* (den ganzen Briefwechsel seiner Mutter mit Proust schenkte ihr Sohn später der Bibliothèque nationale). Zu Beginn des Jahres 1913, zur Zeit seiner größten Liebesverzweiflung, schlug Proust ihr vor, mit ihr nach Florenz zu fahren. Am 25. September 1920 erhielten sie beide (gemeinsam mit Colette) das Kreuz der Ehrenlegion. Ihr wurde später als erster Frau die Kommandeursbinde der Ehrenlegion verliehen. Anna de Noailles diente als Vorbild für die Vicomtesse Gaspard de Réveillon in *Jean Santeuil.*

WERKE: *Le cœur innombrable* (Das vielgestaltige Herz), 1901; *L'ombre des jours* (Der Schatten der Tage), 1902; *Le Visage émerveillé* (Das verzückte Antlitz), 1904; *Les Éblouissements* (Die Blendungen), 1907; *Les Vivants et les morts* (Die Lebenden und die Toten), 1913; *L'Honneur de souffrir* (Die Ehre zu leiden), 1927.

NORDLINGER, Marie (Manchester 1876 – Manchester, 25. Oktober 1961): Deutsch-italienischer Abstammung, Absolventin der Kunstakademie von Manchester. Sie setzte ihr Studium der Malerei und Bildhauerei in Paris fort und arbeitete ab 1902 im Atelier des Kunstsammlers Siegfried Bing als Ziseliererin. Im Dezember 1896 lernte Proust sie im Salon der Mutter von Reynaldo Hahn kennen, dessen Cousine sie war. So entstand ihre Freundschaft. Sie traf ihn im Salon von Méry Laurent. Im Mai 1900, auf einer Venedigreise mit Reynaldo Hahn, Mme Proust und Marcel, half sie Proust bei der Korrektur seiner Übersetzung der *Bible of Amiens* von John Ruskin. Von 1899 an pflegte Proust ihr zu schreiben, wenn sie in England oder in den Vereinigten Staaten war, um sie für seine Übersetzungen um detaillierte literarische Auskünfte zu bitten, und dieser immer freundschaftlicher werdende Briefverkehr dauerte bis zum Oktober 1908 an (insgesamt 41 Briefe). Im Dezember 1903, nach dem Tod von Professor Proust, besuchte Marie ihn häufig in der Rue de Courcelles (wie Albertine den Erzähler besucht), und sie korrigierte die Fahnen der Ruskin-Übersetzung. Proust schenkte ihr *The Gentle Art of Making Enemies* von Whistler (das Montesquiou ihm gegeben hatte), und sie gab ihm ein Aquarell, das sie 1898 in Senlis gemalt hatte. Anfang Januar 1904 begannen sie mit der Übersetzung von *Sesame and Lilies.* Im April schenkte ihm Marie (die wußte, daß er wegen seines Asthmas keine Blumen um sich haben durfte) japanische Pastillen aus farbigem Mark, die sich im Wasser zu Blüten entfalten; aus ihnen sollte Combray hervorgehen. Im darauffolgenden Monat begann sie mit der Anfertigung der Kupferplatte für das Porträt von Dr. Proust. Es war für das Grabmal auf dem Père-Lachaise bestimmt. Die Plastik wurde, obwohl sie weder dem Geschmack Prousts noch dem seiner Mutter entsprach, am 26. November 1904 auf dem Friedhof angebracht. Marie, die sich damals in den Vereinigten Staaten befand, sah Proust nur zweimal wieder: im Juni 1905 und im Jahre 1908. 1942, mit 66 Jahren, entschloß sie sich, ihren Briefwechsel mit Proust zu veröffentlichen, und es erschienen im Verlag Calame in Manchester die *Lettres à une amie* (Briefe an eine Freundin), denen ein bemerkenswerter Erfolg beschieden war. Zehn Jahre später, im Jahre 1952, schenkte sie die Briefe der Bibliothèque nationale (es war der erste Briefwechsel Prousts, der dort hinterlegt wurde). Sie teilte ihre Erinnerungen noch in verschiedenen Artikeln und Vorträgen mit und wirkte mit an der Vorbereitung von zwei Ausstellungen: 1955 in London unter dem Titel »Marcel Proust und seine Zeit« (von der Direktion für kulturellen Austausch der französischen Botschaft in der Galerie Wildenstein organisiert) und 1956 in Manchester, wo die Ausstellung von der Whitworth Gallery und der französischen Botschaft veranstaltet wurde. 1957 erhielt sie von der französischen Regierung das Kreuz des Ritters der Ehrenlegion.

PÂRIS, François, Marquis de (1875-1958): Er nahm an dem Karfreitagsausflug im Jahre 1903 teil. Proust erkundigte sich am 23. Mai 1909 bei Lauris, ob der Name Guermantes der Familie de Pâris angehörte, denn die Baronne de Lareinty, die Großmutter von François de Pâris, war Schloßherrin von Guermantes.

PÉTER, René (1872-1947): Bühnenautor. Freund von Hahn und Debussy. 1907 besuchte er Proust oft im Hôtel des Réservoirs; er selbst wohnte in Versailles. Sie schrieben zusammen eine Märchenpantomime und hatten vor, ein weiteres Stück zu schreiben, das den Sadismus zum Gegenstand haben sollte. Proust hinterließ einen umfangreichen Briefwechsel mit Péter.

PIERREBOURG, Baronne Aimery Harty de, geborene Marguerite Thomas-Galline (1856-1943): Paul Hervieu hatte diese schöne und talentierte Baronin bei Mme Aubernon kennengelernt und sich in sie verliebt. Unter dem Pseudonym Claude Ferval hatte sie die Romane *L'autre amour* (Die andere Liebe) und *Le plus fort* (Der Stärkste) veröffentlicht. Sie lebte von ihrem Gatten getrennt wie Odette von Pierre de Verjus, dem Comte de Crécy. Wie Odette hatte auch sie einen glanzvollen Salon, in dem Proust verkehrte. Ihre Tochter Madeleine, das Vorbild für Gilberte, heiratete 1910 den Comte de Lauris, eins der Vorbilder für Saint-Loup.

PLANTEVIGNES, Marcel (1889-1966): Sohn eines Krawattenfabrikanten. Proust lernt ihn im August

1908 in Cabourg kennen, wo er die Sommertage verbringt. Er empfängt ihn jeden Abend in seinem Zimmer im Grand-Hôtel zu langen, geheimen Unterredungen. Plantevignes jedoch bewahrt das Stillschweigen nicht, und Proust schreibt ihm einen beleidigenden Trennungsbrief. Sein Vater sucht Proust auf, der sich für tief beleidigt erachtet und ihn ohne Erklärung zum Duell herausfordert. In Wirklichkeit ging es darum, daß ein junges Mädchen Proust einen Homosexuellen genannt und Plantevignes ihn nicht verteidigt hatte. Schließlich versöhnen sie sich wieder, und Plantevignes dient teilweise als Vorbild für Octave, den jungen Dandy von *Mädchenblüte*. 1966 erscheinen seine Erinnerungen: *Avec Marcel Proust* (Mit Marcel Proust).

POLIGNAC, Edmond, Prince de (1834 – 8. August 1901): Als Sohn des »Ultras« und Ministers von Charles X. war Edmond de Polignac ein von Musik, Malerei und von Büchern begeisterter großer Herr. 1865 erhielt er in Komposition den 1. Preis des Pariser Konservatoriums. 1867 stand er neben Charles Haas Modell für das Gemälde von Tissot *Der Klub der Rue Royale*. Proust sagte von ihm, er gleiche einem »zur Bibliothek umgebauten Bergfried«. Robert de Montesquiou und seine Cousine, die Comtesse Greffulhe, brachten am 15. Dezember 1893 seine Verheiratung mit der musikalisch sehr begabten und reichen Winnaretta Singer zustande (er war dreißig Jahre älter als sie). In seinem Atelier in der Rue Cortambert ließ er die von ihm komponierte Musik von großen Orchestern und Chören aufführen. Im Verlauf eines seiner Empfänge hörte Proust auch die 1. Violinsonate von Fauré. Proust bediente sich eines seiner Aussprüche für Bergotte: »Je nun, wie schon Anaxagoras sagte, das Erdenleben ist eine Reise!« Auch die musikalische Laufbahn von Baldassare Silvande gründete auf der seinen. 1901 wohnte Proust seinem Leichenbegängnis bei, an dessen Großartigkeit er sich erinnerte, als er das von Saint-Loup beschrieb.

POLIGNAC, Princesse Edmond de, geborene Winnaretta Singer (U.S.A. 1865 – London 1943): Tochter eines mit einer Französin (Isabelle Boyer) verheirateten amerikanischen Großindustriellen. Als leidenschaftliche Liebhaberin von Musik und Malerei lernte sie schon mit sechzehn Jahren Gabriel Fauré kennen, der einer ihrer treuesten Freunde bleiben sollte. 1887 heiratete sie Monsieur de Scey-Montbéliard, doch die Ehe war nicht von Dauer (sie wurde 1892 von dem päpstlichen Gericht annulliert). Wiederverheiratet am 15. Dezember 1893 mit Prince Edmond de Polignac [siehe oben], führte sie mit ihm das mondäne Leben eines Mäzenenehepaars. 1899 eignete Maurice Ravel ihr die *Pavane pour une infante défunte* zu. Im Jahre 1900 erwarben sie in Venedig den Palazzo Manzoni. In Paris, in ihrem Stadtpalais in der Avenue Henri-Martin, organisierten sie jedes Jahr Gemäldeausstellungen, wo Winnaretta die Bilder aus ihrem Besitz zeigte (sie erwarb mehrere Bilder von Monet). Das Paar, das mit den Wagner eng befreundet war, fuhr jeden Sommer nach Bayreuth. Nach dem Tod ihres Gatten empfing sie Proust am 31. August 1901. Er sah sie 1903 bei der Princesse Hélène de Caraman-Chimay wieder. Sie hatte gerade die Übersetzung von *Walden* von Thoreau beendet, die er selbst gern mit Antoine Bibesco gemacht hätte. Er veröffentlichte am 6. September 1903 im *Figaro*, unter dem Pseudonym »Horatio«, »Der Salon der Fürstin Edmond de Polignac«. 1907, nach zweijähriger Abwesenheit, erschien Proust erneut bei ihr und wohnte am 11. April der Erstaufführung des *Bal chez Béatrice d'Este* von Reynaldo Hahn bei, und er lud sie am 1. Juli zu seinem ersten großen Diner im Ritz ein. Er sah sie ein letztes Mal auf der Soiree von Mme Hennessy wieder. Bis 1929 finanzierte sie Sergei de Diaghilew (schon 1908 hatte sie die Idee zu einer russischen Ballettsaison). Bis zu ihrem Tod 1943 unterstützte sie auch zahlreiche Komponisten wie Strawinsky, Satie, Poulenc und Ravel. Aus ihrer Hinterlassenschaft ging die Singer-Polignac-Stiftung in dem Haus in der Avenue Henri-Martin Nr. 43 im 16. Arrondissement von Paris hervor (heute Avenue Georges-Mandel).

POLIGNAC, Pierre, Comte de (geboren in Herscamp am 24. Oktober 1895): Im März 1920 heiratete dieser Freund Prousts (den er 1917 kennengelernt hatte) Charlotte Grimaldi, die Adoptivtochter des Fürsten von Monaco. Im Juni erhielt Proust den Besuch des Prinzgemahls, den er »noch netter« fand »als zur Zeit, als er Polignac war«. Im darauffolgenden Monat allerdings war Proust gekränkt, daß er sich nicht an der Subskription für die Luxusausgabe von *Mädchenblüte* beteiligte. Er ist das wenig schmeichelhafte Vorbild des Grafen von Nassau, den der Großherzog von Luxemburg mit der »einzigen Tochter eines weiteren Fürsten seiner Familie« verheiratet.

POREL, Jacques (geboren in Paris am 25. März 1893): Sohn Réjanes und des Schauspielers und Theaterdirektors Porel. Er lernte Proust 1911 in Cabourg kennen. Im Mai 1917, nach einer Gasvergiftung bei Ypres, mußte er das Heer verlassen. In diesem Jahr dinierte er mit Proust und der Princesse Soutzo im Ritz. Proust nannte ihn »Porel, den Leichten«. Am 11. März 1918 heiratete er Anne-Marie Duval-Foulc. Als Proust von Juni bis Oktober 1919 in der Rue Laurent-Pichat wohnte, waren sie Nachbarn, denn auch Porel wohnte im Haus seiner Mutter. Nach seinem Umzug stand Proust weiter mit ihm in Verbindung, und 1920 begegnete er ihm auf einer Soiree, wo Ricardo Viñes Debussy spielte. Nach dem Tod von Réjane (13. Juni 1920) bat Porel ihn darum, für die *N.R.F.* einen Nachruf zu schreiben. Proust jedoch, der krank war, war nicht dazu in der Lage. Am 19. November

1922 kam er an Prousts Totenbett und steckte ihm einen Fingerring mit einer Kamee an, den Anatole France nach der Premiere von *Lys rouge* Réjane geschenkt hatte. Porel diente teilweise als Vorbild für den Schwiegersohn der Berma.

PORTO-RICHE, Georges de (Bordeaux, 20. Mai 1849 – Paris, 4. September 1930): Er war regelmäßiger Gast im Salon der Princesse Mathilde und verkehrte zugleich in denen von Mme Aubernon und Mme Straus sowie in dem der Princesse Alexandre Bibesco. Er wurde außerdem bei den Proust empfangen. 1920 wurde er Verwalter der Bibliothèque Mazarine, wo Proust in seiner Jugend angestellt war. 1923 wurde Porto-Riche in die Académie française aufgenommen.

WERKE: *Le Vertige* (Der Taumel), 1873; *Un drame sous Philippe II* (Ein Drama in der Regierungszeit Philipps II.), 1875; *La Chance de Françoise* (Françoises Chance), 1889; *Amoureuse* (Die Verliebte), 1891; *Les Malefilâtre* (Die Malcfilâtre), 1904; *Le Vieil homme* (Der alte Mann), 1911; *Zubiri*, 1912; *Le Marchand d'estampes* (Der Bilderverkäufer), 1917; *Les Vrais Dieux* (Die wahren Götter), 1929.

POTOCKA, Comtesse Nicolas, geborene Emmanuela Pignatelli (1852-1930): Proust begegnete ihr zum ersten Mal auf dem Fest am 30. Mai 1894 im Pavillon Montesquiou. In ihrem aristokratischen Salon empfing sie Blanche, Bourget, Dr. Pozzi, Maupassant und Béraud. Proust wurde dort ebenfalls empfangen. Man nannte die Comtesse »die Sirene« und auch, wie Mme Verdurin, »die Padrona«, Proust widmete ihr am 30. Mai 1904 einen Artikel im *Figaro*, gezeichnet »Horatio«: »Der Salon der Gräfin Potocka«. Gegen Ende des Jahrhunderts war sie nach Auteuil umgezogen, um sich ganz ihren Windhunden zu widmen. Diese schöne und grausame Frau starb dort, von allen verlassen und von Ratten zerfleischt.

POUQUET, Jeanne (Paris, 7. August 1874 – Saint-Médard d'Excideuil, 14. Juli 1961): Im Mai 1881, als sie sieben Jahre alt war, photographierte Nadar sie in einer Verkleidung als Kartenlegerin. Einige Jahre später, als sie ein hübsches blondes Mädchen geworden war, lernte Proust sie bei der Mutter seines Freundes Gaston Arman de Caillavet kennen, mit dem sie sich gerade verlobt hatte. Sogleich bezaubert von ihr, die auf ihn »den hellen Eindruck einer Quelle« machte (wie er ihr später schrieb), machte Proust ihr eifrig den Hof, trotz ihrer Verlobung. Wie der Erzähler bei Gilberte versucht auch er vergeblich, eine Photographie von ihr zu erhalten: »Um eine zu bekommen, beging ich bei Freunden der Familie Swann und selbst bei Photographen Akte der Selbsterniedrigung, die mir zwar nicht verschafften, wonach ich trachtete, mich aber in eine Dauerverbindung mit sehr lästigen Leuten brachten.« Am 11. April 1893 heiratete sie

Proust vor Jeanne Pouquet knieend

Gaston Arman de Caillavet. Prousts Liebe zu ihr ging bald zu Ende. Ihre Tochter Simone (1894-1968), die künftige Gattin von André Maurois, wurde zum Vorbild für Mlle de Saint-Loup: »Aus den Jahren selbst gebildet, die ich verloren hatte, glich sie meiner Jugend.« Gegen Ende des Krieges nahm Jeanne Pouquet, die seit Januar 1915 Witwe war, ihren Mädchennamen wieder an, als sie in zweiter Ehe ihren Cousin Maurice Pouquet heiratete. Zum zweiten Mal verwitwet, starb sie auf dem Schloß von Essonvieras in der Dordogne.

POURTALÈS, Comtesse Edmond de, geborene Mélanie de Bussière (1832?-1914). Sie fiel Proust auf dem Fest am 30. Mai 1894 im Pavillon Montesquiou auf. Sie war eine der Schönheiten des Zweiten Kaiserreiches gewesen und als eine der Hofdamen der Kaiserin Eugénie auf dem berühmten Gemälde von Winterthaler zu sehen. Die Comtesse empfing Proust und Hahn in ihrem Salon, in dem der Faubourg Saint-Germain sowie große Namen der europäischen Höfe verkehrten wie die Fürstin von Metternich. Sie empfing auch den geschworenen Feind Prousts, Gustave Schlumberger.

PRÉVOST, Marcel (Paris, 1. Mai 1862 – Vianne, 8. April 1941): Schriftsteller. Als Absolvent der École polytechnique war er bis 1890 Ingenieur und wandte sich dann ausschließlich der Literatur zu. 1905 spielte die Schauspielerin Louisa de Mornand in *Les Demi-Vierges* (Die Halbjungfrauen), der Bühnenbearbeitung eines seiner Romane. 1922, auf einer Soiree bei der Comtesse de Mun, wollte er Proust höflich willkommen heißen. Als Prévost behauptete, ihre Bewunderer würden ihre beiden Namen verwechseln, gab Proust ihm trocken und für alle vernehmlich zur Antwort, diese würden »lediglich die Initialen« verwechseln. Céleste Albaret zufolge nahm Proust es ihm übel, eines Tages einen abfälligen Artikel über ihn geschrieben zu haben.

WERKE: Romane: *Le Scorpion* (Der Skorpion), 1887; *Mademoiselle Jauffre*, 1889; *Laura*, 1890; *La Confession d'un amant* (Das Bekenntnis eines Liebhabers), 1891; *L'Automne d'une femme* (Der Herbst einer Frau), 1893; *L'Heureux ménage* (Das glückliche Ehepaar), 1900; *Les Vierges fortes* (Die starken Jungfrauen), 1900; *Lettres à Françoise* (Briefe an Françoise), 1902.

RADZIWILL, Constantin, Prince (31. Juli 1850-1920): Mitglied einer großen und illustren Familie polnischen Ursprungs. Er war bekannt für seine Homosexualität und für seine zwölf schönen und starken Diener (er hatte einem jeden von ihnen ein Perlenkollier zum Geschenk gemacht). In seinen *Papillotes mondaines* (Skizzen aus der mondänen Welt) sagte Montesquiou von ihm: »Parler femme est incivil/Chez Constantin Radziwill« [Von Frauen zu sprechen ist ungehörig bei Constantin Radziwill]. Wie der Prinz von Guermantes in seiner letzten Gestalt oder wie der alte Fürst von Foix umgab er sich gern mit jungen Grobianen.

RADZIWILL, Léon, Prince (Schloß von Ermenonville, 6. September 1880-1927): Sohn des Voraufgehenden, genannt »Loche«. Er ist dreiundzwanzig Jahre alt, als Proust ihm gegen Ende des Jahres 1902 begegnet, nachdem Bertrand de Fénelon seine Stelle an der Botschaft in Konstantinopel angetreten hat. »Ebenso hoch wie breit, war er mehr Steinblock als Statue.« Am Neujahrstag 1903 schenkt er Proust ein Tintenfaß mit der eingravierten Inschrift: »Der schönste Segen ist ein wahrer Freund.« Bald jedoch kommt es zum Bruch. An einem Winterabend des Jahres 1903 schreibt Proust, den man allein in dem Speisezimmer des

Schlosses des Fürsten Constantin Radziwill in Ermenonville zurückgelassen hat, ein verletzendes Charakterporträt seines Freundes, das erst 1927 veröffentlicht wurde. Die Stimme von Léon »scheint in ihrer komischen Langsamkeit und falschen Liebenswürdigkeit wie mit Torheit und Naivität eingedickt zu sein«. Dieser Sturm der Gefühle geht vorüber, und die Freundschaft kommt wieder zu ihrem Recht. Léon gehört wie Reynaldo Hahn und Antoine Bibesco zu den Personen, die Proust am häufigsten besuchen. Er ist zugleich das Vorbild für den Sohn des Fürsten von Foix.

RÉGNIER, Henri de (Honfleur, 28. Dezember 1864 – Paris, 23. Mai 1936): Dichter. Wie Proust war er Mitglied der »Kanakenakademie«. 1895 heiratete er deren Veranstalterin, Marie de Heredia (als Literatin unter dem Namen Gérard d'Houville bekannt). Am 9. Juni 1897 duellierte er sich nach einem unguten Streit über den Brand im Wohltätigkeitsbasar mit Montesquiou. Im September 1908 ärgerte Proust sich über einen Artikel Régniers über die Verfasser von Pastiches, in dem er mit keinem Wort erwähnt wurde: »Er hat alle zeitgenössischen Verfasser zitiert, einschließlich einiger Idioten, aber kein Wort über mich.« Er rächte sich mit einem scharfen Pastiche auf das Rokokohafte des Prosastils von Régnier. Es erschien am 6. März 1909 im *Figaro*. Proust erhielt daraufhin einen großmütigen Brief des Dichters: »Ich finde mich sehr ähnlich.« 1920 unternahm Régnier mit Barrès, Léon Daudet und weiteren Freunden die nötigen Schritte, um Proust das Kreuz der Ehrenlegion zu verschaffen.

RÉGNIER, Henri de (Honfleur, 28. Dezember 1864 – Paris, 23. Mai litiker. Anwalt, Chef des Kabinetts Gambetta im Jahre 1881, Sekretär der Liga der Patrioten bis 1886. 1889 wurde er zum Abgeordneten des Département Basses-Alpes gewählt. Proust lernte ihn 1896 bei Mme Straus kennen. Proust war fünfundzwanzig Jahre alt, und Reinach, der vierzig war, betrachtete ihn als einen Mondänen. Im Oktober 1897, bei den Straus, erklärte er öffentlich, Dreyfus sei unschuldig. Jules Lemaitre und Gustave Schlumberger verließen daraufhin die Soiree. Unter seinem Einfluß wurde der Salon von Mme Straus zum Hauptquartier der Dreyfus-Anhänger, und er selbst spielte eine entscheidende Rolle bei der Rehabilitierung des Hauptmanns Dreyfus. Proust stand während dieser Zeit mit ihm im Briefwechsel. Von 1915 bis 1919 verfaßte er für den *Figaro*, unter dem Pseudonym »Polybe«, jeden Tag einen Artikel über den Krieg (durch den er Sohn und Schwiegersohn verloren hatte). Am 27. Juli 1917 dinierte er mit Proust, Paul Morand und der Princesse Soutzo im Ritz. Bei dieser Gelegenheit machte Proust die sarkastische Anmerkung: »Er sieht immer noch ein wenig wie Consul aus, der Schimpanse, der rauchen, in Gesellschaft speisen und die Rechnung bezahlen konnte, und in seinem Gesicht leuchtete von Zeit zu Zeit ein Zug fast menschlicher Intelligenz auf.« Nach seinem Tod am 18. April 1921 schlug Proust Jacques Rivière vor, einen »burlesken Nachruf« für die *N.R.F.* zu verfassen, aber dieser letztere wußte das Angebot geschickt auszuschlagen. Reinach war eines der Vorbilder für Brichot, der (wie dieser) anmaßende Artikel über den Krieg schreibt.

RÉJANE, Gabrielle Réju, genannt (1856-1920): Schauspielerin. 1874 erhielt sie den zweiten Schauspielpreis am Conservatoire d'art dramatique. 1875 debütierte sie am Vaudeville-Theater, dessen Direktor Porel sie heiratete (sie ließ sich 1904 scheiden). 1888 spielte sie als erste die Rolle der *Germinie Lacerteux* von Edmond de Goncourt. Zur Premiere dieses naturalistischen Stückes, das einen Skandal auslösen sollte, hatte Proust Mme Straus, deren Sohn Jacques Bizet sowie Jacques Baignères eingeladen. 1905 erwarb sie das Nouveau-Théâtre, das zum Théâtre Réjane wurde. Proust lernte sie persönlich kennen, als er von Juni bis Oktober 1919 im vierten Stock ihres Privathauses wohnte. Doch die, welche das Idol seiner Jugend gewesen war, war zu der Zeit nur noch eine herzkranke alte Dame. Sie starb am 13. Juni 1920 bei den Dreharbeiten zu dem Film *Miarka* von Jean Richepin. Sie diente teilweise als Vorbild für die Berma.

RENAN, Ernest (Tréguier, 28. Februar 1823 – Paris, 2. Oktober 1892): Schriftsteller und Philosoph. Proust besuchte ihn am 17. Januar 1889. Nach einer langen Unterhaltung signierte Renan Prousts Exemplar von *Das Leben Jesu* (das Buch war 1863 erschienen und hatte sofort einen beträchtlichen Erfolg gehabt). Am 28. März 1908 veröffentlichte Proust ein Pastiche von Renan im *Figaro*. Bergottes Nase in Form eines Schneckenhauses stammte von Renan, und die Anrufung der Koren [in *Mädchenblüte*] geht auf seine *Prière sur l'Acropole* (Gebet auf der Akropolis) zurück (erschienen 1883).

RISLER, Édouard (Baden-Baden, 23. Februar 1873 – Paris, 22. Juli 1929): Französischer Pianist. Er begleitete 1895 die bei Mme Lemaire rezitierte Gedichtfolge von Prousts »Porträts von Malern« mit der Musik von Hahn. Proust, der ihn bewunderte, bat ihn, bei dem großen Diner, das er 1907 im Ritz gab, an der Stelle des erkrankten Fauré zu spielen. Er interpretierte Chopin, Couperin, Fauré und, auf den Wunsch Prousts hin, das Meistersingervorspiel und »Isoldes Liebestod« aus *Tristan und Isolde*. In der *Recherche* ist er das Vorbild für den Pianisten Dechambre.

RIVIÈRE, Jacques (Bordeaux, 15. Juli 1886 – Paris, 14. Februar 1929): Schriftsteller. Schüler der Jesuiten in Bordeaux, dann im Lycée Lakanal. Er machte die Bekanntschaft des

Schriftstellers Alain Fournier (1886-1914) und heiratete dessen Schwester. Seit 1910 war er Mitarbeiter der *N.R.F.*, deren Leitung er von 1919 bis zu seinem Tod innehatte. Er betrachtete Proust als einen der größten Schriftsteller überhaupt, und Proust, dem er als Mittelsmann bei seinen Verhandlungen mit Gaston Gallimard diente, schätzte ihn außerordentlich. In einem Brief vom 7. Februar 1914 brachte Proust seine Freude darüber zum Ausdruck, in ihm einen Leser gefunden zu haben, der »errät, daß mein Buch ein dogmatisches, durchkonstruiertes Werk ist!« Neurasthenisch und von Geldnöten geplagt, machte Rivière sich 1920 Sorgen um die Gesundheit seiner schwangeren Frau. Proust schickte Rivière zu seinem Cousin, Dr. Roussy, der ihn beriet, ohne ihm ein Honorar abzuverlangen. Am 30. September verschaffte Proust ihm den Blumenthal-Preis (12 000 Francs). Er unterstützte auch seine Kandidatur für den Balzac-Preis, um den Rivière sich mit seinem Proust gewidmeten Roman *Aimée* beworben hatte. Rivière wollte jedoch nicht, daß Proust mit Léon Daudet über ihn sprach, und das brachte ihn um den Preis.

WERKE: *Études* (*Studien*), 1911; *L'Allemand* (Der Deutsche) (Erinnerungen eines Kriegsgefangenen, 1918), *Aimée*, 1922; *À la trace de Dieu* (Auf der Spur Gottes), 1925; *De la sincérité envers soi-même* (Von der Aufrichtigkeit sich selbst gegenüber), 1943; *Nouvelles Études* (Neue Studien), 1947.

Briefwechsel: Mit Alain Fournier (1905-1914), mit Paul Claudel (1907-1924), mit Marcel Proust (1914-1922).

ROBERT, Louis de (Paris, 5. März 1871 – Sannois, 1937): Schriftsteller. Proust machte seine Bekanntschaft etwa im Oktober 1898. Robert war damals bei der Edison Company angestellt. Die Auseinandersetzungen der Dreyfus-Affäre waren auf ihrem Höhepunkt, und sie wohnten zusammen dem Zola-Prozeß bei. Im März 1911 nahm Proust wieder mit ihm Kontakt auf. Robert war damals gehbehindert und hatte 1909 den Prix Fémina für den psychologischen Roman *Le Roman d'un malade* (Der Roman eines Kranken) erhalten. Dieses Werk sollte sie einander näherbringen. Proust sprach mit ihm von der Entstehung der *Recherche*: »Ich habe [...] an einem langen Werk gearbeitet, das ich Roman nenne, weil es nicht die Zufälligkeit von Memoiren besitzt« (Louis de Robert, *Comment débuta Marcel Proust*, 1969, S. 20). Proust fragte ihn anschließend wegen eines Verlegers um Rat. Robert war es auch, der am 10. Februar 1913 die Antwort seines Freundes Humblot erhielt (dem er Proust empfohlen hatte): »Ich bin vielleicht hochgradig vernagelt, aber mir will es einfach nicht einleuchten, daß ein Herr dreißig Seiten darauf verwendet, uns mitzuteilen, wie er sich vor dem Einschlafen in seinem Bett hin und her wälzt.« Ein paar Monate später, als Proust von Roberts Liebesverzweiflung erfuhr, bot er ihm seine Hilfe an: »Ich habe nicht nur Freunde versöhnt, sondern auch Liebende, Ehepaare.« Er las als erster den ganzen *Swann,* und Proust nannte ihn den »ersten Freund von Swann«. Im November 1913 schlug Robert ihm vergeblich vor, sein Buch Colette vorzulegen. 1919 bat Proust ihn um seine Unterstützung für den Prix Goncourt. Robert hinterließ ein Zeugnis ihrer Freundschaft in den Büchern: *Comment débuta Marcel Proust* (1925) und *De Loti à Proust* (1929).

ROCHAT, Henri: Junger, beim Hôtel Ritz angestellter Schweizer. Er tritt Anfang 1919 als Sekretär in Prousts Dienst. In Wirklichkeit besteht seine hauptsächliche Aufgabe allerdings darin, ihn zu zerstreuen, und er macht endlose Damespiele mit Proust (wie der Erzähler mit Albertine). Er langweilt ihn jedoch zunehmend. 1921 bittet Proust seinen Freund Horace Finaly, den Direktor der Banque de Paris et des Pays-Bas, um Hilfe, und dieser findet in einer Zweigstelle in Buenos Aires eine Stelle für ihn. Henri schifft sich am 4. Juni nach Argentinien ein. Er ist die letzte große Liebesfreundschaft Prousts. Wie Albertine hatte er »eine erstaunliche Begabung für die Malerei« und besaß wie Morel »eine wunderschöne, aber von den gröbsten Rechtschreibfehlern entstellte Handschrift«.

ROSTAND, Maurice (Paris, 26. Mai 1891 – Ville d'Avray, 1968): Als Proust einen Verleger suchte, schrieb Maurice Rostand an Fasquelle, den Verleger seines Vaters, des Dichters Edmond Rostand (1868-1918), um ihm Proust zu empfehlen. Zu Beginn des Jahres 1913 äußerte Rostand den Wunsch, Proust kennenzulernen. Dieser schlug ihm ein Rendezvous um 6 Uhr früh auf dem Vorplatz von Notre-Dame vor. Maurice Rostand nahm die Einladung nicht an, schickte ihm aber weiter enthusiastische Briefe. Schließlich lud Proust ihn an einem Maiabend zusammen mit Mme Scheikévitch gegen Mitternacht bei Larue zum Essen ein, nach einer Aufführung der Ballets russes. Rostand und Proust begaben sich anschließend in den Boulevard Haussmann, wo Proust ihm die Fahnen von *Swann* vorlas. Am 26. Dezember schrieb Rostand in *Comœdia* einen sehr lobenden Artikel über das Werk, der Proust wütend machte (er verglich Proust darin mit Pascal, Shakespeare und Leonardo da Vinci!).

SAGAN, Boson, Prince de (Paris, 1832 – Paris, 1910): Onkel von Boni de Castellane. Als Schiedsrichter in Fragen der Eleganz pflegte er mit seinen Freunden Robert de Fitz-James, Charles Haas, Louis de Turenne und dem General de Galliffet im Foyer der Comédie-Française zu verkehren (wo es Mode war, sich zu versammeln). 1908 wurde er von einer Lähmung befallen und mußte sich wie Charlus im Rollstuhl fortbewegen. Sein Vorname diente zum Teil für den des Herzogs von Guermantes.

SAGAN, Princesse Boson de, geborene Jeanne Seillière (1839-1905): Sie gehörte einer Familie von Emporkömmlingen an, Baronen des Zweiten Kaiserreichs, verwandt mit Mme Aubernon und Baron Doäzan. Den Prince de Sagan heiratete sie im Jahre 1859. In Trouville verkehrte Proust im Sommer in ihrer Persischen Villa. Ihre Spaziergänge am Meeresufer regten Proust in der *Recherche* zur Beschreibung der Spaziergänge an, welche die Prinzessin von Luxemburg in Begleitung eines kleinen Negerpagen macht. 1885 gab sie einen berühmten Ball, zu dem – als Tiere verkleidet – Charles Haas und die Chevigné kamen. Sie verfiel dem Wahnsinn.

SAINT-PAUL, Diane, Marquise de, geborene Feydeau de Brou: Sie kam aus bester Familie und empfing in ihrem Salon in der Rue Nitot den ganzen Faubourg Saint-Germain. Jeden Donnerstag gab sie glänzende Konzerte, die Proust besuchte. Ihre scharfe Zunge und ihre Virtuosität trugen ihr bald den Spitznamen »Serpent à sonates« [»Sonatenschlange«, nach »serpent à sonnettes«: Klapperschlange] ein. Montesquiou sagte von ihr: »Daß sie sich sowohl Diane als auch heiliger Paul nennt, ist für das Heidentum ebenso peinlich wie für den Katholizismus.« In seinem Artikel über den Salon von Mme Lemaire, erschienen 1903 im *Figaro*, beschrieb Proust, wie Mme de Saint-Paul dort auf Fischzug nach ihren künftigen Gästen geht (wie Mme de Saint-Euverte es auf der Soiree der Prinzessin von Guermantes tut). Sie war in der Tat das hauptsächliche Vorbild für Mme de Saint-Euverte.

SAINT-SAËNS, Camille (Paris, 9. Oktober 1835 – Algier, 16. Dezember 1921): Komponist. Als Wunderkind, Klaviervirtuose und Absolvent des Konservatoriums gründete er 1871, zusammen mit Bizet, Fauré, Franck, Lalo, Duparc und Massenet, die Société nationale de musique [Nationaler Musikverein]. Er war der Lehrer von Reynaldo Hahn, dessen Sitten er teilte. In Begleitung von Hahn begegnete Proust ihm bei Mme Lemaire im August 1895 in Dieppe. Um Reynaldo einen Gefallen zu tun, schrieb Proust für *Le Gaulois* zwei Artikel über Saint-Saëns (erschienen am 14. Januar und am 14. Dezember 1895), in denen das Lob für Saint-Saëns allerdings hin und wieder einige Vorbehalte durchscheinen läßt: »[...] solchermaßen mittels des Archaismus der Modernität ihre Adelsbriefe auferlegen; nach und nach einem Gemeinplatz den Wert origineller Imagination verleihen, mittels der gelehrten, einzigartigen, erhabenen Verfügung über den Ausdruck [...] dieses musikalischen Humanisten«. Dennoch ging aus seiner Musik das »kleine Thema« der Sonate von Vinteuil hervor. Die Sonate in d-Moll für Violine und Klavier von Saint-Saëns, deren Hauptthema des ersten Satzes ihm nicht aus dem Sinn gehen sollte, vernahm Proust vielleicht zum ersten Mal bei Mme Lemaire. Da Proust sie immer wieder hören wollte, spielte Hahn ihm in seinem Zimmer in der Rue du Cirque Nr. 6 oft diese Sonate vor. In *Jean Santeuil* spielt Françoise, die Geliebte des Romanhelden, das Stück von Saint-Saëns unter seinem richtigen Namen.

SAINT-VICTOR, Claire de: Tochter des berühmten Kritikers Paul de Saint-Victor (1827-1881). Als unbeugsame Dreyfus-Anhängerin hatte sie den Beinamen »Notre Dame von der Revision«. Mme Aubernon sagte von ihrem Salon: »Er ist so gut wie meiner.« Sie war eins der Vorbilder für Mme Verdurin.

SALIGNAC-FÉNELON, Bertrand, Comte de (1878 – 17. Dezember 1914): Proust macht seine Bekanntschaft im Herbst 1901 durch Antoine Bibesco, dessen Freund er ist. In der geheimen Gesellschaft, die er mit den Brüdern Bibesco bildet, gibt er ihm den Beinamen »Nonelef« (ein Anagramm von Fénelon). Von Anfang an versucht Proust, Antoine und Bertrand in ihrer Freundschaft zu ihm in gegenseitige Rivalität zu versetzen, aber umsonst. G. D. Painter zufolge fahren Proust, die Brüder Bibesco, Robert de Billy, Lauris und Fénelon am 28. März 1902 (Karfreitag) nach Coucy. In dem Bergfried der Burg soll Proust sich auf den Arm von Fénelon gestützt haben, der ihn angeblich beim Aufstieg aufmunterte, indem er ihm das Motiv des Karfreitagszaubers aus *Parsifal* vorsang (wie Saint-Loup in der *Recherche* es für den Erzähler tut). Zu dieser Zeit, gegen Ende Mai, erregt Fénelon Aufsehen bei Larue: er steigt über die Tische des Restaurants, um Prousts Wintermantel zu holen (Proust gibt diese Szene in *Jean Santeuil* mit Bertrand de Réveillon und später in *Guermantes* mit Saint-Loup wieder). Am 3. Oktober 1902 fährt Proust mit ihm nach Holland. Doch diese Reise, die er sich als sentimentalische Reise vorstellt, ist ein Mißerfolg, wie er am 17. von Amsterdam aus an seine Mutter schreibt: »Seit gestern bin ich allein hier; meine Gemütsverfassung ist so verheerend, daß ich befürchtete, dem armen Fénelon mit meiner Traurigkeit die Reise zu vergällen, und so lasse ich ihn fern von meinem Gestöhn aufatmen« [dt. in: *BM*, S. 101]. Nach seiner Rückkehr wird Fénelon zum Attaché der französischen Botschaft in Konstantinopel ernannt. Vor seiner Abreise besucht er Proust mit Lauris. Der rasend aufgeregte Proust ereifert sich über ihn und zertrampelt ihm den Hut (eine Szene, die sich in *Guermantes* wiederfindet, wo der Erzähler den Hut von Charlus zertritt). In der Folge verwandelt sich ihre große Zuneigung in eine feste Freundschaft. Proust spricht in der *Recherche* von Saint-Loup, für den Fénelon Modell stand, und nennt ihn »den teuersten und klügsten aller Menschen, den guten und trefflichen, allen, die ihn gekannt haben, Unvergeßlichen«. Der Diplomat Fénelon meldet sich im August 1914 freiwillig zur Front (er war damals in Christiania). Nach der ersten Schlacht im

Gebiet von Artois wird er bei Mametz am 17. Dezember 1914 als vermißt gemeldet. Die Nachricht von seinem Tod wird erst später bestätigt und am 15. März 1915 im *Figaro* veröffentlicht (es wurde nur seine Brieftasche wiedergefunden). Wie Saint-Loup war auch Bertrand de Fénelon homosexuell, und Proust erfuhr es erst sehr spät. »Aber Proust hatte nichts erfunden, seine Auskünfte waren aus den besten Quellen geschöpft worden, der bezaubernde junge Mann mit dem blonden Haar und den blauen Augen, der Hahn im Korbe bei der Damenwelt von 1900, dem Saint-Loup nachgezeichnet ist, sollte später mit Haut und Haar der Heterodoxie verfallen oder, wie wir es in dem Jargon jener Tage nannten, dem ›Bimetallismus‹« (P. Morand, Vorwort zu *Le Visiteur du soir*, a.a.O.).

SAUSSINE, Henri, Comte du Pont de Grault (Bézins, 4. Oktober 1859 – 1940): Amateurkomponist und Musikkritiker. Er hatte einen Salon in der Rue Saint-Guillaume Nr. 16, wo Proust 1893 den Pianisten Delafosse kennenlernte. Am 5. Mai 1894 spielte dieser die *Fantaisie* von Saussine als Begleitung zu den Gedichten von Montesquiou: *Les Chauves-Souris*. Bei ihm machte Proust wahrscheinlich auch die Bekanntschaft von Fauré. Unter dem Einfluß von Saussine lernte Proust Wagner und Franck schätzen.

SCHEIKÉVITCH, Marie (1884-1964): Tochter eines russischen Advokaten, geschiedene Gattin von Pierre Carolus-Duran, dem Sohn des Malers. Barrès gab ihr den Beinamen »Notre Dame der Sleeping-Cars«. Reynaldo Hahn hatte sie 1912 gebeten, Proust ihrem Geliebten Adrien Hébrard zu empfehlen, dem Direktor von *Le Temps*, den sie »Nounou« nannte. Mitte August besuchte sie Proust im Grand-Hôtel in Cabourg. Sie führten zwei Gespräche miteinander. Mme Scheikévitch sollte eine treue Freundin Prousts werden und zur Lancierung von *Swann* beitragen. Proust dachte vielleicht an sie, als er die Gestalt der Mme Timoléon d'Amoncourt in *Sodom und Gomorra* schuf. Im November 1913, nach dem Erscheinen von *Swann*, konnte sie Hébrard endlich dazu überreden, Proust von Élie-Joseph Bois interviewen und von Paul Souday im folgenden Monat einen Artikel schreiben zu lassen. Etwa im November 1915 bedeckte Proust die leeren Seiten des seiner Freundin gehörenden Exemplars von *Swann* mit dem berühmten Resümee der ganzen Geschichte von Albertine. Seit November 1917, nach einem Diner im Hôtel Grillon, wo Mme Scheikévitch ein paar abfällige Bemerkungen machte, waren ihre Beziehungen gespannt. 1922 bat sie Céleste in einer Geste der Versöhnung, ihr den aus zwei englischen Pennymünzen gefertigten Zigarettenanzünder zurückzuschicken, den sie Proust 1917 geschenkt hatte und von dem er in der *Recherche* spricht. 1935 veröffentlichte sie bei Plon *Souvenirs d'un temps disparu* (Erinnerungen an eine verschwundene Zeit) und 1960 in *Œuvres libres* (Nr. 60) »Marcel Proust et Céleste«.

SCHIFF, Mr. und Mrs. Sydney: Sydney Schiff (1871-1946) und seine Frau (geborene Violet Beddington): ein reiches, intelligentes englisches Ehepaar, Mäzene von Schriftstellern und Künstlern. Sydney, der unter dem Pseudonym »Stephen Hudson« ein talentierter Romancier war, hatte Proust 1919, noch bevor er ihm begegnet war, seinen *Richard Kurt* zugeeignet, und er sollte nach dem Tod von Scott-Moncrieff *Die wiedergefundene Zeit* ins Englische übersetzen. In London hatte das Paar während des Krieges mit Begeisterung *Swann* gelesen. In ihrem Briefwechsel, der von April 1920 bis September 1922 währte, nannte Proust Mrs. Schiff den »Engel Violet«, »die verborgene Blume, wohlriechend und herrlich«. Im Jahr des Prix Goncourt machte Sydney Schiff Proust den lukrativen Vorschlag, in der Julinummer der Zeitschrift *Art and Letters* einen Auszug aus seinem Werk vorabdrucken zu lassen. Proust sah die Schiff am 2. Mai 1922 im Ritz und lud sie an einem anderen Abend zusammen mit seiner Schwägerin Marthe und seiner Nichte Suzy in die Rue Hamelin ein. Die Schiff wollten seine Nichte nach England einladen, zur großen Entrüstung des Schriftstellers, der Suzy für zu jung hielt, um in ein so fernes Land zu reisen. Am 18. Mai, nach der Erstaufführung des *Renard* von Strawinsky, gaben die Schiff ein großes Diner zu Ehren des Komponisten und zur Feier von Diaghilew, Picasso, Joyce und Proust.

SCHLUMBERGER, Gustave (Guebwiller, 17. Oktober 1844 – Paris, 1929): Byzantinistischer Historiker. Als erbitterter Dreyfus-Gegner verließ er im Oktober 1897 demonstrativ den Salon von Mme Straus. 1908 hatte Proust vor, einen Artikel gegen die neuesten Aufnahmegesuche Schlumbergers für die Académie française zu schreiben: »Schlumber (sic) erscheint mir als eine nationale Schande, als der vollendete Triumph des Gemeinsten und Dümmsten« (Brief vom 15. Juni 1908 an Mme Straus, in: *Correspondance* VIII, S. 140). Auf der Soiree der Princesse Murat rächte er sich auf kindische Weise an ihm: er ging »zwanzigmal vor ihm auf und ab, ohne ihm guten Tag zu sagen«, und wiederholte: »Ich grüße ihn, wenn er Mme Straus grüßt: nicht daß es ihr etwas ausmacht, aber mir!« (Brief vom 22. Juni an Mme Straus, ebd., S. 144.) Ihre Abneigung war gegenseitig. In *Mes Souvenirs* (Meine Erinnerungen), die 1934 erschienen, bezeichnete Schlumberger die Werke von Proust als »höchst unverständlich«.

SCHWARTZ, Gabrielle: Kameradin Prousts, mit der er in den Parkanlagen der Champs-Élysées spielte. Im Sommer des Jahres 1891 wurde sie in Neuilly auf dem Tennisplatz am Boulevard Bineau zusammen mit Proust photographiert, der seinen

Tennisschläger wie eine Gitarre hielt. Sie heiratete später Lucien Klotz, Finanzminister unter Clemenceau.

SEM, Georges Goursat, genannt (Périgueux, 23. November 1863 – Paris, 1934): Karikaturist. Im Jahre 1900 hatte er die Sammlung *Les Sportsmen* veröffentlicht, die ihn in der Welt der Künste und der Literatur berühmt machte. Wie Montesquiou schätzte auch Proust seine Kunst sehr. Während des Sommers 1907, als er in Ferien in der Normandie weilte, versuchte Sem, Proust von den frühen italienischen Malern abzubringen: »Sem und Helleu, die *sehr intelligent* sind, haben (jeder für sich) versucht, mich zu überzeugen, die Kunst der frühen Maler tauge nichts« (Brief an Georges de Lauris vom 27. August 1907, in: *Correspondance* VII, 1907, a.a.O. [vgl. *BZL*, S. 288]).

WERKE: Sem veröffentlichte *Un pékin sur le front* (Ein Bauer an der Front), 1916; *La Ronde de nuit* (Die nächtliche Runde), 1928; und illustrierte *Messieurs les ronds-de-cuir* (Die Herren Sesselfurzer) von Courteline.

SERT, José-Maria (Barcelona, 24. Dezember 1876 – Barcelona, Dezember 1945): Spanischer Maler. Von einer reichen Industriellenfamilie aus Barcelona abstammend, lebte er in Paris, wo er sein Atelier im obersten Stock des ihm gehörenden prächtigen Stadtpalais in der Rue Barbet-de-Jouy hatte (später verlegte er es in die Avenue de Ségur). 1914 heiratete er Misia Godebska, die bereits zweimal geschieden war (von Thadée Natanson und Alfred Edwards). Als großer Bewunderer des Malers Tiepolo (1696-1770), der ihm als Inspirationsquelle für seine eigenen Gemälde diente, begab er sich jedes Jahr nach Venedig, wo er den Palazzo Dolfin bewunderte, und nach Würzburg, wo der Künstler *Die vier Weltteile* der [Würzburger] Residenz gemalt hatte. 1914 zeichnete er die Kostüme zur *Josephslegende*, einem von Diaghilew (mit dem seine Frau eng befreundet war) inszenierten Ballett [von Richard Strauss.] Proust bewunderte diese Kostüme sehr und verglich sie mit den Kleidern von Fortuny und Carpaccio, die der Erzähler für Albertine kauft.

SOUTZO, Princesse Dimitri, geborene Hélène Chrissoveloni (Galatz, Rumänien, 5. Februar 1879 – Paris, 26. Februar 1975): Prinzessin griechisch-rumänischer Abstammung. Am 4. März 1917 wurde Proust ihr von ihrem zukünftigen Gemahl Paul Morand im Restaurant Larue vorgestellt. Er nahm daraufhin die Gewohnheit an, mehrmals in der Woche in ihrem Appartement im Ritz zu dinieren. Er stand mit ihr in regem Biefverkehr (Morand veröffentlichte die Briefe in *Le Visiteur du soir*). Ihr gegenüber sprach Proust im November 1918 von dem »wunderbaren und schwindelerregenden Frieden«. Er ließ sie in seinem am Ende des Jahres überarbeiteten

Princesse Soutzo

Pastiche von Saint-Simon auftreten und nannte sie »die einzige Frau, der es zu meinem Leidwesen gelungen ist, mich aus meiner Zurückgezogenheit herauszuholen«.

STANDISH, Mme Henry, geborene Hélène des Cars: Freundin und Cousine von Mme Greffulhe. Im Faubourg Saint-Germain hatte sie den Beinamen »Missis«, und die Königin Alexandra ahmte sie in allem nach. Sie war die Geliebte des Général de Galliffet und des künftigen Königs Edward VII. gewesen. Unter ihrem eigenen Namen sprach Proust von ihr in *Sodom und Gomorra*: »Manche törichten jungen Leute müßten noch lernen, aus welchen Gründen Mme Standish, die sie nicht kennen und die fern von der Welt ihre Kissen malt, mindestens eine ebenso große Dame ist wie die Herzogin von Doudeauville.« Als Proust sie am 24. Mai 1912 im Vaudeville-Theater in der Loge von Mme Greffulhe sah, war er von ihrer Eleganz beeindruckt. Die beiden Abende verwechselnd, sprach er zu Mme Gaston de Caillavet davon: »Mme Greffulhe hatte mich zusammen mit Mme Standish in die Oper [zu einer Aufführung des Monte-Carlo-Gastspiels] mitgenommen. Und ich hatte den Eindruck, zwei Auffassungen von Abendtoilette vor mir zu haben, die Eleganz sehr verschieden, sehr voneinander abstechend« (Brief vom Juli 1912, in: *Correspondance* XI, 1912, S. 154 [dt. in: *BZL*, S. 367]). Er griff diesen Kontrast bei der Beschreibung der Operntoilette der Prinzessin und der Herzogin von Guermantes in *Die Welt der Guermantes* wieder auf.

STRAUS, Émile (1844-1929): Anwalt (und vielleicht unehelicher Bruder der Rothschild). Als reicher Jude, befreundet mit Joseph Reinach, heiratete er 1889 Geneviève Halévy (1849-1926), die Witwe von Georges Bizet. Er war zunächst der Ansicht, der junge Proust habe einen schlechten Einfluß auf seinen Schwiegersohn Jacques Bizet (der Proust in den Salon seiner Mutter eingeführt hatte); später stattete er ihm jedoch einen Versöhnungsbesuch im Boulevard Malesherbes ab. 1914, bei den Unterhandlungen mit der *N.R.F.*, begutachtete er den Vertrag Prousts mit Grasset. Im November 1917 und im November 1918 übernahm er es im Verein mit seiner Frau, Prousts Möbel zu verkaufen. Er blieb schließlich sein ganzes Leben über ein treuer und ergebener Freund, der einen umfangreichen Briefwechsel mit Proust hinterließ. Proust schätzte zudem den Gemäldesammler Straus (Gustave Moreau, Pissarro, Monet, Boudin); Geneviève Straus verdankte er darüber hinaus das Gefallen, das er an den Impressionisten fand. Als hauptsächliches Vorbild für Swann verwandte er, wie dieser, sein ansehnliches Vermögen auf die Toilette und auf die mondänen Erfolge seiner bezaubernden Frau (in *Mädchenblüte* wirft der hinter einem Vorhang stehende Swann in derselben Haltung wie Straus einen Blick in den Salon seiner Frau). Als Vorbild zugleich für den Herzog von Guermantes wußte er den Esprit seiner Frau zu würdigen, die er verehrte, obwohl sie ihn manchmal eifersüchtig machte.

STRAUS, Mme Émile, geborene Geneviève Halévy (1849-1926): Tochter des Komponisten Jacques-Fromental Halévy (1799-1862), der die Oper *La Juive* (Die Jüdin) schrieb. Am 3. Juni 1869 heiratete sie Georges Bizet (1838-1875), den ehemaligen Konservatoriumsschüler ihres Vaters (Kompositionsklasse) und Komponisten von *Carmen* (1874) und *L'Arlésienne* (1872). Nach dem Tod ihres ersten Gemahls (1875), von dem sie einen Sohn hatte, Jacques, heiratete sie 1889 Émile Straus. Sie bezauberte durch ihren Blick, ihre Toilette und durch ihre geistreichen Bemerkungen. Ab 1888 verkehrte Proust, der seit dem Lycée Condorcet mit ihrem Sohn befreundet war, in ihrem runden Salon am Boulevard Haussmann, in dem sie den Faubourg Saint-Germain sowie Literaten und Künstler empfing. Sie blieb ihr ganzes Leben lang eine sehr enge Freundin Prousts (während dieser schon seit langem seinen Freund Jacques nicht mehr sah) und führte mit ihm einen regen Briefwechsel. 1908 schenkte sie ihm die kleinen Notizbücher, deren Proust sich für das Manuskript der *Recherche* bediente. Im November 1922 verlor sie im Abstand von zwei Wochen sowohl ihren Sohn Jacques als auch Proust, und bis zu ihrem eigenen Tod vier Jahre später erholte sie sich davon nicht wieder. Proust machte sie zu einem der Vorbilder für die Herzogin von Guermantes, die in der *Recherche* genau wie Mme Straus in der Wirklichkeit für ihre geistreichen Antworten berühmt ist.

TRARIEUX, Gabriel (geboren in Bordeaux am 17. Dezember 1870): Symbolistischer Dichter. 1890, an der École des sciences politiques, war er Studienkamerad von Proust und Robert de Billy. Im Jahr darauf ist er auf der Photographie zu sehen, die auf dem Tennisplatz am Boulevard Bineau aufgenommen wurde und auf der Proust zu Füßen von Jeanne Pouquet kniet. Bei Trarieux begegnete Proust wahrscheinlich zum ersten Mal André Gide. Trarieux war von März 1892 bis März 1893 an der Herausgabe der Zeitschrift *Le Banquet* beteiligt.

TURENNE, Louis, Comte de Turenne d'Aynac (1843? – Paris, 3. Dezember 1907): Stammgast in den Salons von Mme de Chevigné und Mme Straus sowie in denen der Princesse Mathilde und der Comtesse Greffulhe, vertrauter Freund von Charles Haas und dem Prince of Wales: der Prototyp des «Klubisten« der Zeit. Wie Bréauté, für den er als Vorbild diente, betrachtete er sich als einen Kunstliebhaber. In der Widmung für Lacretelle sprach Proust von seinem Monokel: »Das Monokel von Monsieur de Palancy ist das jenes bedauernswerten und lieben Louis de Turenne [...] Eben dies Monokel

Mme Émile Straus

Turennes geht in *Die Welt der Guermantes* an Monsieur de Bréauté über, glaube ich.«

ULRICH, Robert (geboren um 1881): Neffe von Félicie Fitau, der alten Köchin der Proust. Bis zum 1. Juli 1907 zeitweise der Sekretär Prousts in dessen Wohnung am Boulevard Haussmann. Er taucht im August 1909 kurz in Cabourg wieder auf. Als er arbeitslos und ausgehungert im Juli 1913 eines Nachmittags in den Boulevard Haussmann kommt, telephoniert Proust mit der Frau von Jacques Bizet, um Arbeit für ihn zu finden. In *Die Welt der Guermantes* dient er teilweise als Vorbild für den Diener von Françoise, Joseph Périgot.

VAUDOYER, Jean-Louis (Le Plessis-Robenson, 1883 – Paris, 1963): Schriftsteller. Von 1910 an bot er den Ballets russes seine Werbehilfe in der Zeitschrift *La Revue de Paris* an und weckte Prousts Interesse an dieser Kunstrichtung. Im Mai 1921 schrieb er in *L'opinion* einen glänzenden Artikel über die Ausstellung holländischer Malerei im Jeu de Paume-Museum. Denn bevor er sich schließlich der Literatur zuwandte, galt sein besonderes Interesse der Kunstkritik. Am 24. Mai um 9.15 Uhr morgens ließ Proust ihn von seinem Chauffeur Odilon abholen, um mit ihm zur Ausstellung zu fahren. Bei der Besichtigung erlitt Proust einen Schwindelanfall, und Vaudoyer mußte ihn am Arm bis zur *Ansicht von Delft* von Vermeer geleiten (Proust erinnerte sich daran, als er die Szene von Bergottes Tod schrieb). Er brachte dennoch die Kraft auf, sich mit Vaudoyer noch die Ingres-Ausstellung in der Rue de la Ville-l'Évêque anzusehen.

Werke: *L'amour masqué* (Die verhüllte Liebe), 1908; *La Bien-Aimée* (Die Vielgeliebte), 1909; *La Maîtresse et l'amie* (Die Geliebte und die Freundin), 1912; *La Reine évanouie* (Die ohnmächtige Königin), 1923; *Raymonde Mangematin*, 1925; *Les Délices de l'Italie* (Die Wonnen Italiens), 1924; *Beautés de la Provence* (Schönheiten der Provence), 1926; *Peintres provençaux* (Provenzalische Maler), 1947; *L'Italie retrouvée* (Das wiedergefundene Italien), 1950.

VUILLARD, Édouard (Cuiseaux, 11. November 1868 – La Baule, 21. Juni 1940): Maler. Ehemaliger Schüler des Lycée Condorcet, Freund von Antoine Bibesco. Wie Bonnard und Odilon Redon war er ein Stammgast in dem Salon der Princesse Alexandre Bibesco. Im Juni 1903 machte er in Ermenonville eine Skizze von einem Diner mit Proust, Antoine Bibesco und ihren Freunden. Im Jahr darauf versuchte Proust, die Skizze wiederzufinden und zu erwerben, denn sie stellte für ihn »einen einzigartigen Schnittpunkt [dar] zwischen einem bewundersnwerten Talent, an dem sich meine Erinnerung so oft entzündet hat, und einer schönen und vollkommenen Stunde in meinem Leben« (Brief vom 28. März 1904 an Antoine Bibesco, in: *Cor-*

respondance IV, 1904, S. 101). 1907 besuchte Proust das Atelier des Malers, als er seine Sommertage in Cabourg verbrachte. Hahn vertraute er an: »Voller Überzeugung sagt er: ›Ein Kerl wie Giotto, wissen Sie, oder auch ein Kerl wie Tizian verstand genausoviel von seinem Handwerk wie Monet, und auch so ein Kerl wie Raffael, wissen Sie, usw. Er ist kein gewöhnlicher Mensch, auch wenn er alle zwanzig Sekunden ›Kerl‹ sagt« (Brief vom September 1907, in: *Correspondance* VII, 1907, S. 267). Wie andere Maler diente auch er als Vorbild für Elstir, der sich in *Mädchenblüte* auf die gleiche Weise ausdrückt.

WAGRAM, Princesse Alexandre Pouthier de, geborene Berthe de Rothschild: Im Dezember 1893 war Proust von der Princesse de Wagram und ihrer Schwester, der Duchesse de Gramont, eingeladen worden. Obwohl beide als geborene Rothschild als ein wenig deklassiert galten, war dies ein Schritt nach vorne in den Salons des Faubourg Saint-Germain. Im Juli 1894 begegnete der Romancier bei der Princesse zum ersten Mal der Comtesse Greffulhe mit ihrer Frisur »von polynesischer Anmut«.

WARU, Gustave, Comte de: Neffe von Mme de Chevigné. 1893 machte er die Bekanntschaft von Proust, der mit allen Mitteln versuchte, mit der Comtesse in Verbindung zu treten. Proust fand, daß er einem Vogel glich. Es war dies die Eigentümlichkeit Saint-Loups und des Geschlechts der Guermantes. Im Juni lud er ihn zu seinem großen Diner in der Wohnung am Boulevard Malesherbes ein, das er zu Ehren seiner zehn besten Freunde gab.

WHISTLER, James Abbott McNeill (Lovvell, Massachusetts, 10. Juli 1834 – London, 17. Juli 1903): Amerikanischer Maler. Als Freund von Montesquiou und Blanche malte er 1891 zwei Porträts des Comte Robert. Montesquiou übernahm Whistlers Gehabe und seine Ausdrücke. Bei Méry Laurent stellte Hahn ihn 1897 Proust vor: »Ich habe Wisthler (*sic*) nicht gekannt, ich habe ihn nur an einem einzigen Abend gesehen, wo ich ihn dazu brachte, über Ruskin ein bißchen was Gutes zu sagen, und wo ich seine hübschen grauen Handschuhe behielt, die ich später verloren habe« (Brief an Louisa de Mornand vom Februar 1905, in: *Correspondance* V, 1905, S. 42). Proust interessierte sich für diesen Maler, der seit seinem berühmten Prozeß mit Ruskin im Jahre 1878 dessen erklärter Gegner war. Am 15. Juni 1905 besuchte Proust die Whistler-Ausstellung in der École des beaux-arts. Er erwähnt in *Swann* eins seiner Bilder: *Der Opalstrand*, den Legrandin in der Nähe von Balbec ansiedelt. Whistler war eines der Vorbilder für Elstir, dessen Name zum Teil von dem seinen abgeleitet ist.

WILDE, Oscar (Dublin, 16. Oktober 1854 – Paris, 20. November 1900):

Englischer Schriftsteller. Im Frühjahr 1894 war Oscar Wilde in Paris und verkehrte in dem Salon von Mme Straus. Proust aß mit ihm bei Mme Arman de Caillavet zu Abend. Fernand Gregh zufolge »schauten sie sich gegenseitig mit vielfältiger Neugier an«. Wilde machte auch einen Besuch in der Wohnung am Boulevard Malesherbes Nr. 9, wo er – wie Charlus bei dem Erzähler – sich zu Prousts großem Mißvergnügen abfällig über die Zimmereinrichtung äußerte. Vielleicht bekam Charlus ein wenig von der anrüchigen Atmosphäre Wildes mit und Morel etwas von dem Gebaren des schönen und zwielichtigen Alfred Douglas, der den englischen Dichter auch in die Redaktionsbüros von *La Revue blanche* in der Rue Laffitte begleitete. Charlus selbst bezieht sich in *Sodom und Gomorra* auf Wilde: »Ich weiß nicht mehr, welcher Mann von Geschmack es war, der, befragt, welches Ereignis ihn in seinem Leben am stärksten erschüttert habe, antwortete: ›Der Tod des Lucien de Rubempré in *Splendeurs et Misères*‹.« Der Mann von Geschmack war Wilde, in dessen 1906 [ins Französische] übersetzten *Intentions* diese Erwiderung zu finden ist.

YEATMAN, Léon (1873-1930): Proust lernte ihn 1893 kennen und lud ihn zu seinem berühmten Diner für seine Kameraden im Juni desselben Jahres ein. Vom 18. bis zum 20. März 1897, bei den drei Vorstellungen der von Jacques Bizet organisierten Parodie von *Freuden und Tage* mit dem Titel »Les lauriers sont soupés« (Der gestutzte Lorbeer), ahmte Yeatman, der ein ausgezeichneter Imitator war, Prousts Stimme nach. Als glühender Dreyfus-Anhänger unterschrieb er das »Manifest der Intellektuellen«. Im Jahre 1900 sah Proust das Ehepaar Yeatman oft. Anfang Februar holte der von Proust geschickte Diener seines Vaters die beiden aus dem Bett, um ihnen die verblüffende Frage vorzulegen, wo das Herz des englischen Dichters Shelley (1792-1822) beigesetzt sei. Als Proust seine Artikel über Ruskin schrieb, besichtigte er mit seinem Freund Yeatman die Kirche Saint-Wulfran in Abbeville. Der Onkel von Yeatman war der Wahlhelfer von Maurice Barrès.

YTURRI, Gabriel d' (Tucuman, 1868 – Paris, 6. Juli 1905): Der in Algerien geborene Yturri war mit etwa 15 Jahren nach Paris gekommen. Baron Doäzan hatte ihn hinter einem Ladentisch des Kaufhauses am Louvre entdeckt und zu seinem Sekretär gemacht, bevor Montesquiou ihn für sich in Beschlag nahm. Proust, der wegen seiner Beziehung zu Montesquiou oft mit ihm zu tun hatte, schrieb ihm häufig. Im Februar 1903 begleitete Yturri Montesquiou in die Vereinigten Staaten, und Proust verglich die beiden mit den Heiligen Paulus und Timotheus. Am 6. Juli 1905 starb Yturri in Neuilly an den Folgen seiner Zuckerkrankheit. Proust hatte zweimal seine Mutter geschickt, um sich nach Yturris Befinden zu erkundigen, das zweite Mal jedoch kam sie zu spät: der Sekretär war soeben verschieden. Am 27. Juni 1908 las Montesquiou vor Publikum »Le Chancelier des fleurs« (Der Kanzler der Blumen) vor, in dem er feierlich die Erinnerung an seinen Sekretär beschwor. Verärgert darüber, zu der Feier nicht eingeladen worden zu sein, beklagte Proust sich in einem ein paar Tage später abgeschickten Brief bei Robert de Montesquiou darüber.

DAS WERK

I
LEXIKON DER WERKE PROUSTS

À LA RECHERCHE DU TEMPS PERDU
(*Auf der Suche nach der verlorenen Zeit*)

Roman. Schwer zusammenzufassen, denn die Eindrücke und Rückbesinnungen haben ebensoviel Gewicht wie die Begebenheiten. Das Spiel der Erinnerung bringt darüber hinaus eine Handlungsabfolge hervor, die keine Geradlinigkeit besitzt. Und in seinem ständigen Anliegen, allgemeine Gesetze aufzustellen, Beweise zu führen und zu abstrahieren, greift Proust zudem unablässig in den Handlungsablauf ein und unterbricht ihn.

Zyklus, der sieben Werke oder Unterabteilungen umfaßt: *Du côté de chez Swann* (*In Swanns Welt*), 1913; *À l'ombre des jeunes filles en fleurs* (*Im Schatten junger Mädchenblüte*), 1919; *Le Côté de Guermantes* (*Die Welt der Guermantes*), 1920-1921; *Sodome et Gomorrhe* (*Sodom und Gomorra*) 1921-1922; *La Prisonnière* (*Die Gefangene*), 1923; *Albertine disparue* bzw. *La Fugitive* (*Die verschwundene Albertine* bzw. *Die Entflohene*), 1925; *Le Temps retrouvé* (*Die wiedergefundene Zeit*), 1927.

Allgemeines Thema. Geschichte eines Lebens, von der Kindheit bis zur Reife, welche durch die Berufung zur Literatur erhellt wird. Jeder der sieben Teile entspricht einem Abschnitt dieses Lebens, einem bestimmten Zeitraum, Ort und Milieu, sowie bestimmten Personen, die für den Erzähler aufschlußreich sind. Diese verschiedenen Elemente münden in die abschließende Offenbarung des schöpferischen Aktes ein, den es zu vollbringen gilt und der das Siegel der Zeit trägt. *Die wiedergefundene Zeit* verleiht diesem Ablauf dann »den objektivsten und gläubigsten Abschluß«.

Entstehung. Von 1895 (dem Jahr, in dem er *Jean Santeuil* zu schreiben beginnt) bis zu seinem Tod 1922 hat Proust im Grunde unaufhörlich an demselben Projekt gearbeitet, das dann in die *Recherche* einmündet. Von dem Jahr 1908 an (in dem er *Contre Sainte-Beuve* aufgibt) beginnt seine ausdauernde Arbeit an diesem Werk.

Besonderheit. Der Erzählstil der *Recherche* ist einmalig. Jedoch ist seine formale Originalität nicht beabsichtigt. Proust wollte lediglich bis zum Ende seiner künstlerischen Überzeugungen gehen. *Jean Santeuil* und *Contre Sainte-Beuve* enthalten schon wesentliche Szenen und Gestalten, die in angereicherter Form in der *Recherche* wieder auftauchen. Das Vorwort zu *Contre Sainte-*

Beuve weist bereits auf die Bedeutung der unwillkürlichen Erinnerung hin [mémoire involontaire, auch übersetzt als »unbewußte Erinnerung«], die auf der für das Werk so entscheidenden Wechselbeziehung zwischen Erinnerung und Zeit gründet. G. D. Painter zufolge hat Proust die Episode der »Madeleine« (die übrigens ein Zwieback gewesen sein soll) wirklich erlebt, und zwar am 1. Januar 1909. Ob dieses Ereignis aber nun stattgefunden hat oder nicht: dieser zuvor von Chateaubriand verwendete Einfall ist grundlegend für die allgemeine Struktur der *Recherche*.

Der Gegensatz Verlorene Zeit – Wiedergefundene Zeit stellt die eigentliche Leitlinie des Werkes dar und bildet eine spezifische Symmetrie aus. Einen Teil der letzten Abteilung schreibt Proust übrigens zur gleichen Zeit wie die erste. Der ganze Roman spielt mit komplementären Gegensätzen: zwischen der Kunst und der Wirklichkeit, der Kindheit und der Welt der Erwachsenen, zwischen der Welt und ihrer Darstellung. Proust schreibt: »Man verkennt allzu oft, daß meine Bücher eine Konstruktion darstellen, die allerdings eine so große Zirkelweite besitzt, daß die Strenge dieser Konstruktion, der ich alles unterstellt habe, erst recht spät zu erkennen ist.« Die großen Roman- oder Musikzyklen von Balzac und Wagner stellten eine Anregung für ihn dar. Jeder Teil ist zugleich unabhängig und mit dem Rest verbunden. Den glückhaften Teilen des Anfangs wie *Mädchenblüte* korrespondieren die düsteren Abschnitte des Endes, *Sodom und Gomorra* oder *Die Entflohene*. Der Aufbau des Werkes gründet auf einer zentralen Gestalt, die zugleich der Erzähler und der Romanheld ist und die Proust in der ersten Person als »ich« einführt oder in der dritten Person als »Marcel«. Diese Gestalt verleiht der Erzählung eine zeitliche und räumliche Einheit, aber zugleich auch ihre Beweglichkeit und Entwicklung durch die Verschiedenheit ihrer jeweiligen Blickweise. Ursprünglich stand der *Verlorenen Zeit* die *Wiedergefundene Zeit* gegenüber. Bei Grasset handelt es sich bereits um ein Triptychon: Der *Wiedergefundenen Zeit* gehen *Swann* und *Die Welt der Guermantes* voraus, welche sich ihrerseits wieder aufspaltet: aus ihr geht *Sodom und Gomorra* hervor, dem selbst das gleiche Geschick widerfährt, denn aus *Sodom und Gomorra III* ergeben sich *Die Gefangene* und *Die Entflohene*. Die *Recherche*, die in konstantem initiatorischen Fortschreiten in die Enthüllung der *Wiedergefundenen Zeit* einzumünden scheint, ist zugleich eine Rückkehr zu den Ursprüngen mit Hilfe der Anamnese. Mit der letzten Seite des Werkes schließt sich der Kreis in sich selbst.

Der Erzähler wird Schriftsteller, um von einem Erzähler zu berichten, der schließlich Schriftsteller wird. Wie bei Balzac tauchen die Gestalten in der Realität und in der Erinnerung in verschiedenen »Einstellungen« auf und verschwinden ebenso wieder. Sie rufen sich gegenseitig auf. Gilberte, die an Odette erinnert, tritt ihrerseits hinter Albertine zurück. Proust gebraucht zudem Metaphern und Zeichen, »Blinklichter«, wie Auguste Anglès sie nennt. Situationen und Themen neigen dazu, sich zu wiederholen: enttäuschte Liebe, mondäne Abendgesellschaften, Eifersucht, Trauer, homosexuelle Szenen. Dieses Spiel von Entsprechungen mündet in die *Wiedergefundene Zeit*. Am Ende des Weges scheint endlich die Wirklichkeit der Personen und der Dinge auf.

Zeitablauf der *Recherche*
(rekonstruiert von Willy Hachez):

1879: Heirat der Eltern des Erzählers. Swann lernt Odette kennen. *30. Januar*: Grévy wird Präsident der Republik. *18. Dezember*: Fest von Paris-Murcia [Wohltätigkeitsveranstaltung für die Opfer der Überschwemmungskatastrophe von Murcia, Spanien]. *Ende 1879*: Swann »spielt Cattleya« mit Odette.

1880: Die Beziehung zwischen Swann und Odette wird problematisch. *Juni*: Swann hört auf der Soiree Saint-Euverte das kleine musikalische Thema wieder. *Juli*: Geburt des Erzählers. *Oktober-November*: Geburt Gilbertes, der Tochter Odettes, Geburt von Albertine, Morel, Mlle Vinteuil und den »blühenden« jungen Mädchen. *Ende 1880/Anfang 1881*: Odette nimmt an einer zweijährigen Kreuzfahrt auf dem Mittelmeer teil.

1881, *Anfang des Jahres*: In einem Omnibus begegnet Swann Mme Cottard, die ihm sagt, Odette bete ihn an. Seine Eifersucht legt sich, und Swann fährt nach Combray, zu Mme de Cambremer-Legrandin.

1885: Mit seiner Mutter stattet der Erzähler seiner Tante Léonie, die jeden Winter nach Paris kommt, einen Neujahrsbesuch ab. Er soll Françoise ein Fünffrancsstück geben.

1888: Er geht zu seinem Onkel Adolphe, der an diesem Tag Odette bei sich empfängt. Der Onkel wird daraufhin aus der Familie ausgeschlossen und in Combray nicht mehr empfangen.

1889: Swann heiratet Odette.

1890: Der Erzähler muß ohne den Gutenachtkuß seiner Mutter zu Bett gehen, als Swann in Combray bei Tante Léonie zu Besuch ist.

1892: Ferien in Combray. Er macht Spaziergänge nach Tansonville, wo er Gilberte sieht, und in die Richtung, in der Guermantes liegt, ohne jedoch je das Schloß zu erreichen. Er interessiert sich für zwei Frauen: In Combray wohnt er der Hochzeit der Tochter des Dr. Percepied bei und sieht die Herzogin von Guermantes. In Paris besucht er Mme Swann.

1894: Die Tochter von Vinteuil führt mit ihrer Freundin ein skandalöses Leben. Der Erzähler (14 Jahre) befriedigt sich selbst und macht seine erste Erfahrung der Liebe mit einer seiner Cousinen auf einem Kanapee der Tante Léonie. Diese stirbt im August. Er ist ihr Erbe. Er liest Augustin Thierry. Françoise, die Dienerin der Tante Léonie, tritt in den Dienst seiner Eltern über.

1895, *Anfang des Jahres*: Der Erzähler (15 Jahre) hofft Florenz und Venedig besuchen zu können, muß wegen seiner Krankheit jedoch darauf verzichten. In den Parkanlagen der Champs-Élysées macht er die Bekanntschaft von Gilberte. Er sieht im Theater die Berma. Monsieur de Norpois kommt zum Abendessen zu seinen Eltern. Er spricht von dem Staatsbesuch des Königs Theodosius.

1896, *1. Januar*: Der Erzähler schlägt Gilberte vor, eine neue Freundschaft zu begründen. Nach einem glücklichen Anfang verschlechtert sich ihre Beziehung jedoch. *Oktober*: Er geht noch einmal mit Gilberte und deren Eltern aus und begegnet der Princesse Mathilde zur Zeit des Besuchs von Nikolaus II. in Frankreich (*7. Oktober*). Zu jener Zeit (16 Jahre) führt Bloch ihn zu einer Kupplerin.

1897, *1. Januar*: Der Erzähler erkennt, daß es ihm nicht gelungen ist, Gilbertes Herz zu erobern. *1. Teil des Jahres*: Er ist 17 Jahre alt, und er gehört zu dem Hof von Odette. Er bewahrt die Erinnerung an den Mai. *Juni-Juli*: Er fährt nach Combray zur Beerdigung der Mutter von Tante Léonie, geht auf dem Land spazieren und wird Zeuge des skandalösen Lebens, das Mlle Vinteuil und ihre Freundin nach dem Tod von Vinteuil in Montjouvain führen. *August*: Er macht die Bekanntschaft der »blühenden« jungen Mädchen in Balbec. *November*: Beginn der Dreyfus-Affäre, Veröffentlichung des »bordereau« [die im Papierkorb des deutschen Militärattachés gefundene anonyme Notiz mit einer Liste von fünf Geheimdokumenten, die der Verfasser den Deutschen verkaufen wollte]. Umzug seiner Eltern. Er geht in die Oper und sieht die Herzogin von Guermantes. Er verliebt sich nacheinander in Mme Swann und in die Herzogin von Guermantes.

1898, *13. Januar*: Beginn des Esterhazy-Prozesses. *14. Januar*: Zola veröffentlicht »J'accuse«. Erste Verhaftung von Picquart. *Vom 7. bis zum 23. Februar*: Verurteilung Zolas, der gegen das Urteil Berufung einlegt und im Juli erneut verurteilt wird. *Juni*: Nach dem Tod der Großmutter muß der Erzähler sechs Monate Trauer tragen, und er nimmt sein mondänes Leben erst im Dezember wieder auf. *Winter*: Er wohnt einem Diner bei der Herzogin von Guermantes bei.

1899: Er wird zu der Abendgesellschaft der Prinzessin von Guermantes eingeladen. Er entdeckt die Beziehung zwischen Charlus und Jupien. *3. Juni*: Picquart kommt aus dem Gefängnis.

1900: Auf Anweisung der Ärzte fährt der Erzähler (20 Jahre) nach Balbec, wo er sich im Jahre 1897 aufgehalten hatte. Monsieur de Charlus macht die Bekanntschaft von Morel (20 Jahre), der in Doncières seinen Militärdienst ableistet. In La Raspelière wird Morel aufgefordert, *Fêtes* von Debussy zu spielen. Der Erzähler und Albertine werden bei den Verdurin empfangen (20 Jahre nach Swann und Odette). *Mai*: Sarah Bernhardt spielt *L'Aiglon* [Der junge Adler, Theaterstück von Edmond Rostand]. Der Erzähler bleibt bis zum *15. September* in Balbec. *Von diesem Zeitpunkt an* wohnt Albertine bei ihm in Paris.

☛ Vom 5. Teil der *Recherche* (*Die Gefangene*) an hatte Proust nicht mehr die Zeit, seine Chronologie abzustimmen. Es gilt demnach, eine innere (Alter der Romanfiguren) und eine äußere Chronologie zu unterscheiden (historische Fakten, die später liegen als die Daten der inneren Chronologie).

1901: Der Erzähler lebt mit Albertine zusammen. *Winter*: Besuch bei der Herzogin von Guermantes. Charlus wird 62 Jahre alt. Albertine verläßt den Erzähler endgültig. Er spricht von der mit Rosita verwachsenen Doodica, die Barnum zu dieser Zeit vorführt. *Frühjahr*: Albertine entflieht und erleidet einen tödlichen Unfall. Am Sonntag von Allerheiligen beginnt er Albertine zu vergessen.

1902, *Beginn des Jahres*: Unterhaltung mit Andrée. *Frühjahr*: Aufenthalt in Venedig. Er sieht die gealterten Mme de Villeparisis und M. de Norpois. Sie sind über 80 Jahre alt. Er verliebt sich in eine Glaswarenverkäuferin von siebzehn Jahren (das Alter von Albertine in Balbec). In Venedig singt ein Musikant *O sole mio* (zum ersten Mal 1901 gespielt). Gilberte teilt ihm ihre Heirat mit Robert de Saint-Loup mit. *Sommer*: Dritter Aufenthalt in Balbec. Gilberte ist schwanger.

1903: Gilberte bringt eine Tochter zur Welt (Mlle de Saint-Loup in der *Recherche*). Der Erzähler leistet seinen Militärdienst ab.

1904-1914: Er verbringt die meiste Zeit in einem Erholungsheim.

1907: Eulenburg-Affäre.

1909: »Russische Ballette«.

1914: Wegen des Krieges fährt Gilberte nach Combray.

1916, *Beginn des Jahres*: Saint-Loup fällt an der Front, Beisetzung in Combray. Tod von Monsieur Verdurin, seine Frau heiratet den Herzog von Duras und dann den von der Revolution in Bayern ruinierten Prinzen von Guermantes.

1918, *November*: Sentimentaler und nostalgischer Spaziergang im Bois de Boulogne.

1919, *Anfang des Jahres*: Der Erzähler ist krank, überall herrscht die Grippe. Episode der Madeleine, die ihm Combray in Erinnerung ruft. *Mai-Juni*: Nach seiner Rückkehr aus dem Erholungsheim nimmt er an einer Matinée bei der Prinzessin von Guermantes teil. Er ist 39 Jahre alt. Er begegnet dem Herzog von Guermantes (83 Jahre) und möchte Mlle de Saint-Loup (16 Jahre) sehen. Er beschließt, die *Recherche* zu schreiben; es ist der schönste Tag seines Lebens (der schlimmste war der Abend des Jahres 1890 gewesen, als seine Mutter sich weigerte, ihm den Gutenachtkuß zu geben).

☛ Wegen des Krieges gibt Proust die Unterteilung in Zeitabschnitte von 20 Jahren auf (sie beruht auf dem Alter von Odette und dem Zeitpunkt der Matinée bei der Prinzessin von Guermantes, welche von 1912 auf 1919 verlegt werden muß, was es erlaubt, die Periodizität wiederzufinden).

1879: Swann liebt Odette, und der Erzähler ist noch nicht geboren.

1899: Swann liegt im Sterben. Der Erzähler steht auf dem Höhepunkt seiner mondänen Laufbahn.

1919: Swann ist vergessen, und man stellt seine Enkelin dem Erzähler vor. Dieser gibt sich ganz seinem Werk hin, durch das Swann wieder aufzuleben vermag.

• IN SWANNS WELT. 1. Abteilung der *Recherche* (erschienen 1913). Die erste Ausgabe umfaßte 513 Seiten, und auf dem Vorsatzblatt wurde das Erscheinen des Endes des zweibändigen Werkes für 1914 angekündigt. Diese erste Abteilung stellt zugleich das große Vorspiel zur *Recherche* und, in den ersten Enttäuschungen des Erzählers, ihren vorläufigen Abschluß dar. Sie umfaßt drei Teile.

1. Teil: Combray. Er beginnt mit dem langen Erwachen des Erzählers, der eine Welt neu erstehen läßt, indem er seine verschiedenen Schlafzimmer wieder in Erinnerung ruft und durch sie die jeweiligen Zeitabschnitte seines Lebens heraufbeschwört. Die ersten Erinnerungen an Combray werden durch Anamnese in der Szene des Abendkusses, dem kleinen Clan der Familie und in der Gestalt von Swann aufgerufen. Dann taucht durch das Phänomen der unwillkürlichen Erinnerung (mémoire involontaire), hervorgerufen durch die in den Tee getauchte Madeleine, das ganze Combray wieder auf. Auftretende Personen: Onkel Adolphe und Odette, die Berma, Bloch, Swanns Tochter und Françoise in ihrer Küche. Die Evokation wird mit den »zwei Welten« fortgesetzt, der von Swann und der von Guermantes. Die erste Welt dient als Hintergrund für die poetische Passage der Weißdornblüten, für das in Tansonville flüchtig wahrgenommene eigenartige Verhalten Gilbertes und für die Grausamkeitsszene zwischen Mlle Vinteuil und ihrer Freundin. Diese Darstellung einer Kindheit voll innerer Unruhe und Sinnlichkeit geht einher mit der Anspielung auf die strafwürdigen Praktiken des Erzählers in der »kleinen, nach Schwertlilien riechenden Kammer«. Die andere Welt umfaßt die typische Flußlandschaft mit ihren Monetschen Seerosen. Es ist zugleich der erste Auftritt der Herzogin von Guermantes. Proust spielt hier, in der Episode der Glockentürme von Martinville, zum ersten Mal auf die Berufung des Erzählers an. Der erste Teil schließt mit dem Aufwachen des Romanhelden.

2. Teil: Eine Liebe von Swann. Er schildert eine Episode, die sich vor der Geburt des Erzählers zuträgt. Dieser beschreibt das Aufkeimen der Leidenschaft Swanns für Odette und seine Eifersucht. Es ist zugleich die erste Beschreibung der Pariser Gesellschaft am Beispiel des »kleinen Kreises« der Verdurin. Die erste große mondäne Szene ist die Soiree bei Mme de Saint-Euverte, bei der die Guermantes zugegen sind. Sie macht die Auswirkung des kleinen Themas der Vinteuil-Sonate auf die Liebe von Swann deutlich, die als eine Krankheit aufgefaßt wird. Schließlich befreit ein Traum ihn davon. Der Teil endet mit der Abreise Swanns nach Combray.

3. Teil: Ortsnamen. Namen überhaupt. Er besteht aus drei sehr kurzen Abschnitten. Der erste ist eine Meditation über die Ortsnamen, ein Anlaß zu imaginären Reisen. Der zweite schildert die Spiele des Erzählers in den Parkanlagen der Champs-Élysées, wo er sich in Gilberte verliebt. Im dritten Abschnitt findet man ihn zu einem viel späteren Zeitpunkt wieder, am Vorabend des Krieges, im Bois de Boulogne. Die Zeit hat alles verändert: »Die Wirklichkeit, die ich einst kannte, existierte nicht mehr.«

• **IM SCHATTEN JUNGER MÄDCHENBLÜTE.** 2. Abteilung der *Recherche* (erschienen 1919), wesentlich erweitert gegenüber der Fassung von 1912, die Proust als die Totalität des damaligen ersten Bandes Grasset vorgelegt hatte. Der Abschnitt umfaßt zwei Teile.

1. Teil: Mme Swann und ihre Welt. Er knüpft an den letzten Teil von *Swann* an und bringt die Fortsetzung der Jugendliebe zwischen Marcel und Gilberte. Proust gibt seinen Romangestalten nichtsdestoweniger eine neue Ausrichtung, die in dem Untertitel anklingt: »Wege und Wandlungen der Charaktere. – Marquis de Norpois. – Bergotte.« Der talentierte Dilettant Swann, der sich durch seine Heirat von Grund auf verändert hat, ist bürgerlich geworden und interessiert sich nur noch für den gesellschaftlichen Aufstieg seiner Frau Odette, deren Salon schon von sich reden macht. Unter den Gästen des Salons treten besonders hervor: Bergotte, der an Anatole France erinnert, der große Arzt Cottard und der Diplomat Norpois, der bei den Eltern des Erzählers zu Abend ißt. Auf den Ratschlag des Botschafters hin sieht der Erzähler die Berma in *Phèdre*. Er geht oft zu den Swann, wo er die Sonate von Vinteuil hört. Bei einem ihrer Mittagessen begegnet Marcel endlich Bergotte, der die Berufung zum Schreiben bei ihm erweckt. Seine Leidenschaft für Gilberte geht vorüber, wie ein weiterer Untertitel es andeutet: »Ich stelle vorübergehend meine Begegnungen mit Gilberte ein. – Erste flüchtige Skizze des Kummers wegen einer Trennung; ungleichmäßige Fortschritte des Vergessens.« Dank der »Anfälligkeiten des Herzens« (ehemaliger Titel des Romans) erfährt er eine fortschreitende Ablösung von seiner Liebe.

2. Teil: Ortsnamen. Die Landschaft. Der Untertitel »Erster Aufenthalt in Balbec, die jungen Mädchen am Strand« gibt das Hauptthema an: Nach zwei Jahren, als er von seiner Leidenschaft für Gilberte genesen ist, fährt der Erzähler mit seiner Großmutter und mit Françoise, ihrer Haushälterin, nach Balbec. Es folgt die Episode der Reise mit dem Zug und die Beschreibung des Grand-Hôtel. Die Großmutter begegnet dort einer alten Freundin, Mme de Villeparisis, die Marcel auf ihren Spaziergängen mitnimmt. Bei einem dieser Spaziergänge rufen ihm die drei Bäume von Hudimesnil, wie zuvor die Glockentürme von Martinville, seine literarische Berufung in Erinnerung. Die Marquise stellt dem Erzähler, der zur gleichen Zeit noch einen weiteren Guermantes, den sonderbaren Baron de Charlus, kennenlernt, auch ihren Neffen Robert de Saint-Loup vor. Nach Mlle de Stermaria und der Milchhändlerin entdeckt er auf dem Deich von Balbec die »blühenden jungen Mädchen« (Albertine Simonet, Andrée, Gisèle). Von den drei Mädchen ist ihm Albertine die liebste, die »bald eine Bacchantin«, bald »wohlerzogen« ist. Sie gibt ihm einen Korb, als er versucht, sie zu küssen. Er besucht in der Folge den Maler Elstir, den Monsieur Biche aus dem »Kreis der Verdurin«; wie Bergotte symbolisiert er die Kunst, und er regt Marcel erneut zum künstlerischen Schaffen an. Wegen des schlechten Wetters fahren die Sommergäste jedoch nach Paris zurück, und vor der Abreise ruft der Erzähler noch ein letztes Mal sein Zimmer in Erinnerung, in dem er krank im Bett lag und begierig die Empfindungen in sich aufnahm, die ihn von außen erreichten.

• **DIE WELT DER GUERMANTES.** 3. Abteilung der *Recherche* (erschienen 1920-1921). Sie umfaßt zwei große Teile, von denen nur der zweite in Kapitel unterteilt ist. Das Hauptthema (das schon in *Mädchenblüte* angelegt ist) bleibt die Einführung des Erzählers in die Welt des Faubourg Saint-Germain.

1. Teil: Die Welt der Guermantes I. Er beginnt mit dem Einzug seiner Familie in das Stadtpalais der Guermantes. In der Oper, wo die Berma spielt, kann Marcel diese ihn faszinierende aristokratische Gesellschaft beobachten. Er paßt jeden Morgen die Herzogin Oriane ab, die er zu lieben vermeint, während zugleich seine Freundschaft zu Saint-Loup enger wird. Er fährt zu ihm nach Doncières, wo Robert in Garnison ist. Der Erzähler hofft zudem, dadurch bei der Herzogin eingeführt zu werden, denn sein Freund ist ihr Neffe. Aus *Jean Santeuil* übernimmt Proust die Garnisonsszenen und die schmerzliche Episode mit der Stimme der Großmutter am Telefon. Er beginnt auch, auf die Dreyfus-Affäre Bezug zu nehmen. Im Frühjahr sieht der Erzähler Saint-Loup in Begleitung von dessen Geliebter, der Schauspielerin Rahel, wieder. In diesen ersten Teil ist eine weitere große Szene in der mondänen Welt eingefügt, die »Matinée bei Mme de Villeparisis«. Er schildert darin eine etwas gemischte Gesellschaft, in der Odette empfangen wird, obwohl Oriane sie keines Wortes würdigt. Beim Verlassen des Empfangs schlägt Charlus dem Erzähler vor, ihm als Führer zu dienen. Dieser erste Teil schließt mit dem leichten Anfall der Großmutter in einer Bedürfnisanstalt auf den Champs-Élysées.

2. Teil: Die Welt der Guermantes II. Er ist in zwei Kapitel unterteilt.

Kapitel I: »Krankheit meiner Großmutter. Krankheit Bergottes. Der Herzog und der Arzt. Letzte Lebenstage meiner Großmutter. Ihr Tod.«

Kapitel II: »Besuch Albertines. Aussicht auf eine reiche Heirat für einige Freunde Saint-Loups. Der Geist der Guermantes in Anwesenheit der Prinzessin von Parma. Seltsamer Besuch bei Monsieur de Charlus. Ich begreife seinen Charakter immer weniger. Die roten Schuhe der Herzogin.« In diesem Kapitel, das viel umfangreicher ist als das erste, erfährt man von dem Bruch der Beziehung zwischen Saint-Loup und Rahel und von dem Wiedersehen Marcels mit Albertine. Obwohl er die Herzogin nicht mehr liebt, wird der Erzähler bei ihr zu Tisch geladen. Er kann sich dort in aller Ruhe die Gemälde von Elstir anschauen. Allerdings hat er seine Illusionen über die Welt verloren. Bei einem Besuch bei Baron de Charlus bekommt dieser einen unverständlichen Wutanfall, gefolgt von einer nicht weniger überraschenden Beruhigung. Am Ende von *Guermantes* erfährt Marcel, daß er von der Prinzessin von Guermantes empfangen werden soll, deren Salon noch geschlossener ist als der ihrer Cousine. Swann, der Oriane sein unmittelbar bevorstehendes Ende ankündigt, wird von seiner alten Freundin, die ein Diner nicht verpassen möchte, hinauskomplimentiert. Dieser Band schildert vor allem die gesellschaftliche Anerkennung des Erzählers und seine Desillusionierung. Die Romanfiguren aus Combray treten ab. Die

Großmutter ist vor kurzer Zeit gestorben, und Swanns Ende naht. *Sodom und Gomorra* mit seinem »Geschlecht der Weibmänner« kündigt sich auf den letzten Seiten an.

• SODOM UND GOMORRA. 4. Abteilung der *Recherche* (erschienen 1921-1922). Sie umfaßt zwei Teile von sehr unterschiedlicher Länge.

1. Teil: Sodom und Gomorra I: »Erstes Auftreten der Weibmänner, der Nachkommen jener Einwohner Sodoms, die das Feuer vom Himmel verschont hat.« Er knüpft unmittelbar an die letzten Seiten von *Guermantes* an. Im Hof des Stadtpalais der Guermantes wohnt der Erzähler als Voyeur dem Versuch von Charlus bei, den Westenmacher Jupien zu verführen. Er erkennt auf diese Weise die Sitten des Barons und spinnt das bedeutende Thema des »Geschlechts der Weibmänner« fort.

2. Teil: Sodom und Gomorra II. Er unterteilt sich in vier Kapitel:

KAPITEL I: Es setzt mit der Soiree der Prinzessin von Guermantes ein. Mit dieser gesellschaftlichen Anerkennung des Erzählers einher geht die Bewußtwerdung von der vernichtenden Wirkung der Zeit. In *Die wiedergefundene Zeit* geht er diesen Verwüstungen der Zeit mit noch größerem Nachdruck nach. Als der Empfang vorüber ist, besucht Albertine den Erzähler. Er verspürt ein »entsetzliches Bedürfnis nach ihr«. In der Hoffnung, die Kammerjungfer der Baronin Putbus zu treffen, fährt er nach Balbec, wo er die »Anfälligkeiten des Herzens« erfährt. Die Erinnerung an seine Großmutter ruft seinen Kummer wach. Er bittet dann Albertine, zu ihm zu kommen.

KAPITEL II: das längste. Der Erzähler analysiert die Liebe, die er für Albertine empfindet, und beschreibt die Eifersucht, die von den ersten Regungen seines Verdachts hinsichtlich der Homosexualität Albertines ausgelöst wird. In Balbec sieht er Charlus wieder, der ganz in seiner Leidenschaft für Morel aufgeht. All diese Personen wohnen der Soiree bei, welche die Verdurin in La Raspelière geben, einem Anwesen, das sie von der verwitweten Marquise de Cambremer gemietet haben.

KAPITEL III zeigt die Entwicklung der Liebe von Charlus zu Morel und die des Erzählers zu Albertine, mit ihren Krisen und Ängsten. Die Reise durch die Normandie in dem kleinen Zug, der den »kleinen Kreis« zu den Verdurin bringt, dient als Hintergrund für die Evokation der Poesie der Bahnhöfe oder von weiteren Erinnerungen und von Gestalten wie M. de Crécy, dem vormaligen Gatten von Odette, den sie in den Ruin getrieben hat. Doch Ernüchterung überkommt den Erzähler, und er spielt mit dem Gedanken, auf seine Heirat mit Albertine zu verzichten.

KAPITEL IV: Veranschaulichung der »Anfälligkeiten«. Es schildert den Bruch des Erzählers mit seiner

Geliebten, das erneute Aufflammen seiner Leidenschaft durch die quälende Nachricht von den sonderbaren Beziehungen, die Albertine zu Mlle Vinteuil und deren Freundin unterhielt. Der Erzähler bringt Albertine auf der Stelle nach Paris zurück und kündigt seiner Mutter ihre bevorstehende Hochzeit an.

• DIE GEFANGENE. 5. Abteilung der *Recherche* (erschienen 1923, nach dem Tod Prousts), ursprünglich unter dem Titel »Erster Teil von Sodom und Gomorra III«. Obwohl der Text in seiner originalen Form keine Unterteilung aufweist, ließe sich dieses Buch in drei Teile aufgliedern:

Der erste schildert die Episode der »Gefangenhaltung Albertines«, die dem Buch den Titel verleiht. Proust beschreibt darin den Körper des schlafenden Mädchens, betrachtet von dem Erzähler. Der Kuß Albertines besitzt die Kraft, ihn zu beruhigen, und erinnert ihn dadurch an den seiner Mutter. Immer eifersüchtiger werdend, beauftragt er Andrée mit der Beaufsichtigung seiner Geliebten. Nachdem er für Albertine ein Pianola kaufen ließ, spielt er die Sonate von Vinteuil und meditiert dabei über die Beziehung der Künstler des 19. Jahrhunderts zu ihren Werken. Der Erzähler erfährt anschließend von dem Tod Bergottes in der Vermeer-Ausstellung.

Im zweiten Teil geht der Erzähler zur Soiree der Verdurin, wo Charlus zu Ehren von Morel, der ein unveröffentlichtes Werk, das Septett von Vinteuil, spielen will, ein Konzert organisiert hat. Ein weiteres Mal ruft die Musik die Berufung des Erzählers wach. Charlus, den Mme Verdurin mit Morel verfeindet, muß die Soiree verlassen, gestützt auf den Arm der Königin von Neapel.

Der dritte Teil schildert das Ende des Aufenthalts von Albertine bei dem Erzähler, vor ihrer Flucht. Die heftigen Eifersuchtsszenen, geschürt von schrecklichen Verdächtigungen, häufen sich, desgleichen die Reflexionen über »Gomorra«. Im Verlauf eines dieser Zwiste hat der Erzähler eine Vorahnung von dem Tod seiner Geliebten. Der Sinn für ihre Toilette macht die ästhetische Veranlagung Albertines deutlich, die Kleider von Fortuny trägt, angeregt von Carpaccio. Sie spielt auch die Musik von Vinteuil. Der Erzähler kann mit ihr nun über Dostojewski und Thomas Hardy sprechen. Er betrachtet Albertine als »eine große Göttin der Zeit«, denn sie hält ihn zur »Suche nach der Vergangenheit« an. Doch eines Morgens teilt Françoise ihm mit: »Mademoiselle Albertine ist fort.« Entsetzen überkommt ihn.

• DIE ENTFLOHENE. 6. Abteilung der *Recherche* (erschienen 1926: der Druckabschluß ist vom 30. November 1925 datiert, und das Buch kommt in den ersten Januartagen 1926 in den Buchhandel), zunächst untertitelt »Zweiter Teil von Sodom und Gomorra III«, dann *Die Entflohene* genannt und schließlich *Die verschwundene Albertine*. Der Originaltext weist keine Unterteilung auf. Er beginnt mit der Schilderung der zu ihrer Tante, Mme Bontemps, in die Touraine geflohenen Albertine. Unter dieser Flucht leidend, schickt der Erzähler Saint-Loup als Sendboten zu ihr und bittet Andrée, zu ihm zu ziehen. Durch ein Telegramm von Mme Bontemps erhält er jedoch die Nachricht von dem Tod Albertines durch einen Sturz vom Pferd. Der Erzähler erholt sich nach und nach. Er begegnet Gilberte, jetzt Mme de Forcheville, die einen Augenblick lang seine Liebe zu ihr wieder wachruft. In der Folge macht Andrée ihm neuerliche Enthüllungen über die gleichgeschlechtlichen Neigungen Albertines, die der Erzähler, der diese bereits zu vergessen beginnt, mit Gelassenheit aufnimmt. Schließlich reist er nach Venedig ab. Im Verlauf der Reise erreicht ihn ein Telegramm: ein Irrtum in der Unterschrift spiegelt ihm vor, es handle sich um Albertine (die folglich noch am Leben wäre). Er empfindet keinerlei Freude darüber. Unterwegs nach Paris erfährt er von der Heirat Gilbertes, der wirklichen Absenderin des Telegramms, mit Saint-Loup. Der Erzähler fährt zu ihnen nach Tansonville. Traurig hört er auch von der Liaison Saint-Loups mit Morel. Die Fortsetzung des Aufenthaltes findet sich übergangslos in *Die wiedergefundene Zeit*.

• DIE WIEDERGEFUNDENE ZEIT. 7. Abteilung der *Recherche* (erschienen 1927). Anfänglich beabsichtigte Proust, diesen Band *Die ewige Anbetung* zu nennen. Obwohl der Originaltext nicht unterteilt ist, ließe sich dieses Buch in drei Teile aufgliedern, von denen allein der letzte, der die Matinée bei der Prinzessin von Guermantes schildert, den Titel dieser Abteilung rechtfertigen kann.

Der erste Teil beschreibt den Aufenthalt des Erzählers in Tansonville, wo er entdeckt, daß die beiden »Welten« seiner Kindheit zusammenfließen. Er versteht endlich die Geste Gilbertes bei ihrer ersten Begegnung. Das Problem der Berufung stellt sich aufs neue durch die Lektüre des *Tagebuchs* der Brüder Goncourt, das in Wirklichkeit ein neues Pastiche von Proust ist. Er betont seine Unfähigkeit zu schreiben. Marcel begibt sich anschließend mehrere Jahre lang in ein Erholungsheim.

Der dritte Teil schildert die berühmte »Matinée bei der Prinzessin von Guermantes«, die sich wieder in zwei Abschnitte unterteilt: »Die ewige Anbetung« und »Die wiedergefundene Zeit« (die bis 1911 »Le bal des têtes« [Der Ball der Köpfe] hieß). Der erste Abschnitt beschreibt die Rückkehr des Erzählers nach Paris. Er glaubt noch immer nicht an seine literarische Berufung. Auf dem Weg zur Prinzessin von Guermantes, bei der er eingeladen ist, begegnet er dem mittlerweile heruntergekommenen Charlus. Als er dann über die unregelmäßigen Pflastersteine im Hof des Stadtpalais der Guermantes stolpert und hinfällt, wird erneut die Wirkung der unwillkürlichen Erinnerung (mémoire involontaire) spürbar. Er findet die verlorene Zeit wieder und versteht endlich all die Zeichen, die ihm zuteil wurden. In seinem Werk wird er sie zu deuten wissen. Die Prüfungen, die er bis dahin durchlaufen mußte, haben nur seine Auffassungsgabe ausgebildet und ihm das nötige Material gegeben. Auf dem »Ball der Köpfe«, den die Prinzessin von Guermantes gibt (in Wahrheit Mme Verdurin, die sich mit dem Prinzen wiederverheiratet hat), bemerkt der Erzähler, der sie alle peinlich genau Revue passieren läßt, die Veränderung der von der Zeit verwandelten Personen. Die Berma ist von allen verlassen worden, und Oriane hat ihr mondänes Umfeld verloren. Der Herzog von Guermantes hat Odette zur Geliebten genommen. Allein in Mlle de Saint-Loup, der Tochter von Gilberte und Robert, findet der Erzähler seine Jugend wieder. Die abschließenden Seiten fassen seine literarische und künstlerische Berufung genauer. Er sieht es als seine Pflicht an, die Vergangenheit für immer mit Hilfe des Kunstwerkes festzuhalten. Krank und unverstanden, arbeitet er nachts an diesem Werk. Es wird gänzlich unter dem Zeichen der Zeit stehen, des ersten und letzten Wortes der *Recherche*.

LA BIBLE D'AMIENS
(*Die Bibel von Amiens*)

Übersetzung des Buches von John Ruskin, erschienen 1904 bei *Mercure de France*, mit Anmerkungen und einem Vorwort von Proust (der diese Arbeit »in liebevoller Erinnerung« seinem Vater widmete). Das Vorwort faßt zwei im Jahre 1900 erschienene Artikel Prousts zusammen: der eine, »Notes et souvenirs: Pèlerinages ruskiniens en France«, im *Figaro* vom 13. Februar, der andere, »Ruskin à Notre-Dame d'Amiens«, im Aprilheft des *Mercure de France* (dieser letztere Artikel war Léon Daudet zugeeignet). Das Vorwort faßt die Proustsche Ästhetik genauer und kündigt seine durchgängige kritische Methode an: »Durch das Nebeneinanderstellen der verschiedenen Werke lösen wir gemeinsame Züge heraus, deren Zusammenführung die Physiognomik des Künstlers erstehen läßt.« Die Methode soll es zugleich ermöglichen, das »geistige Leben« des Schriftstellers wiederzufinden. Diese Auffassung rechtfertigt das System der Anmerkungen, die durch ein scharfsinniges Aufeinanderbeziehen von Zitaten »die originale und spezifische Tätigkeit« Ruskins zu fassen versuchen.

Das Vorwort von Proust gliedert sich in drei Kapitel. Das erste: *Notre-Dame d'Amiens selon Ruskin* (Ruskin über Notre-Dame von Amiens) ruft die erste Reise Prousts nach Amiens in Erinnerung und gibt eine Beschreibung der Kathedrale, die dem Werk seinen Titel verleiht. Das zweite: *John Ruskin* schildert das Alter und den Tod dieses »genialen Mannes«, dessen Größe sich weniger dem Inhalt seines Werkes verdanke als der Kraft seiner Lehrsätze. In dem letzten Kapitel, *Post-scriptum*, äußert Proust Vorbehalte über die »Ruskinsche Vergötterung«, die das Schöne und das Wahre verwechsle. Als Schlußfolgerung sagt er, die Seele eines großen Meisters aufzuschließen erlaube es, »sich dessen bewußt zu werden, was man selbst empfindet«.

CHRONIQUES
(*Chroniken*)

Der dritte Band mit vermischten Schriften, der nach dem Tod Prousts von seinem Bruder Robert 1927 herausgegeben wurde. Robert stellte verschiedene Jugendschriften zusammen sowie Texte aus dem ersten Jahrzehnt des Jahrhunderts, die weder in *Freuden und Tage* noch in *Nachgemachtes und Vermischtes* aufgenommen worden waren, dazu eine Reihe späterer Texte bis zum Jahre 1921. Es sind im wesentlichen Gelegenheitsarbeiten, Texte über Berühmtheiten und Salons, wie sie dem damaligen Zeitgeschmack entsprachen. Die Feinsinnigkeit des mondänen Chronisten kündigt diejenige an, welche die ganze *Recherche* durchzieht, oder erinnert an sie.

Der erste Teil, **Les Salons. La Vie de Paris** (Die Salons. Das Pariser Leben), berichtet über die mondäne Welt und über die Künste. *Un salon historique. Le Salon de S.A.I. la princesse Mathilde* (Ein historischer Salon. Der Salon Ihrer Kaiserlichen Hoheit Prinzessin Mathilde) (erschienen im *Figaro* am 25. Februar 1903) kündigt, in bezug auf die Seelengüte und die literarischen und mondänen Beziehungen der Prinzessin, ihr Porträt in der *Recherche* an. *La Cour aux lilas et l'atelier aux roses. Le salon de Mme Madeleine Lemaire* (Fliederhof und Rosenatelier. Der Salon von Mme Madeleine Lemaire) (erschienen im *Figaro* am 11. Mai 1903), eine Hommage an die Illustratorin von *Freuden und Tage*, beginnt mit einem Pastiche von Balzac. *Le Salon de la princesse Edmond de Polignac* (Der Salon der Fürstin Edmond de Polignac) (erschienen im *Figaro* am 6. September 1903) weist in der Szene der Beisetzung des Komponisten Edmond de Polignac, die er in einem Shakespeare entlehnten Ton schildert, auf die Trauerfeierlichkeiten für Saint-Loup voraus. Proust erwähnt auch die erste Sonate von Fauré und den *Dardanus* von Rameau. Oriane de Guermantes erscheint bereits unter den Zügen der Gräfin Greffulhe, der »Schönheitskönigin [...] Strahlend schön und lächelnd [...]«. *Le Salon de la comtesse d'Haussonville* (Der Salon der Gräfin von Haussonville) (erschienen im *Figaro* am 4. Januar 1904) beschreibt Coppet und seine Schloßherren im Stil von Renan. *Le Salon de la comtesse Potocka* (Der Salon der Gräfin Potocka) (erschienen im *Figaro* am 13. Mai 1904) spielt auf Stendhal, Balzac, Saint-Simon an sowie auf die ehemaligen literarischen und musikalischen Bekanntschaften jener Gastgeberin, zu denen Barrès, Montesquiou, Maupassant, Fauré und Hahn zählten. Proust schildert ihr zurückgezogenes Leben in Auteuil, wo sie dann wie

Hekate in Gesellschaft ihrer Windhunde lebte. *La Comtesse de Guerne* (Die Gräfin von Guerne) (erschienen im *Figaro* am 7. Mai 1905) ist der letzte »Salon«. Dieser erste Teil schließt mit dem Nachruf auf Gustave de Borda.

Der zweite Teil, **Paysages et Réflexions** (Landschaften und Betrachtungen), umfaßt die *Journées de lecture* (*Tage des Lesens*) sowie Auszüge aus der *Recherche*. *Notes et souvenirs* (Notizen und Erinnerungen) und *Critique littéraire* (Literaturkritische Arbeiten), die letzten beiden Kapitel, enthalten Texte über Ruskin und über die gotischen Kirchen wie *Pèlerinages ruskiniens en France* (*Ruskin-Wallfahrten in Frankreich*) und *La Mort des cathédrales* (*Der Tod der Kathedralen*). Von den literaturkritischen Artikeln ist *À propos de Baudelaire* (*Über Baudelaire*) ein gemäßigter, aber definitiver Angriff auf die Symbolisten. *Les Éblouissements par la comtesse de Noailles* (Les Éblouissements. Von der Gräfin von Noailles) und *À propos du »style« de Flaubert* (*Über den »Stil« Flauberts*) belegen mit Nachdruck Prousts glänzende analytische Begabung. Seit *Jean Santeuil* gewinnt sein Stil an Kraft und Genauigkeit des Bildes und weist auf den des Romans voraus oder bestätigt ihn.

CONTRE SAINTE-BEUVE
(*Gegen Sainte-Beuve*)

Ein Ensemble von Texten, die zum ersten Mal 1954 von Bernard de Fallois und dann 1971 von Pierre Clarac und Yves Sandre publiziert wurden. Beide Ausgaben sind unvollständig oder unzulänglich. Die erste von 1954 vermischt, wie Proust es wünschte, seine literaturkritischen und ästhetischen Reflexionen mit dem Roman, doch ist der Text gekürzt und unzureichend organisiert. Die zweite Ausgabe von 1971 legt nur die kritischen Texte vor.

Das Projekt geht auf das Jahr 1908 zurück. In einem Brief an G. de Lauris zeigt Proust sich unschlüssig über die zu wählende Form: »[...] Ein Aufsatz in klassischer Form, ein Tainescher Essay, nur weniger gut«, oder die Schilderung einer Morgenstunde mit seiner Mutter: »Mama käme an mein Bett, und ich erzähle ihr den Aufsatz, den ich über Sainte-Beuve schreiben möchte, und dabei würde ich ihn für sie entwickeln« [Brief vom November-Dezember 1908, dt. in: *BZW*, S. 172]. Diese Unterhaltung hätte zweifellos das Werk beschließen sollen. Einem Brief aus dem Jahre 1909 an Vallette, den Direktor des Mercure de France, zufolge sollte der »Romanteil 250 oder 300 Seiten« umfassen und die lange Plauderei über Sainte-Beuve, »die Kritik«, 125 Seiten. Der Titel *Contre Sainte-Beuve*, den Bernard Fallois dem Buch im Hinblick auf den kritischen Text gegeben hat, bleibt zwiespältig, denn das Werk weist mit seinem Ansatz zu einer fiktiven Autobiographie auf die *Recherche* voraus.

Zu Beginn wacht der Romanheld wie in der späteren *Recherche* am Morgen auf und wartet auf seine Mutter. Das »Ich« erinnert sich dann an seine Kindheit in Combray, und es sind schon die Szene des Zubettgehens und die beiden Spazierwege vorhanden. Von dem Aufenthalt mit seiner Großmutter in Querqueville am Ufer des Meeres beschreibt er seine Begegnung mit der Marquise de Villeparisis und den Beginn seiner Freundschaft zu Jacques de Montargis. Es tritt dann seine Mutter auf. Sie bringt ihm die Zeitung, in der sein Artikel erschienen ist. Die Erinnerung an eine Venedigreise mit ihr steigt in seinem Gedächtnis auf, während zugleich der Lärm von der Straße und die Sonnenstrahlen auf dem Balkon zu ihm hereindringen. Eine Diskussion mit seiner Mutter setzt ein, in der die Welt der Guermantes ersteht. Der Erzähler ist in die Gräfin verliebt; Swann liebt Sonia. Er spielt zugleich auf »flüchtig erblickte und begehrte junge Mädchen« und auf den Kreis der Verdurin mit einer Kokotte, einem Pianisten und einem Arzt an. Er begehrt auch Mlle de Quimperlé oder de Caudéran, die junge Bäuerin aus Pinsonville und das Zimmermädchen der Baronin von Picpus. Auch Charlus tritt mit den Zügen des Marquis de Gurcy oder de Guercy auf; er ist verliebt in den Blumenhändler Borniche. In der darauffolgenden »langen Plauderei« greift Proust im wesentlichen die Methode von Sainte-Beuve an, der das Werk mit dem Autor, der es geschrieben hat, in eins setzt und deshalb darauf aus ist, »sich mit allen möglichen Auskünften über einen Schriftsteller zu umgeben, seinen Briefwechsel zu vergleichen, die Menschen zu befragen, die ihn gekannt haben«. Nach Ansicht von Proust unterscheidet sich das innere Ich, »das die Werke hervorbringt«, grundlegend von dem äußeren Ich, welches von der Gesellschaft beobachtet werden kann. Indem er sich von Sainte-Beuve absetzt, gelingt dem Romancier eine glänzende literarische Kritik von Baudelaire, Nerval und Balzac.

JEAN SANTEUIL

Unvollendeter autobiographischer Roman, verfaßt zwischen 1895 und 1899. André Maurois fand ihn in den Papieren von Mme Mante-Proust, und 1952 veröffentlichte ihn Bernard de Fallois unter diesem Titel (dem Namen der Hauptperson) in drei Bänden bei Gallimard mit einem neunzehnseitigen Vorwort von André Maurois. Pierre Clarac gab ihn 1971 in der Pléiade neu heraus. Fraglos wäre er in dieser Form nicht veröffentlicht worden, denn er befand sich noch im Stadium des Entwurfs, mit Unvollkommenheiten und Wiederholungen, oder mit Passagen, die keine wirkliche Verbindung untereinander haben. Proust sagte darüber: »Darf ich dieses Buch einen Roman nennen? Es ist vielleicht weniger und doch weit mehr, die Essenz meines Lebens, unverfälscht eingefangen [...]« Doch in Wirklichkeit bedient sich diese Erzählung, die den Anspruch auf »Wahrheit« erhebt, einer Fiktion. In der »Einleitung« stellt der Erzähler eine Vorwegnahme von Bergotte, den Schriftsteller C., vor, der nach seinem Tod ein unveröffentlichtes Manuskript hinterläßt, und Jean Santeuil (anders gesagt: Marcel Proust) ist der Hauptheld dieses Buches.

Von Anfang an weist der Roman auf die *Recherche* voraus. Die Mutter von Jean Santeuil kommt nicht zu ihrem Sohn, um ihm eine gute Nacht zu wünschen, weil sie ihn »abhärten« möchte. Es folgen die Kinderjahre des Helden und seine Liebe zu Maria Kossischew (der späteren Gilberte), der er in den Parkanlagen der Champs-Élysées begegnet, sowie Passagen über seine Lektüre und über seine Eindrücke in Étreuilles, das nichts anderes ist als Illiers. *Jean Santeuil* wird dann zu jenem deutschen »Bildungsroman«, den die Novelle »Violante oder die mondäne Welt« (verfaßt 1893 für *Le Banquet*) ankündigte. Die »Kapitel« handeln vom Gymnasium, dem letzten Schuljahr und im Anschluß daran von dem gesellschaftlichen Debüt Jeans dank seines neuen Freundes Henri de Réveillon, der ihn bei seinen Eltern einführt, vom Militärdienst, den ersten Liebesregungen und der Eifersucht des Helden. Dieser befaßt sich zugleich mit Politik (Dreyfus-Affäre).

Proust schneidet die Fragen der Ästhetik in Zusammenhang mit dem Maler Bergotte und dem kleinen Thema von Saint-Saëns an. Den Roman beschließen der Tod des Vaters und verschiedene Überlegungen über die unaufhaltsam verrinnende Zeit, die auf die *Wiedergefundene Zeit* vorausweisen: »Das Werk des Lebens und des Todes, das Werk der Zeit stand nicht still.«

In der Tat ist der gesamte Stoff der *Recherche* bereits vorhanden, doch Proust hat ihn noch nicht im Griff. Er schwankt unablässig zwischen Autobiographie und Fiktion hin und her. Darüber hinaus ist der Stil mit seinen faden Anklängen an den von *Freuden und Tage* und an die großen Vorbilder des 17. und des 19. Jahrhunderts noch nicht vollständig durchgebildet. Die Sätze sind lang, haben jedoch nicht die endgültige Festigkeit wie in der *Recherche*.

Zeitablauf von *Jean Santeuil*
(rekonstruiert von Willy Hachez):

1878, *Jahresmitte*: Geburt von Jean Santeuil.

1884: Mit 6 Jahren weint Jean abends in seinem Bett und wartet auf den Gutenachtkuß seiner Mutter.

1885: Seine Eltern, die ihn auf männliche Weise erziehen wollen, ziehen einen Arzt zu Rate.

1891: Mit 13 Jahren liebt Jean Maria Kossischew, der er in den Parkanlagen der Champs-Élysées begegnet.

1892, *Januar und Februar*: Jean ist traurig, denn seine Freundin ist krank und darf das Haus nicht mehr verlassen. *20. März*: Seine Eltern trennen ihn von Maria und lassen ihn bis zum August bei M. Jacomier Privatstunden nehmen. Nach den Ferien kommt er in die höhere Schule. In seiner Jugend verbringt er seine Ferien oft in Étreuilles.

1893, *Oktober*: Jean kommt ins Gymnasium Henri IV. Von einem älteren Mitschüler verleitet, geht er »zu den Schneppen«.

1895: Mit 17 Jahren kommt Jean in die Philosophieklasse [Oberprima] und schließt Freundschaft mit Henri de Réveillon. Er begegnet Duroc, dem Kabinettschef von Hanotaux. Streit mit seiner Mutter. In der Abgeordnetenkammer steht die Affäre der Massaker in Armenien zur Debatte.

1896, *Juli*: Ende des letzten Schuljahres. Abreise zum Antritt des Militärdienstes.

1897, *August und September*: Erster Aufenthalt in Réveillon. *Oktober*: Jean kehrt nach Paris zurück, um dort Jura zu studieren. Er führt allerdings ein sehr mondänes Leben und besucht die Vorlesungen nicht.

1898, *Februar*: Er wohnt dem Zola-Prozeß bei. Er wird zu einem Diner bei Mme Marmet eingeladen. *Juli*: Er fällt bei seinem ersten Juraexamen durch und beschließt, Vorlesungen in politischer Wissenschaft zu belegen. *August und September*: Aufenthalt in Beg-Meil. *Ende des Jahres*: Zweiter Aufenthalt in Réveillon; von dort aus fährt er nach Provins.

1899: Mondänes Leben. Leidenschaft für Mme S... (Françoise), die bald wieder abklingt. *August und September*: Aufenthalt in Savoyen. Seine Liebschaften häufen sich.

1900: Seine leidenschaftliche Liebe zu Charlotte hält sechs Monate an. Angewidert von seinem mondänen Leben, bedauert er die »verlorene Zeit« seit dem Abgang aus der Philosophieklasse. Seine Eltern werden alt; die Zeit verrinnt unaufhaltsam.

PASTICHES ET MÉLANGES
(*Nachgeahmtes und Vermischtes*)

Sammelband mit Prosatexten, in Zeitungen erschienenen Artikeln und Vorworten mit unterschiedlichen Entstehungsdaten, erschienen 1919 bei Gallimard.

Nachgeahmtes (»Pastiches«). Die Lemoine-Affäre. Im Juli 1908 brach der Skandal um den französischen Ingenieur Lemoine aus. Lemoine hatte vorgegeben, Diamanten herstellen zu können, und hatte Sir Julius Wernher, den Generaldirektor der De Beers, um über eine Million Francs in Gold geprellt. Proust schilderte diese Heldentat im *Figaro* (im Februar und März 1908). Es finden sich in dem Band neun Fassungen desselben Ereignisses, geschrieben in der Manier verschiedener Autoren: I. *In einem Roman von Balzac*; II. *Die Lemoine-Affäre von Gustave Flaubert*; III. *Kritik des Romans von Monsieur Gustave Flaubert über die »Lemoine-Affäre« von Sainte-Beuve, in seinem Feuilleton des ›Constitutionnel‹*; IV. *Von Henri de Régnier*; V. *Im Tagebuch der Goncourt*; VI. *»Die Lemoine-Affäre« von Michelet*; VII. *In einer Theaterkritik von Monsieur Émile Faguet*; VIII. *Von Ernest Renan*; IX. *In den Memoiren von Saint-Simon*.

Der Band enthält zudem *Pastiches aus dem Nachlaß*, welche die Affäre in der Manier von Sainte-Beuve, Chateaubriand, Maeterlinck und John Ruskin wiederaufgreifen, sowie ein *Pastiche von »Pelléas et Mélisande«* Der talentierte Beobachter Proust erweist sich hier als ein glänzender humoristischer Autor, der nicht zögert, sich in seinem Ruskin-Pastiche über sich selbst und seine Übersetzungen lustig zu machen.

Vermischtes (**»Mélanges«**). Von ihrem Genre her sehr verschieden, fassen diese *Mélanges* in drei Abschnitten eine Reihe von nüchterneren Texten zusammen. Der erste Abschnitt mit dem Titel **Zum Gedenken an die gemordeten Kirchen** gemahnt an die Zerstörungen des 1. Weltkrieges. Er enthält eine Reihe von Artikeln über normannische Kirchen und über Ruskin: *Die geretteten Kirchen*; *Die Kirchtürme von Caen*; *Die Kathedrale von Lisieux*. *Tage im Automobil*, *Tage der Wallfahrt* und *John Ruskin* wurden 1900 als Begleittexte zu seiner Übersetzung der *Bibel von Amiens* (vgl. S. 271) geschrieben. Die **Der Tod der Kathedrale** betitelte Studie (erschienen im *Figaro* am 16. August 1904) wandte sich gegen das Gesetz über die Separation [von Kirche und Staat]. Der 2. Abschnitt umfaßt einen einzigen Artikel: **Sohnesgefühle eines Muttermörders** (zuvor erschienen im *Figaro* vom 1. Februar 1907), der eine Meditation über den Wahnsinn darstellt. Der letzte Abschnitt enthält die **Tage des Lesens,** einen in der *Renaissance latine* am 15. Juni 1905 unter dem Titel »Sur la lecture« (Über das Lesen) veröffentlichten Artikel, der als Vorwort zu Prousts Übersetzung von *Sesam und die Lilien* diente.

LES PLAISIRS ET LES JOURS
(*Freuden und Tage*)

Das Erstlingswerk Prousts, erschienen bei Calmann-Lévy im Juni 1896. Illustriert mit Aquarellen von Madeleine Lemaire, mit vier Klavierstücken von Reynaldo Hahn und einem kurzen Vorwort von Anatole France (France, der sein Vorwort erst nach längerem Bitten geschrieben haben soll, sagt darin: »Es ist etwas an ihm von einem verdorbenen Bernardin de Saint-Pierre und einem arglosen Petronius«). Das Buch war »Meinem Freund Willie Heath, gestorben in Paris am 3. Oktober 1893« zugeeignet. Die Vorrede, die jene Widmung begleitet (verfaßt im Juli 1894), nimmt auf den Tod und zumal auf die Krankheit Bezug und weist auf das weitere Leben Prousts voraus. Bei der Wahl seiner Titel parodierte Proust den griechischen Dichter Hesiod (8. Jahrhundert vor Christus), den Verfasser von *Werke und Tage*.

In der Absicht, eine kohärente Organisation des gesammelten Materials zustande zu bringen, faßt dieser Sammelband das Wichtigste von dem zusammen, was Proust bis dahin veröffentlicht hat (es ist ein zu dieser Zeit häufig angewandtes Verfahren, dem Leser schon vorher in der Presse erschienene Texte ein zweites Mal vorzulegen; Proust spielt hier Vorreiter). Die Texte in dekadentem Ton, aus denen der Band zusammengesetzt ist, sind zwei oder drei Jahre zuvor in Zeitschriften wie *Le Banquet*, *Le Gaulois* oder *La Revue blanche* erschienen. Nicht aufgenommen wurden allerdings drei in der *Revue blanche* erschienene Studien, darunter *Vor der Nacht* (die zu sehr aus dem Rahmen gefallen wäre) und die Novelle *Der Gleichgültige* [beide Texte sind sowohl in der Pléiade-Ausgabe von 1971 als auch in der deutschen Ausgabe von 1988 enthalten]. Die Abfolge der unterschiedlich gearteten Stücke richtet sich nach ihrem jeweiligen Genre: Der Band enthält Pastiches, Novellen, Gedichte und Prosagedichte sowie Porträts. Die Gedichte, die in der Mitte der Sammlung stehen, sind unter dem Titel **Porträts von Malern und Komponisten** zusammengefaßt. Die durchgängige Anordnung ist nicht chronologisch, sondern kreisförmig, wie später in der *Recherche*. So entspricht die erste Novelle, **Der Tod des Baldassare Silvande**, der letzten, **Das Ende der Eifersucht**, in der der Tod Honorés dargestellt wird. Die einzelnen Stücke sind aufeinander bezogen, und die Gestalten tauchen in mehreren Texten wieder auf, ohne unbedingt dieselbe Person zu sein, oder aber sie stehen sich in den beiden unterschiedlichen Teilen des Werkes gegenüber (wie Violante und Honoré oder Mme de Breyves und das »junge Mädchen«). Wenn der erste Teil von pessimistischer Grundhaltung ist und die Auflösung der Persönlichkeit schildert, so ist der zweite durch das Eingreifen des Jenseitigen und der Kunst von Optimismus geprägt.

Die Novellen. **Der Tod des Baldassare Silvande, Freiherrn von Sylvanien** beschreibt das lange Siechtum des Onkels des jungen Alexis, eines hochadligen Kunstliebhabers, der unter einer ganzseitigen Lähmung leidet. Unmittelbar vor seinem Tod läßt ihn der Klang der Kirchenglokken dank des Phänomens der unwillkürlichen Erinnerung (mémoire involontaire) seine Kindheit bei seiner Mutter wiedererleben. Proust verwendet eigene Erinnerungen, steht aber zugleich unter dem Einfluß von Tolstoj und dessen Tod des Prinzen André in *Krieg und Frieden*.

Violante oder die mondäne Welt beschreibt, wie die »für die Unendlichkeit geschaffen(e)« Existenz eines jungen Mädchens der guten Gesellschaft durch die Eitelkeit mondäner Vergnügungen »nach und nach beinahe zu einem Nichts« verkümmert. Dies trifft später auf Oriane de Guermantes und auf den jungen Marcel zu.

Bouvard und Pécuchet: Gespräche über die mondäne und über die musikalische Welt leitet die lange Reihe der späteren Pastiches ein. Der Text stellt ein Beispiel für die Lektüren und musikalischen Vorlieben des jungen Proust ganz im Stil der Jahrhundertwende dar.

Melancholische Sommertage in Trouville schildert die Liebesqualen, welche die Titelheldin für den jungen Monsieur de Laléande erleidet. Der Text weist auf *Eine Liebe von Swann* voraus, und die dahinschwindende Mme de Breyves befindet sich in Trouville, dem künftigen Balbec.

Das Bekenntnis eines jungen Mädchens schildert den Selbstmord eines Mädchens, das den Tod seiner Mutter verschuldet hat, weil es sich in deren Gegenwart ihrem Geliebten hingab. Mehrere Themen der *Recherche* sind ansatzweise vorhanden: die Grausamkeit (die man bei Mlle Vinteuil wiederfindet), die mütterliche Liebe und der Gutenachtkuß, die Willensschwäche und die Initiation durch einen »sehr lasterhaften« Cousin.

Zum Diner geladene Gäste ist eine erste Skizze des kleinen Kreises der Verdurin in der *Recherche*. Die Gestalt des Honoré erinnert bereits an Swann.

Das Ende der Eifersucht schildert den Tod von Honoré, der seine Leidenschaft nicht überlebt. Erst auf dem Totenbett gelingt es ihm, über seine Eifersucht hinauszukommen. In einem Brief an Robert de Flers aus dem Jahre 1913 weist Proust auf Ähnlichkeiten mit *Eine Liebe von Swann* hin [dt. in: *BZW*, S. 284].

KÜRZERE TEXTE. Sie sind unter dem Titel **Fragmente einer italienischen Komödie** und **Die Klagen, Träumereien in zeitfarbener Tönung** zusammengefaßt. Es sind zugleich Skizzen für die *Recherche*. Es sind darin in der Tat schon die Themen der Liebe (*Kritik der Hoffnung im Licht der Liebe*), der Musik (*in Lobrede auf die schlechte Musik*) und der Erinnerung (in *Genrebilder der Erinnerung*) angelegt. Porträts von Snobs finden sich in *Figuren der mondänen Komödie*.

SÉSAME ET LES LYS
(*Sesam und die Lilien*)

Werk von Ruskin, übersetzt und mit Anmerkungen von Proust, erschienen 1906 bei Mercure de France, mit einem kürzeren und literarischeren Vorwort als das zur *Bible d'Amiens*; es ist der Princesse Alexandre de Caraman-Chimay (geborene Hélène de Brancovan) zugeeignet. Es enthält Erinnerungen an Jugendlektüren, die in *Jean Santeuil* wiederaufgegriffen werden. Proust stellt seine eigenen Auffassungen der »vorherrschenden Rolle« gegenüber, »die Ruskin in diesem kleinen Werk der Lektüre zuweist«. Denn »wir können von niemand anderem die Wahrheit empfangen«. Man muß über diesen »ganz von den anderen zubereiteten Honig« hinausgehen und ihn sich selbst anverwandeln. Proust beschließt das Vorwort mit Überlegungen zur Poesie der Vergangenheit, die uns die Sprache der alten Autoren vermittelt.

BRIEFE

Es wurden gezählt: Im Jahre 1893 (mondäne Zeit): 65 Briefe; 1905 (Tod der Mutter): 186 Briefe; 1913 (Erscheinungsjahr von *Swann*): 190 Briefe; 1915 (während des Krieges): 135 Briefe.

Es ist wegen der verlorengegangenen oder vernichteten Briefe selbstverständlich nicht leicht, die genaue Zahl aller Briefe Prousts anzugeben. Doch wenn man von 1890 an durchschnittlich 150 Briefe pro Jahr rechnet, so darf man annehmen, daß sich diese Gesamtzahl schätzungsweise auf etwa 5000 Briefe beläuft. Zieht man die Bilanz der einzelnen Jahre – obwohl die Schwierigkeit bestehenbleibt, die Briefe chronologisch einzuordnen, denn Proust machte sich selten die Mühe, sie anders als durch die Angabe des Wochentages zu datieren –, so ergibt sich daraus, daß er im allgemeinen einen bis drei Briefe am Tag schrieb. 1912 verdoppelt sich seine Korrespondenz im Vergleich zu den Jahren 1910 und 1911, woraus zu ersehen ist, daß Proust weniger an seinem – damals bereits weit fortgeschrittenen – Werk arbeitet. Am 10. Dezember 1919, nachdem er den Prix Goncourt erhalten hat, gesteht Proust in einem Brief, den er an seine Nichte schickt, um sich für ihre Glückwünsche zu bedanken – und als Entschuldigung für die Kürze seines Schreibens –, er habe 870 Briefe zu beantworten!

Briefpartner Prousts: Agostinelli (Alfred); Amphitryon (ein italienischer Offizier); Antoine (Mme); Astruc (Gabriel); Ballot; Bardoux (Jacques); Barney (Mme Nathalie Clifford); Barrès (Maurice); Beaunier (André); Bélugou (Léon); Berry (Walter); Bibesco (Prince Antoine), (Prince Emmanuel), (Princesse Georges-Valentin); Billy (Robert de), (Mme Robert de); Bizet (Jacques); Blanche (Jacques-Émile); Blum (René); Boulenger (Jacques), (Marcel); Bourges (Élémir); Boylesve (René); Brach (Paul); Brun (Louis); Caillavet (Gaston Arman de), (Mme Gaston Arman de), (Mlle Simone de); Calmette (Gaston); Catusse (Anatole), (Mme); Chevilly (Pierre d'Humilly de); Clermont-Tonnerre (Duchesse de); Colette; Copeau (Jacques); Crémieux (Benjamin); Curtius (Ernst Robert); Daireaux (Max); Daudet (Léon), (Lucien); Desjardins (Dr. Abel); Dreyfus (Robert); Duplay (Maurice); Duvernois (Henri); Faure-Biguet (J. N.); Flers (Robert de), (Marquise Robert de); Fould (Eugène); France (Anatole); Franklin (Alfred); Gaillard-Lacombe (V.); Gallimard (Gaston);

Gauthier-Villars (H.); Gautier-Vignal (Comte Louis); Gide (André); Godebska (Misia); Grasset (Bernard); Gregh (Fernand); Guerritte (Mme T. J.); Guiche (Duc Armand de); Guillouin (René); Hahn (Reynaldo); Hauser (Lionel); Hayman (Mme Laure); Hennessy (Mme Jean); Lacretelle (Jacques de); Lang (André); La Rochefoucauld (Comte Gabriel de); Lauris (Comte Georges de), (Mme Georges de); Lavallée (Pierre); Lemaitre (Jules); Mâle (Émile); Marais (Paul); Martin-Chauffier (Louis); Maugny (Comte Clément de), (Comtesse); Mauriac (François); Maurras (Charles); Montesquiou (Comte Robert de); Morand (Paul); Mornand (Mlle Louisa de); Nahmias (Albert); Nantois (Mme de); Noailles (Comtesse Mathieu de); Nordlinger (Mlle Marie); Oncieu de la Batie (Comte Victor d'); Pierrebourg (Baronne A. de); Porel (Jacques); Porto-Riche (Georges de); Proust (Dr. Adrien), (Mme Adrien); Robert (Louis de); Rosny *der Ältere* (J.-H.); Salignac-Fénelon (Bertrand, Comte de); Sassoon (Sir Philip); Scheikévitch (Mme); Schiff (Sydney; Pseudonym Stephen Hudson), (Mme Sydney); Souday (Paul); Soutzo (Princesse Hélène); Straus (Émile), (Mme Émile); Traz (Georges de; Pseudonym Fr. Fosca); Ullmann (Constantin); Vaudoyer (Jean-Louis); Vettard (Camille); Weil (Mme Nathé); Yeatman (Léon); Yturri (Gabriel d').

Briefausgaben: 1970 begann Philip Kolb mit der Herausgabe der gesamten erhaltenen Korrespondenz Prousts. Er wählte eine streng chronologische Abfolge, ohne Bevorzugung eines Adressaten. Bis dahin hatten die Herausgeber die Zusammenstellung nach dem jeweiligen Briefempfänger bevorzugt, wie bei der von Robert Proust von 1930 bis 1936 bei Plon herausgegebenen Ausgabe. An erster Stelle standen darin die zahlreichen an Robert de Montesquiou gerichteten Briefe. Hatte diese Anordnung auch den Vorteil, den Charakter des jeweiligen Empfängers – an der Haltung, die Proust ihm gegenüber einnahm – greifbarer werden zu lassen, so ermöglicht es die Anordnung Philip Kolbs, die verschiedenen Zeitabschnitte im Leben des Schriftstellers exakt zu verfolgen.

Nicht veröffentliche oder verlorengegangene Briefe: Dies betrifft vor allen Dingen die Liebesbriefe. Die Nichte Prousts, Mme Mante-Proust, wollte die Homosexualität des Schriftstellers nie wahrhaben. Zu diesem Thema äußerte sie sich unwandelbar auf dieselbe verblüffende Weise: »Wo denken Sie hin; als wenn er für so etwas Zeit gehabt hätte.« Wie dem auch sei, sie verbrannte aus diesem Grund jedenfalls einen Teil des amourösen Briefwechsels zwischen ihrem Onkel und Reynaldo Hahn. Die Briefe, die Proust und Albert Le Cuziat austauschten, wurden nach dem Tod des Schriftstellers in alle Winde zerstreut. Der Inhaber des Hôtel Marigny, der mehrere hundert davon besaß, verkaufte sie in den zwanziger Jahren für wenig Geld an seine Gäste. Er verschenkte auch manche an seinen Arzt und an seine Freunde. Sacha Bernard, ein entfernter Verwandter von Berlioz, der mit Proust zu derselben Zeit bekannt war wie der junge Comte Gautier-Vignal, verlor 1922 im Zug von Grenoble nach Paris eine kleine Hirschledertasche, in der er seinen Briefwechsel mit Proust, insgesamt 80 Briefe, aufbewahrte. Die Briefe an seinen Großvater wurden von einem Sammler mit Beschlag belegt und bis heute noch nicht veröffentlicht.

Besonderheiten des Briefwechsels: Die Länge der Briefe variiert von wenigen Worten bis zu mehreren Seiten. Sie hängt von dem Empfänger ab, von dem Gesundheitszustand Prousts, von der Zeit, über die er zum Briefschreiben verfügt, von dem Gegenstand des Briefes. Anhand der Schrift und der Anzahl der Ausstreichungen läßt sich zudem auf die körperliche Verfassung dieses ewigen Kranken schließen. Im allgemeinen ist die Handschrift weit und gut lesbar, nur wenig ist durchgestrichen. Dies trifft allerdings nicht auf die letzten sechs Monate von Prousts Leben zu. Zumal in den Briefen an Jacques Rivière – soweit diese nicht von Céleste Albaret geschrieben sind – ist die Schrift vollständig verändert. Es gelingt ihm kaum, ein paar Zeilen mit winzigen Buchstaben auf das Papier zu bringen. Manchmal handelt es sich nur mehr um kurze Bemerkungen. Seine Briefe, wie der an Robert de Billy vom 9. Juni 1893, sind hin und wieder mit Skizzen von Tischordnungen versehen; die an Reynaldo Hahn enthalten zahlreiche Zeichnungen. Proust machte sich keine Illusionen über seine zeichnerischen Talente. An Gaston Gallimard schrieb er: »Ich kann nicht einmal zeichnen.« Er hütete sich deshalb, die Briefe an seine weniger vertrauten Briefpartner zu illustrieren.

In seinem ganzen Briefwechsel bedient Proust sich einer bisweilen sehr eigenwilligen Rechtschreibung, besonders bei den Eigennamen. Seine Schreibweise ist von zahlreichen Nachlässigkeiten geprägt. Er kürzt manche Worte ab, läßt manche Akzente, manche Bindestriche, ja sogar den Zirkumflex beim zweiten Konjunktiv weg. Er schreibt fast immer »peut'être« statt »peut-être« [vielleicht]. Einen Absatz zeigt er oft durch einen Gedankenstrich an. Häufig wurden die Briefe auch von den Sekretären Prousts geschrieben, bei denen die Rechtschreibfehler und die fehlende Zeichensetzung sich häuften. Henri Rochat tat sich zwei Jahre lang durch eine besonders schöne Handschrift hervor, aber er schrieb den Namen des Literaturkritikers Sainte-Beuve »Saint-Beuve«; er verwechselte den Infinitiv und das Partizip der Vergangenheit, das Verb »est« [ist] und das Bindewort »et« [und].

Stil: Er variiert je nach der Zeit, den Gegenständen und den Briefempfängern. Dem preziösen Fin-de-siécle-Stil in seinen Briefen an Robert de Montesquiou stehen die ausschweifenden und pathetischen Schreiben gegenüber, die er im November 1922 an Jacques Rivière richtet. Bei seinen intimen Freunden, namentlich bei Reynaldo Hahn, bemüht er sich nicht darum, als Stilist zu glänzen. Mit dem Komponisten bediente er sich ab September 1904 eines sonderbaren Idioms, das Hahn sehr schätzte, denn er gebrauchte es mit all seinen nahen Verwandten und Freunden. Aus der Nachahmung von Hahns kindischen Grillen schöpfte Proust einen reichen Schatz an Humor und Findigkeit. Trotz der Krankheit und trotz all seiner Liebesleiden wußte Proust demnach in seinen Briefen mit dem Humor und der Poesie umzugehen. Oft bemühte er sich auch, einen bestimmten Eindruck oder eine bestimmte Idee wiederzugeben, die man dann fast unverändert in seinem Roman wiederfindet. Auf den Umschlägen standen bisweilen Adressen-Gedichte, zumal bei den Briefen an Jean Cocteau.

Gegenstand: Es gibt kein einziges Thema, das in den Briefen nicht erörtert würde. Börsenfragen mit Lionel Hauser, mondäne Intrigen mit Robert de Montesquiou, lange Beschreibungen seines körperlichen Zustandes mit seiner Mutter. Sein Liebesschmerz zumal zur Zeit des Todes von Agostinelli wird in den Briefen ausführlich geschildert. Im wesentlichen möchte er jedoch Material für sein Werk sammeln. Unablässig fragt er seine Briefpartner nach kulinarischen oder medizinischen Details und nach Einzelheiten der Bekleidung. Manchmal vertraut er sich seinen Freunden an, insbesondere Jacques Rivière, Louis de Robert und Georges de Lauris, und offenbart ihnen die verborgenen Absichten und die Kompositionsprinzipien seines Romans. Anhand der Briefe an Reynaldo Hahn oder an Mme Straus läßt sich die ganze Genese der *Recherche* nachvollziehen, der Fortgang seiner Arbeit und die Einführung seiner Romangestalten verfolgen. Bei der Lektüre dieser Briefe findet man bedeutsame Hinweise auf den Roman, aber in einer noch einfacheren, weniger ausgearbeiteten Gestalt.

Dieser ganze umfangreiche Briefwechsel, der uns Tag für Tag das Leben des Schriftstellers offenbart, bleibt ein unerläßliches Hilfsmittel für das Verständnis Prousts und der *Recherche.*

II
LEXIKON DER PERSONEN IN DER *RECHERCHE*

☛ In einer Widmung für Jacques de Lacretelle schrieb Proust: »Es gibt keinen Schlüssel für die Personen dieses Buches, oder aber es gibt deren acht oder zehn für eine einzige; auch für die Kirche von Combray hat mir mein Gedächtnis als Vorbilder viele verschiedene Kirchen vorgegeben. Ich kann Ihnen nicht mehr sagen, welche. Ich erinnere mich nicht einmal mehr daran, ob die Fließen aus Saint-Pierre-sur-Dives oder aus Lisieux stammen. Bei manchen Kirchenfenstern sind die einen sicher aus Évreux, die anderen aus der Sainte-Chapelle oder aus Pont-Audemer.«

ADOLPHE (der Onkel): Der Bruder des Großvaters des Erzählers. Sein Kammerdiener, der ihn regelrecht verehrt, ist der Vater des Geigers Morel. Er überwirft sich wegen Odette mit seinem Freund Swann und vor allem mit der Familie des Erzählers, der bei ihm der »Dame in Rosa« begegnet ist. **Vorbilder:** Louis Weil, der Großonkel Prousts (die wesentlichen Züge); Jules Amiot, Onkel Prousts (einige Züge).

AGRIGENT (Fürst von): Bei den Swann hat er den Beinamen »Gri-Gri«. Man sieht ihn in der Loge Odettes. In *Sodom und Gomorra* wird diese schmale und langgestreckte Gestalt mit dem glanzlosen Blick eines Hotelboys seltsamerweise für einen Hochstapler gehalten. Die *Recherche* gibt an: »Der Fürst hatte seinen Titel von dem Hause Aragonien geerbt«, das die sizilianische Krone innegehabt hatte, »während die Herrschaft selbst poitevinisch ist. Was sein Schloß betraf, jedenfalls das, in dem er residierte,

Die vier Generationen der ›Recherche‹

1820: Die Großmutter; Mme de Villeparisis: der Marquis de Norpois; Mme de Cambremer.

1850: Die Eltern; Françoise; Der Herzog von Guermantes; Charlus; Swann; Odette; Legrandin; Brichot; die Verdurin.

1880: Der Erzähler; Gilberte; Albertine; Charles Morel; Saint-Loup; Albert Bloch; Mlle Vinteuil.

1900: Mlle de Saint-Loup.

so war es nicht ein Schloß seiner Familie, sondern stammte aus der Familie eines ersten Gatten seiner Mutter und lag ungefähr gleich weit von Martinville und von Guermantes entfernt.« Auf der Matinée der Prinzessin von Guermantes sieht der Erzähler ihn sehr krank, aber vom Alter verklärt, wieder.

AIMÉ: Oberkellner des Grand-Hôtel in Balbec und dann in einem Pariser Restaurant in *Mädchenblüte*. Er gibt dem Erzähler Auskünfte über das Doppelleben von Albertine, die er wenig schätzt. In *Die Entflohene* offenbart er ihm auch die Homosexualität Saint-Loups. **Vorbilder:** Olivier Dabescat, der Oberkellner des Ritz; Hector, der Oberkellner des Hôtel des Réservoirs; und Charles bei Larue.

ALBARET (Céleste): Gestalt in *Sodom und Gomorra*, die zusammen mit ihrer Schwester Marie Gineste »Botin« des Grand-Hôtel von Balbec ist. Bezaubert von »ihrem eigentümlichen Sprachgenie«, freundet der Erzähler sich mit ihr an. Die eifersüchtige Françoise nennt sie »die Einschmeichlerin«. **Vorbild:** Die Haushälterin Prousts, Céleste Gineste (1891-1984), die 1913 Odilon Albaret heiratete.

ALBERTINE: Albertine Simonet gehört zu der »kleinen Schar« der »blühenden jungen Mädchen«, die der Erzähler auf dem Deich von Balbec erblickt. Er mag ihre mit Argot getränkte Sprache, ihr Äußeres eines dunkelhaarigen Mädchens mit vollen Wangen und grünen Augen, ihre Dreistigkeit und ihre Härte. Sie ist sportlich und fährt Fahrrad. »Marcel« trifft sie in dem Atelier von Elstir wieder. Im Casino von Incarville sieht er sie auch mit Andrée tanzen. Wieder in Paris, beabsichtigt er, sie zu heiraten, und lädt sie schließlich – trotz der Vorhaltungen seiner Mutter – ein, zu ihm zu ziehen. Nachdem er das Verhältnis Albertines mit Mlle Vinteuil und Andrée entdeckt hat, kommt seine Eifersucht zum Ausbruch. Nach mehreren quälenden Szenen entflieht Albertine in die Touraine zu ihrer Tante, Mme Bontemps, zu der Saint-Loup als Mittler gesandt wird. Albertine weigert sich zurückzukehren, und der Erzähler schickt ihr ein flehendes Telegramm. Im selben Augenblick erhält er das Telegramm von Mme Bontemps, die ihm den Tod seiner Geliebten durch ein Unglück beim Ausreiten mitteilt. Sein Kummer und seine Eifersucht, angestachelt durch zusätzliche Beweise von den homosexuellen Beziehungen Albertines, münden letztlich in das Vergessen ein, das »Marcel« im Verlauf seiner Reise nach Venedig erfährt.

☛ Die Kommentatoren haben sich die Frage gestellt, ob der Erzähler Albertine wirklich besessen habe. In *Sodom und Gomorra* sagt er, daß er es »mit so großer Gleichgültigkeit« in Balbac getan habe, während er ein paar Seiten vorher behauptet, es sei in Paris gewesen. Manche sind der Ansicht, daß er in Wirklichkeit nie ihr Liebhaber war, wie die fol-

Alfred Agostinelli

gende Stelle aus *Die Gefangene* es belegt: »Im übrigen erschreckte mich Albertine durch die Bemerkung, ich hätte ganz recht, wenn ich sagte – um ihr nicht zu schaden –, daß ich nicht ihr Liebhaber sei. ›Noch dazu, fuhr sie fort, stimmt es ja, daß du es nicht bist.‹ Ich war es vielleicht tatsächlich nicht ganz und gar; aber sollte ich daraufhin annehmen, sie tue die gleichen Dinge, die sie mit mir trieb, auch mit allen Männern, deren Geliebte, wie sie mir immer versicherte, sie nicht war?« **Hauptsächliches Vorbild:** Alfred Agostinelli, der Chauffeur Prousts. Élisabeth de Gramont zufolge soll Proust ihr den Vornamen der Comtesse Jean de Montebello, einer Freundin von Robert de Montesquiou, gegeben haben. **Weitere Vorbilder:** Albert Nahmias, Albert Le Cuziat, Henri Rochat, Marie de Chevilly, Mary Finaly, Louisa de Mornand.

ALBON (Monsieur d'): Gestalt aus *Die wiedergefundene Zeit*, die zu dem Kreis der Guermantes gehört, dessen Esprit d'Albon schätzt.

ALIX (»Marquise vom Quai Malaquais«): Sie verkehrt in dem Salon von Mme de Villeparisis, um dieser die Gäste wegzuschnappen. **Hauptsächliches Vorbild:** Mme de Chaponay, die wie Alix ihr weißes Haar hoch aufgesteckt trägt wie Marie-Antoinette. **Vorname:** der der Vicomtesse Alix de Janzé, geborene Choiseul.

AMBRESAC (Mlles d'): Gestalten aus *Mädchenblüte*, Verwandte von Mme de Villeparisis. Der Erzähler begegnet ihnen in Balbec, wo Albertine ihnen wenig Sympathie entgegenbringt.

AMBRESAC (Mme d'): In *Guermantes* wohnt sie in der Oper der Aufführung von *Phädra* mit der Berma in der Titelrolle bei. Zu Beginn der Vorstellung hilft sie dem Herzog von Aumale aus dem Mantel.

AMONCOURT (Mme Timoléon d'): In *Sodom und Gomorra* wohnt sie einer Soiree bei der Prinzessin von Guermantes bei. Zum Verdruß des Herzogs spricht sie mit der Herzogin über Ibsen und D'Annunzio.

ANDRÉE: Diejenige in der »kleinen Schar«, die der Erzähler, nach Albertine, am meisten mag. Gewitzt wie diese, ist sie auch genauso vielschichtig, zwischen Verderbtheit und wirklicher Güte schwankend. Marcel beauftragt sie damit, seine Geliebte zu begleiten und zu beaufsichtigen. Ihm kommen jedoch Zweifel über die eigentliche Beziehung, welche die beiden Freundinnen verbindet. Er erinnert sich, die beiden eng umschlungen im Casino von Incarville tanzen gesehen zu haben. Später gesteht Andrée dem Erzähler ihr Verhältnis mit Albertine. Andrées Fehler, ihre Eifersucht, ihre Verbitterung treten mit den Jahren schärfer hervor. Sie heiratet schließlich Octave, den sie in Balbec schamlos verleumdet hatte. In *Die wiedergefundene Zeit* wird sie zur besten Freundin von Gilberte de Saint-Loup. **Vorbilder:** Anna Agostinelli (die Geliebte des Chauffeurs von Proust), Jeanne (die Frau von Paul Iribe).

Anwalt aus Paris: In *Sodom und Gomorra* begleitet er Mme de Cambremer und deren Tochter nach Balbec. Als Liebhaber der Malerei zieht er Elstir Le Sidaner vor.

ARGENCOURT (Graf von): Tritt zunächst in *Guermantes* auf einem Empfang von Mme de Villeparisis auf, bei dem er mit der Herzogin von Guermantes, die er bewundert, von Maeterlinck spricht. Er ist Dreyfus-Gegner und zeichnet sich durch seine Unverschämtheit Bloch gegenüber aus. Nach dieser Soiree begegnet er auf der Straße Charlus in Begleitung des Erzählers. In *Die wiedergefundene Zeit* scheint er auf der Matinée der Prinzessin von Guermantes auf sonderbare Weise als Greis geschminkt zu sein.

ARPAJON (Mme d'): Naive Geliebte des Herzogs von Guermantes. In *Guermantes* verleumdet die Herzogin sie bei der Prinzessin von Parma. In *Sodom und Gomorra* wohnt sie einer Soiree bei der Prinzessin von Guermantes bei, wo sie sich auf die Herzogin von Surgis eifersüchtig zeigt, die im Herzen ihres Geliebten ihre Stelle eingenommen hat. Zur großen Freude des Großherzogs Wladimir wird Mme d'Arpajon von dem Strahl einer Fontäne durchnäßt. Sie empfängt Mme Swann, legt jedoch zugleich ihre Respektlosigkeit gegenüber Mme Verdurin an den Tag. In *Die wiedergefundene Zeit* erscheint sie gealtert auf der berühmten Matinée der Prinzessin von Guermantes. Bloch verwechselt ihren Tod mit dem der Marquise d'Arpajon.

AUBERJON (Herzogin Gisèle d'): In *Guermantes* empfiehlt Mme de Villeparisis sie der Herzogin von Guermantes, damit sie ihr bei ihrem Nachmittagstee behilflich ist.

BALLEROY (Mme de): In *Die Gefangene* ist sie die Großtante einer Nichte der Herzogin von Guermantes. Sie schickt dem Erzähler einen Liebesbrief, den er in seinem Kummer über die Abreise Albertines nicht beantworten kann. **Name:** Schloß von Balleroy in der Nähe von Bayeux, das Proust 1907 besichtigte.

BAVENO (Marquise de): In *Guermantes* erzählt ihr die Prinzessin von Épinay von dem auf Charlus gemünzten Kalauer »Taquinius Superbus«.

BEAUSERGENT (Mme de): Schwester von Mme de Villeparisis. Wie diese hat auch sie imaginäre Memoiren geschrieben, die mit denen von Mme de Sévigné die Lieblingslektüre der Großmutter des Erzählers darstellen. Ihre umfangreichen Werke erinnern an die von Mme de Boigne. Swann spricht von ihr in dem Pastiche des *Tagebuchs* der Brüder Goncourt. **Vorbild:** Sie ist gänzlich von Proust erfunden und hat kein Vorbild.

BEAUSERGENT (Marquis de): Neffe von Mme de Beausergent, die für ihn ihre Memoiren schreibt. In *Guermantes* wohnt er in der Oper in der Loge von Mme de Cambremer einer Aufführung von *Phèdre* mit der Berma in der Titelrolle bei. Auf der Matinée der Prinzessin von Guermantes in *Die wiedergefundene Zeit* sieht der Erzähler ihn wieder; er ist von der Arteriosklerose völlig verwandelt. **Vorbild:** Der Marquis d'Osmond, dessen Tante, die Comtesse de Boigne, für ihn ihre Memoiren schrieb.

BELLERY (Mme de): Tante der Herzogin von Guermantes in *Die Gefangene*.

BEAUTREILLIS (General von): Antidreyfusianischer General, der in *Guermantes* auftritt.

BELLŒUVRE (Gilbert de): Charmanter, aber beschränkter junger Mann, der in Balbec verkehrt. In *Die Entflohene* ruft der Erzähler ihn rückblickend in Erinnerung.

BERGOTTE: Er ist eine der Hauptgestalten der *Recherche* und verkörpert den typischen Romancier, wie Vinteuil den Komponisten oder Elstir den typischen Maler. In *Swann* berichtet Bloch dem Erzähler zum ersten Mal von ihm. Die Freundschaft Bergottes für Gilberte beschäftigt den Erzähler, der von dem Mädchen eine Broschüre des Schriftstellers über Racine bekommen hat. In *Mädchenblüte* macht Norpois kritische Anmerkungen über sein Privatleben und über sein Talent als Schriftsteller. Der Erzähler, der ihm bei den Swann begegnet, ist erstaunt über sein Bärtchen und über seine Nase in Form eines Korkenziehers. In *Guermantes* verkehrt Bergotte im Salon der Herzogin von Guermantes, die er hochachtet. Obwohl er sehr krank ist, besucht er den Erzähler oft während der Krankheit von dessen Großmutter. Er leidet unter Schlaflosigkeit und Alpträumen. In seine Wohnung zurückgezogen, bedenkt er die Welt mit seiner Verachtung. Seine Werke finden jedoch allmählich weniger Anklang. In *Die Gefangene* schildert einer der berühmtesten Texte Prousts den Tod von Bergotte. Trotz eines Urämieanfalls verläßt er das Bett, um sich in einer Ausstellung niederländischer Malerei die *Ansicht von Delft* von Vermeer anzuschauen. Beim Anblick des »kleinen gelben Mauerstücks« bricht er tot zusammen. Proust beschreibt in Wirklichkeit einen Schwindelanfall, den er selbst 1921 im Jeu-de-Paume-Museum erlitten hat. **Vorbilder:** Sie sind zahlreich: Anatole France, den Proust aus dem Salon von Mme de Caillavet gut kannte (in *Jean Santeuil* bereits dient er als Vorbild für den Maler und Bildhauer Bergotte; in einer ersten Skizze hieß die Romangestalt Berget); John Ruskin (wie Ruskin es Proust offenbarte, so offenbarte auch Bergotte dem Erzähler »das Geheimnis der halb erahnten Schönheit und Wahrheit«); Bourget; Bergson; Darlu; Daudet; Barrès; Renan und Lemaitre (in einigen Zügen). Vielleicht griff Proust aber noch mehr auf seine eigenen Widersprüche und auf seine persönliche Erfahrung zurück, als er das Porträt des Schriftstellers entwarf.

BERMA (die): In *Swann* berichtet Swann dem Erzähler von ihr, und dieser sieht sie dann in *Phädra*. Auch Norpois spricht lobend von ihr. In *Guermantes* sieht der Erzähler sie erneut in der Oper. Er bringt nun mehr Verständnis auf für das Talent dieser Künstlerin, die in ihrem Spiel nur mehr »ein offenes Fenster auf ein Meisterwerk« ist. Gealtert und an einer tödlichen Krankheit leidend, spielt sie in *Die wiedergefundene Zeit* erneut *Phädra*, um den Bedürfnissen ihrer Tochter nach Luxus nachzukommen. Sie veranstaltet eine Matinée zu Ehren ihrer Tochter und ihres Schwiegersohnes, aber es kommt niemand, man zieht es vor, zur Matinée der Prinzessin von Guermantes zu gehen, die niemand anderes ist als Mme Verdurin. Proust beschreibt dieses »Totenmahl«, bei dem die Tragödin, die fast allein am Tisch sitzt, »mit feierlicher Langsamkeit die vom Arzt untersagten Kuchen [aß]; sie sah dabei aus, als gehorche sie einem Sterberitual«. Ihre Tochter und ihr Schwiegersohn verlassen sie beschämt und gehen zur Matinée der Guermantes. **Vorbilder:** Sarah Bernhardt, Réjane und vielleicht Mme Bartet.

BERMA (Tochter der): Gestalt der *Wiedergefundenen Zeit*. Gemeinsam mit ihrem Gatten nützt sie die alte Schauspielerin schamlos aus und treibt die Undankbarkeit so weit, sich an Rahel zu wenden, um zur Matinée der Prinzessin von Guermantes eingeladen zu werden. **Vorbild:** Mme Jacques Porel, Réjanes Schwiegertochter, die nicht snobistisch war und der es auch nicht an Herz fehlte.

BERMA (Schwiegersohn der): **Vorbild:** Jacques Porel, der in der Wirklichkeit der Sohn von Réjane war. Er war ein Freund von Proust und verehrte seine Mutter. In *Die wiederge-*

Sarah Bernhard

fundene Zeit vergißt Proust seine Umsetzung und nennt den Schwiegersohn und die Tochter der Berma »ihren Sohn und ihre Schwiegertochter«.

BERNARD (Nissim): Eine der charakteristischsten jüdischen Gestalten der *Recherche*. Als Großonkel von Bloch empfängt er den Erzähler und Saint-Loup in seiner prächtigen Villa. Trotz seines Ansehens macht ihn sein Großneffe jedoch lächerlich. In *Sodom und Gomorra* schildert Proust humorvoll seine homosexuellen Mißgeschicke in den Fluren des Grand-Hôtel von Balbec. In *Die Gefangene* leiht er, durch die Vermittlung von Bloch, Morel 5000 Francs. **Vorbild:** Der steinreiche Baron Horace de Landau, der Onkel von Mme Finaly. **Vorname:** Der des Bankiers Nissim de Camondo.

BERNIER: Diener von Charlus in *Guermantes*.

BLANDAIS (Monsieur): Notar aus Le Mans, in *Mädchenblüte* ist er in Ferien in Balbec.

BLANDAIS (Mme): Gehört in Balbec einem bürgerlichen Kreis an und bringt in *Mädchenblüte* den Präsidenten der Anwaltskammer von Cherbourg durch die Aufmerksamkeit auf, die sie dem Tun und Treiben der »Lebemänner« entgegenbringt. Der Erzähler spricht in Doncières von ihr.

BLATIN (Mme): Zu Beginn der *Recherche* begegnet der Erzähler ihr zum ersten Mal auf den Champs-Élysées. Sie kennt Gilberte. Marcel, der sich zunächst durch ihre falsche Gutmütigkeit täuschen läßt, erkennt in ihr eine katzenfreundliche und prätentiöse Person. Er wird von seiner Mutter und später von Swann in seinem Urteil bestätigt. Odette erzählt über sie die Anekdote mit dem Singhalesen im Jardin d'Acclimatation: auf ihr »Guten Morgen, Negro« hatte dieser geantwortet: »Ich Negro, aber du Kamel!«

BLOCH (Freund von): Vgl. **Freund von Bloch**.

BLOCH (Albert): Jüdischer Bourgeois aus Paris, Freund des Erzählers. Er mißfällt dessen Eltern, die ihn vor die Tür setzen. In Combray spricht er mit dem Erzähler zum ersten Mal von Bergotte. Charlus vergleicht ihn mit dem Porträt Mohammets II. von Bellini. In *Guermantes*, wo er auf einem ihrer Empfänge der Marquise de Villeparisis vorgestellt wird, stellt er seine Ungeschicklichkeit und seine schlechte Erziehung unter Beweis. Dem Erzähler gegenüber läßt er sich denn auch böswillig über Saint-Loup aus, mit dem er befreundet ist. Er unterhält sich mit Norpois über die Dreyfus-Affäre, es gelingt ihm jedoch nicht, dessen wahre Einstellung herauszufinden. In Doncières stellt der Erzähler ihn später Charlus vor, der Interesse an ihm gewinnt. Zu Beginn von *Die Gefangene* läßt Bloch Morel von seinem Onkel Nissim Bernard 5000 Francs leihen, was ihm den Haß des zum Antisemiten gewordenen Morel einträgt. In *Sodom und Gomorra* legt der eifrige Dreyfus-Anhänger Bloch Swann und dem Prinzen von Guermantes Petitionslisten für den Colonel Picquart zur Unterschrift vor. Im August 1914 begegnet er dem Erzähler und Saint-Loup. Bloch offenbart ihnen seine Angst, an die Front geschickt zu werden, und bekundet seine Vulgarität. Während des Krieges festigt sich sein Ruf als Bühnenautor. In *Die wiedergefundene Zeit* erkennt der Erzähler ihn auf der Matinée der Prinzessin von Guermantes kaum wieder. Er hat den Namen Jacques du Rozier angenommen, trägt ein Monokel und befleißigt sich eines »englischen Schicks«. **Vorbilder:** Sein Name stammt zweifellos von dem eines Unterzeichners des »Manifests der Hundertvier«, »Professor an der Polytechnischen Hochschule von Buenos Aires«; Pierre Quillard (ein Poet, dem Proust bei Mallarmé begegnete), der den gleichen homerischen Jargon im Munde führte; Léon Brunschwicg, Philosoph und ehemaliger Schulkamerad aus dem Lycée Condorcet; Horace Finaly; Francis de Croisset, der Schwiegersohn von Mme de Chevigné, dem Proust für die letzte Gestalt von Bloch seine Anglomanie und sein kühles Gehabe entlehnte.

BLOCH (Monsieur Salomon): Vater des Voraufgehenden. Er lernt den Erzähler in Balbec kennen und lädt ihn mit Saint-Loup zum Abendessen ein. Er bringt seine Ansicht über Bergotte zum Ausdruck und stellt vor allem seinen Geiz unter Beweis. Nach dem Tod Salomons läßt sein Sohn ihm eine wahrhaft kultische Verehrung zuteil werden. **Vorbild:** Hugo Finaly, ein reicher jüdischer Bankier, den Fernand Gregh mit der Shakespeareschen Gestalt des Polonius aus *Hamlet* verglich.

BLOCH (Cousine von): Vgl. LÉVY (Esther).

BONTEMPS (Monsieur): Onkel von Albertine. Ehemaliger Dreyfus-Anhänger. Beim Faubourg Saint-Germain schlecht angeschrieben, gilt er während des Krieges als unentwegter Verfechter des Kampfes bis zum Letzten. Er ist ein einflußreicher Politiker und wird Kabinettsvorsitzender im Ministerium für staatliche Bauvorhaben. Er tritt vor allem in *Die wiedergefundene Zeit* auf.

BONTEMPS (Mme): Gattin des Voraufgehenden und Tante von Albertine. In *Mädchenblüte* besucht sie Mme Swann. Sie wird von Odette zusammen mit dem Fürst von Agrigent und den Cottard zum Diner eingeladen. Albertine mag sie nicht sehr. Da sie das Heiratsvorhaben des Erzählers mit ihrer Nichte begrüßt, erlaubt sie Albertine, zu ihm zu ziehen. Aber im Verlauf eines Besuchs, den sie in *Die Gefangene* dem Erzähler abstattet, offenbart sie ihm manche Einzelheiten über das Leben ihrer Nichte, die ihre Lügen deutlich machen und die Eifersucht Marcels wachrufen. Nach ihrer Flucht kommt Albertine zu ihr. Der Erzähler schickt Saint-Loup zu Mme Bontemps, um Albertine zur Rückkehr zu bewegen. Später teilt sie Marcel den Tod seiner Geliebten mit. Während des Krieges gewinnt ihr Salon, genau wie der von Mme Verdurin, eine beträchtliche Bedeutung. Ihre Gestalt erinnert an die einflußreichen großen Damen zur Zeit des Direktoriums.

BORANGE: Lebensmittelhändler von Combray in *Swann*. **Vorbild:** Mme Damoiseau, Lebensmittelhändlerin in Illiers.

BORODINO (Prinz von): Tritt schon in *Jean Santeuil* auf. In *Guermantes*, wo er Kavallerierittmeister in Doncières ist, erlaubt er Saint-Loup, den Erzähler in der Kaserne unterzubringen. Später erwirkt er für ihn eine Urlaubserlaubnis für einen Aufenthalt in Brügge. Mme de Villeparisis schätzt ihn wenig. **Vorbild:** Hauptmann Walewski, Enkel Napoleons und vorgesetzter Offizier Prousts in Orléans. Seine Mutter war die Geliebte Napoleons III. gewesen (wie die Mutter des Fürsten Borodino).

BRÉAUTÉ-CONSALVI (Hannibal, Marquis de): In *Swann* tritt er bei Mme de Saint-Euverte auf, wo sein Monokel den Erzähler beeindruckt. Wegen seines Vornamens Hannibal geben seine Vertrauten ihm den Beinamen »Babal«. Im Verlauf einer Soiree bei der Herzogin von Guermantes hält er den Erzähler zunächst für den Organisten Monsieur Widor und dann für den neuen Attaché der schwedischen Botschaft. Proust betont seine Bedeutung in der mondänen Welt, obwohl Bréauté vorgibt, diese Welt zu verabscheuen. Er gilt als sehr gelehrt, gibt dumme, aber befolgte Ratschläge und spricht mit der Herzogin über Botanik. In *Sodom und Gomorra* ist er der Geliebte von Odette. Lange nach seinem Tod nennt seine frühere Freundin Oriane ihn einen »Snob«. **Vorbilder:** Der Comte Louis de Turenne und der Marquis Henri de Breteuil, die ein Monokel trugen und sich für Kunstkenner hielten.

BRICHOT: Professor an der Sorbonne. Er tritt zu Beginn der *Recherche* bei den Verdurin auf, wo er sich durch seine etymologische Pedanterie auszeichnet. M. Verdurin lobt ihn über die Maßen, während »die Chefin« nicht zögert, ihn zu kritisieren. Sie trennt ihn auch von Mme de Cambremer, in die er sich verliebt hat. In der Folge seines Liebeskummers wird er fast blind und verfällt dem Morphium. Und trotz seiner Freundschaft für Charlus trägt er zusammen mit Mme Verdurin, die ihm den Spitznamen »Chochotte« [nach: Bri*chot*; zugleich auch: geziert, manieriert] gibt, die Mitschuld an der »Erledigung« des Barons. 1914 schreibt Brichot für *Le Temps* anmaßende »Artikel über den Krieg«, die zwar seine allgemeine Bekanntheit fördern, ihm jedoch zugleich den Spott von Charlus und von Mme Verdurin eintragen. **Vorbilder:**

Ein Philosophie-Lehrer am Lycée Condorcet und später an der Sorbonne, Brochard, der für seine endlosen Reden und für seine Pedanterie bekannt war; er war ständiger Gast im Salon von Mme Arman de Caillavet, in seinem späteren Leben erblindete er und war gelähmt. Joseph Reinach für seine während des Krieges veröffentlichten Artikel.

CAMBREMER (Marquis de): Normannischer Edelmann, Schloßherr von Féterne in der Umgebung von Balbec. Man gibt ihm den Spitznamen »Cancan«, er ist häßlich (er hat eine schiefe Nase) und ist von banaler Liebenswürdigkeit. In *Sodom und Gomorra* besucht er mit seiner Frau die Verdurin. In La Raspelière bringt er seine Bewunderung für Cottard zum Ausdruck. Er interessiert sich für die Erstickungsanfälle des Erzählers, und obwohl er Antisemit ist, lobt er ihm gegenüber aus Höflichkeit einen jüdischen Oberst. Er überwirft sich in der Folge mit den Verdurin. Auf der Matinée der Guermantes in *Die wiedergefundene Zeit* stellt der Erzähler seine Veränderung »durch Hinzufügung gewaltiger roter Taschen an den Wangen« fest. **Name:** Er geht auf den einer kleinen normannischen Stadt in der Nähe von Lisieux zurück; in *Sodom und Gomorra* macht Charlus mit seinem Namen unverschämte Wortspiele.

CAMBREMER (Zélia, verwitwete Marquise de): Geborene Du Mesnil La Guichard. Begabte Musikerin. Sie tritt auf der Soiree von Mme de Saint-Euverte auf, wo Swann und die Prinzessin des Laumes sich über ihren Namen mokieren. Sie hat wenig Verbindung zum Faubourg Saint-Germain, und die Herzogin von Guermantes schätzt sie wenig. Während seines zweiten Aufenthalts in Balbec lädt sie in *Sodom und Gomorra* den Erzähler ein. Er beschreibt ihr Gebärdenspiel, wenn sie von Kunst spricht. Im Gegensatz zu ihrer Schwiegertochter (die sie mit einem »Engel« vergleicht) bewundert sie Chopin und ist eine gute Interpretin seiner Werke. Sie hat zahlreiche Kinder, unter ihnen Mme de Gaucourt, die wie Marcel an Asthma leidet. In hohem Alter ist sie auch nach dem Kriege noch am Leben. **Vorbilder:** Die Princesse de Brancovan, eine ausgezeichnete Chopin-Interpretin; ihre Villa Bassaraba in Amphion wurde zum Schloß von Féterne, dem Besitz der Marquise. Mme d'Haussonville, eine erfahrene Musikliebhaberin (bei manchen Zügen, zugleich auch für die Schwester von Legrandin).

CAMBREMER-LEGRANDIN (Renée-Élodie, Marquise de): Schwester des Legrandin aus Méséglise. Sie ist eine gebildete und intelligente Frau, verachtet Chopin und Poussin und zieht *Pelléas* dem *Parsifal* vor. Gattin des Sohns der verwitweten Marquise de Cambremer. Sie ist genauso »snobistisch« wie ihr Bruder und träumt davon, dem Kreis der Guermantes anzugehören. Ihre Tragödie besteht deshalb darin, nicht in die aristokratischen Kreise eingeführt zu werden. Voller Geringschätzung stattet sie den Verdurin einen Besuch ab und kritisiert ihre Wohnungseinrichtung in der Villa La Raspelière, die von ihrer Schwiegermutter vermietet wurde. Sie überwirft sich schließlich mit ihnen. Sie war einst unsterblich in Swann verliebt, und Brichot entbrannte in Leidenschaft zu ihr. In *Die wiedergefundene Zeit* bezeichnet Saint-Loup sie wegen ihrer Anmaßung und ihrer Unverschämtheit als »blödsinnig«. Später mißt die Marquise dann der Freundlichkeit der Herzogin von Guermantes, die sich jetzt um sie bemüht und gerade dadurch ihr ganzes Prestige verliert, keine Bedeutung mehr bei. **Vorbild:** Die Comtesse d'Haussonville, eine große Musikliebhaberin, die auch als Vorbild für ihre Schwiegermutter dient.

CAMBREMER (Léonor de): Als Sohn der Cambremer erbt er die Klugheit Legrandins und die musikalischen Talente seiner Großmutter. In *Die Entflohene* heiratet er, zum großen Leidwesen seiner Mutter, die Nichte von Jupien, die nach ihrer Adoption durch Charlus zur Mlle d'Oleron geworden war. In *Die wiedergefundene Zeit* wird man über seine Neigungen aufgeklärt, die er mit Charlus und mit seinem Onkel Legrandin gemein hat, dem er ähnlich sieht.

CAMUS: Lebensmittelhändler aus Combray in *Swann*. **Vorbild:** M. Légué in Illiers, Lieferant von Ernestine bei den Amiot. In dieser kleinen Stadt gab es noch einen weiteren Lebensmittelhändler, und dieser trug den Namen Camus.

CAPRAROLA (Prinzessin von): In *Sodom und Gomorra* besucht sie Mme Verdurin, um ihr ein paar »Elemente« aus ihrem Salon abspenstig zu machen. Die »Padrona« findet sie intelligent.

CARTIER: Gestalt aus *Die Gefangene*, Freund von La Tremouille und Bréauté. Er langweilt die Herzogin von Guermantes.

CÉLINE (Tante): Schwester der Großmutter des Erzählers. Zu Beginn der *Recherche* zeichnet sie sich durch die unverständliche Art aus, sich bei Swann in Combray für seine Weinsendung zu bedanken.

CHARLUS (Palamède von Guermantes, Baron von): Jüngerer Bruder von Basin, dem Herzog von Guermantes, und von Mme de Marsantes, der Mutter von Saint-Loup. Seine intimen Freunde nennen ihn »Omi«, und seine Schwägerin Oriane gibt ihm in einem ihrer Aussprüche den Beinamen »Taquinius Superbus«. Er hat die Qualitäten und die Laster seines Geschlechts. Sein aristokratischer Dünkel (er drückt sich immer recht hochgestochen aus) geht mit einer äußersten Verfeinerung, einer weiblichen Empfindlichkeit und einer sprühenden Intelligenz einher. »Da er darüber hinaus sehr klug war, war ihm die Unterhaltung mit einem intelligenten Mann ziemlich gleichgültig«, schreibt Proust. Der Erzähler sieht ihn zum ersten Mal in Tansonville in Begleitung von Gilberte. Er ist in Drillichzeug gekleidet und hat »hervortretende Augen« (*Swann*). Als Freund von Swann gilt er in Combray als der Geliebte von Odette, die er auf ihren Ausgängen begleitet. Der Erzähler trifft ihn anschließend in Balbec und hält ihn für einen Verrückten. Mme de Villeparisis stellt sie einander vor. Kurz darauf stattet Charlus dem Erzähler einen liebenswürdigen Besuch in dessen Zimmer ab. Später, nach einer Soiree bei der Marquise in Paris, gehen sie zusammen weg, und dem Erzähler fällt sein eigenartiges Verhalten gegenüber einem betrunkenen Kutscher auf. Durch Saint-Loup läßt der Baron ihn zu einem Besuch bei sich einladen und macht ihm eine unverständliche Szene, gefolgt von einer halben Versöhnung.

In *Sodom und Gomorra* entdeckt Marcel durch die Verführungsszene zwischen dem Baron und dem Westenmacher Jupien, deren erstaunter Zeuge er wird, den wahren Charakter des Barons, den Schlüssel zu seiner zweideutigen Persönlichkeit. Auf der Soiree seiner Cousine, die ihm eine leidenschaftliche Liebe entgegenbrachte, läßt sich Charlus, der sein Laster immer weniger verbirgt, die jungen Söhne von Mme de Surgis-le-duc vorstellen, deren Schönheit ihm aufgefallen ist. Zu einem späteren Zeitpunkt sieht der Erzähler ihn am Bahnhof von Doncières wieder, wo Charlus den Geiger Morel trifft, der zu seinem neuen Protegé wird. Als er die Verdurin in La Raspelière besucht, geben sie aus Unwissenheit den Ehrenplatz dem Marquis de Cambremer. In dem Glauben, man wisse nichts von seinen Neigungen, wird er zum Vertrauten des »kleinen Kreises«. In Wahrheit zeigt der Erzähler seinen fortschreitenden Niedergang auf, aber zugleich auch seine unbestreitbaren künstlerischen Gaben. Grausamkeit und Wahnsinn spielen mit. Er wird bisweilen von »Schlägertypen« eskortiert, kleidet aber zugleich, wie Brichot, die Päderastie mit einem mythologischen und literarischen Prestige aus. Er läßt Morel kurze diffamatorische Zeitungsartikel über die Gräfin Molé schreiben, führt jedoch virtuose Gespräche

Einige Aussprüche von Charlus: In *Sodom und Gomorra* entgegnet er M. Verdurin, der sich entschuldigt, ihm bei einem Diner einen Platz auf der linken Seite zugewiesen zu haben: »Aber ich bitte Sie! *Hier* hat das doch keine Bedeutung!« Mme Verdurin stellt ihm später die herausfordernde Frage, ob er nicht einen ruinierten Adligen kenne, dem sie die Stelle des Portiers in ihrem Stadtpalais anbieten könne, und Charlus gibt ihr zur Antwort: »Doch, schon ... aber [...] ich kann Ihnen nicht dazu raten. [...] Weil ich für Sie fürchten müßte, daß dann Ihre eleganten Besucher in der Portiersloge hängenbleiben.«

über *Die Geheimnisse der Fürstin von Cadignan* von Balzac. Er ist bald der Ästhet, der Balzac und die Malerei erläutert, bald der preziöse, gepuderte Stutzer, der die weibliche Toilette so genau kennt, daß man ihm den Beinamen »die Schneiderin« gibt. In *Die Gefangene*, während des Konzerts, das er bei den Verdurin veranstaltet, entzweit der Baron sich auf Grund einer Intrige der »Padrona« mit Morel. Gebrochen zieht er sich am Arm der Königin von Neapel zurück. Charlus erkrankt hierdurch schwer und läßt sich dazu herab, das zwielichtige Hotel von Jupien zu besuchen, wo er sich von Maurice, der Morel ähnlich sieht, auspeitschen läßt. Während des Krieges macht Charlus, der Sohn einer Herzogin in Bayern, kein Hehl aus seiner Deutschfreundlichkeit, und er kritisiert die Artikel von Norpois und Brichot. Von Morel denunziert, wird er angeklagt und wieder freigelassen. Er hat die Nichte von Jupien adoptiert, die er zunächst für den Geiger bestimmt hatte. Er verleiht ihr den Titel Mlle d'Oleron und verheiratet sie mit dem jungen de Cambremer, dessen Neigungen er teilt. Der Erzähler sieht ihn später auf den Champs-Élysées wieder, mit einem Bart und weißhaarig wie König Lear. Durch einen Anfall geschwächt, legt er gegenüber Mme de Saint-Euverte, die er einst so scharf kritisiert hatte, eine übertriebene Höflichkeit an den Tag. Er spricht zu dem Erzähler mit einer unhörbar leisen Stimme, hat sich jedoch seine Intelligenz und sein Gedächtnis bewahrt. **Vorbilder:** Robert de Montesquiou gab ihm seine allgemeine Haltung, sein undurchdringliches und furchteinflößendes Äußeres, seinen Hochmut, seine Unverschämtheit und seine unbestreitbaren künstlerischen Gaben. Doch erkennt man in ihm auch den gepuderten und aufgedunsenen, in einen polnischen Geiger verliebten Baron Doäzan wieder sowie den Comte Aimery de La Rochefoucauld, bekannt für seinen Dünkel und die schneidende Schärfe seiner Bemerkungen; den undurchsichtigen Oscar Wilde; den Prince Boson de Sagan und den Comte Joachim Clary, die beide gegen Ende ihres Lebens gelähmt waren; den Schriftsteller Jean Lorrain.

CHARMEL: Diener von Charlus in *Guermantes*. Sein Name geht auf den des Hausmeisters von Réjane in der Rue Laurent-Pichat zurück.

CHATELLERAULT (Herzog von): In *Guermantes* besucht er Mme de Villeparisis. Dem Duft der Apfelbäume verdankt er sein Heufieber. Charlus scheint seinen Gruß nicht bemerkt zu haben. In *Sodom und Gomorra*, auf der Soiree der Prinzessin von Guermantes, erkennt er in dem Ausrufer den jungen Mann wieder, den er auf den Champs-Élysées angesprochen hat; ein Abenteuer, das von dem Albert Le Cuziats mit dem jungen Comte de S. angeregt wurde. In *Die wiedergefundene Zeit* sieht der Erzähler ihn als »kleinen Greis« auf der Matinée der Guermantes wieder.

Chauffeur des Erzählers: Er fährt ihn zusammen mit Albertine. **Vorbild:** Agostinelli, den Proust 1907 einstellte, und vielleicht Odilon Albaret.

CHAUSSEGROS (Mme de): Tritt in *Guermantes* kurz in Gesellschaft des Erzählers auf.

CHAUSSEPIERRE (Mme de): Auf einer Soiree bei der Prinzessin von Guermantes in *Sodom und Gomorra* grüßt die Herzogin von Guermantes sie nicht. Der Erzähler beschreibt zu Beginn von *Die Gefangene* ihr bescheidenes Leben und ihre kleinen Konzerte.

CHAUSSEPIERRE (Monsieur de): Wird zu Beginn von *Die Gefangene* als Gegenkandidat zu dem Herzog von Guermantes zum Präsidenten des Jockey-Clubs gewählt.

CHENOUVILLE (die): Cousins der Cambremer. Zu Beginn von *Sodom und Gomorra* essen die Cambremer bei ihnen zu Abend. Ihr Name wird »Ch'nouville« ausgesprochen.

CHEVREGNY (Monsieur de): Cousin der Cambremer. Zufälliger Fahrgast in dem »kleinen Zug« in *Sodom und Gomorra*. Bezeugt seinen schlechten literarischen Geschmack und seine Arroganz.

CITRI (Marquise de): Wohnt in *Sodom und Gomorra* der Soiree der Prinzessin von Guermantes bei, wo sie an allem Kritik übt.

COIGNET: Diener von Charlus in *Guermantes*.

COTTARD (Dr.): Arzt, »beschlagener als Potain«, und Rivale des Dr. du Boulbon. Obwohl er den Status eines großen Klinikers innehat, stellt er im Salon der Verdurin seine Dummheit und seinen Hang zu »stehenden Redewendungen« unter Beweis, »wiederholt er blödsinnige Kalauer und macht Untersuchungen über Eigennamen«. Später rühmt das unveröffentlichte *Tagebuch* der Brüder Goncourt allerdings seine Feinheit und sein vornehmes Wesen. Im Krieg zum Arzt im Rang eines Obersten ernannt, stirbt er an Überarbeitung. **Vorbilder:** Zahlreiche Ärzte aus der Umgebung des Professors Adrien Proust, wie der hervorragende, aber ungebildete Chirurg Dr. Doyen, der Chirurg Auguste Broca und der Professor Guyon, Urologe und Lehrer von Robert Proust, die alle miteinander für ihre Kalauer bekannt waren. Ein anderer Studienkamerad von Prousts Vater, Cotard, sowie Dr. Cottet in Évian geben ihm den Namen. Dr. Pozzi, der nicht weniger flatterhaft ist als er, und der Comte Albert Vandal mit seinem Kneifer und seinem unfreiwilligen Augenzwinkern haben vielleicht ebenfalls Modell gestanden.

COTTARD (Mme): Gehört wie ihr Gatte dem Kreis der Verdurin an. Sie führt Swann ihre kulturelle Unbedarftheit vor Augen, als sie bei einem Diner von schlechten modischen Theaterstücken spricht. Sie trifft

Swann in einem Omnibus und spricht in den wärmsten Tönen von der Zuneigung, die Odette für ihn empfinde. In *Mädchenblüte* besucht sie Odette de Crécy, nunmehr Mme Swann. Während der Krankheit der Großmutter bietet sie den Eltern des Erzählers die Dienste ihrer »Kammerfrau« an. In *Sodom und Gomorra* schläft sie bei den Verdurin in La Raspelière unvermutet ein. **Vorbild:** Die Frau des Dr. Pozzi, die ganz in ihren Pflichten als Gemahlin aufgeht und die von ihrem Gatten ebenso betrogen wird wie Mme Cottard.

COURGIVAUX (Monsieur de): In *Die wiedergefundene Zeit* kommt er dem Erzähler auf der Matinée der Guermantes unglaublich verjüngt vor.

COURVOISIER (die): Neffen und Verbündete der Guermantes, die ihnen zugleich ähnlich und von ihnen verschieden sind. Treten hauptsächlich in *Guermantes* auf.

CRÉCY (Pierre de Verjus, Graf von): Ehemaliger Gatte von Odette. In *Sodom und Gomorra* begegnet der Erzähler ihm in Balbec. Er ist ein gelehrter und ruinierter Edelmann, dem es allerdings an Diskretion mangelt. **Vorbild:** Der alte Marquis Antoine de Castellane, dem Proust 1908 in Cabourg begegnete.

CRÉCY (Odette de): Vgl. SWANN (Odette de Crécy, spätere Mme).

CRIQUETOT (Gräfin von): Der Erzähler erfährt in *Sodom und Gomorra* durch eine Todesanzeige von ihr. Sie war mit den Cambremer verwandt.

DECHAMBRE: Lieblingspianist von Mme Verdurin in *Sodom und Gomorra*. Als Brichot die Nachricht von seinem Tod bringt, verheimlicht er sie vor ihr. **Vorbild:** Édouard Risler, Freund von Proust, Lieblingspianist von Mme Lemaire.

DELAGE (Suzanne): In *Guermantes* glaubt Mme Bontemps zu Unrecht, sie sei die Jugendfreundin des Erzählers gewesen.

DELTOUR (General): Sekretär des Staatspräsidenten. In *Die Gefangene* wohnt er dem Konzert Morels bei den Verdurin bei. Charlus dringt in ihn, damit er die Ordensverleihung an seinen Schützling vorantreibt.

DIEULAFOY (Professor Georges): Konstatiert in *Guermantes* den eingetretenen Tod der Großmutter. **Vorbild:** Professor Dieulafoy (1839-1911), Arzt und Bekannter der Princesse Mathilde.

DU BOULBON (Dr.): Arzt, den Bergotte in *Mädchenblüte* dem Erzähler empfiehlt. Er gibt ihm den Vorzug vor Cottard. Du Boulbon besucht seine Großmutter zu Beginn ihrer Krankheit. **Vorbilder:** Dr. Le Reboulet, Arzt des Faubourg Saint-Germain (für seinen mondänen Aspekt). Dr. Laboulbène, Gast des Dr. Proust (für einen Teil seines Namens). Dr. Alfred Chambon (geboren 1870 in Odessa), Arzt des Grand-Hôtel in Cabourg. 1921 gestand Proust Léon Daudet zudem, daß in ihm »ein Hauch von Brissaud enthalten ist, jener Art Ärzte, die eher gewandte Redner und Skeptiker sind als eigentliche Kliniker«.

DUCRET: Kammerdiener von Charlus in *Guermantes.*

DURAS (Herzogin von): Von Charlus gerühmt, ist sie in *Die Gefangene* bei dem Konzert anwesend, das Morel bei den Verdurin gibt.

DURIEUX (Mme): Lädt in *Mädchenblüte* Albertine zu einem Nachmittagstee ein.

E... (Professor): Arzt. In *Guermantes* auskultiert er die Großmutter, nachdem er zuvor ein paar Verse aufgesagt hat. Er stellt seine Ungefälligkeit und seinen Pessimismus unter Beweis. Wenig später begegnet der Erzähler ihm bei der Prinzessin von Guermantes, wo er sich den Tod seiner ehemaligen Patientin bestätigen läßt. **Vorbild:** Dr. Édouard Brissaud, wie auch für Cottard.

ÉGREMONT (Freiherrin von): Bei einem Empfang bei der Prinzessin von Épinay fungiert sie als Hausgehilfin.

ELSTIR: Maler. Ständiger Gast des Salons von Mme Verdurin, welche ihm den Beinamen »Monsieur Biche« gibt. Er selbst stellt sich als ein Kuppler vor. Er begegnet Saint-Loup und dem Erzähler in dem Restaurant von Rivebelle in *Mädchenblüte.* Marcel besucht ihn anschließend in seinem Atelier, wo er erfährt, daß Elstir früher ein Porträt von Odette als Transvestit gemalt hat. Er trifft dort Albertine wieder, die eine Freundin des Malers ist. In Doncières spricht Saint-Loup von Elstir und bezeichnet ihn als einen außergewöhnlichen Kunstkritiker. Der Herzog von Guermantes allerdings, der mehrere Gemälde von ihm besitzt und sie in *Guermantes* von dem Erzähler bewundern läßt, findet seine Preise übertrieben und tauscht die Gemälde schließlich gegen einen »Schinken« aus. Mme Verdurin bedauert, daß er dem »kleinen Kreis« untreu geworden ist, und sie übt scharfe Kritik an ihm. In *Die wiedergefundene Zeit* ist Elstir trotzdem der einzige, der bei dem Tod von Monsieur Verdurin Kummer empfindet. **Vorbilder:** Gustave Moreau (für einige seiner mythologischen Gemälde); Monet (für seine Seebilder und Kathedralen); Renoir für sein *Déjeuner des canotiers* (Mittagessen der Ruderer); der Marinemaler Alexandre Harrison (1896 besuchten Proust und Marie Nordlinger ihn in seinem Atelier, und Marie schrieb später: »Ich konnte mir schwerlich vorstellen, daß ich zum Tee bei Elstir war«); Vuillard, den Proust in seinem Atelier in Cabourg kennenlernte. **Name:** Vielleicht eine Kombination der Namen Helleu und Whistler.

ELSTIR (Mme): In *Sodom und Gomorra* bezeichnet Mme Verdurin sie als »leichtes Mädchen«. **Vorbild:** Die von ihrem Gatten innig geliebte Mme Helleu.

ÉPINAY (Prinzessin von): Tritt in *Guermantes* und in *Sodom und Gomorra* auf. Voller Freude empfängt sie die Herzogin von Guermantes und läßt sie das Wortspiel »Taquinius Superbus« wiederholen. Später besucht sie Odette und ist erstaunt über deren rauschende Empfänge.

Erzähler (der) oder **Ich** oder **Marcel** (wie er zweimal in *Die Gefangene* genannt wird): Hauptfigur der *Recherche*. Mit Ausnahme von *Eine Liebe von Swann*, das in der 3. Person steht (Proust hatte zuerst vor, diese Erzählweise in der ganzen *Recherche* beizubehalten), wird die Gesamtheit der Erzählung von ihm bald als Zeuge, bald als handelnder Romanheld erlebt. Ist Proust selbst diese Gestalt? Die Vorlage für die erzählten Ereignisse steht so oft in Zusammenhang mit seinem eigenen Leben, daß diese Vermutung naheliegt (dies gilt z.B. für *Sodom und Gomorra*, wo er sich folgendermaßen beschreibt: »Ich, das seltsame Wesen, das, während es darauf wartet, daß der Tod es erlöst, bei geschlossenen Fensterläden, abgeschieden von der Welt, unbeweglich wie eine Eule lebt und wie jene einigermaßen klar nur im Dunkeln sieht«). In einem Brief an Lucien Daudet, der dieser Verwirrung ein Ende bereitet, präzisiert Proust, daß es sich durchaus um einen Roman handelt und nicht um eine ichbezogene Autobiographie (das »Ich« wird im übrigen auf die gleiche Weise eingesetzt wie seine anderen Gestalten). Er hat zudem Züge von sich selbst auf andere Personen – wie Swann, Charlus, Bergotte, Elstir, Octave oder Vinteuil – übertragen.

Der Erzähler, ein junger Pariser Bürger, dürfte etwa zehn Jahre nach Proust geboren sein. Der erste Eindruck, den der Leser von ihm erhält, ist der eines Schlaflosen, der den größten Teil der Nacht damit zubringt, »mir unser Leben von früher vorzustellen, in Combray bei meiner Großtante, in Balbec, in Paris, in Doncières, in Venedig und an anderen Orten, mir die Stätten und die Menschen, die ich dort gekannt, ins Gedächtnis zurückzurufen, was ich selbst von ihnen gesehen und was man mir erzählt hatte«. Seine Eltern leben in Paris und verbringen ihre Ferien in Combray, wo sein Vater geboren ist. Er erzählt in der Gegenwart, wer er in der Vergangenheit war, und er lebt drei große Leidenschaften: für Gilberte Swann (in *Mädchenblüte*); eine rein platonische Liebe für die Herzogin von Guermantes (in *Guermantes*); und schließlich für Albertine (die umfangreichste Liebesgeschichte, die von *Sodom und Gomorra* bis zu *Die Entflohene* reicht). Der Erzähler hat literarische Ambitionen, zweifelt jedoch an seinem Talent. Jedesmal wenn er seine literarischen Pläne aufgibt, drängen »besondere Momente« von zeitloser Dauer, intuitive Erleuchtungen, ihn wieder zum Schreiben. Er analysiert diese Momente und beschreibt in einer Gegenbewegung dazu die vergeudeten Augenblicke, die ihnen voraufgingen: die »verlorene Zeit«. Der Roman, den der Leser in der Hand hält, ist folglich ebender, den der Romanheld erst schreiben wird. Und das Ende des Buches, welches das Ergebnis seiner Reflexion darstellt und seiner Entscheidung zur literarischen Arbeit zugrunde liegt, geht also in Wirklichkeit dem Beginn der Erzählung voraus, die selbst die Geschichte seiner Berufung ist.

EUDOXIE (Königin): Tritt in *Die Gefangene* auf. Gattin des Königs Theodosius. Bei einem Staatsbesuch unterhält sie sich anstatt mit den Gattinnen der französischen Minister sehr lange mit ihrer Freundin Mme de Vaugoubert. Dieser Zwischenfall bringt die diplomatische Karriere ihres Gatten zu Fall. **Vorbild:** Eine Begebenheit dieser Art 1901 mit Mme de Montebello bei dem Empfang der Kaiserin Alexandra.

EULALIE: Heitere Vertraute und Informantin der Tante Léonie in *Swann*. Françoise schätzt sie wenig.

FAFFENHEIM (Fürst von): In *Guermantes* besucht er Mme de Villeparisis, bei der er – darauf aus, zum Korrespondenten der Académie des sciences morales gewählt zu werden – Norpois für sich zu gewinnen sucht. Bei der Prinzessin von Guermantes, wo man ihn den »Fürsten Von« nennt, macht er dem Erzähler ein paar vertrauliche Mitteilungen: er spricht von Rahel und rühmt die Klugheit des deutschen Kaisers, dem die Gemälde von Elstir nicht gefallen. Er erzählt die Anekdote von dem »alten Archäologen«. **Vorbild:** Charles Ephrussi, der auch ein Vorbild für Swann war und der wie Faffenheim das Wort Madame »Matame« aussprach.

FÉRÉ (Monsieur und Madame): In *Sodom und Gomorra* geben die Cambremer ein Diner zu ihren Ehren.

FÉZENSAC (Mme de): In *Die Gefangene* Tante der Herzogin von Guermantes.

FLORA (Tante): Großtante des Erzählers. Sie schließt sich bei der sonderbaren Dankesbezeigung für die Weinsendung Swanns ihrer Schwester Céline an.

FOGGI (Prinz Odon): Schwager von Mme de Doudeauville in *Die Gefangene*. Er reist mit Norpois und Mme de Villeparisis nach Venedig.

FOIX (Fürst von): Vater des Freundes von Saint-Loup, Kunde von Jupien. In *Die wiedergefundene Zeit* wird sein Tod beklagt. **Vorbild:** Prince Constantin Radziwill, Vater von Loche, dem Freund von Proust.

FOIX (Fürst von): Sohn. Gestalt aus *Guermantes*. An dem Tag mit dem dichten Nebel sucht er dasselbe Restaurant auf wie der Erzähler und Saint-Loup. Es geht das Gerücht von seiner bevorstehenden Heirat. **Vorbild:** Loche Radziwill, der Sohn des Prince Constantin (einige Züge).

FORCHEVILLE (Graf von): Edelmann normannischer Herkunft, dessen Familie vorgibt, älter zu sein als die der La Rochefoucauld. Tritt zu Beginn von *Swann* auf. Odette führt ihn bei den Verdurin ein. Er erweist sich dort als dumm und vulgär. Mit Hilfe von Mme Verdurin wird er zum Geliebten von Odette und löst die heftige Eifersucht Swanns aus, dem er im Traum unter den Zügen Napeoleons III. erscheint. In *Die Entflohene*, nach Swanns Tod, heiratet er Odette und adoptiert deren Tochter Gilberte, die dadurch zur Mlle de Forcheville wird. Er verschleudert einen Großteil seines Vermögens. Nach seinem Tod bezeichnet Odette ihn als »unbedeutend« und behauptet, »ernstlich immer nur kluge Männer« wie Swann oder den Herzog von Guermantes geliebt zu haben.

FORESTELLE (Marquis de): Man sieht ihn bei Mme de Saint-Euverte; er zeichnet sich durch sein Monokel aus. Er besitzt ein Schloß in der Nähe von Pierrefonds, wo Swann ihn zu Beginn der *Recherche* besuchen möchte.

FORESTIER (Robert): Eine Gestalt aus *Guermantes*. Mme Bontemps glaubt, er sei der Jugendfreund des Erzählers gewesen.

FOSTER (Miss): In *Guermantes* die dritte der zu heiratenden Erbinnen, über die der Fürst von Foix und seine Freunde sich im Restaurant unterhalten. **Vorbild:** Miss Gladys Deacon, die Mme de Clermont-Tonnerre mit Loche Radziwill verheiraten wollte.

FRANÇOISE: Geboren um 1830. Sie tritt zunächst als die Köchin von Tante Léonie auf. In ihrer Mischung aus Grausamkeit und Noblesse und mit ihrem bäuerlichen Charakter erinnert sie an eine Figur aus der Vorhalle der Kirche Saint-André-des-Champs. Sie bringt dem Erzähler die Regeln der altfranzösischen Redewendungen und die Aussprache bestimmter Wörter bei. Sehr an ihrer Herrin hängend, bekundet sie beim Tod der Tante Léonie »einen wilden Schmerz«. In der Folge tritt sie in den Dienst der Eltern des Erzählers über. Sie geht mit ihm in die Parkanlagen der Champs-Élysées. In *Mädchenblüte* stellt sie für Norpois ihre Talente als Köchin mit ihrem berühmten »Bœuf à la gelée« unter Beweis. Sie begleitet die Großmutter und den Erzähler nach Balbec. Sie fällt ein hellsichtiges Urteil über die Freunde Marcels, Bloch und Saint-Loup, kommt jedoch nicht hinter die wahre Natur der Beziehungen zwischen Charlus und Jupien. Zu Beginn von *Guermantes* bedauert sie es, Combray verlassen zu haben und nach Paris gekommen zu sein. Während der Krankheit der Großmutter pflegt sie diese hingebungsvoll, ärgert die Familie jedoch mit ihren Reflexionen. Später verabscheut sie Albertine, als diese zu dem Erzähler zieht, und sie versucht, durch »sibyllinische Reden« dessen Verdacht zu schüren, damit er »eines schönen Tages alles einsieht«. Sie beklagt die Ausgaben, die der Erzähler für Albertine macht. Eines Tages überrascht er sie, als sie seine Papiere durchwühlt. In *Die Gefangene* versucht sie trotzdem, Albertine zurückzuhalten. Eifersüchtig und auf Ausschließlichkeit bedacht, hatte sie auch ihren Ärger über die freundschaftliche Beziehung des Erzählers zu Marie Gineste und Céleste Albaret zum Ausdruck gebracht. Während des Krieges wird sie von dem Ersten Diener gequält, der es darauf anlegt, sie »ein bißchen aufzukeschern«, als sie aus Sorge um ihren Neffen, der später an der Front fällt, diesen zurückstellen lassen möchte. Mit einer Mischung aus Kummer und Neugier hört sie vom Tode Saint-Loups. In *Die wiedergefundene Zeit* erfährt man, daß sie mit »einer gewissen Intuition für meine Aufgabe« das Werk des Erzählers versteht. Sie »hatte eine Art von instinktivem Verständnis für literarische Arbeit erworben, das richtiger war als das vieler gescheiter Leute«. Mit ihren »Paperassen« trägt sie zur Organisation des Manuskriptes bei. **Vorbilder:** Ernestine Gallou, die immer in Illiers blieb, wo sie M. Amiot und dessen Frau (die Tante Léonie) bediente (in *Jean Santeuil* hieß sie übrigens Ernestine). Zugleich aber auch verschiedene Bedienstete von Proust selbst, wie Félicie Fitau, Céline Cottin und Céleste Albaret.

FRANÇOISE (Tochter von): Marguerite mit ihrem Repertoire an Argotwendungen, die den Erzähler verwirren, tritt in *Guermantes* auf. Sie hilft ihm bei der Maschinenabschrift seines Werkes. Fünfzehn Jahre später, in *Die wiedergefundene Zeit*, ist sie anscheinend nicht älter geworden. **Vorbild:** (Zum Teil) Yvonne Albaret, die Nichte von Céleste, welche die Maschinenabschrift von *Die Gefangene* und *Die Entflohene* komplettiert.

Freund von Bloch: Er tritt in *Die wiedergefundene Zeit* auf, wo er zugleich Rahel und Bloch Komplimente macht.

FROBERVILLE (General von): Ein Freund der Prinzessin des Laumes und von Swann. In *Swann* fällt dem Erzähler bei Mme de Saint-Euverte sein Monokel auf. **Vorbilder:** Der Général de Galliffet (Freund von Charles Haas); der Comte Léon de Tinseau, »ein angeblicher Literat, ein wahrer Klotz«, regelmäßiger Gast der Abendgesellschaften bei der Duchesse de Gramont (für das Monokel).

FROBERVILLE (Oberst von): Neffe des Generals von Froberville. In *Sodom und Gomorra* ist er bei einer Soirée der Prinzessin von Guermantes anwesend. Er spricht mit Bréauté und mit der Herzogin und freut sich zu hören, daß diese nicht zu den

Garden-Parties von Mme de Saint-Euverte kommen will.

FURCY (Gräfin von): Amerikanerin, die der Matinée der Guermantes beiwohnt. Sie begeht einen groben Irrtum hinsichtlich der Berühmtheit des Namens Froberville.

G… (Schriftsteller): Besucht in *Guermantes* Mme de Villeparisis. Die Herzogin von Guermantes sieht in ihm eher einen angenehmen Freund als einen Literaten.

GALLARDOU (Marquise de): Eingeladen bei Mme de Saint-Euverte, versucht sie, die Prinzessin des Laumes zu einem Besuch bei sich zu bewegen. Diese erteilt ihr jedoch eine Abfuhr. Für die Herzogin von Guermantes ist sie »ein altes Gift«. In *Sodom und Gomorra*, auf einer Soiree bei der Prinzessin von Guermantes, stellt sie Charlus erfolglos ihren Neffen vor.

GALOPIN (Monsieur): Konditor aus Combray, bei dem Mme Goupil eine Torte kauft. **Name:** In der Wirklichkeit ist Galopin ein Arzt aus Illiers, dessen Tochter Mme Goupil heißt.

GAUCOURT (Mme de): Schwester von M. de Cambremer. Sie leidet unter Erstickungsanfällen. In *Sodom und Gomorra* spricht ihr Bruder mit dem Erzähler darüber.

Geschäftsführer des Hotels von Balbec: In *Sodom und Gomorra* holt er den Erzähler bei dessen zweitem Aufenthalt in Balbec vom Bahnhof ab. Er zeichnet sich durch seine Sprachschnitzer aus.

GILBERTE: Tochter von Charles Swann und von Odette de Crécy. Der Erzähler erblickt das kleine, blonde Mädchen zum ersten Mal im Park von Tansonville. Sie macht ihm gegenüber eine Gebärde, die ihm unanständig vorkommt, und verschwindet dann. Er sieht sie später in den Anlagen der Champs-Élysées wieder und spielt Barlauf mit ihr. Sie schenkt ihm eine Broschüre von Bergotte über Racine. Der Erzähler leidet darunter, daß die Swann wenig von ihm halten. Fiebernd wartet er auf einen Brief von Gilberte, und endlich schreibt sie ihm während ihrer Krankheit. Als er dann zum Nachmittagstee zu ihr kommt, fällt ihm auf, daß sie ihren Eltern ähnlich sieht. Die Liebe und Freundlichkeit gegenüber ihrem Vater täuschen jedoch. Gilberte fehlt es an Herz. Nach einem Zerwürfnis schreibt er ihr vergeblich. Allmählich kommt er über seine Erinnerung an sie hinweg. Viel später, in *Die Gefangene*, erfährt er, daß sie zu jener Zeit ein Verhältnis mit einem jungen Mann hatte. Er leidet unter dieser Falschheit, doch schließlich gewinnt die Gleichgültigkeit die Oberhand. Zu Beginn von *Die Entflohene* fällt ihm ein junges Mädchen auf, das ihr ähnlich sieht und das der Portier des Hôtel de Guermantes mit dem Namen »Déporcheville« anredet. Er telegraphiert Saint-Loup, der Mlle d'Éporcheville in einem Bordell kennengelernt hatte. Aber Saint-Loup belehrt ihn eines Besseren. Schließlich trifft er sie bei einem Besuch bei den Guermantes wieder. Sie heißt in Wirklichkeit Mlle de Forcheville, denn sie ist von dem zweiten Gatten ihrer Mutter adoptiert worden. Aus Snobismus träumt Gilberte von nichts anderem, als von der Herzogin von Guermantes empfangen zu werden. Endlich wird sie von ihr zu einem Mittagessen eingeladen. Entgegen der Wahrheit behauptet sie dort, sie kenne Lady Israëls nicht, und sie vergißt willentlich ihren Vater und dessen jüdische Herkunft. Später schreibt sie dem Erzähler und teilt ihm ihre Verheiratung mit Saint-Loup mit. Er wird von ihnen in Tansonville empfangen, wo er seine Kindheit wiederfindet. Gilberte ist ihre gesellschaftliche Stellung jetzt gleichgültig geworden. Saint-Loup betrügt sie. In *Die wiedergefundene Zeit* eröffnet sie sich dem Erzähler und vertraut ihm Einzelheiten über die Neigungen Albertines an. Nach dem heroischen Tod ihres Mannes zieht sie sich nach Tansonville zurück, das von den Deutschen besetzt ist. Sie ist die Freundin von Andrée geworden. Der Erzähler sieht sie auf der Matinée der Guermantes wieder. Sie ist dicker geworden und sieht ihrer Mutter ähnlich. Bewegt berichtet sie ihm von den strategischen Theorien Saint-Loups und bringt ihre Geringschätzung gegenüber der Prinzessin von Guermantes (der ehemaligen Mme Verdurin) und sogar der Herzogin von Guermantes zum Ausdruck. Sie stellt den Erzähler ihrer Tochter, Mlle de Saint-Loup, vor. Da diese ihren Eltern sehr ähnlich sieht, ruft sie Gefühle und Erinnerungen an die verlorene Zeit wach, die den Erzähler zum Schreiben anhalten. **Vorbilder:** Antoinette Faure, Marie Bénardaky, Jeanne Pouquet, Suzette Lemaire, Mme Georges de Lauris.

GINESTE (Marie): Der Erzähler lernt sie während seines zweiten Aufenthaltes in Balbec in *Sodom und Gomorra* kennen. Sie ist eine der beiden »Briefbotinnen« (zusammen mit ihrer Schwester Céleste Albaret), auf die Françoise eifersüchtig ist. **Vorbild:** Die unverheiratete Schwester von Céleste Albaret.

GISÈLE: Gehört der »kleinen Schar« der jungen Mädchen an, die der Erzähler auf dem Deich erblickt. Albertine hält sie für »langweilig« und Andrée für »grausam«. Sie fährt nach Paris, wo sie sich auf ein Examen vorbereitet. Der Erzähler versucht erfolglos, sie zu begleiten und ihr beim französischen Aufsatz zu helfen. In *Die Gefangene* begegnet er ihr noch einmal in Passy. Später bekennt Andrée: »Ich kenne ihre Fehler, aber sie ist doch meine beste Freundin und tatsächlich das Wesen, an dem ich am meisten hänge.«

Glasverkäuferin: In *Die Entflohene* ist der Erzähler in Venedig in sie verliebt.

GOUPIL (Mme): Tochter des Dr. Percepied. Auf ihrer Hochzeit sieht der

Erzähler in *Swann* zum ersten Mal die Herzogin von Guermantes. Sie kauft eine Torte bei dem Konditor Galopin. Zu Beginn von *Sodom und Gomorra* schreibt sie an den Erzähler, um ihn für einen Artikel zu beglückwünschen.

GROSSMUTTER (des Erzählers): Sie wird nach dem Vornamen ihres Gatten Mme Amédée genannt, heißt selbst aber Bathilde. Sie ist um das Jahr 1820 geboren. Sie liebt die Natur und die frische Luft und wird deshalb in dem provinziellen Milieu von Combray für ein wenig »wunderlich« gehalten. Sie ist gütig und heiter. Zusammen mit der Mutter des Erzählers bildet sie das »heile Geschlecht« von Combray. Ohne vorgefaßte Meinung urteilt sie über die Nichte von Jupien, die sie »untadelig« findet, und über den Prinz des Laumes, den künftigen Herzog von Guermantes, den sie für »ordinär« hält. Bloch gefällt ihr nicht, sie weiß jedoch den Geschmack von Swann zu würdigen. Mme de Sévigné, die sie gern zitiert, ist ihr Lieblingsautor, wie auch George Sand, deren Romane sie ihrem Enkel gibt. Für sie wie für Sand ist die Tugend im Adel des Herzens begründet. Ihr künstlerischer Sinn, der später den des Erzählers beeinflußt, läßt sie ihre Geschenke mit großer Subtilität und Raffinesse auswählen. Zu Beginn von *Mädchenblüte* begleitet sie den Erzähler zu einer Vorstellung von *Phädra* mit der Berma in der Titelrolle. Sie macht sich Sorgen über seine »Willensschwäche«; von seiner Krankheit gerührt, sieht sie ihm jedoch all seine Launen nach. Auf den Rat von Swann hin fährt sie wegen der guten Luft des Meeres mit dem Erzähler nach Balbec. Eine große Zärtlichkeit verbindet sie. Am Morgen teilen sie sich gegenseitig mit, daß sie aufgewacht sind, indem sie an die Zwischenwand ihrer Zimmer klopfen. Eine Jugendfreundin, Mme de Villeparisis, stellt ihr ihren Großneffen, Robert de Saint-Loup, vor, der sie photographieren möchte. Um auf der Aufnahme jünger auszusehen, macht sie sich zurecht, was ihren Enkel amüsiert. Bei einem Spaziergang zu den Champs-Élysées mit dem Erzähler erleidet sie eine Attacke. Der Erzähler begleitet sie zu Professor E... Wieder zu Hause, muß sie sich ins Bett legen: ihre Agonie beginnt. Dr. Dieulafoy prognostiziert den unmittelbar bevorstehenden Tod. Als sie entschläft, empfindet ihr Enkel keinen Kummer. Mit den Erinnerungen jedoch, die bei seinem zweiten Aufenthalt in Balbec in ihm aufsteigen, beginnt auch sein Leiden an diesem Tod. Er nennt jenen aufgeschobenen Kummer die »Anfälligkeiten des Herzens«. Seine Großmutter erscheint auch in seinen Träumen. Ihre Tochter wird ihr immer ähnlicher. Später, im Gedenken an ihren Tod und an den Tod von Albertine, hat der Erzähler den Eindruck, »daß mein Leben durch einen doppelten Mord besudelt ist«. **Vorbilder:** Prousts Mutter und seine Großmutter mütterlicherseits, Mme Nathé Weil.

Großtante (des Erzählers): »Die einzige etwas vulgäre Person« in der Familie. Eigentümerin des Hauses in Combray. Sie hinterläßt ihr Vermögen einer Nichte, mit der sie zerstritten ist. Zu Beginn von *Swann* liebt sie es, die Großmutter und Swann aufzuziehen.

Großvater (des Erzählers): Monsieur Amédée. In *Swann*, wo er weniger gewinnend ist als seine Frau, repräsentiert er die Vorurteile des Bürgertums von Combray (er schwärmt für Allianzen und für Genealogie). Er mißtraut Bloch, dem jungen Freund des Erzählers, und sobald von ihm die Rede ist, beginnt er Verse aus *Esther* von Racine zu rezitieren oder Melodien aus *La Juive* (Die Jüdin) von Halévy zu singen. Er war früher einer der besten Freunde von Swanns Vater, verkehrt aber nicht mehr mit dessen Sohn wegen dessen Ehe mit Odette. Auf einem Spaziergang mit seinem Sohn und seinem Enkel spricht er von dieser Verbindung. Er hat auch die Bekanntschaft der Verdurin gemacht, denen er mißtraut. Er hat unlängst mit seinem Bruder, dem »Onkel Adolphe«, gebrochen, weil er seinen Enkel zur gleichen Zeit wie die »Dame in Rosa« empfangen hatte. Sein Enkel, der seine Großmutter verehrt, leidet darunter, sie jedesmal Folterqualen ausstehen zu sehen, wenn sein Großvater den ihm untersagten Cognac trinkt. Er schockiert die Familie durch sein ganz konventionelles Verhalten bei dem Tod seiner Frau. **Vorbild:** Prousts Großvater mütterlicherseits, Nathé Weil (obwohl der Großvater in der *Recherche* Antisemit ist).

GROUCHY (Graf von): In *Guermantes*, wo er zu einem Diner bei den Guermantes zu spät kommt, wird er von der Herzogin kühl empfangen.

GUERMANTES (Basin, Herzog von): Die Guermantes sind eine Mischung aus verschiedenen berühmten Familien wie den La Rochefoucauld, den Clermont-Tonnerre, den Noailles, den Polignac und den Gramont. Basin (geboren 1836) ist der zwölfte Herzog des Namens und der 17. Prinz von Condom. Zu Lebzeiten seines Vaters war er zunächst Prinz des Laumes. Er ist der Bruder von Charlus und hat seine Cousine Oriane geheiratet, deren Esprit er rühmt, die er aber schon am ersten Tag nach der Hochzeit betrogen hat. In ihren Memoiren hat seine Tante, Mme de Beausergent, ihn als Kind als »das anbetungswürdige Musterexemplar jugendlicher Anmut« dargestellt. Er hat sich allerdings nicht wenig verändert, und die Großmutter des Erzählers, die jenes Zitat kennt, findet ihn »ordinär«, als sie ihm schließlich begegnet. Begierig darauf, ihn kennenzulernen (Norpois hatte lobend von ihm gesprochen), sieht der Erzähler ihn bei seinem feierlichen Auftritt bei seiner Tante, Mme de Villeparisis. Aber auch der Erzähler verliert schon bald seine Illusionen über ihn. In der Folge sieht er ihn oft, denn der Herzog wohnt in demselben Palais wie seine Eltern. Der Herzog ist rücksichtslos und nicht besonders sympathisch. Er freundet sich mit dem Vater des Erzählers an. Höflich stattet er während der Agonie der Großmutter einen zeremoniösen Besuch ab. Lange Zeit Dreyfus-Gegner, tritt er den Ansichten Swanns und seines Neffen Saint-Loup entgegen, vollzieht dann aber plötzlich eine vollständige Kehrtwendung. Mit erkünstelter Einfachheit empfängt er bald darauf den Erzähler und zeigt ihm seine Gemälde von Elstir, deren Schönheit er nicht zu würdigen weiß. Der Kunst gegenüber verschlossen, ist er unempfänglich für alles. Als er sich gerade auf den Weg macht zu einem Kostümball, erfährt er von dem Tod seines Cousins »Mama« d'Osmond, will jedoch lieber nichts davon wissen und ruft aus: »Das ist bestimmt übertrieben!« Er will auch nicht an die unheilbare Krankheit von Swann glauben. Das einzige, was ihn noch berührt, ist eine Geschmacksverirrung in Kleidungsfragen: die »roten Schuhe« seiner Frau. Die Ehe liegt im argen: Der Herzog unterhält zahlreiche Geliebte. Nach Mme d'Arpajon geht er eine Verbindung mit Odette ein, deren Tochter Gilberte seinen Neffen und Erben Saint-Loup heiratet. Mit Herablassung spricht er mit seiner künftigen Schwiegertochter von seiner alten Beziehung zu Swann, obwohl diese sehr vertraulicher Natur gewesen war. Während des Krieges ist er anglophil und anticaillautistisch eingestellt [der Finanzminister Caillaux hatte 1914 die umstrittene Einführung der Einkommenssteuer durchgesetzt]. In *Die wiedergefundene Zeit* bewahrt er auch im Alter seine majestätische Würde und sieht seinem Bruder immer ähnlicher, ohne jedoch dessen Niedergang zu erleiden. Er bewahrt indessen seine tyrannischen Anwandlungen gegenüber seiner Frau. Odette, die sich über ihn mokiert, bleibt trotzdem seine Geliebte und sorgt für ihn, aber man wird ihm diese Beziehung vorwerfen. Als Kandidat für den Vorsitz des Jockey-Clubs wird er von Chaussepierre ausgestochen, und es gelingt ihm nicht, einen Sitz in der Académie des beaux-arts zu erlangen. So schwindet der Glanz der Guermantes dahin. **Vorname:** Der des zweiten Herrn von Illiers. **Vorbilder:** Émile Straus und der Comte Greffulhe; der Duc Agénor de Gramont; Boson de Talleyrand-Périgord, Prince de Sagan (dessen Vorname Proust gleichfalls zu dem der Romanfigur anregte) stand für ihn und für Charlus Modell; der Comte d'Haussonville, dessen Alter das des Herzogs vorwegnimmt.

GUERMANTES (Oriane, Herzogin von): Geboren 1842, Gattin des Voraufgehenden. Vor dem Tod ihres Schwiegervaters war sie zunächst Prinzessin des Laumes. Sie ist selbst eine geborene Guermantes. Manche ihrer weiblichen Verwandten nennen sie Oriane-Zénaide oder Marie-Sosthène. In *Swann* sieht der Erzähler sie zum ersten Mal in der Kirche von Combray. Obgleich ihre äußere Gestalt ihn enttäuscht, verliebt er sich doch in sie. Ihre Unterhaltung, der er lauscht »wie einem auf eine ganz köstliche Weise vorgetragenen französischen Volkslied«, vermittelt ihm »jene so rein französische Anmut, die man in der Redeweise oder den Schriften der heutigen Zeit nicht mehr finden kann«. Sehr pariserisch und elegant, bewohnt die Herzogin einen Flügel des Stadtpalais der Guermantes, in dem auch die Eltern des Erzählers wohnen. Dieser begibt sich jeden Tag auf die Straße, um sie vorüberfahren zu sehen. Seine Liebe zu ihr erlischt bald, aber er bleibt stets empfänglich für die Annehmlichkeit ihrer Gesellschaft. Er sucht sie auf, um von ihr Ratschläge über Kleider zu erhalten, die Albertine tragen soll. Zur Zeit der Dreyfus-Affäre mißt die Herzogin in ihrem Salon den politischen Ansichten keine Bedeutung bei. Ihre Rivalinnen beschuldigen sie deshalb, die Interessen des Vaterlandes den gesellschaftlichen Forderungen unterzuordnen. Ihr hochmütiger und unverschämter Charakter tritt nach und nach an den Tag: ihr Guermantesscher Esprit gibt Personen wie Mme de Gallardou oder Mme de Chaussepierre kaum Pardon. Obwohl sie mit Swann eng befreundet ist, empfängt sie zu seinen Lebzeiten weder seine Frau noch seine Tochter. Als Swann ihr die Mitteilung von seiner unheilbaren Krankheit macht, läßt sie ihre Gleichgültigkeit erkennen. Nach seinem Tode allerdings empfängt sie »die kleine Swann«, seine Tochter, die Saint-Loup heiratet. Im Laufe der Jahre gerät der alte Groll in Vergessenheit. Die Herzogin freundet sich mit Mme de Cambremer und mit Rahel an, und sie rühmt sich, diese letztere habe ihre Karriere ihr zu verdanken. Sie glaubt später, daß Bloch »in ihrer Welt geboren wurde und daß die Herzogin von Chartres ihn auf den Knien wiegte«. *Die wiedergefundene Zeit* zeigt demnach ihren gesellschaftlichen Niedergang auf, der sich ihren neuen Beziehungen und ihrem stumpfer werdenden Witz verdankt. Sie tritt mit gefärbtem Haar und in zweifelhafter Gesellschaft auf, und sie wird von ihrem Gatten vor aller Augen mit Odette betrogen. Sie beginnt Gilberte zu verabscheuen, die Tochter ihrer Rivalin, die sie »das kleine Scheusal« nennt. Sie beschuldigt sie, unter dem Tod ihres Gatten nicht gelitten zu haben. Auch sie wird zu einer deklassierten Guermantes. **Vorbilder:** Die Comtesse de Chevigné (für ihre rauhe Stimme, ihre Eleganz und ihr Vogelprofil); die Comtesse Greffulhe, die vor allem als Vorbild für die Prinzessin von Guermantes diente (für ihren betörenden Blick); Mme Straus und die Duchesse Alain de Rohan, vor dem Tod ihres Schwiegervaters zunächst Princesse de Léon (für ihre geistreichen Bemerkungen); Mme Standish, die Freundin der Comtesse Greffulhe (für den strengen Schick ihrer Toilette; sie gleicht der Herzogin bei deren strahlendem Auftritt in der Oper zusammen mit der Prinzessin, in *Guermantes*); Mme de Goussencourt, Schloßherrin von Saint-Éman, die Proust am Sonntag in Illiers in der Messe sah.

GUERMANTES (Gilbert, Prinz von): Cousin des Herzogs von Guermantes. Tritt in *Die wiedergefundene Zeit* als leidenschaftlicher Antisemit in Erscheinung sowie als Aristokrat, der derart auf die Regeln des Vorranges bedacht ist, daß er seine Frau zu seiner Linken Platz nehmen läßt, weil sie aus einer weniger hochstehenden Familie stammt als die seine. Er geht mit abgemessenen Schritten und empfängt den Erzähler mit steifer Miene. Seine intimsten Überzeugungen und seine Neigungen treten in *Sodom und Gomorra* zutage. Er führt Swann bis in den hintersten Winkel des Gartens in seinem Palais und vertraut ihm an, daß er Dreyfus für unschuldig hält. Ein Kammerdiener offenbart seine Neigungen, die er mit seinem Cousin Charlus gemein hat. Der Prinz gibt Morel ein erfolgloses Rendezvous in dem Bordell von Maineville. In *Die wiedergefundene Zeit* erfährt der Erzähler auf einer Matinée, daß der verwitwete und durch den Fall der deutschen Monarchien ruinierte Prinz Mme Verdurin geheiratet hat. Gealtert und weißbärtig, mit schleppenden Schritten, als seien seine Sohlen aus Blei, empfängt er seine Gäste mit der »gütigen Miene eines Märchenkönigs«. **Vorbilder:** Der Comte Aimery de La Rochefoucauld (auf die Fragen der Etikette und der Geburt bedacht); der Prince Constantin Radziwill (der die gleichen Neigungen hatte); Louis de Talleyrand-Périgord (der 1917 eine reiche Witwe, Mme Cécilia Blumenthal, heiratete).

GUERMANTES (Marie-Hedwige, Prinzessin von): Als geborene Herzogin in Bayern heiratete sie den Prinzen von Guermantes. Der Faubourg Saint-Germain nennt sie Marie-Gilbert. Die Herzogin von Guermantes, ihre angeheiratete Cousine, und sie unterscheiden sich in ihrer Art der Schönheit, ihrer Eleganz, ihrem Esprit und ihrem Temperament voneinander, wie der Erzähler es in der Loge der Herzogin von Guermantes in der Oper bemerkt, wo er die Prinzessin zum ersten Mal sieht. Diese ist sehr apathisch, und ihre geistsprühende Cousine hält sie für »ein wenig schwachsinnig«. Ihre Empfänge, zu denen sich der ganze Faubourg drängt, sind »lebensgefährlich und todlangweilig«. Man behauptet, sie sei in Charlus verliebt, der ihr weh tut, sie aber dem Erzähler gegenüber die schönste Frau der Welt nennt. Nach ihrem Tod heiratet der Prinz Mme Verdurin, eine weitere Antithese der Prinzessin. **Vorbilder:** die Comtesse Henri Greffulhe (mit ihrer plastischen Schönheit, ihren Topasaugen und der Pracht ihrer Toiletten, im Kontrast zu der schlichten Art, sich zu kleiden, von Mme de Chevigné oder Mme Standish, alle beide Vorbilder für die Herzogin); die Comtesse Jean de Castellane, geborene Marie-Hedwige, Herzogin in Bayern.

Comtesse Greffulhe

HERWECK (Herr von): Bayrischer Komponist. In *Sodom und Gomorra* stellt die Herzogin von Guermantes ihn ihrem Gatten vor, der wütend darüber ist, eine so nichtssagende Bekanntschaft zu machen.

HEUDICOURT (Mme Zénaide d'): In *Guermantes* leugnet die Herzogin von Guermantes sowohl die Verleumdungen als auch die Intelligenz ihrer Cousine. Bréauté spricht von ihrem Geiz. Sie besitzt die Manuskripte des Vicomte de Bornier.

HOWSLER: Bruder des Kutschers von Mme Verdurin. In *Sodom und Gomorra* muß er wegen der Ränke von Morel seinen Dienst quittieren.

HUNOLSTEIN (Mme de): In *Guermantes* weigert sich der Prinz von Guermantes, ihr bis an den Fuß der Treppe entgegenzugehen. Sie hat den Beinamen »Kleinchen«.

IMBERT (Mme): Gestalt aus Combray, deren Spargel in *Swann* gelobt werden.

ISRAËLS (Lady Rufus): Tante von Swann. In *Die Gefangene* läßt sie der Herzogin von Guermantes ihre Karte überreichen. Diese erklärt genau wie Gilberte die Unwahrheit und behauptet, sie nicht zu kennen.

JENA (Prinz und Prinzessin von): In *Guermantes* erwähnt die Herzogin von Guermantes sie in einer Unterhaltung und rühmt ihre Empiremöbel. Obwohl Charlus dies gelten läßt, spricht er ihnen das Recht auf ihren Titel ab.

JUPIEN: Westenmacher, von dem Mme Verdurin behauptet, er sei ein ehemaliger Sträfling. Er hat einen Laden im Hof des Stadtpalais der Guermantes, wo die Eltern des Erzählers wohnen. Er »näht einen Stich« an dem Umhang der Großmutter, die seine »Vornehmheit« rühmt. In einer Szene von *Sodom und Gomorra* wohnt der Erzähler als Voyeur seiner »Begegnung« mit Charlus bei, die er mit der Befruchtung der Orchidee durch die Hummel vergleicht. Morel und der Baron kommen regelmäßig »zum Tee« zu Jupien. In der Tat ist Jupien voller Kenntnisse und Talente, die er durch »einfache und zufällige Lektüren« erworben hat. Charlus ergeben, hilft er ihm dabei, seinen Schützling in dem Bordell von Maineville aufzufinden, wo der Geiger ein Rendezvous mit dem Prinzen von Guermantes hat. Von Jupien erfährt der Erzähler auch von dem Verhältnis Saint-Loups mit Morel. In *Die wiedergefundene Zeit* wird er während des Krieges zum Inhaber eines Bordells, in dem Charlus sich auspeitschen läßt. Später sorgt Jupien für Charlus, der einen Schlaganfall erlitten hat und fast blind ist. **Vorbilder:** Gabriel d'Yturri (das Faktotum von Montesquiou); Mineguishi (japanischer Diener des alten, körperbehinderten und halb blinden Comte Clary); Albert Le Cuziat (der Inhaber des Hôtel Marigny), dem er seine letzte Erscheinungsform entlehnte. **Ort:** Im Erdgeschoß des Hauses am Boulevard Malesherbes Nr. 9 lagen nebeneinander der Laden des Schneiders Eppler und der der Schneider Sandt und Laborde.

JUPIEN (Nichte von): Kleine Schneiderin mit dem Vornamen Marie-Antoinette. Die Großmutter des Erzählers findet sie reizend und hält sie für die Tochter von Jupien. Sie liebt Morel, der um ihre Hand anhält, sich dann aber von ihr trennt und sie beschimpft, weil sie in ihrer Jugend einen »Fehltritt« begangen hat. Charlus adoptiert sie und gibt ihr den Titel Mlle d'Oleron. Sie heiratet den jungen Cambremer, stirbt aber wenige Tage nach der Hochzeit. Auf ihrer Todesanzeige sind die Namen von fast allen Personen der *Recherche* vertreten, von den glanzvollsten angefangen bis zu den schimpflichsten.

JURBELETSCHEW (Fürstin): In *Die Gefangene* die junge Mäzenin der »Russischen Ballette«. Sie wohnt den Aufführungen in Begleitung ihrer Freundin Mme Verdurin bei. **Vorbild:** Misia Godebska, Freundin von Strawinsky und Diaghilew.

LAMBRESAC (Herzogin von): Fällt in *Sodom und Gomorra* durch ihre Art zu grüßen auf.

LAU D'ALLEMANS (Marquis du): In *Die Entflohene* betont die Herzogin von Guermantes seine Manieren und seine Ungeniertheit.

LAUMES (Prinz und Prinzessin des): Vgl. GUERMANTES (Basin, Herzog von, und Oriane, Herzogin von).

LEA: Junge Schauspielerin, die der Erzähler in Gesellschaft von Gilberte und als Mann verkleidet überraschend auf den Champs-Élysées trifft. Er sieht sie sehr elegant beim Pferderennen in Balbec wieder. Lea ist die Freundin von Blochs Cousine. Da er sie als »Gomorreanerin« kennt, ist Marcel besorgt über die Freundschaft zwischen ihr und Albertine, und er versucht, diese davon abzuhalten, ihre Vorstellungen im Trocadéro zu besuchen. Kurz darauf entdeckt er einen sehr unverblümten Brief Leas an Morel, der keine Zweifel mehr über ihre Neigungen läßt – trotz ihrer Liebe zu Morel. Er erfährt auch von Albertine, daß sie zusammen eine Reise gemacht haben. **Vorbild:** Ginette Lantelme, eine lesbische Schauspielerin, die zur gleichen Zeit wie Proust im Grand-Hôtel von Cabourg wohnte.

LEBLOIS DE CHARLUS (Graf): In *Sodom und Gomorra* schreibt man diesem Homonym des Barons die Taten zu, deren jener sich schuldig gemacht hat.

L'ÉCLIN (Mme de): Diese Gestalt aus *Guermantes* hat den Beinamen »die Ohnohrige«, weil sie das Haar so gescheitelt trägt, daß es die Ohren verbirgt.

LEGRANDIN: Bourgeois aus Combray, geboren 1850, Sohn einer

Freundin der Großtante des Erzählers. Aufgrund seines maßlosen Snobismus tut er zu Beginn von *Swann* so, als habe er den aus der Kirche tretenden Erzähler und dessen Vater nicht gesehen. Als gebildeter Mann aus der Provinz rät er dem Erzähler und dessen Großmutter zu einem Aufenthalt in Balbec, empfiehlt sie jedoch nicht an seine Schwester, die mit einem Edelmann aus der Gegend, dem Marquis de Cambremer, verheiratet ist. In *Die Entflohene* läßt er sich Graf von Méséglise nennen und hat sich mit Charlus angefreundet, dessen Neigungen er teilt. Er »protegiert« Théodore, den Gehilfen des Kolonialwarenhändlers Camus. Sein Snobismus findet endlich seine Befriedigung, als sein Name auf der Heiratsanzeige seines Neffen Cambremer mit Mlle d'Oleron, der Nichte von Jupien und Adoptivtochter von Charlus, erscheint. Er schließt Freundschaft mit Bloch, der zu dem berühmten Schriftsteller Jacques du Rozier geworden ist. Am Ende der *Recherche* sieht der Erzähler ihn gealtert und gespenstisch aussehend bei dem Prinzen von Guermantes wieder. **Vorbilder:** Georges Rodier (ein Kunstliebhaber, dessen Bekanntschaft Proust bei Mme Lemaire gemacht hatte); Henri Cazalis (mondäner Arzt, Poet unter dem Namen Jean Lahore).

LÉONIE (Tante): Tochter der Großtante des Erzählers. Als Witwe des Onkels Octave wird sie »Madame Octave« genannt. In *Swann* wohnen der Erzähler und seine Eltern während der Ferien bei ihr in Combray. Die treue Françoise gehorcht ihr mit ehrfürchtiger Scheu. Tante Léonie verläßt das Bett in ihrem Schlafzimmer nicht mehr und empfängt dort den Pfarrer und ihre ehemalige Bedienstete Eulalie, die Rivalin von Françoise. Sie beobachtet alles, was in der Rue de l'Oiseau vor sich geht. Ihr Traum wäre es, bis nach Tansonville zu kommen, aber sie stirbt, ohne daß ihr Wunsch in Erfüllung geht. Am Ende seines Lebens wird der Erzähler sich seiner Ähnlichkeit mit dieser Verwandten bewußt, die er die »böse Fee der Vererbung« nennt. Sie hat ihm ihr Vermögen sowie ihre Möbel vermacht, die schließlich in einem Bordell landen. Es ist nicht einfach, diese Gestalt von der Großtante zu unterscheiden, die oft »meine Tante« genannt wird und die Proust selbst genauso verwechselt. **Vorbild:** Mme Jules Amiot, Tante von Proust in Illiers.

LEROI (Mme Blanche): Freundin von Mme de Villeparisis, tritt in *Guermantes* auf. Eleganter und beliebter als ihre Freundin, unterhält sie einen konkurrierenden Salon, den die Marquise wegwerfend erwähnt. **Vorbilder:** Mme »Cloton« Legrand (für manche Züge), Mlle Laure Baignères (für ihre geistreichen Antworten).

LÉTOURVILLE (Herzogin von): In *Die wiedergefundene Zeit*, wo sie selbst Rekonvaleszentin ist, trifft sie mit unwilliger Überraschung auf den schwerkranken Charlus.

LÉTOURVILLE (der junge Herzog von): Er wohnt der Matinée der Prinzessin von Guermantes in *Die wiedergefundene Zeit* bei und schreibt dem Erzähler anschließend einen Brief, der diesen überrascht. **Vorbild:** Der Marquis Illan de Casa-Fuerte, ein junger Freund von Proust.

LÉVY (Esther): Cousine von Bloch. Sie empfiehlt Albertine das Casino von Incarville. Ihr Verhältnis mit der Schauspielerin Lea erregt Anstoß im Grand-Hôtel von Balbec. In *Die Gefangene* verdächtigt der Erzähler Albertine in einem Anfall von Eifersucht, eine Beziehung zu ihr gehabt zu haben.

Liftboy des Grand-Hôtel: In *Sodom und Gomorra* bemüht er sich um Eleganz, zeichnet sich jedoch im wesentlichen durch seine Sprachschnitzer und seine Dummheit aus. Er ist es, der dem Erzähler den Besuch von Mme de Cambremer ankündigt und dabei den Namen entstellt. Als er erkältet ist, hustet er Marcel ohne Hemmung ins Gesicht. In *Die wiedergefundene Zeit* meldet er sich im August 1914 freiwillig.

LUXEMBURG (Herzog von): Vater von Mlle d'Entragues, welche Saint-Loup in *Die Entflohene* zu heiraten suchte.

LUXEMBURG (Großherzog, Erbprinz von): Vgl. NASSAU (Graf von).

LUXEMBURG (Ihre Hoheit, Prinzessin von): In *Mädchenblüte* begegnet sie in Balbec Mme de Villeparisis, die ihr den Erzähler und seine Großmutter vorstellt. Wie Tieren im Zoo möchte sie ihnen etwas geben. Die Kunden des Hotels halten sie für eine Dame aus der Halbwelt. **Vorbilder:** Die Princesse de Sagan, geborene Marguerite de Seillière (wie diese ging sie in Trouville in Begleitung eines »in roten Satinstoff gekleideten kleinen Negers« spazieren); die Princesse Albert de Monaco, geborene Heine.

MANCHESTER (Herzogin Consuelo von): Macht mit ihrer Freundin, der Herzogin von Guermantes, Einkäufe in London. In *Die Gefangene* erfährt man von ihrem Tod.

MARQUISE (die): Inhaberin des kleinen Pavillons auf den Champs-Élysées in *Mädchenblüte*. Sie rühmt sich, sich ihre Kunden »auszusuchen«. Françoise beteuert, sie sei Marquise.

MARSANTES (Gräfin Marie-Aynard von): Schwester des Herzogs von Guermantes und des Baron de Charlus. Witwe des 1871 gefallenen Vorsitzenden des Jockey-Clubs. Als Mutter von Saint-Loup akzeptiert sie dessen Verhältnis mit Rahel nicht. Diese rächt sich dadurch, daß sie von ihrer Grausamkeit gegenüber Dreyfus spricht und die falsche Etymologie ihres Namens anführt: »mater semita«. In *Guermantes* würdigt der Erzähler ihre Sprache und ihren altüberlieferten Wortschatz. Nachdem sie zunächst Odette Swann aus ihrem Bekanntenkreis ausgeschlossen hatte, empfängt sie sie schließlich und versucht – zur großen Entrüstung der Herzogin –, sie bei den Guermantes einzuführen. Sie verheiratet ihren Sohn mit Gilberte, die nach dem Tod ihres Vaters eine reiche Erbin geworden ist, und stellt sich anschließend ihrer Scheidung in den Weg. In *Die wiedergefundene Zeit* trifft der Herzog von Guermantes, der jetzt der Liebhaber von Mme de Forcheville ist, bei ihr seine Geliebte.

MAURICE: Insasse des Bordells von Jupien, der Morel sonderbar ähnlich sieht und in *Die wiedergefundene Zeit* Charlus auspeitscht. Dieser letztere ist entzückt über das Geständnis eines Verbrechens, das der junge Juweliergehilfe sicherlich nicht begangen hat.

Metzgergesellen: Es gibt ihrer mehrere in der *Recherche*. Der erste tritt in *Die Gefangene* auf: er sortiert die erlesenen Teile eines Rindes aus und gleicht »einem schönen Engel, der am Tage des Jüngsten Gerichts für Gottvater die Scheidung der Guten und Bösen je nach Qualität und das Abwiegen der Seelen vorbereitet«. Ein zweiter tritt in *Die wiedergefundene Zeit* auf, der Schützling von Françoise – ihr neuer Metzgerbursche –, ein »schüchterner und blutiger« junger Mann, den sie davon abhalten möchte, in den Krieg zu ziehen. In *Die wiedergefundene Zeit* erscheint schließlich ein junger Geselle aus einem Milchladen, den Jupien in seinem Bordell als Ersatz für den jungen Maurice dem Baron Charlus anbietet und den er ihm – unter dem Vorwand, er sei von Beruf Metzgergeselle – als den »Rinderschlächter, den Mann der Schlachthöfe« anpreist.

Milchhändlerin (kleine): Sie wird von Françoise in aller Unschuld zu dem Erzähler geführt, der in *Die Gefangene* die Absicht hat, ihr einen auszutragenden Brief anzuvertrauen, sie dann aber mit einem Trinkgeld wieder wegschickt.

MOLÉ (Gräfin): Mme Verdurin nennt sie die Gräfin von Molé. Eines Morgens läßt sie in *Die wiedergefundene Zeit* bei der Herzogin von Guermantes ihre Karte abgeben. Charlus, der sie nicht leiden kann, läßt sie von Morel in kleinen Zeitungen diffamieren. Sie stirbt an diesen Verleumdungen. Dennoch tritt die Gräfin noch einmal in *Die wiedergefundene Zeit* auf: Sie lädt den Erzähler ein, der ihr jedoch aus dem Wege geht.

MONSERFEUIL (General von): In *Guermantes* lehnt die Herzogin von Guermantes es ab, ihm Saint-Loup zu empfehlen, und sie setzt ihn durch die Anspielung auf seine ewig erfolglose Kandidatur als Abgeordneter herab.

MONTERIENDER (Gräfin von): Fällt in *Swann* durch eine absurde

Bemerkung bei dem Empfang von Mme de Saint-Euverte auf: »Das ist ja fabelhaft, ich habe niemals etwas erlebt, was einen solchen Eindruck gemacht hätte ... seit dem Tischrükken damals!« **Vorbild:** Mme de Galbois, Hofdame der Princesse Mathilde, bekannt für ihre stupiden Einwürfe.

MONTMORENCY (Éliane de): In *Die Gefangene* spricht Charlus bei den Verdurin mit Mme de Mortemart von ihr.

MONTPEYROUX (Gräfin von): Im Milieu der Guermantes wegen ihrer Körperfülle »Kleinchen« genannt, ohne daß sie je beleidigt ist. Tritt in *Guermantes* auf.

MOREAU (A.-J.): Im Ministerium, in dem der Vater des Erzählers arbeitet, »A.-J.« genannt. In *Guermantes* gibt er Marcel eine Karte für eine Aufführung von *Phädra*.

MOREL (Charles, genannt Charlie) (In den Manuskripten, die Proust nicht mehr korrigiert hat, wird er auch Bobbie Santois genannt.): Gutaussehender, begabter Geiger, Sohn des Kammerdieners von Onkel Adolphe. Er ist dem Erzähler gegenüber abwechselnd unterwürfig und unhöflich. Seine Ränke haben die Entlassung des Kutschers der Verdurin zur Folge. Er ist mit der Nichte von Jupien verlobt, bricht aber unvermittelt mit ihr und beschimpft sie. Er leiht sich von Blochs Onkel Geld aus und hat anschließend vor, ihn gerichtlich zu belangen. Als er den Militärdienst in der Kapelle eines Artillerieregimentes ableistet, begegnet er in *Sodom und Gomorra* zum ersten Mal dem Baron Charlus am Bahnhof von Doncières. Er kommt dem Laster des Barons entgegen, ohne es wirklich zu teilen, und er bedient sich seiner. Er bittet den Erzähler, den Beruf seines Vaters geheimzuhalten, denn er wird in La Raspelière bei den Verdurin empfangen, wo man seine Virtuosität bewundert. Morel stellt indessen seine Unwissenheit unter Beweis, als er eine Melodie von Meyerbeer spielt, die er für Debussy hält. Sein Diner mit dem Baron in Saint-Mars-le-Vêtu bestätigt seinen Erfolg. Obwohl Charlus sein im übrigen fehlgeschlagenes Rendezvous mit dem Prinzen von Guermantes in dem Bordell von Maineville überrascht, steht er ihm weiter bei und beabsichtigt, ihm das Kreuz der Ehrenlegion zu verschaffen. Aus diesem Grund organisiert er bei den Verdurin eine musikalische Soiree, auf der Morel das unveröffentlichte Septett von Vinteuil interpretiert. Verletzt von dem Adelsdünkel des Barons, bewegen die Gäste den Geiger dazu, mit seinem Mentor zu brechen. Seine Undankbarkeit und sein Haß lassen auch während des 1. Weltkriegs nicht nach: zusammen mit Mme Verdurin läßt er den alten, deutschfreundlichen Guermantes in den Zeitungen diffamieren. Aus Angst lehnt er später jede Annäherung an ihn ab. Aus einem postumen Brief des Barons an den Erzähler geht im übrigen hervor, daß Charlus ihn getötet haben würde, falls er ihn wiedergesehen hätte. Zuvor ist Morel eine Beziehung mit Saint-Loup eingegangen, der die Neigungen seines Onkels teilt, und er läßt sich von ihm und sogar von seiner Frau Gilberte aushalten. Der Erzähler entdeckt, daß er Albertine junge Wäscherinnen zuführte, nachdem er sie zuvor mißbraucht hatte. Ohne daß jemand davon erfährt, wird er gegen Ende des Krieges als Deserteur verhaftet, dann aber, dank eines Briefes von Saint-Loup, wieder freigelassen. Er meldet sich danach freiwillig und kehrt unversehrt und mit einer Kriegsauszeichnung zurück. In *Die wiedergefundene Zeit* sieht der Erzähler ihn berühmt und von allen geachtet bei dem Prinzen von Guermantes wieder. Melancholisch beschwört er die Augenblicke herauf, die er mit dem Erzähler in Balbec verbrachte, das mit der Zeit ganz in der Poesie der Erinnerung aufgeht. **Vorbilder:** Der junge Pianist Léon Delafosse (als Schützling von Montesquiou hatte er wohl Morels Ehrgeiz, aber nicht dessen Grausamkeit); Alfred Douglas, der Gefährte von Oscar Wilde (für die perversen Züge); Henri Rochat (Prousts Sekretär, der sich von der Tochter einer Concierge trennte) regte ihn wahrscheinlich zu der Episode der Verlobung Morels an. Proust verwertete zudem das Abenteuer des Barons Doäzan mit seinem polnischen Geiger.

MORIENVAL (Baronin von): Nach einem Vortrag von Rahel fragt sie Gilberte in *Die wiedergefundene Zeit*, ob »Die beiden Tauben« nicht von La Fontaine sind.

MORTEMART (Mme Marie-Thérèse de): In *Die Gefangene* spricht sie bei den Verdurin in einem langen Gespräch mit Charlus von Éliane de Montmorency.

Mutter (des Erzählers): Scheint die Großmutter des Erzählers zu verdoppeln, so sehr sind die beiden sich ähnlich. Beide lesen mit Vorliebe Mme de Sévigné. Dem idealistischen Temperament der Großmutter steht indessen der Realismus der Mutter gegenüber, der im übrigen von einer großen Nachsicht gemildert wird. Zu Beginn von *Swann*, als der Erzähler ohne ihren Gutenachtkuß nicht einschlafen kann, verbringt sie die Nacht in seiner Nähe und liest ihm *François le Champi* vor. An einem anderen Tag läßt sie ihn eine »Madeleine« in den Tee tauchen. Aus einem vergleichbaren Ereignis geht die Kindheit des Erzählers in Combray hervor. Nach dem Tod ihrer Mutter wird die Tochter ihr immer ähnlicher und gibt sich in *Sodom und Gomorra* dem »Kult des Bedauerns« hin. Wie in der Wirklichkeit fahren Marcel und seine Mutter zusammen nach Venedig.

NASSAU (Graf von): In *Guermantes* Neffe der Prinzessin von Luxemburg, späterer Großherzog und Erbprinz von Luxemburg. Im Restaurant und bei der Herzogin von Guermantes hört der Erzähler die abfälligsten Bemerkungen über ihn. **Vorbild:** Der Comte Pierre de Polignac, Gatte der Duchesse de Valentinois, Adoptivtochter und Erbin des Prince de Monaco.

NASSAU (Prinzessin von): »Große Gesellschaftskokotte«. Vgl. ORVILLERS (Prinzessin von).

NEAPEL (Königin von): Die verarmte und entthronte Königin tritt in *Die Gefangene* bei dem Konzert von Morel bei den Verdurin auf. Als sie unvermutet zurückkehrt, um ihren Fächer zu holen, wird sie zur Augenzeugin des Streites, den man mit Charlus vom Zaun bricht, und sie bietet ihm beim Weggehen ihren Arm als Stütze an. **Vorbild:** Marie-Sophie-Amélie, die Schwester der Kaiserin Elisabeth von Österreich und Gemahlin von Franz II., der bis 1861 der letzte König von Neapel war. Sie lebte anschließend in Neuilly an einer Zufluchtsstätte, die ihr die Armut aufnötigte.

NIÈVRE (Prinzessin von): In *Die Entflohene* hat sie vor, ihren Sohn mit Gilberte Swann zu verheiraten, verleugnet diese Absicht aber aus Angst vor ihrer Cousine, der Herzogin von Guermantes.

NOÉMIE (Mlle de): In *Sodom und Gomorra* Insassin des Bordells von Maineville. Sie empfängt Charlus und läßt ihn warten.

NORPOIS (Marquis de): Ehemaliger Botschafter. Er tritt in *Mädchenblüte* auf. Der Vater des Erzählers, der sein Kollege im Außenministerium ist, setzt seine Hoffnungen auf eine Wahl ins Institut de France auf ihn und lädt ihn zum Abendessen ein. Norpois lobt den »Bœuf à la gelée« von Françoise und legt nicht ohne Pedanterie seine Meinungen über die Berma, den Grafen von Paris, Bergotte, Mme Swann und den literarischen Versuch des Erzählers dar. Er betrachtet die Dichter als »Flötenspieler«, rät dem Erzähler davon ab, Schriftsteller zu werden, und empfiehlt ihm die diplomatische Laufbahn. Dieser sieht ihn bei Mme de Villeparisis wieder, deren ehemaliger Liebhaber er ist. Der Erzähler, der seine Verhandlungen mit dem Fürsten von Faffenheim wegen dessen Sitz im Institut beobachtet, muß sich zugleich seine abfälligen Bemerkungen über die Bewerbung seines Vaters anhören. Mit vorsichtiger Ausgewogenheit, die es ihm erlaubt, jede präzisere Stellungnahme zu umgehen, unterhält Norpois sich mit Bloch über die Dreyfus-Affäre. Später wundert sich der Erzähler, als er von der Herzogin von Guermantes erfährt, daß Norpois lobend von ihm gesprochen hat. Nach vielen Jahren sieht er ihn gealtert in Begleitung von Mme de Villeparisis in Venedig wieder. In der reinen Tradition der diplomatischen Sprache vertraut er ihm sein Bestreben an, trotz seines hohen Alters wieder in der Politik tätig zu werden. Er fädelt außerdem eine Intrige mit dem Prinzen Odon Foggi ein, um einen Posten in Konstantinopel zu erhalten, wo man übrigens von früher her eine ausgezeichnete Erinnerung an ihn bewahrt hat. Von den Freunden von Caillaux als kindischer Alter betrachtet und von Charlus verspottet, schickt er während des 1. Weltkrieges pompöse Artikel an die Presse, die von seinen üblichen rhetorischen Klischees geprägt sind. Darin ähneln seine Auslassungen eigentümlicherweise denen von Brichot. **Vorbilder:** Der Comte Benedetti, ständiger Gast des Salons der Princesse Mathilde (wie Norpois war er 1870 französischer Gesandter in Berlin); der Comte de Fleury, Gesandter in Sankt Petersburg (Liebhaber der Comtesse Sophie de Beaulaincourt, des hauptsächlichen Vorbildes für Mme de Villeparisis); der Botschaftsattaché Jean Guillemin; Bekannte des Professors Adrien Proust aus dem Außenministerium: Gabriel Hanotaux, Armand Nisard oder Camille Barrère (Gesandter am Quirinal). Als er die Äußerungen von Norpois niederschrieb, ließ Proust sich von Artikeln von François Charmes anregen, der 1895 Leitartikler von *La Revue des Deux Mondes* war. Einige Aphorismen von Norpois in der *Recherche*: »Die Aktion der Regierung muß ohne Rücksicht auf alle Angebote durchgeführt werden, woher diese auch kommen mögen«; »Zwar führen alle Wege nach Rom, aber der Weg von Paris nach London geht über Sankt Petersburg«; »Zweifelsohne ist die Demission ein schlimmeres Übel als die Pest, denn es kommen dadurch alle um, auch wenn nur ein einziger betroffen ist«; »Und was tun die Chinesen? Sie scheinen Zeit zu gewinnen, als wäre dies nicht das beste Mittel, sie zu verlieren ...«

Norwegische Philosoph (der): Mitglied des »kleinen Kreises« der Verdurin in *Sodom und Gomorra*. Dem Erzähler fällt die Mühe auf, die er sich gibt, ein korrektes Französisch zu sprechen. Die Unterhaltung zwischen ihm und Marcel erinnert an die Diskussionen über die Schlaflosigkeit, die Proust mit Bergson führte und deren Zeuge Edmond Jaloux im September 1920 wurde. **Vorbild:** Der schwedische Philosoph Algot Ruhe, Übersetzer von Bergson und Autor einer Besprechung von *In Swanns Welt*, die 1917 in *Var Tid* erschien. Proust schrieb an Rivière: »Ich hoffe, daß dieser vortreffliche Schwede sich nicht in dem norwegischen Philosophen in *Sodom II* wiedererkennt; aber ich stehe Ängste deswegen aus.«

OCTAVE (Neffe der Verdurin): Sohn eines Großindustriellen, Golfspieler, leicht schwindsüchtig, ein Geck und Lebemann. Er tritt in Balbec als Gefährte von Albertine auf. Einer seiner Ausdrücke trägt ihm den Spitznamen ein »Ich hab' es geschafft«. In *Mädchenblüte* fällt dem Erzähler seine Unwissenheit auf, und er wundert sich über seine unumstößlichen Urteile über Mme de Cambremer und Mme de Villeparisis. Obwohl Andrée ihn einst verleumdet hat, heiratet er sie schließlich – ungeachtet der Verzweiflung seiner Geliebten

Rahel. Er wird zu einem talentierten Schriftsteller und zu Recht berühmt, obwohl man munkelt, seine Frau und seine »Schreibkulis« würden für ihn die Texte verfassen. Für Octave ist die Kunst etwas derart Intimes, daß er nicht darüber zu sprechen vermag. Wegen seiner Krankheit im Krieg zurückgestellt und zum Menschenfeind geworden, sieht er nur noch die Leute, die er seines Interesses für würdig erachtet. **Vorbilder:** Verschiedene junge Männer, denen Proust in Cabourg begegnete (wie der Künstler Léonce de Joncières oder Marcel Plantevignes); Jean Cocteau (der Künstler und Dandy); in seiner letzten Gestalt erinnert Octave an Proust selbst.

ORSAN (Monsieur d'): Zu Beginn der *Recherche* verdächtigt Swann seinen Freund, der Liebhaber von Odette zu sein.

ORVILLERS (Prinzessin Paulette von): Natürliche Tochter des Herzogs von Parma. In *Sodom und Gomorra* behält sie eine ziemlich usurpiert erscheinende Stellung in der mondänen Welt bei. Sie und die Prinzessin von Nassau scheinen ein und dieselbe Gestalt zu sein. **Vorbild:** Die Marquise d'Hervey de Saint-Denis, natürliche Tochter des letzten regierenden Fürsten von Parma.

OSMOND (Amanien, Marquis d'): Cousin des Herzogs von Guermantes, genannt »Mama«. Als Osmond im Sterben liegt, will der Herzog von Guermantes nicht, daß man sich nach seinem Befinden erkundigt, denn er möchte ein Fest nicht verpassen, zu dem er eingeladen ist. Als der Herzog dann von seinem Tod erfährt, kommentiert er achselzuckend: »Das ist bestimmt übertrieben!« und geht doch zu dem Fest. **Name:** Der des Marquis d'Osmond, Urneffe der Comtesse de Boigne und Freund der Familie Proust.

PALANCY (Monsieur de): In *Swann* fällt dem Erzähler bei Mme de Saint-Euverte sein Monokel auf. Er sieht ihn zu Beginn von *Guermantes* bei einer Vorstellung von *Phädra* in der Oper wieder. **Vorbild:** Proust selbst in seiner Widmung an Jacques de Lacretelle zufolge ist »das Monokel von M. de Palancy das jenes bedauernswerten und lieben Louis de Turenne«.

PARMA (Prinzessin von): Der Erzähler wird ihr auf einer Abendgesellschaft bei den Guermantes vorgestellt. Trotz ihres großen Namens und ihres gewaltigen Vermögens hatte sie erfolglos versucht, die Herzogin von Guermantes zu einer Soiree einzuladen, auf der bei ihr Schattenspiele gezeigt werden sollten. Dem Erzähler gegenüber, der ihr der Magie ihres Namens wegen das Parfum eines Straußes Veilchen zugeschrieben hatte, zeigt sie sich besonders liebenswürdig. Er beschreibt das Zeremoniell, das die Gäste der Herzogin vor ihr aufführen. Ihm fällt zugleich die Art und Weise auf, wie die Prinzessin ihre

Hofdamen herumstößt. In *Die Entflohene* empfängt sie die Mutter des Erzählers, ohne sich dann im geringsten um sie zu kümmern, stattet ihr aber am folgenden Tag einen dreistündigen Besuch ab. Sie trägt auch zu der Eheschließung des jungen Cambremer mit der Nichte von Jupien bei, indem sie zu verstehen gibt, diese sei die Tochter von Charlus. **Vorbild:** Die Princesse Mathilde (in manchen Zügen), obwohl diese in der *Recherche* in eigener Person auftritt.

PERCEPIED (Dr.): Arzt in Combray. Von seinem Wagen aus offenbaren sich dem Erzähler die Kirchtürme von Martinville. Percepied begegnet Vinteuil in der Nähe des Friedhofes, wo er das Grab seiner Frau besucht hat. **Vorbild:** Dr. Galopin aus Illiers.

PERDREAU (Abbé): Der Name des Pfarrers von Combray in *Swann*. Er wird nur einmal erwähnt: als Tante Léonie vom Fenster aus seine Nichte erblickt. **Name:** Der des Pfarrers der Kirche Saint-Jacques von Illiers im 18. Jahrhundert.

PÉRIGOT (Joseph): Junger Gehilfe von Françoise in *Guermantes*. Er leiht sich von dem Erzähler Bücher aus. Er schreibt einen köstlichen Brief an seine Familie.

PIERRE (Monsieur): Gestalt aus *Guermantes*. »Geschichtsschreiber der Fronde«, Gast des Salons von Mme de Villeparisis, die er hofiert. Er erweist sich als schüchtern und legt gegenüber der Herzogin von Guermantes eine übertriebene Höflichkeit an den Tag. Nach einer Diskussion über das Wort »Mentalität« macht der Herzog von Guermantes sich über ihn lustig.

POIRÉ (Abbé): In *Sodom und Gomorra* Beichtvater des Faubourg Saint-Germain. Die Prinzessin und dann der Prinz von Guermantes lassen ihn Messen für Dreyfus lesen. **Vorbild:** Der Abbé Mugnier.

POMMELIÈRE (Marquise de la): Genannt »la Pomme« [der Apfel]. Die Prinzessin von Guermantes spricht in *Sodom und Gomorra* mit dem Erzähler von ihr.

PONCIN (Monsieur): Oberster Präsident des Appelationsgerichts von Caen. In *Mädchenblüte* in Ferien in Balbec. Mehrere Jahre danach, in *Sodom und Gomorra*, wird ihm die Halsbinde des Kommandeurs der Ehrenlegion verliehen. Als er erfährt, daß der Erzähler wieder in Balbec ist, tut er, als freue ihn das, und er legt nach dem Tod der Großmutter ein nicht weniger heuchlerisches Beileid an den Tag. **Vorbild:** M. Gougeon, Erster Vorsitzender des Berufungsgerichts von Besançon. Proust begegnete ihm in Évian.

PONCIN (Mme): Frau des Voraufgehenden. In *Mädchenblüte* gehört sie in Balbec einem bürgerlichen Kreis an. Sie gibt irrige Auskünfte über die Prinzessin von Luxemburg.

PORTEFIN (Berthe, Herzogin von): In *Guermantes* empfiehlt Mme de Villeparisis sie der Herzogin von Guermantes als Hilfe beim Servieren des Tees.

POULLEIN: Diener der Guermantes. In *Guermantes* verlegt die Herzogin von Guermantes seinen freien Tag, damit er seine Verlobte nicht mehr sehen kann.

POUSSIN (Mme): »Dame aus Combray«, die in *Sodom und Gomorra* kurz in Balbec auftritt. Der Erzähler gibt ihr den Beinamen »Dann-sage-es-mir-nur«.

Präsident der Anwaltskammer von Cherbourg: In Ferien in Balbec. Er gibt stolz ein Diner für die Cambremer. In *Sodom und Gomorra* erfährt der Erzähler bei seinem zweiten Aufenthalt in Balbec von seinem Tod. **Vorbild:** Maître Ployel, der Rechtsanwalt, dem die Proust in Évian begegneten.

PUPIN (die Tochter von Monsieur): Taucht vorübergehend zu Beginn von *Swann* in Combray auf.

PUTBUS (Baronin): In *Sodom und Gomorra* spricht der Erzähler mit Saint-Loup von der Kammerjungfer der Baronin Putbus, in die er verliebt ist. Da er weiß, daß die Baronin von den Verdurin nach La Raspelière eingeladen ist, schickt er von Balbec aus ein Briefchen, um sich nach ihrer Bediensteten zu erkundigen. Man erfährt, daß die Baronin neben Mme Verdurin und der Großherzogin von Eudoxie eine Freundin der Fürstin Scherbatow ist. Der bei den Verdurin als Diener verkleidete Elstir flüstert ihr Unanständigkeiten zu.

RAHEL: Der Erzähler begegnet ihr zunächst in einem Bordell, wo man ihr, in Anspielung auf die große Arie aus *La Juive* (Die Jüdin), den Beinamen »Rahel, als Gott dich einst« gibt. Als er sie zu Beginn von *Guermantes* wiedersieht, ist sie Schauspielerin geworden und die geliebte Mätresse von Saint-Loup. Die Zerwürfnisse zwischen den beiden Liebenden, die im Restaurant oder im Theater zum Ausbruch kommen, häufen sich. Zu dieser Zeit ist ihre schauspielerische Kunst bereits beachtenswert, wird jedoch von der Herzogin von Guermantes, die sich über sie lustig macht, wenig geschätzt. Die Guermantes verurteilen die Liebschaft Saint-Loups mit dieser jüdischen Schauspielerin. Rahel bricht schließlich mit ihm. Sie wird zur Mätressse von Octave und liebt ihn sehr. Der junge Dandy läßt sie jedoch ohne Skrupel sitzen, um Andrée zu heiraten. Saint-Loup seinerseits heiratet Gilberte, die sich bemüht, Rahel ähnlich zu werden, denn sie weiß, daß ihr Gatte sie noch immer liebt. Jahre später ist sie in *Die wiedergefundene Zeit* zwar alt und häßlich, aber auch berühmt geworden, und sie ist jetzt die große Freundin der Herzogin von Guermantes. Auf der Matinée der Prinzessin von Guermantes, wo sie Gedichte vorträgt, hat der Erzähler

Mühe, sie wiederzuerkennen, wird aber dann von Bloch über ihre Identität aufgeklärt. Rahel kritisiert gehässig die Berma und legt ihre Unverschämtheit gegenüber der Tochter und dem Schwiegersohn ihrer Rivalin an den Tag. **Vorbilder:** Mlle Marsy (eine junge Schauspielerin, Geliebte von Boni de Castellane); Émilienne d'Alençon (eine von Jacques d'Uzès ausgehaltene Dame der Halbwelt). Die Schauspielerinnen Ginette Lantelme (die auch das Vorbild für Lea war) und Louisa de Mornand (die Geliebte von Louis d'Albufera) steuerten einige ihrer Züge bei; ohne Zweifel auch Liane de Pougy, Méry Laurent und Cléo de Mérode. **Vorname:** Der einer Dienerin von Louisa de Mornand, der Freundin Prousts.

RAMPILLON (Mme de): In *Swann* nennt die Herzogin von Guermantes sie »die gräßliche Rampillon«, und in *Sodom und Gomorra* macht sie sich auf einer Soiree bei der Prinzessin von Guermantes über ihr Dekolleté lustig.

RÉMI: Kutscher von Swann. Er sieht dem »Dogen Loredan« ähnlich. In *Swann* möchte Odette, ihm wenig geneigt, daß er entlassen wird.

»König« einer kleinen Insel in Ozeanien: In *Mädchenblüte* erinnert er an Jacques Lebaudy, den Sohn eines Zuckerfabrikanten und Millionärs, der sich, nachdem er ein Stück Land am Atlasgebirge erworben hatte, zum Kaiser der Sahara ausrief.

ROSEMONDE: Mitglied der »kleinen Schar« in *Mädchenblüte*. Der Erzähler sieht sie bei seinem zweiten Aufenthalt in Balbec wieder. Ihre Eltern haben Albertine in Incarville in Pension genommen.

ROUSSEAU (Mme): Zu Beginn von *Swann* erfährt man von ihrem Tod in Combray.

SAINT-CANDÉ (Monsieur de): Bei dem Empfang von Mme de Saint-Euverte in *Swann* betrachtet der Erzähler aufmerksam sein Monokel. **Vorbild:** »[...] ich habe bei dem Monokel von Monsieur de Saint-Candé an das von Monsieur de Bethmann gedacht (nicht des Deutschen – obwohl er dies wohl ursprünglich war –, sondern des Verwandten der Hottinguer) [...]« (Widmung für Jacques de Lacretelle, in: A. Maurois, *À la recherche de Marcel Proust*, S. XIII).

SAINT-EUVERTE (Marquise Diane de): In *Swann* gibt sie eine musikalische Soiree, bei der der General von Froberville, die Herzogin von Guermantes (die damalige Prinzessin des Laumes) und Charles Swann anwesend sind. Swann hört dort die Sonate von Vinteuil, die seine Liebe zu Odette wachruft. Später, in *Sodom und Gomorra*, nimmt die Marquise an der Soiree der Prinzessin von Guermantes teil, um für ihre Garden-Party am folgenden Tag Gäste anzuwerben. Charlus macht beleidigende Anmerkungen über sie, denen sie feige ausweicht. Nach dem Krieg trifft sie auf den Champs-Élysées den heruntergekommenen und gelähmten Baron, der sie ehrerbietig grüßt. **Vorbild:** Marquise Diane de Saint-Paul. **Name:** Der der Kirche in Orléans, in deren Nähe Proust während seines Militärdienstes wohnte.

SAINT-EUVERTE (die junge Mme de): Frau eines der Enkel der Voraufgehenden, geborene La Rochefoucauld. In *Die wiedergefundene Zeit* trifft der Erzähler sie auf der Matinée der Guermantes. In ein prachtvolles Empirekleid gehüllt und auf einem Sofa ausgestreckt, ahmt sie Mme Récamier nach. Sie symbolisiert in dieser Haltung sowohl die weit zurückliegende Vergangenheit als auch die Kontinuität der Gestalten in der Zeit.

SAINT-FERRÉOL (Mme de): In *Guermantes*, bei Mme de Villeparisis, gibt Saint-Loup vor, nicht zu wissen, wer sie ist. Die Herzogin von Guermantes jedoch bietet sich an, ihr einen Besuch abzustatten.

SAINT-FIACRE (Vicomtesse de): Vom Kokaingenuß entstellt, sieht der Erzähler sie auf der Matinée der Guermantes in *Die wiedergefundene Zeit* wieder.

SAINTINE: »Einst die Blüte der Guermantesschen Welt«. In *Die Gefangene* kritisiert Charlus seine Heirat mit einer Frau aus einem »bürgerlichen, mit Kleinadel durchsetzten Milieu«.

SAINT-JOSEPH (General von): In *Guermantes* lobt ihn die Herzogin von Guermantes und setzt den General von Monserfeuil ihm gegenüber herab.

SAINT-LOUP-EN-BRAY (Robert, Marquis de) (In seinen ersten Manuskriptheften nannte Proust ihn Montargis.): Sohn der Gräfin von Marsantes. In *Mädchenblüte* lernt der Erzähler ihn in Balbec kennen. Elegant schreitet er durch den Speisesaal des Hotels. Auf seiner Haut und seinem blonden Haar liegt die Sonne, und seine Augen – von einem fällt ohne Unterlaß ein Monokel herab – haben die Farbe des Meeres. Seiner auffallenden und ausgesuchten Kleidung wegen könnte man ihn für effeminiert halten, wenn er nicht zugleich für seine Abenteuer mit Frauen bekannt wäre. Seine Großtante, Mme de Villeparisis, stellt ihn dem Erzähler und dessen Großmutter vor, denen er zunächst nur Hochmut und Gleichgültigkeit entgegenbringt. Dann auf einmal schließt er Freundschaft mit dem Erzähler. Von den sozialistischen Doktrinen angezogen, scheint er seine eigene Kaste zu verachten. Der Erzähler fährt in der Folge nach Doncières, wo Saint-Loup, der Berufsoffizier ist, in Garnison liegt. Er diniert mit seinen Kameraden und hält glänzende Reden über »die Kunst des Krieges«. Auf Urlaub in Paris, nimmt er den Erzähler zusammen mit seiner Geliebten Rahel ins Restaurant mit. Aus Eifersucht ohrfeigt er einen Journalisten, der sich der jungen Schauspielerin gegenüber unverschämt benommen hat. Seine Liaison behagt allerdings seiner Familie nicht. Es kommt bald zum Bruch mit seiner Geliebten, und er wird zum Vergessen nach Marokko geschickt. Swann teilt er zugleich die Abkühlung seiner Gefühle gegenüber Dreyfus mit. Nach mehreren glänzenden Angeboten heiratet er in *Die Entflohene* Gilberte, die Tochter jener Mme Swann, der er früher nicht vorgestellt werden wollte. Er verschmäht zunehmend die elegante Welt, und da er dieselben Neigungen hat wie sein Onkel Charlus, geht er eine Verbindung mit Morel ein. Er glaubt Ähnlichkeiten zwischen diesem und Rahel feststellen zu können, der er weiter eine enorm hohe Pension auszahlt. Der Erzähler, der ihn in Tansonville aufsucht, bemerkt seinen Hang zum Lügen und seine stumpfer gewordene Sensibilität. Im August 1914 meldet Saint-Loup sich zur Front. Er schreibt von dort einen Brief an den Erzähler, der diesem seine liberale Geisteshaltung wieder in Erinnerung ruft und interessante strategische Anmerkungen enthält. Er spricht darin auch von dem ungeahnten Mut der Soldaten aus dem Volk, der ihm die großen historischen Umbrüche verständlicher mache. Während seines letzten Urlaubs begibt er sich in das Hotel von Jupien, wo er sich mit Morel trifft. Er verliert dort seine Kriegsauszeichnung. Wieder zu einem echten Guermantes geworden, fällt er am übernächsten Tag an der Front, als er den Rückzug seiner Männer deckt. Er wird in Combray beigesetzt. Der Erzähler betont, wie frei von Haß Saint-Loup war. Als er ihn das letzte Mal sah, summte er auf deutsch ein Lied von Schumann. **Name:** Ohne Zweifel von dem eines Dorfes in der Nähe von Illiers entlehnt sowie von weiteren im Département Seine et Marne, wie Saint-Loup-de-Naud oder Bourg-en-Bray. **Vorbilder:** Der Lieutenant de Cholet (Vorgesetzter Prousts in Orléans); Gustave de Waru (Neffe von Mme de Chevigné, dem Proust 1892 begegnete); Boni de Castellane; der Kreis der »jungen Herzöge« mit Bertrand de Fénelon, Gabriel de La Rochefoucauld und dem Marquis d'Albufera (der sich 1921 in Saint-Loup wiedererkannte und seine Beziehung zu Proust definitiv abbrach).

SAINT-LOUP (Mlle de): Tochter von Gilberte Swann und Robert de Saint-Loup. Sie tritt in *Die wiedergefundene Zeit* auf, wo ihre Mutter sie dem Erzähler vorstellt. Dieser betont die Ähnlichkeit mit ihren Eltern und schildert die Gefühle und die Erinnerungen an seine Kindheit, die sie in ihm wachruft. **Vorbild:** Simone (die Tochter von Gaston de Caillavet und von Jeanne Pouquet), die spätere Mme André Maurois.

SANIETTE: Archivar, »Getreuer« der Verdurin, deren Prügelknabe er ist. Schüchtern, aber der Diskretion ermangelnd, versucht er nichtsdestoweniger zu gefallen. Im Verlauf eines Diners erfindet er eine absurde Geschichte über die La Trémoille und wird von Swann zurechtgewiesen. Sein Schwager Forcheville setzt ihn bei den Verdurin vor die Tür. In *Sodom und Gomorra* sieht der Erzähler ihn in dem kleinen Zug nach Balbec wieder. Aus fehlendem Taktgefühl kündigt er den Tod der Fürstin Scherbatow auf der Soiree der Verdurin an: diese erteilen ihm eine Abfuhr. Er erleidet eine Attacke, als er von seinem endgültigen Ruin erfährt. Ohne daß jemand davon weiß, bieten die Verdurin sich an, ihm eine kleine Rente auszusetzen. Von Cottard behandelt, stirbt er einige Jahre später. Obgleich ein eifriger Katholik, war Saniette während der Dreyfus-Affäre »Revisionist«. **Name:** Er leitet sich vielleicht von dem des Physiklehrers im Lycée Condorcet, M. Seignette, her, dessen Schüler Proust in der Sekunda war.

SAUMOY (Guy): Abenteuerlicher und origineller junger Mann, der in Balbec verkehrte. Der Erzähler ruft ihn nachträglich in *Die Entflohene* in Erinnerung.

SAZERAT (Mme): Nachbarin der Tante Léonie in Combray, wo sie zusammen mit ihrem Hund auftritt. Eulalie nennt sie beharrlich immer wieder Mme Sazerin. In *Guermantes* hält sie sich wiederholt in Paris auf. Ihre Dreyfus-Anhängerschaft entfremdet sie jedoch der Familie des Erzählers. In Venedig, wo Marcel ihr begegnet, läßt sie sich von ihm Mme de Villeparisis zeigen, die ehemalige Geliebte ihres Vaters, der dieser Frau seinen Ruhm verdankt.

SCHERBATOW (Fürstin): Lange hat der Erzähler sich über ihre Identität getäuscht, bis er dann eines Tages in ihr die dicke, vulgäre Dame wiedererkennt, die er am Vorabend gesehen hat. Sie hat nichtsdestoweniger eine gefestigte Stellung in der Gesellschaft und ist einst sehr schön gewesen. Ihr Antisnobismus geht jedoch auf fehlgeschlagenen Snobismus zurück. Sie ist die typische Getreue des »kleinen Kreises« der Verdurin und die große Freundin von Mme Verdurin, mit der sie ins Theater geht. Sie legt Brichot und dem Erzähler nahe, Mme Verdurin gegenüber nichts von dem Tod des Pianisten Dechambre zu verlauten, denn sie befürchtet, ihr großen Kummer zu bereiten. Marcel überwirft sich schließlich mit ihr. Saniette berichtet den Verdurin von ihrem Tod. Sie empfinden darüber jedoch nicht den geringsten Schmerz, denn angeblich hatte sie einen schlechten Ruf. Man erfährt denn auch aus dem *Tagebuch* der Brüder Goncourt, sie habe »aus nächster Nähe eine Kugel auf den Erzherzog Rudolf abgefeuert«.

SIDONIA (Herzog von): Spanischer Grande. Tritt in *Sodom und Gomorra* auf einer Soiree der Prinzessin von Guermantes auf, wo er sich lange mit Charlus unterhält, dessen Neigungen er teilt.

SILISTRIEN (Fürstin von): In *Die Entflohene* versucht sie, ihren Sohn mit Gilberte zu verheiraten.

SKI (Diminutiv von VIRADOBETSKI): Polnischer Maler und Bildhauer. In *Sodom und Gomorra* begegnet der Erzähler ihm in dem kleinen Zug nach Balbec. Er ist ein Freund der Verdurin, gelegentlicher Pianist und oberflächlich für alle Künste begabt. Unsinnigerweise neckt er Brichot mit seinem »Auge für die holde Weiblichkeit«. Er ist es, der Cottard die Sitten von Charlus offenbart. Er glaubt den Baron zunächst von niedriger Geburt und wird eines Besseren belehrt, legt seinem Irrtum aber nicht die geringste Bedeutung bei. Als der Erzähler ihn viel später, auf der Matinée der Guermantes, wiedersieht, hat er sich ähnlich verwandelt wie eine Frucht, die getrocknet ist. **Vorbild:** Frédéric de Madrazo (bekannt unter dem Namen »Coco«), einer der Stammgäste bei Mme Lemaire, ein zweitrangiger Maler, aber auch gelegentlicher Pianist und Sänger.

SOUVRÉ (Marquise de): In *Guermantes* weigert der Herzog von Guermantes sich, sie – dem Wunsch der Prinzessin von Guermantes entsprechend – zu empfangen. Der Erzähler sieht sie auf der Soiree der Prinzessin wieder.

STERMARIA (Mlle Alix von): Waise mütterlicherseits, ist sie mit ihrem Vater in Ferien in Balbec. Der Erzähler bemerkt sie in *Mädchenblüte* und träumt von Liebesbegegnungen mit ihr auf einer bretonischen Insel. Saint-Loup trifft sie in Tanger und fordert Marcel auf, ihr zu schreiben, um sie zum Abendessen einzuladen. Sie nimmt die Einladung des Erzählers ins Chalet du Bois an. Nach ängstlichem Warten hört er jedoch zu seiner großen Enttäuschung, daß sie sich entschuldigen läßt.

STERMARIA (Monsieur de): Vater von Alix, kleiner bretonischer Junker. Er ist voller Dünkel und Grobheit. Er stellt sich trotzdem dem Präsidenten der Anwaltskammer vor, der wie er ein Freund der Cambremer ist.

SURGIS-LE-DUC (Marquise oder Herzogin von): In *Sodom und Gomorra* wohnt sie der Soiree der Prinzessin von Guermantes bei, wo ihr Liebhaber, der Herzog von Guermantes, sie in eine Galerie führt, von wo aus sie den Springbrunnen besser sieht. Sie wird auch von Charlus, dem sie ihre Söhne vorstellt, zuvorkommend empfangen. Als sie später über den Baron Bescheid weiß, verbietet sie ihren Söhnen, mit ihm zu verkehren. Nach den Erklärungen von Swann verliert ihr Name in den Augen des Erzählers seine Poesie.

SURGIS (Junger Graf oder Marquis Arnulphe de): Jüngerer Sohn der Voraufgehenden. Seine Schönheit läßt sich nur mit seiner Dummheit messen. Seine Mutter stellt ihn auf der Soiree der Prinzessin von Guermantes Charlus vor.

SURGIS (Victurnien de): Älterer Bruder des Voraufgehenden und genauso schön wie dieser. Charlus, dem er in *Sodom und Gomorra* von seiner Mutter vorgestellt wird, schätzt ihn sehr.

SWANN (Charles): Sohn eines jüdischen Börsenmaklers. Er ist der Nachbar und Freund der Familie des Erzählers, die er in dem Garten von Combray besucht. Er besitzt selbst das große Gut von Tansonville, wo er mit seiner ehemaligen Geliebten Odette de Crécy, der jetzigen Mme Swann, und ihrer Tochter Gilberte lebt. Da sein Haus auf der Seite von Méséglise liegt, pflegt die Familie des Erzählers bei ihren Sonntagsspaziergängen »le côté de chez Swann« [Die Seite/Richtung/Welt von Swann] und »le côté de Guermantes« [Die Seite/Richtung/Welt von Guermantes] auseinanderzuhalten. In Paris hat er Beziehungen zur großen Welt, die ihm von den alten Tanten des Erzählers jedoch abgestritten werden. Sie wundern sich darüber, daß dieser so vornehme Herr in der Nähe der Weinmarkthallen wohnt, d.h. auf der Ile Saint-Louis. Daß er Bergotte kennt, verleiht ihm ein großes Prestige in den Augen des Erzählers, der ihn auf den Champs-Élysées sieht, wenn Swann seine Tochter abholt. Gilberte gesteht dem Erzähler: »Meine Eltern mögen Sie nicht!« Er wird nichtsdestoweniger zu einem ihrer Vertrauten. Entzückt hört er Swann zu, als dieser ihm von der Kirche von Balbec, von Giotto, Botticelli, Saint-Simon und von Vermeer erzählt, über den er eine Studie schreiben will. Diese wird jedoch nie fertiggestellt, denn er ist doch nur ein Dilettant. Swann hatte sein ästhetisches Empfinden in den Dienst seiner früheren Liebe zu Odette gestellt, als er an ihr eine Ähnlichkeit mit der *Tochter Jethros* von Botticelli entdeckte. Anfänglich war sie nicht »sein Typ von Frau« gewesen. *Eine Liebe von Swann* ruft dieses Liebesabenteuer in Erinnerung. Die Szene der Cattleya-Blüten schildert, wie Swann in dem Wagen, der sie nach Hause bringt, die »letzte Gunst« Odettes erhält, indem er vorgibt, die Blüten an ihrer Bluse zu ordnen.* Im Verlauf einer Soiree hören sie zusammen das »kleine Thema« der Sonate von Vinteuil, die zur Hymne« ihrer Liebe wird. Auf der Soiree von Mme de Saint-Euverte hört er sie allein wieder; denn er geht weiter zu den Guermantes, die sich weigern, Odette bei sich zu empfangen. Er verkehrt dann allerdings auch bei den Verdurin, die die ehemalige »Kokotte« in ihren Salon aufgenommen haben. Etwas später beginnt ihre Beziehung farblos zu werden, und Swann vergißt seine Geliebte fast, wenn sie nicht bei ihm ist. Die Eifersucht in bezug auf Forcheville ruft dann aber seine Leidenschaft wach und läßt ihn die zwielichtige Vergangenheit dieser Halbweltdame durchforsten. Er entdeckt auf diese Weise ihre Beziehung zu anderen Frauen in Bordellen. Swann lauert

* Die Cattleya ist eine Orchideenart mit großen, sehr bunten Blüten. Swann gebraucht oft den Ausdruck – voll von unausgesprochenem Einverständnis – »faire catleya« [Cattleya spielen] für »Liebe machen«.

ihr auch eines Abends unter ihren Fenstern auf, steht jedoch vor dem falschen Haus. Als er endlich den Beweis hat, daß seine Geliebte ihn betrogen hat, liebt er sie schon nicht mehr, aber er heiratet sie schließlich. Er betrügt sie, und in *Mädchenblüte* überträgt er seine ganze Zuneigung auf seine Tochter Gilberte. Trotz seiner Dreyfus-Anhängerschaft und seiner Heirat verkehrt er weiter bei den Guermantes. Oriane von Guermantes schätzt seine Eleganz und seinen Esprit. Im übrigen behauptet man im Faubourg Saint-Germain, seine Großmutter, die ehemalige Geliebte des Herzogs von Berry, habe ihm vielleicht königliches Blut mitgegeben. In *Sodom und Gomorra*, bei dem Empfang des Prinzen von Guermantes, führt dieser ihn bis in den hintersten Winkel seines Gartens. Die Gäste glauben, er wolle ihn vor die Tür setzen, während der Prinz ihm seine Überzeugung von der Unschuld Dreyfus' anvertraut. Swann sucht auch seine Freundin Oriane auf, in der Hoffnung, ihr seine Frau vorstellen zu können, und er vertraut ihr an, daß er nur noch kurze Zeit zu leben hat. Die Herzogin, die zu einer Soiree will, tut so, als nehme sie ihm das nicht ab, und läßt ihn stehen. Er stirbt kurz darauf. Der sehr ergriffene Erzähler wird sich bewußt, daß er ihm sowohl den Stoff seines Buches als auch den Entschluß zum Schreiben verdankt. **Vorbilder:** Nicolas Bénardaky (für Swann als Vater von Gilberte in den Anlagen der Champs-Élysées); Charles Ephrussi (für seine Kunstkenntnisse) und Paul Hervieu (für seine kühle Eleganz); Émile Straus, der sein gewaltiges Vermögen auf die Toiletten seiner Frau und auf ihre mondänen Erfolge verwandte (seine Freunde erkannten ihn sofort in der Szene in *Mädchenblüte* wieder, wo die Romangestalt – hinter einem Vorhang stehend – einen wohlwollenden Blick auf die Gäste von Odette wirft); Charles Haas (für die wesentlichen Züge): dieser Dandy – der Sohn und Enkel von jüdischen Börsenmaklern – war der Freund von Montesquiou und des Prinzen von Wales (Mme Straus und Gabriel Astruc identifizierten ihn ohne Zögern).

SWANN (Odette de Crécy, spätere Mme): Gattin des Voraufgehenden, geboren 1852. Zu Beginn der *Recherche* lebt sie mit Swann in Tansonville und gilt als die Geliebte von Charlus. Die Familie des Erzählers will sie nicht bei sich empfangen. Der Großvater hat sich mit Onkel Adolphe überworfen, der Marcel zur gleichen Zeit wie diese »Dame in Rosa« empfangen hatte, seine Geliebte, die niemand anders war als die Halbweltdame Odette de Crécy.

Eine Liebe von Swann erzählt die Anfänge ihrer Beziehung zu Swann, zur Zeit, als sie dem »kleinen Kreis« der Verdurin angehörte. Odette wollte Swann kennenlernen, den sie noch nicht zu ihren Bekannten zählte. Er wird ihr eines Tages im Theater vorgestellt: Odette ist groß und schlank, Swann dagegen mag nur kleine, mollige Frauen mit rosi-

Charles Haas

gem Teint. Er verliebt sich dann allerdings doch in sie, obwohl er später, am Ende ihres Verhältnisses, von ihr sagt: »Wenn ich denke, daß ich mir Jahre meines Lebens verdorben habe, daß ich sterben wollte, daß ich meine größte Leidenschaft erlebt habe, alles wegen einer Frau, die mir nicht gefiel, die nicht mein Genre war!« Odette ist im übrigen ganz für ihn da: »Ich habe immer frei, für Sie ganz bestimmt.« Eine lange Nacht über sucht er sie in ganz Paris. Nach und nach zeichnen sich der schlechte Geschmack ihres »japanisierenden« Interieurs, ihre Vulgarität und ihr Hang zum Lügen ab. Vielleicht hat sie Forcheville zum Liebhaber, ein Verhältnis, das angeblich von Mme Verdurin gefördert wird. Odette, die weiß, daß Swann nicht mehr ohne sie auskommt, fährt ohne ihn nach Bayreuth und macht zudem eine Kreuzfahrt: Reisen, die im übrigen von ihrem Liebhaber finanziert werden. Nach zahlreichen Krisen und obwohl er sie nicht mehr liebt, heiratet Swann schließlich Odette, die mit ihrer Vergangenheit als »Kokotte« abzuschließen gewillt ist. Sie haben eine Tochter, Gilberte. Der Erzähler sieht die sehr elegante Mme Swann in der Akazienallee des Bois de Boulogne. Sie ist jetzt von »engelhafter Sanftheit«. Aber ihr Gemahl stirbt, ohne daß es ihm gelungen wäre, sie bei seiner Freundin, der Herzogin von Guermantes, einzuführen.

In *Mädchenblüte* geht Marcel, der in den Anlagen der Champs-Élysées der Freund Gilbertes geworden ist, zu den Empfängen ihrer Mutter, und er geht mit dieser spazieren. Von Bloch hört er, sie habe mit ihm ein Abenteuer in der Pariser Zirkular-Bahn gehabt, und Elstir habe sie als »Miss Sacripant« porträtiert. Dank ihrer Dreyfus-Gegnerschaft wird sie in *Guermantes* von Mme de Villeparisis empfangen, obwohl die Herzogin von Guermantes sie keines Wortes würdigt. Ihr um den todkranken Bergotte herum kristallisierter Salon ist in vollem Aufstieg begriffen. Odette gibt schließlich sogar vor, die Verdurin nicht zu kennen. Der Erzähler erfährt, daß sie tatsächlich mit einem Grafen von Crécy verheiratet war, den sie ruiniert hat. Nach dem Tod von Swann, den sie gesteht, wahnsinnig geliebt zu haben, hat sie sich mit M. de Forcheville wiederverheiratet, den sie zwar verachtet, der aber Gilberte adoptiert. Er verschleudert das gewaltige Vermögen, das Swann hinterlassen hat. Gilberte bleibt dennoch eine reiche Erbin, auf die der Faubourg Saint-Germain sein Auge geworfen hat. Robert de Saint-Loup heiratet sie und erweist sich in *Die Entflohene* als hochherziger Beschützer ihrer Mutter. Odette wird zur Geliebten des Herzogs von Guermantes, den sie schamlos betrügt, zugleich aber hingebungsvoll pflegt. Auf der Matinée der Guermantes in *Die wiedergefundene Zeit* ist Odette ein »Protest gegen die Gesetze der Chronologie« und sieht aus wie eine »für alle Zeiten ›präparierte‹ Kokotte von einst«. Wenig später jedoch verfällt sie einem halben Schwachsinn.

Vorbilder: Am meisten erinnert Odette an Laure Hayman (die Freundin von Proust und Geliebte seines Großonkels Louis Weil) (dieser blieb dies nicht verborgen, und in einem Brief bezeichnete sie Proust als »Ungeheuer«); zugleich aber auch an Mme Straus, die von ihrem Mann getrennte Marguerite de Pierrebourg, der Hervieu im Salon von Mme Aubernon begegnete; Mme de La Béraudière, die Geliebte des alten Comte Greffulhe, sowie eine »hinreißend schöne Kokotte jener Zeit, die Clomesnil«, an die Proust »einen Augenblick (dachte), wenn sie nahe beim Tontaubenschießstand spazierengeht« (Widmung für Jacques de Lacretelle). DER SALON VON ODETTE: Der Salon von Méry Laurent und der einer anderen Dame der Halbwelt, Mme de Loynes (der Geliebten von Lemaitre), die für ihre Dreyfus-Gegnerschaft bekannt war. Der von Mme Arman de Caillavet, bei der Anatole France verkehrte (die Anwesenheit Bergottes in diesem Salon).

SWANN (Mlle): Tochter der beiden Voraufgehenden. Vgl. **GILBERTE**.

SWANN (der Vater): Börsenmakler, Vater von Charles Swann. In *Swann* wird an die Art und Weise erinnert, wie er an den Tod seiner Frau dachte: »Oft, aber nicht lange auf einmal«.

THEODOR (der junge): Gehilfe des Kolonialwarenhändlers Camus. Er tritt zu Beginn von *Swann* als Küster auf, der mit der Unterhaltung der Kirche von Combray betraut ist. Mit seiner Schwester macht er Führungen durch die Krypta. Er gibt sich in den Ruinen von Roussainville verbotenen Spielen hin und gilt als ein großer Taugenichts. In *Die Gefangene* wird er Kutscher eines Freundes von Charlus und seine Schwester Kammerjungfer bei Mme Putbus. Er schreibt dem Erzähler einen Glückwunschbrief, als dessen Artikel im *Figaro* erscheint. »Protegiert« von Legrandin, wird er schließlich Apotheker in Méséglise. **Vorbilder:** Victor Ménard (Laufbursche des Lebensmittelhändlers Légué und Chorknabe in der Kirche Saint-Jacques in Illiers); der Brief von Agostinelli (der auf den Proustschen Artikel »Impressions de route en automobile« [»Die geretteten Kirchen«] anspielt) erinnert an den von Theodor in *Die Entflohene*.

THEODOSIUS II.: Herrscher eines östlichen Landes, zu Beginn der *Recherche* auf Staatsbesuch in Paris. Norpois kommentiert seinen Trinkspruch im Élysée-Palast. Sein Bruder diniert mit den Guermantes bei Mme de Saint-Euverte. **Vorbild:** Der Besuch von Nikolaus II. in Paris im Oktober 1896.

TOURS (Vicomtesse de): Der Herzogin von Guermantes fällt sie bei der Prinzessin von Épinay in *Guermantes* auf.

TRANIA (Prinzessin von): In *Die wiedergefundene Zeit* ist sie bei

Mme de Forcheville, die jetzt die Geliebte des Herzogs von Guermantes ist.

TROMBERT (Mme): Bekannte von Mme Swann in *Mädchenblüte.*

Türkische Gesandte (die): Sie tritt in *Guermantes* und in *Sodom und Gomorra* auf. Der Erzähler hat sie erst bei der Herzogin, dann bei der Prinzessin von Guermantes gesehen und ihre Boshaftigkeit und ihren Sadismus bemerkt.

VALCOURT (Mme Édith de): Sie ist bei dem Konzert zugegen, das Morel bei den Verdurin gibt, und wird von Mme de Mortemart in *Die Gefangene* von einer Einladung ausgeschlossen.

VALLENÈRES (Monsieur): In *Guermantes* Archivar, Verwalter und zeitweiliger Sekretär von Mme de Villeparisis. Trotz seiner Dreyfus-Gegnerschaft respektiert er Bloch.

VARAMBON (Mme de): Hofdame der Prinzessin von Parma. Sie stellt ihre Einfalt und Naivität unter Beweis, als sie den Erzähler für einen Verwandten des Admirals Julien de la Gravière hält. In *Die wiedergefundene Zeit* ruft die Herzogin von Guermantes sie in Erinnerung. **Vorbild:** Wie Proust selbst in den *Chroniken* bestätigt, stand die Baronne de Galbois, Hofdame der Princesse Mathilde, für sie Modell.

VATER (des Erzählers): Im Morgenmantel sieht er dem Abraham von Benozzo Gozzoli ähnlich. Von Natur aus kühl und salbungsvoll, reizt ihn die Zärtlichkeit, die der Erzähler seiner Mutter entgegenbringt. Er erweist sich jedoch als sehr verständnisvoll, als er seine Frau eines Abends dazu bewegt, die Nacht über bei ihrem Sohn zu bleiben. Von der Meteorologie begeistert, ist er in Combray unablässig mit dem Wetter und den Temperaturen beschäftigt. Als wenig nachgiebiger Charakter überwirft er sich mit dem Onkel Adolphe wegen der »Dame in Rosa«, der der Erzähler bei diesem begegnet ist, sowie mit Bloch. Seine Frau ist voll Bewunderung für seinen Orientierungssinn auf den Spaziergängen, die er mit ihr und Marcel in die Umgebung der kleinen Stadt unternimmt. Er bemüht sich vergeblich, von Legrandin genaue Auskünfte über Balbec oder eine Empfehlung für die Familie Cambremer zu erhalten. In *Mädchenblüte* lädt dieser »Ministerialdirektor« (wahrscheinlich im Außenministerium, denn er ist ein Kollege von Norpois) diesen letzteren zum Abendessen ein. Sie unterhalten sich über Diplomatie; dem Erzähler bleibt seine Naivität jedoch nicht verborgen. Später entdeckt er, daß die Kälte des Vaters dessen große Weichherzigkeit verbarg und daß er ihm, älter werdend, immer ähnlicher wird. **Vorbild:** Prousts Vater.

VAUDÉMONT (Marquis Maurice de): In *Mädchenblüte* einer der beiden Edelmänner, die im Verein mit einer Schauspielerin und ihrem Liebhaber sich in Balbec von den anderen absondern. Durch einen dieser jungen Leute lädt er den Erzähler zum Diner ein.

VAUGOUBERT (Marquis de): Französischer Gesandter am Hof des Königs Theodosius, von Norpois wegen seiner diplomatischen Aktivitäten gerühmt. Durch die Bemerkungen, die er auf einer Soiree der Prinzessin von Guermantes Charlus gegenüber macht, werden seine homosexuellen Neigungen deutlich. In *Die wiedergefundene Zeit* ist er verzweifelt über den Verlust seines Sohnes im Krieg. **Vorbild:** Der Marquis de Montebello, der französische Gesandte in Sankt Petersburg.

VAUGOUBERT (Marquise de): Gattin des Marquis de Vaugoubert. Sie wohnt einer Soiree bei der Prinzessin von Guermantes bei. In *Sodom und Gomorra* wird ihr sehr maskulines psychisches Porträt entworfen und ihre Dominanz in der Ehe aufgezeigt. In *Die Gefangene* ist sie an der politischen Ungnade schuld, in die ihr Mann fällt, denn bei einem zweiten Besuch des Königs Theodosius nimmt sie ihre Freundin, die Königin Eudoxie, ganz für sich in Beschlag, anstatt sie mit den Gattinnen der französischen Minister sprechen zu lassen. **Vorbild:** Mme de Montebello, die Gattin des Diplomaten Marquis de Montebello. Beim zweiten Besuch von Nikolaus II. in Frankreich im Jahre 1901 nahm Mme de Montebello (damals Botschafterin in Rußland) in Compiègne an einem Mittagessen zu Ehren der Staatsoberhäupter teil. Da die Zarin Alexandra ihren Hut abgenommen hatte, taten die anwesenden Damen es ihr gleich, mit Ausnahme von Mme de Montebello, deren Frisur untrennbar mit dem Hut verbunden war (an dem Hut waren falsche Locken befestigt). Es heißt, daß die Abberufung von Monsieur de Montebello im Jahre 1902 nicht ohne Bezug zu diesem Vorfall war.

VAUGOUBERT: Sohn der Voraufgehenden. Bevor er schließlich im Krieg fällt, wird er siebenmal verwundet.

VÉLUDE (Vicomtesse de): Tochter der Gräfin von Montpeyroux, nicht weniger dick als diese. Im Kreis der Guermantes hat sie schon immer den Beinamen »Mignonne« [Liebchen]. Tritt in *Guermantes* auf.

VERDURIN (Monsieur): Aus dem Pastiche des *Tagebuchs* der Brüder Goncourt entnimmt man, daß diese von seiner Frau dominierte Gestalt von geringem Format in Wirklichkeit ein großer Kunstkritiker war, Mitarbeiter von *La Revue* und Autor eines Buches über Whistler, »Liebhaber aller Raffinements, aller feinen Kunstgriffe der Malerei«. Als einer der ersten wußte er die Bedeutung Elstirs zu erkennen und ihn zu fördern. Elstir seinerseits hält ihn für »den Kopf, der die genaueste Ansicht von seiner Malerei besaß«. Wegen seiner Gewöhnung an Morphium soll er nach der Heirat das Schreiben aufgegeben haben. Zusammen mit seiner Frau empfängt er jeden Mittwoch in dem Appartement in der Rue Montalivet und anschließend in ihrem Stadtpalais am Quai Voltaire. Der »kleine Kreis« fährt jeden Sommer auf ein normannisches Landgut, das er mietet: La Raspelière. Gustave Verdurin ist grausam gegenüber Saniette, aber auch großzügig, als er vom Ruin seines Sündenbocks erfährt. Er zeichnet sich durch seine gesellschaftliche Heuchelei aus. Er bildet sich ein, die Adelshierarchie zu kennen, und räumt irrtümlicherweise Cambremer den Vorrang vor Charlus ein. Als Saniette ihm den Tod einer »Getreuen«, der Fürstin Scherbatow, ankündigt, übernimmt Verdurin, der eine Soiree nicht verpassen möchte, einen Ausspruch des Herzogs von Guermantes: »Ach Sie, Sie müssen auch immer übertreiben.« Um seinen »kleinen Kreis« besser im Griff zu haben, neigt er zu Zwistigkeiten. Er stirbt kurz nach Cottard während des Krieges. Nur Elstir vermißt ihn. **Vorbilder:** Albert Arman de Caillavet (der von seiner Frau herumkommandiert wird); Émile Straus.

VERDURIN (Mme): »Padrona des kleinen Kreises«. Gattin des Kunstkritikers Verdurin. Despotisch und geschickt, macht sie ihren Salon zu einem der berühmtesten von Paris. Die Politik fesselt sie nicht weniger als die Kunst. Antiklerikal und revisionistisch eingestellt, sitzt sie während des Dreyfus-Prozesses neben Mme Zola und empfängt am selben Abend Picquart und Laborie. Brichot, Cottard, Ski, Elstir, Saniette, die Fürstin Scherbatow sind ihre »Getreuen«. Für sie sind die Leute der besseren Gesellschaft »Langweiler«, und sie mißtraut den mondänen Verbindungen Swanns. Sie arbeitet der Liaison Swanns mit Odette entgegen. Obwohl sie in La Raspelière Mieterin der Cambremer ist, schützt Mme Verdurin vor, mit diesen nicht verkehren zu wollen. Die kleinbürgerliche Mme Bontemps, die Frau eines Beamten und Tante von Albertine, ist ihre Busenfreundin. Sie lädt den Schriftsteller Bergotte in ihren Salon ein, interessiert sich jedoch hauptsächlich für Musik und Malerei. Später erfährt man aus einem Pastiche des *Tagebuchs* der Brüder Goncourt, daß sie die »Madeleine« von Fromentin gewesen ist und das bevorzugte Modell des Malers Elstir. Dieser letztere, der im kleinen Kreis »Monsieur Biche« genannt wird (sie rühmt sich, er habe durch sie sämtliche Blumen kennengelernt), überwirft sich nach seiner Heirat schließlich mit ihr. Als autoritäre Person bringt sie es fertig, Brichot von der Wäscherin zu trennen, die seine Geliebte war. Obwohl sie die Normandie besser kennt als die Familie Cambremer, bleibt sie unempfänglich für die Schönheiten der Landschaft. Nachdem sie versucht hat, Charlus für den »kleinen Kreis« zu gewinnen, beschließt sie auf einer musikalischen Soiree, Morel mit dem Baron zu verfeinden, denn die von diesem Guermantes eingeladenen Gäste haben sich ihr gegenüber unverschämt benommen. Im Verlauf dieses Konzerts beschreibt der Erzähler humorvoll, wie sie einzig in körperlichen Ausdrükken ihre Bewunderung für die Musik von Vinteuil äußert, die sie zum »Weinen« bringe und von der sie »hinterher einen gradezu fürchterlichen Schnupfen« bekomme. Dank der Ballets russes verwandelt sich ihr Salon. An ihren Soupers nehmen Strawinsky, Richard Strauss und die Tänzer teil. Sie geht mit der Fürstin Jurbeletschew in die Oper und beginnt die Türen ihres Salons dem Faubourg Saint-Germain zu öffnen und die Guermantes, die d'Haussonville und auch die Gräfin Molé zu empfangen, der sie ein unverdientes Adelsprädikat verleiht. Mme Verdurin wird zusammen mit Mme Bontemps zu einer der Königinnen jenes Paris, das während des Krieges an das zur Zeit des Direktoriums erinnert. Sie weiht jedoch Charlus einen unerbittlichen Haß und stellt ihn, genau wie auch die Königin von Neapel, als Spion hin: »Wenn wir eine energische Regierung hätten, wäre das alles in einem Konzentrationslager.« Ihr Neffe Octave, der zu einem bemerkenswerten Schriftsteller geworden ist, ist nun eines der Glanzstücke ihres Salons. Als sie während einer Versorgungskrise darunter leidet, keine Croissants mehr zum Frühstück zu bekommen, läßt sie sich auf eine Verschreibung des Dr. Cottard welche aushändigen. »Sie aß ihr erstes neues Croissant an dem Morgen, an dem die Zeitungen vom Untergang der Lusitania berichteten.« Nach dem Tod von Monsieur Verdurin heiratet sie den ruinierten Herzog von Duras, wonach sie jetzt unter dem Namen »Sidonie, Herzogin von Duras, geborene Baux« im Gotha steht. Erneut Witwe, heiratet sie den Prinzen von Guermantes. Sie residiert von nun an im Milieu des Faubourg Saint-Germain, und auf der berühmten Matinée in *Die wiedergefundene Zeit* organisiert sie die Claque für Rahel, die bei ihr vorträgt und die sie groß herausstellt. **Vorbilder:** Mme Arman de Caillavet (wegen ihrer autoritären Manieren und weil auch sie am Mittwoch empfing und sich von den »Langweilern« verfolgt fühlte); Mme Aubernon mit ihrer Komik und ihrem Despotismus ähnelte ihr gleichfalls (in ihrem Salon begegnete Proust Dr. Pozzi, dem Vorbild für Cottard; dem Pedanten Victor Brochard, dem Vorbild für Brichot; und dem Baron Doäzan, dem Cousin der Gastgeberin), ihr Landhaus »Le cœur volant« gab die Anregung für La Raspelière; Mme Lemaire (welche die »Padrona« genannt wurde und dem Maler Clairin den Beinamen »Chochotte« gab, wie Mme Verdurin Brichot); Mme Ménard Dorian, die Tante von Jacques de Lacretelle, und Mme de Saint-Victor (beide bekannt für ihren den Dreyfus-Anhängern offenstehenden Salon); Mme Cécilia Blumenthal (eine reiche Witwe, die 1917 Louis de Talleyrand-Périgord heiratete).

VILLEMANDOIS (Marquis de): In *Die wiedergefundene Zeit* hat er seine frühere Vertrautheit mit dem Erzähler vollkommen vergessen.

VILLEMUR (Mme de): In *Sodom und Gomorra* wird ihr auf dem Empfang der Prinzessin von Guermantes der Maler Detaille vorgestellt.

VILLEPARISIS (Mme de): Geboren um 1820 als Mlle de Bouillon. Tante des Herzogs und der Herzogin von Guermantes und Jugendfreundin der Großmutter des Erzählers, die sie in Balbec wiedersieht. Sie ist liebenswürdig und gibt sich betont einfach. Sie lädt den Erzähler und »Mme Amédée« zu Ausflügen mit dem Automobil ein und spricht von ihren literarischen Vorlieben. Sie überhäuft den Erzähler mit Geschenken und stellt ihm ihren Großneffen Saint-Loup vor. Er begegnet bei ihr auch ihrem Neffen Charlus. Einst eine große Schönheit, hatte sie eine stürmisch bewegte Jugend, und sie war eine »ungleiche Ehe« eingegangen. Wie später bei der Herzogin von Guermantes hat der »angeborene Hunger nach geistiger Nahrung« vielleicht auch ihre Position im Faubourg Saint-Germain herabgesetzt. Auf einem Empfang bei ihr begegnet der Erzähler Norpois, dem Geliebten der Marquise, Saint-Loup, Charlus, der Herzogin von Guermantes und der Gräfin Marsantes. Bloch wirft einen Blumentopf um, den Mme de Villeparisis gerade malte; als er sich verabschieden will, tut die Marquise, als würde sie schlafen, um diesem Tölpel nicht auf Wiedersehen sagen zu müssen. In *Sodom und Gomorra* begegnet der Erzähler ihr in dem kleinen Zug nach Balbec und spricht lange mit ihr, was seinen Bruch mit der Prinzessin Scherbatow zur Folge hat. Später sieht er sie gealtert und unkenntlich in Venedig wieder, wo sie mit Norpois diniert. **Vorbilder:** Die Comtesse Sophie de Beaulaincourt, Großtante von Boni de Castellane; wie diese hatte sie erst mühsam eine gesellschaftliche Stellung wiedererobern müssen, die durch eine Jugendverirrung kompromittiert worden war. Gealtert und häßlich geworden, mit rotem Gesicht und dikken Brillengläsern, ähnelte sie der Romanfigur, die Mme Sazerat, deren Vater sie ruiniert hatte, in Venedig erblickt. Mme de Beaulaincourt und Mme Lemaire malten beide Blumen. Die Memoiren der Madame de Villeparisis wurden von denen der Mme de Boigne angeregt. Mme Finaly (mit der Proust 1892 Automobilausflüge in die Normandie unternahm).

VINTEUIL (Monsieur): Ehemaliger Klavierlehrer der Großtanten des Erzählers. Er hat sich mit seiner Tochter nach Montjouvain in der Nähe von Combray zurückgezogen. In *Swann* legt er seine Strenge gegenüber den »ungezogenen Jugendlichen« an den Tag und bekundet seine leidenschaftliche Liebe zu seiner Tochter, unter deren »gomorreanischen« Neigungen er leidet. Bei den Verdurin hört Swann seine Sonate, deren »kleines Thema« zur »Hymne« seiner Liebe für Odette wird. Auch als sein Werk noch wenig bekannt ist, hat der Name Vinteuil schon ein ziemliches Prestige. Bei Mme Verdurin hört der Erzähler das Meisterwerk des Komponisten, sein noch unveröffentlichtes Septett. Die »gefangene« Albertine spielt ihm Stellen daraus auf dem Pianola vor. Dank dieser Musik findet der Erzähler (und mit ihm Proust) »einen Beweis von der unaufhebbar individuellen Existenz der Seele«. **Vorbilder:** Zahlreiche durch ihr Talent (nicht durch ihren Charakter): César Franck (Louis Beauchamp zufolge zu 80%), Claude Debussy, Gabriel Fauré, Camille Saint-Saëns, Vincent d'Indy.

VINTEUIL (Mlle): Tochter des Voraufgehenden. Sie steht in Combray in schlechtem Ruf. Trotz ihres schüchternen Blicks ähnelt sie mit ihrer lauten Stimme einem Jungen. Ihr Vater leidet darunter, aber trotzdem betet er sie an. In *Swann* begegnen ihnen die Eltern des Erzählers nach der Messe. Eines Tages, nach dem Tod des Komponisten, als der Erzähler sich zufällig und ohne gesehen werden zu können in der Nähe des Hauses von Montjouvain befindet, wird er Augenzeuge einer Grausamkeitsszene, in der Mlle Vinteuil und ihre Freundin das Andenken ihres Vaters schänden, indem sie auf seine Photographie spucken. Diese Freundin, die älter ist als sie, ist jedoch sehr begabt für die Musik. Der Komponist betrachtete sie als eine »überlegene Frau, ein großes Herz«. Sie hilft seiner Tochter dabei, die unleserlichen Noten der unveröffentlichten Partituren zu entziffern. Der Erzähler erkennt jedoch, daß ihre Grausamkeit in Wirklichkeit vielleicht nur eine »simulierte Grausamkeit« dieser von Natur aus gütigen Wesen ist. In *Sodom und Gomorra* ist der Erzähler erschüttert, als er von der Intimität Albertines mit den beiden Freundinnen erfährt. Er tut alles, um sie daran zu hindern, sie auf der musikalischen Soiree der Verdurin zu treffen. Aber er weiß auch, daß die beiden Mädchen, trotz der Leiden, die er ihnen verdankt, durch ihre Arbeit an den Kompositionen von Vinteuil ihm »so etwas wie das Versprechen [offenbart haben], daß es noch etwas anderes gebe – etwas, was zweifellos die Kunst verwirklichen kann – etwas anderes als das Nichts«. **Vorbilder:** Die Tochter des Komponisten Ernest Guiraud und Juliette Joinville d'Artois, die in Prousts Kindheit einsiedlerisch in Mirougrain ganz in der Nähe von Illiers lebte.

VIRADOBETSKI: Vgl. **SKI.**

VIRELEF (Mme de): In *Die Entflohene* zögert sie, Gilberte Swann und die Herzogin von Guermantes in ihre Opernloge einzuladen.

Wäscherin: Geliebte von Brichot, die Mme Verdurin in *Sodom und Gomorra* von ihm trennt.

Zwillinge (die): Boys des Grand-Hôtel von Balbec mit Tomatengesichtern; Zwillinge, aber mit unterschiedlichen Neigungen. **Vorbilder:** Zwillinge aus dem Hôtel Ritz, die Proust seinen Freunden Schiff vorstellte. Einer von beiden folgte Lord Northcliffe in die Schweiz.

III

LEXIKON DER ORTE DER *RECHERCHE**

BALBEC: In seiner Jugend hatte man Proust mit seiner Großmutter in die Normandie geschickt. Er kannte gut die Strände der Kanalküste – Trouville, Dieppe und Cabourg –, die dank des Ausbaus der Bahnverbindungen und der Mode der Seebäder einen beträchtlichen Anstieg der Besucherzahlen zu verzeichnen hatten. Der Aufschwung von Cabourg geht auf das 19. Jahrhundert zurück und verdankt sich dem Geschäftsmann M. Durand-Morambeau, der für 100 000 Francs etwa 50 Hektar Land im Westen von La Dives aufkaufte und der Stadt Cabourg ihren ursprünglichen Plan gab. Dem entspricht genau die Entstehungsgeschichte von Balbec, dem Seebad der *Recherche* (das Proust zunächst Briquebec, Querqueville, Criquebec, ja sogar – einer Randbemerkung in einem seiner Manuskripthefte zufolge – Bouillebec nennen wollte), in dem der Erzähler Albertine und die »kleine Schar« kennenlernt. Évian, wo die Eltern Prousts ihre Ferien verbrachten, sowie Beg-Meil in der Bretagne, wo Proust sich mit Reynaldo Hahn aufhielt, dienten gleichfalls als Vorbilder. Beg-Meil verlieh Balbec seinen keltischen Charakter. Für Legrandin ist Balbec »das älteste geologische Knochengerüst unseres Bodens, das Ende der Erde, das wahre Land der Kimmerier in der *Odyssee*, jenes düstere Gestade mit seinen ewigen Nebeln, das von so vielen Schiffbrüchigen Kunde gibt« (*In Swanns Welt*). Der Mittelpunkt des Ortes ist das Grand-Hôtel, das zugleich an das Hôtel des Roches-Noires in Trouville, an das Hôtel Splendide in Évian, an das Grand-Hôtel von Cabourg und sogar an das Ritz an der Place Vendôme erinnert. Wie Venedig gehört auch Balbec zu den Ortsnamen, die den Erzähler in seinen Träumen bezaubern und ihn in der Wirklichkeit dann enttäuschen.

CANTELOUP (Wald von): Vgl. CHANTEPIE (Wald von).

CARQUETHUIT: In *Mädchenblüte* rät Elstir dem Erzähler, lieber diesen Ort in der Nähe von Balbec aufzusuchen anstatt die Pointe du Raz: »Ich kenne in Frankreich nichts, was dem zu vergleichen wäre, eher schon manche Ansichten von Florida.« Elstir malt den *Hafen von Carquethuit*, der eine Überblendung von Turners Bildern *Plymouth* und *Scarborough* ist.

CARQUEVILLE: In *Mädchenblüte* ein kleines normannisches Städtchen, wohin Mme de Villeparisis den Erzähler und seine Großmutter in ih-

* Dieses Lexikon führt lediglich die Orte des Proustschen Universums mit höchstem symbolischen Wert auf.

rem Wagen mitnimmt. **Vorbild:** Criquebœuf in der Nähe von Honfleur mit seiner ebenfalls mit Efeu bewachsenen Kirche.

CHAMPIEU: Imaginäres Dorf in der Nähe von Combray, das in *Swann* vorkommt.

CHANTEPIE (Wald von): In *Mädchenblüte* heißt dieser Wald in der Nähe von Balbec Canteloup und in *Sodom und Gomorra* Chantepie. Monsieur de Cambremer jagt dort, und der Erzähler macht dorthin zunächst mit Mme de Villeparisis und dann mit Albertine Ausflüge mit dem Automobil. **Name:** Dem Schloß von Chantepie in der Nähe von Cambremer in der Normandie entlehnt.

COMBRAY: Heimatort der Familie des Erzählers. Dieser verbringt dort seine ersten Ferien. Combray ist zugleich der Titel des ersten Kapitels der *Recherche*. In ihm wird der kleine Garten beschrieben, in dem das Klingeln Swanns ertönte. Schließlich geht ganz Combray mit seiner Atmosphäre, seinen Einwohnern, seiner Kirche und seinem Glockenturm aus der Tasse Tee hervor. Es ist die erste Evokation der Welt der Guermantes, deren Güter in der Nähe der kleinen Stadt und des ganzen Universums der Kindheit des Erzählers mit seinen beiden symbolischen Spazierwegen liegen. Auf dem Weg »du côté de chez Swann« [in Swanns Richtung] sieht er zum ersten Mal Gilberte auf dem steilen Pfad von Tansonville. Bilder und Szenen des Glücks und des Friedens folgen aufeinander: der Flieder und der Weißdorn, das kleine Zimmer des Onkels Adolphe, die schmackhaften Mahlzeiten Françoises. Im Garten der Tante Léonie liest der Erzähler zum ersten Mal Bergotte und wird durch ein Buch des Pfarrers von Combray auf die Magie der Namen aufmerksam. **Name:** Er leitet sich von dem eines kleinen Dorfes mit 300 Einwohnern, 31 Kilometer südlich von Caen (Département Calvados), und von dem des Marktfleckens Combres in 14 Kilometer Entfernung von Illiers her. **Vorbild:** Bis 1913 hatte Proust Combray in der Gegend von Chartres angesiedelt, genau in der geographischen Lage von Illiers, 24 Kilometer von Chartres entfernt (2997 Einwohner im Jahre 1880). 1914 verlegt er es zwischen Reims und Laon, in die Nähe der umkämpften Gebiete; die Deutschen besetzen einen Teil.

CREUNIERS (les): Steilfelsen in der Nähe von Balbec, der auf einem Gemälde von Elstir an eine rosarote Kathedrale erinnert. In *Mädchenblüte* nimmt Andrée den Erzähler an dem Tag des Ringleinspiels dorthin mit. Dieser in der Wirklichkeit existierende Ort war ein Ziel für Spaziergänge Prousts mit Mary Finaly im Jahre 1892.

DONCIÈRES: Garnisonsstadt in der Nähe von Balbec. Saint-Loup, der dort seinen Militärdienst ableistet,

Kirche von Illiers

fährt oft mit einem Pferdewagen von Doncières nach Balbec. Der Erzähler besucht ihn und steigt im Hôtel de Flandre ab. Die Stadt mit ihren Straßen, ihrem Platz der Republik, an dem der Rittmeister von Borodino wohnt, mit ihrer Kathedrale, ihrem Bahnhof Doncières-la-Goupil und dem Restaurant, in dem er mit seinem Freund zu Abend ißt, wird genau beschrieben. In Doncières wird Saint-Loup zum Geliebten von Mme de Cambremer. Auch Albertine begleitet den Erzähler dorthin. Der Geiger Morel, der dort seinen Militärdienst ableistet, begegnet Charlus auf dem Bahnsteig. **Name:** Der eines lothringischen Dorfes in der Nähe von Épinal. **Vorbilder:** Orléans (die Garnisonsstadt von Proust mit ihrer Kathedrale, ihren gepflasterten Straßen und der nebelreichen Landschaft der Umgebung); Fontainebleau (wo Proust 1896 mit Léon Daudet war; dort führte er mit seiner Mutter das Telefongespräch, aus dem die Episode der »Telefonfräuleins«, der »Danaiden des Unsichtbaren«, hervorging; Fontainebleau war zugleich die Garnisonsstadt seiner Freunde Daniel Halévy und Louis de la Salle, die Proust im Herbst des Jahres 1893 besuchte); Versailles (wo er im Herbst 1906 und 1908 im Hôtel des Réservoirs wohnte, das als Vorbild für das »alte Palais aus dem 18. Jahrhundert« diente, in dem der Erzähler in Doncières wohnt). In *Jean Santeuil* ist die Garnisonsstadt zunächst Fontainebleau, dann Provins und schließlich Orléans.

DOVILLE: Endstation des kleinen Zuges nach La Raspelière. Ein kleines Dorf, das im Département Manche wirklich existiert.

FÉTERNE: Landhaus der verwitweten Marquise de Cambremer. **Name:** Er kommt von dem des kleinen Dorfes Féternes in der Nähe von Thonon. **Vorbild:** Die Villa Bassaraba, Landgut der Princesse de Brancovan in Amphion am Ufer des Genfer Sees.

GUERMANTES (Schloß von): In der *Recherche* ist es 10 Meilen von Combray entfernt. **Name:** Der eines Schlosses im Département Seine-et-Marne, 3 km von Lagny-sur-Marne. Es wurde von Le Nôtre entworfen und in der Regierungszeit von Ludwig XIV. erbaut. Auf die ursprünglichen Besitzer Claude und Pierre Viole folgte 1698 ein Finanzeinnehmer aus Lyon, Paulin Prondre, der den Titel der Besitzung annahm. Guermantes blieb im Besitz der Prondre bis zum Jahre 1920, in dem Jules de Lareinty (der Großvater von François de Pâris) es verkaufte. Am 23. Mai 1909 hatte Proust sich schriftlich bei Georges de Lauris danach erkundigt, »ob der Name Guermantes der Familie Pâris angehört oder ob er erloschen ist und für einen Literaten verfügbar«, denn (fügte er 1910 hinzu) er wünsche sich seiner in aller Freiheit zu bedienen, um ihn sowohl »berühmt zu machen« als auch »zu besudeln«. Nach dem Erscheinen seines Werkes verbrachte er dort einige Stunden mit seinem Freund François de Pâris, der ihm übrigens zahlreiche Anekdoten über die Geschichte der Guermantes erzählte. Die Besitzung wurde in der Folge von einem Holzhändler aufgekauft, der sie seinerseits an die Familie Hottinguer weiterverkaufte. **Vorbilder:** Das Schloß von Goussencourt in Saint-Éman in der Nähe von Illiers, mit seinen Türmchen in Form von Wachttürmen. Das Schloß aus dem 14. Jahrhundert in dem kleinen, nördlich von Illiers gelegenen Dorf Villebon; es hat einen Hof mit unregelmäßigen Pflastersteinen, denen gleich, die des Erzählers letzte Erfahrung der unwillkürlichen Erinnerung (mémoire involontaire) in der *Recherche* auslösen. Es gehörte damals dem Marquis de Pontoi de Pontcarré und heute M. de La Raudière. In der ersten Fassung des Romans stand der Name Villebon an der Stelle des Namens Guermantes. Das Schloß von Balleroy in der Nähe von Bayeux, das Proust 1907 besuchte. Es war berühmt für seine Tapisserien von François Boucher, die dort ausgestellt waren (wie in dem der Guermantes).

GUERMANTES (le côté de [die Seite/Richtung/Welt von]: In der Umgebung von Combray stellt die »Seite« der Guermantes eins der bevorzugten Ziele für die Spaziergänge des Erzählers dar. **Vorbild:** Das kleine Dorf Saint-Éman nahe Illiers. Die Gegend von Saint-Éman ist eine typische Flußlandschaft mit blühenden Seerosen, wie auch die Gegend von Guermantes.

HUDISMESNIL: In *Mädchenblüte* fallen dem Erzähler bei einem Spaziergang in der Umgebung von Balbec in der Nähe des Dorfes Hudimesnil drei Bäume auf, deren Anblick ihn ein ähnliches Glück empfinden läßt wie die Glockentürme von Martinville.

MARTINVILLE-LE-SEC: Ort in der Nähe von Combray. Seine beiden Glockentürme werden bei der Fahrt des Erzählers im Wagen des Dr. Percepied beschrieben. Er schreibt einen Artikel darüber, den der Herzog von Guermantes in *Guermantes* zu lesen versäumt. Man hat behauptet, Proust habe diesen Essay über die Glockentürme 1888 für die *Revue lilas* geschrieben. Es ist jedoch nicht auszuschließen, daß ihn die unterwegs auftauchenden und wieder verschwindenden Glockentürme von Caen, die er auf seiner normannischen Reise im Jahre 1907 sah, dazu angeregt haben. **Vorbild:** Zweifellos der Ort Marchéville, wegen seines Namens und seiner Lage unweit von Illiers.

MÉSÉGLISE (côté de [Seite/Richtung von]): Der Gegend von Guermantes entgegengesetzt, ist die Gemarkung von Méséglise-la-Vineuse (auch die Gegend von Swann genannt, weil man auf dem Weg nach Méséglise vor dem Landgut Swanns vorbeikommt) das zweite Ziel für die Spaziergänge des Erzählers. Landschaftlich gesehen handelt es sich dabei um typisches Flachland. In der Kammer ist der Herzog von Guermantes

Abgeordneter dieses Wahlkreises. **Name:** Es ist der ungefähre Name des kleinen Weilers Méréglise nahe Illiers.

MIROUGRAIN: Hof in der Umgebung von Combray, Besitz der Tante Léonie. Diese gibt sich der Träumerei hin, daß sie im Falle einer in ihrem Haus in Combray ausbrechenden Feuersbrunst »den Sommer auf ihrem hübschen Landgut Mirougrain hätte verbringen können, wo es einen Wasserfall gab«. **Vorbild:** Das »der Felsen von Mirougrain« genannte Landhaus in Illiers an der Straße nach Saint-Éman. Eine geheimnisvolle junge Frau, Juliette Joinville d'Artois (vielleicht ein Vorbild für Mlle Vinteuil), wohnte dort.

MONTJOUVAIN: Haus in der Nähe von Méséglise, von Vinteuil und seiner Tochter bewohnt. Von einer Böschung aus sieht der Erzähler in *Swann* einer zwischen Mlle Vinteuil und deren Freundin sich abspielenden Grausamkeitsszene zu. **Name:** Der einer Mühle an der Thironne, unweit Illiers, genannt Montjouvin. **Vorbild:** Das Landhaus Mirougrain mit seiner Böschung und seinem Teich.

RASPELIÈRE (la): Landsitz in der Nähe von Balbec, den die verwitwete Marquise de Cambremer an die Verdurin vermietet. **Name:** Er kommt von La Rachepelière, einem kleinen Weiler in der Nähe von Illiers. **Vorbilder:** »Les Frémonts«, die Villa der Baignères in Trouville mit ihren »drei Aussichten«; »Cœur-Volant«, das hoch oben auf einem Hügel gelegene Landhaus von Mme Aubernon in Louveciennes; der »Manoir [Landsitz] de la Cour Brûlée« von Mme Aubernon in Trouville; das »Clos [Gut] des Mûriers« von Mme Straus in Trouville; das (Mme Lemaire gehörende) Schloß von Réveillon für die Innenausstattung mit ihren abwechselnd gemalten und echten Blumen.

RIVEBELLE: Normannisches Seebad, in dem Elstir eine Zeitlang verkehrt. Saint-Loup und der Erzähler kommen nach Rivebelle, um dort in einem Restaurant zu Abend zu essen, dessen Speisesaal Proust mit einem Aquarium vergleicht. **Name:** Ein Amalgam von Riva-Bella in der Nähe von Cabourg und Belle-Rive am Ufer des Genfer Sees.

ROUSSAINVILLE-LE-PIN: In *Swann* ein kleiner Ort, der im Regen »heimgesucht scheint wie ein Ort aus der Bibel«, bekannt für seinen von Wäldern umgebenen Bergfried, an der Straße nach Méséglise gelegen. 1914 finden dort Kämpfe statt. **Name:** Das wirkliche Roussainville ist ein Weiler eineinhalb Kilometer südlich von Illiers, ohne Ruine und ohne Wälder.

SAINT-ANDRÉ-DES-CHAMPS: Kirche in der Umgebung von Combray. In *Swann* erinnern die Gesichter von Françoise und von Theodor an die Steinfiguren ihrer Vorhalle. **Vorbil-**

der: Notre-Dame-des-Champs in Châteaudun und die Kirche von Saint-Loup-de-Naud. Ursprünglich dachte Proust wahrscheinlich an die Gewändefiguren der Kathedrale von Chartres, deren wesentliche Aspekte er in diesen gotischen Plastiken zusammenfassen wollte. Auch das Buch von É. Mâle *L'art religieux du XIII^{éme} siècle en France* diente ihm bei der Beschreibung dieser Figuren.

SAINT-HILAIRE: Kirche von Combray, die während des Krieges zerstört wird. Der Erzähler sieht dort zum ersten Mal die Herzogin von Guermantes. Sie sitzt in der Gilbert dem Bösen geweihten Kapelle (die derjenigen der Jungfrau in der Kirche Saint-Jacques in Illiers entspricht). **Name:** Er ist von dem einer während der Revolution demolierten Kirche in Illiers abgeleitet. **Vorbild:** »Bei manchen Kirchenfenstern sind die einen sicher aus Évreux, die anderen aus der Sainte-Chapelle oder aus Pont-Audemer.«

TANSONVILLE: Besitz Swanns in der Nähe von Combray, den die Eltern des Erzählers nicht mehr besuchen, seitdem Swann mit Odette de Crécy verheiratet ist. In *Swann* sieht Marcel dort zum ersten Mal Gilberte und Charlus und nimmt dann Abschied von den Weißdornblüten des steilen Pfades, der an dem Anwesen entlangführt. In *Die Entflohene* zieht die Familie Saint-Loup dorthin, und der Erzähler verbringt dort ein paar Tage. Das Haus wird 1914 von den Deutschen besetzt. **Name:** Der des Schlosses von Tansonville, 3 km von Illiers entfernt. **Vorbild:** Der Pré-Catelan (der Garten von Prousts Onkel Jules Amiot) war das Modell für die weiße Einzäunung, den Flieder, das »Haus der Bogenschützen«, in dem der Wärter wohnt (in Wirklichkeit handelt es sich um ein kleines Belvedere, das Jules Amiot in den Park bauen ließ), den steilen Pfad von Tansonville und die Weißdornhecke. Die nächtlichen Spaziergänge Prousts mit Madeleine Lemaire im Jahre 1894 im Schloß von Réveillon weisen auf die des Erzählers mit Gilberte in Tansonville zu Beginn von *Die wiedergefundene Zeit* voraus.

THIBERZY: In der Umgebung von Combray. Bei der Entbindung der Küchenhilfe in *Swann* wird von dort eine Hebamme geholt.

VIEUXVICQ: In *Swann* in der Nähe von Combray gelegen, scheint sein Glockenturm auf der Fahrt im Wagen des Dr. Percepied neben denen von Martinville zu stehen. **Vorbild:** Ein kleiner Ort südlich von Illiers.

VIVONNE: Zu Beginn von *Swann* gehen die Seerosen dieses Flusses aus der Teetasse des Erzählers hervor. Die typische Flußlandschaft der Vivonne ist ein Teil des Spazierweges nach Guermantes zu. **Name:** Es ist der ungefähre Name eines Seitenflusses des Loir: der Thironne in der Nähe von Tansonville. **Vorbild:** Der Loir.

IV
DIE WESENTLICHEN THEMEN DES PROUSTSCHEN WERKES

PROUST UND SEINE WELT

Der Snobismus

Man hat Proust oft vorgeworfen, der mondänen Welt in der *Recherche* zuviel Platz eingeräumt zu haben. Aber hält man Racine vor, Prinzessinnen dargestellt zu haben, oder Molière, daß sein Acaste ein Marquis ist und Alceste ein Graf? In seiner Würdigung *Marcel Proust zu Ehren* schrieb Paul Valéry: »Was sich selbst die ›große Welt‹ nennt, besteht nur aus symbolischen Personen. Niemand tritt dort anders auf als unter dem Titel Abstraktion. Es müssen sich ja die Mächte begegnen; das *Geld* an einem Ort mit der *Schönheit* plaudern; die *Politik* mit der *Eleganz* gesellig werden; die *Literatur* und die *Geburt* übereinkommen und sich zum Tee einladen. Sobald sich eine neue Macht Anerkennung verschafft, vergeht nicht viel Zeit, bis ihre Vertreter auf den Gesellschaften der ›großen Welt‹ erscheinen, und die Bewegung der Geschichte läßt sich ganz gut überblikken im ununterbrochenen Aufstieg sozialer Arten in die Salons, zu den Jagden, Hochzeiten und Beerdigungen des höchsten Stammes der Nation. Da alle Abstraktionen, von denen ich sprach, als Träger Individuen haben, die sind, was sie sind, entstehen Gegensätze und Verwicklungen, die sich nur auf diesem kleinen Theater beobachten lassen.«

In *Jean Santeuil* werden die Personen der »großen«, der mondänen Welt im Umkreis des Herzogs und der Herzogin von Réveillon beschrieben. Aber Proust hat sich noch nicht genügend von dem Gegenstand seiner Beschreibung losgelöst, um ihn eindringlich darstellen zu können. Erst nach mehreren Kapiteln lernt man den Herzog von Réveillon kennen, der noch nicht mehr ist als ein gelungener Charakter von La Bruyère. In *Jean Santeuil* ist Proust selbst in den eitlen Genüssen des Mondänen befangen und möchte in dem Kapitel »Die Frédégonde-Premiere« den Leser daran teilnehmen lassen: In der Oper rächt sich der Romanheld an Mme Marmet, die ihn erst ausgeladen hat und dann mit dem König von Portugal dort erscheint. Sein Snobismus verdankt sich zudem seinem Kult der großen Namen mit ihren ästhetischen oder historischen Anklängen. Wie er verfällt Mme Lenoir in *Freuden und Tage* dem Zauber der Namenkunde: »Da die vergangenheits- und ruhmbeladenen Namen auf ihren empfindsamen Geist eine einzigartige Wirkung ausübten, fand sie das gleiche eigennützige Vergnügen, wenn sie mit Fürsten dinierte und wenn sie Memoiren aus dem Ancien régime las.«

In *Sésame et les Lys* (1906) beginnt Proust seinen Snobismus zu überwinden. In einer Anmerkung beanstandet er »jene Sophismen, welche die Eitelkeit der intelligenten Leute aus dem Arsenal ihrer Intelligenz hervorholt, um ihre schäbigsten Neigungen zu rechtfertigen; was auf die Feststellung hinauslaufen würde, daß der Umstand, daß man intelligenter geworden ist, einem ein Anrecht darauf gibt, es weniger zu sein. In einem jeden von uns leben nun einmal mehrere Personen nebeneinander, und das Dasein von mehr als einem überlegenen Mann ist oft nichts anderes als die Koexistenz eines Philosophen mit einem Snob.« In dem Vorwort zu diesem Werk schreibt er: »An der Gesellschaft von jemand Gefallen zu finden, weil einer seiner Vorfahren an den Kreuzzügen teilgenommen hat, ist pure Eitelkeit. Die Intelligenz hat keinen Teil daran. Aber an der Gesellschaft einer Person Gefallen zu finden, weil der Name ihres Großvaters bei Alfred de Vigny oder Chateaubriand auftaucht, oder (eine für mich zugegebenermaßen wirklich unwiderstehliche Verlockung) das Wappen seiner Familie in der großen Rose von Notre-Dame d'Amiens zu haben, da beginnt die Sünde des Geistes.«

In der *Recherche* wird die mondäne Welt genauer analysiert. Nach Ansicht von Émilien Carassus folgt bei Proust auf den »gelebten Snobismus« ein nunmehr »bewältigter Snobismus«. Anhand der Gestalt der Mme Lenoir in *Freuden und Tage* erkennt er: »Ihr Snobismus beruht ausschließlich auf ihrer Phantasie und war im übrigen alles, was ihre Phantasie hervorzubringen vermochte.« Er überwindet ihn schließlich, indem er sich zweier Dinge bewußt wird: »Einerseits hatte die Aristokratie manche wirkliche Verdienste, und der Verkehr mit ihr brachte einem Intellektuellen wie ihm genauso viel, ja noch mehr Gewinn wie der Verkehr mit anderen Intellektuellen, der sein inneres Leben nicht stärker bereichert hätte; andererseits war die verlorene Zeit nicht endgültig verloren, man konnte, in der Verschwiegenheit des Ich und dank der in der Erinnerung wieder auftauchenden Vergangenheit, dieses Spiel der Täuschungen – und Enttäuschungen – der literarischen Schöpfung dienstbar machen. Proust befreit sich nicht vom Snobismus und von seiner Furcht durch sein hellsichtiges Urteil über die aristokratische Gesellschaft, sondern durch sein hellsichtiges Urteil über seine eigene Berufung« (É. Carassus, *Le Snobisme et les lettres françaises*, A. Colin, 1966, S. 570). Wenn er künftig den Figuren der mondänen Welt den ihnen wirklich zukommenden Wert beimißt, so tut er dies nicht mehr im Sinne eines gesellschaftlichen oder ästhetischen Phänomens, sondern in dem Maße, wie die aus dem Verkehr mit ihnen abgeleitete Erfahrung die literarische Schöpfung und das Leben des Geistes speist. Proust kehrte die Verfahrensweise des Snobismus um: er ist nicht mehr an vorgefertigte Bezugspunkte gebunden, an die Schönheit des Namens oder an dessen Prestige, sondern an die profunde Kenntnis des menschlichen Wesens und an die Substanz seiner Eindrücke.

Die Salons

In der *Recherche* beobachtet der Erzähler die gesellschaftliche Strategie der Salons des Faubourg Saint-Germain. Die Hierarchie wird dort von der Höflichkeit gemildert, es sei denn, man möchte durch gewisse sprachliche Grobheiten oder durch die Ruppigkeit des Verhaltens seine Feindschaft gegenüber der Bourgeoisie zum Ausdruck bringen. Beispiele sind die barsche Art, wie der Herzog von Guermantes den Musiker grüßt, den er verachtet, wobei er ihm fast »einen fürchterlichen Stoß mit dem Kopf in den Magen« versetzt, oder die abfälligen Bemerkungen, welche die Herzogin im Beisein von Legrandin macht. Die bürgerliche Moral ist aus den Salons verbannt. Das Verhalten des Herzogs von Guermantes gegenüber seiner Mätresse Mme d'Arpajon stört Oriane keineswegs. Nicht die moralische, sondern die gesellschaftliche Wahl bringt Schande. Um empfangen zu können, muß man zunächst einen Namen haben; und das gesellschaftliche Prestige des Salons richtet sich dann »eher nach den Leuten, welche die Hausherrin ausschließt, als nach denen, die sie empfängt« (L. Pierre-Quint, a.a.O., S. 141). Deshalb wird die Tatsache, aus einem eleganten Salon ausgeschlossen zu sein, als die schlimmste aller Strafen empfunden.

• **Die wichtigsten mondänen Szenen in den Salons:** Die Matinée bei Mme de Villeparisis, das Diner bei der Herzogin von Guermantes, die Soiree bei der Prinzessin von Guermantes, das Diner bei den Verdurin in La Raspelière, die musikalische Soiree bei den Verdurin in Paris und, in *Die wiedergefundene Zeit*, die Matinée bei der Prinzessin von Guermantes. Diese sehr langen Szenen sind zwischen 1914 und 1922 am meisten überarbeitet worden.

Salon des Prinzen und der Prinzessin von Guermantes: Es ist der mit dem größten Prestige. Sein Zeremoniell ist zweifellos dem bei der Princesse Mathilde nachgebildet. Man trifft dort auf die königlichen und kaiserlichen Hoheiten. Doch sein Glanz ist genauso groß wie die Langeweile, die dort herrscht.

Salon der Herzogin von Guermantes: Weniger geschlossen als der voraufgehende. Die Herzogin hat den Ruf einer Literatin, denn sie lädt Schriftsteller oder Künstler in ihren Salon ein, begnügt sich jedoch mit einem einzigen pro Abend, denn mehr könnte ihrem Salon abträglich sein.

Salon von Mme de Villeparisis: Er ist etwas deklassiert und steht am unteren Ende der Stufenleiter.

James Tissot, Der Balkon des Kreises der Rue Royale um 1867

Alle Adligen, die in den Salons verkehren, scheinen an der Spitze der gesellschaftlichen Rangordnung zu stehen. In Wirklichkeit leben sie jedoch in ständiger Rivalität miteinander, um die verschiedenen, durch die Salons gebildeten gesellschaftlichen Stufen zu erklimmen. Das statische und fossilisierte Erscheinungsbild der Salons mit ihren Riten und Vorrangsregeln verschleiert die unablässig schwelenden Intrigen. Die Salons entstehen und vergehen denn auch, sie ergänzen sich, werden besser oder lösen sich auf. Die Prinzessin von Parma z. B. versucht, der Herzogin von Guermantes die Gäste abzuwerben.

Dank seines angeborenen Beobachtungssinnes erkannte Proust die organische Einheit dieser Salons: die »Coterie« [Clique] oder den »clan« [Klan], eine Gruppe von Personen mit »derselben Weise, die Kleinigkeiten zu beurteilen«, und mit derselben Denkungsart. Es ist der »Geist der Guermantes«, der ihrer »Coterie« den Zusammenhalt gibt. Die jeder Neuerung gegenüber am meisten verschlossene ist die der Courvoisier. Proust bleibt allerdings auch nicht die mangelnde Kultur und Bildung dieser Salons verborgen. Schon in *Jean Santeuil* sind die Unterhaltungen in den Salons von einer unüberbietbaren Seichtheit, und sie befassen sich einzig und allein mit Intrigen und Fragen der Etikette.

Die Zirkel

Cercle des Ganaches: *Gegründet* 1819, auch Cercle littéraire [literarischer Zirkel] genannt. Seine Mitglieder waren Generäle und Bankiers.

Cercle de l'Union: *Gegründet* 1828 auf Anregung des Duc de Guiche, Jean Greffulhes und Urbain Sartoris'. *Sitz*: 11, Boulevard de la Madeleine, von 1856 bis 1948. *1. aufgenommenes Mitglied:* Talleyrand.

Zu seinen Mitgliedern zählten der Fürst Radolin (der deutsche Gesandte in Paris von 1901 bis 1910), der Graf R. von Khevenhüller-Metsch (von 1903 bis 1911 der Gesandte Österreich-Ungarns in Paris), der Général de Galliffet, Lyautey (aufgenommen 1900). Sein Freund Guiche riet Proust davon ab, sich um die Aufnahme zu bewerben. Mehrere Gestalten der *Recherche*, wie etwa der Herzog von Guermantes, sind Mitglieder der Union (sie sind oft zugleich auch Mitglieder des Jokkey-Clubs). Die anfänglich sehr geschlossene Union wurde in der Folge eklektischer als der Jockey-Club; man begegnete dort vor allem mehr Ausländern. Die Wahlregeln bei der Aufnahme eines Kandidaten waren allerdings streng (eine schwarze Kugel hob zwölf weiße auf, anstatt sechs wie beim Jockey-Club).

Jockey-Club: *Gegründet* 1833 unter dem Namen »Cercle de la Société d'Encouragement« [Förderungsverein]. 1904 nahm er den Namen Jokkey-Club an. *Sitz*: 2, Rue Scribe, von 1863 bis 1924. Proust wäre gern Mitglied geworden, aber nach dem Tod von Charles Haas (1902) hatte seine Bewerbung keine Chancen mehr. Charles Haas selbst war seit 1865 viermal abgelehnt worden (was einen Rekord darstellt), wurde jedoch beim fünften Mal wegen seines Verhaltens während des Krieges 1870/71 aufgenommen (am 21. Januar 1871 dank der Fürsprache des Comte de Saint-Priest und des Comte Albéric de Bernis).

Viele Personen der *Recherche* sind Mitglieder des Clubs: die Guermantes, der Fürst von Agrigent, Charles Swann. Als der Präsident des Jokkey-Clubs stirbt, ist der Herzog von Guermantes (der älteste Vizepräsident) seiner Wahl gewiß, doch zur allgemeinen Überraschung wird er von dem zweiten Vizepräsidenten, Monsieur de Chaussepierre, überrundet: »[...] das war für den Herzog hart. Er behauptete, die Niederlage mache ihm gar nichts aus, und versicherte zudem, daß er sie seiner alten Freundschaftsgesinnung Swann gegenüber verdanke. Tatsächlich ließ er von seinem Groll niemals ab. [...] Der Herzog konnte im übrigen nicht leiden, daß man von der Dreyfus-Affäre sprach, die, sagte er, ›so viel Unglück heraufgeführt‹ habe, obwohl er in Wirklichkeit nur für ein einziges Mißgeschick Sinn hatte, nämlich seine Niederlage bei der Präsidentenwahl für den Jockey-Club.« Später, in *Die wiedergefundene Zeit*, erleidet der Herzog noch einmal eine Niederlage wegen seiner Liaison mit Mme de Forcheville (der einstigen

Odette Swann). Aus demselben Grund wird ihm ein Sitz als Korrespondent der Akademie der schönen Künste verweigert. Fast zur gleichen Zeit bleibt M. de Charlus nicht allein der Vorsitz der Union verwehrt, sondern auch der der »Gesellschaft der Freunde des alten Paris«.

Cercle Agricole: *Gegründet* 1835 von Großgrundbesitzern zur Verbesserung der Agrikultur und der Entwicklung der damit verbundenen Gewerbe.

Cercle de la rue Royale: Im Jahre 1855 fusionierte der Jockey mit dem Nouveau Cercle [Neuen Zirkel] oder Cercle des Moutards [Zirkel der Jungen], der seit 1847 bestand und sich aus jungen Leuten der legitimistischen Aristokratie zusammensetzte. Ehemalige Mitglieder des Nouveau Cercle, die mit dieser Fusion nicht einverstanden waren, riefen daraufhin den Cercle de la rue Royale ins Leben, der wegen finanzieller Schwierigkeiten 1865 im Cercle Agricole aufging. Ein Nouveau Cercle de la rue Royale wurde daraufhin gegründet. 1916 schloß er sich dem Cercle Agricole an und richtete sich in den Räumlichkeiten dieses letzteren ein, behielt jedoch seinen Namen Nouveau Cercle de la rue Royale bei. 1946 stießen die Mitglieder des Cercle de l'Union artistique [Künstlerverein], genannt L'Épatant [Der Famose], zu ihm, und von da an hieß er nur noch Nouveau Cercle. Seine Statuten sahen vor, daß er sich zur Hälfte aus Franzosen und zur Hälfte aus Ausländern zusammensetzen sollte.

Polo: *Gegründet* 1892 von dem Vicomte de La Rochefoucauld im Bois de Boulogne. Proust war Mitglied, ging jedoch nie zu den Zusammenkünften (manche meinen, daß er sich dort eine Erkältung zuzog und nicht wiederkam).

Auf dem von James Tissot 1868 gemalten Bild, das den *Cercle de la rue Royale* darstellt (2,15 m × 3,30 m), sind zu sehen: der Comte A. de La Tour-Maubourg, der Marquis du Lau, der Comte Étienne de Ganay, der Comte J. de Rochechouart, C. Vansittart, der Marquis de Miramon, der Baron Hottinguer, der Marquis de Ganay, Gaston de Saint-Maurice, der Prince Edmond de Polignac, der Marquis de Galliffet und Charles Haas.

Am 10. Juni 1922 veröffentlichte *L'Illustration* eine Reproduktion dieses Gemäldes, die Paul Brach an Proust schickte. In seinem Dankesbrief sprach dieser von den dargestellten Personen, insbesondere von Polignac und Saint-Maurice, »den einzigen beiden Personen außer Haas, die ich persönlich kannte«. Das Gemälde gehört heute den Nachfahren des Barons Hottinguer, dem es durch Los zugesprochen worden war.

Die Domestiken

Wie bei Molière sind die mondäne Welt und die Bediensteten nicht ohne einander denkbar. Sie haben die gleichen Riten. Das Personal gehört nämlich selbst zu jener untätigen Klasse, es ist ein Teil von ihr. Die Spezialisierung ihres Dienstes macht die Domestiken unfähig zu jeder anderen Tätigkeit. Der Hochmut des »Ausrufers« der Prinzessin von Guermantes, der Stolz des Oberkellners Aimé stellen zur Genüge ihre Teilhabe an dem höheren Wesen ihrer Herren unter Beweis. Der Faubourg Saint-Germain wimmelt von ihnen, und es ist dies das erste, was Swann auf der Soiree von Mme de Saint-Euverte auffällt: Bevor er in die »Welt« eindringt, durchquert er eine andere, nicht weniger eindrucksvolle »Welt«, die »zerstreute Meute« der Lakaien.

Schon in *Jean Santeuil* wird der Elitarismus deutlich, der die gesellschaftliche Konzeption von Proust kennzeichnet. Der Erzähler selbst empfindet Vergnügen, wenn er den Leuchtturmwärter, den zufälligen Gefährten des Schriftstellers C., »in der Einfalt seines Respekts und der Sicherheit seines Instinkts sich auf Zehenspitzen zurückziehen oder, wenn es angebracht war, im Geplauder mit C. zu verweilen und dadurch an der so delikaten Entstehung eines Werkes, das ihm immerdar unbekannt bleiben würde, mitwirken« sieht. Bei Proust klafft ein Abgrund zwischen dem schöpferischen Menschen und dem Mann des Volkes. Der Domestik hat allen Anliegen eines Herrn zu dienen, dem sein Dasein vollkommen gleichgültig ist. Das Verhalten von C. gegenüber dem Schiffsjungen zeigt dies zur Genüge: »Am Abend ließ er durch die Magd den Jungen, der schon in seinem Bett lag und schlief, häufig noch einmal wecken [...]« Für C. wie für Proust gibt es allem Anschein nach zwei verschiedene Rassen: die Herren und die Knechte.

Das eigentliche Volk (das von Zola oder Balzac) existiert in der *Recherche* nicht, mit Ausnahme des sonderbaren Jupien, der für die Klasse der Arbeiter wohl kaum repräsentativ ist. Es treten nur Hausangestellte auf. Proust beschreibt sie mit der gleichen Aufmerksamkeit wie ihre Herren, denn sie gehören untrennbar zueinander. Diesen Bediensteten verdankt der Erzähler Schätze an sprachlichen Einfällen und gesundem Menschenverstand. Sie kommen nicht aus den Arbeitervierteln, sondern vom Land, dem zentralen Ort des Proustschen Empfindens. Als Liebhaber von Kontrasten und Gegensätzen decken sich für ihn Analphabetentum und Poesie. Françoise mit ihrer herzhaften Sprache ist ein ebenso anschauliches Beispiel hierfür wie die beiden »Botinnen« von Balbec, die gerade erst ihr heimatliches Zentralmassiv verlassen haben. Morel, der perverse Ephebe, »der seine Herkunft aus dem Dienstbotenmilieu wie eine Sträflingskugel nachschleppt, ist ein besonderes Beispiel. Denn sein außergewöhnliches Äußeres erlaubt es ihm, in den Beziehungen, die er mit seinen blaublütigen Bewunderern unterhält, die Rollen zu vertauschen« (J. Canavaggia, *Proust et la politique*, Nizet, 1986, S. 33). Er schwingt sich zum Herrn von Charlus auf, indem er die Kunst über die soziale Rangordnung stellt.

Diese andere »Welt« erhellt letztlich auch den Faubourg Saint-Germain selbst, denn alles in allem unterscheidet er sich wenig von ihr. Es herrschen in ihr dieselben Gefühle des Hasses, der Feigheit und des Dünkels vor. Darüber hinaus hat sie dieselbe auf die Vergangenheit bezogene Sprache und den gleichen Mangel an Bildung. Der Unterschied zwischen Françoise und der Herzogin von Guermantes ist in diesem Sinne nicht allzu erheblich. Wie die Dienerin des Erzählers es ausdrückt, ist das Leben der Domestiken von der Fatalität ihres Geschicks durchdrungen: »Solange die Welt besteht, wissen Sie, wird es Herren geben, die einen in Trab bringen, und Domestiken, die ihre Launen haben.« Sie bleiben unwiderruflich aneinandergekettet.

Die sozialen Beziehungen

Die *Suche nach der verlorenen Zeit* hat zwei Ebenen: die Ebene der Begegnungen in der mondänen Gesellschaft – in Wirklichkeit das sicherste Mittel, sich selbst zu verlieren und niemals die andere zu erreichen – sowie die Ebene des künstlerischen Schaffens, der Entschlüsselung der Zeichen, die es erlaubt, auf indirekte Weise, durch das Schreiben, das die Welt neu erschafft, die Erfahrung des anderen zu machen. In den Rang von Institutionen erhoben, folgen Soireen, Diners, Matineen und mondäne Szenen aufeinander. Doch es stellt ein offensichtliches Paradox dar, daß die Möglichkeiten des Kontakts, die dadurch gegeben sind, keineswegs zur Kenntnis des anderen beitragen. Der Mensch ist willentlich verschwiegen (wie Charlus), oder er existiert nur durch den »gesellschaftlichen« Blick, der sich auf ihn richtet. Er ist »eine Ausgeburt der Gedanken der anderen«. Dies gilt genauso für Swann wie für Mme Scherbatow. Man läuft Gefahr, die von der Gesellschaft auferlegte Maske anzunehmen und dem Snobismus zu verfallen, der »die Bewunderung dessen [darstellt], was bei den anderen von ihrer Persönlichkeit unabhängig ist« (*Jean Santeuil.*)

In dieser menschlichen Komödie wird das Individuum durch die Konversation, die in *Mädchenblüte* als »oberflächliche Faselei« bezeichnet wird, am meisten seiner selbst entfremdet. So wie Oriane verzichtet auch der ewige Dilettant Swann auf das künstlerische Schaffen. Er wird seinen Essay über Vermeer niemals schreiben. »Durch die Konversation öffnen wir uns den anderen und sind zugleich in gewisser Weise uns selbst verschlossen.« Wie der Geist der Guermantes, so reduzieren sich auch – auf Kosten der Persönlichkeit – die mondäne Konversation oder das Verhalten in den Salons bald auf bloße Zeichen oder Gebärden (wie der in den Händen vergrabene Kopf von Mme Verdurin). Die »Getreuen« des »kleinen Kreises« sind »nach demselben Typ gebildet«. Sie existieren nur als Elemente einer Gruppe oder einer Clique.

Die mondäne Welt macht den Schaffenden steril. Dies gilt für den Erzähler, der in *Guermantes* in Berührung mit jener Welt »das Gefühl dafür [verliert], die Dinge nicht als ein Schauspiel zu betrachten, sondern an sie zu glauben und in ihnen ein unvergleichliches Wesen zu sehen«. Um schöpferisch tätig zu sein und sich selbst zu erkennen, muß man sich jeder Gesellschaft, jeder Gruppe fernhalten. Charlus gelingt dies eine Zeitlang, als er den Guermantes entflieht und bei den Verdurin verkehrt. Dem Erzähler ebenfalls, als er sich jenen großen, in der mondänen Welt fast unbekannten Vermittlern annähert: Elstir oder Vinteuil, dem einsiedlerischen Komponisten von Combray.

Wie ein im *Figaro* erschienener Artikel aus dem Jahre 1900 belegt, ging Proust schon damals jene Wahrheit auf, die er in *Die wiedergefundene Zeit* entwickelte: »Im Kunstwerk wie im Leben muß der Mensch [...] durch und durch [...] individuell sein. Wenn er am meisten er selbst ist, verwirklicht er am vollständigsten die Weltseele.« Auch in *Gegen Sainte-Beuve* betont er: »[...] ein Buch [ist] die Hervorbringung eines anderen *Ichs* als dessen, das wir [...] in der Gesellschaft [...] zutage-treten lassen.« Wie Baudelaire findet auch Proust im künstlerischen Schaffen das Mittel, durch die Entschlüsselung der Zeichen und durch die Entsprechungen zur Essenz der Wesen und Dinge vorzudringen. Vermittelt durch das Schreiben, wird auch die Kommunikation möglich.

PROUST UND DIE MENSCHEN

Die Liebe

Die Liebe nimmt in der *Recherche* einen besonderen Platz ein. Wie Proust selbst Jacques Rivière erläuterte, schildert das Werk im Grunde drei große Leidenschaften: die Swanns für Odette sowie diejenigen des Erzählers für Gilberte und anschließend für Albertine. In ihrer Wiederholung weisen sie Gemeinsamkeiten und Unterschiede auf, zumal im Ausgang. Doch auch wenn diese Zyklen das eine Mal in eine Ehe einmünden, das andere Mal in eine Trennung und das dritte Mal in den Tod, so laufen sie nichtsdestoweniger auf ein gemeinsames Ende hinaus: auf die Gleichgültigkeit des Romanhelden gegenüber der Leidenschaft, eine Gleichgültigkeit, an der sich seine Heilung ablesen läßt. Die Liebe in der *Recherche* ist erstikkend, besitzergreifend und selten gegenseitig. Sie führt oft zur Einsamkeit und zu den mit ihr verbundenen Perversionen. Sie ist zugleich austauschbar: der Erzähler betont, daß er, anstatt Albertine, genausogut auch Andrée hätte lieben können. Der Zufall steht am Beginn der Leidenschaft und die unbekannte Frau am Beginn des spontanen Begehrens. Anfänglich ist Odette nicht Swanns »Genre«. Die Leidenschaft des Erzählers für Gilberte dagegen entspringt aus einer heftigen körperlichen Anziehung. Das Begehren folgt der Liebe, oder aber die Liebe folgt dem Begehren. »Erst träumt man davon, das Herz der Frau zu besitzen, in die man sich verliebt; später kann das Gefühl, das Herz einer Frau zu besitzen, schon genügen, uns in sie verliebt zu machen« (*In Swanns Welt*).

Die Liebe Swanns für Odette weist in all ihren Einzelheiten auf die weiteren Liebeszyklen des Romans voraus. Zu Beginn seiner Leidenschaft hat Swann ein behagliches Eheleben im Auge: »Es wäre verlokkend, eine kleine Frau zu haben, bei der man so etwas Seltenes finden könnte wie einen guten Tee.« Der Erzähler seinerseits wünscht sich in Gilberte eine »umgängliche und gemütliche Mitarbeiterin, die mir des abends bei meinen Arbeiten helfen würde«. Die Einbildungskraft und die Kunst zumal stellen sich in den Dienst der Leidenschaft. Odette ähnelt Botticellis *Tochter Jethros* und ruft auf diese Weise Swanns Begehren wach. Bei dem Erzähler hingegen steht das Begehren, das er für Gilberte empfindet, am Anfang. Da sie zudem mit Bergotte befreundet ist und mit diesem die faszinierenden normannischen Kirchen besichtigt, »flutete immer der Zauber aller Vorstellungen, die ich mit den Kathedralen, den Hügeln der Ile-de-France und den Ebenen der Normandie verband, auf Mademoiselle Swann zurück: das heißt, ich war schon voller Bereitschaft, sie zu lieben. Unser Glaube, daß ein Wesen an einem unbekannten Leben teilhat, in das seine Liebe uns mit hineintragen würde, ist unter allem, was die Liebe zu ihrer Entstehung braucht, das Bedeutungsvollste, dem gegenüber alles andere nur noch wenig ins Gewicht fallen kann.«

Befindet sich die gesuchte Person nicht an dem Ort, an dem man sie anzutreffen glaubt, so facht dies gleichfalls die Leidenschaft an. So quält den Erzähler die Befürchtung, Gilberte könne nicht in den Anlagen der Champs-Élysées oder Albertine nicht auf dem Deich von Balbec sein: »Um aber diese Traurigkeit, dieses Gefühl des Nichtwiedergutzumachenden auszulösen, jene Ängste, welche der Liebe vorarbeiten, muß [...] die Gefahr einer Unmöglichkeit bestehen« (*Mädchenblüte*). Swann sucht eine ganze Nacht lang nach Odette. Das Unbekannte und die Ungewißheit rufen die Liebe wach, deren Charakter in Wirklichkeit rein subjektiv ist. »Man liebt eine Frau nicht, weil einem ihre Vorzüge gefallen, sondern weil man nicht das geringste von ihr weiß« (M. Raimond, *Proust romancier*, Sedes, 1984, S. 130 f.). Die Eifersucht, die sich aus der Unkenntnis des genauen Tagesablaufs des geliebten Wesens, des »entfliehenden Wesens« herleitet, hält Swann in ihrem Bann (genau wie Honoré in »Das Ende der Eifersucht« aus *Freuden und Tage*). Die

Helden der *Recherche* sind in einem Teufelskreis gefangen. Der Verdacht erzeugt die Eifersucht, die selbst wieder den Verdacht hervorruft. »Das Schreckliche ist, im Ungewissen zu sein« (*Jean Santeuil*). Um den anderen kennenzulernen, nehmen sie zu den berühmten manischen Befragungsszenen Zuflucht, zu »inquisitorischen Plaudereien«, die den Schmerz des Liebenden durch die bruchstückhaften Enthüllungen, die er erhält, noch verdoppeln. Das »inquisitorische Gefühl, das wissen möchte, leidet zugleich unter diesem Wissen und versucht doch, noch mehr zu erfahren« (*Die Gefangene*). Aber durch die Eifersucht zwingt einen die Liebe zur Erkenntnis des anderen und seiner selbst. Die Eifersucht spornt die Aktivität des Geistes an. Swann selbst stellt fest, daß diese Neugier derjenigen vergleichbar ist, »die er einst für die Geschichte aufgebracht hatte«. Und obwohl er sich nur für einen einzigen Gegenstand interessiert, erschließen sich dem Liebenden die allgemeinen Gesetze der Liebe und der Unvereinbarkeit der Wesen.

Die Liebe ist zugleich eine Krankheit, und zu ihrer Beschreibung verwendet Proust ein klinisches Vokabular. Er spricht von »Symptomen«, von »Krebsgeschwüren« und von »Herzschmerzen«. Allein die Zeit, die auf natürliche Weise die Narben wieder schließt, und das Alter, welches das Empfindungsvermögen herabsetzt, vermögen diese Krankheit zu heilen. Eine Zwischenlösung, die es erlaubt, das geliebte Wesen ganz für sich zu haben, besteht darin, es einzusperren. Es ist dies der Gegenstand von *Die Gefangene*. Albertine wird hier »weniger als ein junges Mädchen denn als ein Haustier« betrachtet. Dieser Umstand bringt dem Erzähler Ruhe und Sicherheit, doch in Wirklichkeit sind die Eifersucht und die Leiden nicht weit weg. Die wirkliche Heilung ist allein von der Gleichgültigkeit zu erwarten, die das Werk der Zeit ist.

Die Erinnerung und das Vergessen

Die ganze *Suche nach der verlorenen Zeit* basiert auf der Erinnerung. Schreibend erinnert sich der Erzähler. Proust trifft die bekannte Unterscheidung zwischen der *mémoire intellectuelle* [intellektuelle Erinnerung], der *Anamnese*, die farblos und ohne Anziehung ist, und der *mémoire involontaire* [unwillkürliche/unbewußte Erinnerung], die allein Augenblicke »außerhalb des Zeitflusses«, die aus dem Vergessen heraufsteigen, in ihren wahren Farben wiedergibt: »Der beste Teil unserer Erinnerung liegt außerhalb von uns selbst [...]. Außerhalb von uns? In uns, genauer gesagt, aber unseren eigenen Blicken entzogen und in ein tiefes Vergessen getaucht. Diesem Vergessen verdanken wir es, wenn wir von Zeit zu Zeit das Wesen wiederzufinden vermögen, das wir einst waren« (*Mädchenblüte*). Das Vergessen ist in der *Recherche* die eigentliche Grundlage für die Wunderwerke des emotionalen Gedächtnisses. Aus dem völligen Nichts heraustretend, kommt den Erinnerungen zugleich »der Druck des Imaginären und das Bewußtsein der Wirklichkeit« (*Jean Santeuil*) zugute. Aus der Erfahrung der Tasse Tee geht die ganze Erzählung von Combray hervor. In *Die wiedergefundene Zeit* rufen die weiteren Erscheinungsformen der *mémoire involontaire*, wie das Rascheln der zusammengedrückten Serviette und das Stolpern über die ungleichmäßigen Pflastersteine im Hof der Guermantes, die endgültige Entscheidung des Erzählers hervor, mit seiner Arbeit zu beginnen. Ihm wird endlich seine Berufung deutlich, die darin besteht, all jene Zeichen mit Hilfe des Kunstwerkes, das für immer die wiedergefundene Zeit festhält, zu entschlüsseln.

Dieses literarische Verfahren (das nicht neu ist, denn Chateaubriand, Nerval in *Sylvie* und sogar Fernand Gregh haben sich seiner bedient) erlaubt es Proust – obwohl er es Copeau gegenüber in einem Brief aus dem Jahre 1913 abstritt –, als Dilettant und zugleich als Virtuose die Erinnerung auszukosten. Die »Anfälligkeiten des Herzens« sind denn auch ein Beispiel für dieses Spiel der Erinnerung und des Vergessens, »auf Grund jenes Anachronismus, durch den so oft der Kalender der Tatsachen mit dem Kalender der Gefühle nicht zusammenfällt« (*Sodom und Gomorra*). Zahlreich sind in dem Roman die Variationen über den Wechsel von Schmerz und Beruhigung im Gefühlsleben der Personen.

Zu Beginn der *Recherche* (beim Erwachen des Erzählers, auf den ersten Seiten von *Combray*) ist Proust sogar versucht, sich ganz dem Spiel mit der Zeit zu überlassen und die lineare Erzählung zugunsten einer Darstellung der Erinnerungen nach der Abfolge ihres Auftretens im Bewußtsein aufzugeben. Aufgelöst in der Zeit und im Raum, in denen die verschiedenen Zimmer seines Lebens im Dunkeln kreisen, vermag der Autor die Welt neu zu organisieren: »Der Schlafende spannt in einem Kreise um sich den Ablauf der Stunden, die Ordnung der Jahre und der Welten aus.« Dennoch tritt diese zeitliche Diskontinuität hinter die lineare Erzählung zurück, deren Ziel es ist, die Geschichte einer Berufung nachzuzeichnen. Die verschiedenen Erfahrungen der *mémoire involontaire* in *Die wiedergefundene Zeit* sind nur mehr chronologisch eingeordnete Ereignisse des psychischen Lebens und nicht mehr (wie die »Madeleine« und die Tasse Tee) ein Ausgangspunkt der Suche. Der Roman, dessen Angelpunkt die Erinnerung bleibt, ist eine brillante Variation über das Thema der Zeit.

Die Krankheit und der Tod

Die Gestalten Prousts sind nicht weniger krank als ihr Schöpfer, auch wenn ihr Leiden eher psychischer Natur ist, wenn es sich eher psychologisch fassen läßt. Als Sohn eines Mediziners und Bruder eines Arztes, bedient sich Proust eines ausgedehnten therapeutischen, pathologischen, chirurgischen, physiologischen Vokabulars. Er gebraucht es, um aufmerksam die ausschlaggebende Entwicklung der Erotomanie und der Gehirnverkalkung von Charlus zu verfolgen, den Tod Bergottes oder die Agonie der Großmutter zu beschreiben, die alle zusammen das Innenleben und die Kreativität des Helden beeinflussen. Der Roman liefe demnach auf die Beschreibung des allmählichen Niedergangs der Personen durch die Zeit, des langsamen Vorandringens des Virus und auf die Schilderung multipler Perversionen hinaus. Die Geschichte der physischen und psychischen Leiden des Erzählers verschmilzt mit der der *Suche nach der verlorenen Zeit*.

Die Krankheit: An ihr offenbaren sich die Personen. Dies gilt für den Erzähler ebenso wie für die Großmutter. Proust stellt oft die selbstverständliche Kraft der blühenden Gesundheit der hilflosen Schwäche des Kranken gegenüber: die strahlende Françoise der in den Wehen liegenden Küchenhilfe, oder Swann den mitleidslosen Guermantes, denen er seine unheilbare Krankheit mitteilt. In dem deutlichen Willen zur Theatralisierung neigt Proust zugleich dazu, das Leiden zu inszenieren, wie bei dem Tod der Berma am Ende der *Recherche*. Er hebt die Symptome der Krankheit hervor, verstärkt ihre Intensität und verleiht auf diese Weise dem Tod von Saniette oder Bergotte eine tragische Dimension.

Der Tod: Er wird bei Proust häufig dargestellt. In *Jean Santeuil* ist er zunächst als die Evokation des künftigen Todes der Eltern von Jean Santeuil gegenwärtig, als gälte es, ihn durch Beschwörung zu bannen: »Der Egoismus oder vielleicht die eigene Notwendigkeit des Lebens hält uns davon ab, diese Gedanken an den Tod unserer Lieben allzu lange festzuhalten – gefährliche und düstere Gedanken, denn aus Entsetzen vor diesem Tod nehmen sie ihn vorweg und breiten seine Traurigkeit über die Zeit aus, in der es uns gegeben ist, sich ihres Daseins zu erfreuen.« Der Erzähler macht die Erfahrung des Todes durch das in der *Recherche* geschilderte Sterben seiner Großmutter. Bei jeder Überarbeitung des Manuskripts vermehrt Proust die Bilder des Todes.

Wie bei Montaigne ist der Gedanke an den Tod stets gegenwärtig. Er ist ein reines Faktum, auf das man nicht einzuwirken vermag. Wie bei der Leidenschaft geht Proust diesem den Menschen übersteigenden Problem nicht aus dem Weg, und er löst es natürlich auch nicht. Ihm gegenüber eine gewisse Ruhe zu bewahren ist das einzige, was in unserer Macht steht. In *Die wiedergefundene Zeit* schreibt er: »Die Idee des Todes nistete sich endgültig in mir ein [...]. Nicht daß ich den Tod etwa liebte, ich haßte ihn vielmehr.« Diese Idee hält ihn zur Eile an und treibt die Vollendung seines Werkes voran.

Die Religion

Bei Proust ist sie eher eine Kunst. Beeinflußt von Ruskin, weiß er die Noblesse der Gottesdienste und die Schönheit der gotischen Kirchen zu würdigen. Seine profunden religiösen und biblischen Kenntnisse tragen eher zu der Harmonie seines Werkes bei, als daß sie für ihn selbst einen geistigen Halt darstellten. Ein Satz aus der *Imitatio Christi* von Thomas a Kempis (1470) dient als Epitaph für »Violante oder die mondäne Welt« in *Freuden und Tage*. Wenn Proust den Antiklerikalismus der Regierung kritisiert und 1904, in seinem im *Figaro* erschienenen Artikel »Der Tod der Kathedralen«, die Trennung von Kirche und Staat mißbilligt, so tut er dies von einem ästhetischen Standpunkt aus und als Schüler von Ruskin. Das Bild, das er von Combray entwirft (oder zuvor in *Jean Santeuil* von Étreuilles), vermittelt einen eher poetischen als religiösen Eindruck, trotz der Kirche und der »kleinen Gäßchen, die alle miteinander Namen von Heiligen trugen«. Es besteht kein Unterschied zwischen einem katholischen Gottesdienst und einer Vorstellung auf dem Theater: »[...] eine Wagneraufführung in Bayreuth [...] (macht) recht wenig (her) neben der Zelebrierung des Hochamts in der Kathedrale von Chartres« (»Der Tod der Kathedralen«).

Wenn Proust an etwas glaubt, dann an eine unbestimmte und absolute Ewigkeit. Seine Angst bleibt stets spürbar in einem Werk, in dem der Untergang einer Welt und der Niedergang der Menschen geschildert werden, doch mündet die Furcht vor dieser allgemeinen Auflösung in das tiefe Gefühl des Ewigen ein. Ein Gefühl, das der Erzähler der *Recherche* in sehr kurzen Augenblicken dank des Phänomens der unbewußten Erinnerung erfährt. Durch sein Werk transzendiert er die Zeit. Albert Béguin hob den »mystischen Anspruch« der *Recherche* hervor; Henri Massis wollte eine Reflexion über die Auferstehung darin sehen, doch bleibt der einzige Ausdruck des Ewigen bei Proust das Kunstwerk. Durch schöpferische Ekstasen erfährt er eine Art des Heils in der Offenbarung einer Welt jenseits der Schranken und der Zugriffe der Zeit. So ist der Tod Bergottes in *Die Gefangene* zu verstehen: »Er wurde begraben, aber während der ganzen Trauernacht wachten in den beleuchteten Schaufenstern seine jeweils zu dreien angeordneten Bücher wie Engel mit entfalteten Flügeln und schienen ein Symbol der Auferstehung dessen, der nicht mehr war.« Bei Proust kann die Erlösung nur von der Kunst kommen. Und der Tod Bergottes vor Vermeers *Ansicht von Delft* erscheint in einem symbolischen Licht und füllt sich mit Hoffnung.

PROUST UND SEINE ZEIT

Die Kunst

Proust war erfüllt von der Leidenschaft für die Kunst, und zahlreich sind in seinen Schriften die Bezugnahmen auf Kunstwerke. Nach Proustscher Auffassung geht die Kunst aus dem Leben hervor, und in jedem menschlichen Wesen gibt es eine Stufe, auf der das Leben (in größerem oder geringerem Maße) zur künstlerischen Schöpfung wird. Diese Schöpfung – diese Erkenntnis – bleibt dem Verstande unzugänglich; deshalb ist das Kunstwerk auch nicht mit Theorien vereinbar. Und Proust prangert in diesem Sinne das »Räsonieren« an: »Man gerät immer dann ins Schwadronieren, wenn man nicht die zwingende Kraft besitzt, einen Eindruck durch all seine aufeinanderfolgenden Zustände hindurchzuführen, die am Ende dann in seine Fixierung, in den Ausdruck seiner Realität einmünden.« Damit aus der Schönheit Leben wird, bedarf es eines Wesens, das nicht allein fähig ist, Schönheit zu empfinden, sondern sie auch zum Ausdruck zu bringen. Der Künstler muß mehr als jeder andere dazu in der Lage sein, »die verborgene Seele der Dinge freizusetzen«.

Proust und Ruskin: Als er *Jean Santeuil* aufgibt, vertieft Proust sich – als Adept des französischen Philosophen Gabriel Séailles (1852-1922) und des deutschen Philosophen Friedrich Schelling (1775-1854) – in John Ruskin.

Der Enthusiasmus Prousts erklärt sich aus dem Interesse, das die französischen Schriftsteller jener Zeit der englischen Literatur, den »Kunstgefühlen« und Venedig entgegenbrachten. 1893 entdeckt Proust Ruskin anhand der Auszüge, die *Le Bulletin de l'Union pour l'action morale* veröffentlicht hatte, eine im voraufgehenden Jahr von dem Schriftsteller Paul Desjardins (1859-1940) gegründete Zeitschrift. Ende 1896 macht er die Bekanntschaft einer englischen Cousine von Reynaldo Hahn, Marie Nordlinger, die bereits ein Kapitel von Ruskin übersetzt hat und Proust später bei dieser Arbeit hilft. Am 25. September 1899 schreibt er aus Évian an seine Mutter und bittet sie, ihm das Buch von Robert de la Sizeranne, *Ruskin et la religion de la beauté* (Ruskin und die Religion der Schönheit), zu besorgen, das 1897 erschienen war. Proust befaßt sich ausschließlich mit Ruskin, und er vervollständigt seine Lektüre (die er mangels Übersetzungen und obwohl er die Sprache nicht vollkommen beherrscht, meist auf englisch unternimmt) durch Wallfahrten zu französischen und italienischen Kirchen, die Ruskin besucht hatte.

Im Oktober 1899 gibt der Kunstkritiker Louis Ganderax (1855-1940), der Herausgeber der *Revue de Paris,* bei ihm eine Studie über Ruskin in Auftrag. Proust arbeitet in der Bibliothèque nationale zusammen mit seinem Freund d'Oncieu und beginnt mit seinen ersten Übersetzungen.

Am 21. Januar 1900 stirbt Ruskin. Sein Tod führt zu einem gesteigerten Interesse an den ihm gewidmeten Studien. Am 27. Januar veröffentlicht Proust in *La Chronique des arts et de la curiosité* einen Nachruf, in dem er es nicht an Lob fehlen läßt: »Ruskin war wohl der Beichtvater und geistige Gewissenslenker seiner Zeit, aber er war zugleich auch ihr Lehrer des Geschmacks, ihr Vorkämpfer für die Schönheit.« Am 13. Februar erscheinen als Hommage im *Figaro* seine »Pèlerinages ruskiniens en France« (Ruskin-Wallfahrten in Frankreich). Im April veröffentlicht der *Mercure de France* die erste große Studie Prousts über »Ruskin à Notre-Dame d'Amiens« (»Ruskin und Notre-Dame von Amiens«), die er 1904 als Material zu seinem fünfundachtzigseitigen Vorwort zu *La Bible d'Amiens* verwendet. Im August publiziert die *Gazette des Beaux-Arts* einen weiteren Artikel Prousts mit dem Titel »John Ruskin«. 1906 erscheint die kommentierte Übersetzung des Essays *Sesame and Lilies*, mit einem Vorwort von 58 Seiten »Sur la lecture« (»Tage des Lesens«), das bereits in *La Renaissance latine* vom 15. Juni 1905 erschienen war.

Proust verdankt Ruskin seine hohe Auffassung von der Kunst, eine Philosophie der Welt (welche uns neu zu erschaffen aufgegeben

John Ruskin

(London, 1819 - Brantwood, 1900) Englischer Kunstkritiker. Sohn eines reichen Händlers. Ruskin studierte nacheinander in London (King's College) und in Oxford (Christ Church College). Schriftstellerisch begabt, erhielt er 1839 einen Preis für Dichtung. Er war ein großer Bewunderer des Malers Joseph Turner (1775-1851) und der Werke des italienischen Mittelalters sowie ein Verfechter der Präraffaeliten. Ab 1850 schrieb er in deren Zeitschrift *Germ*. Auf Grund seines ästhetischen Denkens und seiner Philosophie der Kunst wurde er schon mit dreißig Jahren als der größte Kunstkritiker seiner Epoche angesehen. Er lehrte Kunstgeschichte in Oxford von 1869 bis 1878 und von 1883 bis 1884. Er war eng mit dem Historiker und Philosophen Thomas Carlyle (1795-1881) verbunden, von dem er vielfach angeregt wurde.

WERKE: *Modern Painters* (6 Bände, 1843-1860), *The Seven Lamps of Architecture* (1849), *The Stones of Venice* (1851-1853), *Pre-Raphaelitism* (1851), *The Political Economy of Art* (1857), *The Two Paths* (1859), *Sesame and Lilies* (1865), *The Crown of Wild Olive* (1866), *Fors Clavigera* (1871-1887), *Munera Pulveris* (1872), *Time and Tide* (1872), *The Bible of Amiens* (1880-1885), *Praeterita* (seine unvollendete Autobiographie, 1885-1889).

ist) mit einer mystischen Dimension: »Die Schönheit ist kein Gegenstand des Genusses, sondern [...] eine ungleich bedeutendere Realität als das Leben.«

Wenn Proust auch diese ganz von der Spiritualität geprägten ästhetischen Vorstellungen übernimmt, so löst er sich doch schon bald von Ruskin. Im November 1908 macht er in einem Brief an Georges de Lauris die ziemlich ungerechte Bemerkung: »Das macht die Werke Ruskins oft nicht weniger stupide, schrullenhaft, ärgerlich, falsch, lächerlich [...]« (*Correspondance* VIII, S. 286). Ruskin hat vor allen Dingen die Dimension des sozialen Denkers, die bei Proust fehlt. Dieser wendet sich in der Folge einem weiteren englischen und gleichfalls ästhetisierenden Philosophen zu, Walter Pater (1839-1894). Wie Anne Henry in ihrem Buch *Marcel Proust. Théorie pour une esthétique* schreibt, setzt sich durch ihn »der Egotismus gegen die militante Predigt durch«. Schon als er das Vorwort zu *Die Bibel von Amiens* schrieb, hatte Proust dieses »Werk des sozialen Kampfes« in einen »sehr harmlosen Führer für Ausflüge« verwandelt. Er läßt den ästhetischen Sozialismus links liegen und schließt sich dem Klan der Dandys an, wie sie durch den Schriftsteller Oscar Wilde (1856-1900), einen Schüler von Pater, und den geschworenen Feind Ruskins, den Maler Whistler (1834-1903), sowie durch Montesquiou verkörpert wurden. Auch wenn er von dem höchsten Wert der Kunst überzeugt bleibt, leugnet Proust doch stets ihren Humanismus.

Die Malerei

Obwohl er recht wenige Reisen unternommen hat (er kennt zwar die Museen Venedigs und der Niederlande, hat aber nie die Spaniens oder Deutschlands besucht), kennt Proust sich in der ganzen Malerei aus, angefangen bei den frühen Italienern bis hin zu Picasso; denn das Gemälde ist für ihn kein Sammelobjekt (wie für Balzac), sondern ein Faktor der Imagination. In der *Recherche* dienen wirklich existierende oder frei erfundene Malerpersönlichkeiten als Ausgangspunkte für seine ästhetischen Theorien. Anhand von Giottos Fresken des *Lasters und der Tugend* vermag er durch den Vergleich mit dem Küchenmädchen von Combray den Bezug von Realität und Abstraktion in der Kunst darzustellen. Als Swann in Odette eine Ähnlichkeit mit Botticellis *Tochter Jethros* erkennen will, diskutiert Proust das Problem der Ruskinschen Kunstvergötterung, die das Schöne und das Wahre verwechsle. Aber es ist Elstir, der ihn auf dem Weg der Berufung geleitet, indem er ihm durch einen neuen Blick auf die Welt die allgemeinen Gesetze der Kunst offenbart. Der Maler ersetzt die literarische Metapher durch die Metamorphose. Das typische Beispiel hierfür ist der *Hafen von Carquethuit.*

Vermeer, Ansicht von Delft

Proust und Vermeer: Proust hegt für die Kunst von Vermeer eine ganz besondere Bewunderung (selbst wenn dieser nicht die Rolle des Vordenkers gespielt hat, wie man oft annahm). Im Oktober 1902 hatte Proust auf einer Reise in Begleitung von Bertrand de Fénelon ein erstes Mal die Gelegenheit, in Den Haag die *Ansicht von Delft* zu bewundern. Im Mai 1921, als im Jeu de paume-Museum in Paris die Ausstellung niederländischer Malerei gezeigt wurde, besuchte Proust sie in Begleitung von Jean-Louis Vaudoyer. Er erlitt einen Schwindelanfall, und Vaudoyer mußte ihn am Arm bis zu dem Gemälde führen. Vor diesem Bilde rief Proust aus: »Seitdem ich im Museum von Den Haag die *Ansicht von Delft* gesehen habe, wußte ich, daß ich das schönste Gemälde der Welt gesehen hatte.« Das Beispiel Vermeers erlaubt es Proust in der *Recherche*, den Dilettantismus Swanns deutlich zu machen, der den Essay, den er über ihn verfassen wollte, nie schreiben wird, und Bergotte stirbt vor der *Ansicht von Delft*.

Proust und Renoir: In der *Recherche* und zumal in *Mädchenblüte* häuft Proust die Vergleiche mit Werken der Malerei. Für ihn hat die Ma-

Johannes Vermeer (genannt Vermeer van Delft)

(Delft, 1632 - Delft, 1675) Aus dem in Geschäften tätigen Kleinbürgertum stammend, war Vermeer der Sohn eines Herstellers von Seidenstoffen. Wie Proust litt er unter Asthma. Er lernte bei einem anerkannten Meister seiner Zeit, Leonaert Bramer (1595-1674), und arbeitete in der Folge bei dem Maler Carel Fabritius (1622-1654), einem ehemaligen Schüler Rembrandts. Im April 1653 heiratete er Catharina Bolnes, mit der er vierzehn Kinder hatte. Im selben Jahr wurde er als Meister in die Gilde von Antwerpen aufgenommen. Nach dem Tod seines Vaters bezog er dessen Haus – Mechelen – am Marktplatz von Delft. Wahrscheinlich handelte er mit Bildern. Er starb am 15. Dezember 1675 im Alter von 43 Jahren und ließ eine notleidende Familie und acht Kinder in zartem Alter zurück. Er wurde in der Alten Stadtkirche beigesetzt.

WERKE: Gegenwärtig zählt man etwa dreißig authentische Gemälde (1947 löste der Fälscher Van Meegeren einen Skandal aus, der dazu beitrug, das schon große, aber wenig volkstümliche Ansehen Vermeers zu vergrößern). Zu seinen bekanntesten Gemälden zählen: *Das Milchmädchen* (etwa 1658-1660), *Perlen wiegendes Mädchen* (etwa 1662-1663), *Die Spitzenklöpplerin* (1665), *Die Gitarrenspielerin* (etwa 1667-1670).

Ansicht von Delft (Höhe: 0,98 m × Breite: 1,18 m): Mauritshuis-Museum in Den Haag. Dieses Gemälde wurde zwischen 1658 und 1661 gemalt, Vermeer war noch keine 30 Jahre alt. Zusammen mit *Die Gasse* (1658-1660) ist es eines der wenigen Bilder, die eine Außenansicht zeigen. Es ist eine sehr genaue Wiedergabe des Schiekade von Delft: rechts ist das Rotterdamer Tor zu sehen, in der Mitte das Schiedamer Tor, und in dem dunklen Teil erkennt man die Alte Stadtkirche, in der der Maler begraben liegt. Es läßt sich sogar das Haus bestimmen, von dem aus Vermeer sein Bild gemalt hat (wahrscheinlich befand er sich beim Malen in einer optischen Dunkelkammer).

Es ist diese Ansicht, die Proust unsterblich machte, als er von der »kleinen gelben Mauerecke« sprach, die (in der rechten Bildhälfte) dem Dach entspricht, das man links von dem zweiten Türmchen sieht und das von der durch die Wolken brechenden Sonne erhellt wird.

lerei etwas vor der Literatur voraus. Da sie nämlich nicht an die Sprache gebunden ist, vermag sie einen direkten Zugang zur Empfindung zu geben. Man hat bei Proust – jenem großen Bewunderer Renoirs – sogar von einem »impressionistischen Stil« gesprochen, wenn er bei der Beschreibung des Picknicks in *Mädchenblüte* dessen flüchtigen Charakter durch die beiden Elemente des Malerischen und des Literarischen wiedergibt: »Zumeist verschwammen sogar die Gesichter dieser jungen Geschöpfe in einem allesumwebenden Morgenrot, aus dem die Züge sich noch nicht deutlich abgelöst hatten. Man sah nichts als den reizvollen Farbton und hätte dahinter nicht erkennen können, wie ein paar Jahre später das Profil sich gestalten würde.« In bezug auf den Impressionismus stellt Proust vor allem das Problem des künstlerischen Schaffens heraus: »Leute von Geschmack sagen uns heute, Renoir sei ein großer Maler des vorigen Jahrhunderts. Aber wenn sie das sagen, vergessen sie die Zeit, nämlich wieviel davon sogar noch im gegenwärtigen vergehen sollte, bis Renoir als großer Künstler gewürdigt worden ist. Um zu solcher Anerkennung zu gelangen, muß ein originaler Maler, ein originaler Künstler vorgehen wie etwa ein Augenarzt. Die Behandlung durch ihre Malerei, ihre Prosa ist nicht immer angenehm. Wenn sie beendet ist, sagt der, der sie ausgeführt hat, zu uns: Jetzt sehen Sie einmal! Und nun kommt uns die Welt (die nicht einmal erschaffen wurde, sondern so oft, wie ein Künstler von persönlicher Eigenart aufgetreten ist) ganz anders vor als die frühere, jedoch überzeugend und klar. Frauen gehen die Straße entlang, die völlig anders aussehen als die von ehedem, weil sie Renoirs sind, eben jene Renoirs, in denen wir früher überhaupt keine Frauen zu erkennen meinten.«

Proust und Gustave Moreau: Proust schätzt zugleich die seiner eigenen Welt nahestehenden Symbolisten wie Gustave Moreau (1826-1898). 1902 wurde das Haus des Malers (Rue de La Rochefoucauld Nr. 14) dank der Initiative des Erben und intimen Freundes von Moreau, Henri Rupp, in ein Museum umgewandelt. Proust bekundete ein lebhaftes Interesse an seinem Werk, worin er auch durch die Bewunderung beeinflußt wurde, die Montesquiou dem Maler entgegenbrachte. Proust nimmt wiederholt Bezug auf seine Gemälde, zumal auf *Le Jeune Homme et la Mort* (Der junge Mann und der Tod), das er in *Die Welt der Guermantes* und in den Artikeln, die er über ihn schrieb, als ein »Meisterwerk« bezeichnet. Er ist bestrickt von dem intellektuellen und mythologischen Aspekt dieser geheimnisvollen Welt, der sie dem Zugriff der Zeit entzieht und sie »in eine ungewisse Stunde [versetzt], die das Gemälde auf ewig festbannt« (»Gustave Moreau«, in: *Nouveaux Mélanges*).

Proust ist empfänglich für all jene Maler, die ihn zu seinem Werk anregen: für Gesellschaftsmaler wie Helleu oder seinen Freund Blanche, Puvis de Chavanne, Bonnat, Forain, dem er in den Salons begegnet, Toulouse-Lautrec, den er 1893 in den Redaktionsräumen von *La Revue blanche* sieht, und vor allem Vuillard, der seinem eigenen geistigen

Universum am nächsten steht. Alle zusammen, einschließlich Hokusai oder Carrière, den er bewundert, sind in die Gestalt des Elstir eingegangen. Dieser ist der Wortführer des Erzählers, denn er erschafft wie er eine ganze Welt neu: »Das Atelier von Elstir kam mir wie das Laboratorium einer Art von neuer Weltschöpfung vor« (*Die Gefangene*).

Sein ganzes Leben lang bewahrt Proust seine allesumfassende Neugierde. Als großer Kenner der Museen verfaßt er Notizen über Rembrandt, Watteau, Monet und Chardin, die erst nach seinem Tod unter dem Titel »Portraits de peintres« (»Porträts von Malern«) in den *Nouveaux Mélanges* veröffentlicht werden. Colette Cosnier schreibt: »Es gibt Proustsche Beschreibungen, die regelrechte Transpositionen von Chardin sind: dieselbe bürgerliche Atmosphäre, die gleiche etwas trübsinnige Innigkeit, die gleiche Harmonie des Alltäglichen und dasselbe Fehlen alles Lyrischen ... Wie sollte man das Küchenmädchen nicht mit der *Frau beim Rübenhacken* vergleichen?« (C. Cosnier, »Gastronomie de Proust«, in: *Europe*, August-September 1970, S. 154.) Abgesehen von den fiktiven Künstlern seines Romans zitiert er in seinem Werk ungefähr 250 Maler, wobei Vermeer und Rembrandt am häufigsten erwähnt werden. Die *Recherche* umfaßt demnach eine vollständige Geschichte der Malerei.

Die Musik

Proust lebte immer in einer musikalischen Umgebung: seine Mutter und er spielten Klavier. Sein ganzes Leben lang, das ihn von einer mondänen Soiree zur nächsten führte, verbrachte er lange Stunden damit, sich Konzerte und Interpreten anzuhören. Eine seiner Verwandten, Louise Cruppi, die Enkelin von Crémieux, empfing in ihrem Salon Komponisten wie Maurice Ravel, Nadia Boulanger und Florent Schmitt. Sie machte die russische Musik in Paris bekannt und zählte Gabriel Fauré zu ihren Freunden. Montesquiou und Saussine führten Proust in die Welt von Wagner und César Franck ein. Durch seinen Freund Reynaldo Hahn, der oft in seinem Zimmer in der Wohnung am Boulevard Haussmann auf dem Klavier spielte, erwarb er solidere musikalische Kenntnisse; denn Proust fühlte sich schon zur Musik hingezogen, noch bevor er sie eigentlich kannte. Hahn schätzte Massenet und Gounod, verabscheute aber Wagner. Sein Einfluß scheint jedoch für Proust nicht ausschlaggebend gewesen zu sein, denn er schrieb ihm 1895: »Je mehr sich Wagner in das Reich der Legende begibt, desto menschlicher finde ich ihn« (*Correspondance* I, S. 384 [dt. in: *BZW*, S. 20]). Denn er schätzte nicht nur das anerkannte Genie eines Beethoven (Benoist Méchin zufolge sein Lieblingskomponist), von dem er zumal die letzten Klaviersonaten und das Finale des 15. Streichquartetts liebte, oder eines Schumann, sondern er wußte zugleich das Genie von Komponisten wie Fauré (mit dem er im Briefwechsel stand), Debussy oder Wagner zu erkennen, dem meistzitierten Komponisten der *Recherche*. Er schätzte insbesondere den *Tristan* (in dem er »den erhabensten Ausdruck der Erwartung und des Begehrens« sah) sowie *Lohengrin*, an dem er jene »Art Zärtlichkeit, jene ernste Milde in der Prachtentfaltung und in der Freude« bewunderte, und *Parsifal*.

Prousts Auffassung von der Musik wurde von dem deutschen Philosophen Schopenhauer (1788-1860) angeregt, für den sie, weil sie die Begriffe und die Zeit übersteigt, jeder anderen Kunst überlegen ist. Proust spricht in seinem ganzen Werk eindringlich und überzeugend von der Musik, Stil und Musik verbinden sich und gehen ineinander über. Im Mai 1895 schreibt er an Suzette Lemaire: »Das Wesen der Musik besteht darin, in uns einen geheimnisvollen Grund wachzurufen (den die Literatur und im allgemeinen alle endlichen Ausdrucksweisen, die sich der Worte und infolgedessen der Begriffe bedienen, sowie bestimmter Dinge oder Gegenstände – Malerei, Plastik – nicht zum Ausdruck zu bringen vermögen), einen geheimnisvollen Grund unserer Seele, der dort beginnt, wo das Endliche und alle Künste, deren Gegenstand im Endlichen besteht, aufhören, dort, wo auch die Wissenschaft aufhört, und den man deshalb religiös nennen mag« (*Correspondance* I, S. 388f.).

Proust bewahrt seine Unabhängigkeit gegenüber modischen Schwärmereien; erst neun Jahre nach der Premiere hörte er 1911, dank des Theatrophons (eines an ein Mikrophon angeschlossenen Telefons, mit dessen Hilfe man eine Theateraufführung oder ein Konzert mithören konnte), zum ersten Mal *Pelléas et Mélisande* von Claude Debussy. Der talentierte Geiger und Dirigent Gaston Poulet, der mit seinem Quartett mitten in der Nacht zu Proust kam, um ihm das Streichquartett von César Franck vorzuspielen, bezeichnete ihn als einen wundervollen Hörer, »einfach, direkt, ohne päpstliche Allüren, ein Mann, der die Musik in sich aufnahm, ohne sich Fragen zu stellen« (*Bulletin de la Société des Amis de M. Proust*, Nr. 11, 1961, S. 423).

Die Musik spielt eine entscheidende Rolle im Aufbau der *Recherche*. Mit dem Innenleben der Gestalten in Einklang stehend, hilft sie ihnen, ihren Gemütszustand zu erkennen, ihre Leidenschaft zu leben: Swann liebt Odette, und das kleine Thema der Sonate von Vinteuil, das bei der Entstehung ihrer Liebe Pate stand, begleitet ihn bis in seine Liebesqualen hinein.

Der Schriftsteller Michel Butor betont, daß sich an dem Septett von Vinteuil, das zuvor ein Quartett, dann ein Quintett und ein Sextett war, die Entfaltung des Werkes selbst in vier, fünf, sechs und schließlich sieben Abteilungen widerspiegelt. Dieses Musikstück von Vinteuil wird in einer ersten Fassung aus dem Jahr 1910 als der *Karfreitagszauber* bezeichnet. Wie Wagner gebraucht Proust in seiner Erzähltechnik das Leitmotiv.

Für die Sonate von Vinteuil hatte Proust mehrere Vorbilder. 1913 gab er Antoine Bibesco gegenüber das Vorspiel zum ersten Akt der Wagneroper *Lohengrin* (1850) und die *Ballade* (1881) von Fauré an. In der langen Widmung, die er 1918 für Jacques de Lacretelle in ein Exemplar von *In Swanns Welt* schrieb, zählt er für das »kleine Thema« dieser Sonate (die im Grunde die Musik in ihrer Gesamtheit vorstellt) die verschiedenen Vorbilder in der Wirklichkeit auf: »[...] das reizende, aber letztlich mittelmäßige Thema einer Sonate für Violine und Klavier von Saint-Saëns, einem Komponisten, den ich nicht mag. [...] der *Karfreitagszauber* [...] die Sonate von Franck [...] ein Vorspiel zu *Lohengrin* [...] etwas von Schubert« (André Maurois, *À la recherche de Marcel Proust*, a.a.O., S. XIII). Die wichtigsten Vorbilder bleiben: die Sonate in d-Moll von Saint-Saëns für das kleine Thema und die A-Dur-Sonate von Franck für die Gesamtheit des Werkes. Der Anfang des Septetts entspricht dem ersten Satz von *La Mer* von Debussy. George D. Painter zufolge handelt es sich jedoch um das Quartett in D-Dur und um das Quintett in f-Moll von Franck.

Die Literatur

Proust gibt die traditionelle Struktur des Romans auf und schreibt mit der *Recherche* einen Zyklus wie Balzac mit seiner *Menschlichen Komödie*. Dies hindert ihn jedoch keineswegs daran, häufig auf die klassischen Schriftsteller Bezug zu nehmen (er zitiert über 300 Autoren in seinem Werk).* In *Die Gefangene* spricht er am eindringlichsten von George Eliot, von Dostojewski oder von Barbey d'Aurevilly (dessen Poesie der Orte er bewundert). Von Gérard de Nerval (1808 - 1855) übernahm er das Phänomen der unwillkürlichen Erinnerung (mémoire involontaire). An »Sylvie«, einer der Novellen aus dem Sammelband *Les Filles de feu* (Töchter der Flamme), rühmt er die von der Interpolation der Zeiten bestimmte Erzählweise; desgleichen bei Flaubert, von dem er sagt: »Aber bei ihm hat der Zeitwechsel einen aktiven oder dokumentarischen Charakter. Flaubert ist der erste, der ihn von der Schmarotzerei des Anekdotischen und den Schlakken der Geschichte befreit, der erste, der ihn in Musik setzt.« Die *Recherche* ist weniger ein Roman als eine Reflexion über ihre eigene Konstruktion, über ihre Gedankenführung, wie er es ähnlich von Tolstoj kannte.

Aus den Schriftstellern des 19. und 20. Jahrhunderts zieht Proust andere Lehren. Den analytischen Roman wie *Dominique* von Fromentin bezeichnet er als »farblos« und »dürftig«. In *Guermantes* ver-

* Proust schickte Céleste oft zum Bücherkaufen zu dem Buchhändler des Viertels, Monsieur Fontaine, in die Rue Laborde, in der Nähe der Kirche Saint-Augustin.

urteilt er das Prosaische Mérimées und der modischen Schriftsteller wie Pailleron, Meilhac oder des jüngeren Dumas. Er geht später mit dem Schwiegersohn von Mme de Chevigné, Francis de Croisset, ins Gericht, den er unter den Zügen von Bloch in *Die wiedergefundene Zeit* darstellt. Er läßt es nicht an Kritik an seinem alten Lehrer Ruskin fehlen, dessen Bilder, wie die von Maeterlinck, sich angeblich »einer intellektuellen Unaufrichtigkeit« verdanken. Im Vorwort zu *Tendres Stocks* scheut er

Proust sagte über:

Pierre Benoit: »Ich kenne nicht eine Zeile von Pierre Benoit. Léon Daudet schreibt von Zeit zu Zeit, ich sei der größte französische Schriftsteller – was mir ein gewisses Vergnügen bereitet –, und nach mir komme Benoit – was das Vergnügen wieder zunichte macht.«

Gustave Flaubert und Honoré de Balzac: »Im Stil Flauberts sind alle Teile der Realität in eine und dieselbe Substanz mit weiten, gleichförmig schillernden Flächen verwandelt. Nicht die geringste Unebenheit ist bestehengeblieben. Die Oberflächen sind zum Spiegel geworden. Alle Dinge bilden sich darin ab, aber als Widerschein, ohne die homogene Substanz zu entstellen. Alles Verschiedene ist anverwandelt und absorbiert worden. Bei Balzac dagegen bestehen nebeneinander, noch unverdaut und unverwandelt, alle Elemente eines künftigen Stils, der noch nicht existiert.«

Gérard de Nerval: »Nie hat ein Buch mich mehr ergriffen als *Sylvie* von Gérard de Nerval.«

Charles Péguy: Proust wirft ihm vor, »zehn verschiedene Arten auszuprobieren, etwas zu sagen, wo es doch nur eine gibt«. »Ich verabscheue die Literatur des armen Péguy und war da nie anderer Meinung.«

Die englische Literatur: »Es ist eigenartig, daß es für mich, quer durch alle Genres hindurch, von George Eliot bis Hardy, von Stevenson bis Emerson, keine Literatur gibt, die über mich eine vergleichbare Gewalt hätte wie die englische oder die amerikanische Literatur. Deutschland, Italien, oft sogar Frankreich bleiben mir gleichgültig, aber zwei Seiten von *Die Mühle am Fluß* bringen mich zum Weinen. Ich weiß, daß Ruskin diesen Roman verabscheute, aber ich versöhne all diese feindlichen Götter im Pantheon meiner Bewunderung.«

nicht vor der Kritik an dem Stil von Paul Morand und dessen »Klischee-Bildern« zurück noch vor der Kritik an denen von Sainte-Beuve. Giraudoux hält er seine Metaphern nach Art eines Rokoko-Dekors vor, die er in *Guermantes* parodiert. In Wirklichkeit muß das Bild »unvermeidlich« sein und, wie bei George Eliot, aus einer ursprünglichen Empfindung hervorgehen.

Bestimmende Einflüsse: Robert de Montesquiou und die Schriftsteller, mit denen dieser verkehrte, beeinflußten Proust am Ende des 19. Jahrhunderts. Von Paul Bourget, dessen Romanform er ablehnt, übernimmt er nichtsdestoweniger die Evokationen von Kunstwerken und die Verweise auf die Malerei. In *L'Émigré* von Bourget tritt schon ein Adliger mit Namen Charlus auf... Dem 1890 erschienenen Roman *Sixtine* von Rémy de Gourmont entlehnt Proust den Ausdruck »faire catleya» [Cattleya spielen]. Er schätzt außerdem D'Annunzio, Baudelaire, Verlaine, die Comtesse de Noailles (die in *Jean Santeuil* als Vicomtesse de Réveillon auftritt) und Mallarmé. In seinem Buch *Mallarmé et Proust* hob Henri Mondor den Einfluß Mallarmés auf die *Recherche* hervor. Proust übernimmt jedoch nie den dekadenten Stil der Zeit, wie er ihn von Legrandin kritisieren läßt: »Aber Sie werden gewiß dafür nicht viel übrig haben; er ist Ihnen sicher nicht raffiniert genug, nicht das, was man ›fin de siècle‹ nennt, sondern zu frank und zu frei; Sie brauchen so etwas wie Bergotte, Sie haben es selbst gesagt, ein bißchen Haut-goût für den verbildeten Gaumen« (*Die Welt der Guermantes*).

Proust weiß alle Stilmechanismen der Schriftsteller zu demontieren und findet darin die Vorlagen zu seinen Pastiches [Nachahmungen], wie etwa dem des *Tagebuchs* der Brüder Goncourt in *Die wiedergefundene Zeit*. Er stellt darin die vollkommene Beherrschung seiner Kunst unter Beweis und gibt die eigentliche Dimension seiner »Entlehnungen« zu erkennen.

Die Politik

Proust und die Dreyfus-Affäre: Im Jahre 1898 begann Proust, sich mit der Dreyfus-Affäre zu befassen. Der Hauptmann Dreyfus war vier Jahre zuvor (im November 1894) verhaftet und auf die Teufelsinsel nach Guyana deportiert worden (im Dezember). Esterhazy, Attaché beim Generalstab der französischen Armee, war von Oberst Georges Picquart beschuldigt worden, der Autor des »bordereau« zu sein, auf Grund dessen Dreyfus wegen Spionage verurteilt worden war. Ein Kriegsgericht sprach Esterhazy im Januar 1898 frei. Nach diesem Freispruch wurde Picquart in der Festung Mont-Valérien inhaftiert. Proust gelang es nach manchen vergeblichen Versuchen, ihm ein Exemplar von *Freuden und Tage* zukommen zu lassen. Am 13. Januar 1898 veröffentlichte Émile Zola in der Zeitung *L'Aurore* einen offenen Brief, »J'ac-

Hauptmann Dreyfus

cuse«, in dem er die Verteidigung von Dreyfus übernahm. Am 14. setzte Proust in der gleichen Zeitung seine Unterschrift unter das »Manifest der Intellektuellen«, welche die Revision des Prozesses forderten. Zola wurde zu einer einjährigen Gefängnisstrafe und zu 3000 Francs Geldstrafe verurteilt, und Proust verfolgte seinen Prozeß im Justizpalast mit großem Eifer.

Wie das durch die Affäre in zwei Lager gespaltene Frankreich empfand auch Proust die Spaltung mitten im Kreis seiner Familie und Freunde: Er neigte denen zu, die ihm, wie Mme Straus, in seinen Überzeugungen folgten, andererseits stieß er sich an Dreyfus-Gegnern wie seinem Vater, von dem er in *Die Welt der Guermantes* sagt: »Mein mit Monsieur Méline befreundeter Vater war von Dreyfus' Schuld überzeugt. Verstimmt hatte er Kollegen abgewiesen, die ihn gebeten hatten, sich in eine Liste zugunsten einer Revision einzutragen. Er sprach acht Tage lang nicht mit mir, als er erfahren hatte, daß ich anders dachte.«

In *Jean Santeuil* beschreibt Proust die hauptsächlichen Etappen der im Justizpalast verhandelten Affäre. Er widmet ihr drei Kapitel. Den Zola-Prozeß, zu dem Jean sich jeden Tag einstellt und wo er »ohne Mittagessen, erregt, leidenschaftlich aufgewühlt, bis fünf Uhr ausharrt«, schildert Proust mit Hilfe einer außergewöhnlichen Inszenierung: Da er keinen Zugang zum Gerichtssaal erhält, beschreiben Zeugen ihm die tumultreichen Sitzungen, oder er reimt sich die Vorgänge aus flüchtigen Bemerkungen der Anwesenden zusammen. Aber Jean ist zugleich Militarist. Proust sollte im übrigen sein ganzes Leben lang der französischen Armee verbunden bleiben: »Militärs in Zivil sind wie in Sterbliche verkleidete Götter.« Oberst Picquart wird zu einer Art von zeitweilig auftauchender Lichterscheinung, ein mythologischer Heros, der wie ein Gestirn immer wieder untergeht und den er »von Zeit zu Zeit hinter anderen Personen verborgen« erblickt. Er sieht mit seiner »schnellen und leichten Gangart eines Spahis« den Eroberern des Kolonialreiches ähnlich. Und Proust hebt die »intellektuelle Redlichkeit« dieses »Liebhabers der Erkenntnis« und Verteidigers Dreyfus' hervor. Weiter unten stellt er hellsichtig fest: »Die Dreyfus-Affäre ernährt und versorgt Frankreich. Frankreich weidet sich daran und zelebriert jeden Morgen selbstvergessen die Hochzeit des Dramas mit dem Milchkaffee.« Aber trotz ihrer Gier werden die Franzosen nie den Schlüssel des Geheimnisses in der Hand halten. Proust beschreibt in dem Kapitel »Die Wahrheit über die Dreyfus-Affäre« diese als einen äußerst komplexen Fall von Spionage und Gegenspionage, aus dem der unbestechliche Picquart nicht ohne Makel hervorgehen sollte.

In der *Recherche* dagegen konzentriert sich Proust eher auf die Reaktionen des Faubourg Saint-Germain. Die Affäre wird zu dem Katalysator, der es ihm erlaubt, den Grund der Seele einer jeden Gestalt zu analysieren. In den Häusern des adligen Faubourg werden die Ereignisse wie in einer Welt für sich erlebt. Für jene Gesellschaft war »nach der Anklage eines jüdischen Hauptmanns (gleich ob diese nun begründet war oder nicht) die ganze Armee von den Juden und – was das Maß des Entsetzlichen vollmachte – von den mit diesen verbündeten Sozialisten unter Anklage gestellt worden.«

• **Die Einstellungen der verschiedenen Personen der *Recherche* während der Dreyfus-Affäre: Der Herzog und die Herzogin von Guermantes:** Sie sind Dreyfus-Gegner, ohne Antisemiten zu sein, und sie verbreiten gern den gängigen Klatsch: »Die Schuld von Dreyfus läßt sich deshalb nicht nachweisen, weil er der Liebhaber der Frau des Kriegsministers war«, oder sie stellen sich auf einen mondänen und oberflächlichen, niemals persönlichen Standpunkt: »Wenn man Marquis de Saint-Loup heißt, ist man eben kein Dreyfusanhänger, was soll ich sagen!« Der Herzog bedauert die mißlichen Äußerungen Swanns über die Affäre.

Der Prinz und die Prinzessin von Guermantes: Anfänglich unerbittliche Antisemiten (mehr als ihre Cousins), gehen sie allmählich zur Dreyfus-Anhängerschaft über. Der Prinz, dem im Verlauf des Prozesses bestimmte Rechtswidrigkeiten aufgegangen waren (daß nämlich der »bordereau« nicht von Dreyfus stammte und daß das Dokument des Majors Henry eine Fälschung darstellte), zieht die Unschuld des Angeklagten nicht im geringsten mehr in Zweifel. Seine Frau hat ihrerseits dieselbe Entwicklung durchgemacht und dies Swann anvertraut. Dieser ist von ihrer Haltung gerührt, redet Bloch aber dennoch aus, sie die Petition zugunsten von Picquart unterzeichnen zu lassen: »Er ist ein reizender Mensch, der tausend Meilen zurückgelegt hat, um zu uns zu kommen [...]. Wenn er Ihre Liste unterschriebe, würde er sich nur ganz einfach bei seinen Leuten unmöglich machen, hätte unseretwegen Ungelegenheiten, er würde vielleicht bereuen, sich überhaupt so offen geäußert zu haben, und es nie wieder tun« (*Sodom und Gomorra*).

Der Baron de Charlus: In *Die Welt der Guermantes* teilt er dem Erzähler seinen Standpunkt mit: »Diese ganze Dreyfus-Affäre hat nur eine Schattenseite, nämlich daß sie die Ordnung der Gesellschaft auflöst [...] durch den Zustrom aller dieser Herren und Damen Kamelski, von Kamelienburg und Kamelienstein, kurz und gut, ganz unbekannter Leute, die ich neuerdings sogar bei meinen Kusinen antreffe, weil sie der ›Ligue pour la patrie française‹ angehören, die antijüdisch oder so etwas ist, ganz als ob eine politische Überzeugung die Grundlage für eine soziale Rangzugehörigkeit bieten könnte.«

Bloch: Er verkörpert die typische Haltung eines Juden und begeisterten Dreyfus-Anhängers. Er wohnt den Verhandlungen des Zola-Prozesses bei und gibt seine Empfindungen des Tages am Abend im Restaurant kund. »Bloch glaubte auf logischem Wege zu seiner Parteinahme für Dreyfus gekommen zu sein und wußte doch, daß seine Nase, sein Haar und seine Haut ihm durch seine Rasse auferlegt waren« (*Die Welt der Guermantes*).

Swann: Einer der wenigen Juden (und stolz darauf, es zu sein), die vom Faubourg Saint-Germain akzeptiert werden; trotz seines glühenden Dreyfusianismus hält er nachdrücklich an der Armee fest: während der ganzen Affäre trägt er seine Kriegsauszeichnung aus dem Krieg 1870/71. Er weigert sich, die Petition zugunsten von Picquart zu unterschreiben, denn er will auf keinen Fall in die antimilitaristische Kampagne mit hineingezogen werden. Auf Grund der Affäre sollte er es allerdings bedauern, jahrelang mit Aristokraten verkehrt zu haben. Es ist nicht einfach, die Einstellung des Erzählers zu definieren, aber im Sinne der Verteidigung einer gerechten Sache stimmt sie noch am ehesten mit der von Swann überein.

Odette: Da es ihr vor allem darauf ankommt, in die mondäne Gesellschaft eingeführt zu werden, und obwohl sie von der Unschuld des Hauptmanns Dreyfus überzeugt ist, macht sie sich die Affäre zunutze, um Beziehungen zu mehreren Personen der Aristokratie anzuknüpfen, und auf Kosten ihres Gemahls gibt sie ihre nationalistische Gesinnung kund. Swann, der sie zu Diners im Faubourg Saint-Germain begleitet, zögert nicht, ihr gegenüber laute Bemerkungen zu machen, wenn sie sich irgendeiner nationalistischen Dame vorstellen läßt: »Aber höre, Odette, du bist ja nicht bei Trost. Ich bitte dich, so gib doch endlich Ruhe. Es wäre ja wirklich zu abgeschmackt, wenn du dich Antisemiten vorstellen ließest. Ich verbiete es dir« (*Sodom und Gomorra*).

Mme Verdurin: Die hauptsächliche Parteigängerin von Dreyfus. Sie ist die Begleiterin von Mme Zola während des Prozesses ihres Gatten. Sie verlangt von allen Stammgästen ihres Salons, sich für die Revision des

Prozesses auszusprechen. Und doch gesteht sie zu Beginn der *Recherche*, sie sei Antisemitin ...

Saint-Loup: Er tritt für die Unschuld von Dreyfus ein und verkehrt mit den Dreyfus-Anhängern von Doncières, was die Wehklagen seiner Mutter, der Gräfin von Marsantes, zur Folge hat. Später erfährt man, daß diese unerbittlich verfochtene Position sich allein seiner Liebe zu Rahel, einer jüdischen Schauspielerin und früheren Prostituierten, verdankte. Nach seinem Bruch mit Rahel verleugnet er seinen Dreyfusianismus. Zu Swann sagt er: »Das Ganze ist eine schlechtgeführte Affäre, und ich bedaure, daß ich mich jemals darauf eingelassen habe. Die Sache ging mich gar nichts an. Wenn ich noch einmal vor der Frage stünde, würde ich mich gänzlich heraushalten. Ich bin Soldat und vor allem für die Armee« (*Sodom und Gomorra*).

Die Juden

Das Zentralproblem der Dreyfus-Affäre, das die ganze *Recherche* durchzieht, ist die Integration der Juden in den Faubourg Saint-Germain. Bloch, der sich einen etwas erzwungenen Zugang verschafft hat, genau wie Swann, dessen Position während der Affäre recht mißlich ist, bleiben Fremdkörper. Rahel, die ungeschminkt dargestellte Geliebte von Saint-Loup, befreit diesen nicht von den Vorurteilen seiner Kaste, sondern macht aus ihm einen Ausgeschlossenen. Als Charlus seine Ansichten über die Affäre darlegt, schneidet er eine andere brennende Frage an, den Zionismus: »Soviel ich weiß, sagen die Zeitungen, Dreyfus habe das Verbrechen des Landesverrats begangen; ich glaube wenigstens, es heißt so, ich schenke den Zeitungen keine Aufmerksamkeit. Ich lese sie, wie man sich die Hände wäscht, weil ich finde, es lohnt nicht, sich dafür zu interessieren. Auf alle Fälle ist dieser Vorwurf gegenstandslos; der Landsmann ihres Freundes hätte ein Verbrechen gegen sein Vaterland begangen, hätte er Judäa verraten; aber was hat er mit Frankreich zu tun?«

Das Mißtrauen gegenüber jener »verfluchten Rasse« ist schon in *Combray* zu spüren, wo der Großvater des Erzählers einen seiner Kameraden, Bloch, mit seinem Couplet »Archers, faites bonne garde!« [Schützen, seid auf der Hut!] empfängt. Später hält sich die Großmutter in Balbec von allen Beziehungen zu jüdischen Sommergästen fern und verkehrt nur noch mit Mme de Villeparisis. Der Erzähler macht sich die Meinung seiner Großmutter zu eigen, als er gesteht, Bloch und seiner Familie, die eine »eher pittoreske als angenehme jüdische Kolonie« darstellen, im Grand-Hôtel aus dem Weg zu gehen. Und die Töchter der anderen Gäste, »schön, stolz, spöttisch lächelnd und französisch wie die Jungfrauen an der Kathedrale von Reims, hätten sich um keinen Preis unter diese Horde schlecht erzogener Mädels mischen mögen«. In diesen Bemerkungen, die fast aus der Feder von Maurras stammen könnten, legt Proust eine nationalistische Gesinnung an den Tag. Er betont das gut »Französische« seiner eigenen Familie, die von der »Rasse von Combray« abstammt, »jener Rasse, aus der so vollkommen heile Menschen hervorgegangen sind wie meine Mutter oder meine Großmutter«, und er vergißt seine eigene jüdische Familie in Auteuil. Man findet nur einige wenige Riten, die fast zur Folklore zu rechnen sind, wie das zerbrochene Glas, das zwischen Mutter und Sohn steht und sie gleichzeitig rituell wieder verbindet, weil es an das Zerbrechen der Schale in der jüdischen Hochzeit erinnert.

Drei sehr unterschiedliche jüdische Gestalten treten in dem Werk Prousts auf. In *Jean Santeuil* **Mme Marie**: »Die bigotteste Bäuerin hätte gespürt, daß in der Seele einer solchen Jüdin ein lieblicherer Duft zu unserem Herrgott aufsteigt als von sämtlichen Christen-, Pfarrer- und Heiligenseelen.« Jeans Mutter, Mme Santeuil, macht sie zu ihrer Freundin, obwohl sie einem Milieu entstammt, »in dem man den Juden mit tiefstem Mißtrauen begegnete«. Mme Proust, das hauptsächliche Vorbild für Mme Santeuil, war Jüdin. Sie erscheint demnach zugleich unter den Zügen der Mutter des Helden und denen von Mme Marie.

In der *Recherche* stellen Bloch und Swann eine absolute Antithese dar. **Bloch** ist das satirische Abbild des karrierebesessenen und eingebildeten Juden, dem Proust vor allen Dingen die Scham über seine Religionszugehörigkeit und soziale Herkunft vorwirft. Er behauptet, sich »unter dem Mikroskop eine verschwindend geringe Menge jüdischen Blutes abzumessen«. Dieser Karikatur entspricht spiegelbildlich diejenige von Charlus, dessen überspitzte Ausfälle gegen Bloch einzig und allein die Absurdität des Antisemitismus vor Augen führen. **Swann** dagegen verkörpert den Juden, der Proust gern gewesen wäre. Allen beiden ist es gelungen, sich aus dem jüdischen Bürgertum herauszulösen und in den Faubourg Saint-Germain Eingang zu finden. Beide sind Dreyfus-Anhänger, ohne die militärischen und patriotischen Werte zu verleugnen. Ihre Zusammengehörigkeit kommt darüber hinaus in ihrem ästhetischen Empfinden und in ihren unglücklichen Liebschaften zum Ausdruck.

In der Tat schwanken Proust und der Erzähler unaufhörlich hin und her zwischen der Ehre, der israelitischen Religion anzugehören, und der Schande, von jener »verfluchten Rasse« zu sein.

Der Erste Weltkrieg 1914-1918

Die Armee: Sie nimmt in *Die wiedergefundene Zeit* einen großen Platz ein: »Der Körper Deutschland und der Körper Frankreich verhielten sich [...] wie Individuen. [...] Weil sie aber [...] riesenhafte Gruppen waren, nahm der Kampf ungeheure und großartige Formen an.«

Der bombastische Stil bleibt in der *Recherche* jedoch eine Ausnahme, und wenn der Erzähler von seiner Hochachtung für die Soldaten an der Front und von seinem Ekel vor den »Drückebergern« spricht, so tut er dies mit einem wachen Sinn für die Nuancen. Während Gestalten wie Mme Verdurin oder Charlus im Hinterland ihren Vergnügungen leben, in einer Hauptstadt, die mit Pompeji oder mit dem Paris zur Zeit des Direktoriums verglichen wird, hebt der Erzähler den Heroismus von Saint-Loup hervor, der ihm von seinen Männern erzählt: »Wenn du aber sähest, wie alle, besonders die Männer aus dem Volke, die Arbeiter, die kleinen Geschäftsleute, die gar nichts von dem Heroismus wußten, der in ihrem Innern verborgen war, und ahnungslos in ihrem Bett verstorben wären, jetzt durch den Kugelregen laufen, um einen Kameraden zu retten [...]«

Auch in *Jean Santeuil* ist Proust fasziniert von der Armee. Aber »es handelt sich nicht mehr um die Anziehung eines Ästheten durch Soldaten, welche die homosexuelle Mythologie gern zu wilden Haudegen umschafft – wie der Baron de Charlus während des Ersten Weltkrieges später der Anziehung der Soldaten auf Urlaub verfällt. Es handelt sich um eine wirkliche Devotion: Proust zögert nicht, die Militärs mit Göttern zu vergleichen, die die Kraft verkörpern, und von der Schönheit des Krieges zu schwärmen, kurz, wie ein Faschist dem ›Heroenkult‹ zu verfallen« (J. de Ricaumont, Vorwort zu J. Canavaggia, a.a.O., S. 6). Ihnen gegenüber wirken Cottard als Reserveoffizier oder die patriotischen Nachrichtenschreiber Brichot und Norpois lächerlich. Die Deutschfreundlichkeit von Charlus hebt all die Widersprüche dieses primären Nationalismus hervor. Saint-Loup, der sich zu der gefährlichsten Heeresabteilung, der Infanterie, gemeldet hat, hinterläßt den »Eindruck von etwas Übernatürlichem, das einem im Grunde alle Kriegsurlauber einflößen«. Er gehört zu jenen, die »den Gestaden des Todes entronnen sind, zu denen sie gleichwohl zurückkehren mußten«. Bevor er an die Front zurückkehrt, unterhält er sich mit dem Erzähler über »die Schönheit der in der Nacht aufsteigenden Flugzeuge«. »Und diese Sirenen, ist das nicht wirklich wie Wagner – was ja auch im übrigen sehr gut für eine Begrüßung der Deutschen paßt; das Ganze macht sich tatsächlich wie eine Nationalhymne mit dem Kronprinzen und den Prinzessinnen in der kaiserlichen Loge, wie die ›Wacht am Rhein‹. Man muß sich wirklich fragen, ob es sich um ein Aufsteigen von Fliegern oder nicht vielmehr um Walküren handelt.« Er stirbt am Ende als Held; der Krieg hat ihm seinen Adel und seine Daseinsberechtigung zurückgegeben, die an seine gesellschaftliche Klasse gebunden ist.

Der Frieden: Der Erzähler ist wenig erfreut über einen Frieden, von dem allein die Politiker profitieren: »Doch dank der charakterlosen Haltung, die vom ›Bloc national‹ ihren

Ausgang nahm, hatte man auch den letzten Abschaum der Politik wieder aufgegriffen, der immer wieder gewählt wird.« Man ist zur Ausgangsposition zurückgekehrt, zu den schmierigen politischen Intrigen von Monsieur Marie in *Jean Santeuil*, wo Marcel doch von einem »Parlament der Helden« träumt, das sich aus echten politischen Gestalten zusammensetzen würde, wie Saint-Loup es gewesen wäre ...

V
DER STIL VON MARCEL PROUST

Als 1913 *In Swanns Welt* erscheint, gerät das Buch mit seiner ungewöhnlichen Schreibweise und seinen langen, verschachtelten Sätzen in Widerstreit zu den herrschenden literarischen Vorurteilen. Zu Beginn seiner Interpretation der *Recherche* merkt Jacques de Lacretelle an: »Diese langen, labyrinthischen Sätze, die in seinem Werk die Wirklichkeit umschlingen, um alles, was in ihr beschlossen ist, zum Ausdruck zu bringen, diese Zwischensätze und Einschübe, die in seinen Briefen um den Briefpartner herum ein feines Spinnwebennetz knüpfen, das aus Komplimenten, Skrupeln, aus dem realen Bedürfnis nach Nähe und dem vorsichtigen Anliegen, sich zu entziehen, zusammengesetzt ist ...« (Vorwort von J. de Lacretelle zu: André Maurois, a.a.O., S. XII.) Der Kritiker M. F. Vandérem gibt in *Le Miroir des lettres* sogar eine Methode an, Proust zu lesen, ohne sich von seinem Stil abschrecken zu lassen: »Fangen Sie in der ersten Woche mit ungefähr zwanzig Seiten pro Tag an ... Beachten Sie im übrigen die allgemeine Regel: sich niemals zum Lesen zwingen ... Fahren Sie eine Woche lang in diesem Rhythmus fort, und vermehren Sie anschließend Ihr tägliches Lesepensum um fünf Seiten ... So erreichen Sie ... das Ende in einem relativ kurzen Zeitraum ... und Sie werden ein immer lebhafteres und intensiveres Vergnügen empfinden.« Léon Pierre-Quint berichtet gleichfalls von seinen ersten Leseversuchen mit *Swann*. Nach einem ersten Eindruck von Kompliziertheit »nahm ich den Anfang des Buches wieder auf; ich war schon an den schleifenförmigen Stil Prousts gewöhnt; er kam mir fast leicht und amüsant vor, wie die vielgezackten Schlüssel, mit denen man mühelos das schwere Schloß einer Truhe aufschließt« (L. Pierre-Quint, *Marcel Proust: sa vie, son œuvre*, Le Sagittaire, 1976, S. 75).

Schon 1928 verteidigt einer der eminentesten Kritiker Prousts, Ernst Robert Curtius, den »Stilrhythmus« der Proustschen Sätze. »Hier [...] sind Inhalt und Form zur völligen Deckung gebracht.« »Man hat Proust vorgeworfen, seine Perioden seien überladen mit Nebensätzen, beschwert mit Parenthesen, und darum unharmonisch. Aber es ist eben eine neue Harmonie, an die man sich erst gewöhnen muß. Dann wird man auch ihren besonderen Reiz empfinden. [...] Der ganze Satz schwingt sich auf, wiegt sich, senkt sich ruckweise, um mit lange aufgespeicherter Energie brutal vorzustoßen und uns ins Herz zu treffen. Und die besondere Schönheit dieses Satzes ist, daß er zugleich Bild und Spiegelbild und die Spiegelungen des Spiegelbilds gibt« (E. R. Curtius,

Marcel Proust, Frankfurt am Main 1973, S. 59 f.).

Proust selbst hat schon im Jahre 1905 diese Schreibweise gerechtfertigt: »Aber ich bin nun einmal gezwungen, diese langen Seidenfäden zu weben, so wie ich sie spinne, und wenn ich meine Sätze kürzer machte, so ergäbe das nur kleine Satzteilchen, keine Sätze« [dt. in: *BZW*, S. 117]. Er nimmt jedoch Abstand von den ermüdenden, rein abstrakten Sätzen, er wählt eine Sprache »mit weiten Schwingen, gelinde getragen von den besten Federn«, und reichert seine Sätze mit Metaphern und Bildern an. Im übrigen machen diese langen Sätze nur ein Drittel der *Recherche* aus, das heißt, sie bestimmen lediglich die analytischen Monologe des Erzählers. Proust verwendet desgleichen kurze Sätze in den tragischen oder komischen Evokationen, den Anekdoten oder den Traumberichten. Außerdem weiß er seinen Stil der Sprachform einer jeden Gestalt anzupassen und ihn je nach Umständen und Dialogsituation zu modifizieren. Charlus spricht nicht wie Jupien und nicht einmal wie Oriane, obwohl auch sie eine Guermantes ist.

Sind die Sätze lang, so sind sie gleich zweimal so lang wie der Durchschnitt. Sie stehen hierin in der Tradition des 18. Jahrhunderts und sind zugleich, indem sie durch ihre weiten Perioden den Leser in Spannung halten, den Techniken des Abenteuerromans verpflichtet. Der Schlüssel zu dem Rätsel wird – nach langem Warten – erst am Ende des Satzes gegeben. Der Stil ist selbst romanhaft auf Grund seiner überraschenden Wendungen oder durch die unerwarteten Bilder, die er enthält. Er verdankt diesen romanhaften Charakter allerdings nicht der Vielfalt des Wortschatzes (den Statistiken von Étienne Brunet zufolge ist Prousts Wortschatz weniger umfangreich als der von Giraudoux), sondern seiner spezifischen Verwendung. Proust präzisiert dies ebenfalls im Jahre 1905 in seinen Anmerkungen zu *Sésame et les Lys*: »Wir müssen die Worte zugleich als Kunstwerke betrachten, deren tiefe Bedeutung wir zu verstehen und deren glorreiche Vergangenheit wir zu respektieren haben, und als einfache Vermerke, Merkzeichen, die ihren Wert (im Verhältnis zu uns) erst durch den Platz erhalten, den wir ihnen geben.« Auf Grund ihrer ausgefeilten Architektur, ihres komplexen syntaktischen Aufbaus sind diese Sätze »ein Mikrokosmos, der den Makrokosmos des Romans widerspiegelt, denn sie erschaffen eine Welt, steigen in die unbekannten Tiefen des Menschen hinab und besingen die befreite Seele« (J.-Y. Tadié, *Proust*, Frankfurt am Main 1987, S. 147).

• **Der berühmteste Satz** ist der erste der *Recherche*: »Lange Zeit bin ich früh schlafen gegangen.« Dem Ausdruck »lange Zeit« korrespondieren die letzten drei Worte der *Recherche*: »in der Zeit«, die den Kreis beschließen. Der Satz wurde von Roland Barthes 1982 als Titel eines

Vortrages aufgegriffen, den er im Collège de France hielt.

• **Der umstrittenste Satz** steht im Kapitel »Combray« in *In Swanns Welt*: »Sie bot meinen Lippen ihre traurige, bleiche, ausdruckslose Stirn, auf der sie zu dieser Morgenstunde noch nicht die falschen Haare angebracht hatte, und auf der die Knochen [eigentlich *les vertèbres*: die Wirbel der Wirbelsäule] sich zeigten wie die scharfen Spitzen einer Dornenkrone oder die Kügelchen eines Rosenkranzes [...].«

Unter anderem dieser Satz mit seiner unklaren Metapher trug Proust im Jahre 1912 die Ablehnung der N.R.F. ein, seinen Roman zu publizieren. Gide erläuterte dies am 11. Januar 1914 in einem Brief an Proust: »Das Unglück wollte es, daß ich sofort auf die Tasse mit dem Kamillentee auf der Seite 62 stieß und dann auf der Seite 64 über den einzigen Satz des Buches stolperte, den ich mir nicht recht zu erklären weiß [...], wo von einer Stirn die Rede ist, auf der die Wirbel hervortreten.« (Seine Seitenangaben entsprechen der Ausgabe im Verlag Grasset aus dem Jahr 1913.) Generationen von Lesern und Herausgebern haben sich in der Folge an diesem Satz gestoßen, für den Philip Kolb in »Une énigmatique métaphore de Proust« [Eine rätselhafte Metapher Prousts] (erschienen in : *Europe*, »Centenaire de Marcel Proust«, August - September 1970, S. 141-151) eine Erklärung zu geben versucht.

• **Der längste Satz** der *Recherche* findet sich in *Die Gefangene* [in der deutschen Fassung durch einen Punkt verkürzt]:

»Ein aus Träumen entstiegenes Kanapee zwischen neuen, sehr wirklichen Sesseln, kleine mit rosa Seide bezogene Stühle, eine durchwirkte Tischdecke auf dem Spieltisch, die zur Würde einer Person erhoben schien, denn wie eine Person besaß sie eine Vergangenheit, ein Gedächtnis, behielt sie doch im kalten Dunkel des Salons am Quai Conti jene Bräunung bei, welche die durch die Fenster der Rue Montalivet einfallende Sonnenstrahlung (deren genaue Stunde die Decke genauso gut kannte wie Madame Verdurin selbst) bewirkt hatte, sowie die, die durch die Glasfenster der Gegend bei Doville sich ergoß – wohin man jenes Requisit mitgenommen und wo es den ganzen Tag über den Blumengarten hinweg das tiefe Tal überschaut hatte in Erwartung der Stunden, da Cottard und der Geiger ihre Kartenpartie absolvieren würden –, oder auch ein Strauß aus Veilchen und Stiefmütterchen in Pastell, Geschenk eines befreundeten großen Künstlers, der seither verstorben war, einziges hinterbliebenes Fragment eines Lebens, das sonst keine Spuren hinterlassen hatte; jetzt sprach nur dieses Bild noch – in ganz summarischen Zügen – von einem großen Talent und von einer langen Freundschaft, als einziges Überbleibsel erinnerte es noch an Elstirs sanften Blick, an die schöne, füllige und traurige Hand, mit der er immer gemalt hatte; ein gefälliges Durcheinander, eine Wirrnis aus Geschenken der Getreuen, die der Hausherrin überallhin gefolgt waren und schließlich die feste Prägung eines Charakterzuges, einer Schicksalslinie angenommen hatten, eine Fülle von Blumensträußen und Pralinenschachteln, die hier wie dort in einer ganz gleichen Art von üppigem Wachstum wuchernd sich entfalteten; eine merkwürdige Einsprengung aus sonderbaren und überflüssigen Objekten, jenen Dingen, die noch aussehen, als kommen sie eben erst aus der Verpackung hervor, in der sie als Geschenk überreicht worden sind, und die das ganze Leben hindurch bleiben, was sie zunächst gewesen sind, nämlich Geschenke zum 1. Januar; alle jene Gegenstände endlich, die man von den anderen nicht hätte trennen können, die aber für Brichot, den alten Besucher der Verdurinschen Feste, eine Patina und Weichheit bekommen hatten, wie sie Dingen eigen sind, denen ein geistiges Abbild ihrer selbst in unserem Inneren eine Art von Tiefe hinzuzufügen scheint – alles dies ließ perlend in ihm jeweils Töne erwachen, welche in seinem Herzen geliebte Anklänge weckten: verworrene Erinnerungen, die gerade hier in diesem ganz und gar die Gegenwart verkörpernden Salon, in dem sie vereinzelte Lichtblicke schufen – so wie an einem schönen Tage die Sonne im Viereck geradezu in die Atmosphäre eines Raums hineingezeichnet –, die Möbel und Teppiche gleichsam ausschnitten und mit einer Rahmenlinie umzogen, wobei sie von einem Kissen zu einer Blumenvase, einem Hocker zu einem noch lose anhaftenden Duft, einer Beleuchtungsart zu einem Vorherrschen bestimmter Farben hinübereilten und in plastischer und gleichzeitig beseelter Gestalt eine Form vor Augen rückten, welche gleichsam die ideale, allen aufeinanderfolgenden Heimen anhaftende Urgestalt des Salons der Verdurin war.«

Einige Zitate von Proust

Alter: »Es ist mit dem Alter wie mit dem Tod. Manche treten ihnen gleichgültig entgegen, nicht etwa weil sie mehr Mut, sondern weil sie weniger Phantasie haben als die anderen« (*Die wiedergefundene Zeit*).

Begehren: »Durch das Begehren erblüht, durch das Besitzen verwelkt alles« (*Freuden und Tage*).

Begriffe: »Ein jeder nennt klare Begriffe eben die, welche den gleichen Grad von Verwirrung aufweisen wie seine eigenen« (*Im Schatten junger Mädchenblüte*).

Bücher: »Ein Buch ist ein großer Friedhof, in dem auf den meisten Grabsteinen die Namen unleserlich geworden sind« (*Die wiedergefundene Zeit*).

»Die wahren Bücher dürfen nicht die Kinder des hellen Tages und der

Plauderei sein, sondern der Dunkelheit und des Schweigens« (*Die wiedergefundene Zeit*).

Diät: »Es gibt nur eins, was noch schwerer ist, als eine strikte Diät einzuhalten: sie den anderen nicht aufzuerlegen« (*Sodom und Gomorra*).

Eifersucht: »Es ist erstaunlich zu sehen, daß die Eifersucht, die ihre Zeit darauf verwendet, kleine, in die Irre führende Vermutungen aufzustellen, so wenig Phantasie hat, wenn es darum geht, die Wahrheit zu entdekken« (*Die Entflohene*).

»Man ist immer nur auf sich selbst eifersüchtig« (*Die Gefangene*).

Erinnerung: »Der beste Teil unserer Erinnerung ist außerhalb von uns, in einem regnerischen, lauen Wind, in dem muffigen Geruch eines Zimmers oder in dem Geruch eines ersten Kaminfeuers« (*Im Schatten junger Mädchenblüte*).

Frauen: »Überlassen wir die schönen Frauen den Männern ohne Phantasie« (*Jean Santeuil*).

Gewohnheit: »Die Gewohnheit ist eine zweite Natur; sie hält uns davon ab, die erste zu erfahren, mit der sie weder die Grausamkeiten gemein hat noch die Wonnen« (*Sodom und Gomorra*).

Glück: »Was für uns das Glück oder das Unglück unseres Lebens ausmacht, ist für jeden anderen eine fast nicht wahrzunehmende, unscheinbare Begebenheit« (*Jean Santeuil*).

»Das Glück ist heilsam für den Körper, aber es ist der Kummer, der die Fähigkeiten des Geistes ausbildet« (*Die wiedergefundene Zeit*).

Gott: »Wie schön auch die vorüberschwebende Monstranz sei, erst in dem Augenblick, in dem man die Augen schließt, verspürt man die Gegenwart Gottes« (*Jean Santeuil*).

Grausamkeit: »Diese Gleichgültigkeit gegenüber den Leiden, die man verursacht, und die, mit wie vielen Namen man sie auch ausstatten mag, die fürchterliche und stete Norm der Grausamkeit ist« (*In Swanns Welt*).

Hoffnung: »Die Hoffnung ist eine Tat des Glaubens« (*Freuden und Tage*).

Homosexualität: »Es gab keine Anormalen, als die Homosexualität die Norm darstellte« (*Sodom und Gomorra*).

Jugend: »Die Jugend ist das einzige Alter, in dem man etwas gelernt hat« (*Im Schatten junger Mädchenblüte*).

Leben: »Es ist besser, sein Leben zu träumen, als es zu leben, obwohl es zu leben auch heißt, es zu träumen« (*Freuden und Tage*).

Liebe: »Einen Liebenden macht es weniger glücklich, mit Stendhal über die Liebe zu plaudern als mit seinem Wasserträger von seiner Geliebten« (*Jean Santeuil*).

»Die so ungerechtfertigt in Verruf gebrachte körperliche Liebe zwingt einen jeden so restlos dazu, auch noch die kleinsten Spuren von Güte und Selbsthingabe, die er besitzt, zum Ausdruck zu bringen, daß ihre Ausstrahlung auch der unmittelbaren Umgebung nicht verborgen bleibt« (*In Swanns Welt*).

»Man liebt niemanden sonst mehr, sobald man liebt« (*In Swanns Welt*).

»Sie [Tante Léonie] liebte uns wirklich und wahrhaftig, es hätte ihr Genuß bereitet, uns innig zu beweinen« (*In Swanns Welt*).

»Noch die ausschließlichste Liebe, die man für jemand empfindet, ist immer die Liebe von etwas anderem« (*Im Schatten junger Mädchenblüte*).

»Die Liebe bewirkt immer [...] wirkliche geologische Umschichtungen des Denkens« (*Sodom und Gomorra*).

»Die Liebe ist dem Herzen fühlbar gewordener Raum und Zeit« (*Die Gefangene*).

»In der Liebe ist es leichter, auf ein Gefühl zu verzichten, als eine Gewohnheit aufzugeben« (*Die Gefangene*).

»In der Liebe spricht man zu Unrecht davon, daß man eine schlechte Wahl getroffen habe, denn sobald es eine Wahl gibt, kann diese nur schlecht sein« (*Die Entflohene*).

»Lieben ist wie ein böser Zauberspruch aus einem Märchen, und man vermag nichts gegen ihn, bis der Zauber erloschen ist« (*Die wiedergefundene Zeit*).

Lust: »Nichts ist beschränkter als die Lust und das Laster« (*Die wiedergefundene Zeit*).

Meinung: »Ein elegantes Milieu ist dasjenige, in dem die Meinung eines jeden einzelnen sich aus der Meinung aller anderen zusammensetzt. Besteht sie aber aus dem Gegenteil der Meinung der anderen, so handelt es sich um ein literarisches Milieu« (*Freuden und Tage*).

Moral: »Man wird moralisch, sobald man unglücklich ist« (*Im Schatten junger Mädchenblüte*).

Musik: »Die Musik ist vielleicht das einzige Beispiel dafür, wie die Gemeinschaft der Seelen hätte aussehen können – wenn die Erfindung der Sprache, die Bildung der Wörter, die Analyse der Begriffe nicht erfolgt wären« (*Die Gefangene*).

Opfer: »Man liebt es, die anderen zu seinen Opfern zu machen, aber ohne sich recht eigentlich ins Unrecht zu setzen: man läßt sie am Leben« (*Die wiedergefundene Zeit*).

Paradies: »Die wahren Paradiese sind die Paradiese, die man verloren hat« (*Die wiedergefundene Zeit*).

Paradoxe: »Die Paradoxe von heute sind die Vorurteile von morgen« (*Freuden und Tage*).

Persönlichkeit: »Wenn ein anderer mir ähnlich ist, so heißt es doch, daß ich jemand gewesen bin« (*Jean Santeuil*).

»Unsere gesellschaftliche Identität ist eine Schöpfung der Gedanken der anderen« (*In Swanns Welt*).

Realität: »Um die Realität erträglich zu machen, sind wir alle dazu genötigt, in uns ein paar kleine Verrücktheiten zu unterhalten« (*Im Schatten junger Mädchenblüte*).

»Die Realität bildet sich erst in der Erinnerung; die Blumen, die man mir heute zum ersten Mal zeigt, wollen mir keine richtigen Blumen scheinen« (*In Swanns Welt*).

Schmeichelei: »Schmeichelei ist bisweilen nichts als überfließende Zärtlichkeit, und Freimut der Geifer der üblen Laune« (*Freuden und Tage*).

Schönheit: »Die wahre Schönheit ist so eigen, so neu, daß man sie nicht als Schönheit erkennt« (*Die Welt der Guermantes*).

Schreiben: »Es fruchtet genausowenig, eigens für das Volk zu schreiben als für die Kinder. Es ist irrig zu glauben, ein Kind könne etwas anfangen mit einem Buch voller Kindereien« (*Gegen Sainte-Beuve*).

Sommer: »Den Sommer erkennt man nicht weniger an seinen Fliegen und Schnaken als an seinen Rosen und sternklaren Nächten« (*Jean Santeuil*).

Sorgen: »Es gibt Momente, in denen aus der Vielfalt der Sorgen, die uns bedrängen, eine Art von Schönheit entsteht« (*Die Entflohene*).

Souvenir: »Wir suchen in den Dingen – die uns eben dadurch teuer geworden sind – den Widerschein zu entdecken, den unsere Seele auf sie geworfen hat« (*Im Schatten junger Mädchenblüte*).

Stil: »Der Stil ist für den Schriftsteller genau wie für den Maler keine Frage der Technik, sondern der Sehweise. Er ist die Offenbarung des qualitativen Unterschiedes in der Art, wie uns die Welt erscheint« (*Die wiedergefundene Zeit*).

Stille: »Die wahre Kunst hat mit all diesen Proklamationen nichts zu tun, sie entsteht in der Stille« (*Die wiedergefundene Zeit*).

Theorien: »Ein Kunstwerk, das Theorien enthält, ist wie ein Gegenstand, von dem man das Preisschild nicht abgenommen hat« (*Die wiedergefundene Zeit*).

Überzeugungen: »Die Tatsachen haben keinen Zugang zu der Welt, in der unsere Überzeugungen leben« (*In Swanns Welt*).

Verbrechen: »Man vergibt wohl die individuellen Verbrechen, aber nicht die Beteiligung an einem kollektiven Verbrechen« (*Die Welt der Guermantes*).

Vergangenheit: »Genau wie die Zukunft genießt man die Vergangenheit nicht auf einmal, sondern tropfenweise« (*Die Entflohene*).

Weisheit: »Man empfängt die Weisheit nicht, man muß sie selbst entdecken, auf einem Weg, den niemand für uns gehen, niemand uns ersparen kann« (*Im Schatten junger Mädchenblüte*).

Zeit: »In der Theorie weiß man, daß die Erde sich dreht, aber in Wirklichkeit merkt man es nicht; der Boden, auf dem wir wandeln, scheint sich nicht zu bewegen, und man lebt in aller Ruhe. Nicht anders ist es im Leben mit der Zeit« (*Im Schatten junger Mädchenblüte*).

»Die Romanautoren sind einfältige Menschen, die in Tagen und Jahren rechnen. Die Tage mögen vielleicht gleich sein für eine Uhr, aber doch nicht für einen Menschen. Es gibt steile und unangenehme Tage, die zu erklimmen man unendlich lange Zeit braucht, und abschüssige Tage, die man wie der Wind singend hinunterjagen kann« (*Chroniken*: *Osterferien*).

Zukunft: »Was wir unsere Zukunft nennen, ist der Schatten von sich selbst, den unsere Vergangenheit vor sich hin wirft« (*Im Schatten junger Mädchenblüte*).

»Manchmal wohnt die Zukunft in uns, ohne daß wir es ahnen, und unsere Worte, die zu lügen glauben, umreißen doch eine unmittelbar bevorstehende Wirklichkeit« (*Sodom und Gomorra*).

VI
KRITIKEN

DIE PRESSE

Freuden und Tage (erschienen am 12. Juni 1896): Mit Ausnahme von einigen wenigen günstigen Besprechungen fand das Buch keine positive Aufnahme, und das Erscheinen dieser Luxusausgabe (illustriert mit den Aquarellen von Madeleine Lemaire) blieb fast unbemerkt. Man glaubte bei Proust eine Verwandtschaft mit Anatole France zu erkennen. Dieser hatte das Vorwort, und damit die erste bedeutende dem Proustschen Werk gewidmete Kritik, geschrieben. Sie hob seine »schmiegsame, durchdringende und wahrhaft subtile Intelligenz« und seine »wunderbare Beobachtungsgabe« hervor.

Die Zahl der Besprechungen blieb sehr begrenzt: eine erschien im *Figaro* am 9. Juni 1896, eine in *Le Gaulois* vom 12. Juni und eine in *Le Temps*. Durch seine längeren und schärfer formulierten Sätze brach Proust bereits mit dem Stil der *Revue blanche*; es waren seine Fingerübungen zur *Recherche*. Seine ehemaligen Mitschüler vom Lycée Condorcet warfen ihm jedoch Dilettantismus und Mondänität vor. So etwa Léon Blum in *La Revue blanche* vom 1. Juli und Fernand Gregh in *La Revue de Paris* vom 15. Juli. Allein Charles Maurras sah Proust bereits als einen Klassiker an und betonte in der *Revue encyclopédique* vom 12. August die Reinheit seines Stiles. Im darauffolgenden Jahr veröffentlichte Jean Lorrain in *Le Journal* vom 3. Februar eine ironische Besprechung: der Anlaß zu seinem Duell mit Proust drei Tage später. 1898 wurde dieser Band erfolglos für einen Akademiepreis nominiert.

Die Bibel von Amiens (Übersetzung, erschienen 1904) und **Sesam und die Lilien** (Übersetzung, erschienen 1906): Die Übersetzungen, die Marcel Proust von diesen beiden Büchern John Ruskins anfertigte, fanden eine wenig begeisterte Aufnahme. Die einzigen, von denen sie erwähnt wurden, sind Bergson (vielleicht wegen seiner familiären Bande zu Proust), Albert Sorel (sein ehemaliger Lehrer) und der Kritiker André Beaunier im *Figaro*. 1987, anläßlich der Neuherausgabe von *Die Bibel von Amiens* (Verlag Christian Bourgois, Collection »10/18«), schrieb Alain Bosquet in *Le Figaro*: »Es ist gewissermaßen eine Geschichtsvorlesung, genau und rauschhaft visionär zugleich. Hinzu kommt ein Traktat über die Architektur, das nicht weniger einleuchtend und kraftvoll ist. Manchmal verwandelt sich der Text in eine Liebeserklärung an Frankreich und an die Kathedrale von Amiens. [...] Ruskins Englisch ist majestätisch und herb, unbeirrt und herzzerreißend, feierlich und voll biblischen Zorns. Ohne je die kleinste Silbe zu verfälschen, hat Proust daraus eine melodische Prosa mit all ihren Verlockungen, stillschweigenden Anspielungen, Liebkosungen und kleinsten Feinheiten gemacht.«

In Swanns Welt (erschienen am 14. November 1913): Im *Excelsior* vom 23. November 1913 vergleicht Jean Cocteau das Buch mit »einer gigantischen Miniatur, voller Luftspiegelungen, hängender Gärten, wechselseitiger Spiele von Raum und Zeit, breiter Pinselstriche nach der Art von Manet«. In seinem Artikel in *Le Figaro* vom 27. sieht Lucien Daudet in *Swann* mit seinem »durch unmerkliche Komplexität einfachen« Stil ein Meisterwerk. Paul Souday, der ihm am 10. Dezember ein ganzes Feuilleton in *Le Temps* widmet, macht trotz seiner halben Kritik die meiste Werbung für ihn. Er unterstreicht die zahlreichen »Unrichtigkeiten« und wirft der *Liebe von Swann* »Naivität« vor, gesteht ihr jedoch zugleich »kostbare Elemente« zu, »aus denen der Autor ein köstliches kleines Buch hätte bilden können«. Pierrefeu bemängelt in *L'Opinion*, es würde »der Analyse widerstehen«; *Le Journal des débats* findet das Buch »zu dicht verwachsen«, und Maury behauptet, Proust schreibe schlechten Bourget. Rachilde in *Le Mercure de France* (15. Januar 1914) schreibt: »Ich habe das Buch mit Begeisterung angefangen und dann entsetzt fallengelassen, wie man sich eines Schlafmittels entschlagen würde.« Proust rechtfertigt sich in seinem Briefwechsel, und Blanche tritt in *L'Écho de Paris* vom 15. April 1914 diesen Kritiken entgegen. Maurice Rostand widmet *Swann* einen rühmenden Artikel in *Comœdia*. Louis de Robert und Bernard Grasset beabsichtigen schon bald, das Buch für den Prix Goncourt anzumelden.

Im Schatten junger Mädchenblüte (erschienen am 27. Juni 1919): Noch vor dem Prix Goncourt erhält der Band einige wenige positive Kritiken. Sie stammen von Abel Hermant, Binet-Vilmer und von Vandérem. Marbo dagegen spricht von einem »Chaos« und Billy von »Geschwätz«. Der Prix Goncourt, den er dank der Vermittlung von Léon Daudet erhält, erscheint der Linkspresse als eine Provokation. *L'Humanité* vom 11. Dezember 1919 wirft Proust sein Alter vor: »Platz für die Alten!« *L'Œuvre* und *Le Populaire* beschuldigen ihn, Beziehungen zur Jury gehabt zu haben. In *Littérature* schreibt Aragon: »Wer hätte je geglaubt, daß ein fleißiger Snob so einträgliche Berichte schreiben würde.« Paul Souday in *Le Temps* übernimmt jedoch Prousts Verteidigung, desgleichen zwei der Akademiemitglieder, die für ihn gestimmt haben. Rosny sen. wirft der Presse vor, *Mädchenblüte* überhaupt nicht gelesen zu haben, und Léon Daudet rühmt diesen »neuen und kraftvollen Romancier«. In der *Nouvelle Revue Française* (1. Januar

1920) verurteilt Jacques Rivière mit aller Schärfe jene »Tagespresse, die allzu oft von Erwägungen bestimmt ist, die mit Literatur wenig zu tun haben«. Ihm zufolge erneuert Proust »alle Methoden des psychologischen Romans«. Die Legende von einem kränklichen und langweiligen Proust ist im Entstehen begriffen. Im Februar setzt sich Rivière noch einmal in seinem Aufsatz »Marcel Proust und die klassische Tradition« für ihn ein.

Nachgeahmtes und Vermischtes (erschienen am 27. Juni 1919): Zur selben Zeit veröffentlicht wie *Mädchenblüte*, wird das Buch lobend in *Le Figaro* und in *Le Gaulois* besprochen. In *Littérature* vom Oktober 1919 zögert Philippe Soupault jedoch nicht zu schreiben: »Man wundert sich schließlich darüber [...], bei einem Autor, der so viel Talent gezeigt hat, so wenig Genie zu finden.«

Die Welt der Guermantes (erschienen am 21. Oktober 1920): Die Kritiken sind diesmal im allgemeinen günstig. Boulenger allerdings bezichtigt Proust in *L'Opinion* erneut des Snobismus, und Souday, in *Le Temps* vom 4. November 1920, kränkt ihn, indem er ihn als »feminin« bezeichnet.

Sodom und Gomorra I (erschienen am 2. Mai 1921): Sein Gegenstand gerät im Jahre 1921 mit der Moral in Konflikt und schockiert einige Homosexuelle; Gide etwa sieht darin lediglich ein eingeschwärztes Bild der Invertierten. André Germain (der Schwager der Daudet) läßt seiner Wut in den *Écrits nouveaux* freien Lauf und bezeichnet Proust als »ein ältliches Fräulein, Erzieherin bei unendlich feinen Leuten, die es zur Geliebten eines Kammerdieners gebracht hat«. Mit dem (später oft wieder vorgebrachten) Argument, Proust sei im Grunde ein »Moralist«, übernehmen Edmond Jaloux und André Allard in der *Nouvelle Revue Française* dagegen seine Verteidigung.

Sodom und Gomorra II (erschienen am 2. Mai 1922): Jacques Rivière hat den Sieg davongetragen. Proust wird als Klassiker anerkannt. Paul Souday würdigt das Buch und findet den Gegenstand »eher unnütz als wirklich skandalös«. In der *Nouvelle Revue Française* diskutiert Allard immer noch über den Moralismus Prousts, und Vettard vergleicht ihn mit Einstein.

Die Gefangene (erschienen 1923): Die Artikel von Sorel, Henriot, Lalou, Lanson, Bounoure und Mauriac sind diesmal einstimmig lobend. Die ehemaligen Verleumder geben der Mode nach – auch wenn sie später, sobald der Wind sich gedreht hat, ihre vorherigen Ansichten wieder herauskehren. Dies ist beim nächsten Band der Fall.

Die verschwundene Albertine (= Die Entflohene) (erschienen Anfang Januar 1926): In *L'Information* prangern Marius und Ary Leblond die »morbide Psychologie« Prousts an. Gonzague Truc spricht von einem »kleinlichen Universum«, und Léon Daudet hält ihm sein »falsches Bild vom Leben« vor. Edmond Jaloux allerdings setzt sich weiter für ihn ein und vergleicht ihn mit Freud und Saint-Simon. Mauriac seinerseits findet das Werk »bewundernswert«.

Pierre Loewel schreibt in *L'Avenir*: »Der Roman, den Proust vor seinem Tod nicht mehr überarbeiten konnte, enthält Wiederholungen und Mißgriffe in den Details.«

Paul Souday in *Le Temps* (28. Januar) ist nicht weniger streng. Er betont, wie Kemp oder Benoist-Méchin, den »fortschreitenden Niedergang« Prousts: »Der Romanheld ist ein Gauch, der trotz all seiner Theorien nicht dazu imstande war, die Flucht Albertines vorherzusehen. Und der Autor verwendet, ohne sie zu zitieren, die bis ins Komische übersteigerten Theorien von Taine und Ribot, literarische Gemeinplätze (den *See*, die *Erinnerung*, die *Traurigkeit Olympios*, die Stendhalsche Kristallisierung), und Schopenhauer.«

Benjamin Crémieux in der *Nouvelle Revue Française* (1. Februar) betont den authentischen Dokumentarcharakter: »*Die verschwundene Albertine* ›ist nichts weiter als ein Entwurf‹, mit dem sich nur die ›überzeugten Proustianer‹ befassen werden. In der vorliegenden Form ist dieser ›erste Entwurf‹ ein einzigartiges Dokument, das es erlaubt, den künstlerischen Mechanismus bei Proust zu verstehen.«

Armand Pierhal in *La Revue nouvelle* (15. Februar) schreibt: »Im ersten Band ist die Analyse der Erinnerung und des Vergessens bemerkenswert. Es besteht eine Analogie zu manchen Chorälen von Bach oder zu der leitmotivischen Konstruktion Wagners: die Leitmotive sind hier ›aus den sprachlichen Eigenarten und Angewohnheiten einer jeden Romangestalt zusammengesetzte Tiraden‹, welche die Auftritte begleiten.«

Camille Mauclair in der *Dépêche* (Toulouse, 19. Februar) faßt Gide und Proust in einer gemeinsamen Anschuldigung zusammen und behauptet, sie würden »die Seele der anderen verderben«: »Proust und Gide sind von der sexuellen Inversion besessen. Es ist eine ungerechtfertigte Übertreibung, nach seinem Tod das Genie Prousts heiligzusprechen.«

Die wiedergefundene Zeit (1927): In *Le Temps* vom 25. Oktober beklagt Henriot das »Skizzenhafte« daran und Souday die »Fehler« und die fehlende »Überzeugungskraft« Prousts in den Abschnitten über den Krieg. Am 10. Dezember hebt Jaloux dagegen die zyklische Struktur der *Recherche* hervor: »Die wahre Größe des Werks von Marcel Proust geht uns erst heute auf [...]. Es wird noch Jahre brauchen, bis seine innere Schönheit gänzlich offenbar geworden sein wird.«

STANDORT DER INTELLEKTUELLEN

In der Zeit zwischen den beiden Weltkriegen stellten sich die Surrealisten entschieden gegen das Proustsche Œuvre. Im März 1921 erteilte die Zeitschrift *Littérature* ihm Noten: Aragon gab ihm 0 von 20 möglichen Punkten, Breton 6 und Éluard 8. Das erste »Manifest des Surrealismus« faßte Proust und Barrès in einem einzigen Vorwurf der »Analyse« zusammen. Die engagierte Literatur der Jahre 1930 bis 1950 hielt ihm vor, er habe die entscheidenden Fragen seiner Zeit unbeachtet gelassen. Die Zeitschriften der Linken wie *Europe* sahen ihn 1935 »außerhalb der Gesellschaft«, und am 12. März 1937 verkündete *Vendredi*: »Proust ist tot, mausetot, so fern von uns, wie man es überhaupt nur sein kann [...].«

Jacques-Émile Blanche verleugnete ihn in *Les Nouvelles littéraires* vom 21. Juli 1928 und hob nur noch auf seine »Grausamkeit« und seinen »Zynismus« ab. Daniel-Rops in *La Revue nouvelle* vom April 1931 geißelte seine »recht schmutzige Seele«. Die offiziellen Kritiker wie Billy oder Lalou teilten die Ansichten ihrer Zeit. *Le Divan* behauptete im März 1935, Proust sei »vergessen«, und der *Mercure de France* war der Ansicht, daß »die Religion [...] ein Götzenbild anbetete«.

1947 beschuldigte ihn Jean-Paul Sartre in *Les Temps modernes* der Komplizenschaft mit der Reaktion. 1949 schrieb Gaëtan Picon (der in der Folge seine Meinung änderte) in seinem *Panorama de la nouvelle littérature française*: »Wenn ich Proust nicht erwähne, so bedeutet das nicht, daß ich nichts von ihm wissen will oder daß ich ihm feindlich gesonnen bin: aber sein Werk ist uns fern gerückt, nicht allein auf Grund seiner Entstehungszeit, sondern durch seine Wesensart.«

Bis zu den fünfziger Jahren zeigte die Kritik demnach kein Interesse mehr an seinem Werk. Ausschlaggebend für eine Art von Rehabilitierung, die zugleich von dem aufkommenden Nouveau Roman gefördert wurde, waren dann drei Ereignisse: das Erscheinen von *À la recherche de Marcel Proust* (*Auf den Spuren von Marcel Proust*) von André Maurois (1949); die Veröffentlichung von *Jean Santeuil* (1952) und von *Gegen Sainte-Beuve* (1954). Dem Wechsel der Moden folgend, pries die Kritik nun wieder, was sie zuvor verdammt hatte. Der Proust-Biographie von George D. Painter (von Georges Cattaui und R.-P. Vial ins Französische übertragen und 1963 und 1966 in zwei Bänden bei Mercure de France erschienen [dt. 1962 und 1968]) war ein gewaltiger Erfolg beschieden – obwohl dieser von den Proustianern in Frage gestellt wurde, die nicht den bemerkenswerten Aufwand der Synthese beim Zusammentragen der Unterlagen bestritten, sondern einige auf den Erzählinhalten der *Recherche* beruhende Interpretationen des Charakters und des Verhaltens von Proust selbst.

Im Jahre 1971, dem hundertsten

Jahrestag von Prousts Geburt, zählte man mehr als 600 Veröffentlichungen über den Schriftsteller und sein Werk. Der Strom der Veröffentlichungen über Proust reißt nicht mehr ab.

BEURTEILUNGEN UND ZITATE ÜBER PROUST

☛ Hunderte von Schriftstellern haben sich über Proust geäußert. Wir geben hier nur eine begrenzte Anzahl wieder.

Barrès, Maurice: »Er maß dem Salonleben, den persönlichen Beziehungen, dem Briefwechsel eine Bedeutung bei, die ich als vollkommen unvernünftig erachtete. Ach Proust, freundlicher Gefährte, was waren Sie für ein Phänomen! Und wie leichtfertig ich Sie beurteilte! [...] Er ist der französische Meredith geworden und Gegenstand einer glühenden Verehrung.«

Benoist-Méchin, Jacques: »Seine sehr breite Bildung und Kultur, seine stets wache Intelligenz und die fast taktile Qualität seines Empfindens machten es ihm möglich, eine Menge von psychologischen Notierungen zu registrieren und sein Interesse den unterschiedlichsten Aspekten des Lebens zuzuwenden. Er hat mit außergewöhnlichem Eklektismus ›seine Zeit vertan‹. Tag für Tag häufte er in seinem Gedächtnis eine Vielzahl von Beobachtungen an, die er anschließend nur noch in seinem Inneren ›wiederzufinden‹ brauchte. Er hat nicht allein seine Bücher mit einer Unzahl von Gestalten bevölkert, sondern er hat darin auch seine Auffassung von fast allen Künsten – Literatur, dramatische Kunst, Musik, Malerei, Architektur, ja sogar Strategie – niedergelegt, ohne je den Eindruck zu vermitteln, er habe es auf das Verfassen von ›Bravourstücken‹ angelegt.«

Bibesco, Marthe: »Proust hat ein Leben gelebt, das nichts als Liebe war, Leidenschaft und Entsagung. Seine Sprache ist die der Mystiker.«

Cattaui, Georges: »Jede Seite von Proust ist an einen jeden von uns gerichtet, und immer auf unserer eigenen Ebene. [...] Bei seiner Lektüre werden wir zu Lesern unser selbst.«

Claudel, Paul (in bezug auf *In Swanns Welt*): »Ein Volk von Müßiggängern und Lakaien [...] Immerhin gab es im Laufe dieser rühmlichen Jahre anderes [...] als das Geschwätz von Mme Verdurin und die Liebschaften von Monsieur de Charlus.«

Crémieux, Benjamin: »Marcel Proust ist der erste Schriftsteller, der die Erinnerung zur Grundlage, zum Gegenstand und zum Mittelpunkt eines großen Werkes gemacht hat.«

Curtius, Ernst Robert: »Er übertrifft Flaubert an Intelligenz, genau wie er Balzac an literarischen Qualitäten und Stendhal durch sein Verständnis des Lebens und der Schönheit übertrifft. [...] Er hat den Bereich der menschlichen Seele erweitert, er hat unser aller Leben schöner gemacht.«

Daudet, Léon: »Marcel Proust hatte alle Wesenselemente eines verwöhnten Kindes, und nach seinem dreißigsten Lebensjahr eines gealterten verwöhnten Kindes in sich: und doch ist er nie eins gewesen, denn sein Genie löste nach und nach all diese Elemente auf – sein Genie, seine persönliche Würde und zudem sein Sinn für das Lächerliche.«

Daudet, Lucien: »Aus dem *Gotha* suchte er sich die schönen Vornamen von einigen seiner Gestalten heraus, aber vor allen Dingen entdeckte er darin Bezüge und Verästelungen, die ihn bezauberten. Desgleichen interessierten ihn manche Anzeigen, als wären es Romane auf nur einer Seite; sie interessierten ihn wegen der Definition, die die daraufstehenden Namen von einer Familie gaben, wegen der Geschichten, die sie erzählten, denn sie führten manchmal die entferntesten Milieus zusammen und stellten die unerwartetsten Verbindungen her. Erfuhr er, daß jemand zu seinen Bekannten und Verwandten einen Bischof, einen Herzog oder einen ehemaligen Präsidenten der Republik zählte, so empfand er ein Vergnügen, das er selbst als balzacianisch bezeichnete und das man jetzt zu Recht auch proustisch nennen dürfte. Trat in einem Salon eine neue Person auf, so interessierte ihn das in höchstem Grade, sowohl wegen des Individuums als auch wegen des ›gesellschaftlichen Horizonts‹, der auf diese Weise hinzutrat und in dem Salon eine neue chemische Reaktion hervorrufen würde. Der gesellschaftliche Sinn war für ihn, was für bestimmte Vögel der Orientierungssinn ist. [...] Er ordnete die Menschen nach Gruppen und Familien ein, mit dem Fingerspitzengefühl und der Gewissenhaftigkeit eines Wissenschaftlers, als hätte er mit Pinzette und Lupe gearbeitet und einen jeden an den ihm zukommenden Platz gesetzt, wobei er sich um einen möglichen Irrtum sorgte und, wenn nötig, eine schon getätigte Klassifizierung wieder abänderte. [...] Für viele Leute sind die Herzogin von Guermantes, Mme de Saint-Euverte oder Mme de Cambremer drei ›Frauen der guten Gesellschaft‹, die sich lediglich in ihrer Generationszugehörigkeit unterscheiden. Für Marcel Proust waren sie drei Persönlichkeiten, die genausowenig miteinander zu tun hatten wie die Sphinx, der Nachtfalter und der weiße Schmetterling, und in seiner Transposition werden sie zu drei gesellschaftlichen Beispielen, die untereinander nichts gemein haben.«

Du Bos, Charles: »Sein Werk gehört zum Bedeutendsten der französischen Literatur seit langem.«

Gautier-Vignal, Louis: »Proust besaß alle Gaben des Geistes: Intelligenz, Urteilskraft, Intuition, Gedächtnis, Vorstellungskraft, dichterischen Sinn, Sensibilität. Und man muß diesen Gaben noch den Sinn für das Komische hinzufügen. Seine hauptsächlichen Fähigkeiten waren ohne Zweifel das Gedächtnis und die Vorstellungskraft.«

Gide, André: »Wenn ich jetzt darüber nachdenke, was ich an diesem Werk am meisten bewundere, dann glaube ich, ist es seine Zwecklosigkeit. Ich kenne keines, das nutzloser, das weniger auf Beweise aus wäre.«

Jaloux, Edmond: »Der Mann, den wir jetzt am meisten bewundern, der Psychologe, der Erforscher des Unbewußten, wird er weiter, wie er es heute tut, über alle anderen den Sieg davontragen? Es ist möglich, und es ist fraglich zugleich. Die kommenden Epochen werden bestimmt nicht unser Gefallen an der Psychologie der Ausnahmezustände, an dem Sonderbaren der Grenzfälle teilen. Vielleicht wird man an ihm dann mehr den Darsteller der Charaktere oder den Beobachter einer bestimmten Gesellschaft bewundern: er enthält all dies in sich.«

James, Henry: Beim Lesen von Proust »empfinde ich eine unvorstellbare Langeweile, verbunden mit der äußersten Ekstase, die man sich vorstellen kann.«

Kemp, Robert: »Ich für mein Teil könnte mit ihm auf einer einsamen Insel leben. Ich könnte dies mit Platon, mit Montaigne, nicht mit Descartes oder Pascal noch mit dem heiligen Johannes vom Kreuze ... Mit Stendhal? Vielleicht. Mit Balzac, wahrscheinlich. Aber man kann Balzac nicht nachahmen. Er führt einen in sein Volk, in seine Stadt ein; er macht einem seine geschaffenen Gestalten zum Geschenk. Proust ruft die Gabe des Schöpferischen wach. Ihm gleich überdenkt man sein Denken ...«

Middleton Murry, John: »Worin auch immer die Absichten des Autors bestanden, sein Werk ist jedenfalls die gründlichste Analyse des modernen Bewußtseins, die jemals durchgeführt wurde.«

Nin, Anaïs: »Proust schrieb tiefgehend über Gestalten, die überhaupt keine Tiefe besaßen. Seine Gestalten schweben in seinem eigenen Unbewußten. [...] Er ist lebendiger durch sein Gespür, seine Leidenschaft für das geringste Detail des Lebens, als tausend von den sogenannten Realisten, denn eine Blume, ein Blatt, der Turmhelm einer Kathedrale, ein Sonnenuntergang, eine Mahlzeit werden allein von der Leidenschaft neu erschaffen. [...] Das Leben Prousts ist in mich hinübergeflossen, ist ein Teil meines eigenen Lebens geworden. Seine Gedanken, seine Entdeckungen, seine Visionen suchen mich jedes Jahr auf, bringen mir jedes Jahr wieder tiefere Botschaften. Es muß eine Kontinuität in ihnen sein.«

☛ Proust ist oft mit anderen Autoren verglichen worden. Hier nur einige Beispiele:

Mit *Balzac*, von Georges Gabory.
Baudelaire, von André Rousseaux.
Bergson, von Tibor Dénes.
Chateaubriand, von Jean-Albert Bédé.
Descartes, von Henri Bonnet.
Dickens, von Paul Souday.
Disraëli, von Georges Cattaui.
Dostojewski, von E. Cabire.
Einstein, von Camille Vettard.
Eliot, von Edmond Jaloux.
Flaubert, von Paul Morand.
Graça-Aranha (brasilianischer Ästhetiker), von Valéry Larbaud.
Heraklit, von Paul Desjardins.
La Bruyère, von Léon Daudet.
Maine de Biran, von Camille Vettard.
Marivaux, von Benjamin Crémieux.
Meredith, von Maurice Barrès.
Montaigne, von Élisabeth de Gramont, Albert Thibaudet.
Rousseau, von John Middleton Murry.
Saint-Évremond, von Léon Daudet.
Saint-Simon, von Georges Gabory und Albert Thibaudet.
Shakespeare, von Georges Cattaui.
Spinoza, von Henri Bonnet.
Stendhal, von Francis Birrel und José Ortega y Gasset.
Taine, von Johannes Tielroy.

Porel, Jacques: »Proust wußte alles, doch sein Wissen hatte keine der Entstellungen der Gelehrsamkeit erlitten. Er war einfach, einfach wie ein unschuldiges Kind, oder er gab vor, es zu sein.«

Revel, Jean-François: »Es stimmt, daß Sainte-Beuve Vicq d'Azyr einem Autor wie Stendhal vorgezogen hat, man bedauert, feststellen zu müssen, daß auch Proust Maeterlinck, die Comtesse de Noailles oder Léon Daudet für Genies hält und nicht Max Jacob, Apollinaire oder Jarry. Manche glauben Proust durch den Hinweis darauf zu entschuldigen, seine literarischen Urteile ließen sich durch die Freundschaft erklären. Es ist unnütz, eigens darzulegen, warum diese angebliche Entschuldigung ihn noch stärker belastet, denn es handelt sich darüber hinaus um einen Schriftsteller, der das Kunstwerk als etwas Geheiligtes ansieht, das ganz von dem alltäglichen Dasein und den alltäglichen Beziehungen geschieden ist, und daß die betreffenden Urteile in der *Suche nach der verlorenen Zeit* selbst enthalten sind.«

Senghor, Léopold Sédar: »Eine immense symphonische Dichtung, so stellt sich die *Suche nach der verlorenen Zeit* dar; ihre verschiedenen Bände sind wie die einzelnen ›Sätze‹.«

Souday, Paul: »Manche halten Proust für einen großen Denker, für einen profunden Psychologen, einen

Erneuerer der Ethik, der Ästhetik und all dessen, was damit zusammenhängt. Er ist nichts von alledem.«

Zu *In Swanns Welt*: »Dieser so lange Band ist nicht leicht zu lesen. Er ist nicht allein kompakt, sondern oft auch dunkel. Diese Dunkelheit geht in Wirklichkeit weniger auf die Tiefe des Denkens zurück als auf die umständliche Darstellungsweise. [...] Darüber hinaus wimmelt es von grammatischen Fehlern, haben die Partizipien von Herrn Proust, wie eine Figur von Labiche sagte, einen ungemütlichen Charakter, anders gesagt, sie passen schlecht zueinander; seine Konjunktive sind auch nicht versöhnlicher eingestellt oder disziplinierter und wissen sich nicht einmal gegen die gewagten Übergriffe des Indikativs zur Wehr zu setzen. [...] Indessen hat Herr Marcel Proust zweifellos viel Talent. Er hat eine überquellende Vorstellungskraft, eine sehr feine Sensibilität, die Liebe zum Landschaftlichen und zu den Künsten, einen geschärften Sinn für realistische und oft karikierende Beobachtungen.«

Zu *Im Schatten junger Mädchenblüte*: »In unserem Zeitalter der eiligen Leute, die ganz von ihrer Arbeit oder von anderen Vergnügungen in Anspruch genommen sind, gebietet die elementarste Vorsicht die Kürze, wenn man gelesen werden möchte. Viele Zensoren von Herrn Marcel Proust haben eben darauf offenbar verzichtet und sich dafür gerächt, daß sie ihm nicht bis zum Ende folgen konnten. Er ist im übrigen mühsam zu lesen, nicht allein wegen seiner ungewöhnlichen Überfülle, sondern wegen seines oft preziösen und verwachsenen Stils. Wenn man aber nach einigem Zögern und Mißtrauen angesichts dieses Haufens von gedrucktem Papier den mutigen Entschluß faßt, sich darauf einzulassen, so legt man es allerdings nicht wieder beiseite. [...] Weitschweifig, aber abwechslungsreich, oft geistreich und brillant, manchmal profund, vermittelt es immer das Gefühl von Leben.«

Valéry, Paul: »Obwohl ich kaum einen einzigen Band des großen Werks von Marcel Proust kenne und die Kunst des Romanciers mir eine fast unbegreifliche Kunst ist, weiß ich doch immerhin durch das wenige aus der *Recherche du temps perdu*, das ich Muße zu lesen hatte, was für ein außerordentlicher Verlust der Literatur widerfahren ist; und nicht nur der Literatur, sondern mehr noch der geheimen Gesellschaft, welche in jeder Epoche die bilden, die der Literatur ihren wahren Wert geben.

Um gegen jeden Zweifel sicher zu sein, hätte es mir im übrigen, selbst ohne eine Zeile dieses umfangreichen Werks gelesen zu haben, genügt, über seine Bedeutung so ungleiche Geister wie Gide und Léon Daudet einig zu finden; ein so seltenes Zusammentreffen kann nur in nächster Nähe der Gewißheit stattfinden. Wir können beruhigt sein: die Sonne scheint, wenn beide doch es zugleich verkünden.«

Walser, Martin: »Wer Proust liest, wird sich selbst vielleicht als eine Kümmerform menschlichen Daseins empfinden. Man hat das Gefühl, als habe man eigentlich von den Möglichkeiten des eigenen Bewußtseins bisher noch kaum Gebrauch gemacht.«

Woolf, Virginia: »Mein großes Abenteuer ist wirklich Proust. Was bleibt danach noch zu schreiben übrig?«

VII
ERWERB DER MANUSKRIPTE

GESCHICHTE

Schon zu Lebzeiten Prousts wurden seine Manuskripte von Sammlern gesucht. Von Juli bis Oktober 1922 verhandelte Proust mit zwei Käufern, die beide interessiert waren, das Manuskript und die korrigierten Fahnen von *Sodom und Gomorra II* zu erwerben. Jacques Doucet (1853-1929) – ein für seine Gemäldesammlungen (Manet, Van Gogh, Cézanne, Picasso) bekannter Kunstliebhaber – bot im Juli 7000 Francs; Proust zögerte, weil er wußte, daß Doucet seine Sammlung dem Staat zu übereignen gedachte. Ende August bot Serge André, der Inhaber der von Jacques Boulenger herausgegebenen *Revue du seizième siècle*, 10 000 Francs. Proust starb jedoch, ohne die Verhandlungen zum Abschluß gebracht zu haben. Seine Manuskripte kamen, nach dem Tode von Robert Proust im Jahre 1935, in den Besitz von dessen Tochter Suzy Mante-Proust. Mehrere Papiere gingen jedoch leider bei einem Umzug verloren.

Zur Zeit der deutschen Besatzung wurden die Manuskripte nach Bordeaux und dann nach Valmante, in das Landgut der Familie Mante, gebracht. In Bordeaux beabsichtigte Monsieur Margerie, Kabinettschef von Paul Reynaud und Cousin von Mme Mante-Proust, sie in die Vereinigten Staaten in Sicherheit bringen zu lassen. Sie war jedoch nicht damit einverstanden. **1947**, nach dem Tod ihres Gatten, beschloß sie, die Papiere mit der Hilfe von Bernard de Fallois, der ihr von André Maurois vorgestellt worden war, zu ordnen; auf diese Weise kamen die Manuskripte von *Jean Santeuil* und von *Gegen Sainte-Beuve* zum Vorschein.

1961 erfuhren Valéry Giscard d'Estaing, damals Staatssekretär bei der Haushaltskommission, und Julien Cain, der Administrator der Bibliothèque nationale, daß Mme Mante-Proust im Begriff stand, die Manuskripte an die Universität von Illinois (USA) zu veräußern. Sie veranlaßten ihre Beschlagnahme durch den Zoll, und durch ein Dekret vom 13. April 1962 (unterzeichnet von dem Premierminister Michel Debré und von Giscard d'Estaing) wurde der Bibliothèque nationale zum Ankauf der Manuskripte eine einmalige Subvention von 1 100 000 Francs zur Verfügung gestellt.

Ab 1962 wurde unter der verantwortlichen Oberaufsicht von Mme Callu-Turiaf (Archivarin und Paläographin, Absolventin der École française de Rome) von dem Restaurations- und Bindeatelier der Bibliothèque nationale eine beträchtliche Arbeit in Angriff genommen. Das größte Problem stellten die zahlreichen Zusatzblätter dar, die Proust gern gebraucht hatte und die wie eine Ziehharmonika an die Blätter der Hefte angeklebt waren (das größte davon erreicht eine Länge von 1,40 m!). Um ihre Erhaltung sicherzustellen, wurde Seidenmusselin über dieses Papier geklebt, das von minderer Qualität ist als das der Hefte. Aufgenommen und analysiert, umfaßte der Proust-Fonds damals sämtliche Jugendwerke: *Freuden und Tage*, *Jean Santeuil*, die Ruskinübersetzungen, die *Pastiches*, *Gegen Sainte-Beuve* sowie verschiedene Fassungen der *Recherche* in Form von Manuskripten, Maschinenabschriften und Fahnenabzügen. Manche Hefte jedoch, die, wie das Mobiliar, nach dem Tode von Robert Proust zerstreut worden waren, fehlten.

1983 bot Jacques Guérin – ein Sammler, der mit Mme Robert Proust befreundet war und als großzügiger Stifter dem Musée Carnavalet Gegenstände aus dem ehemaligen Besitz von Proust übereignet hatte – der Bibliothèque nationale ein Konvolut von 13 Notizheften zum Erwerb an, das die Reihe der Manuskripte vervollständigte. Da der Preis sehr hoch war, kaufte die Bibliothèque nationale vier davon an und legte dem Verkäufer nahe, für die anderen auf das in dem Gesetz vom 31. Dezember 1968 definierte Verfahren der Hingabe an Zahlungs Statt zurückzugreifen. Der Bewilligungsausschuß für die Erhaltung des nationalen künstlerischen Erbes, der durch Erlaß vom 27. Oktober 1971 ins Leben gerufen worden war, sprach sich im Frühjahr 1984 für die Hingabe an Zahlungs Statt aus. Der Proust-Fonds ist nun vollständig, bis auf einige handschriftliche Fragmente und zumal jene Briefe, die von Philip Kolb in der Universitätsbibliothek von Urbana in Illinois (USA) aufbewahrt werden.

DER PROUST-FONDS DER BIBLIOTHÈQUE NATIONALE

Übersicht: Forschungsgrundlage für die *Recherche* bilden die Hefte von Proust. Die Bibliothèque nationale hat das folgende Register angelegt:

62 Schulhefte: Sie enthalten Entwürfe zu *In Swanns Welt*, *Im Schatten junger Mädchenblüte*, *Die Welt der Guermantes*, *Sodom und Gomorra*, *Die Gefangene*, *Die verschwundene Albertine* (= *Die Entflohene*) und *Die wiedergefundene Zeit*.

20 Schulhefte: Diese zweite Gruppe enthält die endgültige Fassung von *Sodom und Gomorra*, *Die Gefangene*, *Die verschwundene Albertine* und *Die wiedergefundene Zeit*. Sie ist von I bis XX numeriert, und die letzte Seite des XX. Heftes schließt mit dem Wort »Ende«.

13 Skizzenhefte: Dank einer Hingebung an Zahlungs Statt 1983 und 1984 von Jacques Guérin erworben.

Es handelt sich um Entwürfe zur *Recherche.*

4 vorbereitende Notizbücher: Die Hefte, die Mme Straus 1908 Proust schenkte und die 1908 beginnen und 1918 enden. Sie sind schmalformatig und leinengebunden. Sie enthalten zahlreiche Reflexionen, deren Proust sich zur Ausarbeitung der *Recherche* bediente. Ein fünftes Heft, das als Merkbuch und für fragmentarische Vorformulierungen diente, befindet sich in einer Privatkollektion.

1 Manuskript von ungefähr 200 Blättern mit einem unvollständigen Text von *In Swanns Welt.*

1 Heft mit dem vollständigen Text über den »Tod von Bergotte«.

1 unvollständiges Manuskript von *Die Welt der Guermantes.*

23 Bände mit Maschinenabschriften, die von Proust mehr oder weniger korrigiert worden sind, sowie 24 Bände mit Fahnenabzügen und Korrekturbögen, manche unbeschrieben und nicht korrigiert, andere voller Ausstreichungen und Verbesserungen.

1 Dossier aus der Schulzeit von Proust mit Mitschriften von Philosophiekursen, Aufsätzen und Übersetzungen aus dem Lateinischen und ins Lateinische.

Beschreibung der Manuskripte: Keines der Hefte enthält wirklich einen fortlaufenden Text. Es handelt sich hauptsächlich um Fragmente von einigen Zeilen bis zu mehreren Seiten, die oft für mehrere Abschnitte der Erzählung bestimmt waren. Ein und dasselbe Heft kann zu verschiedenen Zeiten geschrieben worden sein; ein und derselbe Text kann sich über mehrere Hefte hinziehen. Es handelt sich demnach im wesentlichen um Arbeitsmaterial, das Proust eine Zeitlang gebrauchte, mehr oder weniger vorläufig fallenließ, bevor er es schließlich wiederaufnahm oder vielmehr auseinandernahm, um es auf andere Hefte zu verteilen.

Man unterscheidet die eigentlichen Manuskripthefte und die Hefte mit Entwürfen, denen Proust manchmal Namen gab: »Vénuste«, »Fridolin« oder »Babouche«. Diese enthalten mehrere Skizzen von einem und demselben Text, dessen Fassungen sich wenig unterscheiden. Manche sind durch Notizen gekennzeichnet, die etwa den »höchst kapitalen« Charakter dieser oder jener Passage angeben. Proust fügt außerdem seine Anmerkungen über die weitere Ausarbeitung hinzu, in denen er das Nachfolgende ankündigt oder eine Episode zusammenfaßt, und er setzt zu manchen Entwürfen mehr oder weniger karikierende Zeichnungen hinzu. Seine Anmerkungen sind entweder im Telegrammstil abgefaßt (wie »besser sagen« z. B.), oder aber seine Instruktionen sind im Gegenteil mit großer

Sorgfalt ausformuliert. Er vermerkt außerdem die Anweisungen, die er den Bediensteten zu geben hat, Gedächtnisstützen, Fragmente aus Briefen, die er in den Roman einzuarbeiten gedenkt, Telefonnummern, Adressen, Lesenotizen, die Wappen seiner Figuren und sogar (obwohl selten) Zeichnungen. Die letzten Hefte der Manuskriptreinschrift, die von *Die Entflohene* und zumal von *Die wiedergefundene Zeit*, befinden sich manchmal in einem den Skizzenheften recht ähnlichen Zustand.

Es handelt sich bei diesen Heften um Schulhefte mit schwarzem Kunstledereinband, praktisch auf Reisen mitzunehmen und sehr handlich zum halb liegenden Schreiben im Bett. Sie umfassen 60 bis 100 linierte Blätter mit einem Rand auf der linken Seite. Die Deckel der letzten, die während des Krieges geschrieben wurden, sind aus Karton; Einband und Papier sind von minderer Qualität. Gewöhnlich schreibt Proust auf die Vorderseiten, später benutzt er für seine »ajoutages« [Hinzufügungen], wie er es nannte, auch den Rand, wobei dann die Schrift immer kleiner wird, um den restlichen Platz auszunutzen.

Die zahlreichen Verbesserungen und Einfügungen machen das Lesen der Manuskripte oft mühsam. In manchen Fällen schreibt Proust auch die Rückseiten voll. Da er immer zusätzlichen Platz für seine Verbesserungen braucht, bedient er sich seiner »Paperolen«, die auf eine Idee von Céleste Albaret zurückgehen. Sie klebte unten und manchmal oben auf die Seite zusätzliche Blätter. Gelegentlich fügte er auch welche an der Seite an, oder er klebte sie direkt über den Text und annullierte diesen dadurch. Das Falten dieser Zusatzblätter nach Art einer Ziehharmonika ermöglichte es, das Fassungsvermögen des Manuskriptes zu erhöhen. Oft aber vertauschte Céleste die Blätter. Die Handschrift der Hefte ist nicht immer von Proust, denn manchmal diktierte er einem Sekretär: Albert Nahmias, und nach dem Krieg Henri Rochat, der zahlreiche Rechtschreibfehler machte, oder aber Céleste, die so schrieb, wie sie es hörte. Die Hauptschwierigkeit besteht allerdings in der Organisation des Textes.

PROUST ...
UND DANACH

I

PROUST IN FRANKREICH UND IN DER WELT

VERANSTALTUNGEN

• **Fünfzigster Jahrestag von Prousts Tod** (1972): *Am 18. November 1972* wurde in der Kirche Saint-Pierre de Chaillot von dem Dominikanerpater Jacques Laval eine Messe gelesen. Nach der Predigt las Raymond Gérome Auszüge aus dem »Tod Bergottes«.

• **Hundertjahrfeier des Geburtstages Prousts** (1971): **Internationale Ehrung im Collège de France.** *Am 5. Juli 1971* (um 21 Uhr) wurden von den folgenden Personen Gedenkreden gehalten: Olivier Guichard (der damalige Erziehungsminister); Jacques de Lacretelle von der Académie française; Carlo Bronne von der Königlich Belgischen Akademie (»Proust und Maeterlinck«); Philip Kolb von der Universität Illinois (»Die Welt von Proust und sein Briefwechsel«); Alejo Carpentier, Kulturattaché der kubanischen Botschaft (»Marcel Proust und Lateinamerika«); Pierre Clarac, dem ständigen Sekretär der Académie des inscriptions et belles-lettres (»Woran Proust glaubte«); Professor L.-J. Austin aus Cambridge (»Proust und England – Die Poetik der Reminiszenz«); Professor K. Inoué (»Ein Stück Madeleine und japanische Pastillen«) und Michel Mouligneau, dem Vorsitzenden der belgischen Sektion der Freunde Marcel Prousts (»Das ›Phänomen‹ Proust«). Léopold Sédar Senghor, der Präsident der Republik Senegal, war auf Grund seiner Staatsfunktionen verhindert, als weiterer Redner an dieser Veranstaltung teilzunehmen.

Ehrung durch die Stadt Paris: *Am 19. Mai 1971* wurde auf die Initiative der Historischen Gesellschaft von Auteuil und Passy hin eine Gedenktafel an der Stelle des (heute nicht mehr existierenden) Geburtshauses von Proust in der Rue de la Fontaine Nr. 96 angebracht: »Hier wurde am 10. Juli 1871 Marcel Proust geboren.« Es folgte eine Veranstaltung im Pariser Rathaus in Gegenwart des Vorsitzenden des Stadtrates, Monsieur Chérioux.

Ehrung durch die Stadt Illiers: *Am 29. Juni 1971* nahm der Stadtrat (bis auf eine Gegenstimme einstimmig) den Antrag des Bürgermeisters René Conpère an, den Namen der Gemeinde in Illiers-Combray abzuwandeln.

Am 4. Juli 1971 brachte der Bürgermeister von Illiers die von der Gesellschaft der Freunde von Marcel Proust und der Freunde von Combray gestifteten Straßenschilder an, die manchen Straßen ihre in der *Recherche* angeführten alten Namen zurückgaben: der Rue du

Cheval-Blanc, der Rue de l'Oiseau und der Rue du Saint-Esprit.

Ehrung durch die Stadt Cabourg: In Anwesenheit des Bürgermeisters von Cabourg, Bruno Coquatrix, wurde die Deichpromenade (die in *Im Schatten junger Mädchenblüte* so oft erwähnt wird) auf den Namen »Marcel-Proust-Promenade« getauft.

Ehrung durch die Société des Amis de Marcel Proust et des Amis de Combray [Gesellschaft der Freunde von Marcel Proust und der Freunde von Combray]: Sie ließ eine Bronzemedaille (Größe 68 mm) prägen, die von Albert de Jaëger, dem Träger des Premier Grand Prix de Rome, gestaltet wurde.

Ehrung durch die Comédie-Française: *Am 8. November 1971* fand eine von Michel Etcheverry organisierte Soiree statt, bei der, mit Klavierimprovisationen von Henry Sauguet abwechselnd, zwanzig Schauspieler sechsundzwanzig Texte Prousts sowie die »Ode an Marcel Proust« von Paul Morand lasen.

Ehrung durch die Vereinigten Staaten: *Am 12., 13. und 14. November 1971* fand in den Claremont Colleges (Kalifornien) ein von Miss M. Chefdor organisiertes Kolloquium statt, an dem 450 Professoren und Studenten aus sieben Staaten des amerikanischen Westens teilnahmen.

AUSSTELLUNGEN

• **1956: Marcel Proust 1871-1922,** Whitworth Art Gallery (Manchester).

• **1965: Marcel Proust,** Bibliothèque nationale, Paris; organisiert von dem Administrator É. Dennery. Die Ausstellung wurde am 3. Juni von dem Erziehungsminister Christian Fouchet eröffnet. (Katalog mit 589 Exponaten, Vorwort von Étienne Dennery.)

• **1971** (vom 8. Juni bis zum 30. Oktober): **Marcel Proust in seiner Zeit,** Institut de France im Museum Jacquemart-André (Paris), unter der Leitung von Julien Cain (Mitglied des Institut de France). Eröffnung am 10. Juni durch den Kulturminister Jacques Duhamel. Die Ausstellung umfaßte außer Manuskripten, Briefen und verschiedenen Gegenständen aus dem Besitz von Proust Porträts von Persönlichkeiten der Zeit sowie zeitgenössische Gemälde (Katalog, mit einem Vorwort von Julien Cain und über 370 Exponaten). Es wurde ein Plakat mit dem Porträt Prousts von Jacques-Émile Blanche gedruckt.

(Vom 5. Juni bis zum 30. September): **Marcel Proust und die Salonmaler,** Musée des beaux-arts in Chartres. Die Ausstellung wurde von Mlle Sylvie Cornélius unter der Schirmherrschaft der Stadt Chartres organisiert.

• **1977** (August und September): **Die Welt von Proust:** 85 Vergrößerungen von Klischees aus dem Paul-Nadar-Fonds der Architekturdirektion mit Persönlichkeiten aus dem Bekanntenkreis von Proust. Die Ausstellung fand in der renovierten Alten Orangerie von Illiers-Combray statt; Katalog von Mme Paul Bernard und Mlle Agnès Blondel.

• **1982** (vom 30. September bis zum 28. November): **Proust: eine Illustration der »Suche nach der verlorenen Zeit«**, Zeichnungen von L. Marsans; Maison de Balzac, Paris.

• **1989:** Aus Anlaß der Einweihung des Hôtel Le Pelletier de Saint-Fargeau erstellte das Carnavalet-Museum eine Nachbildung des letzten Schlafzimmers von Proust in der Rue Hamelin, mit den Möbeln und persönlichen Gegenständen Prousts, die Jacques Guérin 1985 ersteigert und seitdem dem Museum übereignet hat. Diese Nachbildung befindet sich zwischen denen des Schlafzimmers von Anna de Noailles und des Schlafzimmers von Paul Léautaud; sie sind in drei aufeinanderfolgenden Alkoven eingerichtet, vor denen die Besucher verweilen können.

»MAISON DE TANTE LÉONIE«
[Haus der Tante Léonie]

(Das Museum befindet sich in der Rue du Docteur-Adrien-Proust Nr. 4, vormals Rue du Saint-Esprit) und **Jardin du Pré Catelan.**

Geschichte: 1954 kaufte Mlle Germaine Amiot (die Tochter einer Cousine Prousts) das Haus ihrer Großmutter Françoise-Élisabeth Amiot, der Schwester von Adrien Proust, in der Absicht auf, nach ihrem Tode die Erinnerung an ihre Großmutter und an Proust zu bewahren. 1955 wurde das Haus restauriert, und am 19. Oktober 1961 wurde es als historisches Baudenkmal eingestuft. Germaine Amiot übereignete es am 27. August 1976 der Gesellschaft der Freunde von Marcel Proust und der Freunde von Combray. Am 21. Februar 1977 starb sie im Alter von 91 Jahren, noch bevor die Gesellschaft der Freunde von Marcel Proust ihr eine öffentliche Ehrung zuteil werden lassen konnte.

Einweihung: Am 29. Juni 1972 (um 15.30 Uhr) wurde dort von Jacques de Lacretelle das *Musée Marcel Proust* eröffnet. Er erklärte in seiner Ansprache: »Dieses Haus der Tante Léonie und mit ihm die reizende Stadt Illiers-Combray reihen sich in die berühmten literarischen Wallfahrtsorte Europas ein: Shakespeare in Stratford-on-Avon, Voltaire in Ferney, Goethe in Weimar, Hugo in Hauteville House, Tolstoj in Jasnaia Poliana, Proust in Illiers-Combray.«

Am 21. Mai 1977 wurde zu Ehren von Germaine Amiot eine Gedenktafel an dem Haus angebracht.

Schenkungen: In Erinnerung an seinen Besuch im voraufgegangenen Jahr im »Haus der Tante Léonie«

stiftete der Amerikaner Paul H. Elicker (Generaldirektor der S.C. M. Corporation in New York) dem Verein 1974 die Summe von 12000 Francs. Dieses Geld wurde dazu verwandt, die Alte Orangerie (am Ende des Gartens) auszubauen. Der Raum wurde grün gestrichen und mit Korbweidenstühlen möbliert, wie Proust sie in *In Swanns Welt* beschreibt.

1986 bewilligte der Rat des Départements Eure-et-Loir eine dreimal verlängerbare jährliche Subvention von 150000 Francs zur Restaurierung des Hauses.

Führungen: Montags bis sonntags (außer dienstags) pünktlich um 15.00 Uhr und um 16.00 Uhr. Im Dezember und im Januar Führungen am Mittwoch, Samstag, Sonntag und auf Vereinbarung. *Eintrittspreis*: 10 Francs.

TAFELN UND STRASSENNAMEN ZUM GEDENKEN PROUSTS

Tafeln

• **Paris: 96, rue La Fontaine:** vgl. »Hundertjahrfeier der Geburt Prousts« (Ehrung durch die Stadt Paris).

44, rue Hamelin: 1953 ließ die Stadt Paris an dem Haus, in dem Proust starb, eine Gedenktafel anbringen.

102, Boulevard Haussmann: Am 17. September 1985 fand eine Festveranstaltung statt, auf der Maurice Schumann eine Rede hielt. Auf der Gedenktafel steht: »Proust wohnte von 1907 bis 1919 in diesem Haus, das sich heute im Besitz der Société nancéienne de Crédit industriel et Varin-Bernier befindet.«

• **Illiers, Rue du Cheval-Blanc:** Am 11. April 1966 wurde das von Marie Nordlinger im Jahre 1904 angefertigte Bildnis des Professors Adrien Proust an seinem Geburtshaus angebracht. Es befand sich bis dahin auf dem Grabmal der Familie Proust auf dem Friedhof Père-Lachaise.

Am Pré-Catelan: Am 28. Mai 1988 stellte der Verein »La Mémoire des lieux« [Das Gedächtnis der Orte] eine Tafel bei der Weißdornhecke auf.

Straßen

• **Paris: Allée Marcel Proust:** Eingeweiht im Jahre 1969 auf die Initiative der Princesse Marthe Bibesco hin, führt dieser Parkweg in den Parkanlagen der Champs-Élysées von der Place de la Concorde bis zur Avenue Marigny.

Avenue Marcel Proust: 1930 in dem ehemaligen Mineralquellenareal von Passy im 16. Arrondissement eingeweiht. Sie endet als Sackgasse.

• **Cabourg: Promenade Marcel Proust** (Deichpromenade): vgl. »Hundertjahrfeier des Geburtstages Prousts« (Ehrung durch die Stadt Cabourg).

• **Trouville: Avenue Marcel Proust:** Eingeweiht am 23. August 1973 im Beisein von Michel d'Ornano, dem Abgeordneten und Bürgermeister von Deauville. Die Zeremonie wurde mit der Lesung eines Auszugs aus *Sodom und Gomorra* beschlossen.

• **Orléans: Rue Marcel Proust:** Eingeweiht am 29. Juli 1966.

BRIEFMARKEN

1966 gab der französische Staat eine Briefmarke im Wert von 0,30 Francs mit einem Zuschlag von 0,10 Francs heraus. Sie stellt Marcel Proust vor dem Hintergrund der Saint-Hilaire-Brücke in Illiers dar. Die Marke ist taubenblau. Sie wurde von Pheulpin entworfen und in Kupfer gestochen.

Format: horizontal: 22×36 (gezackt 13). Ein Blatt umfaßt 50 Briefmarken.

Verkauf: Der Vorverkauf fand am 12. Februar 1966 in dem Gebäude der Zeitung *Le Figaro* in Paris und in Illiers statt; der öffentliche Verkauf in den Postämtern begann am 14. Februar.

Wert im Jahre 1987: neu, abgestempelt: 2,50 Francs.

VERSTEIGERUNGEN
(einige Beispiele)

22. November 1985: Im Hôtel Drouot, Verkauf von 35 Originalhandschriften Prousts, die meisten unveröffentlicht, aus dem Nachlaß des Dr. Proust.

12. Dezember 1985: Im Hôtel Drouot, Verkauf einer großen Anzahl von unveröffentlichten Briefen und Dokumenten, darunter ein Gedicht Prousts an Daniel Halévy, zwei Seiten der *Revue verte*, 13 Briefe von Geneviève Halévy.

19. März 1986: Im Hôtel Drouot, Verkauf von 22 Briefen Prousts an verschiedene Korrespondenten, darunter ein Brief an Charles Maurras.

11. Juli 1986: Im Hôtel Drouot, Verkauf eines Briefes (7 Seiten) von Proust an Lucien Daudet über *Die Welt der Guermantes*, in dem die Schlüssel für manche Gestalten angegeben werden: 43 000 Francs.

10. April 1987: Im Hôtel Drouot, Verkauf von Werken und Briefen von Guillaume Apollinaire, Robert de Montesquiou und Marcel Proust. 78 Posten waren Proust vorbehalten, darunter:

• 1 Paket von 117 Briefen (oft 6 bis 8 Seiten, manchmal bis zu 16 Seiten) an Mme Émile Straus, geschrieben zwischen 1888 und 1921, in zwei Bände gebunden (680 Seiten in 8°).

ANFANGSGEBOT: 600 000 Francs. Das Paket hatte die Summe von 1 160 000 Francs erreicht, wurde jedoch von dem Verkäufer, Colonel Sickles, der mit einer höheren Verkaufssumme gerechnet hatte, zurückgezogen.

• 1 Paket mit 55 Briefen an Jacques Rivière, geschrieben zwischen 1914 und 1922 (351 Seiten in 8°), und ein Brief an Gaston Gallimard. ANFANGSGEBOT: 200 000 Francs. Verkauft für 420 000 Francs.

• Verschiedene einzeln verkaufte Briefe, darunter: *Einer der ersten Briefe an Montesquiou* (30. Juli 1894), 4 Seiten, verkauft für 19 000 Francs. *Ein Brief an Reynaldo Hahn* (Oktober 1898), 9 Seiten, verkauft für 20 000 Francs. *Ein Brief an seine Mutter* (2. Oktober 1899), 4 Seiten, verkauft für 9000 Francs. *Ein Brief an Reynaldo Hahn* (Januar 1907), 2 Seiten, verkauft für 32 000 Francs.

• *Fête chez Montesquiou à Neuilly* (Extraits des Mémoires du duc de Saint-Simon) (Fest bei Montesquiou in Neuilly [Aus den Memoiren des Herzogs von Saint-Simon]), eine 12-seitige Broschüre in 4°, auf Veranlassung von Robert de Montesquiou in nur 50 Exemplaren aufgelegt (Auszüge daraus, gezeichnet »Horatio«. waren am 18. Januar 1904 in *Le Figaro* erschienen), dazu ein Brief Prousts an Montesquiou. Verkauft für 32 000 Francs.

• Eine Originalausgabe von *La Bible d'Amiens* von John Ruskin (übersetzt, mit Anmerkungen und einem Vorwort von Marcel Proust), Paris, Mercure de France, 1904. Es handelte sich um das Exemplar von Robert de Montesquiou mit dessen Exlibris, eines der sieben Exemplare auf Hollandpapier. Verkauft für 36 000 Francs.

• Eine Originalausgabe von *Sésame et les Lys* von John Ruskin (übersetzt, mit Anmerkungen und einem Vorwort von Marcel Proust), Paris, Mercure de France, 1906. Eines der 12 Exemplare auf Hollandpapier. Verkauft für 13 000 Francs.

• Eine Originalausgabe von *Du côté de chez Swann* (*In Swanns Welt*), Paris, Grasset, 1914. Das vormals der Duchesse de Clermont-Tonnerre gehörende Exemplar mit der Widmung: »für Madame la duchesse de Clermont-Tonnerre / Mit vorzüglicher Hochachtung / Marcel Proust«, einschließlich zweier Briefe von Proust an die Herzogin (4 und 8 Seiten in 12°). Verkauft für 85 000 Francs.

• Eine Originalausgabe von *Les plaisirs et les jours* (*Freuden und Tage*), illustriert von Madeleine Lemaire, Calmann-Lévy, 1896. Mit einer Widmung Prousts für Paul Souday. Verkauft für 34 000 Francs.

Kürzlich wurde im Hôtel Drouot ein Gemälde von Carlo Wostry (1865-1943), *Les Grands Boulevards vers 1890* [die großen Boulevards um

1890] (1,50 m × 1,70 m), zum Verkauf angeboten: es stellt die Gestalt von Marcel Proust in Uniform dar, umgeben von Sarah Bernhardt, Willy und den Brüdern Goncourt.

MARCEL-PROUST-PREIS

Ursprung: Der 1971 von der Stadt Cabourg gestiftete und anfänglich mit 5000 Francs dotierte Preis ist für einen französischsprachigen Autor ausgesetzt, der im Genre oder in seiner Denk- bzw. Schreibweise in Bezug zu Marcel Proust, seinem Werk oder seiner Zeit steht. 1986 dotierte Monsieur Al-Fayed, der Besitzer des Hôtel Ritz, den Preis mit 250 000 Francs. Ab 1987 hat die Stadt Cabourg den Preis übernommen und mit 100 000 Francs dotiert.

Zusammensetzung der Jury (1987): *Vorsitzende*: Duchesse Edmée de La Rochefoucauld von der Königlich Belgischen Akademie. *Mitglieder der Académie française*: Maurice Druon (ständiger Sekretär), Jean Mistler (ständiger Titularsekretär), Maurice Schumann, Jacques de Bourbon Busset, Jean-Louis Curtis; *von der Académie Goncourt*: Robert Sabatier; *weitere Mitglieder*: Roger Grenier; *Generalsekretär*: Jacques de Ricaumont.

Preisträger des Prix Marcel Proust seit seiner Stiftung:

1972, Michel Robida: *Le Dragon de Chartres* (Julliard). **1973**, Georges Cattaui: *Proust et ses métamorphoses* (Nizet). **1974**, Julien Green: *Jeunesse* (Plon). **1975**, Emmanuel Berl: *À venir* und *Regain au pays d'Auge* (Le Livre de Poche). **1976**, Marcel Schneider: *Sur une étoile* (Grasset). **1977**, Jacques de Lacretelle: *Les Vivants et leur ombre* (Grasset). **1978**, Roger Caillois: *Le Fleuve Alphée* (Gallimard). **1979**, Henri Bonnet: *Le Progrès spirituel dans la Recherche* (Nizet). **1980**, Jacques de Bourbon Busset: *Les Choses simples* (Gallimard). 1981, Angelo Rinaldi: *La Dernière Fête de l'empire* (Gallimard). **1982**, Alain Bosquet: *L'enfant que tu étais* (Grasset). **1983**, Jean Delay: *Avant-mémoire* (II): »Le Fauconnier (à Paris sous Louis XV)« (Gallimard). **1984**, Robert de Saint Jean: *Passé pas mort* (Grasset). **1985**, Diane de Margerie: *Le Ressouvenir* (Flammarion). **1986**, François-Olivier Rousseau: *Sébastien Doré* (Mercure de France). **1987**, Claude Mauriac: *L'Oncle Marcel* (Grasset).

SOCIÉTÉ DES AMIS DE MARCEL PROUST ET DES AMIS DE COMBRAY [Gesellschaft der Freunde von Marcel Proust und der Freunde von Combray]

Durch Erlaß vom 9. September 1955 als gemeinnützig anerkannter Verein.

Sitz: 4, rue du Docteur Proust, 28120 Illiers-Combray; Telefon:

(16) 37 24 30 97. Postscheckkonto: C. C. P. Paris 59 28 90 B. **Anschrift:** 11, rue Martel, 75010 Paris; Telefon: 42 46 89 64.

Ursprung: Die am 23. Mai 1947 gegründete Société des Amis de Marcel Proust et des Amis de Combray hat es sich zum Ziel gesetzt, die Leser Marcel Prousts miteinander zu verbinden und die Kenntnis seines Werkes zu verbreiten. Das als historisches Baudenkmal eingestufte »Haus der Tante Léonie« ist der Sitz des Vereins. Die persönliche Mitgliedskarte berechtigt dazu, das Bulletin zu beziehen, sowie auf Vorlage zur Besichtigung des »Hauses der Tante · Léonie« und des Marcel-Proust-Museums zum halben Preis.

Gründungsmitglieder 1947: *Ehrenvorsitzende*: Suzy Mante-Proust. *Vorsitzender*: Henri Mondor. *Generalsekretär*: P.-L. Larcher. Als Vorsitzende folgten aufeinander: Henri Mondor, Jacques de Lacretelle, Gaston Palewski. *Gegenwärtiger Vorsitzender*: Maurice Schumann von der Académie française. *Eingeschriebene Mitglieder*: 1948, 98 Mitglieder; 1950, 130 Mitglieder; 1987, 600 Mitglieder.

Zeitschrift: *Bulletin de la Société des Amis de Marcel Proust et des Amis de Combray*: Erscheint jährlich seit 1950. In ihrem Bulletin publiziert die Gesellschaft unveröffentlichte Texte, kritische Originalbeiträge, bibliographische Überblicke und Informationen über Proust.

Finanzierung: Beiträge der Mitglieder; Stiftungen der fördernden Mitglieder (von der Einkommenssteuer und der Körperschaftssteuer absetzbar); Subventionen der öffentlichen Hand; private Schenkungen; Mäzenatenfonds.

Veranstaltungen: Alljährlich finden drei literarische Veranstaltungen statt: die »Weißdornen« in Illiers-Combray Ende Mai; ein Kolloquium in Paris im Juni; ein von einem Vortrag gefolgtes Mittagessen in Illiers-Combray jeweils am ersten Sonntag im September. Die Vollversammlung der Gesellschaft tritt im November in Paris zusammen.

Institut Marcel Proust international
[Internationales
Marcel-Proust-Institut]

Im Verlauf ihrer Vollversammlung am 24. November 1987 sprach sich die Société des Amis de Marcel Proust et des Amis de Combray einstimmig für die Gründung des Internationalen Marcel-Proust-Instituts als Zweig des Vereins aus. *Vorsitzender*: Maurice Schumann von der Académie française. *Generalsekretär*: Anne Borrel. *Zielsetzung*: Im Sinne seiner ursprünglichen Bestimmung und um die für den Unterhalt des Institutes nötigen Mittel bereitzustellen, plant das Institut Marcel Proust international, fünf Tätigkeitsbereiche auszubauen: eine Datenbank- und EDV-Abteilung; eine Audiovisions-Abteilung, eine Publikationsabteilung; eine Abteilung für

Veranstaltungen; eine Abteilung für Partnerschaften und Werbung.

☛ Das *Centre de Documentation proustienne* [Proust-Dokumentationszentrum] ist dem Verein seit 1954 angeschlossen und umfaßt Publikationen und universitäre Forschungen über Proust.

PROUST IM C.N.R.S.
(Centre National de la Recherche Scientifique)

Im Rahmen des C.N.R.S. (Centre d'histoire et d'analyse des manuscrits modernes [Institut für die Geschichte und Analyse der modernen Manuskripte], später in Institut des textes et manuscrits modernes [Institut für moderne Texte und Manuskripte] umbenannt) und in Zusammenarbeit mit der École normale supérieure wurde zu Beginn der siebziger Jahre von einigen Proust-Forschern und Hochschullehrern ein Proust-Forschungsteam ins Leben gerufen. Jacques Bersani, Professor an der École normale supérieure, und Claude Quémar, Assistentin am Collège de France, hatten lange die Leitung des Forschungsteams inne, die nun auf Bernard Brun, in Zusammenarbeit mit Francine Goujon, übergegangen ist. Aufgabe des Proust-Teams ist die Untersuchung und Ordnung der Manuskripte von Marcel Proust, die zum größten Teil in der Manuskript-Abteilung der Bibliothèque nationale aufbewahrt sind.

Journée des aubépines [Weißdorntag]: Diese alljährliche Frühlingswallfahrt findet immer größeren Zuspruch. Robert Proust war mit den »Freunden von Marcel Proust« am ersten Maisonntag des Jahres 1935 (wenige Wochen vor seinem Tod am 29. desselben Monats) nach Illiers gefahren, um ihnen die Weißdornhecke des Pré Catelan zu zeigen, die Proust so teuer war. Dieser Spaziergang ist seitdem Tradition geworden. Er umfaßt die Besichtigung des Pré Catelan in 300 Metern Entfernung von Illiers-Combray, nach der Brücke Saint-Hilaire. (Zur Zeit, als er noch im Besitz von Jules Amiot war, hatte dieser ihn den Einwohnern von Illiers als Stadtgarten zur Verfügung gestellt.) Der Park, an dem der Loir entlangfließt (die Vivonne der *Recherche*) und durch den außerdem ein kleines Flüßchen fließt, enthält einen Springbrunnen, einen Teich, eine Grotte und einen Pavillon mit zwei Räumen im Erdgeschoß und einem im ersten Stock. Er steht voller Blumen und Obstbäume. Der Ausflug führt anschließend nach Vieuxvicq (von wo aus man einen der drei Glockentürme sieht, die Proust in der *Recherche* erwähnt), dann über die Straße nach Méséglise in Richtung Montjouvain (wo sich die Hauptquelle des Loir befindet) und zum Manoir de Mirougrain (dem Haus von Vinteuil).

Sitz: 45, rue d'Ulm, 75230 Paris Cédex 05 (Bernard Brun, Telefon: 43 29 12 25, Apparat 37-94).

Tätigkeiten: Das Proustteam verfügt über ein Dokumentationszentrum mit einer Spezialbibliothek und einem Filmarchiv. In Form von Kartotheken oder Dossiers archiviert das Zentrum die Ergebnisse der erfolgten Bestandsaufnahmen und Übertragungen. Das Team war an der Herausgabe der neuen Proust-Editionen beteiligt, und es veröffentlicht jedes Jahr die Ergebnisse seiner Arbeiten in dem *Bulletin d'Informations proustiennes* (Presses de l'École normale supérieure, 45, rue d'Ulm, 75230 Paris Cédex 05).

PROUST AN DER UNIVERSITÄT

Im Rahmen der Universität Paris III (Sorbonne nouvelle) wurde 1984 von Jean Milly – dem gegenwärtigen Verantwortlichen – und von Jean-Yves Tadié, beide Professoren an der Universität Paris III, ein Centre de Recherches proustiennes [Proust-Forschungszentrum] gegründet.

Sitz: U.E.R. de Littérature et Linguistique françaises et latines de la Sorbonne nouvelle, 13, rue de Santeuil, 75231 Paris Cédex 05.

Gründungsmitglieder: Henri Bonnet, Herausgeber des *Bulletin de la Société des Amis de Marcel Proust et des Amis de Combray*; Mme A. Chevalier, Universität Caen; A. Compagnon, Universität Rouen; E. Dezon-Jones, Universität Columbia; Mlle M. Naturel, Universität Meknès; E. Nicole, New York University; J. Ozélé-Owono, École normale supérieure de Yaoundé; E. Pierrot, Universität Poitiers; M. P.-L. Rey, Universität Paris-X (Nanterre); P.-E. Robert, Universität Michigan; B. Rogers, Universität Johannesburg.

Aktivitäten: Das Centre stützt sich bei seinen Forschungen auf den Proust-Fonds der Bibliothèque nationale. Es befaßt sich mit der kritischen Überprüfung der veröffentlichten Proust-Texte und hat eine stilistische Untersuchung der Proustschen Schreibweise (unter anderem eine systematische Untersuchung der Satzlängen in der *Recherche*) in Angriff genommen. Es publiziert zugleich (bei Gallimard) die einzelnen Bände der *Études proustiennes* [Proust-Studien] und beteiligt sich an der Herausgabe des *Bulletin d'Informations proustiennes* und des *Bulletin de la Société des Amis de Marcel Proust et des Amis de Combray*. Außerdem nehmen die Mitglieder des Centre an zahlreichen von europäischen oder amerikanischen Universitäten organisierten Kolloquien teil.

Neuere Vorträge und Beiträge: Henri Bonnet: »Le sadisme de Proust« [Prousts Sadismus], third Conference on 20th Century French Literature, Baton Rouge, Vereinigte Staaten, März 1986; »Le fictif et le vécu« [Das Fiktive und das Erlebte], University of Pennsylvania, April 1986; »L'épithète baudelairienne de

Proust« [Das Baudelairesche Attribut bei Proust], Yale University, September 1986; »Proust et l'adjectif descriptif« [Proust und das beschreibende Adjektiv], tenth Colloquium on Poetics, Columbia University, November 1986. Jean Milly: »Autobiographie et littérature chez Proust« [Autobiographie und Literatur bei Proust], Universitäten UQAM und McGill, Montréal, Oktober 1986; »État présent des études proustiennes« [Der gegenwärtige Stand der Proust-Forschung], Universitäten von Moncton und British Columbia in Vancouver; »La recherche génétique appliquée à Proust« [Die Geneseforschung auf Proust angewandt], Universitäten von Manitoba und British Columbia, Oktober 1986; »L'image chez Proust« [Das Bild bei Proust], Universität Meknès, Dezember 1986. Eugène Nicole: »La voix de l'homosexualité dans la *Recherche*« [Die Stimme der Homosexualität in der *Recherche*], MLA, Chicago, Dezember 1985; »Proust et la technique moderne« [Proust und die moderne Technik], Universität Paris III, Mai 1986. Pierre E. Robert: »Marcel Proust et ses manuscrits« [Marcel Proust und seine Manuskripte], Williams College, Massachusetts, April 1986.

PROUST IN DER WELT

☛ Die nachfolgende Liste ist nicht erschöpfend. Sie gibt nur einige Beispiele.

Brasilien: *Ab 1927* veröffentlichte Alcen Amoroso Lima (Pseudonym: Tristao de Athayade) zahlreiche Artikel über Proust in der Presse von Rio de Janeiro. Diese »Estudos« sind bei der Nationalbibliothek von Rio hinterlegt. Man verdankt diesem Autor die vollständigste Kritik des Proustschen Werkes.

1929: Jorge de Lima (ein Schriftsteller aus dem Nordosten Brasiliens) war der erste, der in Lateinamerika einen Essay über Proust verfaßte. Lima verdankt seine Entdeckung des Proustschen Werkes einem Philosophen, der zufällig in einer Pariser Buchhandlung ein Buch gekauft hatte, um sich bei den Zwischenlandungen die Zeit zu vertreiben ...

Im Oktober 1948 brachte Mario Quintana bei Editora Globo in Rio de Janeiro die portugiesische Übersetzung von *In Swanns Welt* heraus. Die weiteren Bände folgten wenig später.

Im Dezember 1956: Übersetzung von *Die wiedergefundene Zeit* ins Portugiesische durch Lucia Miguel Pereira.

China: *1983* erscheinen zum ersten Mal Auszüge aus »Eine Liebe von Swann« in einem Sammelband mit ausgewählten Romantexten des 20. Jahrhunderts. Zu Beginn des Jahres 1985 gibt der Volksverlag der Provinz Jiangsu die vollständige Übersetzung des Werkes in Auftrag, die 1990 abgeschlossen werden soll. 7 Bände, übersetzt von 14 Übersetzern, 2 pro Band, sind vorgesehen.

Der erste, *In Swanns Welt*, soll zu Beginn des Jahres 1989 erscheinen. Mit dem zweiten, *Im Schatten junger Mädchenblüte*, der ebenfalls für 1989 vorgesehen ist, wurden Frau Guai Yu-fang, Professorin an der Universität Peking, und ihre Schülerin, Frau Yuan Shuren (die bereits Balzac, Sartre, Sarraute und Maurois übersetzt hat), beauftragt. Frau Yuan Shuren ist zugleich die Autorin des ersten wissenschaftlichen Artikels über Proust, der 1982 in der *Enzyklopädie der ausländischen Literaturen* erschien.

Mitglieder des Übersetzerteams, das sich im allgemeinen aus Hochschullehrern und beruflichen Übersetzern zusammensetzt, sind u. a. Xu Yuan-chung, Fachmann für chinesische Poesie, und Xu Zi-zang.

Deutschland: *Zu Beginn der zwanziger Jahre* war die Übersetzung von Proust dem jungen Rudolf Schottlaender übertragen worden. Nach Fertigstellung des ersten Bandes erwies sich das Ergebnis jedoch als verheerend. *Im Juli 1925* übernahmen Walter Benjamin und Franz Hessel für den Verlag Die Schmiede die Übersetzung; der Titel lautete: *Auf den Spuren der verlorenen Zeit. 1926* erschien *Im Schatten der jungen Mädchen. 1928* mußte der Verlag jedoch Konkurs anmelden. Die Übersetzung wurde dem Münchner Verleger Reinhard Piper abgetreten, der mit den beiden gleichen Übersetzern *1930 Le Côté de Guermantes* unter dem Titel *Die Herzogin von Guermantes* herausbrachte. Doch auch dieser Verlag blieb von finanziellen Schwierigkeiten nicht verschont, und die Veröffentlichung der *Recherche* wurde in der Zeit zwischen den beiden Weltkriegen nicht weitergeführt. Proust hatte allerdings schon seit 1925 die Aufmerksamkeit der deutschen Kritik auf sich gezogen, vor allem dank der Romanisten Ernst Robert Curtius und Leo Spitzer. Ein breiteres Lesepublikum entdeckte Proust allerdings erst wirklich durch die Übersetzung von Eva Rechel-Mertens.

1953 besorgte diese ehemalige Assistentin von Professor Ernst Robert Curtius für den Verleger Peter Suhrkamp die Übersetzung des Proustschen Werkes. Schon *1958* lagen die sieben Bände von *Auf der Suche nach der verlorenen Zeit* geschlossen vor. Sie erschien 1964 als Taschenbuch in 13 Bänden.

Eva Rechel-Mertens übersetzte auch *Jean Santeuil* ins Deutsche (zwei Bände).

1988: Beginn der im Suhrkamp Verlag auf 16 Bände geplanten *Frankfurter Ausgabe* des Werkes von Marcel Proust unter Herausgeberschaft von Lucius Keller. Bisher sind 2 Bände erschienen: *Freuden und Tage* sowie *Nachgeahmtes und Vermischtes*. Der dritte Band, *Essays*, ist in Vorbereitung.

Im November 1982 wurde in Köln eine westdeutsche »Marcel Proust Gesellschaft« gegründet. Ihre erste Generalversammlung fand am 15. und 16. März 1983 in Freiburg statt. Zu ihrem ersten Präsidenten wurde Dr. med. Reiner Speck gewählt. Die Marcel Proust Gesellschaft gibt ein Mitteilungsblatt heraus, *Proustiana*, und organisiert neben Ausstellungen und Exkursionen auch regelmäßig Symposien.

Anschrift der Marcel Proust Gesellschaft: 5000 Köln 41, Theresienstr. 34.

England: Der erste Artikel, erschienen im *Times Literary Supplement* am *4. Dezember 1913*, war eine Besprechung von *In Swanns Welt* von Mary Robinson Duclaux. Charles K. Scott-Moncrieff nahm die Übersetzung in Angriff, deren ersten Band er zu Beginn des Jahres 1920 als Fortsetzungsroman der Zeitschrift *Land and Water* anbot und schließlich bei Chatto and Windus in London unter dem Titel *Swann's way* herausbrachte. Proust mochte diese Übersetzung genausowenig wie den Titel *Remembrance of things past*, obwohl er direkt aus dem dreißigsten Sonett von Shakespeare stammte.

Am 1. Januar 1923 veröffentlichten Joseph Conrad, Lytton Strachey, Arnold Bennett, Virginia Woolf, Edmund Gosse und Aldous Huxley eine gemeinsame Hommage an Proust in der Sondernummer der *N.R.F.*

Scott-Moncrieff setzte seine Übertragung mit *Mädchenblüte* (*Within a budding Grove*) (1925) fort, dann mit *Sodom und Gomorra* (*Cities of the Plain*) (1927), *Die Gefangene* (*The Captive*) (1929), *Die Entflohene* (*The Sweet Cheat Gone*). Nach seinem Tode im Jahre 1930 schloß Sydney Schiff, der Freund Prousts, die Übersetzung mit *Die wiedergefundene Zeit* (*The Past Recaptured*) (1930) ab. Dieser Band wurde 1970 von Andreas Mayor unter dem Titel *Time Regained* für Chatto and Windus neu übertragen und die ganze Übersetzung von Terence Kilmartin durchgesehen. *Jean Santeuil* war von Gerard Hopkins im Jahre *1955* und *Contre Sainte-Beuve* (*By way of Sainte-Beuve*) von Sylvia Townsend Warner *1958* für Chatto and Windus übersetzt worden.

Griechenland: Der erste Leser von Rang, den die *Recherche* in Griechenland fand, war *1919* der Schriftsteller Georges Seferis (1900-1971). Sein eigenes Werk wurde stark von dem Prousts angeregt. *Um 1926* versuchte er, einige Stellen aus *Swann* zu übersetzen. Xenophon Lefkoparadis publizierte in den Jahren *1930 bis 1933* als erster Artikel über Proust in Zeitschriften. Nassos Detzorzis veröffentlichte in einer Zeitschrift *1933* das »Bekenntnis eines jungen Mädchens und *1935* »Das Ende der Eifersucht«. Der gleiche Übersetzer brachte 1937 einen umfangreichen Auszug aus *Die wiedergefundene Zeit* heraus, gefolgt von einem sehr bedeutenden Essay über Proust.

1969, noch zur Zeit seiner politischen Gefangenschaft, nahm der (1939 geborene) Schriftsteller Pawlos Zannas, zusammen mit Stratis Tsirkas, dem Autor von *Die versinkenden Städte*, die Übersetzung des Proustschen Werkes in Angriff. Er ist gegenwärtig bei *Die Gefangene* angelangt. Vor kurzem wurde *Der Gleichgültige* in einer Übersetzung von St. Kumanudis und S. Kukissis veröffentlicht sowie *Tage des Lesens*, übersetzt von Petros Papadopulos und C. Tsiturakis.

Israel: 1964 überließ Gallimard die Übersetzungsrechte dem israelischen Verlag Machberut Lisifruth Yzmora, der die *Recherche* 1968 in 16 Bänden herausbrachte.

Italien: *Am 31. Januar* und *am 1. Februar 1986* fand auf Initiative des Vereins Velia Antica in Neapel ein Kolloquium über das Thema »Platonismus und Eleatismus bei Proust« statt.

Japan: Proust ist einer der in Japan am meisten geschätzten französischen Autoren. Die ersten Übersetzungsversuche wurden in den zwanziger Jahren unternommen. Heute liegt die vollständige Übersetzung der *Recherche* im Verlag Chikuma vor.

Darüber hinaus werden bei dem gleichen Verleger die *Gesammelten Werke von Marcel Proust* in 18 Bänden herausgegeben. *Freuden und Tage*, *Jean Santeuil* und *Gegen Sainte-Beuve* liegen bereits vor. Der Briefwechsel wird auf drei Bände veranschlagt. An der Universität hat sich ein Zirkel von Proustianern gebildet, genannt die »japanische Schule«, dem hauptsächlich Geneseforscher angehören: K. Yoshikawa, Jo Yoshida, A. Wada, R. Ishiki. Die internationale Zeitschrift *Équinoxe*, die in Kyoto vor kurzem ins Leben gerufen wurde, widmet ihre ganze zweite Nummer Marcel Proust.

Niederlande: Es existiert eine »Niederländische Gesellschaft der Freunde von Marcel Proust«; ihren Vorsitz führt Frau Boks-Schoute.

Polen: Der Schriftsteller Tadeusz Zelenski, bekannter unter dem Pseudonym Boy (1874-1941), dem man zudem die Übersetzung einer großen Zahl weiterer Meisterwerke der französischen Literatur verdankt, übernahm die Übertragung der *Recherche*. Sie erschien 1957 in Warschau im Verlag Pań**s**twowy Instytut Wydawniczy.

Rumänien: Dank der glänzenden Botschafter seines Werkes, die Prousts Freunde wie die Brüder Bibesco, Marthe Bibesco, Anna de Noailles, ihre Schwester Hélène de Chimay und ihr Bruder Constantin Brancovan darstellten, fand er sehr früh Eingang in die rumänische Literatur. In den Jahren nach dem Ersten Weltkrieg trug die umfangreiche Proust-Kritik von Anton Holban oder Eugène Ionesco zur Verbreitung seines Werkes bei. Sie begrüßte in dem Schriftsteller den Verbündeten der Innovationen, welche die rumänische Literatur für sich geltend machte. *1945* erschien die erste vollständige Übersetzung von *In Swanns Welt* durch Radu Cioculescu, und der Ästhetiker Tudor Vianu nahm die Übertragung der ganzen *Re-*

cherche in Angriff, deren erster Band *1946* erschien. *In den siebziger Jahren* arbeitete Wladimir Streinu an einer Übersetzung der sämtlichen Werke von Proust.

Schweden: Der Stockholmer Verlag Bonniers übernahm *1930* die Übersetzung der *Recherche* (*La Spaning efter det Swanna*). Er übertrug sie Sonja Vongt. *Am 20. Oktober 1978* wurde in Stockholm die »Marcel Proust Sällskapet« gegründet. Unter dem Vorsitz von Frau Cécile Dahl Ekelund umfaßt sie etwa hundert Mitglieder und tritt dreimal jährlich zusammen.

Spanien: Die erste Berührung mit dem Werk Prousts ergab sich durch José Ortega y Gasset. Als Philosoph und Herausgeber der *Revista de Occidente* (Madrid) beteiligte er sich im *Januar 1923* an der Sondernummer der *N.R.F.* zu Ehren Prousts. Zur selben Zeit begann Pedro Salinas für den Verlag Calpe in Madrid mit der Übertragung der *Recherche* unter dem Titel *En busca del tiempo perdida*. In der Zeitschrift *Arriba* vom 1. Januar 1950 bezeichnete der Schriftsteller faschistischer Richtung Rafael Sanchez Proust allerdings als das deutlichste Beispiel des »Prozesses der Feminisierung der männlichen Welt zwischen 1880 und 1914« ...

Ab 1952 fand das Werk von Proust seine Verbreitung durch die Übersetzung der *Recherche* von Pedro Salinas, José Maria Quiroga und Hernan Gutíerrez für den Verlag Plaza & Jones. *1966* wurde diese Übersetzung als Taschenbuch aufgelegt und damit der jungen Generation zugänglich. *1961* besorgte Consuelo Berges eine neue Übersetzung für den Verlag Alianza; von 1961 bis 1980 wurde diese neue Fassung viermal neu aufgelegt.

UdSSR: Die Russen nehmen schon sehr früh die Übersetzung des Proustschen Romans in Angriff. *1927* erscheint im Verlag Academia in Leningrad *In Swanns Welt* in der Übersetzung und mit dem begeisterten Vorwort von A. Frankowsky. Die große Ausgabe des Werkes folgt später: die ersten vier Bände erscheinen erst *zwischen 1934 und 1938*. Die Übersetzer haben sich in die Aufgabe geteilt: Die Bände I (*In Swanns Welt*) und III (*Die Welt der Guermantes*) sind von A. Frankowsky übersetzt, der Band II (*Im Schatten junger Mädchenblüte*) von A. Fedorow und schließlich der Band IV (*Sodom und Gomorra*) von A. Fedorow und N. Surinay. Der erste Band, der 1934 erschienen ist, enthält einen Essay von Anatol Lunatscharsky, der, obwohl er unvollendet blieb, den wesentlichen Beitrag zur Proust-Kritik in der Sowjetunion darstellt. Es ist außerdem auf den Artikel von Maxim Gorki hinzuweisen: »Gleichgültigkeit darf es nicht geben«, der auf das bei Proust entscheidende Problem von Traum und Wirklichkeit Bezug nimmt. In den siebziger Jahren erfolgt dann endlich die vollständige Übersetzung der *Recherche*.

Vereinigte Staaten: Schon *im Mai 1920* hatte die Zeitschrift *Current Opinion* den Artikel »The curious career of Marcel Proust« veröffentlicht, und *im Oktober 1921* zog Ezra Pound eine interessante Parallele zwischen der Satire der mondänen Welt bei James und bei Proust in der Nr. 71 von *Dial.* Proust stieß demnach von Anfang an auf Resonanz in den Vereinigten Staaten. Man las in recht verschiedenen sozialen Schichten die ersten Bände des Romans im Urtext und in der englischen Übersetzung. Das Werk stimmte mit den amerikanischen Bestrebungen der ersten Nachkriegszeit überein, mit der Suche nach einer gewissen Unschuld, nach einer verschwundenen Vergangenheit. Die Übersetzung von Scott-Moncrieff wurde *von 1924 bis 1932* zunächst von Modern Library und dann von Random House in New York aufgelegt. Der letzte Band wurde von A. A. Blossom übersetzt. *1927* erschien in New York zugleich die Übersetzung des Buches von Léon Pierre-Quint: *Marcel Proust, sa vie, son œuvre.*

Die neue Ausgabe des Briefwechsels verdanken wir einem Amerikaner österreichischer Herkunft: Philip Kolb, dessen Vater 1880 nach Chicago ausgewandert war, hatte sein Studium an der Universität dieser Stadt absolviert und mit 17 Jahren in der »Prep School« (Culver Military Academy) Französisch gelernt. Nach einem einjährigen Stipendium an der Sorbonne beendete er sein Studium an der Harvard-Universität, wo er 1938 mit der Arbeit »Der Briefwechsel Marcel Prousts, Chronologie und kritischer Kommentar« promovierte. Sie wurde 1949 von der University of Illinois Press in Urbana veröffentlicht, wo er als Professor tätig ist und einen sehr umfangreichen Proust-Fonds zusammengestellt hat. Die Herausgabe des Briefwechsels begann im Jahre 1970.

Vom 28. bis zum 30. Dezember 1985 fand in Chicago der alljährliche Kongreß der Modern Language Association statt, anläßlich dessen Elyane Dezon-Jones (die Herausgeberin des *Bulletin de la Société des Amis de Marcel Proust et des Amis de Combray*) ein Kolloquium über das Thema »Sexualität und Textualität« bei Marcel Proust leitete.

II
BEARBEITUNGEN DES PROUSTSCHEN WERKES

RADIO

• **1971** (anläßlich der Hundertjahrfeier seiner Geburt). FRANCE CULTURE: **Les Sources de Proust** [Prousts Quellen] von Pierre-Yves Leprince.

Proust et la maladie [Proust und die Krankheit] von Professor Debré, Serge Béhar und Maurice Lamy.

In der Sendereihe »Hors gravure« von Denise Mègevand wurden (am 30. Juli sowie am 6. und 13. August) drei Sendungen dem Thema **La Musique dans les salons au temps de Marcel Proust** [Die Musik in den Salons zur Zeit Prousts] gewidmet. Das Programm mit Werken von Reynaldo Hahn, Saint-Saëns, Léon Delafosse und André Messager wurde zusammengestellt von Henriette Puig-Roget (Professor am Konservatorium).

FRANCE MUSIQUE: **Correspondance de Proust avec Reynaldo Hahn** [Briefwechsel Prousts mit R. Hahn] von Claude Maupomé.

• **1978** (Oktober und November): FRANCE CULTURE: **Roland Barthes sur les traces de Marcel Proust** [Roland Barthes auf den Spuren von Marcel Proust], Sendereihe von Éliane Milhau und Jean Montalbetti.

• **1982** (Juni): FRANCE INTER: Lesung von **Eine Liebe von Swann**, *Idee und Produktion*: Patrice Galbeau; *Bearbeitung*: Patrick Liégibel; *Regie*: Jacques Taroni; *Darsteller*: Fanny Ardant (Odette de Crécy), Edwige Feuillère (Mme Verdurin), Samy Frey (der Erzähler), François Périer (Swann).

• **1987** (9. August): FRANCE CULTURE: In der Reihe »Un Homme, une ville« Wiederholung der Sendung von Jean Montalbetti aus dem Jahre 1978: **Marcel Proust à Paris**, mit Roland Barthes. *Sprecher*: Pierre Descargues. *Musik*: Georges Léon.

• **1988** (10. Juli): FRANCE MUSIQUE: In der Sendereihe von Claude Maupomé »Comment l'entendez-vous?«: **L'Oreille de Proust** von Maurice Schumann.

FERNSEHEN

• **1962** (11. Januar): **Portrait-souvenir: Marcel Proust**, von Roger Stéphane und Roland Darbois; *Regie*: Gérard Herzog; *Mitwirkende*: François Mauriac, Jean Cocteau, Philippe Soupault, Paul Morand, Daniel Halévy, Marquis de Lauris, Duc de Gramont, Jacques de Lacretelle, Céleste Albaret, Mme André Maurois, Mme Paul Morand, Emmanuel Berl; *Sprecher*: Jean Negroni. Wiederholung 1988, FR 3 (7. März) in der Reihe »Océaniques«.

• **1971**, 1. PROGRAMM (12. Juni): **La Société du temps de Marcel Proust** [Die Gesellschaft zur Zeit Marcel Prousts] von Jean-Marc Leuwen (in der Reihe »Les Chemins de l'Histoire«). Und im Anschluß an diese Sendung: **Proust: l'art et la douleur,** von Guy Gilles; *Darsteller*: Patrick Jouanet (der Erzähler), Pierre Larcher, Céleste Albaret und die Stimmen von Emmanuelle Riva, Jean-Pierre Desfosse, Philippe Rousselet u.a.

(24. Dezember): **Du côté de chez Swann** von Claude Santelli (in der Reihe »Les Cent livres«); *Bearbeitung*: Françoise Verny; *Bild*: Albert Schmiel; *Musik*: César Franck; *Darsteller*: Madeleine Renaud (Tante Léonie), Denise Gence (Françoise), Marie-Christine Barrault (Prousts Mutter), Isabelle Huppert (Gilberte), Christophe Grimbert (Proust als Kind), Emmanuel Dechartre (Proust als Jugendlicher), Guy Laras (Proust als Erwachsener), Gabriel Cattand (der Herzog von Guermantes).

• **1972**, 2. PROGRAMM (9. Januar): **Proust et les siens** [Proust und die Seinen] von Michel Butor und Michel Favart. *Kommentare* von Roland Barthes, Michel Butor, Pierre Klossowski, Henri Pousseur, Jean-Pierre Richard und Jean Starobinski. Die Texte wurden gelesen von Laurent Terzieff.

• **1979** (23. Juni): **Paris au temps de Marcel Proust** [Paris zur Zeit Marcel Prousts] von Philippe Prince (in der Reihe »Cent ans de vie sociale au XXe siècle«).

• **1988**, FR 3 (7. März): In der Reihe »Océaniques« Wiederholung der Sendung **Portrait-Souvenir: Marcel Proust** vom 11. Januar 1962.

FR 3 (14. März): Im Rahmen der »Océaniques«: **Lire Proust** [Proust lesen], Sendung von Pierre-André Boutang; *Regie*: Michel Pamart; *Mitwirkende*: Guy Schoeller, Claude Mauriac, Nathalie Mauriac, Jean-Yves Tadié, Bernard Frank, Joseph Czapski.

Video-Clip: **Marcel Proust, la mémoire courte**: Kultureller Clip von Gonzague Saint-Bris, im Auftrag des Ministeriums für Kultur und Kommunikation; *Produktion*: Gaël de Vaumas; *Regie*: Fabrice Maze; *Originalmusik*: Gonzague de Saint-Bris und Graziella Madrigal; 1987; *Dauer*: 8 Minuten.

In anderen Ländern

• **1971: In Search of Lost Time:** *Regie*: Colin Nears; *Produktion*: British Broadcasting Corporation; *Film*: 16 mm, Farbe; *Dauer*: 65 Minuten. (Enthält Interviews mit der Princesse Bibesco und schildert das Leben von Marcel Proust.)

• **1979: Impostors:** Amerikanischer Film, hergestellt für das Zweite Deutsche Fernsehen; *Regie*: Mark Rappaport; *Film*: 16 mm, Farbe; *Dauer*: 104 Minuten. (Die Geschichte der von ihrem Liebhaber eingesperrten Albertine und ihrer Beziehung, parallel dazu die Fabel des *Malteserfalken* von Dashiell Hammett.)

FILM

Kurzfilme

À la recherche des amours enfantines [Auf der Suche nach der kindlichen Liebe]: *Produktion*: Paris, Pathé Cinéma, 1971; *Film*: 16 mm, Farbe; *Dauer*: 7 Minuten; *Chroniques de France*.

Marcel Proust: *Produktion*: Neuilly, Caravelle international, 1971; *Regie*: Édouard Berne, C. Clert, M. Clarac; *Film*: 16 mm, Farbe; *Dauer*: 15 Minuten.

La Normandie de Marcel Proust [Die Normandie von Marcel Proust]: *Realisierung*: Paris, Pathé Cinéma, 1969; *Film*: 16 mm, Farbe; *Dauer*: 7 Minuten; *Chroniques de France*.

Le Temps d'une vocation [Die Zeit einer Berufung]: *Regie:* J. Letellier, 1961; *Film*: 16 mm, Farbe; *Dauer*: 21 Minuten.

Les Yeux d'Elstir [Die Augen von Elstir]: *Regie*: J. Brunswig, Alain Magrou; *Produktion*: Paris, Film Hermès, 1968; *Film*: 16 mm, Farbe; *Dauer*: 16 Minuten.

Spielfilme

Geplante Filmfassungen

• **Das Szenario von Bertrand de Fallois und Frantz-André Burguet:** Der Produzent Raoul Lévy erwarb als erster die Filmrechte an der *Recherche*. Er übertrug die Bearbeitung den beiden Schriftstellern Bertrand de Fallois und Frantz-André Burguet. René Clément sollte Regie führen.

• **Das Szenario von Luchino Visconti:** 1962 kaufte die Produzentin Nicole Stéphane (geborene Rothschild) auf Grund der Freundschaft, die ihre Mutter mit Suzy Mante-Proust verband, die Filmrechte für die *Recherche* zurück. Sie faßte als Regisseur zuallererst Visconti (1906 - 1976) ins Auge, der 1970 ein 363 Seiten starkes Szenario auf französisch vorlegte (ihm war der Gedanke unerträglich, irgend etwas mit Proust in Zusammenhang Stehendes auf italienisch zu lesen), verfaßt in Zusammenarbeit mit Suso Cecchi d'Amico; Titel: *À la recherche du temps perdu*. 1971, in dem Jahr von *Der Tod in Venedig*, nahm er erste Ortsbestimmungen in der Normandie und in Paris vor.

Besetzung: Alain Delon (Marcel Proust), Helmut Berger (Charles Morel), Silvana Mangano (Oriane de Guermantes), Laurence Olivier oder Marlon Brando (Charlus), Charlotte Rampling (Albertine).

Drehbuch: *In Swanns Welt* ist vollständig beiseite gelassen. Die Handlung hätte in dem Augenblick eingesetzt, als der Erzähler mit seiner Großmutter nach Balbec fährt. Einige Szenen auf dem Deich von Balbec zwischen Proust, Charlus und Saint-Loup. Visconti gedachte anschließend die Entwicklung von drei Paaren darzustellen: Marcel und Albertine, Saint-Loup und Rachel, Charlus und Charles Morel – auf Kosten des Paares Swann und Odette. Visconti ließ gleichermaßen *Die wiedergefundene Zeit* beiseite; die letzten Zeilen des Szenarios münden in die ersten Zeilen der *Recherche* ein. – Im November 1984 brachte der Verlag Persona das Szenario heraus, aber der Film kam über die Projektphase nicht hinaus. Da die Finanzierung noch nicht gesichert war und der Schauspieler Helmut Berger ihn drängte, nahm Visconti den Film *Ludwig* in Angriff.

• **Das Szenario von Harold Pinter:** Nicole Stéphane dachte in der Folge an den Regisseur Joseph Losey (1909-1984), und Harold Pinter schrieb ihr 1972 ein Szenario, das sich erheblich von dem Viscontis unterschied und in dem er zahlreiche Rückblenden, Entsprechungen und Anspielungen verwendet. Der Film wäre von einigen durchgängigen Schlüsselbildern wie der kleinen gelben Mauerecke aus der *Ansicht von Delft* von Vermeer bestimmt worden. Das Ende hätte eine Art Gesamtansicht dargestellt, in der das Leben des Erzählers und die Orte, die er kannte, vorübergezogen wären. Auch er hätte das Romanende nicht beibehalten. Das Szenario wurde bei Chatto and Windus in London unter dem Titel *The Proust Screenplay* veröffentlicht. Die voraussichtlichen Kosten beliefen sich jedoch auf 25 Millionen Dollar. Joseph Losey war damals bei den Major Companies schlecht angeschrieben. Die Finanzierung brach zusammen, und der Film kam wieder einmal nicht zustande.

Fertiggestellte Spielfilme

• **Céleste** (Bundesrepublik, 1981): *Regie*: Percy Adlon; *Produktion*: Pelemele Film/Bayerischer Rundfunk; *Szenario*: Percy Adlon (nach den Memoiren von Céleste Albaret: *Monsieur Proust*, Robert Laffont, 1973); *Musik*: César Franck; *Darsteller*: Y. Yärgen Arndt (Marcel Proust), Eva Mattes (Céleste Albaret), Norbert Wartha (Odilon Albaret); *Dauer*: 106 Minuten.

☛ In *Le Figaro* vom 2. Mai 1984 begründete Percy Adlon seine Wahl: »Wenn ich mich dafür entschied, alles aus dem Blickwinkel von Céleste zu sehen, so deshalb, weil durch ihre Einfachheit und Geduld hindurch, die ihr als Mädchen vom Land angeboren sind, mit großer Natürlichkeit und ohne jeden Intellektualismus etwas von der Berufung, vom Leiden und von der künstlerischen Arbeit spürbar werden. [...] Sogar Prousts Asthma ist ein künstlerisches Asthma. Ich glaube zutiefst an die Notwendigkeit für einen künstlerisch schaffenden Menschen, eine gewisse ›Anomalie‹ zu kultivieren, die ihn vom gewöhnlichen Leben scheidet. Der Schlüssel des zurückgezogenen Lebens von Proust und Céleste ist eine äußerste Konzentration.«

• **Eine Liebe von Swann:** Die erste Verfilmung eines Werkes von Proust war allerdings erst im Jahre 1984, dank dem deutschen Regisseur Volker Schlöndorff (geboren 1939), auf der Leinwand zu sehen. Schlöndorff hatte im übrigen bereits große Schriftsteller wie Robert Musil: *Die Verwirrungen des Zöglings Törleß*; Heinrich Böll: *Die verlorene Ehre der Katharina Blum*; Günter Grass: *Die Blechtrommel* für den Film oder das Fernsehen bearbeitet.

Szenario von Peter Brook und Jean-Claude Carrière: Bescheidener als diejenigen von Visconti oder von Pinter und Losey, stellt das Drehbuch eine freie Adaptation von *Eine Liebe von Swann* dar. Da die ganz in der Vorstellung angesiedelte Chronologie Prousts nicht auf das Kino zu übertragen sei, entschieden sie sich für eine zeitliche Einheit und drängten die Handlung in 24 Stunden der Leidenschaft von Charles Swann für Odette de Crécy zusammen (ein Tag, der in einer ganz imaginären Zeit vom späten Erwachen und Aufstehen bis zum Morgengrauen des nächsten Tages währt). Sie entlehnten nichtsdestoweniger einige Szenen aus *Sodom und Gomorra* und aus *Die wiedergefundene Zeit*, ohne jedoch die Einheit des Ortes aufzugeben: weder Combray noch die normannische Küste tauchen auf, die Handlung spielt gänzlich in Paris. Swann wohnt am Quai d'Orléans, Odette in der Rue La Pérouse; über den Bois [de Boulogne], die Oper und selbstverständlich den Faubourg Saint-Germain pendelt man zwischen den beiden Orten hin und her (der Film wurde übrigens ganz in Außenaufnahmen und in wirklich existierenden Dekors gedreht). Die Handlung dieses Tages und dieser Nacht spielt etwa im Jahr 1885: Swann ist kaum 33 Jahre alt, und Odette ist noch keine dreißig; zwischen diesem Augenblick und den letzten Sequenzen des Films liegen allerdings 15 Jahre: als Bilanz seines Lebens und seiner Suche nach dem Glück erinnert sich der todkranke Swann an jene Leidenschaft eines Tages, während Odette (die nun seine imponierende und triumphierende Frau geworden ist) mit der Kutsche in den Tuilerien spazierenfährt.

Technische Angaben: Deutsch-französische Koproduktion: Gaumont, FR 3, S.F.P.C., Nicole Stéphane unter Beteiligung des Kultusministeriums Paris, Bioskop Film, Eberhard Junkersdorf (München); *Produktion*: Margaret Menegoz, Les Films du Losange; *Szenario*: Peter Brook, Jean-Claude Carrière, Marie-Hélène Estienne; *Musik*: Hans Werner Henze; *Hauptdarsteller*: Jeremy Irons (Charles Swann) mit der Stimme von Pierre Arditi, Ornella Muti (Odette de Crécy) mit der Stimme von Micky Sébastien, Alain

Delon (Baron Charlus), Fanny Ardant (die Herzogin von Guermantes), Marie-Christine Barrault (Mme Verdurin); *Drehdauer*: 42 Tage; *Schnitt*: 6 Monate (Françoise Bonnot u. a.); *Dauer des Films*: 107 Minuten; *Budget*: 28 Millionen Francs.

Kritiken: *Le Figaro*: »Ich möchte fast sagen, daß allein Visconti etwas von dem Geist des Dekors, der Flüchtigkeit der Neigungen, dem Glanz der Nichtigkeiten, der Leistung eines Talente aufspürenden Snobismus hätte einfangen können. Schlöndorff hält sich hier an die Anekdote und vernachlässigt die Atmosphäre. Man fühlt sich vage frustriert. Aber konnte es anders sein?« (Claude Baignères, 22. Februar 1984.)

Le Monde: »Der Film *Eine Liebe von Swann* von Schlöndorff ist unbestreitbar gelungen. Seine Kühnheit liegt eben darin, daß er in erster Linie die Leidenschaft hervorhebt. Wie jede andere ›kultivierte‹ Person dachte ich anfänglich, daß ich negativ darauf reagieren würde. Der Umstand, daß der Erzähler mit Swann identifiziert wird, ist selbstverständlich eine Reduktion. Doch die körperliche Intensität der Regie setzt sich schließlich durch. [...] Dieser Film ist ein Ereignis, denn er bricht mit einem gewaltigen Tabu.« (Philippe Sollers, 23. Februar 1984.)

Les Nouvelles: »Bei Proust entwikkelt sich Swanns Liebe in Wirklichkeit langsam, unmerklich, wie eine schwere, aber anfänglich verborgene Krankheit; und als sie das eigentliche Leben des Liebenden zerstört hat, zieht sie sich langsam und in mehreren Etappen zurück. Die Drehbuchautoren dagegen haben 24 Stunden aus dem Leben Swanns herausgegriffen: man sieht deshalb eine hektische, überspannte Männergestalt, die einer charmanten Frau mit entzückenden Kleidern, die sie zudem bereitwillig auszieht, ungerechtfertigte Szenen macht, und dann renkt sich wunderbarerweise alles ein, und sie heiraten. Aber die wirklichen Gestalten Prousts sind nicht auf diese Weise zusammenfaßbar, karikierbar.« (Jean-Yves Tadié, 23.-29. Februar 1984.)

Le Point: »Und dann werden die Spötter die Fassung verlieren, die im voraus schon großes Geschrei anstellten und den Film der unmotivierten Gefälligkeit bezichtigten. Volker Schlöndorff hat einen düsteren und letztlich erschütternden Film gedreht, so unbequem, daß man versucht ist, ihn in Bausch und Bogen abzulehnen. Zu Unrecht. Denn er hinterläßt eine Spur, macht seine befreiende Wirkung doch neugierig darauf, Proust zu lesen oder wieder zu lesen. Der Versuch ist gelungen.« (Marie-Françoise Leclère, 20. Februar 1984.)

Le Nouvel Observateur: »Es wäre ungerecht, ein Unternehmen zu verdammen, das durch sein eigenes Prinzip unmöglich gemacht wird. In

Wirklichkeit ist diese fromme Illustration des gelungensten Meisterwerks der französischen Literatur nichts als eine Skizze. Alles fehlt, alle fehlen. Wo sind die Großmutter und die Kammerjungfer der Baronin Putbus? Wo hat Bergotte sich versteckt? Und Legrandin? Und Bloch? Und der Prinz von Guermantes? Aber vor allem: wo ist der geologische Erdrutsch einer ganzen Gesellschaft, bewirkt durch ihre eigenen Konvulsionen?« (Jean-François Josselin, 17. Februar 1984.)

BÜHNENFASSUNGEN

À la recherche du temps perdu: Paris, Conservatoire des arts et métiers, 22. November 1974; *Dialogfassung*: Jean Nazet; *Inszenierung*: Bernard Goupil; *Kostüme*: Denise Touzé.

À la rencontre de Marcel Proust [Begegnung mit Marcel Proust] von Martine de Breteuil; *musikalische Regie*: Jean-Claude Le Saul; Schauspieler der Orangerie; *Vorstellungen*: Château de Breteuil, vom 15. Mai bis zum 9. Juli 1978; Théâtre Les Templiers, vom 22. Februar bis zum 31. März 1984; Théâtre Le Bourvil, vom 1. bis zum 26. März 1988.

Proust et la passion d'être [Proust und die Leidenschaft zu sein]: *Bearbeitung*: Serge Gaubert; Comédie de Saint-Étienne; *Premiere*: 13. November 1978 in Roanne; *Inszenierung*: Daniel Benoin; *Ausstattung und Kostüme*: Dominique Pichon.

À la recherche du temps perdu: 1. Swann; 2. Les Amours et les plages [Liebschaften und Strände): Zwei Stücke mit 6 Szenen, aufgeführt vom Centre théâtral de Clichy, *geleitet* von Bernard Goupil; *Vorstellungen*: Paris, Lucernaire Forum, Théâtre Rouge: vom 22. Januar bis zum 24. Februar 1979, Théâtre Noir: 16. Januar bis 8. März 1980.

La Madeleine Proust en forme [Die Madeleine Proust in Form] *von* und *mit* Laurence Semonin; *Inszenierung*: Gérard Bole-du Chaumont; *verschiedene Aufführungen*: Saison 1982-1983.

L'Adoration perpétuelle [Die ewige Anbetung]: *Adaptation und Inszenierung*: Claude Malric; Centre expérimental »Spectacle-Art-Science«; *Ausstattung*: Jean-Pierre Pincemin; *Kostüme*: Pascale Lavandier; *Musik*: Pierre Bernard; *verschiedene Aufführungen*: Saison 1984-1985.

Proust: j'avais toujours quatre ans pour elle! [Proust: Für sie war ich immer noch vier Jahre alt!] von Pierre Herman; *Inszenierung*: Jacques Legré; *Assistentin*: Marie Hermès; *Kostüme*: Jacqueline Vierny; *Interpreten*: Alain Laurent, Chantal Defresne, Denis Dasniel, Laurent Fraunié; *Vorstellungen*: Théâtre de la Huchette, 22. Februar bis 30. Juni 1988.

BALLETTE

Souvenir du passé [Erinnerung an die Vergangenheit]: Nach dem Krieg beabsichtigte der Komponist Menotti, ein Ballett nach dem Werk von Proust aufzuführen. Er engagierte dafür den Tänzer Tudor. Christian Bérard fertigte die Bühnenbilder an, und Schiaparelli verpflichtete sich, die Kostüme zu entwerfen. Das Vorhaben blieb jedoch ein Projekt.

Les Intermittences du cœur [Die Anfälligkeiten des Herzens]: Ballett in zwei Akten und 13 Bildern, aufgeführt von dem Ballett National de Marseille in Monte-Carlo am 24. August 1974; *Choreographie*: Roland Petit; *Musik*: Beethoven, Debussy, Fauré, Franck, Hahn, Saint-Saëns, Wagner; *Bühnenbild*: René Allio; *Kostüme*: Christine Laurent; *Interpreten der Uraufführung*: Karen Kain, Rudy Bryans, Michaël Denard. Das Ballett wurde von Dick Sanders für das Fernsehen bearbeitet. *Interpreten*: Maia Plissetskaya, Danys Ganio, Dominique Khalfouni, Patrick Dupond, Jean-Charles Gil; *Sendung*: FR 3, 14. März 1982.

CARTOON

Nouvelles histoires, »Les Madeleines du petit Marcel« [Neue Geschichten, »Die Madeleines des kleinen Marcel«] von Régis Franc, Verlag Dargaud, Coll. »Pilote«, 1976.

BIBLIOGRAPHIE

☛ Fast zehntausend Bände über Proust sind bisher erschienen. Wir geben hier nur einen kurzen Überblick.

I

BIBLIOGRAPHIEN ÜBER MARCEL PROUST

ALDEN, Douglas W., *Marcel Proust and his French Critics*, Los Angeles: Lymanhouse, 1940.

BONNET, Henri, *Marcel Proust de 1907 à 1914*, 2 Bde., Paris: Nizet, 1971-1976.

CHANTAL, R. de, *Marcel Proust critique littéraire*, Montréal: Les Presses de l'Université de Montréal, 1967.

CORBINEAU-HOFFMANN, Angelika, *Auswahl-Bibliographie deutschsprachiger Proust-Literatur*, in: Jean-Yves Tadié, *Proust*, Frankfurt am Main: Suhrkamp Verlag, 1987.

GRAHAM, V. E., *Bibliographie des études sur M. P. et son Œuvre*, Genf: Droz, 1976.

HILLEN, Wolfgang, *Deutsche Proust-Bibliographie* 1979-1982, in: E. Mass und V. Roloff (Hg.), *Marcel Proust. Lesen und Schreiben*, Frankfurt am Main: Insel, 1983. *Deutsche Proust-Bibliographie 1983-1984* (Mit Nachträgen aus den Jahren 1975-1982) in: E. Mass (Hg.), *Marcel Proust. Motiv und Verfahren*, Frankfurt am Main: Insel Verlag, 1986.

KOLB, Philip und PRICE, L., *Marcel Proust: textes retrouvés*, Urbana: University of Illinois Press, 1968.

PRICE, L., *A Check List of the Proust Holdings at The University of Illinois Library*, 1975.

SILVA RAMOS, G. da, *Bibliothèque proustienne*, Paris: Gallimard, »Cahiers Marcel Proust« Nr. 6, 1932.

Vgl. ebenfalls die in jeder neuen Lieferung der *Revue d'histoire littéraire de la France* sowie die in den Publikationen der deutschen Marcel Proust Gesellschaft enthaltene Bibliographie.

II
DAS WERK VON MARCEL PROUST

A. NICHT ILLUSTRIERTE AUSGABEN

À la recherche du temps perdu *(Auf der Suche nach der verlorenen Zeit)*

Band I, *Du côté de chez Swann* (*In Swanns Welt*): 1. Ausgabe im Verlag Bernard Grasset, 1913; 2. Ausg. N. R. F., 1919; 3. Ausg. in 3 Bänden, Gallimard, Collection »Blanche«, 1982; Taschenbuchausgaben: Livre de Poche, 1965; Gallimard, »Folio«, 1972.
Band II, *À l'ombre des jeunes filles en fleurs* (*Im Schatten junger Mädchenblüte*): 1. Ausg. N. R. F., 1918; 2. Ausg. in 3 Bänden, Gallimard, 1934; Neuauflage in der Collection »Blanche«, 1985; Taschenbuchausgaben: Livre de Poche, 1969; Gallimard, »Folio«, 1972.
Band III, *Le Côté de Guermantes I* (*Die Welt der Guermantes I*): 1. Ausg. N. R. F., 1920.
Band IV, *Le Côté de Guermantes II: Sodome et Gomorrhe I* (*Die Welt der Guermantes II: Sodom und Gomorra I*): 1. Ausg. N. R. F., 1921; 2. Ausg. in 3 Bänden (Guermantes I und II), Gallimard, Coll. »Blanche«, 1982; Taschenbuchausgaben: Livre de Poche, 1966 und 1968 (2 Bde.); Gallimard, »Folio«, 1972 (2 Bde.).
Band V, *Sodome et Gomorrhe II* (*Sodom und Gomorra II*): 1. Ausg. in 3 Bänden, N. R. F., 1922; 2. Ausg. in 2 Bänden, Gallimard, Coll. »Blanche«, 1982; Taschenbuchausgaben: Livre de Poche, 1969; Gallimard, »Folio«, 1972.
Band VI, *La Prisonnière* (*Sodome et Gomorrhe III*) [*Die Gefangene* (Sodom und Gomorra III)]: 1. Ausg. in 2 Bänden, N. R. F., 1923; 2. Ausg. in 2 Bänden, Gallimard, Coll. »Blanche«, 1982; Taschenbuchausgaben: Livre de Poche, 1967; Gallimard, »Folio«, 1972; Garnier-Flammarion, 1984.
Band VII, *Albertine disparue* (Die verschwundene Albertine = *Die Entflohene*): 1. Ausg. in 2 Bänden, Gallimard, 1925; Neuausgabe in der Coll. »Blanche«, 1925; Ausg. v. Nathalie Mauriac und Étienne Wolff, Grasset, 1987; Taschenbuchausgaben: Livre de Poche, 1967; Gallimard, »Folio«, 1972; Garnier-Flammarion, 1986.
Band VIII, *Le Temps retrouvé* (*Die wiedergefundene Zeit*): 1. Ausg. Gallimard, 1927; Neuauflage in 2 Bd., Coll. »Blanche«, 1982; Taschenbuchausgaben: Livre de Poche, 1968; Gallimard, »Folio«, 1972; Garnier-Flammarion, 1986.

À la recherche du temps perdu: Ausg. in 3 Bänden, hrsg. v. Pierre Clarac und André Ferré (Vorwort von André Maurois), Gallimard, »Pléiade«, 1954.
Band I, *Du côté de chez Swann – À l'ombre des jeunes filles en fleurs.*
Band II, *Le côté de Guermantes – Sodome et Gomorrhe.*
Band III, *La Prisonnière – La Fugitive – Le Temps retrouvé.*
Neue Ausgabe in 4 Bänden, herausgegeben von Jean-Yves Tadié, Gallimard, »Pléiade«, 1987-1989 [mit zahlreichen Varianten (Esquisses) aus den »Cahiers«].

À la recherche du temps perdu: Ausg. in 3 Bd., hrsg. v. Bernard Raffali, Éditions Robert Laffont, Collection »Bouquins«, 1987.

À la recherche tu temps perdu: Ausg. in 10 Bd., hrsg. v. Jean Milly, GF – Flammarion, 1984-1987.

À la recherche du temps perdu: Ausg. in 9 Bd., Gallimard, »Folio«, 1988-1989.

À la recherche du temps perdu: 2 Kassetten mit Auszügen aus *In Swanns Welt* und *Die wiedergefundene Zeit*, gelesen von Jean-Louis Trintignant, Édition des Femmes, 1987.

Le Carnet de 1908 (Das Notizbuch des Jahres 1908), hrsg. von Philip Kolb, Gallimard, Reihe »Cahiers Marcel Proust«, Nr. 8, 1976.

Chroniques (Chroniken), Gallimard, Coll. »Blanche«, 1927.

Contre Sainte-Beuve (Gegen Sainte-Beuve), gefolgt von *Nouveaux Mélanges* (Vermischte Schriften, zweiter Teil), 1. Ausg., Gallimard, Coll. »Blanche«, 1954 (Vorwort von Bernard de Fallois); 2. Ausg., zusammen mit *Pastiches et Mélanges* (*Nachgemachtes und Vermischtes*) und *Essais et Articles*, »Pléiade«, 1971.

L'Indifférent (*Der Gleichgültige*) (Vorwort von Philip Kolb), Gallimard, Coll. »Blanche«, 1978.

Jean Santeuil, 1. Ausg. in drei Bd., Gallimard, Coll. »Blanche«, 1952 (Vorwort von André Maurois); 2. Ausg., zusammen mit *Les Plaisirs et les Jours* (*Freuden und Tage*), hrsg. v. Pierre Clarac und Yves Sandre, »Pléiade«, 1971.

Matinée chez la princesse de Guermantes, Cahiers du Temps retrouvé, in Zusammenarbeit mit Bernard Brun herausgegeben von Henri Bonnet, Gallimard, Coll. »Blanche«, 1982.

Morceaux choisis [Ausgewählte Texte] (Vorwort von Roman Fernandez), Gallimard, Coll. »Cahiers Marcel Proust«, 1928.

Pastiches et Mélanges (*Nachgeahmtes und Vermischtes*), Gallimard, Coll. »Blanche«, 1919. (Enthält die Vorworte zu den beiden Ruskinübersetzungen, Artikel von Proust und die Lemoine-Pastiches.)

Les Plaisirs et les Jours (*Freuden und Tage*), 1. Ausg. Calmann-Lévy, 1896; 2. Ausg. Gallimard, Coll. »Blanche«, 1924 (Vorwort von Anatole France); 3. Ausg., gefolgt von *Jean Santeuil*, hrsg. v. Pierre Clarac und Yves Sandre, »Pléiade«, 1971; Taschenbuchausgabe: Gallimard, Collection »L'Imaginaire«, 1979.

Poèmes (Gedichte), hrsg. v. Claude Francis und Fernande Gontier, Gallimard, Coll. »Cahiers Marcel Proust«, Nr. 10, 1982.

Sur Baudelaire, Flaubert et Morand (Vorwort von Antoine Compagnon), Édition Complexe, Coll. »Le Regard littéraire«, Brüssel, 1987.

Textes retrouvés [Posthume Texte], hrsg. v. Philip Kolb, Gallimard, Coll. »Cahiers Marcel Proust«, Nr. 3, 1971.

Un amour de Swann, 1. Ausg. Gallimard, 1930; Ausg. in Großdruck, Association des Déficients visuels [Verband der Sehbehinderten], 1984; Taschenbuchausgabe: Gallimard, »Folio«, 1984.

Un amour de Swann (Nachwort von Volker Schlöndorff), nach den handschriftlichen Manuskripten durchgesehen und herausgegeben von Pierre Clarac und André Ferré, Gallimard, 1984.

Deutsche Ausgaben:

Der Weg zu Swann (*Du côté de chez Swann*). Übersetzt von Rudolf Schottlaender, Berlin, Die Schmiede, 1926.

Im Schatten der jungen Mädchen (*À l'ombre des jeunes filles en fleur*). Übersetzt von Walter Benjamin und Franz Hessel, Berlin, Die Schmiede, 1927.

(Auch in: Walter Benjamin, *Gesammelte Schriften, Supplement II,* Frankfurt am Main, Suhrkamp, 1987.)

Die Herzogin von Guermantes (*Le côté de Guermantes*). Übersetzt von Walter Benjamin und Franz Hessel, München, Verlag R. Piper & Co., 1930. (Auch in: Walter Benjamin, *Gesammelte Schriften, Supplement III,* Frankfurt am Main, Suhrkamp, 1987.)

Auf der Suche nach der verlorenen Zeit. Aus dem Französischen von Eva Rechel-Mertens, 7 Bände, Frankfurt am Main, Suhrkamp, 1953-1957.

Auf der Suche nach der verlorenen Zeit. Aus dem Französischen von Eva Rechel-Mertens, Dünndruckausgabe in 3 Bänden, Frankfurt am Main, Suhrkamp, 1967.

Auf der Suche nach der verlorenen Zeit. Aus dem Französischen von Eva Rechel-Mertens, Werkausgabe in 13 Bänden, Frankfurt am Main, Suhrkamp, 1964.

Auf der Suche nach der verlorenen Zeit. Aus dem Französischen von Eva Rechel-Mertens, 10 Bände in Kassette, suhrkamp taschenbücher, Frankfurt am Main, Suhrkamp, 1981-1983.

Auf der Suche nach der verlorenen Zeit. Aus dem Französischen von Eva Rechel-Mertens, Geschenkausgabe in 10 Bänden, Frankfurt am Main, Suhrkamp, 1979.

Jean Santeuil. Deutsch von Eva Rechel-Mertens, 2 Bände, Frankfurt am Main, Suhrkamp, 1965.

Jean Santeuil. Deutsch von Eva Rechel-Mertens, 2 Bände, suhrkamp taschenbücher, Frankfurt am Main, Suhrkamp, 1984.

Diverse Einzelausgaben.

Werke, Frankfurter Ausgabe. Herausgegeben von Luzius Keller, Frankfurt am Main, Suhrkamp, 1988 ff.

Bisher erschienen:
Freuden und Tage. Aus dem Französischen von Luzius Keller und Elisabeth Borchers, Frankfurt am Main, Suhrkamp, 1988.

Nachgeahmtes und Vermischtes. Aus dem Französischen von Henriette Beese, Ludwig Harig und Helmut Scheffel, Frankfurt am Main, Suhrkamp, 1989.

In Vorbereitung:
Essays, Chroniken und andere Schriften. Aus dem Französischen von Henriette Beese, Luzius Keller und Helmut Scheffel. Frankfurt am Main, Suhrkamp, 1992.

B. ILLUSTRIERTE AUSGABEN

1896: *Les Plaisirs et les Jours*, Großoktavformat, illustriert von Madeleine Lemaire (den 50 Exemplaren auf Japan- und Chinapapier ist jeweils ein Originalaquarell von M. Lemaire beigegeben), Vorwort von Anatole France, sowie vier Klavierstücke von Reynaldo Hahn nach Gedichten von Marcel Proust, Éditions Calmann-Lévy.

1920: *À l'ombre des jeunes filles en fleurs*, in 8°, Gallimard, 50 Exemplare mit Faksimileblättern der Proustschen Handschrift, Autorenkorrekturen und einer Heliogravüre des Gemäldes von Jacques-Émile Blanche.

1929-1936: *Œuvres complètes*, 17 Bände, Gallimard, Édition »À la gerbe«, 18 Titelbilder von Hermine David.

1930: *Un amour de Swann*, N. R. F., in 4°, Radierungen von P. Laprade.

1947: *À la recherche du temps perdu*, 3 Bände, Gallimard, Umschlagentwurf von Paul Bonnet, illustriert mit 77 Aquarellen von Kees Van Dongen, reproduziert als farbige Autotypien.

1948: *À l'ombre des jeunes filles en fleurs*, 2 Bände, Gallimard, illustriert mit 50 Radierungen von J.-E. Laboureur und J. Boullaire (35 Exemplare wurden auf Velinpapier gedruckt und 440 auf Lana-Chiffon).

1950: *Un amour de Swann*, in 8°, Originallithographie von André Dunoyer de Segonzac.

1951: *Un amour de Swann*, Gallimard, Coll. »Le Rayon d'or«, illustriert mit 12 Aquarellen von Hermine David (3500 Exemplare wurden auf Lana-Velin gedruckt).

1954: *Swann's way*, in 4°, The Limited Editions Club, New York, übersetzt von Charles K. Moncrieff, illustriert von Bernard Lamotte (numeriert).

1961-1963: *À la recherche du temps perdu*, 7 Bände, in 4°, Plaisir du Livre, Paris, illustriert von Grau-Sala.

1968-1969: *À la recherche du temps perdu*, 7 Bände, Gallimard, Coll. »La Gerbe illustrée«, hrsg. v. Pierre Clarac und André Ferré, Illustrationen von Philippe Jullian (numerierte Auflage).

1971: *L'Affaire Lemoine*, Les Amis bibliophiles, illustriert von Coutaud, Loisselet, Petier.

1981-1984: *À la recherche du temps perdu*, 8 Bände, in-4°, Editions André Sauret, Monte-Carlo, Originallithographien von Jacques Pecnard.

1987: *Un amour de Swann*, hrsg. v. Michel Raimond und illustriert von André Brasilier, Imprimerie nationale, Collection »Lettres françaises«.

C. IN ZEITSCHRIFTEN VERÖFFENTLICHTE ARTIKEL UND AUSZÜGE AUS DEM WERK

1892: *Le Banquet*, Nr. 1, März: »Un conte de Noël: *Les petits souliers*«; Nr. 2, April: vier »Études« (wiederaufgenommen in *Les Plaisirs et les Jours*): I. »Les Maîtresses de Fabrice«, II. »Cydalise«, III. »Les Amies de la comtesse Myrto«, IV. »Heldémone, Adelgise, Ercole«: »Un livre contre l'élégance: Sens dessus dessous«; Nr. 3, Mai: fünf »Études« (wiederaufgenommen in *Les Plaisirs et les Jours*), nur die dritte trägt einen Titel: »Portrait de Madame***«; außerdem »L'Irréligion d'État«. *Littérature et critique*, 25. Mai: »Choses d'Orient«. *Le Banquet*, Nr. 5, Juli: Drei »Études« (wiederaufgenommen in *Les Plaisirs et les Jours*); Nr. 6, November: zwei »Études« (nur die erste, »La Mer« wurde in *Les Plaisirs et les Jours* aufgenommen, die zweite trägt den Titel: »Portrait de Mme***«; Notiz über *Tel qu'en songe* von Henri de Régnier.

1893: *Le Banquet*, Nr. 7, Februar: »Violante ou la Mondanité« (wiederaufgenommen in *Les Plaisirs et les Jours*) und »La Conférence parlementaire de la rue Serpente«. *Gratis-Journal*, Juli: »Un roman à lire: Le Nez de Cléopâtre, par Henri de Saussine«. *La Revue blanche*, Nr. 21-22, Juli-August: Neun »Études«: I.; II. »Autres reliques«; III. »Éventail«; IV. »Sources des larmes qui sont dans les amours passées«; V. »Contre la franchise«; VI. »Éphémère éfficacité du chagrin«; VII. »Scénario«; VIII. »Mondanité de Bouvard et Pécuchet«; IX. »Amitié« (alle wiederaufgenommen in *Les Plaisirs et les Jours*); Nr. 23, 15. September: »Mélancolique villégiature de Madame de Breyves« (wiederaufgenommen in *Les Plaisirs et les Jours*); Nr. 26, Dezember: sechs »Études«: I. »Présence réelle«; II. »Avant la nuit«; III. »Souvenir«; IV. »Rêve«; V. »À une snob« (die Studien Nr. I, IV, V und VI sind in *Les Plaisirs et les Jours* wiederaufgenommen).

1894: *La Patrie*, 13. Mai: »Échos: La Vie mondaine« (nicht gezeichnet). *Le Gaulois*, 31. Mai: »Bloc-notes parisiens: Une fête littéraire à Versailles« (gezeichnet: Tout-Paris).

1895: *Le Gaulois*, 14. Januar: »Un dimanche au Conservatoire«; 21. Juni: »Portraits de peintres: Antoine Van Dyck, Albert Cuyp, Paul Potter, Antoine Watteau«. *La Revue hebdomadaire*, Nr. 179, 29. Oktober: »La Mort de Baldassare Silvande, vicomte de Sylvanie«. *Le Gaulois*, 14. Dezember: »Figures parisiennes: Camille Saint-Saëns«.

1896: *Le Gaulois*, 12. Juni: »Rêverie couleur du temps: Tuileries«. *Le Temps*, 13. Juni: »Bibliographie: Éloge de la mauvaise musique«. *Le Gaulois*, 18. Juni: »Dans le monde« (ohne Autorenangabe). *La Revue blanche*, Nr. 75, 15. Juli: »Contre l'obscurité« (erweitert wiederaufgenommen in dem Vorwort zu *Tendres stocks* von Paul Morand).

1897: *La Revue d'art dramatique*, Nr. 3, Januar: »Silhouette d'artiste«. *La Presse*, 11. August: »Opinions: Sur M. Alphonse Daudet«; 19. Dezember: »Adieux (à Alphonse Daudet)«.

1898: *La Revue d'art dramatique*, 20. Januar: »Robert de Flers«.

1899: *La Presse*, 19. September: »Lettres de Perse et d'ailleurs. Les Comédiens de salon. Bernard d'Algouvres à Françoise de Breyves: Les Reis-Boisfriseux, par La Roche-en-Marche«; 12. Oktober: »Lettres de Perse et d'ailleurs. Les Comédiens de salon. Bernard d'Algouvres à Françoise de Breyves: Amstel Hotel, Amsterdam«.

1900: *La Chronique des arts et de la curiosité*, Nr. 4, 27. Januar: »Nécrologie: John Ruskin«. *Le Figaro*, 13. Februar: »Pèlerinages ruskiniens en France« (erweitert wiederaufgenommen in *Pastiches et Mélanges*). *Gazette des Beaux-Arts*, 1. April: »John Ruskin«. *Le Mercure de France*, Nr. 124, April: »Ruskin à Notre-Dame d'Amiens« (Vorwort zu *La Bible d'Amiens* von Ruskin, verändert wiederaufgenommen in *Pastiches et Mélanges*).

1901: *La Chronique des arts et de la curiosité*, Nr. 1, 5. Januar: »Bibliographie: *Pays des aromates*, par le comte Robert de Montesquiou«.

1903: *Le Figaro*, 25. Februar: »Un Salon historique: le Salon de S. A. I. la princesse Mathilde« (gezeichnet: Dominique); 11. Mai: »La Cour aux lilas et l'atelier des roses: le salon de Mme Madeleine Lemaire«; 6. September: »Le Salon de la princesse Edmond de Polignac: Musique d'aujourd'hui, échos d'autrefois« (gezeichnet: Horatio). *La Chronique des arts et de la curiosité*, Nr. 34, 7. November und Nr. 35, 14. November: »Dante Gabriel Rossetti et Elizabeth Siddal«.

1904: *Le Figaro*, 4. Januar: »Le Salon de la comtesse d'Houssonville« (gezeichnet: Horatio); 18. Januar: »Salons parisiens: Fête chez Montesquiou à Neuilly«. *La Chronique des arts et de la curiosité*, Nr. 17, 23. April: »Une miniaturiste du Second Empire: Mme Herbelin«. *Le Figaro*, 13. Mai: »Le Salon de la comtesse Potocka«. *La Chronique des arts et de la curiosité*, Nr. 28, 13. August: »Bibliographie: L'Ile et l'Empire de Grande-Bretagne: Angleterre, Égypte, Inde, par Robert d'Humières«. *Le Figaro*, 16. August: »La Mort des cathédrales: une conséquence du projet Briand sur la Séparation« (wiederabgedruckt in *Pastiches et Mélanges*). *Gil Blas*, 14. Dezember: »Échos: Notules. *Étude sur Victor Hugo* par Fernand Gregh« (gezeichnet Marc-Antoine).

1905: *Le Figaro*, 7. Mai: »La Vie à Paris: la comtesse de Guerne«. *La Renaissance latine*, 15. Juni: »Sur la lecture« (Vorwort zu *Sésame et les lys*, verändert wiederaufgenommen in *Pastiches et Mélanges*). *Les Arts de la vie*, Nr. 20, August 1905: »Un professeur de beauté«.

1906: *La Chronique des arts et de la curiosité*, Nr. 18, 5. Mai: »Bibliographie: John Ruskin. *Les Pierres de Venise*«.

1907: *Le Figaro*, 1. Februar: »Sentiments filiaux d'un parricide« (wiederaufgenommen in *Pastiches et Mélanges*). La *Chronique des arts et de la curiosité*, Nr. 10, 9. März: »Bibliographie: *Gainsborough*, par Gabriel Mourey«. *Le Figaro*, 20. März: »Journées de lectures«; 15. Juni (Literaturbeilage): »Les Éblouissements«; 23. Juli: »La Vie à Paris: une grand'mère; 19. November: »Impressions de route en automobile« (wiederaufgenommen in *Pastiches et Mélanges*); 26. Dezember. »Gustave de Borda« (gezeichnet: D).

1908: *Le Figaro* (Literaturbeilage), 22. Februar: »Pastiches: L'Affaire Lemoine. I. Dans un roman de Balzac. II. Dans un feuilleton dramatique de M. Émile Faguet. III. Par Michelet. IV. Dans le *Journal des Goncourt*« (wiederaufgenommen in *Pastiches et Mélanges*); 14. März: »Pastiches (suite): V. »L'Affaire Lemoine« par Gustave Flaubert. VI. Critique du roman de M. Gustave Flaubert sur »l'Affaire Lemoine« par Sainte-Beuve, dans son feuilleton du *Constitutionnel* (wiederaufgenommen in *Pastiches et Mélanges*). *L'Intransigeant*, 8. September: »Lectures: *Le Chemin mort*« (gezeichnet: Marc El Dante).

1909: *Le Figaro* (Literaturbeilage), 6. März: »L'Affaire Lemoine: VIII. Par Henri de Régnier«.

1910: *L'Intransigeant*, 21. September: »Autour d'un livre: *Le Prince des cravates* (par Lucien Daudet)«.

1912: *Le Figaro*, 21. März: »Au seuil du printemps. Épines blanches, épines roses«; 4. Juni: »Rayon de soleil sur le balcon«; 3. September: L'église de village«.

1913: *Le Figaro*, 25. März: »Vacances de Pâques«. *Le Temps*, 12. November: Interview von Élie Bois mit Proust über *Du côté de chez Swann. Gil Blas*, 18. November: »Le Livre du jour: Soirée de musique« (Auszug aus *Du côté de chez Swann). Le Temps*, 21. November: »Le Courrier littéraire: Gens et choses de lettres. *Du côté de chez Swann (Auszug)«. Les Annales politiques et littéraires*, 23. November: »Le Livre du jour: *Du côté de chez Swann*«.

1914: *Gil Blas*, 18. April: »Échos: un nouveau critique littéraire« (ohne Autorenangabe). *Le Journal des Débats*, 24. April: »M. Jacques-Émile Blanche, critique littéraire« (ohne Autorenangabe). *La Nouvelle Revue française*, Nr. 66, 1. Juni und Nr. 67, 1. Juli: »À la recherche du temps perdu« (Auszüge).

1919: *La Nouvelle Revue française*, Nr. 69, 1. Juni: »Légère esquisse du chagrin que cause une séparation et des progrès irréguliers de l'oubli«. *Le Matin*, 11. Dezember: »Les Mille et Un Matins. Mme de Villeparisis à Venise«. *Excelsior*, 11. Dezember: »Le Prix Goncourt 1919: *À l'ombre des jeunes filles en fleurs* par Marcel Proust«. *Le Figaro* (Literaturbeilage), 14. Dezember: »Pages d'hier: *Les Plaisirs et les Jours*« (der Text: »Sur la mauvaise musique«).

1920: *La Nouvelle Revue française*, Nr. 76, 1. Januar: »À propos du ›style‹ de Flaubert«. *La France* (New York), Nr. 4, Januar: »Extrait des œuvres de

Marcel Proust«. *L'Opinion*, 28. Februar: »Les Arts: une tribune française au Louvre, M. Marcel Proust«. *L'Intransigeant*, 28. August: »Les Lettres: Petite enquête des Treize«. *La Revue de Paris*, 15. November 1920: »Pour un ami: remarques sur le style« (Vorwort zu *Tendres stocks* von Paul Morand).

1921: *La Nouvelle Revue française*, Nr. 88, 1. Januar: »Une agonie«. *La Renaissance politique, littéraire, artistique*, Nr. 2, 8. Januar: »Enquête sur le romantisme et classicisme«. *La Nouvelle Revue française*, Nr. 89, 1. Februar: »Un baiser« (Auszug aus *Le côté de Guermantes II*). *La Revue hebdomadaire*, Nr. 9, 26. Februar: »Une soirée de brouillard«. *La Nouvelle Revue française*, Nr. 93, 1. Juni: »À propos de Baudelaire«; Nr. 97, 1. Oktober: »Les intermittences du cœur« (Auszug aus *Sodom und Gomorra II*). *Les Œuvres libres*, Nr. 5, November: »Jalousie«. *La Nouvelle Revue française*, Nr. 99, 1. Dezember: »En tram jusqu'à la Raspelière« (Auszug aus *Sodom und Gomorra II*).

1922: *Intentions*, Nr. 4, April: »Étrange et douloureuse raison d'un projet de mariage« (Auszug aus *Sodom und Gomorra II*). *Les Feuilles libres*, Nr. 26, April-Mai: »Une soirée chez les Verdurin« (Auszug aus *Sodom und Gomorra II*). *La Renaissance politique, littéraire, artistique*, Nr. 29, 22. Juli: »Une enquête littéraire: Sommes-nous en présence d'un renouvellement du style? Convient-il de dénoncer une crise de l'intelligence?«. *L'Intransigeant*, 14. August: »Une petite question: Et si le monde allait finir ... Que feriez-vous?«. *La Nouvelle Revue française*, Nr. 110, 1. November: »La regarder dormir. Mes réveils«. *Le Figaro* (Literaturbeilage), 26. November: »La Prisonnière«. *La Revue rhénane*, Nr. 3, Dezember: »La Prisonnière: une page inédite de Marcel Proust«.

1923: *La Nouvelle Revue française*, Nr. 112, 1. Januar: »La Prisonnière: 1. Une matinée au Trocadéro. 2. La Mort de Bergotte«. *Les Œuvres libres*, Nr. 20, Februar: »Précaution inutile: roman inédit par Marcel Proust«.

D. VORWORTE UND ÜBERSETZUNGEN

BLANCHE, Jacques-Émile, *Propos de peintre. De David à Degas*, Vorwort von Marcel Proust, Éditions Émile Paul, 1919.

MAUGNY, Rita de, *Au royaume du bistouri*, Vorwort von Marcel Proust, Genf: Henn, 1920.

MORAND, Paul, *Tendres Stocks*, Vorwort von Marcel Proust, N.R.F., 1921.

RUSKIN, John; *La Bible d'Amiens*, Übersetzung, Anmerkungen und Vor-

wort von Marcel Proust, Mercure de France, 1904; Taschenbuchausgabe: Verlag Christian Bourgois, Coll. »10/81«, 1987.
Sésame et les lys, Übersetzung, Anmerkungen und Vorwort von Marcel Proust, Mercure de France, 1906.

E. BRIEFWECHSEL

Choix de lettres [Briefauswahl], Plon, 1965.

Correspondance: Bereits erschienen Band I bis XIX, herausgegeben von Philip Kolb, Verlag Plon: Bd. I (1880-1895), 1970; Bd. II, (1896-1901), 1976; Bd. III (1902-1903), 1977; Bd. IV (1904), 1978; Bd. V (1905), 1979; Bd. VI (1906), 1980; Bd. VII (1907), 1981; Bd. VIII (1908), 1981; Bd. IX (1909), 1982; Bd. X (1910-1911), 1983; Bd. XI (1912), 1984; Bd. XII (1913), 1984; Bd. XIII (1914), 1985; Bd. XIV (1915), 1986; Bd. XV (1916), 1987; Bd. XVI (1917), 1988; Bd. XVII (1918), 1989; Bd. XVIII (1919), 1990; Bd. XIX (1920), 1991.

Correspondance (1914-1922) (Marcel Proust und Jacques Rivière), Plon, 1955. Neuauflage Gallimard, Coll. »Blanche«, 1976 (hrsg. v. Philip Kolb, Vorwort von Jean Mouton).

Correspondance avec sa mère [Briefwechsel mit der Mutter], Plon, 1953.

Correspondance générale de Marcel Proust, Ausgabe in 6 Bänden (die ersten fünf herausgegeben von Robert Proust und Paul Brach, der letzte von Suzy Mante-Proust und Paul Brach), Plon 1930-1936.
Band I: *Lettres à Robert de Motesquiou 1893-1921.*
Band II: *Lettres à la comtesse de Noailles 1901-1919.*
Band III: *Lettres à M. et Mme Sydney Schiff, Paul Souday, Jacques-Émile Blanche, Camille Vettard, Jacques Boulenger, Louis Martin-Chauffier, Ernst-Robert Curtius, Louis Gautier-Vignal.*
Band IV: *Lettres à Pierre Lavallée, L.-L. Vaudoyer, Robert de Flers, Marquise de Flers, Gaston de Caillavet, Mme G. de Caillavet, Bertrand de Salignac-Fénelon, Mlle Simone de Caillavet, René Boylesve, É. Bourges, Henri Duvernois, Mme T.-J. Guéritte et Robert Dreyfus.*
Band V: *Lettres à Walter Berry, comte et comtesse de Maugny, comte V. d'Oncieu de la Batie, M. Pierre de Chevilly, Sir Philip Sayssoon, Princesse Bibesco, Mlle Louisa de Mornand, Mme Laure Hayman, Mme Scheikévitch.*
Band VI: *Lettres à M. et Mme Émile Straus suivies de quelques dédicaces.*

Lettres à André Gide, Neuchâtel: Ides et Calendes, 1949.

Lettres à la N. R. F., mit einer Proustbibliographie von G. de Silva Ramos und gefolgt von den *Lettres des Proust à la Mazarine* [Briefe Prousts an die Mazarine-Bibliothek], Gallimard, »Cahiers Marcel Proust«, Nr. 6, 1932.

Lettres à Reynaldo Hahn, herausgegeben von Philip Kolb, Vorwort von Emmanuel Berl, Gallimard, Coll. »Blanche«, 1956.

Lettres de Marcel Proust à Bibesco, Vorwort von Thierry Maulnier, Lausanne: Clairefontaine, 1949.

Lettres retrouvées, Plon, 1966.

Deutsche Ausgaben:

Marcel Proust, *Briefe zum Werk* [Auswahl], Frankfurt am Main: Suhrkamp, 1964.
Marcel Proust, *Briefe zum Leben* [Auswahl], Frankfurt am Main: Suhrkamp, 1969.
Marcel Proust, *Briefwechsel mit der Mutter*, Frankfurt am Main: Suhrkamp, 1970.

Zum Briefwechsel von Marcel Proust vergleiche auch:

BUISINE, Alain, *Proust et ses lettres*, Presses universitaires de Lille, 1983, Neuausgabe 1986.
CURTISS, Mina, *Letters of Marcel Proust*, New York: Random House, 1949.
DAUDET, Lucien, *Autour de soixante lettres de Marcel Proust*, Gallimard, »Cahiers Marcel Proust«, Nr. 5, 1929.
KOLB, Philip, *La Correspondance de Marcel Proust*, Urbana: The University of Illinois Press, 1949.
LAURIS, Marquis Georges de, *À un ami*, Amiot-Dumont, 1948.
RAPHAEL, Pierre, *Introduction à la correspondance de Marcel Proust. Répertoire de la correspondance de Proust*, Éditions Sagittaire, 1938.
ROBERT, Louis de, *Comment débuta Marcel Proust*, Gallimard, 1925; überarbeitete und erweiterte Neuauflage, Coll. »Blanche«, 1969.

III

ZEUGNISSE UND BIOGRAPHIEN

ABRAHAM, Pierre, *Proust* (mit 60 Bildtafeln in Heliogravür), Paris: Rieder, 1930.

ADAMS, William Howard, *En souvenir de Proust. Les personnages du temps perdu photographiés par Paul Nadar*, Edita, 1985 (dt.: *Prousts Figuren und ihre Vorbilder*, Frankfurt am Main: Suhrkamp, 1988).

ALBALAT, Antoine, *Trente ans de Quartier latin*, Paris: Malfère, 1930.

ALBARET, Céleste, *Monsieur Proust*, Robert Laffont, 1973 (dt.: *Monsieur Proust*, Kindler Verlag: München, 1974).

BERL, Emmanuel, *Sylvia*, Gallimard, Coll. »Blanche«, 1952.

Présence des morts, Gallimard, 1956

Essais – Le Temps des idées et des hommes, Julliard, 1985.

BIBESCO, Princesse Marthe, *Au bal avec Marcel Proust*, Gallimard, 1928; Neuausgabe Gallimard, »Cahiers Marcel Proust« Nr. 2, 1971 (dt.: *Begegnung mit Marcel Proust*, Frankfurt am Main: Suhrkamp, 1972).

Le Voyageur voilé, Genf: La Palatine, 1947.

La Vie d'une amitié, 3 Bände, Plon, 1951-1957.

BILLY, Robert de, *Marcel Proust. Lettres et conversations*, Paris: Les Portiques, 1930.

BLANCHE, Jacques-Émile, *Propos de peintre*, 3 Bände, Paris: Émile-Paul, 1919-1928.

Mes modèles, Stock, 1928.

La Pêche aux souvenirs, Flammarion, 1949.

BONNET, Henri, *Marcel Proust de 1907 à 1914*, Nizet, 1959.

BORDEAUX, Henry, *Histoire d'une vie*, Plon, 1951.

BORNECQUE, Jacques Henry, *Un autre Proust*, Nizet, 1976.

BRACH, Paul, *Quelques lettres de Marcel Proust*, Flammarion, 1928.

BRIAND, Charles, *Le Secret de Marcel Proust*, Lefebvre, 1950.

CASTELLANE, Marquis Boniface de, *Comment j'ai découvert l'Amérique*, Paris: Crès, 1925.

L'Art d'être pauvre, Crès, 1926.

CATTAUI, Georges, *L'Amitié de Proust*, Gallimard, »Cahiers Marcel Proust«, Nr. 8, 1935.

Marcel Proust (Vorwort von Daniel-Rops), Julliard, 1953.

Marcel Proust. Documents iconographiques, Genf: Cailler, 1956.

CATUSSE, Mme Anatole, *Marcel Proust. Lettres à Mme C.*, Paris: Janin, 1946.

CLARAC, Pierre und FERRÉ, André, *Album Proust*, Gallimard, »Pléiade«,

1965 (dt.: *Das Proust-Album.* Leben und Werk im Bild, Frankfurt am Main: Suhrkamp, 1975).

CLERMONT-TONNERRE, Duchesse Élisabeth de, *Robert de Montesquiou et Marcel Proust*, Flammarion, 1925.

Marcel Proust, Flammarion, 1948.

COCTEAU, Jean, *Poésie critique I*, Gallimard, Coll. »Blanche«, 1959.

COLETTE, *En pays connu*, Ferenczi, 1950.

CRÉMIEUX, Benjamin, *Du côté de chez Marcel Proust*, Paris: Lemarget, 1929.

DANDIEU, Arnaud, *Marcel Proust: sa révélation psychologique*, Firmin Didot, 1930.

DAUDET, Léon, *Salons et journaux*, Nouvelle Librairie nationale, 1917.

Ecrivains et artistes, Bd. 3, Paris: Capitole, 1928.

Paris vécu, 2 Bde., Gallimard, 1929-1930.

DEFFOUX, Léon, *Chronique de l'Académie Goncourt*, Firmin Didot, 1929.

DESCAVES, Lucien, *Deux Amis. Huysmans et l'abbé Mugnier*, Plon, 1946.

DREYFUS, Robert, *Souvenirs sur Marcel Proust*, Grasset, 1926.

De Monsieur Thiers à Marcel Proust, Plon, 1939.

DUPLAY, Maurice, *Mon ami Marcel Proust. Souvenirs intimes*, Gallimard, »Cahiers Marcel Proust« Nr. 5, 1972.

FERNANDEZ, Ramon, *À la gloire de Proust*, Paris: Nouvelle Revue critique, 1944.

FERRÉ, André, *Les années de collège de Marcel Proust*, Gallimard, Coll. »Vocations«, 1959.

FLAMENT, Albert, *Le Bal du Pré Catelan*, Fayard, 1946.

FOUQUIER, Baron Marcel, *Jours heureux d'autrefois*, Albin Michel, 1941.

FRANCIS, Claude und GONTIER, Fernand, *Marcel Proust*, Gallimard, »Cahiers Marcel Proust«, Nr. 10, 1982.

Marcel Proust et les siens, gefolgt von den Erinnerungen von Mme Suzy Mante-Proust, Plon, 1982.

GABORY, Georges, *Essai sur Marcel Proust*, Paris: Le Livre, 1926.

GAUTIER-VIGNAL, Louis, *Proust connu et inconnu*, Robert Laffont, 1976.

GERMAIN, André, *De Proust à Dada*, Le Sagittaire, 1924.

Les Clés de Proust, Paris: Sun, 1953.

GIDE, André, *Journal, 1889-1939*, Gallimard, »Pléiade«, 1941.

GONCOURT, Edmond und Jules de, *Journal*, 4 Bände, Monaco: Imprimerie nationale, 1956.

GRASSET, Bernard, *Textes choisis*, Table Ronde, 1953.

GREGH, Fernand, *L'Age d'or*, Grasset, 1947.
L'Age d'airain, Grasset, 1951.
Mon amitié avec Marcel Proust, Grasset, 1958.

HAHN, Reynaldo, *Notes. Journal d'un musicien*, Plon, 1933.

HAYMAN, Laure, *Lettres et vers de Marcel Proust à Mesdames Laure Hayman et Louisa de Mornand*, Paris: Andrieux, 1928.

HENRY, Anne, *Proust. Une vie, une œuvre, une époque*, Balland, Coll. »Phares«, 1986.

HERMANT, Abel, *Souvenirs de la vie mondaine*, Hachette 1935.

JALOUX, Edmond, *Avec Marcel Proust*, Genf: Palatine, 1953.

LAURIS, Marquis Georges de, *Souvenirs d'une belle époque*, Paris: Amiot-Dumont, 1948.

MARTIN DU GARD, Maurice, *Les Mémorables*, Bd. 1, Kap. 1: »Rencontre avec Marcel Proust«, Flammarion, 1957.

MAURIAC, Claude, *Marcel Proust par lui-même*, Le Seuil, Coll. »Écrivains de toujours«, 1953 (dt.: *Marcel Proust* [rororo Monographien, 15], Reinbek: Rowohlt, 1958).
L'oncle Marcel, Grasset, 1987.

MAURIAC, François, *Proust*, Marcelle Lesage, 1926.
Du côté de chez Proust, Table Ronde, 1947.

MAUROIS, André, *À la recherche de Marcel Proust*, Hachette, 1949 (dt.: *Auf den Spuren von Marcel Proust*, Frankfurt: Suhrkamp, 1971).

MONTESQUIOU, Comte Robert de, *Les Pas effacés*, 3 Bände, Paris: Émile-Paul, 1923.

MORAND, Paul, *Le Visiteur du soir*, Genf: Palatine, 1949.

MUGNIER, Abbé, *Journal (1879-1939)*, Mercure de France, 1985.

NORDLINGER, Marie, *Marcel Proust. Lettres à une amie*, Manchester: Éditions du Calame, 1942.

OBERLÉ, Jean, *La Vie d'artiste*, Denoël, 1956.

PAINTER, George D., *Marcel Proust. A Biography*, 2 Bde., London: Chatto & Windus, 1959 und 1965 (dt.: *Marcel Proust. Eine Biographie*, 2 Bde., Frankfurt am Main: Suhrkamp, 1962 und 1968).

PIERRE-QUINT, Léon, *Marcel Proust, sa vie, son œuvre*, Simon Kra, 1925; Neue, durch verschiedene Artikel erweiterte Ausgabe, Marseille: Le Sagittaire, Coll. »Les Documentaires«, 1935.
Comment travaillait Marcel Proust, Édition des Cahiers libres, 1928.
Comment parut »Du côté de chez Swann«. Lettres de Marcel Proust à René Blum, Bernard Grasset et Louis Brun, Kra, 1930.
Proust et la stratégie littéraire, Paris: Corréa 1954.

PONIATOWSKI, Prince Stanislas, *D'un siècle à l'autre*, Presses de la cité, 1948.

POREL, Jacques, *Fils de Réjane*, 2 Bände, Plon, 1951-1952.

POUQUET, Jeanne Maurice, *Le Salon de Madame Arman de Caillavet*, Hachette, 1926.
Quelques lettres de Marcel Proust, Hachette, 1928.
PLANTEVIGNES, Marcel, *Avec Marcel Proust*, Nizet, 1966.
PRINGUÉ, Gabriel Louis, *Trente ans de dîners en ville*, Paris: Éditions Revue Adam, 1948.
RACHILDE (Mme Alfred Vallette), *Portraits d'hommes*, Mercure de France, 1930.
REY, Pierre-Louis, *Marcel Proust*, Éditions Birr, 1984.
ROBERT, Louis de, *De Loti à Proust*, Flammarion, 1928.
SACHS, Maurice, *Le Sabbat*, Paris: Corréa, 1946.
SCHEIKÉVITCH, Marie, *Souvenirs d'un temps disparu*, Plon, 1935.
SOUDAY, Paul, *Proust, Gide et Valéry*, Paris: Kra, 1927.
TADIÉ, Jean-Yves, *Proust*, Belfond, Coll. »Les dossiers Belfond«, 1983 (dt.: *Marcel Proust*, Frankfurt am Main, Suhrkamp, 1987).

IV

AUSWAHL VON KRITISCHEN STUDIEN, DIE GANZ ODER TEILWEISE MARCEL PROUST GEWIDMET SIND

ADORNO, Theodor W., »Kleine Proust-Kommentare«, in: *Akzente. Zeitschrift für Dichtung*, Nr. 5, 1958, S. 564-575. Wiederabdruck in: *Noten zur Literatur II*, Frankfurt am Main: Suhrkamp, 1961, S. 96-109, und in: *Versuch, das Endspiel zu verstehen*, Frankfurt am Main: Suhrkamp, 1973, S. 86-100.

ANGUISSOLA, A. B., *Proust inattuale*, Bulzoni, 1976.

ALDEN, Douglas W., *Marcel Proust's Grasset Proofs. Commentary and Variants*, University of North Carolina Press, 1978.

AUERBACH, Erich, »Marcel Proust: Der Roman von der verlorenen Zeit«, in: *Die neueren Sprachen*, 35, 1927; Wiederabdruck in: *Gesammelte Aufsätze zur romanischen Philologie*, Bern und München 1967.

AUTRET, Jean, *L'Influence de Ruskin sur la vie, les idées et l'œuvre de Marcel Proust*, Genf: Droz, 1955.

BALES, Richard, *Marcel Proust and the Middle Ages*, Droz, Coll. »Histoire des idées«, 1975.

BARD, Catherine, *L'Ambiguité du snobisme de Marcel Proust*, DEA-Dissertation, Universität Paris IV-Sorbonne, 1985.

BARDÈCHE, Maurice, *Marcel Proust romancier*, 2 Bände, Les sept couleurs, 1971.

BARTHES, Roland, *Le Degré zéro de l'écriture*, Le Seuil, Coll. »Pierres vives«, 1953 (dt.: *Am Nullpunkt der Literatur*, Hamburg 1959).

BATAILLE, Georges, *La littérature et le mal*, Gallimard, Coll. »Blanche«, 1957.

BAUDRY, Jean-Louis, *Proust, Freud et l'autre*, Minuit, 1984.

BECKETT, Samuel, *Proust*, London: Chatto and Windus, 1931 (dt.: *Proust. Essay*, Zürich: Arche, 1960).

BEDRIOMO, Émile, *Proust, Wagner et la coïncidence des arts*, Paris: Place, 1984.

BENJAMIN, Walter, »Zum Bilde Prousts«, in: *Die literarische Welt*, 5, 1929, Nr. 25, Nr. 26, Nr. 27; wiederabgedruckt u. a. in: *Gesammelte Schriften*, Bd. II, 1, Frankfurt am Main: Suhrkamp, 1977.

BENOIST-MECHIN, Jacques, *Retour à Marcel Proust*, Amiot, 1957. *Avec Marcel Proust*, Albin Michel, 1977.

BERSANI, Jacques, *Les Critiques de notre temps et Proust*, Garnier, 1971.

BLANCHOT, Maurice, *Le Livre à venir*, Gallimard, Coll. »Blanche«, 1959.

BLONDEL, Charles, *La Psychologie de Marcel Proust*, Vrin, 1932.

BOLLE, Louis, *Marcel Proust ou le complexe d'Argus*, Grasset, 1966.

BONGIOVANNI-BERTINI, M., *Redenzione et metafora*, Feltrinelli, 1981.

BONNET, Henri, *Alphonse Darlu, Maître de philosophie de Marcel Proust*, Nizet, 1961.

Les Amours et la sexualité de Marcel Proust, Nizet, 1985.

BOREL, Jacques, *Marcel Proust*, Seghers, 1972.

Proust et Balzac, José Corti,1975.

BOURLIER, Kay, *Marcel Proust et l'architecture*, Presses de l'Université de Montréal, 1980.

BOYER, Philippe, *Le Petit Pan de mur jaune. Sur Proust*, Le Seuil, Coll. »Fiction & Cie«, 1987.

BRUNET, Étienne, *Le Vocabulaire de Proust.* Quantitative Untersuchung. Verzeichnis von *À la recherche du temps perdu* (3 Bände), Paris: Slatkine, 1983.

BUTOR, Michel, *Répertoires I, II, IV*, Minuit, 1960, 1964, 1974.

CANAVAGGIA, J., *Proust et la politique* (Vorwort von Jacques de Ricaumont), Nizet, 1986.

CATTAUI, Georges, *Marcel Proust perdu et retrouvé*, Plon, 1963.

Proust et ses métamorphoses, Nizet.

CELLY, Raoul, *Répertoire des thèmes de Marcel Proust*, Gallimard, »Cahiers Marcel Proust«, Nr. 7, 1935.

CHARDIN, Philippe, *Le Roman de la conscience malheureuse*, Droz, Coll. »Histoire des idées«, 1982.

CLOUARD, Henri, *Histoire de la littérature française du symbolisme à nos jours*, Bd. II, Albin Michel, 1947. In Zusammenarbeit mit LEGGEWIE, Robert, *Anthologie de la littérature française*, Bd. II, 19. und 20. Jahrh., Oxford University Press, 1960.

COCKING, J. M., *Proust. Collected Essays on the writer and his art*, Cambridge University Press, 1982.

COMPAGNON, Antoine, *La Troisième République des lettres, de Flaubert à Proust*, Le Seuil, 1983.

Proust entre deux siècles, Le Seuil, 1989.

COULON, Bernard, *Promenade en Normandie avec un guide nommé Marcel Proust*, Éditions Charles Corlet, 1987.

CURTIUS, Ernst Robert, *Marcel Proust*, in: CURTIUS, E. R., *Französischer Geist im neuen Europa*, Stuttgart 1925; Buchausgabe: *Marcel Proust*, Berlin u. Frankfurt am Main, 1955.

CZAPSKI, Joseph, *Proust contre la déchéance*, Éditions Noir sur blanc, 1987.

CZONICZER, E., *Quelques antécédents de À la recherche du temps perdu*, Tendances qui peuvent avoir contribué à la cristallisation du roman proustien, Droz, Coll. »Histoire des idées«, 1957.

DAUDET, Charles, *Répertoire des personnages de À la recherche du temps perdu*, Gallimard, »Cahiers Marcel Proust«, Nr. 2, 1928.

DELEUZE, Gilles, *Marcel Proust et les signes*, PUF, 1964; 2., vermehrte Auflage 1970.

DESCOMBES, Vincent, *Proust, philosophe du roman*, Minuit, 1987.

DEZON-JONES, Elyane, *Proust et l'Amerique. La Fiction américaine à la recherche du temps perdu*, Nizet, 1982.

DONZE, R., *Le Comique dans l'œuvre de Marcel Proust*, Attinger, 1955.

DOUBROVSKY, Serge, *La Place de la Madeleine. Écriture et fantasme chez Proust*, Mercure de France, 1974.

DUBOS, Charles, *Approximations*, Plon 1922; Neuauflage bei Fayard, Coll. »Littérature«, 1965.

FAVRICHON, Anna, *Toilettes et silhouettes féminines dans À le recherche du temps perdu*, Presses Universitaires de Lyon, 1987.

FERNANDEZ, Ramon, *Proust ou la généalogie du roman moderne*, Grasset, 1943.

FERRÉ, André, *Géographie de Marcel Proust*, Sagittaire, 1939.

FEUILLERAT, Albert, *Comment Marcel Proust a composé son roman*, Droz, 1934.

GAUBERT, S., *Proust ou le roman de la différence*. L'individu et le monde social, de Jean Santeuil à la Recherche, Presses Universitaires de Lille, 1980.

GENETTE, Gérard, *Figures I*, Le Seuil, Coll. »Tel Quel«, 1966.
Figures II, Le Seuil, Coll. »Tel Quel«, 1969.
Figures III, Le Seuil, Coll. »Poétique«, 1972.

GIDE, André, *Incidences*, Gallimard, Coll. »Blanche«, 1924.

GIRARD, R., *Mensonge romantique ou vérité romanesque*, Grasset, 1961.

GRACQ, Julien, *En lisant, en écrivant*, José Corti, 1981.
Proust, gefolgt von *Stendhal, Balzac, Flaubert, Zola*, Édition Complexe, Coll. »Le Regard littéraire«, 1986.

GUICHARD, Léon, *Introduction à la lecture de Proust*, Nizet, 1956.

HASSINE, Juliette, *Essai sur Proust et Baudelaire*, Nizet, 1979.

HENRY, Anne, *Marcel Proust, théories pour une esthétique*, Klincksieck 1981.
Proust romancier. Le Tombeau égyptien, Flammarion, Coll. »Nouvelle bibliothèque scientifique«, 1983.

ISHIKI, Takaharu, *Maria la Hollandaise et la naissance d'Albertine dans les manuscrits de À la recherche du temps perdu*, Dissertation, Universität Paris III, 1986.

JAUSS, Hans Robert, *Zeit und Erinnerung in Marcel Prousts ›À la recherche du temps perdu‹*, Frankfurt am Main: Suhrkamp, 1986 (erstmals 1955 im Karl Winter Verlag, Heidelberg).

JEPHCOTT, E. F. N., *Proust and Rilke, The Literature of Expanded Consciousness*, London: Chatto and Windus, 1972.

JOUBERT, Claude-Henry, *Le Fil d'or. Étude sur la musique dans À la recherche du temps perdu*, José Corti, 1984.

KOLB, Philip und CATTAUI, Georges, *Entretiens sur Marcel Proust*, Mouton, de Gruyter, »Décades du Centre culturel de Cerisy 2«, 1966.

LARCHER, P.-L., *Le Parfum de Combray*, Mercure de France, 1946.

LATTRE, Alain de, *La Doctrine de la réalité chez Proust*, José Corti: 1: L'Espace de la réalité et la règle du temps, 1979; 2: Les Réalités individuelles et la mémoire, 1981; 3: L'Ordre des choses et la création littéraire, 1985.

Le personnage proustien, José Corti, 1984.

LELONG, Yves, *La Santé du malheur*, Librairie Séguier, 1987.

LEY, H. de, *Marcel Proust et le duc de Saint-Simon*, University of Illinois Press, 1958.

LHOMEAU, Franck, COELHO, Alain, *Marcel Proust à la recherche d'un éditeur*, Olivier Orban, 1988.

LONGUET-MARX, Anne, *Proust, Musil: rencontre d'écriture*, PUF, Coll. »Croisées«, 1986.

LOURIA, Yvette, *La Convergence stylistique chez Proust*, Nizet, 1971.

LOWERY, B., *Marcel Proust et Henry James. Une confrontation*, Plon, 1964.

MAGNY, Claude-Edmonde, *Histoire du roman français depuis 1918*, Le Seuil, 1950.

MANSFIELD, L., *Le Comique de Marcel Proust*, Nizet, 1953.

MARGERIE, Diane de, *Le Ressouvenir*, Flammarion, 1985.

MASSIS, Henri, *Le Drame de Marcel Proust*, Les-Belles-Lettres, 1982.

MEIN, Margaret, *Thèmes proustiens*, Nizet, 1979.

Proust et la chose envolée, Nizet, 1986.

MENDELSON, David, *Le Verre et les objets de verre dans l'univers imaginaire de Marcel Proust*, José Corti, 1968.

MICHEL, Philippe, *Marcel Proust et Robert de Montesquiou*, Mémoire de DEA, Universität Paris IV Sorbonne, 1985.

MIGUET-OLLAGNIER, M., *La Mythologie de Marcel Proust*, Les Belles-Lettres, 1982.

MILLER, Milton, L., *Psychanalyse de Proust*, Fayard, 1977.

MILLY, Jean, *Proust et le style*, Lettres modernes, 1970.

Les Pastiches de Proust, Colin, 1970.

La Phrase de Proust, des phrases de Bergotte aux phrases de Vinteuil, Larousse, 1975.

Marcel Proust dans le texte et l'avant-texte, Flammarion, 1985.

Les longueurs des phrases dans Combray, Champion-Slatkine, 1986.

MINGELGRUN, Albert, *Thèmes et structures bibliques dans l'œuvre de Proust*, L'Age d'homme, 1978.

MONNIN HORNUNG, J., *Marcel Proust et la peinture*, Droz, 1951.

MEGAY, Joyce N., *Bergson et Marcel Proust.* Essai de mise au point de la question de l'influence de Bergson sur Proust, Vrin, 1976.

MOUTON, Jean, *Proust*, Desclée de Brouwer, Coll. »Écrivains devant Dieu«, 1968.

Le style de Marcel Proust, Nizet, 1968.

MULLER, Marcel, *Les Voix narratives dans la recherche du temps perdu*, Droz, 1965.

Préfiguration et structure romanesque dans À la recherche du temps perdu, French Forum, 1982.

NABOKOV, Vladimir, *Lectures on Literature*, New York, 1980 (dt.: *Die Kunst des Lesens. Meisterwerke der europäischen Literatur*, Fischer: Frankfurt/M., 1982).

NATHAN, Jacques, *Citations, références et allusions dans À la recherche du temps perdu*, Nizet, 1953.

NATTIEZ, Jean-Jacques, *Proust musicien*, Bourgois, 1984.

NEWMAN, Pauline, *Marcel Proust et l'existentialisme*, Éditions Latines, 1953.

PASCAL, Alain, *Proust et son narrataire dans À la recherche du temps perdu*, Droz, Coll. »Histoire des idées«, 1983.

PAULTRE, Roger, *Marcel Proust et la théorie du modèle*, Nizet, 1986.

PEJOVIC, Milivoje, *Proust et Dostoïevski: étude d'une thématique commune*, Nizet, 1987.

PICON, Gaëtan, *Lecture de Marcel Proust*, Droz, 1939; Neuauflage: Coll. »Études de philologie et histoire«, 5, 1968.

POMMIER, J., *La Mystique de Marcel Proust*, Droz 1939; Neuauflage Coll. »Études de philologie et d'histoire« 5, 1968.

POULET, Georges, *Études sur le temps humain*, Plon, 1950.

L'Espace proustien, Gallimard, Coll. »Blanche«, 1963; vermehrt um: *Proust et la répétition*, Coll. »Tel«, Nr. 68, 1982.

Mesure de l'instant, Plon 1968.

RAIMOND, Michel, *La Crise du roman des lendemains du naturalisme aux années vingt*, José Corti, 1966.

Le Signe des temps, SEDES, 1976.

Proust romancier, SEDES, 1984.

RECANATI, Jean, *Profils juifs de Proust*, Buchet-Chastel, 1979.

REVEL, Jean-François, *Sur Proust*, Julliard, 1960.

RICHARD, Jean-Pierre, *Proust et le monde sensible*, Le Seuil, Coll. »Poétique«, 1974.

RICŒUR, Paul, *Temps et récit*, Bd. I, Bd. II: La Configuration du temps dans le récit de fiction; Bd. III: Le Temps raconté, Le Seuil, Coll. »L'Ordre philosophique«, 1983, 1984 und 1985.

RIVIÈRE, Jacques, *Quelques Progrès dans l'étude du cœur humain* (Freud et Proust), Librairie de France, 1927.

ROBIN, Chantal, *L'imaginaire du temps retrouvé*, Hermétisme et écriture chez Proust, Les Lettres modernes, 1977.

ROGER, Alain, *Proust, les plaisirs et les noms*, Denoël, 1985.

ROGERS, Brian, *Étude critique d'Un amour de Swann et de Guermantes II*, Dissertation, Universität Paris IV, 1986.

ROUSSET, Jean, *Forme et signification*. Essais sur les structures littéraires de Corneille à Claudel, José Corti, 1962.

SARTRE, Jean-Paul, *Situations I* und *II* »Qu'est-ce que la littérature?«, Gallimard, Coll. »Blanche«, 1948 (dt.: *Was ist Literatur*, Reinbek: Rowohlt, 1958).

SARRAUTE, Nathalie, *L'Ère du soupçon*. Essais sur le roman, Gallimard, Coll. »Les Essais«, Nr. 80, 1956 (dt.: *Das Zeitalter des Mißtrauens. Essays über den Roman*, Köln 1975).

SHATTUCK, Roger, *Proust*, Modern Masters, Fontana, 1974.

SPITZER, Leo, »Zum Stil Marcel Prousts«, in: *Stilstudien*, 2. Teil: Stilsprachen; München 1928, Neuausgabe 1961.

TADIÉ, Jean-Yves, *Lectures de Proust*, Colin, 1971.

Proust et le roman, Gallimard, Coll. »Bibliothèque des idées«, 1970.

VALYNSEELE, Joseph und GRANDO, Denis, *À la découverte de leurs racines*, L'Intermédiaire des chercheurs et curieux, 1988.

VIAL, R., *Marcel Proust, structures d'une conscience, naissance d'une esthétique*, Julliard, 1963; Neuauflage bei Nizet, 1971.

VISCONTI, Lucchino und AMICO, Suso Cecchi d', *À la recherche du temps perdu*. Scénario d'après l'œuvre de Marcel Proust, Persona, 1984.

VOGELY, M. A., *A Proust Dictionary*, New York: Whitson Publishing Company, 1981.

WILSON, E., *Axel's castle*, Scribner's & Son, 1931.

WOOLF, Virginia, *L'Art du roman*, Le Seuil, Coll. »Le Don des langues«, 1963.

V
ZEITSCHRIFTEN, SONDERHEFTE, SAMMELWERKE

Adam International Review, Verlag Miron Grindea, London: Nr. 260, 1957, Nr. 269, 1963, und die Nummern 349-351, 1971.

L'Arc: »Proust«, Aix-en-Provence, Nr. 47. 4. Quartal 1971.

Bulletin d'informations proustiennes, Presses de l'École normale supérieure, 45, rue d'Ulm, 75005 Paris. Redaktionssekretär: Bernard Brun. Das Anliegen dieses Bulletins ist es, durch die Analyse der handschriftlichen Manuskripte Prousts Licht auf die konkreten Entstehungsbedingungen seines Romans zu werfen. Jährliches Erscheinen seit 1975. Bis heute liegen 18 Nummern vor.

Bulletin de la Société des Amis de Marcel Proust et des Amis de Combray, 11, rue Martel, 75010 Paris, Nr. 1, 1950 - Nr. 37, 1987. Ehrendirektor: Henri Bonnet. Chefredakteurin: Elyane Dezan-Jones, Barnard College, New York. In ihrem jährlichen Bulletin publiziert die Gesellschaft der Freunde von Marcel Proust unveröffentlichte Texte Prousts, unveröffentlichte kritische Studien, bibliographische Übersichten und Informationen über Proust.

Les Cahiers critiques de littérature, Nr. 28: »L'atelier d'Elstir«, herausgegeben von Jean Bersani und C. Quemar, 1977.

Cahiers du cinéma, »Proust et la photographie« von Jean-François Chevrier, 1982.

Le Capitole, Sondernummer »Marcel Proust« (Artikel von Colette, Léon Pierre-Quint, René Groos, J.-N. Faure-Riguet, Gérard de Catalogne, René Fernandat, Benjamin Crémieux, Pierre Godmé, Marie-Jeanne Durry), Paris, 1926.

L'Esprit créateur, Jubiläumsnummer Marcel Proust, Frühjahr 1971, Nr. 1.

Études proustiennes, herausgegeben von Jacques Bersani, Michel Raimond und Jean-Yves Tadié, Gallimard. Band I: Coll. »Cahiers Marcel Proust«, Nr. 6, 1973; Bd. II: Coll. »Cahiers Marcel Proust«, Nr. 7, 1975; Bd. III: Titelbild von Van Eyck, Coll. »Cahiers Marcel Proust«, Nr. 9, 1979; Bd. IV: *Proust et la critique anglo-saxonne*, Coll. »Cahiers Marcel Proust«, Nr. 11, 1982; Bd. V: Coll. »Cahiers Marcel Proust«, Nr. 12, 1984.

Europe, Sondernummer September 1970 und eine zweite Sondernummer Februar-März 1971.

Le Figaro littéraire, 1. u. 7. Februar und 11. Juni 1971.

Hommage à Marcel Proust, N. R. F., 1927 und 1991 (Neuauflagen der Sondernummer der *N. R. F.* vom Januar 1923). I. *Erinnerungen* von 22 Schriftstellern, II. *Das Werk*, von 24 Schriftstellern, III. *Zeugnisse aus dem Ausland*, von 13 Schriftstellern.

Letteratura, Florenz; Nr. 36, Nov.-Dez. 1947.

Magazine littéraire, Nr. 210, September 1984, und Nr. 246, Oktober 1987.

Marcel Proust: A centennial volume, hrsg. v. Peter Quennel, New York, Simon and Schuster, 1971 (Artikel von Ph. Kolb, M. Schneider, E. Bowen, S. Sidery, I. H. E. Dunlop, B. G. Rogers, A. Powell, J. M. Quenell, F. Steegmüller, P. Hansford Johnson).

Marcel Proust: a critical panorama, hrsg. v. Larkin B. Price, University of Illinois Press, 1973.

Marcel Proust Jaarboek (11 erschienene Nummern). Jährliche Zeitschrift (gegründet 1972) der Niederländischen Gesellschaft der Freunde von Marcel Proust. Leiter: Dr. N. Nahmias-Radovici und Dr. A. J. Meijer-Triantaphyllides. Adresse: Postbus 7353, 1007 JJ Amsterdam.

Le Monde, 9. Juli 1971.

La Nouvelle Revue française (insbesondere die Nr. vom 1. Januar 1923 und die vom November 1971).

Les Nouvelles littéraires, Sondernummer Proust, Nr. 260, 1957, und Nr. 2281 vom 11. Juni 1971.

Paragone, Firenze, Sansoni, Nr. 260, Oktober 1971.

Proust, Hachette, Coll. »Génies et réalités« (Artikel von A. Adam, F. R. Bastide, E. Berl, J. Cabanis, P. Fieschi, M. Galey, J. Grenier, T. Maulnier, J.-F. Revel, G. Sigaux).

Proust Research Association Newsletter (25 erschienene Nummern; Adresse: Department of French Italian, University of Kansas, Lawrence, Kansas 66045, USA)

Proustiana, Bulletin der Marcel Proust-Gesellschaft, Köln; letzte erschienene Nummer: VIII/IX (1991).

Publikationen der Marcel Proust Gesellschaft, Frankfurt am Main: Insel Verlag, 1982 → (bisher 6 Bände).

La Quinzaine littéraire: Dossier Proust, Nr. 499, 16.-31. Dez. 1987.

Recherche de Proust, Redaktionskollektiv unter Leitung von Gérard Genette und Tzvetan Todorov, Le Seuil, Coll. »Points«, Nr. 113, 1980.

Revue d'histoire littéraire de la France, Sondernummer 4, Quartal 1971.

Le Rouge et le Noir: *Hommage à Marcel Proust*, 15. April 1928.

ANHANG

I PLÄNE

II STAMMBÄUME

III CHRONOLOGISCHE ÜBERSICHTEN

PLAN VON ILLIERS

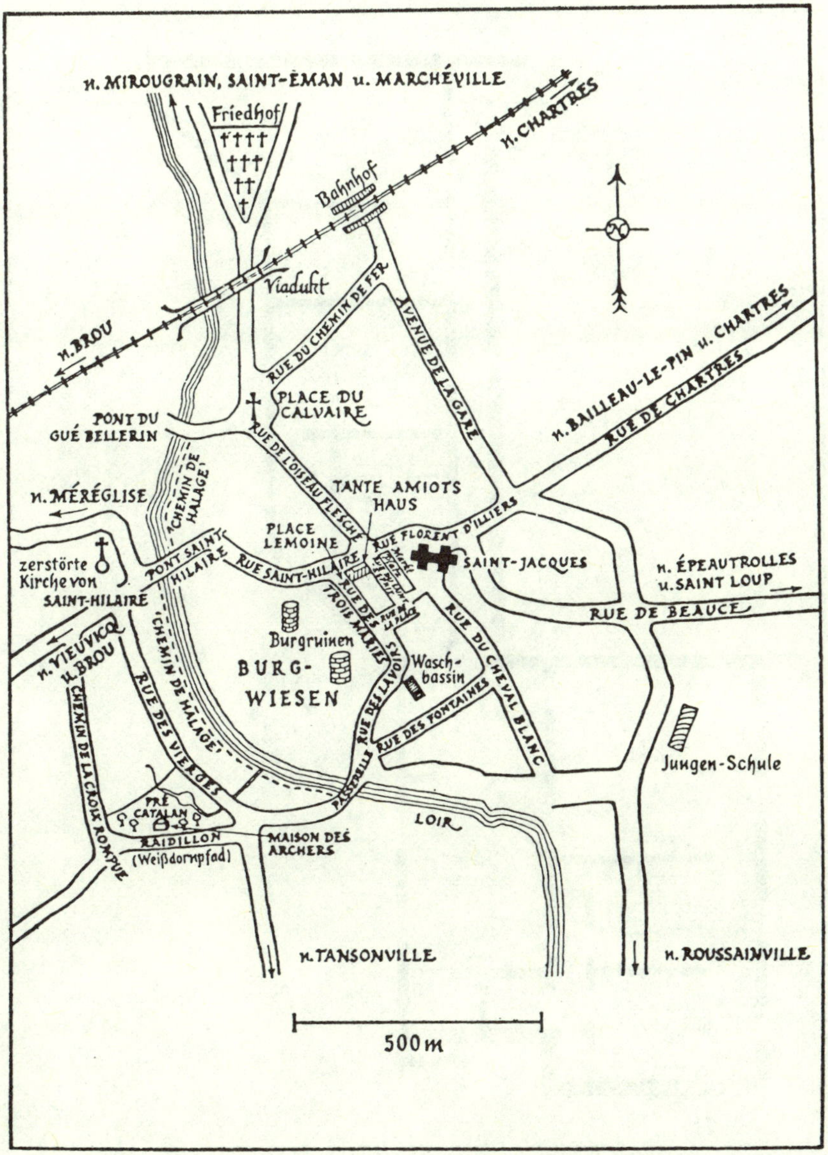

DIE WOHNUNG AM BOULEVARD MALESHERBES NR. 9
1. Stock

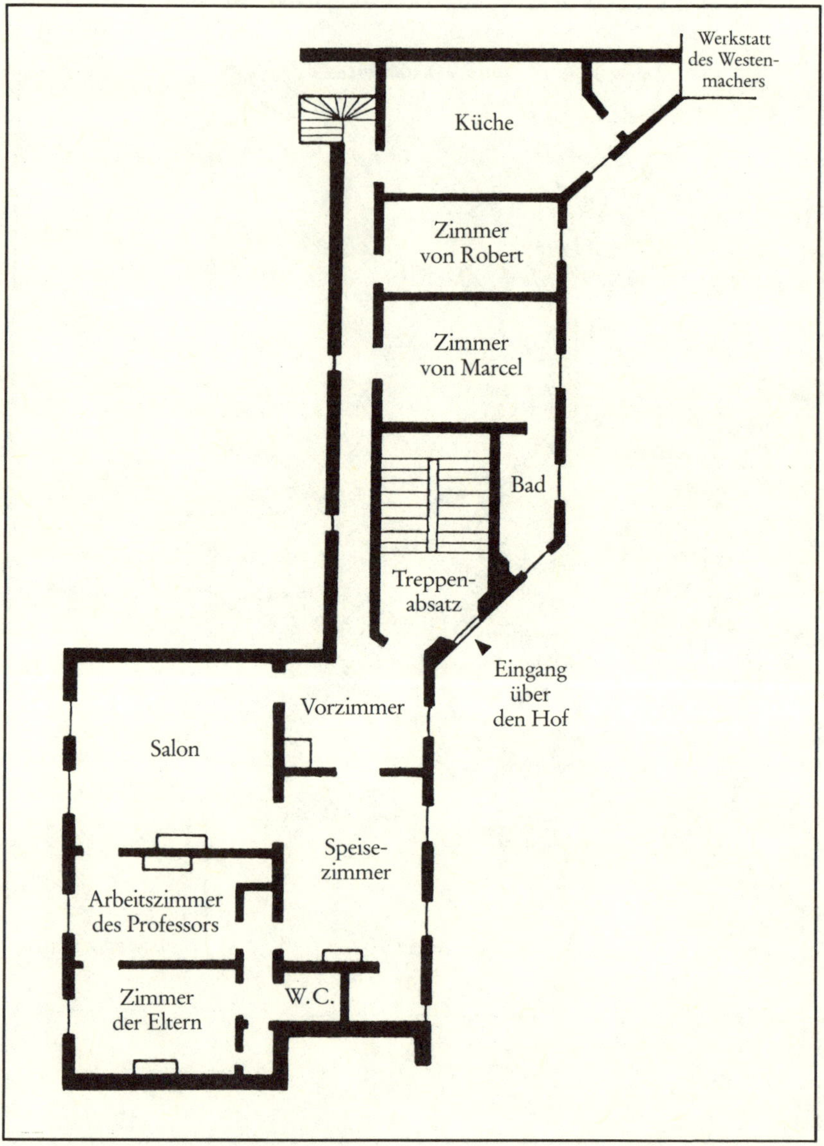

DIE WOHNUNG IN DER RUE DE COURCELLES NR. 45
2. Stock

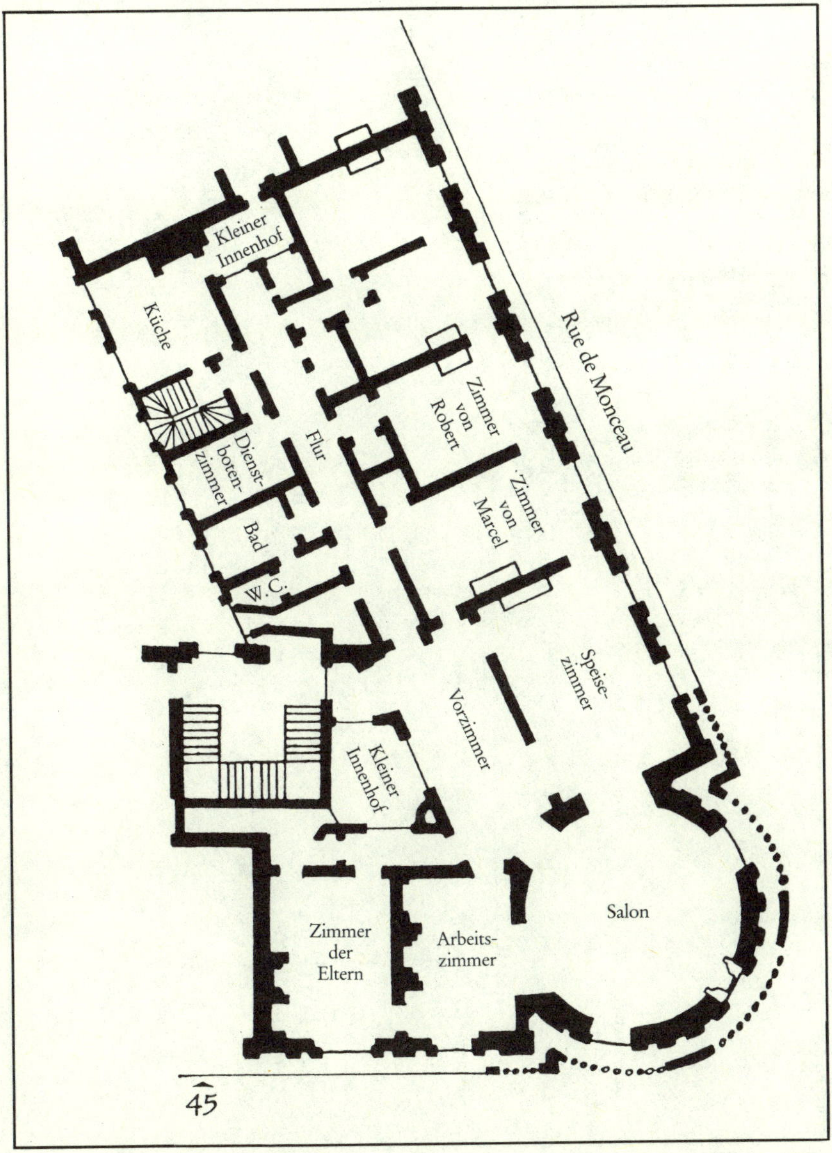

TAFEL I: Die Vorfahren väterlicherseits von Marcel Proust

René-François PROUST (1772-1829)
⚭
Louise-Monique LEJEUNE (1770-1845)

- Drei weitere Kinder
- Anne-Monique (1797-1863) ⚭ Jacques-Étienne CANNET (1798-1835)
- Catherine-Élisabeth (1798-1857) ⚭ Jacques-André JACQUET (geb. 1789)
- Louis-François-Valentin PROUST (1801-1855) ⚭ Virginie TORCHEUX (1808-1889)
  - Louise-Virginie (1826-1832)
  - Élisabeth (1828-1886) ⚭ Jules AMIOT (1816-1912)
    - Mathilde (1848-1882) ⚭ André HAMART (geb. 1834)
    - André (1860-1925) ⚭ Aimée ESNAULT
      - Élisabeth (1900-1942)
    - Fernand (1853-1931) ⚭ Berthe MÉNAGER (1859-1920)
      - Germaine (1886-1977)
      - Jules (1880-1916)
      - Maurice (1883-1885)
  - Adrien (1834-1903) ⚭ Jeanne WEIL (1849-1905)
    - **Marcel PROUST** (1871-1922)
    - Robert PROUST (1873-1935) ⚭ Marthe DUBOIS-AMIOT (1878-1953)
      - Adrienne (Suzy) (1903-1986) ⚭ Gérard MANTE (1891-1947)
        - *(vgl. Tafel IV)*
- Aimée-Thérèse (geb. 1806) ⚭ Arsène-Alexandre GODARD

TAFEL II: Die Vorfahren mütterlicherseits von Marcel Proust (Zweig Weil)

Baruch WEIL (1782-1828)
⚭
1. Hélène SCHOUBACH († 1811)
   - vier weitere Kinder
   - Godchaux (geb. 1806)
   - Benjamin (geb. 1807)
   - Moïse (1809-1874) ⚭ Amélie BERNCASTEL (1821-1911)
     - Jenny (1846-1922)
     - Hélène (1847-1925)
     - Claire (1849-1929)
     - Adèle (geb. 1850)
   - Nathé (1814-1896) ⚭ Adèle BERNCASTEL (1824-1890)
     - Georges (1847-1906)
     - Denis
     - Jeanne Clémence (1849-1905) *(vgl. Tafel III)*
2. Marguerite NATHAN
   - Lazard (Louis) (1816-1896) ⚭ Émilie OPPENHEIM (1821-1870)
   - Abraham Alphonse (1822-1886)
   - Adèle (geb. 1818) ⚭ Joseph LAZARUS
     - Laure LAZARUS (1849-1898) ⚭ Gustave NEUBURGER (1836-1912)
       - Pauline ⚭ EISENSCHITZ
       - Louise ⚭ Henri BERGSON (1859-1941)
       - Mathilde ⚭ Oscar LANGE
       - Albert
   - zwei weitere Kinder

TAFEL III: Die Vorfahren mütterlicherseits von Marcel Proust (Zweig Berncastel)

Nathanaël BERNCASTEL der Ältere ⚭ Rose SILNY

- Amélie BERNCASTEL (1821-1911) ⚭ Moïse BARUCH-WEIL (1809-1874)
  - Jenny (1846-1922) ⚭ François BŒUF
  - Hélène (1847-1925) ⚭ Casimir BESSIÈRE (1829-1892)
    - Jacques (1875-1906)
    - Amélie (1877-1972) ⚭ Roger BRÉHANT
      - Yves
      - Jacques (1907) ⚭ Colette BRULFER
    - Pierre (1880-1955) ⚭ Blanche de MASSOT de LAFOND (1884-1960)
  - Claire (1849-1929) ⚭ Léon NEUBURGER (1840-1932)
    - André (geb. 1877)
    - Georges (1884-1912)
    - Noémie
  - Adèle (geb. 1850)
- Adèle BERNCASTEL (1824-1890) ⚭ Nathé WEIL (1814-1896)
  - Georges-Denis (1847-1906) ⚭ Amélie OULMAN (1853-1920) *Vve* Wilhelm-Jacob HERMANN (1853-1920)
    - Adèle (1892-1944) ⚭ Maxime WEIL (1877-1944)
  - Jeanne Clémence (1849-1905) ⚭ Adrien PROUST (1834-1903)
    - **Marcel PROUST** (1871-1922)
    - Robert PROUST (1873-1935) ⚭ Marthe DUBOIS-AMIOT (1878-1953)
- Ernestine BERNCASTEL (1830-1892) ⚭ Samuel MAYER
  - Daniel (1852-1903) ⚭ Marguerite LÉVY
    - Amélie DREYFUS
    - Charles (geb. 1883)
    - Maurice (geb. 1884)
    - Lucienne (geb. 1885) ⚭ Julien CAIN (1887-1974)
    - Jacques (geb. 1886)
    - Suzanne

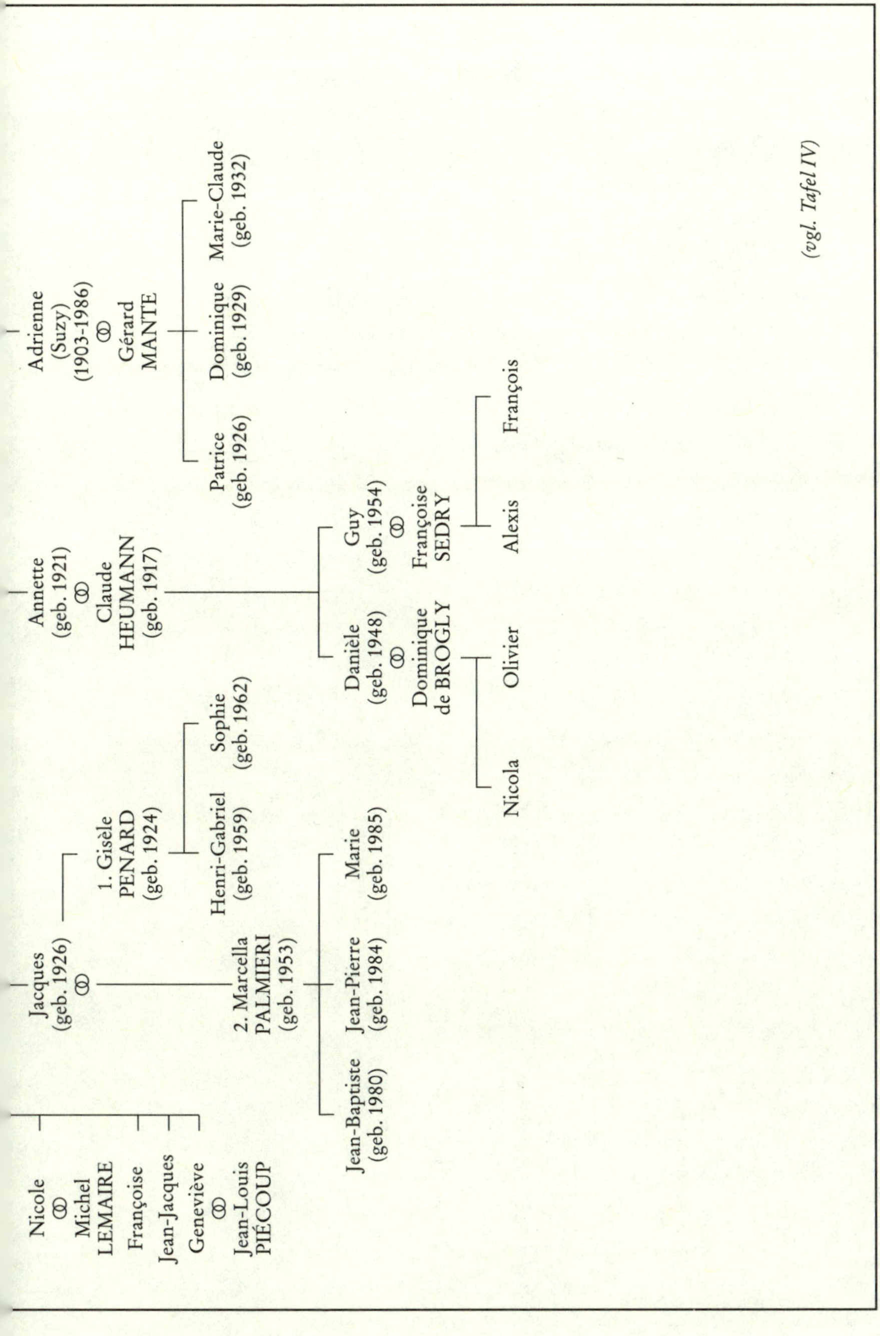
Nicole
⚭
Michel
LEMAIRE
Françoise
Jean-Jacques
Geneviève
⚭
Jean-Louis
PIÉCOUP
Jacques
(geb. 1926)
⚭
1. Gisèle
PENARD
(geb. 1924)
Henri-Gabriel
(geb. 1959)
Sophie
(geb. 1962)
2. Marcella
PALMIERI
(geb. 1953)
Jean-Baptiste
(geb. 1980)
Jean-Pierre
(geb. 1984)
Marie
(geb. 1985)
Annette
(geb. 1921)
⚭
Claude
HEUMANN
(geb. 1917)
Danièle
(geb. 1948)
⚭
Dominique
de BROGLY
Nicola
Olivier
Guy
(geb. 1954)
⚭
Françoise
SEDRY
Alexis
François
Adrienne
(Suzy)
(1903-1986)
⚭
Gérard
MANTE
Patrice
(geb. 1926)
Dominique
(geb. 1929)
Marie-Claude
(geb. 1932)
(vgl. Tafel IV)

TAFEL IV: Die Familie Rostand und die Nachkommen von Robert Proust

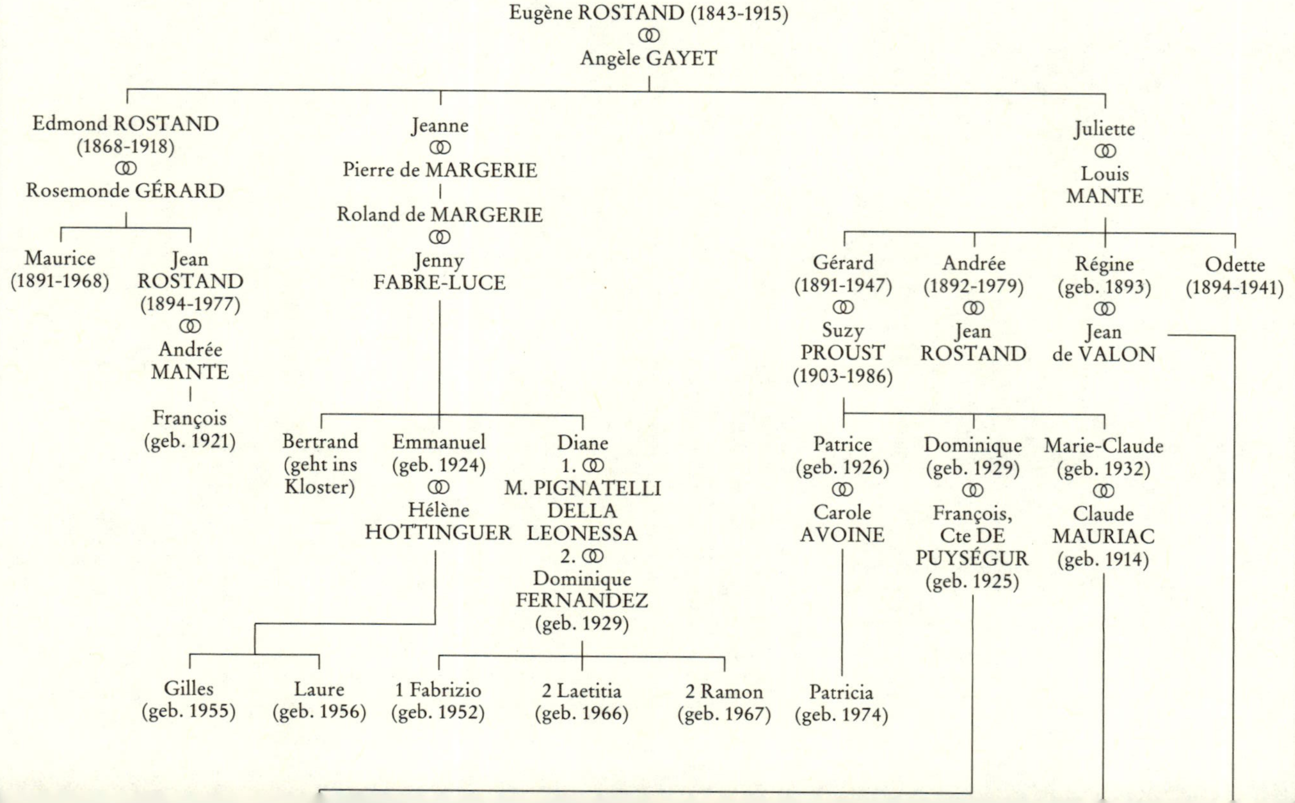

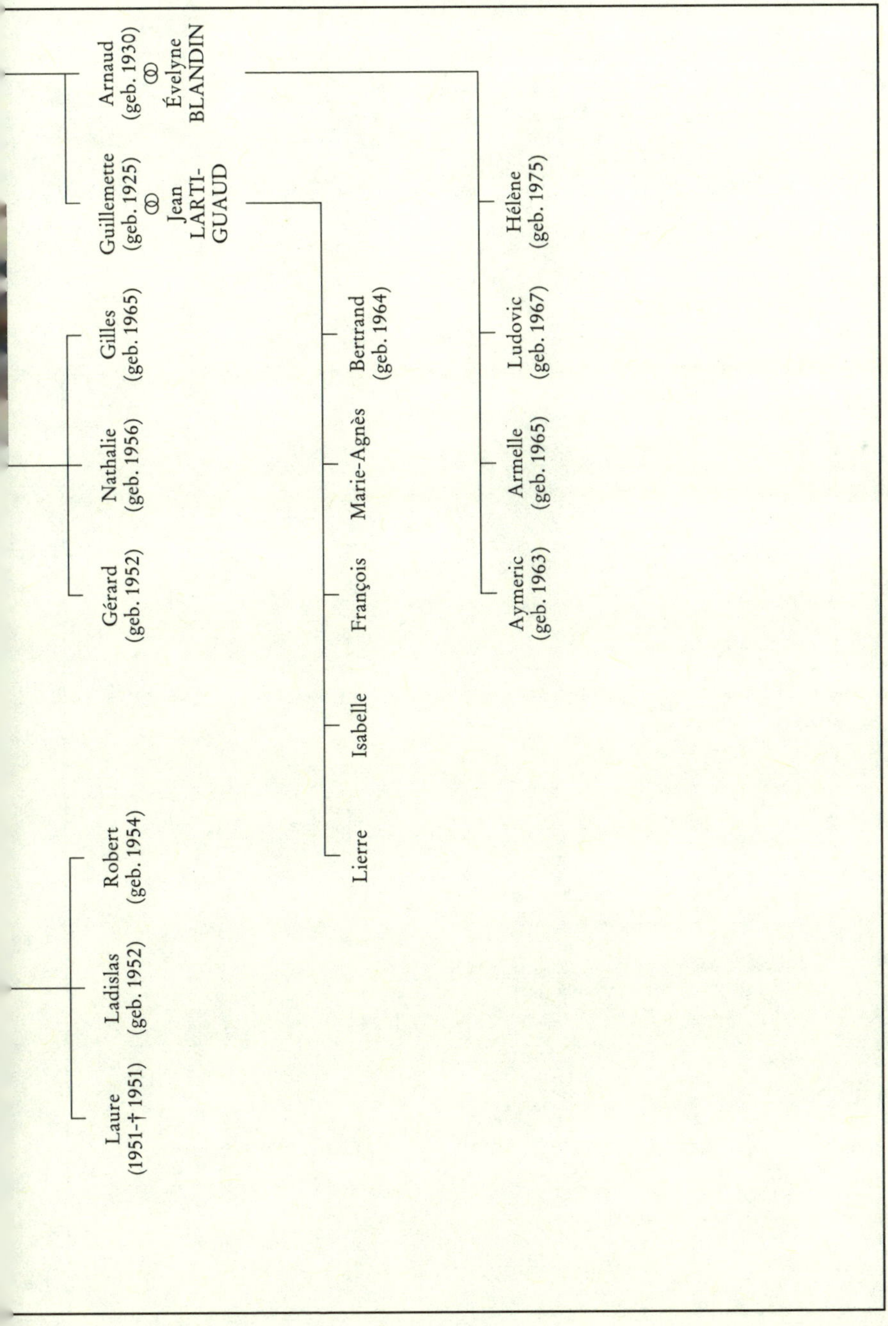
Arnaud (geb. 1930) ⚭ Évelyne BLANDIN
Guillemette (geb. 1925) ⚭ Jean LARTI-GUAUD
Gilles (geb. 1965)
Nathalie (geb. 1956)
Gérard (geb. 1952)
Robert (geb. 1954)
Ladislas (geb. 1952)
Laure (1951-† 1951)
Bertrand (geb. 1964)
Marie-Agnès
François
Isabelle
Lierre
Hélène (geb. 1975)
Ludovic (geb. 1967)
Armelle (geb. 1965)
Aymeric (geb. 1963)

TAFEL V: Adolphe Crémieux und seine Nachkommen

Amélie SILNY (1800-1880) ⚭ Adolphe CRÉMIEUX (1796-1880)

- Gustave (1831-1872) ⚭ Marie Françoise RABOU (1845-1913)
  - Louise (1862-1925) ⚭ Jean CRUPPI (1855-1933)
    - Amélie (1884-1970)
      - 1. ⚭ Henri-Octave MARAIS (1881-?)
      - 2. ⚭ Paul LANDOWSKI (1875-1961)
        - Marcel (geb. 1915)
        - Françoise (geb. 1917)
    - Paul (1890-1909)
    - Jean-Louis (geb. 1892)
- Mathilde (1834-1912) ⚭ Alfred PEIGNÉ
  - Henriette (1859-1946) ⚭ Gaston THOMSON (1848-1932)
    - Valentine (geb. 1885)
    - Marguerite (1884-1967) ⚭ Dr. Gustave ROUSSY (1874-1948)
  - Valentine (1855-1876) ⚭ Jules LECOMTE DU NOÜY (1842-1923)

LITERATURPREISE ZUR ZEIT PROUSTS (1901-1922)

Daten	Nobelpreis für Literatur (ab 1901)	Prix Goncourt (ab 1903)
1901	Sully PRUDHOMME (1839-1907) (Fr.).	
1902	Theodor MOMMSEN (1817-1903) (Dtschld.).	
1903	Bjørnstjerne BJØRNSON (1832-1910) (Norw.).	John-Antoine NAU (Eugène TORQUET), *Force ennemie.*
1904	Frédéric MISTRAL (1830-1916) (Fr.), José ECHEGARAY (1833-1916) (Span.).	Léon FRAPIÉ, *La Maternelle.*
1905	Henryk SIENKIEWICZ (1846-1916) (Pol.).	Claude FARRÈRE, *Les Civilisés.*
1906	Giosuè CARDUCCI (1835-1907) (It.).	Jérôme et Jean THARAUD, *Dingley, l'illustre écrivain.*
1907	Rudyard KIPLING (1865-1936) (G.-B.)	Émile MOSELLY, *Jean des Brebis, Terres lorraines, Le Rouet d'ivoire.*
1908	Rudolf EUCKEN (1846-1926) (Dtschld.).	Francis de MIOMANDRE (François DURAND) *Écrit sur de l'eau.*
1909	Selma LAGERLÖF (1858-1940) (Schweden).	Marius et Ary LEBLOND, *En France.*
1910	Paul von HEYSE (1830-1914) (Dtschld.).	Louis PERGAUD, *De Goupil à Margot.*
1911	Maurice MAETERLINCK (1862-1949) (Belg.).	Alphonse de CHÂTEAUBRIANT, *Monsieur des Lourdines.*
1912	Gerhart HAUPTMANN (1862-1946) (Dtschld.).	André SAVIGNON, *Les Filles de la pluie.*
1913	Rabindranath TAGORE (1861-1941) (Indien).	Marc ELDER (Tendron), *Le Peuple de la mer.*
1914	Nicht verliehen.	Adrien BERTRAND (décerné en 1916), *L'Appel du sol.*
1915	Romain ROLLAND (1866-1944) (Fr.).	René BENJAMIN, *Gaspard.*
1916	Verner von HEIDENSTAM (1859-1940) (Schweden).	Henri BARBUSSE, *Le Feu.*
1917	Karl GJELLERUP (1857-1919) (Dän.), Henrik PONTOPPIDAN (1857-1943) (Dän.).	Henri MALHERBE, *La Flamme au poing.*
1918	Nicht verliehen.	Georges DUHAMEL, Denis THÉVENIN, *Civilisation.*
1919	Carl SPITTELER (1845-1924) (Schweiz).	Marcel PROUST, *À l'ombre des jeunes filles en fleurs.*
1920	Knut HAMSUN (1859-1952) (Norw.).	Ernest PÉROCHON, *Nêne.*
1921	Anatole FRANCE (1844-1924) (Fr.).	René MARAN, *Batouala.*
1922	Jacinto BENAVENTE (1866-1954) (Span.).	Henri BÉRAUD, *Le Vitriol de lune, Le Martyre de l'obèse.*

LITERATURPREISE ZUR ZEIT PROUSTS (1901-1922)

Daten	Prix Fémina (ab 1904)	Grand prix de littérature (ab 1911)	Grand prix du roman de l'Académie française (ab 1915)
1904	Myriam HARRY, *La Conquête à Jérusalem.*		
1905	Romain ROLLAND, *Jean-Christophe.*		
1906	Andér CORTHIS (Mlle Husson), *Gemmes et Moires.*		
1907	Colette YVER, *Princesses de science.*		
1908	Édouard ESTAUNIÉ, *La Vie secrète.*		
1909	Edmond JALOUX, *Le reste est silence.*		
1910	Marguerite AUDOUX, *Marie-Claire.*		
1911	Louis de ROBERT, *Le Roman du malade.*	Nicht verliehen.	
1912	Jacques MOREL (Mme Edmond Pottier), *Feuilles mortes.*	André LAFON.	
1913	Camille MARBO (Mme Émile Borel), *La Statue voilée.*	Romain ROLLAND.	
1914	Preis nicht verliehen.	Nicht verliehen.	
1915	Preis nicht verliehen.	Émile NOLLY.	Paul ACKER, für sein Gesamtwerk.
1916	Preis nicht verliehen.	Maurice MASSON.	AVESNES, *L'Île heureuse.*
1917	René MILAN (Pseudon.: Maurice LARROUY), *L'Odyssée d'un transport torpillé.*	Francis JAMMES.	Charles GÉNIAUX, für sein Gesamtwerk.
1918	Henri BACHELIN, *Le Serviteur.*	Mme Gérard d'HOU-VILLE.	Camille MAYRAN, *Gotton Connixloo.*
1919	Roland DORGELÈS, *Les Croix de bois.*	Jérôme et Jean THA-RAUD.	Pierre BENOIT, *L'Atlantide.*
1920	Edmond GOJON, *Le Jardin des dieux.*	Edmond JALOUX.	André CORTHIS, *Pour moi seule.*
1921	Raymond ESCHOLIER, *Cantegril.*	Comtesse de NOAIL-LES.	Pierre VILLETARD, *Monsieur Bille dans la tourmente.*
1922	Jacques de LACRETELLE, *Silbermann.*	Pierre LASSERRE.	Francis CARCO, *L'Homme traqué.*

KÜNSTE UND LITERATUR

Daten	Französische Literatur	Ausländische Literatur	Musik und bildende Künste
1870	Flaubert: *L'Éducation sentimentale.* Hugo kehrt aus dem Exil zurück und veröffentlicht die erste französische Ausgabe der *Châtiments.* Verlaine: *La Bonne Chanson.* Verne: *Vingt Mille Lieues sous les mers.* † Dumas Vater, J. de Goncourt, Lautréamont, Mérimée.	Rossetti: *Poems.* Dostojewski: *Der ewige Gatte; Die Dämonen.* † Dickens.	Beginn der Ausgrabungen Schliemanns in Troja-Hissarlik. Delibes: *Coppélia.* Duparc: *L'Invitation au voyage.* Fromentin: *Les Maitres d'autrefois.* Cézanne: *Nature morte à la pendule.* Sisley: *Première neige à Louveciennes.* Alma Tadema: *Weinlese in Rom.*
1871	Rimbaud: *Le Bateau ivre* (veröffentlicht 1883). Der Zyklus der *Rougon-Macquart* eröffnet durch *La Fortune des Rougon* (→ 1893). Geboren: Valéry.	Carroll: *Through the Looking Glass.* Eliot: *Middlemarch.* Meredith: *Harry Richmond.* Ostrowski: *Wald.*	Verdi: *Aida*, Erstaufführung anläßlich der Eröffnung des Suez-Kanals. Wagner: *Siegfried.* Morisot: *La Lecture.* Puvis de Chavannes: *Les Jeunes Filles et la mort.* Whistler: *Die Mutter des Künstlers.* Verhaftung von Courbet. Die ersten »Fontaines Wallace« in Paris.
1872 **Proust** **ist** **1 Jahr** **alt**	Leconte de Lisle: *Poèmes antiques.* Daudet: *Tartarin de Tarascon.* Zola: *La Curée.* (Der Verleger Charpentier erwirbt *Les Rougon Macquart.*) † Gautier. Geboren: Léautaud, R. de Flers, Bataille.	Butler: *Erewhon.* Hardy: *Under the Greenwood Tree.* Andersen: *Märchen.*	Bizet: *L'Arlésienne.* César Franck: *Rédemption.* Monet: *Le Pont de Westminster.* Er läßt sich in Argenteuil nieder. Renoir: *Les Canotiers à Chatou.* Degas: *Le Foyer de la danse.*
1873 **Proust** **ist** **2 Jahre** **alt**	France: *Poèmes dorés.* *Daudet: Contes du lundi.* Rimbaud: *Une saison en enfer.* Zola: *Le Ventre de Paris.* Geboren: Péguy, Barbusse, Colette, Jarry.	Mark Twain: *The Gilded Age.* Tolstoi: *Anna Karenina* (→ 1877). † Manzoni.	Lalo: *Symphonie espagnole.* Lecocq: *La Fille de Mme Angot.* Gründung der Colonne-Konzerte. Cézanne: *La Maison du péndu.* Monet: *Le Champ de coquelicots.* Pissarro: *Autoportrait.*

Daten	Französische Literatur	Ausländische Literatur	Musik und bildende Künste
1874 Proust ist 3	Barbey d'Aurévilly: *Les Diaboliques.* Flaubert: *La Tentation de Saint Antoine.* Féval: *La Ville vampire.* Gobineau: *Les Pléiades.* Huysmans: *Le Drageoir aux épices.* Rimbaud: *Les Illuminations.* Verlaine: *Romances sans paroles.* † Michelet.	Geboren: Hofmannsthal.	Saint-Saëns: *Danse macabre.* Grieg: *Peer Gynt.* Verdi: *Requiem* (Manzoni zugeeignet). Wagner: *Die Götterdämmerung.* Gründung der École de Rome. 1. Impressionistenausstellung bei Nadar: *Impression, soleil levant* von Monet. Renoir: *La Loge.* Puvis de Chavannes: Fresken des Pariser Pantheons.
1875 Proust ist 4	Déroulède: *Nouveaux chants du soldat.* Erckmann-Chatrian: *Maitre Gaspard Fix.* Sardou: *La Haine.* Sully Prudhomme: *Tendresses.* Zola: *La Faute d l'abbé Mouret.* † Corbière.	Meredith: *Beauchamp's Career.* Tennyson: *Queen Mary.* James: *Roderick Hudson.* † Andersen. Geboren: Thomas Mann, Rilke.	Eröffnung der Pariser Oper. Bizet: *Carmen* in der Opéra-Comique. Fauré: *1. Sonate für Violine und Klavier.* Geboren: Ravel, R. Hahn. Bartholdi: *Der Löwe von Belfort.* Renoir: *Chemin montant dans les hautes herbes.* Burne-Jones: *The Mirror of Venus.*
1876 Proust ist 5	France: *Les Noces corinthiennes.* Gobineau: *Nouvelles asiatiques.* Huysmans: *Marthe.* Mallarmé: *L'Après-Midi d'un faune.* † Fromentin, G. Sand. Geboren: Max Jacob, A. de Noailles, Bernstein.	Swinburne: *Erechteus. A Tragedy.* Twain: *Tom Sawyer.* Dostojewski: *Der Jüngling.* Turgenjew: *Neuland.*	Saint-Saëns: *1. Sinfonie in C-Dur.* Einweihung des Festspielhauses in Bayreuth. Fantin-Latour: *L'Anniversaire.* Gauguin: *Sous-bois de Viroflay.* Renoir: *Le Moulin de la Galette.* Moreau: *L'Apparition.* Whistler: *Das Pfauenzimmer.*

Daten	Französische Literatur	Ausländische Literatur	Musik und bildende Künste
1877 Proust ist 6	Daudet: *Le Nabab.* Flaubert: *Trois Contes.* E. de Goncourt: *La Fille Élisa.* Hugo: *L'Art d'être grand-père.* Zola: *L'Assommoir.*	Collodi: *Storia d'un burattino* (Pinocchio).	Saint-Saëns: *Samson et Dalila.* Massenet: *Le Roi de Lahore.* Marius Petipa: Choreographie des Ballets *La Bayadère.* Tschaikowsky: *Der Schwanensee.* Cézanne: *Autoportrait au chapeau de paille.* Degas: *L'Absinthe.* Manet: *Nana.* Rodin: *L'Age d'airain.* † Courbet.
1878 Proust ist 7	Malot: *Sans famille.* Mistral: *Le Trésor du Félibrige.* Leconte de Lisle: *Poèmes barbares.* Sully Prudhomme: *Justice.* Zola: *Une page d'amour.* Geboren: Ramuz.	James: *Daisy Miller.*	Gounod: *Polyeucte.* Wagner beginnt den *Parsifal.* Tschaikowsky: *Eugen Onegin.* Davioud und Bourdais: Palais du Trocadéro. Garnier: Casino in Monte-Carlo. Prozeß Whistler–Ruskin. Degas: *Danseuse au bouquet saluant sur la scène.*
1879 Proust ist 8	E. de Goncourt: *Les Frères Zemganno.* Huysmans: *Les Sœurs Vatard.* Loti: *Aziyadé* Vallès: *L'enfant.* Zola: *Nana.*	Erstes Shakespeare-Festival in Stratford upon Avon. Ibsen: *Nora oder ein Puppenheim.* Strindberg: *Das rote Zimmer.* D'Annunzio: *Primo vere.* Meredith: *The Egoist.*	Fauré: *Klavierquartett C-Dur.* Carrière: *La jeune mère.* Degas: *Miss Lola au cirque Fernando.* Bouguereau: *La Naissance de Vénus.* Dalou: *Le Triomphe de la République.* Baron Jenney baut das Lister Building in Chicago.
1880 Proust ist 9	*Les Soirées de Médan*, in denen Maupassant *Boule de suif* veröffentlicht. Zola: *Le Roman expérimental.* † Flaubert. Geboren: Apollinaire.	Wallace: *Ben Hur.* Tennyson: *Ballads and Other Poems.* Ruskin: *The Bible of Amiens.* Dostojewski: *Die Brüder Karamasow.*	César Franck: *Quintett.* † Offenbach. Manet: *Portrait d'Antonin Proust.* Moreau: *Galatée.* Böcklin: *Die Toteninsel.* Rodin: *La Porte de l'Enfer; Le Penseur.* Gründung des Musée Galliera.

Daten	Französische Literatur	Ausländische Literatur	Musik und bildende Künste
1881 Proust ist 10	Daudet: *Numa Roumestan.* Flaubert: *Bouvard et Pécuchet.* France: *Le Crime de Sylvestre Bonnard.* Maupassant: *En famille; La Maison Tellier.* Vallès: *Le Bachelier.* Verlaine: *Sagesse.* Geboren: Martin du Gard, Teilhard de Chardin.	Ibsen: *Gespenster.* James: *Washington Square.* Wilde: *Poems.* Rossetti: *Ballads and Sonnets.* Tagore: *Briefe eines Europareisenden* † Dostojewski, Amiel. Geboren: St. Zweig.	Triumphale Tournee von Sarah Bernhardt durch die Vereinigten Staaten. Fauré: *Ballade für Klavier und Orchester.* Massenet: *Hérodiade.* Saint-Saëns: *Septett Es-Dur.* Geboren: Bartók. Gauguin: *Nu.* Monet: Zyklus der *Débacles.* Renoir: *Le Déjeuner des canotiers.* Puvis de Chavannes: *Le Pauvre Pêcheur.* Sargent: *The Lady of the Rose.*
1882 Proust ist 11	Becque: *Les Corbeaux* in der Comédie Française. Halévy: *L'abbé Constantin.* Huysmans: *A vau-l'eau.* Zola: *Pot-Bouille.* Geboren: Giraudoux, Vildrac.	Ibsen: *Ein Volksfeind.* Whitman: *Specimen Days.* † Rossetti. Geboren: Joyce, V. Woolf.	Chausson: *Poème de l'amour et de la mer.* Lalo: *Namouna.* Wagner: *Parsifal* in Bayreuth. Geboren: Strawinsky. Manet: *Le Bar des Folies-Bergère.* Redon: *Edgar Poe.* Gründung des Musée des Arts décoratifs.
1883 Proust ist 12	Brunetière: *Le Roman naturaliste.* Hugo: *La Légende des siècles* (3. Folge). Loti: *Mon frère Yves.* Maupassant: *Une vie; Contes de la bécasse.* Rollinat: *Les Névroses.* Villiers de l'Isle-Adam: *Contes cruels.* Zola: *Au bonheur des dames.*	Björnson: *Über die Kraft.* Stevenson: *Treasure Island.* † Turgenjew.	Chabrier: *España* Delibes *Lakmé.* † Wagner. Renoir: *Les Grandes Baigneuses.* Seurat: *La Baignade d'Asnières.* † Manet. Bau der Metropolitan Opera in New York. Gaudi: La Sagrada Familia in Barcelona (→ 1926).

Daten	Französische Literatur	Ausländische Literatur	Musik und bildende Künste
1884 Proust ist 13	Die ersten »Dienstage« von Mallarmé. Bourges: *Le Crépuscule des dieux.* Daudet: *Sapho.* Huysmans: *À rebours.* Leconte de Lisle: *Poèmes tragiques.* Montépin: *La Porteuse de pain.* Moréas: *Les Syrtes.* Verlaine: *Jadis et naguère.* Geboren: Chardonne, Duhamel, Paulhan, Supervielle.	Meredith: *Diana of the Crossways.* Ibsen: *Die Wildente.* Franz. Übersetzung von Dostojewskis *Crime et châtiment* [Schuld und Sühne].	Franck: *Prélude, chorale et fugue; Les Djinns.* D'Indy: *Sauge fleurie.* Massenet: *Manon.* 1. Salon der Unabhängigen, gegründet von Signac, Seurat, Cross. Cormon: *Retour d'une chasse á l'ours à l'époque des cavernes.* Puvis de Chavannes: *Le Bois sacré.* Sargent: *Portrait de Mme Gautreau.* Whistler: *Porträt von Sarasate.* Rodin: *Les Bourgeois de Calais.*
1885 Proust ist 14	Becque: *La Parisienne.* Bourget: *Cruelle Énigme.* France: *Le Livre de mon ami.* Lorrain: *Modernités.* Mallarmé: *Prose pour Des Esseintes.* Maupassant: *Bel-Ami.* † Hugo, Vallès. Geboren: Guitry, Mauriac, Maurois, Romains.	Swinburne: *Marino Faliero.* Twain: *Huckleberry Finn.* Französ. Übers.: Tolstoi: *Anna Karénine.* Geboren: D. H. Lawrence, Sinclair Lewis.	Franck: *Sinfonische Variationen.* Saint-Saëns: *Violinsonate d-moll.* Massenet: *Le Cid.* Dujardin: Gründung der Zeitschrift *La Revue wagnérienne.* Renoir: *Maternité.* Signac: *La Seine à Asnières.* Van Gogh: *Les Mangeurs de pommes de terre.* Pompon: *Canard appelant.* Richardson: Kaufhaus Marshall Field Wholesale in Chicago.
1886 Proust ist 15	Bloy: *Le Désespéré.* Courteline: *Les Gaietés de l'escadron.* Loti: *Pêcheur d'Islande.* Moréas: Literarisches Manifest des »Symbolismus«, in der Literaturbeilage des *Figaro* vom 18. September. Zola: *L'Œuvre.* Geboren: Dorgelès, Alain-Fournier, Rivière.	James: *The Bostonians.* Stevenson: *The Strange Case of Dr. Jekyll and Mr. Hide.* Tolstoi: *Der Tod des Iwan Iljitsch.* Vogüé: *Le Roman russe.* Franz. Übers.: Shelley: *Sämtliche Werke.*	Fauré: *2. Klavierquartett g-moll.* Franck: *Violinsonate A-Dur.* Saint-Saëns: *Le Carnaval des animaux; 3. Sinfonie c-moll (Orgelsinfonie).* † Liszt. Bartholdi: *La Liberté* (Einweihung der Freiheitsstatue im Hafen von New York). Rodin: *Le Baiser.* Seurat: *Un dimanche d'été à la Grande-Jatte.*

Daten	Französische Literatur	Ausländische Literatur	Musik und bildende Künste
1887 Proust ist 16	Antoine gründet das Théâtre-Libre. 18. 8.: *Le Figaro* veröffentlicht das »Manifest der Fünf«, das *La Terre* von Zola anprangert. Hermant: *Le Cavalier Miserey.* Loti: *Madame Chrysanthème.* M. Bashkirtseff: *Journal.* Verhaeren: *Les Soirs.* Geboren: Cendrars, Jouve, Bourdet, Pourrat, Saint-John Perse. † Laforgue.	D'Annunzio: *Elegie Romane* (→ 1891). Kipling: *Plain Tales from the Hills.* C. Doyle: *A Study in Scarlet.* Strindberg: *Der Vater.*	Fauré: *Clair de lune; Requiem* (→ 1888). Gounod: *Messe à la mémoire de Jeanne d'Arc.* Satie: *Trois Sarabandes.* Verdi: *Otello.* Einmalige Aufführung des *Lohengrin* im Éden-Théâtre. Seurat: *La Parade.* Van Gogh: *Le Père Tanguy.* Geboren: *Le Corbusier.*
1888 Proust ist 17	Barrès: *Sous l'œil des barbares.* Jarry: *Ubu roi.* Lemaitre: *Impressions de théâtre* (→ 1898). Maupassant: *Sur l'eau; Pierre et Jean.* Sully Prudhomme: *Le Bonheur.* Zola: *Le Rêve.* † Labiche. Geboren: Bernanos, Bosco, Jouhandeau, Lacretelle.	Tschechow: *Der Bär.* Strindberg: *Fräulein Julie.* Fontane: *Irrungen Wirrungen.* Cazalis: *Histoire de la littérature hindoue.* Geboren: K. Mansfield, E. O'Neill.	Debussy: *Deux Arabesques.* Mahler: *1. Sinfonie.* Lalo: *Le Roi d'Ys.* Satie: *Trois Gymnopédies.* Bonnat: *Le Cardinal Lavigerie.* Bernard: *Madeleine au bois d'amour.* Gauguin: *Le Christ jaune.* Ensor: *L'entrée du Christ à Bruxelles.* Beltram: Die Scala in Mailand.
1889 Proust ist 18	Barrès: *Un homme libre.* Bourget: *Le Disciple.* Christophe: *La Famille Fenouillard.* Claudel: *Tête d'or* (veröffentlicht 1890). France: *Thaïs.* Maeterlinck: *La Princesse Maleine.* Maupassant: *Fort comme la mort.* Rachilde: *Mr. Vénus. Roman matérialiste,* Neuauflage, Vorwort von Barrès. Verlaine: *Parallèlement.*	D'Annunzio: *Il Piacere.* Jerome K. Jerome: *Three Men in a Boat.* Stevenson: *The Master of Ballantrae.* Hauptmann: *Vor Sonnenaufgang.* † Browning.	Chausson: *Konzert für Violine, Klavier und Streichquartett.* Franck: *Streichquartett D-Dur.* Massenet: *Escolarmonde.* Tschaikowsky: *Dornröschen.* Toulouse-Lautrec: *Au bal du Moulin de la Galette.* Van Gogh: *Champ de blé au soleil; Autoportrait à l'oreille coupée.* Ausstellung von Gauguin und den Malern von Pont-Aven im Café Volpini.

Daten	Französische Literatur	Ausländische Literatur	Musik und bildende Künste
	Erste Nummer von *La Revue blanche.* † Barbey d'Aurevilly; Villiers de l'Isle-Adam. Geboren: Cocteau, Reverdy.		Durand-Ruel eröffnet eine Gemäldegalerie in New York. Puvis de Chavannes: Fresken der Sorbonne und des Pariser Rathauses (→ 1893).
1890 Proust ist 19	Daudet: *L'Immortel.* Mirbeau: *Sébastien Roch.* Porto-Riche: *Amoureuse.* Stendhal: *Vie de Henry Brulard* (posthum). Zola: *La Bête humaine.* Geboren: Genevoix, Guéhenno.	Kipling: *The Light that Failed; Soldiers Three.* Dickinson: *Poems.* Franz. Übers.: Tolstoi: *La Sonate à Kreutzer* [Die Kreutzersonate]. Franz. Übers.: Ibsen: *Les Revenants* [Die Gespenster].	Anfänge des Ragtime in New Orleans. Debussy: *Cinq Poèmes de Baudelaire.* Fauré: *Cinq Mélodies.* Satie: *Trois Gnossiennes.* † Franck. Mascagni: *Cavalleria rusticana.* Degas: *Les Danseuses bleues.* † Van Gogh. Art nouveau-Ausstellung in der Galerie Bing in Paris. Beardsley: *Isolde.*
1891 Proust ist 20	Barrès: *Le Jardin de Bérénice.* Gide: *Traité du Narcisse; Les Cahiers d'André Walter.* Huysmans: *Là-bas.* Renard: *L'Écornifleur.* Valéry: *Narcisse parle.* Verlaine: *Bonheur; Chansons pour elle.* Zola: *L'argent.* † Banville, Rimbaud.	Hofmannsthal: *Gestern.* Hardy: *Tess d'Urberville.* Lagerlöf: *Gösta Berling.* Wilde: *The Picture of Dorian Gray.* Ibsen: *Hedda Gabler.* † Melville.	Fauré: *3. Valse-Caprice; La Bonne Chanson.* Begeisterte Aufnahme des *Lohengrin* an der Pariser Oper. Bonnard: *Femmes au jardin.* Erste Reise Gauguins nach Tahiti. Monet: Zyklus der *Meules.* Toulouse-Lautrec: *La Goulue au Moulin-Rouge.* † Seurat.
1892 Proust ist 21	Barrès: *L'Ennemi des lois.* Claudel: *La Jeune Fille Violaine* (erschienen 1926). Curel: *Les Fossiles.*	C. Doyle: *The Adventures of Sherlock Holmes.* Hauptmann: *Die Weber.* D'Annunzio: *L'innocente.*	Massenet: *Werther.* Tschaikowsky: *Nußknacker.* Geboren: D. Milhaud, A. Honegger. Cézanne: *Les Joueurs de cartes.*

Daten	Französische Literatur	Ausländische Literatur	Musik und bildende Künste
	France: *La Rôtisserie de la reine Pédauque.* Maeterlinck: *Pelléas et Mélisande.* Montesquiou: *Les Chauves-souris.* Verne: *Le Château des Carpathes.* Zola: *La Débâcle.*	Ibsen: *Baumeister Solness.* † Tennyson, Whitman.	Monet: Zyklus der *Cathédrales.* Toulouse-Lautrec: *La Table au Moulin-Rouge.* Vuillard: *Sous la lampe.* Die »Sezession« in München. Munch: *Der Tanz des Lebens;* die erste Ausstellung in Berlin ruft einen Skandal hervor.
1893 Proust ist 22	Lugné-Poe gründet das Théâtre de l'Œuvre. Bourget: *Cosmopolis.* Claudel: *L'échange.* Courteline: *Messieurs les ronds-de-cuir.* France: *Les Opinions de Jérôme Coignard.* Gide: *Le Voyage d'Urien.* Heredia: *Les Trophées.* Montesquiou: *Le Chef des odeurs suaves.* Samain: *Au jardin de l'infante.* Sardou: *Madame Sans-Gêne.* Verhaeren: *Les Campagnes hallucinées.* † Maupassant. Geboren: Drieu La Rochelle.	Shaw: *Plays Pleasant and Unpleasant.* Hofmannsthal: *Der Tor und der Tod.*	Debussy: *Streichquartett* Puccini: *Manon Lescaut.* Verdi: *Falstaff,* seine letzte Oper. Tschaikowsky: *Sinfonie Nr. 6, Pathétique.* Bourdelle: *Hommage aux Morts.* Denis: *Les Muses.* Toulouse-Lautrec: *Jane Avril* (Lithographie). Sisley: Zyklus der *Églises de Moret.* Vallotton: *La Valse.* Forain: *La Comédie parisienne.* Beardsley illustriert *Mort d'Arthur* von Malory. Horta: Haus Tassel in Brüssel.
1894 Proust ist 23	Barrès: *Du sang, de la volupté et de la mort.* France: *Le Lys rouge.* Gyp: *Le mariage de Chiffon.* Louÿs: *Les Chansons de Bilitis.* Prévost: *Les Demi-Vierges.* J. Renard: *Poil de carotte.* Stendhal: *Lucien Leuwen* (posthum). Zola: *Lourdes.*	D'Annunzio: *Trionfo della morte.* Rilke: *Leben und Lieder.* Sinkiewicz: *Quo vadis?* (fr. Übers. 1900). Kipling: *The Jungle Book.* Beardsley: *The Yellow Book.* Beckford: *Vathek* (Vorwort von Mallarmé).	Gründung der Schola Cantorum. Debussy: *Prélude à l'après-midi d'un faune.* Fauré: 6. *Nocturne.* Massenet: *Thaïs.* † Chabrier. Dvorak: *Neunte Sinfonie (Aus der neuen Welt).* Rouault: *Jésus parmi les docteurs.* Der Zöllner Rousseau: *La Guerre.*

Daten	Französische Literatur	Ausländische Literatur	Musik und bildende Künste
	† Leconte de Lisle. Geboren: Céline, Rostand.		Das Vermächtnis impressionistischer Gemälde durch G. Caillebotte wird vom französischen Staat abgelehnt. Guimard: Das Jugendstilschlößchen Castel Béranger in Paris.
1895 Proust ist 24	Barbusse: *Les Pleureuses.* T. Bernard: *Les Pieds nickelés.* Gide: *Paludes.* Hervieu: *Les Tenailles.* Huysmans: *En route.* France: *Le Jardin d'Épicure.* Maurras: *Le Chemin de Paradis.* H. de Régnier: *Aréthuse.* E. Rostand: *La Princesse lointaine.* Verhaeren: *Les Villes tentaculaires.* M. Pottecher gründet das Théâtre du Peuple in Bussang. † Dumas Sohn. Geboren: Éluard, Giono, Pagnol.	Prozeß und Verurteilung Wildes. Conrad: *Almayer's Folly.* Hardy: *Jude the Obscure.* Wells: *The Time Machine.* Tolstoi: *Die Macht der Finsternis.* Gorki: *Der Gesang des Falken.*	Ravel: *La Habanera; Menuet antique.* D'Indy: *Fervaal.* R. Strauss: *Till Eulenspiegel.* Denis: *Les Pèlerins d'Emmaüs.* Moreau: *Jupiter et Sémélé.* Munch: *Der Schrei* (Lithographie). Erste Biennale in Venedig. Horta: Hôtel Solvay in Brüssel. Auguste und Louis Lumière: Erste öffentliche Kinematographenvorführung: *L'arroseur arrosé.*
1896 Proust ist 25	Estauniè: *L'Empreinte.* Fort: *Les Ballades françaises.* France: *L'Orme du mail.* Aufnahme in die Académie française. Gourmont: Erstes *Livre des masques.* Montesquiou: *Les Hortensias bleus.* Renard: *Histoires naturelles.* Valéry: *La Soirée avec Monsieur Teste.* Verhaeren: *Les Heures claires.* † E. De Goncourt, Verlaine.	Hauptmann: *Die versunkene Glocke.* D'Annunzio: *Le Vergini delle Rocce.* De Castro: *Salomé.* Tschechow: *Die Möwe.* Wells: *The Island of Dr. Moreau.*	Saint-Saëns: 5. Klavierkonzert f-moll. Giordano: *André Chénier.* Puccini: *La Bohème.* R. Strauss: *Also sprach Zarathustra.* S. Bing eröffnet in Paris die Galerie des »Art nouveau«. Bonnard: *La Partie de cartes.* Gauguin: *Nave Nave Mahana.* Picasso: *Le Mendiant.* Redon: *Songes.*

Daten	Französische Literatur	Ausländische Literatur	Musik und bildende Künste
	Geboren: Artaud, Breton, Montherlant, Tzara.		Méliès: *Escamotage d'une dame* im Théâtre Robert-Houdin. Erste Nummer der Zeitschrift *Jugend* in München.
1897 Proust ist 26	Barrès: *Les Déracinés.* Gide: *Les Nourritures terrestres.* Lorrain: *Monsieur de Bougrelon.* Loti: *Ramuntcho.* Péguy: *Jeanne d'Arc.* Régnier: *Les Jeux rustiques et divins.* Renard: *Le Pain du ménage.* Rictus: *Les Soliloques du pauvre* (illustriert von Steinlen). Rostand: *Cyrano de Bergerac.* † A. Daudet. Geboren: Aragon, Soupault.	Wassermann: *Die Juden von Zirndorf.* Lagerlöf: *Die Wunder des Antichrist.* Strindberg: *Inferno.* Maugham: *Liza of Lambeth.* Wells: *The Invisible Man.* Kipling: *Captains Courageous.*	Debussy: *Chansons de Bilitis.* Dukas: *L'Apprenti sorcier.* Massenet: *Sapho.* Toscanini an der Scala. Mahler Direktor der Wiener Oper (→ 1907). Boldini: *Portrait de Robert de Montesquiou.* Gauguin: *Noa-Noa.* Rodin: *H. de Balzac.* Deglane und Girault erbauen das Grand Palais und das Petit Palais (→ 1900). Klimt begründet die »Sezession« in München.
1898 Proust ist 27	Huysmans: *La Cathédrale.* Jammes: *De l'angélus de l'aube à l'angélus du soir.* Lichtenberger: *Mon Petit Trott.* Louÿs: *La Femme et le pantin.* Samain: *Aux flancs du vase.* Zola: *Paris.* † Mallarmé. Geboren: Dabit.	Blasco Ibañez: *La Barraca.* Conrad: *The Nigger of the Narcissus.* James: *The Turn of the Screw.* Shaw: *The Perfect Wagnerite.* Wilde: *The Ballad of Reading Gaol.* Franz. Übers.: Wagner: *Parsifal.*	Fauré: *Pelléas et Mélisande.* Messager: *Véronique.* Picasso in Paris. Cézanne beginnt *Les Grandes Baigneuses.* Monet beginnt *Les Nymphéas.* Marquet: *Nu »fauve«.* Matisse: *Nu dans l'atelier.* Puvis de Chavannes: *Geneviève veillant sur Lutèce.* Mucha: Plakat für *Médée* (interpretiert von Sarah Bernhardt). † Moreau. Ausstellung der Nabis bei Durand-Ruel.

Daten	Französische Literatur	Ausländische Literatur	Musik und bildende Künste
1899 **Proust** **ist** **28**	Das Théâtre des Nations wird zum Théâtre S. Bernhardt. T. Bernard: *L'Anglais tel qu'on le parle.* Curel: *La Nouvelle Idole.* Feydeau: *La Dame de chez Maxim's.* Gide: *Le Prométhée mal enchaîné.* Mirbeau: *Le Jardin des supplices.* Moréas: *Les Stances.* † Becque. Geboren: Achard, Michaux, Ponge.	D'Annunzio: *La Gioconda.* Yeats: *The Winds among the Reeds.* Franz. Übers.: Kipling: Le Livre de la jungle (Robert d'Humières). Tschechow: Onkel Wania.	Berlioz: *Prise de Troie* (Premiere in der Oper). Debussy: *Trois Nocturnes.* Ravel: *Pavane pour une infante défunte.* Schönberg: *Verklärte Nacht.* Toulouse-Lautrec: Zyklus des *Cirque.* Villon: *L'Ile d'amour.* Klimt malt die Wiener Universität aus. Guimard: Metroeingänge in Paris. Hennebique: Das Gebäude in der Rue Danton Nr. 1: Betonarchitektur. Architektur von L. Sulligan in Chicago.
1900 **Proust** **ist** **29**	Barrès: *L'Appel au soldat.* Claudel: *Connaissance d l'Est.* Colette: *Claudine à l'école.* Mirbeau: *Journal d'une femme de chambre.* Péguy gründet die *Cahiers de la quinzaine.* Ch.-L. Philippe: *La Mère et l'Enfant.* Prévost: *Les Vierges folles.* Régnier: *Les Médailles d'argile.* Rostand: *L'Aiglon.* Sarcey: *Quarante ans de théâtre.* † Samain. Geboren: Chamson, Desnos, Dhôtel, Green, Prévert, Saint-Exupéry.	D'Annunzio: *Il fuoco.* Rilke: *Weise von Liebe und Tod des Cornets Christoph Rilke* (Erstdruck 1906); *Das Stundenbuch* (→ 1903). Galsworthy: *Villa Rubein.* Conrad: *Lord Jim.* Strindberg: *Der Totentanz.* Tolstoi: *Auferstehung.* † Wilde in Paris. † John Ruskin.	Charpentier: *Louise.* Ballette von Loïe Fuller. Puccini: *La Tosca.* Schönberg: *Gurrelieder.* Sibelius: *Finlandia.* Monet: *Zyklus der Ponts de Londres.* Ausstellung der *Nymphéas* bei Durand-Ruel. Bonnard illustriert »Parallèlement« von Verlaine. Maillol: *Femme assise.* Bau der Brücke Alexandre III in Paris. Gaudi: Der Park Güell in Barcelona (→ 1914).
1901 **Proust** **ist** **30**	R. Bazin: *Les Oberlé.* Hervieu: *La Course au flambeau.* Lorrain: *Monsieur de Phocas.* Maurras: *Anthinéa.* Maeterlinck: *La Vie des abeilles.*	Lagerlöf: *Jerusalem.* Th. Mann: *Die Buddenbrooks.* Tschechow: *Die drei Schwestern.* Kipling: *Kim.* Shaw: *Three Plays for Puritans.*	Ravel: *Jeux d'eau.* Ives: 2. *Sinfonie.* † Verdi. Picasso: Blaue Phase. † Toulouse-Lautrec.

Daten	Französische Literatur	Ausländische Literatur	Musik und bildende Künste
	Montesquiou: *Les Paons.* A. de Noailles. *Le Cœur innombrable.* Ch.-L. Philippe: *Bubu de Montparnasse.* Geboren: Leiris, Malraux.		Klimt: *Judith* I. Bourdelle: *Masque tragique de Beethoven.* Maillol: *La Pensée* Garnier: Projekt für eine Industriestadt. Gallé gründet die École des arts décoratifs in Nancy.
1902 Proust ist 31	Beginn der Académie Goncourt. Barrès: *Leurs figures.* Bloy: *Exégèse des lieux communs.* Bourget: *L'Étape.* Boylesve: *La Leçon d'amour dans un parc.* Curel: *La Fille sauvage.* France: *L'Affaire Crainquebille.* Gide: *L'Immoraliste.* Maurras: *Les Amants de Venise.* A. de Noailles: *L'Ombre des jours.* Prévost: *Lettres à Françoise.* Régnier: *La cité des eaux.* † Zola. Geboren: Aymé, N. Sarraute.	C. Doyle: *The Hound of the Baskervilles.* Gorki: *Nachtasyl.* D'Annunzio: *Francesca da Rimini.* Strindberg: *Ein Traumspiel.*	Debussy: *Pelléas et Mélisande.* Fauré: *Huit Pièces brèves.* Massenet: *Le Jongleur de Notre-Dame.* Gründung der Zeitschrift *Musica.* Picasso: *L'Étreinte.* Signac: Sortie du port de Saint-Tropez. Bonnard illustriert *Daphnis et Chloé.* † Tissot. Méliès: *Voyage dans la lune.*
1903 Proust ist 32	Apollinaire: *La Chanson du mal-aimé.* Barrès: *Amor et dolori sacrum.* Courteline: *La Paix chez soi.* Huysmans: *L'Oblat.* Léautaud: *Le Petit Ami.* Mirbeau: *Les Affaires sont les affaires.* Geboren: Queneau, Radiguet, G. Simenon.	D'Annunzio: *Laudes* (→ 1913). Th. Mann: *Tristan.* Rilke: *Neue Gedichte* (→ 1908). Conrad: *Typhoon.* James: *The Ambassadors.* London: *The Call of the Wild.* Shaw: *Man and Superman.* Butler: *The Way of all Flesh* (posthum).	Debussy: *Jardins sous la pluie.* Ravel: *Schéhérazade.* Satie: *Morceaux en forme de poire.* Debüt Carusos an der Metropolitan Opera in New York. Schönberg: *Pelleas und Melisande.* Gauguin: *Autoportrait.* Kandinsky: *Der blaue Reiter.* † Whistler. Die Brüder Perret bauen in der Rue Franklin in Paris ein Haus aus Stahlbeton.

Daten	Französische Literatur	Ausländische Literatur	Musik und bildende Künste
1904 Proust ist 33	Bataille: *Maman Colibri.* Bourget: *Un divorce.* Delarue-Mardrus: *Horizons.* Gourmont: *Promenades littéraires* (→ 1913). Rolland: *Jean-Christophe* (→ 1912). Verhaeren: *Toute la Flandre* (→ 1911).	Rilke: *Die Aufzeichnungen des Malte Laurids Brigge* (→ 1910). Pirandello: *Il fu Matthia Pascal.* Barrie: *Peter Pan.* Tschechow: *Der Kirschgarten.* † Tschechow.	Fauré: *Impromptu pour harpe.* Roussel: *1. Sinfonie.* Mahler: *Kindertotenlieder.* Puccini: *Madame Butterfly.* Schönberg: *1. Streichquartett d-moll.* Derain: *Le Pont de Chatou.* Despiau: *Petite Fille des Landes.* Matisse: *Luxe, calme et volupté.* Mondrian: Zyklus der *Paysages hollandais.*
1905 Proust ist 34	T. Bernard: *Triplepatte.* Gide: *Prétextes.* Montesquiou: *Professionnelles Beautés.* Péguy: *Notre patrie.* Pinchon kreiert die Cartoongestalt Bécassine. Toulet: *Mon amie Nana.* Suarès: *Voici l'homme.* Leblanc schafft die Gestalt des Arsène Lupin (*Je sais tout,* 15. Juli). † Heredia, Verne. Geboren: Sartre.	H. Mann: *Professor Unrat.* Wells: *Kipps.* Blasco Ibañez: *La Horda.*	Debussy: *La Mer; Images.* Ravel: *Sonatine; Miroirs.* Falla: *La Vida breve.* Mahler: *7. Sinfonie.* Strauss: *Salome,* Libretto von Wilde. Picasso: rosa Phase. Erste Ausstellung der Fauves im Rahmen des Salon d'Automne. Van Dongen: *Anita.* Brancusi: *Têtes d'enfant.* C. Claudel: *Paul Claudel.* Gründung der »Brücke« in Dresden. Jourdain baut das Kaufhaus La Samaritaine.
1906 Proust ist 35	Barrès wird in die Académie française aufgenommen. Bordeaux: *Les Roquevillard.* Claudel: *Partage de midi.* Loti: *Les Désenchantés.*	Galsworthy: *The Man of Property* (Forsyte Saga → 1928). London: *White Fang.* Sinclair: *The Jungle.* Lagerlöf: *Die wundersame Reise des Nils Holgersson.*	Fauré: *1. Klavierquintett d-moll.* Ravel: *Histoires naturelles; Rhapsodie espagnole.* Albeñiz: *Iberia.* Derain: *Blackfriars.* Dufy: Die Plakate in Trouville.

Daten	Französische Literatur	Ausländische Literatur	Musik und bildende Künste
	Régnier: *Le Miroir des heures.* † Brunetière, Lorrain. Geboren: Beckett.	Musil: *Die Verwirrungen des Zöglings Törleß.* † Ibsen.	Matisse: *La Joie de vivre.* Picasso: *Autoportrait; Portrait de Gertrude Stein.* Vlaminck: *Les Arbres rouges.* † Cézanne. Blackton: der erste Zeichentrickfilm: *Der magische Füllhalter.*
1907 Proust ist 36	Bazin: *Le Blé qui lève.* Bernstein: *Samson.* Colette: *La Retraite sentimentale.* Leroux: *Le Mystère de la chambre jaune.* Mirbeau: *La 628 E 8.* A. de Noailles: *Les Éblouissements.* Gründung der Zeitschrift: *L'Épatant.* † Jarry, Huysmans, Sully Prudhomme. Geboren: Char, Vaillant.	Gorki: *Die Mutter.* D'Annunzio: *Piu che l'amore.* Hofmannsthal: *Brief des Lord Chandos.* Strindberg: *Gespenstersonate.* Forster: *The Longest Journey.* Yeats: *Deirdre.*	Dukas: *Ariane et Barbe-Bleue.* D'Indy: *Sonate E-Dur.* Debussy: *Poissons d'or.* Matisseausstellung in Berlin. Kahnweiler eröffnet seine Galerie in der Rue Vignon. Braque: *Grand Nu.* Rouault: *La Parade.* Der Zöllner Rousseau: *La Charmeuse de serpents.* Derain: *Les Baigneuses.* Picasso: *Les Demoiselles d'Avignon.* Maillol: *Pomone; Amants.*
1908 Proust ist 37	Barbusse: *L'Enfer.* Flers et Caillavet: *Le Roi.* France: *L'Ile des pingouins.* Romains: *La Vie unanime.* Gründung der *N. R. F.* Forton bringt *Les Pieds nickelés* in *L'Épatant* heraus. † Coppée. Geboren: Barsillach, S. de Beauvoir.	D'Annunzio: *La nave.* Wassermann: *Caspar Hauser.* Sinclair: *The Metropolis.* Blasco Ibañez: *Sangre y arena.*	Ravel: *Ma mère l'Oye.* Saint-Saëns: Musik zu dem Film *L'Assassinat du duc de Guise.* Berg: *Sonate op. 1.* Mahler: *Das Lied von der Erde.* Kubistische Werke von Braque und Picasso, die in Übereinstimmung arbeiten. Bonnard: *Le Paon.* Monet: *Vues de Venise.* Chagall: *Roter Akt.* Montaner: Palais der katalanischen Musik in Barcelona.

Daten	Französische Literatur	Ausländische Literatur	Musik und bildende Künste
1909 Proust ist 38	Apollinaire: *L'Enchanteur pourrissant,* illustriert von Derain. Gide: *La Porte étroite.* Maeterlinck: *L'Oiseau bleu.* Marinettis Manifest des Futurismus in *Le Figaro.* Geboren: Pieyre de Mandiargues, S. Weil.	G. Stein: *Three Lives.* London: *Martin Eden.*	Diaghilews Ballets russes in Paris mit Pawlowa, Nijinski, Fokin. Falla: *Noches en los jardines de España.* Ausstellung der *Nymphéas* von Monet bei Durand-Ruel. Delaunay: *Saint Séverin.* Brancusi: *La Muse endormie.* Kandinsky: *Der blaue Berg.* Picabia: *Caoutchouc.* Nolde: *Das Abendmahl.* Bourdelle: *Héraklès archer.*
1910 Proust ist 39	Apollinaire: *Le Bestiaire ou Cortège d'Orphée,* illustriert von Dufy. Colette: *La Vagabonde.* Péguy: *Le Mystère de la charité de Jeanne d'Arc; Victor-Marie, comte Hugo.* Rostand: *Chantecler.* Roussel: *Impressions d'Afrique.* † Moréas, Renard. Geboren: Anouilh, Genet, Gracq.	Tagore: Gitanjali. † Tolstoi, Björnson, Mark Twain. In Deutschland: Zeitschrift *Der Sturm.* In Österreich: Zeitschrift *Der Brenner.*	Debussy: Erstes Buch der *Préludes.* Hahn: *La Fête chez Thérèse.* Puccini: *La Fanciulla del West* uraufgeführt an der Metropolitan Opera in New York. Strawinsky: *Der Feuervogel.* Chagall in La Ruche: *Le Mariage.* Delaunay: *La Tour Eiffel.* Van Dongen: *La Femme au balcon.* Picasso: *Ambroise Vollard.* Perret: Théâtre des Champs-Élysées (→ 1913).
1911 Proust ist 40	Claudel: *Cinq Grandes Odes; L'Otage.* Larbaud: *Fermina Marquez.* Saint-John Perse: *Éloges.* Jammes: *Les Géorgiques chrétiennes.* Geboren: H. Bazin, Troyat.	Lawrence: *The White Peacock.* Conrad: *Under Western Eyes.* Mansfield: *In a German Pension.* St. Zweig: *Erstes Erlebnis.* Th. Mann: *Der Tod in Venedig.*	Debussy: *Le Martyre de saint Sébastien.* R. Strauss: *Der Rosenkavalier.* Strawinsky: *Petruschka.* La Fresnaye: *Le Cuirassier.* Renoir: *Monsieur et Madame Durand-Ruel.* Klee illustriert *Candide.* Kupka: *Ordonnance sur verticale.*

Daten	Französische Literatur	Ausländische Literatur	Musik und bildende Künste
1912 Proust ist 41	Barrès: *Gréco ou le Secret de Tolède.* Carco: *La Bohème et mon cœur.* Cendrars: *Pâques à New York.* Claudel: *L'Annonce faite à Marie.* Flers und Caillavet: *L'Habit vert.* France: *Les Dieux ont soif.* Ghéon: *Le Pain.* Gide: *Le Retour de l'enfant prodigue.* Péguy: *La Tapisserie de sainte Geneviève et de Jeanne d'Arc.* Segalen: *Stèles.* J. und J. Tharaud: *La Fête arabe.*	Shaw: *Pygmalion.* Lagerlöf: *Der Fuhrmann des Todes.* † Strindberg.	Hahn: *Le Dieu bleu.* Ravel: *Daphnis et Chloé,* aufgeführt von den Ballets russes, zusammen mit *L'Après-midi d'un faune.* Satie: *Véritables préludes flasques.* † Massenet. Prokofjew: *1. Klavierkonzert.* Schönberg: *Pierrot lunaire.* Delaunay: Zyklus der Fenêtres. Bourdelle: *Apollon et les muses.* Maillol: *Pomone.* Sauvage: Stufenhaus in der Rue Vavin.
1913 Proust ist 42	J. Copeau eröffnet das Théâtre du Vieux-Colombier. Alain-Fournier: *Le Grand Meaulnes.* Apollinaire: *Alcools.* Barrès: *La Colline inspirée.* Cendrars: *Prose du Transsibérien.* Géraldy: *Toi et moi.* Larbaud: *Journal d'A.-D. Barnabooth.* Martin du Gard: *Jean Barois.* Romains: *Les Copains.* Geboren: Camus, C. Simon.	Lawrence: *Sons and Lovers.* London: *John Barleycorn.* Gorki: *Meine Kindheit.* Pirandello: *La Ragione degli altri.*	Debussy: *Jeux; La Boîte à joujoux.* Roussel: *Le Festin de l'araignée.* Strawinsky: *Le Sacre du printemps.* Bracque: *Femme à la guitare.* Duchamp: *Nu descendant l'escalier.* Gleizes: *La Ville et le Fleuve.* Malewitch verkündet in Rußland den Suprematismus. Archipenko: *Kubistischer Akt.* Ausstellung der Armory Show in New York. Le Corbusier: Das Haus von La-Chaux-de-Fonds in der Schweiz. Linder: *Max, victime du quinquina.* Feuillade: Zyklus der *Fantômas.*

Daten	Französische Literatur	Ausländische Literatur	Musik und bildende Künste
1914 Proust ist 43	Bloy: *Le Pèlerin de l'absolu.* Bourget: *Le Démon de midi.* Carco: *Jésus la Caille.* Gide: *Les Caves du Vatican.* Hervieu: *Le Destin est maître.* Leroux: *Chéri-Bibi.* † Alain-Fournier, Lemaitre, Mistral, Psichari, Péguy. Geboren: M. Duras.	Joyce: *Dubliners.* O'Neill: *Thirst.* Shaw: *Common Sense About the War.*	J. Rouché: Direktor der Pariser Oper (→ 1939). Erste Aufführung von *Parsifal* an der Pariser Oper. Fauré: *Le Jardin clos.* Strawinsky: *Rossignol.* Delaunay: *Hommage à Blériot.* La Fresnaye: *L'Homme assis.* Utrillo: *Le Lapin agile.* Chirico: Metaphysische Interieurs. Sant'Elia: Manifest der futuristischen Architektur. Gründung der ersten großen Kinostudios in Hollywood. Chaplin: *His New Job* (sein erster Film).
1915 Proust ist 44	Claudel: *Corona benignitatis Anni Dei.* Reverdy: *Poèmes en prose.* Rolland: *Au-dessus de la mêlée.* † Hervieu, Caillavet, R. de Gourmont, Pergaud.	Bunin: *Der Herr aus San Franzisko.* Majakowski: *Wolke in Hosen.* Lagerlöf: *Der Kaiser von Portugallien.* Woolf: *The Voyage Out.* Maugham: *Of Human Bondage.*	Debussy: *12 Études.* Falla: *El Amor brujo.* Vorticisten-Ausstellung in London. Futuristenausstellung in Petrograd. Ausstellung Panama-Pacific. Le Corbusier: Maison Domino. Feuillade: *Les Vampires; Les Mystères de New York.* De Mille: *The Warrens of Virginia.* Griffith: *Birth of a Nation.*
1916 Proust ist 45	Apollinaire: *Le Poète assassiné.* Claudel: *Le Père humilié.* Hémon: *Maria Chapdelaine* (posthum). Montesquiou: *Les Offrandes blessées.* Tzara: *La Première Aventure céleste de M. Antipyrine.* Verhaeren: *La Belgique dévastée.* † Faguet, Verhaeren. Geboren: P. Emmanuel.	Blasco Ibâñez: *Los cuatros jinetes del Apocalipsis.* Joyce: *Dedalus.* Kafka: *Die Verwandlung.* Jessenin: *Gedichte.* Tagore: *Das Heim und die Welt.* † London, Sinkiewicz, James.	Gründung des Poulet-Quartetts. Prokofjew: *Klassische Sinfonie.* Webern: *4 Lieder.* Matisse: *Leçon de piano.* Soutine: *Les Harengs.* Picabia: *391* Dada-Manifest in Zürich. † Redon. Feuillade: *Judex.*

Daten	Französische Literatur	Ausländische Literatur	Musik und bildende Künste
1917 Proust ist 46	Apollinaire: *Les Mamelles de Tirésias.* Delluc: *La guerre est morte.* Éluard: *Le Devoir et l'inquiètude.* Jacob: *Le Cornet à dés.* Soupault: *Aquarium.* Valéry: *La Jeune Parque.* † L. Bloy, Mirbeau.	Yeats: *Wild Swans at Coole.* *Pirandello: Così è (se vi pare); Il berretto a sonagli;* *Il piacere dell'onestà.*	Ravel: *Le Tombeau de Couperin.* Busoni: *Turandot.* Diaghilew inszeniert *Parade* mit Satie, Picasso, Cocteau. Matisse: *Odalisques.* Chagall: *Double Portrait.* Klimt: *Adam und Eva.* Picasso: *L'Italienne.* Modigliani: *Nu couché.* † Rodin, Degas. Chaplin: *The Immigrant.*
1918 Proust ist 47	Apollinaire: *Calligrammes.* Benoit: *Koenigsmark.* France: *Le Petit Pierre.* Giraudoux: *Simon le pathétique.* Mac Orlan: *Le Chant de l'équipage.* Maurois: *Les Silences du colonel Bramble.* Tzara: *Manifeste Dada.* † Apollinaire, E. Rostand.	Sinclair: *The Profits of Religion.* Pirandello: *Ciascuno a su modo.* Jessenin: *Inonia.* Majakowski: *Ode an die Revolution.* Zeitschrift: *Roma futurista.*	Bartók: *Herzog Blaubarts Burg.* Christiné: *Phiphi.* Strawinsky: *Histoire du soldat.* Satie: *Socrate.* Fauré. *Sonate für Violoncello und Klavier.* Poulenc: *Mouvement perpétuel.* Gründung in Paris der künftigen »Groupe des Six«. Gris: *L'Écossaise.* Soutine: *Autoportrait.* Modigliani: Aktzyklus. Epoca-Ausstellung in Italien mit Chirico. Miró-Ausstellung in Barcelona. † Klimt, Debussy. Chaplin: *A Dog's Life.*

Daten	Französische Literatur	Ausländische Literatur	Musik und bildende Künste
1919 Proust ist 48	Benda: *Belphégor.* Breton: *Mont-de-piété.* Cendrars: *Du monde entier.* Gide: *La Symphonie pastorale.* Guitry: *Mon père avait raison; Pasteur.* Rolland: *Gola Bruignon.* Spire: *Poèmes juifs.* Breton, Aragon, Soupault: *Littérature.* † Segalen, Tailhade.	D'Annunzio: *L'Italia alla Colonna.* Brecht: *Trommeln in der Nacht.* Kafka: *Die Strafkolonie.* Wallace: *The Man who knew too much.* Conrad: *The Arrow of Gold.* Jessenin: *Manifest des Imaginismus.* In Deutschland: Zeitschrift: *Der Dada.*	Bartók: *Der wunderbare Mandarin.* Milhaud: *Le Bœuf sur le toit.* Poulenc: *Le Bestiaire.* Strauss: *Die Frau ohne Schatten.* Matisse: *Le Compotier* (Carnegie-Preis). Ernst: Die ersten Kollagen. Klee: *Die Villa.* Gropius gründet das Bauhaus in Weimar. Poelzig: Großes Schauspielhaus in Berlin. Konstruktivistisches Manifest in Moskau. Gance: *J'accuse.* Delluc: *La Fête espagnole.*
1920 Proust ist 49	Copeau gründet die École du Vieux-Colombier. Lugné-Poe gründet die »Maison de l'Œuvre«. Breton und Soupault: *Les Champs magnétiques.* Colette: *Chéri.* Duhamel: *Vie et aventures de Salavin* (→ 1932). Lacretelle: *La Vie inquiète de Jean Hermelin.* Montherlant: *La relève du matin.* Morand: *Lampes à arc,* darin die »Ode à Marcel Proust«. A. de Noailles: *Les Forces éternelles.* Rolland: *Clérambault.* Valéry: *Le Cimetière marin.* Vildrac: *Le Paquebot »Tenacity«.* † Nouveau, Toulet.	S. Lewis: *Main Street.* O'Neill: *The Emperor Jones.* Christie: *The Mysterious Affair of Styles.* Majakowski: *150 000 000.* Unamuno: *El Cristo de Velázquez.*	Reinhardt: Gründung der internationalen Salzburger Festspiele. Ravel: *La Valse.* Honegger: *Pastorale d'été.* Das schwedische Ballett in Paris. Braque: *Le Sucrier.* Picabia: *La Femme aux allumettes.* Signac: *La Rochelle.* Gabo: Erste kinetische Skulpturen. Le Corbusier veröffentlicht: *L'Esprit nouveau.* Lutyens: Palast des Vizekönigs in New-Delhi. † Réjane, Renoir, Modigliani. Chaplin: *The Kid.*

Daten	Französische Literatur	Ausländische Literatur	Musik und bildende Künste
1921 Proust ist 50	Aragon: *Anicet.* Chardonne: *Épithalame.* Gide: *Si le grain ne meurt.* Giraudoux: *Suzanne et le Pacifique.* Jacob: *Le Laboratoire central.* Montesquiou: *Élus et appelés.* Toulet: *Les Contrerimes* (posthum). Schlumberger: *Un homme heureux.* † Feydeau, Bouchor, Montesquiou. Dulin gründet das Théâtre de l'Atelier. Prix Goncourt: *Batouala,* von R. Maran.	Dos Passos: *Three Soldiers.* D'Annunzio: *Notturno.* Pirandello: *Sei personaggi in cerca di autore.* Hofmannsthal: *Der Schwierige.* Lawrence: *The Lost Girl.*	Prokofjew: *Die Liebe zu den drei Orangen.* Honegger: *Le Roi David.* Schwedisches Ballett: *L'Homme et son désir* (Milhaud, Claudel); *Les Mariés de la tour Eiffel* (Cocteau, der »Groupe des Six«). † Saint-Saëns. Picasso: *Trois Musiciens.* Zadkine: *Le Guitariste.* Kandinsky: *Blaues Segment.* Le Corbusier und Ozenfrant: Manifest des Purismus. Perret: Kirche von Le Raincy aus Beton. Feyder: *L'Atlantide.* E. von Stroheim: *Foolish Wives.*
1922 Proust ist 51	Barrès: *Un jardin sur l'Oronte.* Colette: *La Maison de Claudine.* Drieu La Rochelle: *Mesure de la France.* Du Bos: *Approximations* (→ 1937). France: *La Vie en fleur.* Fort: *Florilège des ballades françaises.* Giraudoux: *Siegfried et le Limousin.* Martin du Gard: *Les Thibault* (→ 1940). Mauriac: *Le baiser au lépreux.* Montherlant: *Le Songe.* Morand: *Fermé la nuit.* Rolland: *L'Ame enchantée* (→ 1934). Valéry: *Charmes.* † H. Bataille. Geboren: Robbe-Grillet.	Joyce: *Ulysses* erscheint in Paris. S. Lewis: *Babbitt.* Woolf: *Jacob's Room.* Tagore: *Die entfesselte Flut.* Brecht: *Baal.* Th. Mann: *Von deutscher Republik.* Rilke: *Sonette an Orpheus.* Pasternak: *Das Leben – meine Schwester.* Pirandello: *Enrico IV.*	Hindemith: *Streichquartett.* Caplet: *Messe à capella.* Pizzetti: *Requiem.* Matisse: *Odalisques.* Lurçat-Ausstellung in Paris. Kandinsky und Gabo Professoren am Bauhaus. Sonia Delaunay entwirft Stoffe, Dekore und Kleider. Pompon: *L'Ours blanc.* Hartung: Erste abstrakte Gemälde. Wright: Kaiserhotel in Tokyo. Linder: *L'Étroit Mousquetaire.* Murnau: *Nosferatu.*

POLITIK, WIRTSCHAFT, GESELLSCHAFT

Daten	Politik und Gesellschaft	Wirtschaft, Wissenschaft und Technik	Philosophie, Psychologie, Geschichte, Religion ...
1870			Taine: *De l'intelligence.*
1871	*12. Februar:* Thiers wird in Bordeaux zum Chef der Exekutive gewählt. *18. März – 28. Mai:* Pariser Kommune. *10. Mai:* Friede von Frankfurt. Bismarck beginnt den Kulturkampf.	Weltausstellung in London. Einweihung des Mont-Cenis-Tunnels. Darwin: *The Descent of Man and Selection in Relation to Sex.* Zusammentreffen von Stanley und Livingstone an den Ufern des Tanganjikasees.	Renan: *La Réforme intellectuelle et morale.* Leconte de Lisle: *Histoire populaire du christianisme.* A. de Mun gründet Arbeiterzirkel.
1872		Beginn der Bauarbeiten am Sankt-Gotthard-Tunnel.	Nietzsche: *Die Geburt der Tragödie.* Michelet: *Histoire du XIXème siècle.* (→ 1875).
1873	*24. Mai:* Sturz von Thiers. Mac-Mahon Präsident. *16. Sept.:* Die deutschen Truppen räumen Frankreich. *27. Okt.:* Mißlungener monarchistischer Restaurationsversuch des Comte de Chambord. *20. Nov.:* Die Amtszeit des Präsidenten wird durch Gesetz auf sieben Jahe festgelegt. Die Errichtung der Kirche Sacré-Cœur in Montmartre wird von der Nationalversammlung zur gemeinnützigen Angelegenheit erklärt.	Börsenkrach in Wien. Beginn einer weltweiten Wirtschaftskrise. Weltausstellung in Wien.	Littré: *La Science au point de vue philosophique.* Renan: *L'Antéchrist.* Bakunin: *Étatisme et anarchie.*
1874	*15. März:* Vertrag von Hué: Erstes französisches Protektorat über Tongking.	Cantor: Mengenlehre. Stanley durchquert Afrika.	Boutroux: *De la contingence des lois de la nature.* Ribot: *La Philosophie de Schopenhauer.* Mill: *Three Essays on Religion.* Leroy-Beaulieu: *De la colonisation chez les peuples modernes.*

Daten	Politik und Gesellschaft	Wirtschaft, Wissenschaft und Technik	Philosophie, Psychologie, Geschichte, Religion ...
1875	*30. Jan.:* Abstimmung über den Änderungsantrag von Wallon. *24. Febr.* und *16. Juli:* Abstimmung über die Verfassung. Expedition von Savorgnan de Brazza zum Kongo (→ 1882).	Fleming: Entdeckung der Chromosomen.	Lambroso: *L'Homme criminel.*
1876		G. Bell: Erfindung des Telephons. Otto baut den ersten Verbrennungsmotor.	Renan: *Dialogues philosophiques.* Taine: *Origines de la France contemporaire* (→ 1896) Nietzsche: *Unzeitgemäße Betrachtungen.*
1877	*16. Mai:* Mac-Mahon entläßt J. Simon.	Edison erfindet das Mikrophon und das Grammophon.	G. Bruno (Mme Guyau-Fouillée): *Le Tour de France par deux enfants.* Renan: *Les Évangiles.* Morgan: *Ancient Society.* Spencer: The Principles of Sociology (→ 1896). Hartmann: *Philosophie des Unbewußten.*
1878	Gründung der Heilsarmee.	Weltausstellung in Paris. Edison und Swan: Elektrische Glühbirne. Thomas de Gilchrist: Verfahren zur Stahlherstellung.	Nietzsche: *Menschliches, Allzumenschliches.*
1879	*30. Jan.:* Wahl von Jules Grévy zum Staatspräsidenten.	Pasteur entdeckt das Prinzip der Impfstoffe.	Schopenhauer: *Die beiden Grundprobleme der Ethik* (franz. Übers.).

Daten	Politik und Gesellschaft	Wirtschaft, Wissenschaft und Technik	Philosophie, Psychologie, Geschichte, Religion ...
1880	*29. März:* Erlasse gegen die kirchlichen Orden in Frankreich. *Sept.:* Jules Ferry Ministerpräsident. Auflösung und Ausweisung des französischen Jesuitenordens.		Nietzsche: *Der Wanderer und sein Schatten.* Taine: *Philosophie de l'art.*
1881	*12. Mai:* Französische Militärexpedition nach Tunesien. Vertrag von Bardo. *14. Nov.:* Sturz von Jules Ferry. Regierung Gambetta. Massaker der Expedition Flatters in der Sahara.		Bourget: *Essai de psychologie contemporaine.*
1882	Konkurs der Bank »Union générale« in Paris. *März:* J. Ferry-Gesetze über die Verstaatlichung der Volksschulen und die allgemeine Schulpflicht. *20. Mai:* Dreibund-Vertrag.	Bau des Kanals von Korinth. Kochscher Bazillus.	Nietzsche: *Die fröhliche Wissenschaft.*
1883	*Febr.:* Zweites Kabinett J. Ferry. *25. April:* Rivière besetzt Hanoi. *Mai – Dezember:* Die Franzosen besetzen Madagaskar.		Ribot: *Les Maladies de la volonté.* Nietzsche: *Also sprach Zarathustra* (→ 1885).
1884	Börsenkrach in New York. *11. Mai:* Französisch-chinesischer Frieden von Tientsin. *15. Nov.:* Einberufung einer internationalen Kolonialkonferenz nach Berlin.	Erstes Dampfauto: De Dion-Bouton. Mergenthaler: Zeilensetzmaschine in den USA.	

Daten	Politik und Gesellschaft	Wirtschaft, Wissenschaft und Technik	Philosophie, Psychologie, Geschichte, Religion ...
1885	*26. Febr.:* Schlußakte von Berlin: Gründung des Kongo-Staates. *März:* Affäre von Lang Son: Sturz von Ferry. *28. Dez.:* Wiederwahl des Präsidenten J. Grévy.	Pasteur: Erste Impfung gegen die Tollwut. Maxim erfindet das Maschinengewehr. Marey: die Chronophotographie.	Ribot: *Les Maladies de la personnalité.* Bourget: *Nouveaux Essais de psychologie contemporaine.* Nietzsche: *Jenseits von Gut und Böse.*
1886	*Januar:* Streik von Decazeville. *1. Juli:* Boulanger wird Kriegsminister.	Hertz entdeckt die elektromagnetischen Wellen. Daimler und Benz stellen in Deutschland die ersten Automobile her.	Caro: *L'idée de Dieu.* Drumont: *La France juive.* Schopenhauer: *Die Welt als Wille und Vorstellung* (franz. Übers.).
1887	Schnaebelé-Affäre. Boulanger muß das Kriegsministerium verlassen. *16. Nov.:* Einrichtung eines französisch-englischen Kondominiums über die Neuen Hebriden. *2. Dez.:* Wilson-Skandal. Rücktritt von J. Grévy. Sadi-Carnot wird Präsident.	Volterra: Erste Arbeiten der Funktionalanalyse. Weismann: Chromosomentheorie der Vererbung. Zédé entwirft die Baupläne des *Gymnote,* des ersten modernen Unterseebootes.	Guyau: *L'Irreligion de l'avenir.* Lafargue: *La Religion du capital.*
1888	Erste russische Staatsanleihe in Paris.	Dunlop erfindet den Gummireifen.	Nietzsche: *Der Antichrist.* Durkheim: *La Sience sociale et l'action.* Carlyle: *On Heroes and Hero-Worship* (franz. Übers.).
1889	Erster Arbeiterkongreß in Paris: Gründung der II. Internationalen. *27. Jan.:* Boulanger Abgeordneter des Départements Seine. Constans Innenminister. Auflösung der Liga der Patrioten. *30. Jan.:* Selbstmord des Erzherzogs Rudolf in Mayerling. *1. April:* Flucht Boulangers. *September:* Wahlniederlage des Boulangismus.	Weltausstellung in Paris: der Eiffelturm wird fertiggestellt. Der erste »Kodak« in den Vereinigten Staaten.	Guyau: *L'Art au point de vue sociologique.* Bergson: *Essai sur les données immédiates de la conscience.* Vanor: *L'Art symboliste.* Nietzsche: *Götzen-Dämmerung.*

Daten	Politik und Gesellschaft	Wirtschaft, Wissenschaft und Technik	Philosophie, Psychologie, Geschichte, Religion ...
1890	*12. Nov.:* Der Kardinal Lavigerie verkündet den »Zusammenschluß«.	Erster Flug von Ader. Füllfederhalter.	Renan veröffentlicht *L'Avenir de la science* (geschrieben 1848).
1891	Enzyklika *Rerum novarum.* *1. Mai:* Streiks und Zwischenfälle von Fourmies. *23. Juli:* Französischer Flottenbesuch in Kronstadt.	Baubeginn der transsibirischen Eisenbahn. Benzinauto von Panhard und Levassor. Dubois entdeckt auf Java die Überreste eines Pithekanthropos. Branly entdeckt den Eisenfeilicht-Fritter.	W. James: *The Principles of Psychologie.*
1892	Neuer Schutzzoll in Frankreich: das Méline-System. *März:* Verhaftung von Ravachol. *17. August:* Geheime französisch-russische Militärkonvention. *November:* Panama-Skandal. *Dezember:* Attentat von Vaillant.	Lorentz entdeckt die Elektronen. Edison erfindet den Filmaufnahmeapparat.	R. de Gourmont: *Le Latin mystique.*
1893	Der Abbé Loisy muß das Institut catholique de Paris verlassen. *13.–29. Okt.:* Eine russische Flotte in Toulon. *17. Nov.:* Frankreich erlegt Dahomey sein Protektorat auf.	Marey baut das erste Filmvorführgerät. Behring: Serum gegen die Diphterie.	*L'Histoire de France* von Lavisse erscheint in Fortsetzungen. Blondel: *L'Action.* Nordau: *Entartung.*
1894	*5. Januar:* Degradierung des Capitaine Dreyfus. *24. Juni:* Ermordung von Sadi-Carnot. Wahl von Casimir-Perier. *29. Juli:* Ratifizierung der »niederträchtigen Gesetze« (lois scélérates). *31. Juli:* Chinesisch-japanischer Krieg. *November:* Französische Expedition nach Madagaskar. *Dezember:* Erster Dreyfus-Prozeß.	Yersin entdeckt den Pestbazillus. Edison schafft den 35 mm-Kinofilm.	Durkheim: *Les Règles de la méthode sociologique.* Lanson: *Histoire de la littérature française.* Nietzsche: *Der Wille zur Macht.*

Daten	Politik und Gesellschaft	Wirtschaft, Wissenschaft und Technik	Philosophie, Psychologie, Geschichte, Religion ...
1895	*13. Jan.*:Rücktritt von Casimir-Perier. Wahl von Félix Faure. *Sept. – Nov.:* Massaker in Armenien. Gründung der Gewerkschaft CGT (Confédération Générale du Travail) in Limoges.	Röntgen entdeckt die Röntgenstrahlen. Erstes Automobil von Peugeot.	
1896	*18. August:* Endgültige Annektierung Madagaskars durch Frankreich. Gallieni Gouverneur. *6.–8. Okt.:* Empfang von Nikolaus II. in Paris. Die ersten olympischen Spiele in Athen.	Erstes Automobil von Ford. Becquerel entdeckt die Radioaktivität des Uraniums.	Ribot: *Psychologie des sentiments.* Bergson: *Matière et mémoire.* Reclus: *L'Anarchie.* Herzl: *Der Judenstaat.* Renouvier: *Philosophie analytique de l'histoire.*
1897	*18. April:* Griechisch-türkischer Krieg. *4. Mai:* Brand des Wohltätigkeitsbasars.	C. Ader: Erster Flug im Aeroplan mit einem Passagier. Die ersten Grammophonplatten aus Gummilack.	Langlois und Seignobos: *Introduction aux études historiques.* Durkheim: *La Prohibition de l'inceste.*
1898	Gründung des Sillon [einer katholischen Reformbewegung] durch Marc Sangnier. *12. Jan.:* Freispruch des Commandant Esterhazy. *13. Jan.:* »J'accuse« von Zola in *L'Aurore.* *14. Jan.:* Der Colonel Picquart wird verhaftet. *7.–23. Februar:* Zola-Prozeß. *30. August:* Selbstmord des Colonel Henry. *10. Sept.:* Ermordung der Kaiserin Elisabeth von Österreich. Marchand wird von Lord Kitchener zur Evakuierung Fachodas gezwungen. Gründung des Comité de l'action française.	Erste Automobilausstellung in Paris. Pierre und Marie Curie: Entdeckung des Radiums. Santos-Dumont baut sein erstes Luftschiff.	Janet: *Névroses et idées fixes.* Maeterlinck: *La Sagesse et la destinée.* *Mâle: L'Art religieux du XIIIème siècle en France.*

Daten	Politik und Gesellschaft	Wirtschaft, Wissenschaft und Technik	Philosophie, Psychologie, Geschichte, Religion ...
1899	*18. Febr.:* † F. Faure. Wahl von Loubé. *18. Mai:* Eröffnung der Friedenskonferenz von Den Haag. *September:* Erneute Verurteilung und Begnadigung von Dreyfus. Beginn des Burenkrieges.	H. Poincaré: *La Théorie de Maxwell et les oscillations hertziennes.* Lord Rutherford of Nelson entdeckt die Alpha- und Betastrahlen der radioaktiven Körper.	Bergson: *Le Rire.* Vacher de la Pouge: *L'Argent, son rôle social.* Maurras: *Trois Idées politiques.*
1900	Boxeraufstand in China. *25. Juli:* Ermordung von Umberto I. Vittorio Emanuele III. wird letzter König Italiens. Internationale Strafexpedition: Zurückeroberung Pekings.	Weltausstellung in Paris. Max Planck formuliert die Quantentheorie. Zeppelin baut sein erstes Luftschiff.	Croce: *Materialismo storico ed economia marxistica.* Maurras: *Enquête sur la monarchie.* Renouvier: *Hugo, le philosophe.* Husserl: *Logische Untersuchungen.*
1901	*21. Jan.:* † Königin Victoria. Edward VII. *20. Juli:* Marokkoprotokoll.	Marconi sendet zum ersten Mal drahtlose Signale über den atlantischen Ozean. Schule von Würzburg: Experimentelle Selbstbeobachtung.	Tarde: *L'Opinion et la foule.*
1902	Papst Leo XIII. verurteilt das Freimaurertum. *31. Mai:* Friede von Vereeniging zwischen England und den Buren. *11. Juni:* Bildung des Kabinetts Combes.	H. Poincaré: *Science et hypothèse.* Fertigstellung der transsibirischen Eisenbahn.	Loisy: *L'Évangile et l'Église.* Croce: *Estetica.*
1903	† Leo XIII. Pius IX. *Mai:* Besuch von Edward VII. in Paris. *3. Nov.:* Revolution in Panama.	Erster Flug der Brüder Wright im Aeroplan. Pawlow: Die konditionierten Reflexe.	

Daten	Politik und Gesellschaft	Wirtschaft, Wissenschaft und Technik	Philosophie, Psychologie, Geschichte, Religion …
1904	*8. Febr.:* Die Japaner versenken die russische Flotte vor Port-Arthur. *3. März:* Eröffnung des Revisionsprozesses für Dreyfus durch das Berufungsgericht. *8. April:* Entente cordiale zwischen Frankreich und England. *7. Juli:* Unterrichtsverbot für alle kirchlichen Orden. Abbruch der diplomatischen Beziehungen zwischen Frankreich und dem Vatikan.	Baubeginn des Panamakanals. Hilbert: Theorie der Integralgleichungen.	Wundt: *Völkerpsychologie.*
1905	*2. Jan.:* Einnahme von Port-Arthur durch die Japaner. *19. Jan.:* Rücktritt von Combes. *22. Jan.:* »Roter Sonntag« in Sankt Petersburg. *31. März:* Besuch Wilhelms II. in Tanger. *25. April:* Bildung der sozialistischen Partei SFIO (Section française de l'internationale ouvrière). *6. Juni:* Rücktritt von Delcassé. *5. Sept.:* Im Vertrag von Portsmouth gewinnt Japan die südliche Mandschurei und Korea. *9. Dez.:* Separation von Kirche und Staat in Frankreich. Die Enzyklika *Vehementer nos* verurteilt das Separationsgesetz.	Einstein, Lorentz, Minkowski: Arbeiten über die spezielle Relativität. Einstein entdeckt die Lichtquanten. Schaudinn entdeckt den Syphilliserreger.	Freud: *Drei Abhandlungen zur Sexualtheorie.* Maurras: *L'Avenir de l'intelligence.* Sertillanges: *Socialisme et christianisme.* Louis: *Le colonialisme.* Burckhardt: *Weltgeschichtliche Betrachtungen.*
1906	*16. Jan. – 7. April:* Konferenz von Algeciras über Marokko. *17. Jan.:* Fallières Staatspräsident. *12. Juli:* Rehabilitierung von Dreyfus. *Oktober:* Kabinett Clemenceau. Die CGT nimmt die Charta von Athen an.	Einweihung des Simplontunnels.	Bergson: *L'Évolution créatrice.* Huysmans: *Les Foules de Lourdes.* Péguy: *De la situation faite au parti intellectuel* (Les Cahiers). Saussure: *Cours de linguistique générale* (→ 1911).

Daten	Politik und Gesellschaft	Wirtschaft, Wissenschaft und Technik	Philosophie, Psychologie, Geschichte, Religion . . .
1907	Enzyklika *Pascendi dominici gregios* gegen den Modernismus. *Juni – Oktober:* Zweite Friedenskonferenz in Den Haag. *31. August:* Englisch-russisches Übereinkommen über Asien. Bildung der Tripelentente. In Frankreich Beamtenstreiks und Revolten der südfranz. Bauern.	A. Lumière erfindet die Farbphotographie.	W. James: *Pragmatism.* Kautsky: *Die Kolonialfrage.*
1908	Baden-Powell ruft die Pfadfinderbewegung ins Leben. *5. Okt.:* Österreich annektiert Bosnien und Herzegowina. Gründung der *Action française.*		Alain: *Propos* in der *Dépèche de Rouen* (1919). Boutroux: *Science et religion dans la philosophie contemporaine.* Freud: *Der Dichter und das Phantasieren.*
1909	Seligsprechung von Jeanne d'Arc. *9. Febr.:* Französisch-deutsches Marokkoabkommen.	Blériot überquert mit einem Aeroplan den Ärmelkanal.	Poincaré: *Science et méthode.* Faure: *Histoire de l'art* (→ 1921).
1910	Pius X. verurteilt den Sillon. *Januar:* Überschwemmung von Paris. *6. April:* † Edward VII. *4. Okt.:* Sturz der Monarchie in Portugal.	Freud: *Über Psychoanalyse.* Erster Dieselmotor.	Péguy: *Notre jeunesse.* Sertillanges: *Saint Thomas d'Aquin.* Lévy-Bruhl: *Les Fonctions mentales dans les sociétés inférieures.*
1911	Wilhelms II. »Panthersprung« nach Agadir. *4. Nov.:* Französisch-deutsches Marokkoabkommen. *30. Dez.:* Sun Yat-sen ruft in Nanking die Republik aus.	Amundsen am Südpol.	Jung: *Wandlungen und Symbole der Libido.* Bergson: *L'Intuition philosophique.*

Daten	Politik und Gesellschaft	Wirtschaft, Wissenschaft und Technik	Philosophie, Psychologie, Geschichte, Religion …
1912	*15. April:* Untergang der *Titanic.* *30. Mai:* Französisches Protektorat über Marokko. Gen. Lyautey wird Generalprotektor. *17. Okt.:* Beginn des ersten Balkankrieges. *3. Nov.:* Das Unterhaus ratifiziert das Home-Rule-Gesetz. *5. Nov.:* W. Wilson Präsident der Vereinigten Staaten.	Carrel: Technik der Gefäßanastomose; Aufbewahrung von Gewebskulturen in vitro. Wegener: Theorie der Kontinentalverschiebung.	Durkheim: *Les Formes élémentaires de la vie religieuse.* Lalo: *Introduction à L'esthétique.* Brunschwicg: *Les Étapes de la philosophie mathématique.*
1913	*17. Jan.:* Wahl Poincarés zum Staatspäsidenten. *30. Jan.* und *29. Juli:* Das House of Lords schlägt die Home Rule ab. *7. August:* Annahme des Militärgesetzes über die dreijährige Dienstpflicht. *6. Okt.:* Yuan Shih-kai läßt sich zum Präsidenten der chinesischen Republik wählen. *Dezember:* Zabernaffäre. Krawalle in Paris zwischen jungen Royalisten und sozialistischen Jugendverbänden.	Ford: Fließbandproduktion in den Vereinigten Staaten. Broglie: Spektrum der Röntgenstrahlen.	Psichari: *L'Appel des armes.* Umfrage von Agathon (H. Massis): *Les jeunes gens d'aujourd'hui.* Freud: *Totem und Tabu.* Bruch mit Jung. Husserl: *Ideen zu einer reinen Phänomenologie und phänomenologischen Philosophie.*
1914	† Pius X. Benedikt XV. *16. März:* Gaston Calmette wird von Mme Caillaux ermordet. *28. Juni:* Attentat von Sarajewo. *28. Juli:* Österreichisch-serbischer Krieg. *31. Juli:* Ermordung von Jaurès. *1. August:* Deutsch-russischer Krieg. *3. August:* Deutsch-französischer Krieg. *4. August:* Deutsch-englischer Krieg. *5.–10. Sept.:* Erste Schlacht an der Marne.	Eröffnung des Panama-Kanals. Calmette und Guérin: Der Impfstoff BCG gegen die Tuberkulose.	Ribot: *La Vie inconsciente.* Marcel: *Journal métaphysique.*

Daten	Politik und Gesellschaft	Wirtschaft, Wissenschaft und Technik	Philosophie, Psychologie, Geschichte, Religion . . .
1915	*19. Febr.:* Alliierte Flottenoffensive an den Dardanellen. *7. Mai:* Torpedierung der *Lusitania.* *Mai – Juni:* Offensive der Alliierten in Artois. *23. Sept.:* Französische Offensive in der Champagne. *Nov.:* Scheitern der Alliierten in Gallipoli. (Türkei).	Erster Fronteinsatz von Kampfgas durch die Deutschen.	Hanotaux: *Histoire illustrée de la guerre (→ 1919).* *Freud: Mitteilung eines der psychoanalytischen Theorie widersprechenden Falles von Paranoia.*
1916	Februar: Beginn der Schlacht von Verdun. Einnahme von Douaumont durch die Deutschen. Pétain Kommandeur an der Front. *31. Mai:* Seeschlacht vor dem Skagerrak. *1. Juli – 23. Okt.:* Schlacht an der Somme. *24. Okt.:* Wiedereinnahme von Douaumont. *22. Nov.:* † Franz-Joseph. Karl I. *2. Dez.:* Nivelle löst Joffre als Generalissimus ab. *29. Dez.:* Ermordung Rasputins.	Erster Einsatz von Panzern. Die luftgefüllten Gummiräder beginnen bei den Lastkraftwagen die vollen Radbeschläge zu ersetzen.	Bremond: *Histoire littéraire du sentiment religieux en France* (1932).
1917	*15. März:* Abdankung des Zaren Nikolaus II. *2. April:* Kriegseintritt der USA. *9.–19. April:* Scheitern der Offensive von Nivelle. *15. Mai:* Pétain löst Nivelle ab. *27. Okt.:* Italienische Niederlage in Caporetto. *6. Nov.:* Machtergreifung der Bolschewiken. *17. Nov.:* Kabinett Clemenceau.	Entzifferung der Schriftsprache der Hethiter.	Freud: *Vorlesungen zur Einführung in die Psychoanalyse; Metapsychologische Ergänzung zur Traumlehre.* Lenin: *Staat und Revolution.* Mâle: *L'Art allemand et français au Moyen Age.*

Daten	Politik und Gesellschaft	Wirtschaft, Wissenschaft und Technik	Philosophie, Psychologie, Geschichte, Religion …
1918	*3. März:* Vertrag von Brest-Litowsk – Beendigung des Krieges mit Rußland. *26. März:* Foch interalliierter Generalissimus. *16. Juli:* Ermordung der russischen Zarenfamilie. *30. Okt.:* Schlacht von Vittorio-Veneto. *9. Nov.:* Abdankung Wilhelms II. Ebert Reichspräsident. *11. Nov.:* Waffenstillstand von Rethondes.	Langevin: Ultraschall. Rutherford spaltet das Atom.	La Sizeranne: *L'Art pendant la guerre.* Russel: *Roads to Freedom.*
1919	*April:* Heiligsprechung von Jeanne d'Arc. Gründung der christlichen Gewerkschaft CFTC. *18. Jan.:* Eröffnung der Friedenskonferenz in Paris. Beginn der Predigten Gandhis in Indien. *4. März:* Gründung der III. Internationale in Moskau. *28. Juni:* Unterzeichnung des Versailler Friedensvertrages mit Deutschland. *19. Sept.:* Vertrag von Saint-Germain mit Österreich. *16. Nov.:* Wahl der »horizontblauen« Kammer. *27. Nov.:* Vertrag von Neuilly mit Bulgarien.	Linienflüge Paris–London.	Bergson: *L'Énergie spirituelle.* Russel: *Introduction to Mathematical Philosophy.* Spengler: *Der Untergang des Abendlandes.* Huizinga: *Der Herbst des Mittelalters.*
1920	Gespräche von Malines zwischen Katholiken und Anglikanern. *10. Jan.:* Gründung des Völkerbundes. *17. Jan.:* Wahl von Deschanel zum Staatspräsidenten. Vertrag von Trianon mit Ungarn. *Sept. – Okt.:* Die Türken besetzen erneut Armenien.	Beginn der Prohibition in den Vereinigten Staaten (→ 1933). Erste Rundfunkprogramme in den USA und in den Niederlanden, dann in England.	Monseigneur Baudrillart: *Dictionnaire d'histoire et de géographie ecclésiastique.* Berr: Anfang der Reihe »L'Évolution de l'humanité«. Freud: *Jenseits des Lustprinzips.* Alain: *Système des beaux-arts.*

Daten	Politik und Gesellschaft	Wirtschaft, Wissenschaft und Technik	Philosophie, Psychologie, Geschichte, Religion …
	Massaker an den Armeniern. *25.–30. Dez.:* Kongreß von Tours: Gründung der Kommunistischen Partei Frankreichs. Wiederaufnahme der diplomatischen Beziehungen zwischen dem Heiligen Stuhl und Frankreich. Lenin verkündet die NEP (Neue ökonomische Politik).		
1921	*Juli:* Abd El Krim gründet die Rifrepublik. *Oktober:* Gründung der SA durch Röhm. Hitler Vorsitzender der nationalsozialistischen Partei. † E. Combes.	Erstes Rundfunkkonzert am Eiffelturm. Banting und Best: Insulin.	Lalo: *L'Art et la vie sociale.* Vendryès: *Le Langage.* Scheler: *Der Formalismus in der Ethik.*
1922	Die internationale Konferenz von Genf nimmt den Gold Exchange Standard an. *12. Januar:* Kabinett Poincaré. *12. Jan.:* Stalin Sekretär der kommunistischen Partei in Rußland. *16. April:* Rapallo-Vertrag zwischen Deutschland und Rußland. *8. Sept.:* Einnahme von Smirna durch die Türken. Massaker an den Griechen. *28. Okt.:* Mussolinis Marsch auf Rom. Er übernimmt die Staatsgewalt. *6. Dez.:* Irland wird ein unabhängiger Staat. *30. Dez.:* Rußland nimmt den Namen UdSSR an.	Kolonialausstellung in Marseille. Haardt und Audouin-Dubreuil: Erstes Rennen durch Schwarzafrika mit Citroën-Automobilen. F. R. Bull: Erste Rechenmaschine mit Lochkarten.	Bergson: *Durée et simultanéité.* Durkheim: *Éducation et société.* *Lavisse: Histoire contemporaine de la France.* (20 Bände). Mathiez: *La Révolution française.* Brunot: *La Pensée et la langue.* Dauzat: *La Géographie linguistique.*

NOTIZ DES ÜBERSETZERS ZUM GEBRAUCH DES MARCEL-PROUST-LEXIKONS

Die Adelstitel der Proustschen Romanfiguren sind wie in der Übersetzung von Eva Rechel-Mertens deutsch wiedergegeben: der Herzog von Guermantes, die Prinzessin von Guermantes usw.

Reale Personen aus dem Bekanntenkreis Prousts dagegen werden mit ihren originalen französischen Titeln angeführt: Comte/Comtesse [Graf/Gräfin], Duc de/Duchesse de [Herzog von/Herzogin von], Prince/Princesse [Prinz/Prinzessin oder Fürst/Fürstin] usw.

Französischsprachige Buch- oder Aufsatztitel werden (außer in den chronologischen Übersichten am Ende des Bandes) durchweg übersetzt und in runden Klammern nach dem Originaltitel angegeben. Wo eine existierende deutsche Übertragung nachzuweisen war, ist diese kursiv (bei eigenständigen Werken) oder in Anführungszeichen (bei Artikeln, Teilen eines Gesamtwerks) gesetzt.

Notwendig erscheinende Verdeutlichungen und Zusätze des Übersetzers stehen in eckigen Klammern.

Die Zitate aus *Auf der Suche nach der verlorenen Zeit* folgen der Übersetzung von Eva Rechel-Mertens. In einigen Fällen wurde davon abgewichen und neu übersetzt.

Dem vorliegenden *Marcel-Proust-Lexikon* liegt die wesentlich erweiterte und verbesserte 2. Auflage des 1987 bei Robert Laffont erschienenen *Quid Marcel Proust* zugrunde.

Abkürzungen:

Recherche = *À la recherche du temps perdu* (*Auf der Suche nach der verlorenen Zeit*)
Mädchenblüte = *Im Schatten junger Mädchenblüte*
Swann = *In Swanns Welt*
BM = *Briefwechsel mit der Mutter,* Frankfurt am Main: Suhrkamp, 1970.
BZW = *Briefe zum Werk,* Frankfurt am Main: Suhrkamp, 1977.
BZL = *Briefe zum Leben,* Frankfurt am Main: Suhrkamp, 1978.
Painter (I oder II) = George D. Painter, *Marcel Proust,* Frankfurt am Main: Suhrkamp, 1980 (Bd. I oder II).
Correspondance (I →) = Marcel Proust, *Correspondance.* Texte établi, présenté et annoté par Philip Kolb, Paris: Plon, 1970 → (bisher 19 Bände: 1880 bis 1920).

BILDNACHWEISE

Alle Abbildungen sind folgenden Bänden entnommen:

Das Proust-Album, Leben und Werk im Bild. Zusammengestellt und erläutert von Pierre Clarac und André Ferré. Deutsch von Hilda von Born-Pilsach, Frankfurt am Main: Suhrkamp Verlag, 1975.

Prousts Figuren und ihre Vorbilder, Photos von Paul Nadar, Text von William Howard Adams. Aus dem Amerikanischen von Christoph Groffy, Frankfurt am Main: Suhrkamp Verlag, 1988.

George D. Painter, *Marcel Proust*, Eine Biographie, 2 Bände, Frankfurt am Main: Suhrkamp Verlag, 1962 und 1968.

Marcel Proust, Werk und Wirkung, Erste Publikation der Marcel Proust Gesellschaft, Frankfurt am Main: Insel Verlag, 1982.

Abb. S. 71: Proust auf dem Totenbett, Foto von Man Ray © VG Bild-Kunst, Bonn, 1991.
Abb. S. 118: Marcel Proust, Porträt von J.-E. Blanche © VG Bild-Kunst, Bonn, 1991.

AUSFÜHRLICHES INHALTSVERZEICHNIS

DIE PERSON

DAS WERK

PROUST ... UND DANACH

BIBLIOGRAPHIE

ANHANG